Bettina Fromm

Privatgespräche vor Millionen

Wissenschaftsforum

Band 6

Oels

Bettina Fromm

Privatgespräche vor Millionen

Fernsehauftritte aus psychologischer und soziologischer Perspektive

UVK
Medien

Die vorliegende Arbeit wurde 1999 von der Philosophischen Fakultät der Universität Köln als Dissertation angenommen.

Die Deutsche Bibliothek - CIP-Einheitsaufnahme

Fromm, Bettina:
Privatgespräche vor Millionen : Fernsehauftritte aus psychologischer und soziologischer Perspektive / Bettina Fromm. - Konstanz : UVK Medien, 1999
(Wissenschaftsforum ; Bd. 6)
Zugl.: Köln, Univ., Diss., 1999
ISBN 3-89669-271-2

ISSN 0948-9398
ISBN 3-89669-271-2

Druck: Legoprint, Lavis

UVK Medien Verlagsgesellschaft mbH
Schützenstr. 24 · D-78462 Konstanz
Tel.: 07531-9053-0 · Fax: 07531-9053-98
www.uvk.de

Dem Vater gewidmet

"Das Fernsehen sind wir selbst. Mit ihm überschreiten wir die menschlichen Grenzen; es ist ein Teil nicht nur unserer äußeren Existenz, sondern ein Teil unserer inneren Ordnung, unserer Seele geworden."

WOLF-RÜDIGER SCHMIDT (1994)

Inhaltsverzeichnis

1 Einleitung

"Täglicher Talk-Terror" (TV-MOVIE, 22/95), "Reality-Shows" (BREMER NACHRICHTEN, 28.01.1993) und "Psycho-TV" (MEDIUM 4/1994, S. 65) überfluten die deutsche Medienlandschaft. Die Protagonisten dieser Sendungen sind keine Schauspieler, sondern die Betroffenen selbst breiten ihr Schicksal ungeniert vor einem Millionenpublikum aus: "Das Fernsehen, bislang Fenster zur Welt, wird zur Bühne der kleinen Leute" (MEDIUM 4/1994, S. 65) und nach Ansicht der Kritiker leitet das Medium mit dieser "Explosion des Intimen" (FRANKFURTER RUNDSCHAU, 26.03.1994) die "endgültige Vernichtung des Privaten" (EPD/KIRCHE UND RUNDFUNK, 8/1994, S. 3) ein. Was vormals im engsten Kreis besprochen wurde, ist heute mehr oder weniger jedem zugänglich. "Gewisse Genres [...] thematisieren fast ausschließlich die kommunikative Verarbeitung zwischenmenschlicher Beziehungen" (HOLLY & PÜSCHEL, 1993, S. 146). Aber nicht nur die Themen, sondern auch der Umgangston weist auf die unaufhaltsame "Intimisierung der öffentlichen Kommunikation" (HOLLY & PÜSCHEL, 1993, S. 146) hin: Im Fernsehen wird heute eine "Gesprächsmodalität auf die Bühne der öffentlichen Zur-Schau-Stellung gebracht, die ihren ursprünglichen Ort in der privaten Kommunikation zwischen sehr guten Bekannten hat" (SCHWITALLA, 1993, S. 23).

In der öffentlichen Diskussion ist den einschlägigen Angeboten kaum positive Kritik zuteil geworden. Vielmehr werden jene fast einhellig als "flächendekkende Volksverdummung", die die "Hirne kaputtmacht" (ROMAN HERZOG, zit. nach DER SPIEGEL, 29/1997, S. 94) beschrieben. Dementsprechend fallen auch die Erklärungen für das Interesse an Privatem im Fernsehen wenig schmeichelhaft aus. Werden die Zuschauer von der Presse meist als Voyeure tituliert, 'die die schimpfliche Lust an fremder Intimität [...] vors Gerät' (DIE ZEIT, 11.10.1996, S. 48) treibt, trifft es die Teilnehmer noch ärger. Kritiker fragen, "in welcher seelischen Verfassung ein Mensch sein muß, um sich öffentlichen Spielen dieser Art auszuliefern. Alle inneren Immunsysteme sind offenbar zusammengebrochen, man könnte probehalber von seelischem Aids sprechen" (FRANKFURTER ALLGEMEINE ZEITUNG, 17.12.1992). Zwangsläufig stellt sich dem distanzierten Betrachter die Frage, ob dem Fernsehen als einer überpersönlichen Struktur mehr Vertrauen entgegengebracht wird als realen Bezugspersonen: "Was nur mag diese Leute dazu verleiten, der Fernsehnation Dinge mitzuteilen, die man allenfalls guten Freunden oder seinem Therapeuten anvertraut (GANGLOFF, 4/1996, S. 33)?" Die in der öffentlichen Diskussion verbreiteten Erklärungen für das Interesse der Beteiligten sind meist einseitig und wenig differenziert. Dementsprechend handelt es sich bei den Studiogästen nach Meinung der Presse um "therapiebedürftige Kranke, kommunikativ Vereinsamte, [...] selbstgefällige mediengeile Schwätzer" (KÖLNER STADT-ANZEIGER, 23./24.03.1996, S. 4), und diesen werden kaum tugendhafte Beweggründe für ihr Verhalten unterstellt: "Der Wunsch, 'mal im Fernsehen' zu sein, jage die Leute in solche Shows, ferner ein fragwürdiger Drang, sich zu exhibitionieren und dem Rest der Welt sein Innerstes preiszugeben" (DIE ZEIT, 11.10.1996, S. 48).

Die unprominenten Teilnehmer, so wird vermutet, geraten in den medialen Inszenierungen "in Situationen, in denen sie ganz beachtliche Teile ihres Privatlebens preisgeben. Ob sie sich dieser Tragweite in allen Fällen bewußt sind, darf bezweifelt werden" (FUNK-KORRESPONDENZ, 02.02.1996, S. 4). Und auch über die negativen Wirkungen, die dem Auftritt folgen, scheint nach Auffassung der Presse wenig Zweifel zu bestehen: "Die, die dann tatsächlich die Seiten wechseln und selbst im Fernsehen auftreten, werden aber nun gegen ihre eigene Intention zum bloßen Emotionslieferanten. Ihre über Jahrzehnte aufgebaute positive Beziehung dem Medium gegenüber muß sich zwangsläufig ins Gegenteil verkehren; die Erwartung, hier werde sich jemand finden, der mir endlich einmal zuhört, kann nur der zuweilen brutalen Entzauberung anheimfallen" (BRUNST, 1996, S. 11).

Auffällig an den Darstellungen ist nicht nur die fast ausschließlich vernichtende Kritik des Phänomens, sondern auch die durchweg einseitige Verteilung der kommunikativen Kompetenzen: 'Clevere Fernsehleute' (MEDIUM, 4/1994, S. 66) 'spielen mit der in unserer Gesellschaft grassierenden Kommunikationsunfähigkeit' (TV PLUS, 3/1993) und 'bringen Menschen dazu, sich vorführen zu lassen' (MEDIUM, 4/1994, S. 66). Die Gäste hingegen werden als handlungsunfähige "Opfer schmieriger Pseudo-Psychologie" (SÜDDEUTSCHE ZEITUNG, 29.04.1993, S. 19) oder "naiv-manipulierbare Pappkameraden" (KÖLNER STADT-ANZEIGER, 23./24.03.1996, S. 4) bezeichnet. Die Zuschauer – wie der Name schon sagt – schauen zu, selbst sind sie 'kommunikationsunfähig' (TV plus, 3/1993) und lassen sich vom Fernsehen 'konstruktive Kommunikation vorgaukeln' (EPD/KIRCHE UND RUNDFUNK, 8/1994, S. 3). Während sich unprominente Teilnehmer als Zielscheibe der Kritik erst neuerdings anbieten, ist die Disqualifizierung der Rezipienten in der öffentlichen Diskussion kein Novum. Vielmehr ist zu allen Zeiten, in denen neue

Medien – Radio, Kino wie Fernsehen gleichermaßen – eingeführt wurden, eine Gefahr für Moral und Anstand propagiert worden (vgl. WINTERHOFF-SPURK, 1986). Diese Auffassung etablierte sich vor allem vor dem Hintergrund eines Ansatzes, der den Medien einen großen Einfluß auf den Rezipienten beimaß. Das Modell der 'mächtigen Medien' (vgl. DEHM, 1984; WINTERHOFF-SPURK, 1986), welches in den Anfängen der Medienwirkungsforschung vorherrschte, verstand die Zuschauer als passiv und auf mediale Angebote lediglich *re*agierend. Mögliche Unterschiede zwischen den Rezipienten – etwa in bezug auf individuelle Bedürfnisse – blieben unberücksichtigt. Trotz verschiedenster Strömungen in der weiteren Geschichte der Medienforschung scheint dieser Ansatz bis heute wenig von seiner Anziehungskraft eingebüßt zu haben (vgl. AYAß, 1993). Mehr noch, das Absprechen jeglicher Handlungskompetenzen und Individualität wurde im Zuge der neueren Entwicklungen der Fernsehlandschaft auch auf den unprominenten Studiogast übertragen.

Diese wenig differenzierten Darstellungen, die die deutsche Bevölkerung im wesentlichen in zwei Gruppen – Voyeure vor dem Bildschirm und Exhibitionisten auf der Fernsehbühne – einteilen, erscheinen kaum ausreichend, um die explosionsartige Ausbreitung von Intimitäten im Medium umfassend erklären zu können. Mittlerweile finden sich entsprechende Angebote von fast allen großen Sendern und Daily Talks prägen das Nachmittagsprogramm der Fernsehlandschaft. Das Interesse von Zuschauern wie Teilnehmern an den realitätsnahen Angeboten ist nach wie vor ungebrochen. Dies belegen die seit Jahren anhaltend hohen Einschaltquoten sowie die nicht abreißende Flut von Bewerbern: nahmen im Jahr 1995 ca. 26.000 Gäste an deutschen Talk-Shows teil, sollen es 1996 – so wußte DER SPIEGEL (16/1996) zu berichten – bereits 30.000 gewesen sein.

1.1 Aufgabenstellung

Das Anliegen der vorliegenden Arbeit ist es, das beschriebene Phänomen unvoreingenommen und differenziert zu analysieren. Dabei steht im Zentrum der Untersuchung die Frage nach den Motiven, die unprominente Teilnehmer zur Veröffentlichung ihrer privaten Belange im Fernsehen bewegen. Die Analyse soll Aufschluß darüber geben, welche Relevanz den in der öffentlichen Diskussion verbreiteten Etikettierungen zukommt und inwieweit sich die

Studiogäste tatsächlich als 'Opfer' der Produzenten empfinden. Darüber hinaus gilt es zu zeigen, welcher Art die Erfahrungen sind, die die unprominenten Gäste im Rahmen des Auftritts machen. Da es sich hier nicht um ein vereinzeltes Phänomen handelt, soll darüber hinaus aus gesamtgesellschaftlicher Perspektive die Bedeutung des Mediums als eines kollektiven Sinnsystems bzw. als einer institutionellen Einrichtung in den Blick genommen werden. In diesem Zusammenhang werden auch die Zuschauer bzw. die Bedeutung der Rezeption einschlägiger Formate wie das mediale Angebot selbst in die umfassende Analyse einbezogen.

Zunächst wird in Kapitel 2 der Forschungsgegenstand – die Intimisierung medialer Kommunikation – beschrieben. Als 'intime Formate', in denen sich diese Entwicklung manifestiert und die sich insbesondere durch den TV-Auftritt unprominenter Personen auszeichnen, können Daily Talks, Beziehungsshows, Spielshows, Infotainment-Magazine und Suchsendungen festgehalten werden. Diese Formate werden in ihrer Entwicklung beschrieben und ihre spezifischen Charakteristika aufgezeigt. In einer abschließenden Zusammenfassung des Kapitels werden als Grundlage für die empirische Analyse solche Formate ausgewählt, die aufgrund ihrer extremen Ausprägung bzw. ihres inflationären Vorkommens die Intimisierung medialer Kommunikation in zentraler Weise prägen.

Kapitel 3 dient der Explizierung des Forschungsstandes zum Thema. Die Intimisierung medialer Kommunikation wird aus verschiedenen Perspektiven thematisiert. Grundlagentheoretische Modelle aus der Sozialpsychologie und dieser nahestehende soziologische Konzepte werden herangezogen. Diese dienen der Darlegung des Phänomens der Kommunikation im allgemeinen als Voraussetzung für eine wissenschaftliche Behandlung medialer Kommunikation. Ausgehend von diesen grundlagentheoretischen Modellen werden der gesellschaftliche Wandel und die mit diesem verbundenen Individualisierungsprozesse als Bedingung für die mediale Intimisierung dargelegt und das einschlägige Programmangebot vor diesem Hintergrund interpretiert. Fernsehen wird als ein spezifisches Kommunikationsangebot verstanden, das in Wechselwirkung zu gesamtgesellschaftlichen Entwicklungen steht und an der Erstellung sozialer wie subjektiver Wirklichkeiten maßgeblich beteiligt ist. Ausgehend von dieser Sichtweise wird die Relevanz der einschlägigen Formate – in bezug auf die individuelle Bedürfnisbefriedigung von Zuschauern wie Teilnehmern – anhand medien- und sozialpsychologischer Konzepte dargestellt. Letztlich wird die Tragfähigkeit der theoretischen Modelle anhand ausgewählter empirischer Befunde belegt. Die interdisziplinäre Vorgehensweise garantiert eine umfassende und differenzierte Betrachtung des Untersuchungsgegenstandes. Abschließend werden die zentralen theoretischen Aspekte und empirischen Befunde zusammengefaßt und das Fernsehen in seiner Funktion als Identitätsmarkt und Bekenntnisforum beschrieben.

In Kapitel 4 werden Material und Methode der empirischen Analyse dargestellt. Die Wahl eines qualitativen Forschungsansatzes – Einzelfallanalyse und Typenbildung – wird begründet und die Konsequenzen für das methodische Vorgehen thematisiert. Nach der Formulierung der Fragestellung werden alle Analyseschritte der Untersuchung von der Datenerhebung bis zur Dateninterpretation expliziert. Die Datenerhebung wurde im Rahmen des Forschungsprojektes 'Affektfernsehen'[1] im Auftrag der LfR NRW (vgl. BENTE & FROMM, 1997a) realisiert, welches von 1995 bis 1997 am Psychologischen Institut der Universität zu Köln unter Leitung von Professor Bente durchgeführt wurde. Das Datenmaterial umfaßt Befragungen von Teilnehmern und Fernsehmachern. Abschließend erfolgt eine Zusammenfassung des methodischen Vorgehens.

In Kapitel 5 werden die Ergebnisse der Untersuchung dargestellt. Zunächst erfolgt die Beschreibung der Einzelfälle aus psychologischer Sicht, an die sich eine Typenbildung anschließt, die den Fernsehauftritt als ein kollektives Phänomen aus dem soziologischen Blickwinkel erklärt. Die Daten der Befragung der Fernsehmacher fließen als theoretisches Hintergrundwissen in die Darstellung der Ergebnisse mit ein. Diese sind als Zusammenfassungen im Anhang einzusehen.

Die Zusammenfassung und Diskussion der empirischen Ergebnisse und theoretischen Betrachtungen erfolgen in Kapitel 6. Die Integration der Daten erlaubt die erschöpfende Erklärung des Phänomens medialer Intimisierung im allgemeinen und des TV-Auftritts unprominenter Personen im besonderen, sowohl bezüglich individueller Belange als auch aus gesamtgesellschaftlicher Perspektive.

[1] Diese Programmform beinhaltet Formate, in denen private Schicksale im Fernsehen inszeniert werden. Im Rahmen des Projektes berücksichtigt wurden 'Affekt-Talks', 'Beziehungsshows', 'Suchsendungen', 'Spielshows', 'Konfro-Talks', 'Infotainment' und 'Reality-TV'.

In Kapitel 7 wird ein Ausblick angestrebt. Thematisiert wird die zwischen Individuum und Gesellschaft vermittelnde Funktion des Mediums sowie mögliche Perspektiven für die weitere Entwicklung des Fernsehens.

1.2 Lesehilfe

Das Phänomen medialer Intimisierung wird in der vorliegenden Arbeit ausführlich und interdisziplinär behandelt. Die Beschreibung des gesellschaftlichen Wandels wird als zentrale Grundlage zur Erklärung des TV-Auftritts unprominenter Personen herangezogen. Kollektive Motivationen zum Auftritt und die Relevanz medialer Angebote für den Einzelnen wie für Gesellschaft im allgemeinen können ohne Berücksichtigung dieses Zusammenhangs nur unvollständig abgebildet und nicht in ihrer gesamten Tragweite erklärt werden. Daher werden theoretische Ausführungen nicht nur im Theoriekapitel selbst dargelegt, sondern sind durchgängig im gesamten Text einschließlich des Ergebniskapitels vorzufinden. Diese Vorgehensweise mag beim Lesen der kompletten Arbeit als teilweise redundant erscheinen. Sie ermöglichen es aber, die Ausführungen in den einzelnen Kapiteln auch ohne Berücksichtigung der gesamten theoretischen Herleitung erschöpfend nachvollziehen zu können.

2 Das Fernsehen als Ort privater Kommunikation

Die deutsche Fernsehlandschaft hat sich – insbesondere seit Einführung der kommerziellen Sender in den 80er Jahren – sowohl bezüglich des gesamten Programmvolumens und der täglichen Ausstrahlungszeiten der einzelnen Sender als auch im Hinblick auf eine Diversifikation der Angebote stark ausgeweitet. Betrachtet man die Programminhalte, so läßt sich eine zunehmende Intimisierung medialer Kommunikation feststellen. Die öffentliche Bühne ist zum Ort privater Gespräche geworden, tradierte Grenzen zwischen medialer Inszenierung und realem Alltag haben ihre Gültigkeitsbereiche verloren. Kann das Genre 'Reality-TV' noch als Vorläufer bezeichnet werden, weil hier 'Realereignisse entweder wirklichkeitsgetreu nachgestellt oder durch originales Filmmaterial dokumentiert werden' (vgl. WEGENER, 1994, S. 17), zeichnen sich Programmformen wie der Daily Talk, Beziehungsshows, Spielshows, Suchsendungen und Infotainment-Magazine durch eine zusätzliche Besonderheit aus: persönliche Belange werden zum Zwecke der medialen Verbreitung inszeniert, mit den Betroffenen selbst als Protagonisten ihrer authentischen Geschichte.

2.1 'Intime Formate'

In Programmformen des Fernsehens, die unter dem Begriff 'intime Formate' zusammengefaßt werden und sowohl dem Informations- als auch dem Unterhaltungsbereich zuzuordnen sind, geht es zu wie im richtigen Leben. Die Protagonisten reden über alles Erdenkliche, sie versöhnen sich, sie streiten oder gestehen sich gegenseitig ihre Liebe. Die Angebote, in denen sich diese zunehmende Intimisierung medialer Kommunikation manifestiert – 'Talk-Shows', 'Beziehungsshows', 'Spielshows', 'Infotainment-Magazine' und 'Suchsendungen' –, werden im folgenden in ihrer Entwicklung aufgezeigt. Diese Kategorienbildung, der in der vorliegenden Arbeit gefolgt wird, weicht von denen anderer wissenschaftlicher Arbeiten ab. So haben beispielsweise WINTERHOFF-SPURK, HEIDINGER und SCHWAB (1994) Suchsendungen und Beziehungsshows unter dem Genre 'Reality-TV' subsumiert. WEGENER (1994) hingegen faßt Talk- und Beziehungsshows in der Gruppe der 'Reality-Shows' zusammen. Da diese Kategorienbildungen zur Spezifizierung der jeweils genretypischen Qualitäten als nicht ausreichend erachtet werden, wird hier einer Systematisierung gefolgt, die sich bereits im Rahmen anderer

Untersuchungen als sinnvoll erwiesen hat (vgl. BENTE & FROMM, 1997a). Die jeweils bei den einzelnen Formatbeschreibungen angeführten Beispielsendungen erheben keinen Anspruch auf Vollständigkeit, zumal die Medienlandschaft permanenten Wandlungen unterliegt. Das zunächst dargestellte Genre 'Talk-Show' wird – ob seiner inflationären Ausbreitung und zentralen Bedeutung für die mediale Entwicklung – besonders ausführlich behandelt.

2.1.1 Talk-Shows

Als Geburtsstunde der Talk-Show in Deutschland kann das Jahr 1973 angesehen werden. Die sich an amerikanischen Vorbildern wie der 'Tonight Show' (ab 1953) und der 'Dick Cavett Show' (ab 1969) orientierende erste deutsche Talk-Show 'Je später der Abend' wurde am 4. März 1973 vom WDR lanciert. Anfangs wußten die Macher selbst noch nicht genau, was 'Talk-Show' eigentlich sei, und so formulierte Gastgeber Dietmar Schönherr, "etwas Ähnliches wie ein Palaver oder ein Gespräch von Nachbar zu Nachbar über den Gartenzaun hinweg solle dabei herauskommen" (BARLOEWEN & BRANDENBERG, 1975, S. 17). Bereits nach zehn Ausstrahlungen wurde die Sendung ins Programm der ARD übernommen und dort im Zwei-Wochen-Takt zur Prime Time gesendet (vgl. BARLOEWEN & BRANDENBERG, 1975; KALVERKÄMPER, 1979). Das Gespräch – mit nicht nur prominenten Gästen – stand im Mittelpunkt der Sendung. Diese sollte den Zuschauern Lebenshilfe geben, sie dazu anregen, Probleme innerhalb der Familie gemeinsam auszudiskutieren (vgl. BARLOEWEN & BRANDENBERG, 1975; KALVERKÄMPER, 1979; STEINBRECHER & WEISKE, 1992). Das offensichtliche Interesse der Zuschauer und die kostengünstige Produktion der neuen Sendeform riefen weitere Macher auf den Plan. Die Talk-Show 'III nach neun' (ab 1974 auf Radio Bremen) und der von Alfred Biolek moderierte 'Kölner Treff' (ab 1976 auf WDR) etablierten sich in der deutschen Fernsehlandschaft, indem die Ideen von 'Je später der Abend' in diesen Sendungen aufgegriffen und weiterentwickelt wurden (vgl. STEINBRECHER & WEISKE, 1992).

Fokussierung auf Einzelschicksale

In der Talk-Show "geht es nicht um Sachfragen oder Fachthemen, sondern um das, was 'dem Menschen das Liebste und Aufregendste' ist, nämlich um Menschen" (KALVERKÄMPER, 1979, S. 411f.). In diesem Sinne bemerkt auch KEPPLER (1994) über die Talk-Show: "Hier wurde zum ersten Mal der Mensch als 'Mensch wie du und ich' in den Mittelpunkt von Unterhaltung gestellt – und zwar als er selbst, nicht lediglich als Kandidat oder Spielfigur eines eigens inszenierten Geschehens" (S. 41). Während bei 'Je später der Abend' Prominente den Großteil der Gäste bildeten, wurden im 'Kölner Treff' bereits sogenannte "'einfache Leute' wie der Schuhputzer, die Toilettenfrau, der Maronenverkäufer vor die Kamera auf die Gesprächsbühne geholt; und in etwas andere Richtung abgewandelt stellt 'III nach 9' in mehr themengebundener Gesprächsführung auch bestimmte (Outsider- oder Minderheiten-)Gruppen vor wie Homophile, Prostituierte, Fixer, Rentner, Junggesellen, Zigeuner usw." (KALVERKÄMPER, 1979, S. 412). Gleich, ob Prominente, einfache Leute, Randgruppen oder Exoten, das personenbezogene Gespräch sollte eine "privat-intime Porträtierung der Persönlichkeit" (KALVERKÄMPER, 1979, S. 412) ermöglichen. Diese selbsterklärte Absicht, durch eine öffentliche Enthüllung Einblicke hinter die Fassade der Gäste zu gewähren (vgl. KALVERKÄMPER, 1979), führte dazu, daß der Talk-Show von Kritikern bereits früh zweifelhafte Ambitionen unterstellt wurden, die sich in Begriffen wie 'Seelen-Striptease', 'Exhibitionismus' oder 'Schlüssellocheinsichten' (vgl. KALVERKÄMPER, 1979, S. 413) widerspiegeln. Nicht nur in privaten Gesprächsinhalten, sondern auch in der realitätsnahen Kommunikationssituation manifestiert sich der intime Charakter der Talk-Show. So hob HÖFER bereits 1975 die große Nähe zum Alltagsgespräch hervor:

> "Auch wenn es kein Fernsehen gäbe oder mehr geben wird: eine Talk Show in dieser oder jener Form gab es stets und gibt es immer: wenn ein Mensch anderen Menschen zuhört und zusieht, wie sie miteinander reden. Dies ist die privateste, die intimste Art der Talk Show. Eine Talk Show ist um so besser, je größer bei den Teilnehmern das private Amüsement und das öffentliche Interesse, je geringer bei den Zuschauern, den Zuhörern das Gefühl einer peinlichen Indiskretion und eines fatalen Voyeurismus ist. Dennoch ist und bleibt Talk Show ein Spiel mit Menschen, bei dem Exhibitionismus zum Prinzip und Neugier zur Methode erhoben sind, also das Menschliche vor der Grenze des Allzumenschlichen nicht haltmacht" (S. 16).

Diversifikation des Genres

Von Mitte der 70er bis Anfang der 80er Jahre wurde das neue Genre fester Bestandteil des deutschen Fernsehens. Traditionell herrschte der Talk mit Prominenten vor, wenn auch die Behandlung spezifischer Themen zunehmend an Bedeutung gewann. Nach einer Phase der Stagnation führte die Veränderung der Medienlandschaft mit Etablierung der kommerziellen Sender zu einer explosionsartigen Verbreitung und Diversifikation des Genres (vgl. STEINBRECHER & WEISKE, 1992; FOLTIN, 1994). Um die ständig neu lancierten und oftmals heterogenen Konzepte differenzieren zu können, haben STEINBRECHER und WEISKE (1992) eine Klassifikation vorgeschlagen: Sie unterscheiden (1) den Promi-Talk als personenzentriertes Gespräch mit mehreren prominenten Gästen; (2) den Themen-Talk mit einem zentralen vorgegebenen Thema, bei dem die aufgrund ihrer thematischen Kompetenz ausgewählten Gäste prominent sein können, aber nicht müssen; (3) den Portrait-Talk als Einzelgespräch mit nur einer Person, das sowohl rein unterhaltend als auch über allgemein bedeutsame Themen informierend gestaltet sein kann und (4) den Konfro-Talk, bei dem ein kontroverses Thema im Mittelpunkt steht und die Gäste – gleich ob prominent oder nicht – in emotional angeheizter Atmosphäre ein Streitgespräch führen. Letzteres zeichnet sich durch einen alltagsnahen Kommunikationscharakter aus, es wird 'kein Blatt vor den Mund genommen'. HOLLY und SCHWITALLA (1995) bemerken in ihren Ausführungen zur 'Streitkultur im kommerziellen Fernsehen': "Die Enttabuisierung von Themen und Gefühlen, die früher der Scham unterworfen waren oder einfach von schlechtem Geschmack zeugten, der immer auch sozial definiert war, hat zweifellos zugenommen. [...] Es ist nur folgerichtig, daß auch in den medialen Gesprächsformen ausprobiert wird, was aus dem Spektrum der privaten Nähekommunikation öffentlichkeitsfähig ist. Emotionalität und damit natürlich auch Streit haben sicherlich einen hohen Aufmerksamkeitsreiz" (S. 81). Die Protagonisten der Konfro-Talks sind seltener Privatpersonen mit persönlichen Belangen als vielmehr Vertreter bestimmter Gruppen. Diese thematisieren beispielsweise gesellschaftliche bzw. politische Strömungen oder Mißstände. Dementsprechend sind sie häufig medienerprobt, haben nicht unbedingt einen persönlichen Bezug zum Thema, das häufig eher öffentlicher als privater Natur ist. Eine Intimisierung wird hier vornehmlich in der emotionalen Inszenierung und damit im Kommunikationsstil selbst vorgeführt.

Talk als Ganztagsgeschäft

Qua Konzept wurden die Talks vornehmlich am Abend ausgestrahlt. "Talk als Ganztagsgeschäft" (STEINBRECHER & WEISKE, 1992, S. 159), der zudem noch (werk-)täglich gesendet wird, hielt man bis dato für ein Kennzeichen des amerikanischen Marktes. 1990 unternahm die ARD den Versuch, die Sendung 'Talk täglich – Termin in Berlin' zumindest an drei Wochentagen mit einer ca. 30minütigen Sendezeit am Nachmittag zu zeigen. Das – in bezug auf Gästeanzahl und Themen – recht uneinheitliche Profil wirkte sich anscheinend negativ auf den Erfolg bei den Zuschauern aus (vgl. FOLTIN, 1994). Zudem wurde der Seriencharakter der Sendung durch längere Sendepausen wieder in Frage gestellt (vgl. STEINBRECHER & WEISKE, 1992). Dem Sender RTL gelang durch die Übernahme der aus den USA importierten Programmstruktur im Jahre 1992 der endgültige Durchbruch des 'Daily Talks'. Jene bietet nach HÖLTICH (1994) entscheidende Vorteile gegenüber den bislang in Deutschland existierenden Sendeabläufen: "Das Programmschema ist klar gegliedert und einfach zu merken. In der Daytime werden Sendungen ausschließlich 'gestrippt', d.h. jeden Tag kommt zur gleichen Uhrzeit das gleiche Programm" (S. 371). Zudem ist die Sendestruktur wirtschaftlich: "Serielle Programme sind die einzige Möglichkeit, den enorm hohen Programmbedarf kostengünstig zu decken" (S. 371). Mit der Einführung des ersten täglichen Talks 'Hans Meiser' konnten diese Vorteile realisiert und den besonderen Rezeptionsgewohnheiten der Zuschauer am Nachmittag Rechnung getragen werden. Das von HÖLTICH (1994) als 'Low-intensity-viewing' bezeichnete Fernsehverhalten am Tage ist dementsprechend eher als Nebenbeschäftigung zu verstehen. "Nur mehr 35 Prozent der Bevölkerung geben an, sich voll auf das Programm zu konzentrieren. Die überwiegende Mehrheit der TV-Konsumenten wendet sich vom Bildschirm ab und anderen Dingen zu: es wird gelesen und gegessen, gebügelt und gebastelt" (OPASCHOWSKI, 1991, zit. nach JÄCKEL, 1991, S. 26). Seit 1992 hat ein regelrechter Boom nachmittäglicher Talks eingesetzt, der nach wie vor ungebrochen ist. Hier treten unprominente Menschen auf und veröffentlichen ihre – häufig sehr privaten – Erfahrungen. Die alltagsnahen Umgangsformen der wenig geübten Medienakteure tragen, wie auch die Anwesenheit eines Studiopublikums, zur Intensivierung des Live-Charakters bei. Zwar ist das Gespräch zwischen dem Moderator und seinem unprominenten Gast in eine Sendungsdramaturgie eingebunden, aber es wird weder durch Showelemente in seinem alltagsnahen Charakter beeinträchtigt, noch werden die Inhalte zum Zwecke der medialen Verbreitung inszeniert. Die Daily Talks enthalten somit viele Elemente der alltäglichen zwischenmenschlichen Kommunikation.

Nach der schnellen Etablierung des Vorreiters 'Hans Meiser' (RTL) sind Daily Talks auf fast allen Sendern zur festen Einrichtung avanciert. So wurde 1993 – ebenfalls auf RTL – 'Ilona Christen' lanciert, es folgten 'Arabella' (PRO 7), 'Fliege' (ARD), 'Bärbel Schäfer' (RTL), 'Vera am Mittag' (SAT.1), 'Sonja' (SAT.1) u.a.m. Einige, wie z.B. 'Lindenau' (PRO 7), 'Juliane & Andrea'

(ARD) und 'Kerner' (SAT.1), wurden zwischenzeitlich bereits wieder eingestellt.

Der Moderator als zentrale Figur

Der Person des Moderators kommt eine zentrale Bedeutung zu: "Daß die nachmittäglichen Talkshows den Namen ihrer Gastgeber tragen, ist kein Zufall oder simpler Mangel an Ideen. Mehr noch als jedes andere Programm leben die Sendungen von ihrem front face" (GÄBLER, 1994, S. 4). Neben den ständig wechselnden unprominenten Akteuren schaffen die prominenten Moderatoren Vertrautheit und erhöhen den Wiedererkennungswert der Sendung, analog zu den 'anchor men' in den Nachrichten ermöglichen sie durch die Beziehung des Zuschauers zu den medialen Protagonisten letztlich dessen Bindung an das Programm. BARLOEWEN und BRANDENBERG (1975) haben bereits in der ersten Publikation zum Thema 'Talk Show' die zentrale Bedeutung des Moderators hervorgehoben. Dieser ist sowohl Repräsentant als auch Identifikationsobjekt und Star der Sendung. Darüber hinaus betonen die Autoren die Relevanz des Seriencharakters als Mittel zur Bindung des Zuschauers: "Nur wenn die Sendung in regelmäßigem, möglichst häufigem Rhythmus wiederkehrt, etabliert sie sich im Bewußtsein der Zuschauer als feste Einrichtung" (S. 18). Vor diesem Hintergrund ist insbesondere die hohe Sendefrequenz der Daily Talks, die das Bild der medialen Intimisierung aufgrund ihrer inflationären Verbreitung prägen, zu interpretieren. Aufgrund ihrer täglichen Verfügbarkeit wird 'Hans Meiser' oder 'Arabella' "für den Zuschauer zu einer zuverlässigen Größe, die in den Alltag eingeplant werden kann" (FROMM, 1995, S. 33).

2.1.2 Beziehungsshows

Bereits 1974 wurde neben Talk-Show-Konzepten mit bunt gemischten Themenkatalogen von der ARD die Sendung 'Spätere Heirat nicht ausgeschlossen' lanciert, die zwar nicht offiziell als Talk-Show ausgewiesen war, aber wesentliche Merkmale des Genres aufwies: im Gespräch mit dem Moderator stellten bis zu drei unprominente Studiogäste pro Sendung sich selbst und ihren Wunschpartner – im Sinne einer 'visuellen Kontaktanzeige' (PAPE, 1996) – mit Hilfe von Fotos, Kurzfilmen und/oder vorbereiteten Texten (vgl. KALVERKÄMPER, 1979) vor.

> "Als Gast sind Männer und Frauen aus allen sozialen Schichten und auch aus Minderheiten und Randgruppen

> eingeladen. Die Themen, über die sich der Talk-Master und sein Gast unterhalten, kreisen bei aller Vielfalt um die Lebenssituation des Gastes, insbesondere unter dem Aspekt der Partnerschaft. Und hier liegt die erklärte Absicht dieser 'Talk Show mit Sinn'. Sie will Menschen, die sich einsam fühlen und ihr Leben, ihre Arbeit, ihre Hobbys gerne mit einem Partner gemeinsam gestalten möchten, eine Möglichkeit bieten, sich an ein größeres Publikum zu wenden" (KALVERKÄMPER, 1979, S. 418).

Derartige Möglichkeiten zur Kontaktanbahnung werden heute beispielsweise im Rahmen von Talk-Shows wie 'Arabella night' (PRO 7, 'Single der Woche')[2], 'Rehmsen – Die Kontakt-Show' (ARD)[3] oder der Sendung 'Nur die Liebe zählt' (SAT.1, 'Videokontaktanzeigen-Spiel') offeriert. Unprominente Teilnehmer präsentieren sich mit Hilfe des Mediums, um auf diesem Wege einen Partner zu finden.

Darüber hinaus wurden Konzepte eingeführt, die als 'Beziehungsshows' (vgl. BENTE & FROMM, 1997a) oder 'Reality-Shows' (vgl. WEGENER, 1994) bezeichnet und in der Fachliteratur ebenfalls dem Bereich der Talk-Show zugeordnet werden (vgl. WEGENER, 1994, WINTERHOFF-SPURK, HEIDINGER & SCHWAB, 1994). Aufgrund spezifischer Qualitäten werden sie in der vorliegenden Arbeit als eigenes Genre gefaßt. So geht es in Sendungen wie 'Nur die Liebe zählt' (SAT.1) nicht mehr nur um die Kontaktanbahnung unprominenter Teilnehmer mit bis dato unbekannten Personen, sondern auch um die Überwindung von Beziehungsproblemen. Hier sollen "Realkonflikte [...] dargestellt und teilweise zu einer Lösung gebracht werden" (WEGENER, 1994, S. 16). Eine weitere Beziehungsshow ist das Format 'Verzeih mir' (RTL). Die Sendung, die mittlerweile wieder abgesetzt wurde, behandelte nicht nur partnerschaftliche Thematiken, sondern Beziehung im weiteren Sinne. Hier wurden auch familiäre oder freundschaftliche Angelegenheiten thematisiert.

Beziehungsshows greifen im Moment der Aufzeichnung qua Konzept in das authentische Schicksal der Teilnehmer ein. Der Live-Charakter der Inszenierungen wird – auch wenn es sich hier in keinem Falle um Live-Sendungen handelt – durch die Anwesenheit eines Studiopublikums sowie das dramatur-

[2] Die Sendung wurde zwischenzeitlich wieder abgesetzt.

[3] Kontakte zwischen Studiogästen und Zuschauern wurden per Live-Schaltung oder Fax hergestellt. Die Sendung wurde mittlerweile wieder abgesetzt.

gische Moment der Überraschung betont. Der Kommunikationsstil ist schon aufgrund der sehr intimen Themen eher emotional als formell und auch die Umgangsformen zwischen den Moderatoren und ihren Gästen suggerieren Alltagsnähe (z.B. Duzen als Anrede). Beziehungsshows bieten somit ein 'Konzentrat an Emotionen mit der zusätzlichen Garantie des Realen' (WEGENER, 1994, S. 47). Dabei kommt es vor dem Hintergrund der häufig sehr intimen Themen zur Verschiebung öffentlicher und privater Zuständigkeitsbereiche. Dementsprechend formuliert FOLTIN (1994): "Gemeinsamer Nenner dieser Showkonzepte ist eindeutig der Einbruch des Mediums in 'authentische' private Emotionen" (S. 102).

2.1.3 Spielshows

Ein Genre, bei dem sich die zunehmende Vermischung öffentlicher und privater Bereiche schon aufgrund seiner langjährigen Präsenz im Fernsehen zurückverfolgen läßt, ist die Spielshow. Das ursprünglich als amerikanisches Radioformat lancierte Konzept wurde 1953 erstmals im deutschen Fernsehen ausgestrahlt. Traditionell bestimmte die Abfrage von 'Wissen zu speziellen Themen' die Fernseh-Quizsendung (vgl. HALLENBERGER, 1993), in der als erstem Genre Privatpersonen fester Bestandteil der Inszenierungen waren. Im Laufe der weiteren Entwicklung hat sich die Angebotspalette der Spielshows zunehmend diversifiziert. Mit einem Blick auf die heutige Fernsehlandschaft läßt sich feststellen, daß sich die von den prominenten Moderatoren präsentierten Spiele nicht mehr ausschließlich auf die Abfrage von Wissen konzentrieren. Es wurden handlungsorientierte Spielshows eingeführt, bei denen weniger intellektuelle als physische Leistungen im Vordergrund stehen, wie auch sogenannte 'Fernsehgesellschaftsspiele', die auf das Erraten von persönlichen Merkmalen abzielen, und sogenannte 'Partnerspiele', "bei denen es um die Einschätzung ehemaliger, aktueller oder potentieller Partner geht" (HALLENBERGER, 1993, S. 27). Sendungen wie 'Herzblatt' (ARD), 'Geld oder Liebe' (ARD), 'Flitterabend' (ARD), 'Lustfaktor 10' (WDR), die '100.000 Mark Show' (RTL), die 'Traumhochzeit' (RTL) oder 'Wilde Herzen' (VOX) greifen das Spannungsverhältnis der Beziehung zwischen Mann und Frau auf und setzen dieses als Transportmittel für die Spiele ein. Damit wird deutlich, daß bei der Produktion von Spielshows zunehmend persönliche, insbesondere Beziehungsaspekte, bedeutsam werden, die die Selbstdarstellung und Innenperspektive der Kandidaten in den Mittelpunkt stellen. Der wesentliche Reiz dieser Spielshows, so MÜLLER (1994), liegt darin, "daß 'öffentlich' über Dinge gesprochen wird, die traditionell dem 'Privaten' zugerechnet werden" (S. 155).

Die Gespräche sind hier in die festgelegte Dramaturgie der Spiele eingebunden und dementsprechend weniger offen angelegt als beispielsweise in Talk-Shows. Der Live-Charakter der Shows konstituiert sich durch Sendeelemente verschiedenster Art: so beispielsweise durch die Anwesenheit von Studiopublikum, Möglichkeiten der Teilnahme für den Zuschauer in Form von Gewinnspielen, TED- und Call-In-Aktionen wie die teilweise im Konzept verankerten Überraschungsmomente (z.B. bei 'Herzblatt' oder der 'Traumhochzeit'). Diese Elemente suggerieren dem Zuschauer die 'Echtheit' des Dargestellten und stiften Realität, beispielsweise in der 'Traumhochzeit', wo die Sieger vor laufender Kamera – wenn auch nicht rechtsgültig – heiraten.

2.1.4 Infotainment-Magazine

Die Tendenz zu einer medialen Intimisierung zeigt sich nicht nur in Unterhaltungsformaten, sondern auch in traditionell eher dem Informationsbereich zuzurechnenden Sendungen. So entwickelte sich im Laufe der letzten Jahre ein Trend, "Informations- und Unterhaltungslemente innerhalb von Sendekonzepten zu mischen" (MAST, 1991, S. 184). Daher unterscheiden sich sogenannte 'Infotainment-Magazine' (vgl. MAST, 1991) wie beispielsweise 'Explosiv – das Magazin' (RTL), 'Brisant' (ARD/MDR), 'Taff' (PRO 7), 'Blitz' (SAT.1) 'stern TV' (RTL) oder 'Spiegel TV-Magazin' (RTL) in der medienspezifischen Inszenierung der Ereignisse von den traditionellen Nachrichten. Im Infotainment, auch 'Boulevard-Journalismus' (vgl. GANGLOFF, 1996) genannt, werden aktuelle Meldungen nicht mehr betont sachlich, sondern zunehmend emotional präsentiert. GANGLOFF (1996) schreibt: "Boulevard-Journalismus mag weniger bewegen als zum Beispiel politischer Journalismus, doch dafür ist er bewegender. Das Wesentlichste, was das eine vom anderen unterscheidet: Der Nachrichten-Journalist gibt eine Nachricht wieder. Der Boulevard-Journalist versucht immer, die Geschichte hinter der Nachricht zu finden" (S. 24). Dies bedeutet, daß die meist tagesaktuellen Meldungen als MAZ-Einspielungen mit den authentischen prominenten wie unprominenten Betroffenen als Protagonisten ihrer eigenen privaten Geschichten inszeniert werden, und diese Art und Weise der medialen Präsentation legt einen subjektiv gefärbten und häufig stark emotionalen Charakter der zuweilen sehr persönlichen Ereignisse nahe.

Viele Infotainment-Magazine werden wochentäglich (teilweise auch samstags) gesendet, so daß der Moderator, der als 'anchor-man' fungiert und das Image der Sendung präsentiert, einen hohen Wiedererkennungswert der Sendung gewährleistet. Er schafft die personale Bindung zum Zuschauer, fängt ihn nach Werbepausen wieder ein und integriert unverbundene und thematisch disparate Sendeteile. Damit hat er auch eine psychohygienische Funktion inne; Überleitungen – etwa von einem lustigen zu einem ernsten Thema – werden dem Zuschauer erleichtert (vgl. SCHUMACHER, 1992). Auf die Anwesenheit eines Studiopublikums wird in den täglichen Infotainment-Magazinen verzichtet, auch bei wöchentlich ausgestrahlten Sendungen ist dieses eher die Ausnahme (z.B. 'stern TV').

2.1.5 Suchsendungen

Die seit 1992 sowohl auf öffentlich-rechtlichen als auch auf kommerziellen deutschen Fernsehsendern vertretenen Suchsendungen 'Vermißt!' (WDR)[4] und 'Bitte melde Dich!' (SAT.1)[5] behandeln private, aber weniger alltägliche Ereignisse. Qua Konzept werden vermißte unprominente Personen durch ihre Angehörigen mit Hilfe der Sendungen gesucht[6]. Die Suchenden treten dabei häufig, aber nicht immer als Studiogast in Erscheinung und werden so im Gespräch mit dem Moderator zum Teil der medialen Inszenierung. Daneben werden die Vermißtenschicksale in MAZ-Beiträgen, Bildeinblendungen oder unter Zuhilfenahme von Briefen der suchenden Angehörigen von den Moderatoren im Studio präsentiert. Fernsehen dient hier als massenwirksames Medium zur Veröffentlichung der privaten Geschichte, indem es die Chance erhöht, Kontakt zu vermißten Personen herzustellen. Suchsendungen führen somit nicht nur reale Ereignisse vor, sondern greifen darüber hinaus in die Realität ein, als "Programmformen, bei denen die Fernsehtechnik selbst zur Lösung eines Sozialproblems angeboten wird" (WEGENER, 1994, S. 16). Daß die Veröffentlichung des privaten Schicksals tatsächlich realitätsstiftende Wirkungen auf die Protagonisten ausübt, konnte JOCHLIK (1997, vgl. Kapitel 3.4.7) in einer Untersuchung zur psychologischen Funktion von TV-Suchsendungen bestätigen.

---

[4] Die Sendung wurde zwischenzeitlich wieder abgesetzt.

[5] Die Sendung wurde zwischenzeitlich wieder abgesetzt.

[6] Weitere Formate wie beispielweise 'Aus den Augen verloren' (SAT.1), 'Spurlos' (SAT.1) und 'Spurensuche mit Jürgen Fliege' (ARD) werden aufgrund konzeptioneller Abweichungen nicht als Suchsendungen im engeren Sinne verstanden. So stehen bei 'Aus den Augen verloren' (SAT.1), einer Sendung mit 'Event-Charakter', selten schicksalhafte Vermissungen im Vordergrund, 'Spurlos' (RTL) ist aufgrund seiner Inszenierungen als MAZ-Beiträge mit Schauspielern eher dem Reality-TV zuzuordnen, und 'Spurensuche mit Jürgen Fliege' (ARD) behandelt Vermißtenschicksale retrospektiv, d.h. hier wird die Sendung nicht als Hilfsmittel zur Suche und damit zur Lösung realer Probleme eingesetzt.

Im Studiogespräch – beispielsweise bei 'Bitte melde Dich!' (SAT.1) – zeigt sich der Einbruch in die Privatsphäre der Suchenden, die hier die Möglichkeit haben, direkt an die Bevölkerung und an die vermißte Person zu appellieren, besonders deutlich. Die thematisch involvierten Studiogäste werden häufig in der Nahaufnahme (vgl. WINTERHOFF-SPURK, HEIDINGER & SCHWAB, 1994) in einem emotional bewegten Zustand abgebildet, und der Ausgang ihres Suchaufrufes ist aufgrund der Live-Ausstrahlung der Sendung unvorhersehbar. Diese vermittelt dem Zuschauer die Möglichkeit, sich aktiv an der Suche nach den vermißten Personen zu beteiligen, so daß er selbst telefonisch mit der Redaktion in Kontakt treten und damit potentiell in die Inszenierung eingreifen kann. Auf die Anwesenheit eines Studiopublikums hingegen wird verzichtet.

2.2 Charakteristika 'intimer Formate'

Die 'intimen Formate' der deutschen Fernsehlandschaft wurden in ihrer Entwicklung beschrieben. Die Präsentationen privater Themen mit unprominenten Protagonisten gelten als konstitutive Charakteristika. Darüber hinaus sind weitere Merkmale augenfällig, die aber nicht in allen Formaten gegeben und zudem auch in anderen Genres zu finden sind. Tabelle 2.1 zeigt die Charakteristika im Überblick.

Tabelle 2.1: Charakteristika der zunehmenden Intimisierung medialer Angebote

Personalisierung	Die Darstellung ist auf das Einzelschicksal, auf die unmittelbar betroffene Einzelperson zentriert. Die Person des Moderators schafft ein Klima der Vertrautheit und Verläßlichkeit und weist damit Qualitäten auf, durch die sich 'echte' soziale Bezugspersonen auszeichnen.
Private und intime Themen	Vormals eindeutig im privaten Bereich liegende persönliche Belange und Aspekte zwischenmenschlicher Beziehungen werden zum öffentlichen Thema. Diese werden qua Konzept in einer nicht-fiktionalen Inszenierung präsentiert.
Live-Charakter	Durch den Einsatz verschiedener Stilmittel wird dem Zuschauer die 'Echtheit' des Gezeigten suggeriert. Hierzu gehören der Einsatz eines Studiopublikums, die Überraschung als konstitutives Element des Konzeptes, Call-In- und TED-Aktionen. Zudem garantiert der unprominente Akteur den Live-Charakter aufgrund seiner geringen Medienerprobtheit und häufig emotional starken Involviertheit, welche potentiell jederzeit zu unvorhergesehenen Situationen führen können.
Alltagsnaher persönlicher Kommunikationsstil	Die Gespräche werden in einem alltagsnahen Kommunikationsstil geführt, suggerieren Vertrautheit (z.B. durch Duzen des Gesprächspartners, direkte Ansprache des Zuschauers, weniger sachlichen als emotionalen Stil) und weisen damit Beziehungsangebote und Nähestrukturen auf.

Die nachstehenden Abschnitte dienen der kurzen Explizierung der zentralen Charakteristika 'intimer Formate'. Dabei wird auch deren Relevanz für den Zuschauer Rechnung getragen, denn letztlich wird Fernsehen immer für diesen produziert (vgl. WOISIN, 1989).

2.2.1 Personalisierung

Das Charakteristikum der Personalisierung bezieht sich auf zwei verschiedene Gruppen von Medienakteuren in den forschungsrelevanten Formaten, zum einen auf die meist nur einmal in Erscheinung tretenden unprominenten 'Normalbürger', die ihre private Geschichte veröffentlichen, zum anderen auf die immer wiederkehrenden prominenten Moderatoren, die erstere präsentieren. Bereits diese entscheidenden Unterschiede bezüglich der Rolle der Protagonisten und ihrer Präsenz auf dem Bildschirm legen eine jeweils unterschiedliche Bedeutung für den Zuschauer nahe: die mediale Präsentation einer unprominenten Person und ihrer persönlichen Geschichte kann zunächst als Konkretisierung eines Themas am Einzelfall verstanden werden und impliziert andere Wirkungen auf den Rezipienten als eine abstrakte Aufbereitung derselben Inhalte. So haben GALTUNG und RUGE (1965) in ihrer Nachrichtentheorie festgehalten, daß der Nachrichtenwert eines Ereignisses mit dem Grad der Personalisierung einer Information steigt, d.h., daß ein Ereignis um so eher zur Nachricht avanciert, je stärker es sich im Schicksal oder Handeln einer konkreten Person manifestiert. WEGENER (1994) schreibt:

> "Die Personalisierung und Subjektivierung von Ereignissen macht betroffen. [...] Die Meldung eines Flugzeugabsturzes, bei dem zweihundert Personen ums Leben gekommen sind, wird als Nachricht wahrgenommen, vielleicht mit einem Anflug von Entsetzen und schnell wieder vergessen. Wird dasselbe Ereignis hingegen aus der Sicht eines Betroffenen geschildert, einer Mutter, deren Kind beim Flugzeugabsturz ums Leben kam, eines Mannes, der aus den brennenden Wrackteilen gerettet wurde und überlebte, so wird die Grausamkeit des Unglücks dem Zuschauer deutlich. Die medial veröffentlichte Intimität persönlicher Emotionen läßt das Publikum an dem Schicksal des einzelnen teilhaben" (S. 54).

Während sich die Personalisierung und Subjektivierung bei WEGENER (1994) insbesondere auf die für das Genre 'Reality-TV' typischen Darstellungen von

Ausnahmesituationen bezieht, handelt es sich in den Formaten der vorliegenden Untersuchung häufig um alltägliche Belange, beispielsweise in der Talk-Show. Die Ähnlichkeit der medial in Erscheinung tretenden Person mit dem Zuschauer legt die Relevanz sozialer Identifikations- bzw. Vergleichsprozesse nahe, die im alltäglichen sozialen Austausch permanent relevant werden (FESTINGER, 1954). STRANGE (1996, S. 177) hat in bezug auf Rezeptionsprozesse den Begriff des 'parasozialen Vergleichs' geprägt, der im Rahmen der theoretischen Ausführungen dargelegt wird (vgl. Kapitel 3.3.1.1). In einer Untersuchung zu spezifischen Fernsehmotivationen in Affektfernsehsendungen – Formaten, in denen unprominente Menschen ihr Schicksal im Fernsehen veröffentlichen – liefern BENTE, BAHß, DORANDO und HÜNDGEN (1997) empirische Belege für die herausragende Bedeutung dieser parasozialen Vergleichsprozesse (vgl. Kapitel 3.4.9).

Der Moderator unterscheidet sich sowohl vom teilnehmenden 'Normalbürger' als auch vom Zuschauer in verschiedener Hinsicht. Zum einen verkörpert er eine prominente Person, zum anderen zeichnet er sich durch eine dauerhafte Bildschirmpräsenz aus. Seine Aufgabe ist es, die wechselnden Protagonisten und ihre privaten Geschichten zu präsentieren. Als personalisierte Präsentationsform des Mediums stellt er "den personalen Bezug zwischen Programm und Publikum dar: Durch ihn [den Moderator] kommt eine Sendung ins Haus, er ist das erkennbare, wiederkehrende Menschliche" (BUCHWALD, 1984, S. 222). Wie die unprominenten Protagonisten dient auch er dem Zuschauer als 'Identifikationsobjekt' (vgl. BARLOEWEN & BRANDENBERG, 1975; FOLTIN, 1994) oder "imageprägende Identifikationsfigur" (vgl. STEINBRECHER & WEISKE, 1992, S. 175), aber in einem anderen Sinne. Der Moderator garantiert den Wiedererkennungseffekt der Sendung und damit die Bindung des Zuschauers an das Programm. Aufgrund ihrer Kontinuität und Verläßlichkeit kann diese Bindung darüber hinaus Qualitäten einer alltagsnahen Beziehung annehmen. HORTON und WOHL (1956, S. 32)[7] haben für dieses Phänomen den Begriff 'parasocial relationship' (parasoziale Beziehung) eingeführt, der gerade im Zuge der zunehmenden Bildschirmpräsenz von Moderatoren – beispielsweise in Daily Talks oder täglichen Infotainment-Magazinen – von besonderer Relevanz ist. Daher wird das Konzept der 'parasozialen Interaktion' sowohl in theoretischer Hinsicht vorgestellt (vgl. Kapitel 3.3.1.1) als auch die

[7] Die Seitenangaben wurden nicht der Erstpublikation, sondern einer neueren Veröffentlichung des Originalartikels aus dem Jahre 1979 entnommen, in der die zitierten Textstellen entsprechend den angegebenen Seitenzahlen zu finden sind.

auf dessen Grundlage gewonnenen empirischen Belege für die Existenz parasozialer Bindungen (vgl. Kapitel 3.4.8 und 3.4.9).

2.2.2 Private und intime Themen

Die Begriffe 'Privatheit' und 'Intimität' bezeichnen Zuständigkeitsbereiche, die sich vor allem durch ihre Abgrenzung vom öffentlichen Raum auszeichnen. Welche Themen verhandelt werden, wird offenkundig, wenn man sich die Bedeutung des Wortes 'Intimsphäre' vergegenwärtigt. So formuliert WUNDEN (1995):

> "Ich zeige – das meint der Begriff 'Intimsphäre' – nicht irgendetwas, das möglicherweise am Rande auch mit mir selbst zu tun hat, sondern ich zeige in dem, was ich zeige, direkt mich selbst oder etwas, was zu mir ganz persönlich gehört in der Weise, daß ich es nicht jedermann, nicht in jedem Fall, nicht in allen denkbaren Umständen bzw. Zusammenhängen zeige" (S. 17).

Berücksichtigt man, daß sich die Inhalte im Fernsehen verändert haben, "von heiler Welt, Optimismus, Spannung und Action der Serien und Telenovelas zur Präsentation existentieller Notsituationen, zu Alltagsproblemen, Lebenserfahrungen, individuellen Einzelschicksalen" (FUNK-KORRESPONDENZ, 02.02.1996, S. 3), wird die Intimisierung medialer Kommunikation offensichtlich. So schrieb HICKETHIER (1985) bereits in den 80er Jahren über die NDR-Sendung 'Ich und Du', in der Paare ihre persönlichen Probleme unter Anleitung eines Psychologen vor laufender Kamera besprachen:

> "Das Privateste wird nach außen gekehrt, elektronisch multipliziert und Millionen Zuschauern präsentiert. Die Fernsehnation nimmt Anteil an seelischen Beschädigungen eines Einzelnen, ergötzt sich an ihnen, bemitleidet sie, folgt den Reparaturversuchen. Aus der wechselseitigen Vertauschung beziehen solche Programme ihre Faszination: Die Öffentlichkeit wird zum Ort der Intimität, das Intime zum öffentlichen Gegenstand" (S. 87).

Langfristig führt die Entgrenzung der traditionell getrennten öffentlichen und privaten Kommunikationsräume (vgl. BURGER, 1991) zur Auflösung derselben. In diesem Sinne beschreibt BURGER (1991) das Phänomen anhand einer nächtlichen Talk-Show eines Schweizer Lokalradio-Senders:

> "Mit der Einführung von Lokalradios hat sich die Grenze des Tolerierbaren deutlich verschoben. [...] Und zwar geht hier der Wandel nicht so sehr von den Moderatoren, wie von den Gesprächspartnern aus, die ihre Intimität ganz bewußt in der Öffentlichkeit des Mediums preisgeben. In der nächtlichen Talkshow des nicht durch Werbung finanzierten, 'alternativen' Lokalradios 'Lora' (Zürich) geht es zeitweise zu wie in einem psychotherapeutischen Gespräch, Tabu-Themen gibt es, soweit ich sehe, keine. Und nicht nur ist die Grenze des Sagbaren verschoben, auch der Umgang mit Intimität ist ein anderer geworden, so daß 'öffentlich' und 'privat' nicht mehr unbedingt als Gegensätze erfahren werden" (S. 92f.)

Die Enttabuisierung vormals nicht öffentlichkeitsfähiger Themen wird zunächst durch die Technologie des Mediums selbst ermöglicht, das allen Zuschauern Einblicke in die private Erfahrungswelt der Protagonisten erlaubt (vgl. MEYROWITZ, 1985a, vgl. Kapitel 3.2.1). Darüber hinaus kann der Zuschauer nicht mehr nur Privates rezipieren, sondern seine persönlichen Belange nunmehr selbst in einem TV-Auftritt veröffentlichen. Was 'intim' ist und was 'öffentlichkeitsfähig', unterliegt seiner subjektiven Interpretation: was für den einen eine rein persönliche und vertraulich zu behandelnde Angelegenheit darstellt, teilt der andere ungeniert vor einem Millionenpublikum mit.

Es stellt sich die Frage nach den Funktionen, die die Veröffentlichung von Privatem für die Teilnehmer sowie die Rezeption dieser Inhalte für die Zuschauer einnimmt (Kapitel 3.3). BENTE, JOCHLIK, ADAMECK und GRISARD (1997) haben im Hinblick auf die Daily Talks ermittelt, daß hier insbesondere die Themen 'Beziehung' und 'Familie' zentrale Inhalte darstellen (vgl. Kapitel 3.4.1). Aufgrund der Alltäglichkeit dieser Themen, die für jeden Rezipienten mehr oder weniger gleichermaßen relevant sind, liegt der Bezug zur eigenen Lebenswelt nahe und damit möglicherweise spezifische Rezeptionsmotive. Empirische Belege für diese Annahme werden in Kapitel 3.4.9 referiert.

2.2.3 Live-Charakter

Der "Schein der Unmittelbarkeit" des auf dem Bildschirm Gezeigten (MIKOS, 1992, S. 184) kann dem Zuschauer durch den Einsatz verschiedener Gestaltungsmittel suggeriert werden, so beispielsweise durch die Anwesenheit eines Studiopublikums. Stellvertretend für den Rezipienten agiert jenes, indem es die Zustimmung zu dem Gezeigten signalisiert. Die Abläufe werden für den Zuschauer nachvollziehbar und seine Bindung an das Programm verstärkt (vgl. HORTON & STRAUSS, 1957; BERGHAUS & STAAB, 1995). Die Aktivitäten des Studiopublikums (z.B. Applaus, Zurufe, Lachen, non-verbale Aktivitäten) vermitteln dem Zuschauer zu Hause das "Gefühl des Dabeiseins" (HICKETHIER, 1979, zit. nach GARAVENTA, 1993, S. 51). Selbst wenn der Zeitpunkt der Inszenierung in der Vergangenheit liegt, denn zu irgendeinem Zeitpunkt hat die dargestellte Kommunikationssituation mit Moderator, Gästen und Studiopublikum 'live' stattgefunden. Ob die Sendungen tatsächlich live gesendet werden, ist letztlich unerheblich, wenn sie den Live-Charakter zumindest vortäuschen (vgl. BERGHAUS & STAAB, 1995). Da ohnehin fast alle Formate aufgezeichnet werden, ist der Live-Charakter dementsprechend eher als "formale Struktur" (NIEHAUS, 1991, S. 115) mit den genannten spezifischen Wirkungsdimensionen zu verstehen.

Die Teilnahme unprominenter Personen verstärkt den Live-Charakter, denn dem Zuschauer wird auf diese Weise bedeutet, daß er potentiell selbst im Fernsehen auftreten kann. Per Videotext wird er aufgefordert, sich zu bestimmten Themen zu bewerben, Fernsehwirklichkeit und Alltagswirklichkeit sind nicht mehr zwangsläufig räumlich voneinander getrennt. Durch die mediale Präsenz unprominenter Protagonisten erhöht sich zudem das für die Alltagswelt kennzeichnende Restrisiko unvorhersehbarer Entwicklungen, denn die Akteure sind nicht mediengewandt und haben zudem häufig wenig emotionale Distanz zu ihren intimen Erlebnissen:

> "Spannend fürs zuschauende Auge wird es dort, wo Gespräche unerwartete Wendungen nehmen, wo Gefühle losbrechen. Hier lauert die Überraschung [...] gerade die Unkontrolliertheit der Beteiligten verspricht die Attraktivität für die Sendung" (FUNK-KORRESPONDENZ, 02.02.1996, S. 4).

Teilweise wird die Überraschung als konstitutives Element der Sendungen eingesetzt, so beispielsweise in Beziehungsshows oder manchen Spielshows. In tatsächlich 'live' gesendeten Beiträgen ergibt sich "das Hier und Jetzt des erregenden Augenblicks" (HICKETHIER, 1985, S. 88) zum Beispiel durch interaktive Angebote wie Call-In- oder TED-Aktionen, die dem Rezipienten die Möglichkeit geben, selbst Einfluß auf das mediale Geschehen zu nehmen. Auf diese Weise wird die 'Echtheit' der Präsentation garantiert. WEGENER (1994) nimmt an, daß "Fiktions- und Authentizitätssignale auch bei audiovisuellen

Texten Instruktionen geben, die die spezifische Rezeptionsweise und die Einordnung der filmischen Darstellungen in das soziale subjektive Realitätsbild des Rezipienten steuern" (S. 42). Empirische Belege für WEGENERS (1994) Vermutungen wurden von BENTE, BAHß, DORANDO und HÜNDGEN (1997) im Zusammenhang mit dem Konsum von Affektfernsehsendungen ermittelt und werden in Kapitel 3.4.9 dargelegt.

2.2.4 Alltagsnaher/persönlicher Kommunikationsstil

Je nach Charakter eines Gespräches variiert die Struktur der Kommunikation. Im Gegensatz zu einem formellen Stil – beispielsweise in einer offiziellen Unterhaltung mit einem Vorgesetzten – legen Gespräche über private bzw. intime Inhalte vertrautere Umgangsformen nahe. Diese zeigen sich nicht nur im Alltag, sondern auch in medialen Angeboten, die Kommunikation vorführen, wie beispielsweise in Talk- und Beziehungsshows. Hier ist z.B. die intime Anrede des Gesprächspartners zu nennen: "Duzen schafft eine vertraute Beziehung zwischen Moderator und Gästen, eine persönliche Nähe, die einem ungezwungenen Umgangsstil entspricht" (BERGHAUS & STAAB, 1995, S. 178). HOLLY und PÜSCHEL (1993) heben in diesem Zusammenhang die Personalisierung (z.B. in Form einer direkten Adressierung der Zuschauer oder Medienpartner) hervor sowie die Emotionalisierung, die sich in der Artikulation von Gefühlen und Werten und damit im "Jargon der Betroffenheit" (S. 146) zeigt. Letzterer ist schon aufgrund der meist großen emotionalen Nähe der unprominenten Protagonisten zum Thema zu erwarten.

Über einen verbalen "Unterhaltungsstil der Nähekommunikation" (SCHWITALLA, 1993, S. 22) hinaus wird Kommunikation auch über das Bild und damit über die optische Präsentation der Protagonisten vermittelt. HOLLY und SCHWITALLA (1995) bemerken in diesem Zusammenhang über das Medium 'Fernsehen' in Abgrenzung zum Hörfunk:

> "Das Radio personalisiert die übermittelte Botschaft, indem es die individuellen Stimmqualitäten und die nur gestalthaft, nicht rational zu verarbeitenden prosodischen Eigenschaften der Rede mittransportiert. Das Fernsehen personalisiert in noch höherem Maße, indem es das Bild, die optische Atmosphäre und nicht zuletzt das Gesicht mit seinen expressiven Möglichkeiten, auch mit den unwillkürlichen und schwer kontrollierbaren mimischen und gestischen Reaktionen [...] zugänglich macht" (S. 80).

Aufgrund dieser technischen Möglichkeiten weist Fernsehkommunikation für den Zuschauer eine hohe Alltagsnähe auf, denn neben dem verbalen werden auch der non- und der paraverbale Kommunikationskanal bedient. In seiner ganzheitlichen Qualität macht das Fernsehen "die Kommunikation über beliebige Distanzen zu einer Spielart der Face-to-Face-Kommunikation" (BURGER, 1991, S. 416; vgl. auch MEYROWITZ, 1979), die dem Aufbau einer nahen Beziehung "zwischen der Sendung bzw. dem Moderator, der die Sendung ist, und den Zuschauern" (BERGHAUS & STAAB, 1995, S. 201) dient. Die verbalen kommunikativen Strategien, die in diesem Zusammenhang in den betreffenden Formaten verwendet werden, unterscheiden sich teilweise erheblich voneinander, relevante empirische Befunde werden in Kapitel 3.4.2 und 3.4.3 referiert.

2.3 Zusammenfassung: Privatgespräche im Fernsehen

Die Intimisierung der Fernsehlandschaft wurde anhand der Entwicklung 'intimer Formate' dargestellt. Es folgte eine Beschreibung der typischen inhaltlichen und formalen Elemente dieser Sendungen. Als konstitutiv wurde die Thematisierung privater bzw. intimer Belange herausgestellt, die darüber hinaus mit den Betroffenen selbst als Akteuren ihrer eigenen Geschichte inszeniert wird. Es wurden weitere Stilmittel aufgezeigt, die 'Personalisierung des Moderators', der 'Live-Charakter' und der 'alltagsnahe bzw. persönliche Kommunikationsstil'. Im einzelnen betrachtet sind die genannten Charakteristika weder gänzlich neu im Medium 'Fernsehen' noch ausschließlich in den hier relevanten Formaten auffindbar. Neu ist vielmehr das gemeinsame Auftreten, durch das sich – je nach Kombination mehrerer oder aller Charakteristika – die authentische Qualität der Formate konstituiert. Das höchste Maß an Authentizität im Sinne einer Nähe zur Alltagssituation weisen Daily Talks und Beziehungsshows auf. Während Suchsendungen wenig alltägliche Inhalte behandeln, Infotainment-Magazine und Spielshows das Gespräch in den Hintergrund stellen und es bei letzteren häufig um nicht unbeträchtliche finanzielle Gewinne geht, beinhalten Daily Talks und Beziehungsshows alle Charakteristika gleichermaßen. Im Talk werden die 'wahren' Geschichten von den unprominenten Personen selbst erzählt. In Beziehungsshows werden private Belange darüber hinaus zum Zwecke der medialen Verbreitung vor der Kamera inszeniert. Das Fernsehen dringt auf diese Weise immer weiter in traditionell private Kommunikationsräume vor. In ihrer Gesamtheit verwendet, dienen die Merkmale der 'intimen Formate' somit einer Inszenierung medialer Angebote, die alltäglicher Kommunikation in vielen Aspekten gleichen.

Es stellt sich nunmehr die Frage, warum die Intimisierung medialer Kommunikation in unserer Gesellschaft auf ein derart großes Interesse bei Zuschauern und Teilnehmern stößt. Zum differenzierten Verständnis des medialen Wandels reicht es nicht aus, diesen Erfolg mit dem Aufkommen singulärer Phänomene erklären zu wollen. Vielmehr muß berücksichtigt werden, daß es sich hier um eine überindividuelle Entwicklung handelt. Es liegt somit nahe zu vermuten, daß gesellschaftliche Veränderungen an dem Interesse für die Veröffentlichung von Privatem im Fernsehen nicht unbeteiligt sind. Daher werden im folgenden Kapitel gesamtgesellschaftliche Zusammenhänge als Voraussetzung für den Wandel von (medialer) Kommunikation aufgezeigt. Auf der Grundlage medienpsychologischer Konzepte werden empirische Ergebnisse als Belege spezifischer Bedeutungs- und Wirkungsdimensionen der medialen Intimisierung für die Wirklichkeit der Zuschauer und Teilnehmer herangezogen.

3 Stand der Forschung

Die Sendungen, in denen unprominente Personen ihr privates Schicksal im Fernsehen publizieren, wurden in ihrer Entwicklung aufgezeigt und unter Berücksichtigung ihrer typischen Charakteristika beschrieben (vgl. Kapitel 2). In der öffentlichen Diskussion werden sowohl die Teilnehmer als auch die Zuschauer dieser Sendungen häufig im Bereich des Pathologischen angesiedelt (vgl. Kapitel 1). In Anbetracht der anhaltend hohen Einschaltquoten, der permanenten Lancierung derartiger Konzepte sowie der massenhaften Bewerbungen zur Teilnahme an diesen Sendungen ist es jedoch wenig wahrscheinlich, daß alle Zuschauer als Voyeure und alle Studiogäste als Exhibitionisten zutreffend und ausreichend beschrieben werden können. Da es sich hierbei nicht um singuläre Erscheinungen handelt, mit Hilfe derer vereinzelte Zuschauer und Teilnehmer ihre abnormen Bedürfnisse befriedigen, muß die zunehmende Intimisierung medialer Kommunikation vielmehr als ein kollektives Phänomen verstanden werden. Dieses berührt sowohl soziologische als auch medien- und sozialpsychologische Themenbereiche. Die theoretischen Ausführungen sind daher interdisziplinär angelegt und in vier Abschnitte untergliedert.

Die Auseinandersetzung mit dem Forschungsgegenstand der Kommunikation im und über das Medium 'Fernsehen' legt nahe, zunächst das Phänomen der Kommunikation im allgemeinen zu behandeln. Daher werden in Kapitel 3.1 ('Individuum und Gesellschaft') die grundlagentheoretischen sozialpsychologischen und soziologischen Positionen erörtert. Ausgehend vom Paradigma des Symbolischen Interaktionismus und von der in dessen Tradition stehenden Theorie der Wissenssoziologie wird Kommunikation als grundlegende Voraussetzung für menschliche Existenz aufgefaßt. Die Identität des Einzelnen konstituiert sich dementsprechend im Austausch zwischen Individuum und Gesellschaft. Diese interaktionistische Sichtweise erfordert eine umfassende Betrachtung der gesellschaftlichen Entwicklung als Voraussetzung für die Behandlung des Forschungsgegenstands, da beide Vorgänge in Wechselwirkung miteinander stehen. Pluralisierungs- wie Individualisierungsprozesse, zunehmender Orientierungsverlust und die Herstellung neuer Sinnsysteme werden erörtert.

Auf Grundlage dieser Ausführungen wird in Kapitel 3.2 ('Gesellschaft und Medien') die Bedeutung der Medien und insbesondere die des Fernsehens für den Wandel der Gesellschaft aus soziologischer und medienpsychologischer Perspektive geschildert. Aufgrund seiner strukturellen und inhaltlichen Wirkungsdimensionen wird der Erfolg der forschungsrelevanten Formate – bei Zuschauern und Studiogästen – als logische Konsequenz der gesellschaftlichen Entwicklung aufgefaßt. Deren Aufgabe als sekundärer Sinnproduzent und Identitätsmarkt im Zeitalter der Individualisierung wird dargelegt.

Kapitel 3.3 ('Medien und Individuum') widmet sich den Medienwirkungen bzw. der Mediennutzung aus individueller Perspektive und ist der in Kapitel 3.1 dargelegten grundlagentheoretischen Position des Symbolischen Interaktionismus verpflichtet. Hier werden insbesondere die strukturellen Unterschiede zwischen Vis-à-vis-Kommunikation und Rezeption bzw. dem Gespräch im Fernsehen thematisiert. Zur Erklärung des Rezipientenverhaltens werden dementsprechend medienspychologische Modelle herangezogen, die in der Tradition des Symbolischen Interaktionismus stehen. Dabei wird insbesondere die Bedeutung von medialen Angeboten berücksichtigt, die sich durch die in Kapitel 2.2 beschriebenen und für die Konstitution 'intimer Formate' zentralen Charakteristika auszeichnen. In bezug auf die Person des unprominenten Studiogastes wird die Handlung 'TV-Auftritt' ebenfalls im Sinne des interaktionistischen Ansatzes dargelegt.

Im Hinblick auf die Konzeption der vorliegenden Studie wird abschließend eine Auswahl empirischer Befunde zur Psychologie forschungsrelevanter bzw. verwandter Formate referiert (vgl. Kapitel 3.4). Da innerhalb der deutschen Medienforschung bisher nur wenige Arbeiten zum Thema vorliegen, werden zudem vergleichbare Untersuchungen aus Frankreich, England und den USA herangezogen. Die vorliegenden Befunde belegen die Tragfähigkeit des theoretischen Hintergrundes. Abschließend werden die Erkenntnisse zum Stand der Forschung im Hinblick auf die empirische Analyse zusammengefaßt.

3.1 Individuum und Gesellschaft

3.1.1 Kommunikation und Identität

Im Zentrum des Forschungsinteresses der vorliegenden Arbeit stehen Fernsehgespräche unprominenter Menschen über ihre privaten und intimen Belange, die in Talk- und Beziehungsshows *vor* einem und *für* ein Millionenpublikum inszeniert werden. Zwar unterliegen diese Gespräche aufgrund ihrer Medialität spezifischen Bedingungen, worauf beispielsweise die große Zahl der Kommunikationsteilnehmer, die dem Auftritt vor dem Bildschirm beiwohnen, hinweist. Aber trotz der medienspezifischen Besonderheiten ist das Gespräch im Fernsehen zunächst ein kommunikativer Akt, bei dem ein Sender eine Botschaft an ein Publikum vermittelt. Daher ist es zum Verständnis des Fernsehauftrittes unumgänglich, sich vor der Analyse der medienspezifischen Charakteristika der Gespräche mit dem Phänomen der Kommunikation im allgemeinen auseinanderzusetzen. Dazu wird zunächst die Frage thematisiert, welche Bedeutung Kommunikation – sowohl aus individueller Perspektive als auch im gesamtgesellschaftlichen Zusammenhang – hat.

In diesem Zusammenhang besonders aufschlußreich sind die Ausführungen zum Symbolischen Interaktionismus (MEAD, 1934) sowie in der Tradition dieser Theorie stehender Denkmodelle (vgl. BLUMER, 1973; BERGER & LUCKMANN, 1969). Das vom Symbolischen Interaktionismus propagierte Menschenbild ist insbesondere in Abgrenzung zu dem seiner Zeit in der Wissenschaft vorherrschenden behaviouristischen Paradigma zu verstehen. Mit dem Ziel, eine objektive Wissenschaft aufzubauen, vernachlässigten behaviouristische Denkmodelle innerpsychische Prozesse. Menschliches Verhalten wurde als *Re*aktion auf objektive Umweltreize verstanden und demzufolge ausschließlich objektiv beobachtbares Verhalten als Untersuchungsgegenstand der Psychologie berücksichtigt. Unterschiede zwischen den *Re*agierenden, die auf individuelle Ursachen zurückzuführen sind, wurden nicht in die Analyse einbezogen. Im Gegensatz zu dieser Auffassung wird im Rahmen des Symbolischen Interaktionismus (vgl. MEAD, 1934; BLUMER, 1973) konstatiert, daß menschliches Verhalten überhaupt nur unter Berücksichtigung innerpsychischer Prozesse verständlich sei. Nur unter Einbezug eines Bewußtseins kann beispielsweise erklärt werden, warum ein und derselbe Reiz auf verschiedene Personen bzw. auf eine Person zu unterschiedlichen Zeitpunkten verschiedenartige Wirkungen ausüben kann. Dabei ist das die

Wirkung der Außenreize beeinflussende Bewußtsein selbst nicht a priori gegeben, sondern erwächst in der Interaktion, d.h. in einem wechselseitigen Beeinflussungsprozeß zwischen dem Handelnden und seiner Umwelt. Der Handelnde konstruiert seine Wirklichkeit aktiv auf der Grundlage subjektiver Bedeutungszuweisungen. Diese Bedeutungen selbst entstehen in Interaktionen. Die Fähigkeit, mit anderen kommunizieren zu können, wird folglich als Voraussetzung zur Entwicklung eines Bewußtseins und somit als Grundlage für menschliche Existenz schlechthin aufgefaßt, da Kommunikation die notwendige Bedingung für in sozialer Gemeinschaft existierendes, d.h. menschliches Leben ist.

Ziel des Lebens innerhalb der Gemeinschaft ist der Aufbau einer – sowohl aus gesellschaftlicher als auch aus individueller Perspektive – sinnhaften und konsistenten Lebensbiographie. Diese bietet dem Handelnden die Möglichkeit, längerfristige Handlungspläne zu realisieren und sich auf diese Weise als eine funktionierende Identität, d.h. situationsübergreifend und zeitüberdauernd als eine personale Einheit, zu erfahren. Die Arbeit an der eigenen Identität findet in jeder kommunikativen Handlung statt, denn der Mensch als soziales Wesen kommuniziert im Alltag ständig. In seiner ursprünglichen Form findet der kommunikative Austausch in der Vis-à-vis-Situation statt. In diesem Sinne bemerken BERGER und LUCKMANN (1969): "Die Vis-à-vis-Situation ist der Prototyp aller gesellschaftlichen Interaktion. Jede andere Interaktionsform ist von ihr abgeleitet" (S. 31). Der Austausch der Gesprächspartner läuft dabei nicht nach einem festgelegten Schema ab, sondern, wie im vorhergehenden Abschnitt bereits dargelegt, interpretieren die Kommunikationsteilnehmer ihr eigenes wie das Verhalten des Gegenübers auf der Grundlage subjektiver Bedeutungszuweisungen. Diese Fähigkeit, dem Gegenüber Bedeutungen zuzuweisen bzw. dessen Handlungen zu interpretieren, setzt voraus, daß der Handelnde weiß, wozu er sich verhält. Er muß sich der Existenz des zu interpretierenden Gegenübers bewußt sein, und, da er diesen im Verhältnis zu sich selbst deutet, auch seiner eigenen Person. In der konkreten Interaktion erfolgt dieser als Selbstreflexion bezeichnete Vorgang mit Hilfe einer wechselseitigen Perspektivenübernahme. Der Einzelne nimmt seinen Interaktionspartner dabei einerseits aus seiner eigenen Perspektive wahr. Andererseits versetzt er sich mit Hilfe des sogenannten role-takings (vgl. MEAD, 1934) in die Rolle des Gegenübers. Indem er seine eigenen Handlungen aus dem Blickwinkel des Interaktionspartners wahrnimmt, kann sich der Handelnde in der Situation adäquat verhalten, d.h. er kann seine eigenen Bedürfnisse dem anderen gegenüber kenntlich machen und gleichzeitig den an ihn herangetragenen Anforderungen Rechnung tragen. Auf diese Weise balanciert das Individuum seine Identität. Die Motivation aller kommunikativen Handlungen ist somit eng mit dem Prozeß der Identitätsbildung und -erhaltung verknüpft (vgl. KRAPPMANN, 1969). Diesen Ausführungen entsprechend kann Kommunikation als "Handel um Identität" (KROTZ, 1992, S. 239) aufgefaßt werden.

Zu der im kommunikativen Austausch subjektiv erstellten Wirklichkeit tragen "alle oder wenigstens die meisten Anderen, denen der Einzelne im Alltagsleben begegnet, [...] auf beachtliche Weise" (BERGER & LUCKMANN, 1969, S. 160) bei. BERGER und LUCKMANN (1969) heben in diesem Zusammenhang die Bedeutsamkeit des Alltagsgesprächs hervor:

> "Das notwendigste Vehikel der Wirklichkeitserhaltung ist die Unterhaltung. Das Alltagsleben des Menschen ist wie das Rattern einer Konversationsmaschine, die ihm unentwegt seine subjektive Wirklichkeit garantiert, modifiziert und rekonstruiert. Unterhaltung bedeutet natürlich in erster Linie, daß Menschen miteinander sprechen. [...] Entscheidend ist jedoch, daß der größere Teil der Wirklichkeits-'Unterhaltung' implizit, nicht explizit, im Gespräch, stattfindet. Nur die wenigsten Gespräche drehen sich mit vielen Worten um das Wesen der Welt. Unsere Wirklichkeitsbestimmung vollzieht sich vielmehr vor dem Hintergrund einer Welt, die schweigend für gewiß gehalten wird. [...] Wenn man das zugibt, so wird man bald einsehen, daß der größte Teil, wenn nicht die gesamte tägliche Konversation, die subjektive Wirklichkeit sichert" (S. 163f.).

Dennoch sind die subjektiven Interpretationen, auf deren Grundlage der Einzelne fortlaufend seine Wirklichkeit konstruiert, keine rein individuelle Angelegenheit, sondern es muß zumindest ein gewisses Maß an Übereinstimmung zwischen den Kommunikationspartnern gegeben sein, damit diese sich verständigen können. Hier werden die gesellschaftlichen Dimensionen des Handelns offenkundig, beispielsweise am Phänomen der Sprache. Das Symbolsystem der Sprache beruht auf einer willkürlichen und intersubjektiv vereinbarten Sinnzuweisung zu allgemein als bedeutsam definierten Zeichen. Ohne diese Übereinstimmung bleiben die im Rahmen der Kommunikation verwendeten Zeichen bedeutungslos. Diese kollektive Sinnzuweisung, die das

Zusammenleben innerhalb einer Gemeinschaft erst möglich macht, bezieht sich aber nicht nur auf Menschen und Gespräche, sondern darüber hinaus auf alles Erfahrbare – Handlungen, Dinge und Strukturen – gleichermaßen (vgl. BLUMER, 1973). Mit Strukturen sind gesellschaftliche Ordnungen gemeint, so etwa objektiv vorgegebene Handlungsmuster (vgl. MEAD, 1934; BERGER & LUCKMANN, 1969), die als Rollen bezeichnet werden. Mittels Rollen verleibt sich der Einzelne die für alle Gemeinschaftsmitglieder verbindliche sinnhafte gesellschaftliche Wirklichkeit ein. Gleichzeitig dient die Festlegung des Rollenträgers auf eine (oder mehrere) Rollen der gesellschaftlichen Kontrolle des Individuums, da definiert ist, was zur Ausübung der jeweiligen Rolle gehört und was nicht. Rollen repräsentieren somit die Gesellschaftsordnung.

Darüber hinaus bietet die Festlegung auf eine überschaubare Anzahl von Rollen dem Einzelnen Verhaltenssicherheit beim Ausüben der Rolle. Im ökonomischen Sinne verschafft sie eine "psychologische Entlastung" (BERGER & LUCKMANN, 1969, S. 57) für den Einzelnen. Indem sie diesen davon entbindet, zwischen einer unüberschaubaren Vielzahl von Handlungsoptionen wählen zu müssen, nimmt sie dem Individuum die "Bürde der Entscheidung" (BERGER & LUCKMANN, 1969, S. 57) ab. BERGER und LUCKMANN (1969) bemerken: "Eingefahrene Bedeutungen, die der Mensch seiner Tätigkeit verliehen hat, erübrigen es, daß jede Situation Schritt für Schritt neu bestimmt werden muß" (BERGER & LUCKMANN, 1969, S. 57). Dennoch sind Rollenvorgaben nicht statisch, sondern werden vom Individuum beim Ausüben gleichermaßen modifiziert. Auf lange Sicht führt das Verhalten der Gesellschaftsmitglieder wiederum zur Veränderung der Gesellschaft. In diesem Sinne beeinflußt der Einzelne in seinen Handlungen die gesellschaftliche Entwicklung. Gesellschaft und Individuum sind somit nicht als statisch, sondern als ein dialektischer Prozeß zu verstehen, der fortlaufenden Veränderungen unterliegt (vgl. BERGER & LUCKMANN, 1969).

3.1.2 Identität und gesellschaftliche Sinnvorgaben

Kollektive Sinnvorgaben und Handlungsorientierungen münden in einem Geflecht komplizierter Beziehungen in die Konstruktion einer Gesellschaft. Verwaltet von zentralen Institutionen gewährleisten sie ein funktionierendes Zusammenleben. Jahrhundertelang haben die Institutionen 'Kirche', 'Familie' und 'Staat' diese Aufgaben übernommen. Sie stellten Verhaltensvorgaben auf und lenkten auf diese Weise das Handeln der Mitglieder, ohne Rücksicht darauf zu nehmen, welche alternativen Handlungen theoretisch möglich wären (vgl. BERGER & LUCKMANN, 1969). Aus gesellschaftlicher Perspektive diente diese Vorgehensweise der Kontrolle des sozialen Verhaltens zum Zwecke der Sicherung der institutionellen Macht. Um nicht legitimierte, d.h. von der gemeinsamen Sinnordnung abweichende Verhaltensmuster zu sanktionieren, wurden entsprechende Maßnahmen eingeführt. Zur Kontrolle abnormer Fälle dient zum einen die Nihilierung (vgl. BERGER & LUCKMANN, 1969), worunter die Liquidierung abweichenden Verhaltens verstanden werden soll. Zum anderen wurde die Therapie eingeführt, welche den Verlust der gemeinsamen Sinnorientierung durch den Einzelnen verhindern soll.

> "Da jede Gesellschaft mit der Gefahr individueller Abweichung rechnen muß, ist Therapie in dieser oder jener Form wahrscheinlich ein globales gesellschaftliches Phänomen. Ihre besonderen institutionellen Methoden, von der Teufelsaustreibung bis zur Psychoanalyse, von der Seelsorge bis etwa zur Ehe- und Berufsberatung, gehören in die Kategorie soziale Kontrolle" (BERGER & LUCKMANN, 1969, S. 121).

Aus individueller Sicht bietet Gesellschaft dem Individuum somit Orientierungshilfen an, indem sie dem Einzelnen Sinnangebote und Verhaltensvorgaben vermittelt und auf diese Weise maßgeblich zum Aufbau der subjektiven Ordnung und zur Stabilisierung der Identität beiträgt. In diesem Sinne schreibt REICHERTZ (1996) der Religion bzw. der Institution Kirche "eine unverzichtbare Hilfe bei der kollektiven wie individuellen Identitätsfindung [zu], bei der Entwicklung individueller und sozial geteilter Handlungsorientierung, bei der Bearbeitung gesellschaftlicher wie individueller Problemlagen [...]. Aber die Religion (und die Institution 'Kirche') bot bislang noch mehr: sie stellte eine Fülle von ihr entwickelter Formen und Praktiken zur Verfügung, mit deren Hilfe Alltag strukturiert und leichter gemacht wurde. So wurden alle kontigenzanfälligen Ereignisse menschlichen Lebens (Aufnahme in die Gesellschaft, Heirat, Tod etc.) von ihr und ihren Formen begleitet und halbwegs beherrschbar gemacht" (S. 6). Die sich in der Gesamtheit aller kommunikativen Austauschprozesse bildende Identität des Einzelnen ist somit kein individuelles Phänomen, sondern "im Grunde eine gesellschaftliche Struktur und erwächst aus der gesellschaftlichen Erfahrung" (MEAD, 1934, S. 182).[8]

[8] Die Zitate wurden nicht der englischen Originalausgabe, sondern der deutschen Erstausgabe von 1973 entnommen, in der die zitierten Textstellen entsprechend den angegebenen Seitenzahlen zu finden sind.

Diese gesellschaftliche Struktur war aufgrund der mit der christlichen Weltsicht bzw. dem kirchlichen Monopol verbundenen Vereinheitlichung der Sinnorientierung in unserer Gesellschaft jahrhundertelang verhältnismäßig konstant. In einer überschaubar strukturierten, wenig differenzierten Umwelt ohne Medienkonkurrenz, in der der Einzelne fast alle für sein Leben relevanten Erfahrungen aus erster Hand machen konnte, war er mit einer begrenzten Anzahl von Rollen, z.B. als Arbeitnehmer und Familienvater, ausreichend gerüstet. Der kommunikative Austausch von Individuum und Gesellschaft, der zum Aufbau subjektiver Identität sowie zur Entstehung objektiver Wirklichkeit beitrug, zeichnete sich somit in der Vergangenheit insbesondere dadurch aus, daß er einen für alle Gesellschaftsmitglieder gleichermaßen gültigen Sinn hervorbrachte. Im Zuge der letzten Jahrhunderte hat sich unsere Gesellschaft hinsichtlich der Strukturierung und Differenziertheit maßgeblich verändert. Die Thematisierung der Chancen, die der gesellschaftliche Wandel aufgrund der Vermehrung der Handlungsoptionen für das Leben des Einzelnen mit sich bringt, ist Gegenstand des folgenden Kapitels.

3.1.3 Gesellschaftlicher Wandel und Pluralisierung der Lebensstile

Wie im vorhergehenden Kapitel dargelegt, sind Gesellschaft und Individuum als dialektischer Prozeß zu verstehen (vgl. BERGER & LUCKMANN, 1969). Sinnhafte soziale und damit menschliche Existenz schlechthin konstituiert sich über kommunikativen Austausch und trägt zum Aufbau subjektiver Identitäten wie zur Entstehung kollektiver Wirklichkeit bei, worunter Gesellschaft in Form von institutionellen Ordnungen verstanden werden soll.

Solange Gesellschaft und die in ihr lebenden Individuen einer gemeinsamen und für alle gleichermaßen verbindlichen Sinnorientierung folgten, war das Leben des Einzelnen überschaubar und klar strukturiert. Anders verhält es sich in Gemeinschaften, in denen diese klaren Handlungsorientierungen infolge grundlegender Veränderungen ihre Verbindlichkeit verloren haben. Die Rede ist von "hochmobilen und nach Rollen differenzierten" westlichen Gesellschaften (BERGER & LUCKMANN, 1969, S. 161f.) wie der unseren, in der sich im Zuge einer fortschreitenden Modernisierung seit Beginn des 19. Jahrhunderts ein "kategorialer Wandel im Verhältnis von Individuum und Gesellschaft" (BECK, 1986, S. 205) beobachten läßt. Mit Modernisierungsvorgängen sind Industrialisierungsprozesse und damit verbunden Verstädterung, Migration, Bevölkerungswachstum und nicht zuletzt das Aufkommen der

Massenkommunikation gemeint. Diese Entwicklungen, die einhergehen mit einer Erweiterung der gesellschaftlichen Wissensbestände, sind verbunden mit dem Aufbau neuer Ordnungen, so beispielsweise im Bereich der Arbeitsabläufe. Diese werden immer komplexer und müssen daher in zunehmend spezialisiertere Arbeitsbereiche aufgeteilt werden. Je differenzierter eine Gesellschaft ist – insbesondere durch Anhäufung von Wissen und die damit verbundene Notwendigkeit der Arbeitsteilung –, desto eher ist anzunehmen, daß sich spezifische Rollen herausbilden, deren Ausübung mit der Aneignung von speziellem Wissen verbunden ist.

Das Resultat dieser Entwicklung ist eine prinzipielle "Steigerung der Erlebens-, Handlungs- und Lebensmöglichkeiten" (GROSS, 1994, S. 14). Diese manifestiert sich in einer gesellschaftlichen Struktur, die sich durch eine "Koexistenz verschiedener Wertordnungen und Wertordnungsfragmente [...] und somit das Nebeneinander sehr unterschiedlicher Sinngemeinschaften" (BERGER & LUCKMANN, 1995, S. 30), sogenannter Subsinnwelten (vgl. BERGER & LUCKMANN, 1969), auszeichnet. Dieser mannigfaltige Charakter der 'Multioptionsgesellschaft' (vgl. GROSS, 1994) zeigt sich in zentralen Institutionen wie der 'Demokratie' und der 'Marktwirtschaft', denn hier wird die Möglichkeit zur Wahl zum Prinzip erhoben (vgl. BERGER & LUCKMANN, 1995). So ist beispielsweise im Bereich des Konsums die Differenzierung von Produkten mittlerweile so weit fortgeschritten, daß jeder Käufer das speziell für seine Zwecke optimal zugeschnittene Produkt wählen kann. Mit dieser individualisierten Produktion werden die Wahlmöglichkeiten immer weiter gesteigert: "So viele Individuen – so viele Optionen" (GROSS, 1994, S. 47). Darüber hinaus ist die Festlegung auf ein Produkt nicht mehr unbedingt mit der Beschränkung auf eine Option gleichzusetzen. GROSS (1994) illustriert diesen Umstand wie folgt:

> "Die Multioptionsgesellschaft wird darüber hinaus in die Produkte selber eingebaut. Es wird multifunktional sichergestellt, daß sich bei der Wahl einer Option gleichzeitig weitere Optionen wahrnehmen lassen. Von Wendejacken bis zu den multifunktionalen Freizeitzentren und den Uhren, die auch all jene Zeiten anzeigen, die ich gerade nicht habe, reicht das Angebot" (S. 47).

Die Möglichkeit zu wählen beschränkt sich nicht auf Konsumgüter, sondern findet sich in allen elementaren Bereichen des Lebens, so beispielsweise hinsichtlich des zu ergreifenden Berufes. Daß dieser überhaupt 'gewählt' werden kann, ist bereits eine Folge der Enttraditionalisierung. GROSS (1994) bemerkt hierzu: "Ich weiß nicht, ab welcher Zeit man von Berufswahl gesprochen hat. Noch im letzten Jahrhundert hat man gemeinhin den Beruf ergriffen, den der Vater ausgeübt hat. Es gab keine Alternative, keine Wahl" (S. 49). Diese traditionellen Vorgaben, die nicht nur in der Familie, sondern auch innerhalb der Berufsverbände, in den sogenannten Innungen – und hier sogar gesetzlich –, zwingend vorgeschrieben waren, haben im Zuge der durch Spezialisierung notwendig gewordenen Arbeitsteilung ihre Daseinsberechtigung verloren. Neue Berufe entwickeln sich so schnell, daß sie teilweise kaum noch Generationen überdauern, folglich kann die Ausbildung von Traditionen immer weniger realisiert werden. Zählte man um 1700 noch 200 verschiedene Berufe, so sind es heute 30.000 (vgl. GROSS, 1994). Ein weiterer in diesem Zusammenhang bedeutsamer Umstand besteht darin, daß mit der einmaligen Wahl eines Berufes die diesbezüglich getroffenen Entscheidungen für den Einzelnen heutzutage nicht abgeschlossen sind. Im Gegenteil ist es höchstwahrscheinlich, daß gegenwärtig nicht mehr ein einziger Beruf auf Lebenszeit ausgeübt wird, sondern immer wieder neue Entscheidungen notwendig werden.

Ähnliches wie für den Beruf kann für partnerschaftliche Bindungen konstatiert werden, deren strukturelle Veränderungen BECK und BECK-GERNSHEIM (1990) im Wandel der Zeit schildern. Im Gegensatz zu heute gab es im vorindustriellen Zeitalter kaum Beziehungen, die aus einer Partnerwahl als Folge eines Liebesverhältnisses resultierten. Ganz im Gegenteil waren die Beweggründe für die Verheiratung eines Paares meist Angelegenheiten ganzer Familien bzw. Sippen und vor dem Hintergrund wirtschaftlicher wie statusbedingter Bedürfnisse zu erklären. Aufgrund traditioneller Festlegungen war die Auswahl des Partners bzw. der Partnerin schon in bezug auf Status, Besitz, Rasse und Religion streng reglementiert. Diese Zwänge führten insbesondere zu einer Benachteiligung derer, die bezüglich der aufgeführten Kriterien am unteren Ende der Skala standen, so z.B. durch niedrigen Stand oder nicht vorhandenen Besitz. Ähnlich benachteiligt waren Partner, die gegen ihren Willen qua Familienentscheid zur Heirat gezwungen wurden, wie auch jene, die aufgrund unüberwindlicher familiärer Diskrepanzen trotz andersgearteter persönlicher Interessen nicht heiraten durften. Die Reglementierungen führten damit zu drastischen Einschränkungen des Handlungsspielraums; boten dem Einzelnen aber auch Sicherheit und Stabilität. So waren ähnliche Ansichten der Ehepartner – beispielsweise bezüglich der Lebensführung –

schon aufgrund der gemeinsamen Herkunft oder der vergleichbaren finanziellen Situationen zu erwarten.

Der Wandel der Gesellschaft hat grundlegende Veränderungen in bezug auf die Partnerschaftsauswahl mit sich gebracht. Die Moderne, so BECK und BECK-GERNSHEIM (1990), bietet mehr Freiheit. Standesschranken und unterschiedliche Religionszugehörigkeit beispielsweise sind heutzutage kaum mehr ein Hinderungsgrund für die Entstehung einer Beziehung. Darüber hinaus muß Partnerschaft nicht mehr traditionell als heterosexuelle Lebensgemeinschaft bzw. als Familie angelegt sein, homosexuelle und auch polygame Lebensformen werden zunehmend gesellschaftsfähig. Schließlich ist es auch möglich, sich gegen Partnerschaft und Familie schlechthin zu entscheiden. Aus der Negation dieser Lebensformen resultiert das sich in unserer Gesellschaft zunehmend etablierende Single-Dasein. In bezug auf alle diese Alternativen potentiell realisierbarer Lebensformen verhält es sich wie mit der Wahl des Berufes: all diese Optionen sind für jeden Einzelnen nicht nur einmal und auf Lebenszeit, sondern für jeden Lebensabschnitt immer wieder neu wählbar.

Diese Ausführungen verdeutlichen, daß Biographien und Lebensläufe nicht mehr einheitlich gegliedert sind und nicht mehr in einem unbedingten Zusammenhang zu dem biologischen Alter stehen, sondern in jeder Hinsicht beliebig werden. Die möglichen Spannen, in denen Familien gegründet, und die Zeitpunkte, zu denen Karrierehöhepunkte erlebt werden, variieren nach dem jeweils individuell gewählten Lebenslauf. Die Mitglieder unserer Gesellschaft verfügen nur noch bedingt über eine einheitliche Weltanschauung. Diese Entwicklung hat eine grundlegende Veränderung der Beziehung des Handelnden zur auszuführenden Handlung sowie zur hiermit in Verbindung stehenden persönlichen Lebensauffassung zur Folge. Mit der Wählbarkeit wird die Verantwortlichkeit für den gewählten Lebensstil in die Individuen selbst hineinverlegt.

Zusammenfassend wird konstatiert, daß alle Bereiche des Lebens durchoptioniert werden und dem Individuum eine Fülle von Sinnangeboten zur Auswahl stellen. "Diese traumhafte Lebensstimmung dringt und trieft in die Poren der Gesellschaft und weckt überall das unendliche Begehren nach Mehr" (GROSS, 1994, S. 62)!

In diesem Sinne formulieren auch BECK und BECK-GERNSHEIM (1990):

> "Die Schranken, die dem menschlichen Handeln früher gesetzt waren – die Gebote von Gott und Natur, Herkunft und Stand –, werden immer weiter zerrieben. Die Folge ist, daß bei der Definition von Zielen keine Unterbrecher, keine Stoppregeln mehr eingebaut sind. Was statt dessen zur Handlungsnorm wird, ist das Gebot der Steigerung: Noch schneller! noch größer! noch schöner!" (S. 124).

Die negativen Konsequenzen, die die pluralistische Welt und das Gebot der Steigerung für subjektive Wirklichkeit und Identität mit sich bringen, sind Gegenstand des nächsten Kapitels.

3.1.4 Pluralisierung, Individualisierung und Orientierungsverlust

Im vorhergehenden Kapitel wurde die Vermehrung von Handlungsoptionen im Zuge der Industrialisierung und Modernisierung unserer Gesellschaft dargestellt, sowie die aus dieser Entwicklung resultierenden Chancen für den Einzelnen. Aber die beschriebenen Neuerungen bergen nicht nur Freiheit und Selbstbestimmung, sondern gehen gleichzeitig einher mit einem zunehmendem Maß an Unsicherheit für den Einzelnen. Denn für diesen ist die Möglichkeit zur Wahl immer auch verbunden mit einem Wahlzwang. BECK (1986) schreibt: "Die Entscheidungen über Ausbildung, Beruf, Arbeitsplatz, Wohnort, Ehepartner, Kinderzahl usw. mit all ihren Unterunterscheidungen können nicht nur, sondern müssen getroffen werden" (S. 216). Die möglichen Bewertungen der Wirklichkeit in bezug auf die eigene Person müssen dementsprechend permanent vom Handelnden selbst generiert werden. Dabei sind Sinnkrisen vorprogrammiert, denn jede der unzähligen zu fällenden Entscheidungen kann potentiell eine Fehlentscheidung sein, die für das Individuum negative Konsequenzen mit sich bringt. BERGER und LUCKMANN (1995) unterscheiden hier zwischen subjektiven und intersubjektiven Sinnkrisen. Erstere ergeben sich, wenn die Bezugspersonen kein konsistentes Verhalten der eigenen Person gegenüber an den Tag legen und sich der Handelnde aufgrund dieser als divergierend erfahrenen Reaktionen auf die eigene Person nur schwer als personale Einheit, d.h. funktionierende Identität, erfährt.

Intersubjektive Sinnkrisen hingegen basieren auf der fehlenden Übereinstimmung zwischen der Handlungsorientierung eines Individuums und derer, der für dieses bedeutsamen anderen Personen. Dieser Umstand hat zur Folge, daß keine Übereinstimmungen in bezug auf eine gemeinsame Lebensführung mehr gegeben sind, so beispielsweise in der Ehe, die aufgrund fehlender Sinnübereinstimmungen nicht mehr erhalten werden kann. BERGER und LUCKMANN (1995) heben die zunehmende Orientierungslosigkeit, in die der Einzelne aufgrund subjektiver und intersubjektiver Sinnkrisen bei der Planung seines Lebens und der Bestimmung seiner Identität gerät, hervor:

> "Welt, Gesellschaft, Leben und Identität werden immer stärker problematisiert. Sie können vielfältigen Deutungen unterworfen werden, und jede Interpretation ist mit eigenen Handlungsperspektiven verknüpft. Keine Deutung, keine Perspektive kann mehr als allein gültige und fraglos richtige übernommen werden. Deshalb stellt sich dem einzelnen nicht selten die Frage, ob er sein Leben nicht auf eine ganz andere Art und Weise führen sollte, als er es bisher getan hat" (S. 44f.).

Konkret lassen sich diese zunehmend hohen Anforderungen an den Einzelnen bei der Erstellung und Erhaltung seiner Identität am Beispiel der Partnerwahl illustrieren. Eindeutig definierte äußere Vorgaben werden durch zunehmend individuelle innere Beweggründe abgelöst. Subjektive Qualitäten wie das Gefühl bestimmen die Partnerwahl, klare Vorgaben machen einer Vielzahl wählbarer Optionen Platz. Für die Identität des Einzelnen ergeben sich grundlegende Veränderungen. An die Stelle gesellschaftlicher Traditionen rückt das 'Ich', das nunmehr im Zentrum aller Entscheidungen (vgl. BECK, 1986) steht. MEAD (1934) kontrastiert die Gegensätze gering strukturierter und hochdifferenzierter Gesellschaften in bezug auf die Identitätsproduktion des Einzelnen folgendermaßen:

> "Einer der Unterschiede zwischen einer primitiven und einer zivilisierten menschlichen Gesellschaft ist der, daß in der primitiven Gesellschaft die einzelne Identität bezüglich ihres Denkens und Verhaltens viel weitgehender vom allgemeinen Muster der organisierten Tätigkeit bestimmt wird, [...], als dies in der zivilisierten Gesellschaft der Fall ist. In anderen Worten, die primitive menschliche Gesellschaft bietet viel weniger Raum für Individualität" (S. 299).

Für den Menschen in der modernen Gesellschaft folgt daraus, daß er sich zwischen verschiedenen Wirklichkeiten und daraus folgenden Identitäten entscheiden kann, aber auch muß (vgl. BERGER & LUCKMANN, 1969). Dieser Umstand bedeutet, daß sich der Aufbau einer funktionierenden Identität im Zuge der Individualisierung in die Handelnden selbst hinein verlagert hat. Die Entstehung individualisierter Sinnsysteme und Handlungsorientierungen, die aus dem Rückzug auf das Selbst resultieren, aber auch das Aufkommen neuer kollektiver, wenn auch nicht für alle Gesellschaftsmitglieder gleichermaßen verbindlicher Handlungsmuster, wird im folgenden Kapitel dargelegt.

3.1.5 Neue Sinnsysteme: Selbstbezug und Subgruppenbildung

Selbstbezug

Die Ausführungen der Bamberger Schule (vgl. BECK, 1986; SCHULZE, 1992; GROSS, 1994) veranschaulichen die Enttraditionalisierung und die mit dieser verbundenen Tendenz zur Individualisierung in unserer Gesellschaft. An Stelle einer einheitlichen und für alle Gesellschaftsmitglieder gleichermaßen verbindlichen Sinnorientierung ist eine Vielzahl potentiell realisierbarer Lebensauffassungen in allen Daseinsbereichen getreten. Die zunehmend "individuierte Sinnstiftung" (HAHN, 1982, S. 423) ist Angelegenheit des Einzelnen. Dieser Umstand bedeutet, daß alle Bedürfnisse und Vorstellungen in bezug auf die Lebensführung aus subjektiver Perspektive interpretiert werden und die eigene Zufriedenheit den Maßstab für ein erfolgreiches Leben bildet. Wurde früher "das Ich der vorgestellten Ordnung der Welt zugeordnet" (SCHULZE, 1992, S. 314), verhält es sich heutzutage zunehmend umgekehrt, wird "die Welt dem vorgestellten Ich [zugeordnet]. Bei diesem Bauplan der Wirklichkeitskonstruktion wird das, was außen ist, auf die innere Ordnung bezogen: der Beruf, der Partner, die Wohnung, der tägliche Konsum. Normale existentielle Problemdefinition ist Selbstverwirklichung, die Entfaltung des Inneren Kerns. Die Situation soll so eingerichtet sein, daß diese Entfaltung möglich ist" (SCHULZE, 1992, S. 314f.).

Erlebnis- und Konsumorientierung

Diese Funktionalisierung der äußeren Umstände für das Innenleben (vgl. SCHULZE, 1992) hat einen Bedeutungswandel kommunikativer Handlungen schlechthin zur Folge. In diesem Sinne werden Handlungen nicht mehr äußeren Vorgaben gemäß ausgeführt, sondern – da sie der Befriedigung subjektiver Bedürfnisse dienen – will der Handelnde auch die Durchführung der Handlung als subjektiv lohnend erfahren. Somit ist immer weniger das Ziel einer Handlung von Interesse, vielmehr rückt das Erleben derselben im Rahmen des Wunsches nach einer persönlich als zufriedenstellend empfundenen

Lebensführung in den Vordergrund. SCHULZE (1992) hält in seinen Ausführungen zur 'Erlebnisgesellschaft' fest: "Erlebnisse werden [...] nicht bloß als Begleiterscheinung des Handelns angesehen, sondern als dessen hauptsächlicher Zweck" (S. 41).

Essen dient nicht mehr nur der Nahrungsaufnahme, das Auto nicht mehr nur der Fortbewegung und Kleidung nicht mehr nur dem Schutz vor Kälte. In allen Bereichen des Lebens nimmt die Erlebnisorientierung zu und in der Marktwirtschaft der 'Multioptionsgesellschaft' (vgl. GROSS, 1994) haben sich ganze Wirtschaftszweige entwickelt: Erlebnisreisen und Erlebniskaufhäuser sind Manifestationen dieser Entwicklung (vgl. HARTMANN & HAUBL, 1996). Im Extremfall können die ausgeführten Handlungen für sich genommen völlig sinnfrei sein, wie beispielsweise die Extremsportart des Bunjee-Springens. Einziger Sinn und Zweck ist der Handlung ist deren Durchführung und damit das Erleben des Selbst in der Situation. Diese und ähnlich geartete Aktivitäten resultieren aus der zunehmenden Innenorientierung und dem Drang nach Erlebnissen, der aus sich heraus auf eine permanente Steigerung hin angelegt ist. In diesem Zusammenhang bedeutsam ist ein kollektiver Lebensstil, der von SCHULZE (1992) als 'Spannungsschema' bezeichnet wird. Es handelt sich hierbei um eine in unserer Gesellschaft vermehrt zu beobachtende Grundorientierung, die sich durch die Flucht vor Langeweile und die Suche nach Spannung und Abwechslung auszeichnet, welche durch eine Stimulation mit starken Erlebnisreizen befriedigt werden kann. Diese extreme Fokussierung des Erlebens auf die eigene Person wird von SCHULZE (1992) mit dem Begriff "Narzißmus" (S. 157) benannt und am Beispiel des Popstars visualisiert, der das Erleben der eigenen Person durch die Aufmerksamkeit eines ihn bewundernden Publikums zusätzlich intensiviert.

Der ständigen Vergrößerung der Angebote des Erlebnismarktes steht eine wachsende Nachfrage gegenüber, die sich auf anhaltend expandierende Reallöhne und die immer größer werdende verfügbare Freizeit in unserer Gesellschaft gründet. Der Konsum von Erlebnissen dient der Verwirklichung der selbstgewählten Lebensauffassung: "Erlebnisorientiertes Handeln zielt auf ein Zentrum, das im Handelnden selbst liegt. Was auch immer das Erlebnisziel sein mag, innenorientierte Konsummotivation will auf einen subjektiven Prozeß hinaus" (SCHULZE, 1992, S. 429). Die zunehmende Konsumorientierung steht somit im zentralen Zusammenhang zur Identitätsbildung und -erhaltung, denn das Vorhandensein von Geld ermöglicht die Realisation von Erlebnissen, die im Rahmen des Wunsches nach Selbstverwirklichung vollzogen werden. Allerdings sind Erlebnisse alleine "(noch) keine Erfahrungen. Erfahrung gewinnt nur, wer Erlebnisse verarbeitet: [...] sie kommunikativ reflektiert und dadurch psychosozial integriert" (HARTMANN & HAUBL, 1996, S. 12). Im kommunikativen Prozeß, der sowohl reflexiv, also nur im Dialog mit sich selbst (vgl. BLUMER, 1973), als auch im Austausch mit anderen Personen stattfinden kann, dient die Verarbeitung von Erlebnissen und letztlich allen kommunikativen Akten zur Selbstbestimmung, d.h. zur Identitätsbildung und -erhaltung. Der Handelnde interpretiert sein eigenes Tun im Verhältnis zu anderen wie auch in bezug auf die eigene Person zu anderen Entwicklungszeitpunkten und bestimmt auf diese Weise seinen Standort im sozialen Gefüge.

Institutionalisierte Bekenntnisformen

Dieser Vorgang findet im Alltag meist implizit statt (vgl. Kapitel 3.1.1), aber es existieren auch explizite Formen der Selbstthematisierung, so traditionell die Beichte im Rahmen der christlichen Seelsorge. KEPPLER (1994) bemerkt:

> "Wir kennen die Beichte als eine Form eines institutionalisierten Bekenntnisses, die als eine Form der 'Selbstthematisierung' für die Identitätsbildung eines Individuums über Jahrhunderte hinweg von großer Bedeutung war. In der modernen Gesellschaft der Gegenwart allerdings, in der die Vielzahl der Gruppen, denen wir angehören, es ausschließt, daß wir auf ein einheitliches Selbst fixiert werden, sind Selbstthematisierungen zwar nicht etwa bedeutungslos geworden, aber ihr Charakter hat sich [...] stark gewandelt" (S. 107).

Diese Wandlung des Charakters von Selbstthematisierungen resultiert aus der Enttraditionalisierung, aufgrund derer die Religion und somit auch die kirchliche Seelsorge ihren Monopolcharakter verloren hat. Innenorientierte Lebensauffassungen haben öffentliche Angelegenheiten in den Hintergrund treten lassen und politische Kategorien in psychologische verwandelt. Im Sinne einer Psychologisierung wurde das Selbst zum gesellschaftlichen Grundprinzip (vgl. SENNETT, 1983). Infolge dieser Entwicklung haben neue und unterschiedlichste Angebote der Selbstthematisierung großen Erfolg. Selbsterfahrungsgruppen und verschiedenste Therapieformen dienen dem Einzelnen, der den Halt in einer Gesellschaft mit einer unüberschaubaren Vielzahl von Handlungsoptionen verloren hat, als Möglichkeit, sich zu orientieren und seinen persönlichen Standort innerhalb der Gemeinschaft zu bestimmen.

Bekenntnisse 'in foro interno'

Das Resultat der Selbstthematisierung ist eine generelle Rationalisierung der Lebensführung. Introspektive Arbeit an der eigenen Person führt zu einem gesteigerten Gefühl und Bewußtsein für das unverwechselbare Selbst (vgl. HAHN, 1982). Autobiographische Selbstbehandlungsformen wie beispielsweise das Schreiben eines Tagebuches als ein "biographische Selbstvergewisserung ermöglichendes Bekenntnis" (HAHN, 1982, S. 420) verdeutlichen, daß Bekenntnisse nicht immer nur vor anderen abgelegt werden müssen, sondern daß die Bestimmung der eigenen Identität auch ausschließlich vor sich selbst, d.h. "foro interno" (HAHN, 1982, S. 407), stattfinden kann. HAHN (1982) hält fest: "Die Beichte oder jede reale Kommunikation über unser Inneres führt dazu, daß ursprünglich kaum greifbare, flüchtigste Regungen der Seele zu objektiven Größen werden" (S. 423). Die Interpretation der inneren Vorgänge dient der Sinnstiftung in bezug auf die eigene Lebensführung. Darin liegt die Hauptfunktion der Selbstfindungsprozeduren: "Sich selbst als zeitliches Ganzes gewinnt man im Bekenntnis" (HAHN, 1982, S. 426). Und da der Aufbau der Lebensbiographie in unserer heutigen Gesellschaft sehr variabel ist und immer wieder neu gewählt werden kann, muß die aus der Konstruktion einer zufriedenstellenden subjektiven Realität resultierende Identität immer wieder überprüft und gegebenenfalls revidiert werden. Das in der Kommunikation (in foro interno oder mit anderen) vollzogene Bekenntnis gibt dem Handelnden Antworten auf die Fragen: 'Wer bin ich?' und 'Wo stehe ich?'

Selbstorganisation und Subgruppenbildung

Freiheiten in bezug auf die Wählbarkeit des individuellen Lebenssinns geben dem Handelnden die Möglichkeit, sich an der kulturellen und politischen Dynamik, die das Bild unserer heutigen Gesellschaft prägt, aktiv zu beteiligen. Im Sinne einer "Selbst-Kultur" (BECK, 1997, S. 183) organisiert er seine Vorstellungen vom Leben, in welchen Bereichen auch immer. Der Begriff "Selbstorganisation" (BECK, 1997, S. 184) ist "zu unterscheiden von dem der Mit-Bestimmung, welcher eine hierarchische Trennung von Kompetenzen und Entscheidungsbefugnissen voraussetzt und die Frage regelt, wer daran wie beteiligt ist. Selbstorganisation beansprucht, was in der Mitbestimmung noch verweigert wird, eben das Recht, Angelegenheiten, die Bürgern wesentlich erscheinen, in eigener Regie zu tun. [...] Während im [...] politischen

Handeln der Bürger weitgehend als ein andere ermächtigendes, stellvertretendes Handeln gedacht wird, zielt Selbstorganisation auf eigenes Handeln. Hier wird nicht punktuell ab- und zugestimmt, sondern alles Mögliche und Unmögliche getan, beklagt, eingeklagt, erzeugt, beschworen" (BECK, 1997, S. 184f.).

Die im Rahmen einer zunehmenden Innenorientierung und Selbstorganisation zu realisierenden Bedürfnisse und angestrebten Lebensziele zeichnen sich dadurch aus, "daß die unmittelbaren Lebensumstände eine überragende Bedeutung gewinnen" (SENNETT, 1983, S. 425). Aber diese Vorgänge sind nicht individueller Natur. Vielmehr bilden sich mit dem Aufkommen der Selbst-Kultur Subgruppen, in denen spezifische Lebensauffassungen in den verschiedensten Daseinsbereichen vertreten werden. "Subsinnwelten können ihre gesellschaftliche Struktur verschiedenen Kriterien verdanken: Geschlecht, Alter, Beruf, religiöser Überzeugung, ästhetischen Vorlieben und so fort" (BERGER & LUCKMANN, 1969, S. 90). Die innerhalb der Subgruppe vertretene Sinnorientierung ist zwar nicht für alle Gesellschaftsmitglieder verbindlich, gilt aber immerhin für alle der Subgruppe zugehörigen Mitglieder. Sich einer Subgruppe anzuschließen bedeutet, unter Gleichgesinnten Akzeptanz und Solidarität für die subjektiv gewählte Lebensauffassung zu erfahren. Diese Stärkung innerhalb der Subgruppe erlaubt es den Zugehörigen, sich nach außen, d.h. gegen anderslautende Ideologien abgrenzen zu können: "Daß jeder praktische Erfolg einer revolutionären Ideologie ihre Wirklichkeit innerhalb der Subgesellschaft für das Bewußtsein der Zugehörigen befestigt, braucht nicht eigens belegt zu werden. Diese Wirklichkeit nimmt massive Ausmaße an, wenn ganze gesellschaftliche Schichten ihre 'Träger' werden" (BERGER & LUCKMANN, 1969, S. 136f.).

Für den Außenstehenden hingegen ist "das Auftauchen einer alternativen symbolischen Sinnwelt [...] eine Gefahr, weil ihr bloßes Vorhandensein empirisch demonstriert, daß die eigene Sinnwelt nicht wirklich zwingend ist" (BERGER & LUCKMANN, 1969, S. 116). Zudem ist es für viele Gesellschaftsmitglieder schwer, subjektiv zufriedenstellende Entscheidungen zu treffen, woraus der Wunsch nach Orientierungshilfen resultiert. SCHULZE (1992) hält fest:

> "Unsicherheit erzeugt ein ästhetisches Anlehnungsbedürfnis, das sich in Mentalitäten, Gruppenbildungen, typischen

> Handlungsstrategien und neuen Formen der Öffentlichkeit niederschlägt. [...]. Ohne kollektive Muster wären viele durch das Programm, so zu leben, wie sie wollen, philosophisch überfordert. Erst die Orientierungskrise, die sich mit dem Wunsch nach einem erlebten Leben verbindet, erklärt bestimmte soziale Strukturen, die in unserer Gesellschaft immer mehr in den Vordergrund treten" (S. 62).

Kollektive Sinnvorgaben, verwaltet durch Subgruppen oder auch institutionelle Organisationen, bieten somit Orientierungshilfen bei der Lebensgestaltung. Dem unsicheren Einzelnen ermöglicht der Anschluß an eine Ideologie, sich in der Unübersichtlichkeit der unvermittelt nebeneinander existierenden Subsinnwelten für ein mögliches Modell zu entscheiden und auf diese Weise eine spezifische Identität anzunehmen. Der hierzu notwendige kommunikative Austausch findet in der heutigen Zeit immer weniger nur in der Vis-à-vis-Interaktion, sondern häufig mit Hilfe von Medien statt. Dabei müssen spezifische Wirkungsdimensionen mit bedacht werden, die sich von denen nicht vermittelter Kommunikation unterscheiden. Die Bedeutung medialer Kommunikation für die Wirklichkeitskonstruktion innerhalb der Gesellschaft, d.h. deren Auswirkung auf Struktur und Entwicklung derselben, ist Gegenstand des folgenden Kapitels.

3.2 Gesellschaft und Medien

3.2.1 Zur Relevanz medialer Wirklichkeiten: Fernsehen als Identitätsmarkt

Will man die Bedeutung medialer Angebote für die Wirklichkeitskonstruktion unserer Gesellschaft erfassen, so erweist sich die landläufige Definition von Medien als 'Mittel zur Verbreitung von Inhalten als wenig befriedigend. Spätestens seit den Ausführungen des kanadischen Kommunikationswissenschaftlers McLuhan (1964, 1968) in den 60er Jahren wird den Medien schon aufgrund ihrer Struktur eine Auswirkung auf gesellschaftliches Zusammenleben eingeräumt. McLuhans (1964) populäre These – 'The medium is the message' – beschreibt diese Wirkung, nach der ein Medium bereits in seiner Form zur Botschaft wird, unabhängig von dem, was es vermittelt. Die Bedeutung des medialen Einflusses wird in Abgrenzung zu archaischen Lebensformen besonders deutlich: war Erfahrung früher immer durch eine ganzheitlich sinnliche Präsenz charakterisiert, d.h. um eine Erfahrung zu machen, mußte man zur richtigen Zeit am richtigen Ort sein, haben sich diese Verhältnisse mit Einführung der Medien grundlegend geändert. Bei der Fernsehrezeption beispielsweise hat der Zuschauer Zugang zu Erlebnissen an Schauplätzen in beliebiger Entfernung: "In den Dschungeln Vietnams war man ebenso dabei wie bei den Demonstrationen in Berlin und den ersten Schritten eines Menschen auf dem Mond" (HICKETHIER, 1985, S. 88). Zudem sind diese Ereignisse – durch die Möglichkeit der Videoaufzeichnung – nicht mehr an einen bestimmten Zeitpunkt gebunden, sondern jederzeit willkürlich reproduzierbar: Die Besonderheit des Mediums beruht somit auf dem Prinzip der Entgrenzung vormals – räumlich und zeitlich – getrennter Kommunikationsräume.

Während MCLUHAN (1964, 1968) den Einfluß der Medien eher makroskopisch analysierte und inhaltliche Aspekte unberücksichtigt ließ, hat MEYROWITZ (1985a, b) durch eine Verknüpfung von MCLUHANS Medientheorie mit GOFFMANS (1969, 1974, 1986) Situationismus die konkreten Auswirkungen von Medien für den Einzelnen bzw. verschiedene gesellschaftliche Verhältnisse dargelegt. MEYROWITZ (1985a) illustriert die Folgen medialer Entgrenzung in bezug auf Geschlechtertrennung, Altersunterschiede (im Sinne von Kindheit vs. Erwachsenenalter) und soziale Machtverhältnisse wie folgt:

> "Das Fernsehen unterminiert solche Verhaltens-Trennungen, da es Männer und Frauen, Kinder und Erwachsene genauso wie alle anderen sozialen Gruppen in einer einzigen Informations-Umwelt einschließt. Es liefert nicht nur ähnliche Informationen an alle, sondern – noch wichtiger – es liefert sie öffentlich und oft gleichzeitig an die verschiedenen Gruppierungen. Das Fernsehen läßt niemanden länger daran zweifeln, über welche Themen Kinder oder Erwachsene Bescheid wissen. Jedes Thema, das einmal in einer Komödie, Talkshow, Nachrichtensendung oder Werbung angesprochen wurde – zum Beispiel Tod, Homosexualität, Abtreibung, Strichjungen, Operationen zur Geschlechtsumwandlung, politische Skandale, Inzest, Vergewaltigung oder 'der BH mit dem Zauberkreuz' – kann am nächsten Tag zum Gesprächsthema in der Schule, beim Mittagessen oder bei einem Rendezvous werden, nicht nur weil jeder über solche

> Themen Bescheid weiß, sondern auch weil jeder weiß, daß die anderen Bescheid wissen" (S. 189).

Durch die von MEYROWITZ (1985a, b) beschriebene mediale Aufhebung räumlicher Gruppen-, Geschlechter- und Altersschranken trägt das Fernsehen zur Verbreitung von Sinnangeboten bei, die dem Einzelnen in der Vis-à-vis-Interaktion kaum zugänglich sind. Auf diese Weise vermittelt das Fernsehen eine Sicht von der Welt bzw. zu bestimmten Inhalten, die keineswegs einheitlich ist, sondern die in unserer pluralistischen Gesellschaft herrschende "Vielfalt der Lebenswelten und Lebensstile" (MIKOS, 1994, S. 12) repräsentiert.

Während MEYROWITZ (1985a) die medial präsentierte Vielzahl von Handlungsalternativen als mögliche Gefahr für die Vermittlung klar definierter Wertmaßstäbe und Rollen thematisiert, aus der unter Umständen eine Verhaltensunsicherheit für den Einzelnen resultiert, weisen BERGER und LUCKMANN (1995) dem Medium "eine Schlüsselrolle in der modernen Sinnorientierung – genauer gesagt: in der Sinnverteilung" (S. 57) zu. Die Autoren bezeichnen das Fernsehen, wie auch andere Einrichtungen (z.B. Psychotherapie und Berufsberatung), die Deutungen für bestimmte Probleme offerieren und somit zwischen individueller und kollektiver Erfahrungen vermitteln, als "intermediäre Institutionen" (S. 59). Intermediäre Institutionen zeichnen sich dadurch aus, daß sie Sinn für spezialisierte Bereiche vermitteln und somit dem mit der Enttraditionalisierung einhergehenden Sinnverlust in unserer Gesellschaft entgegenwirken. "Denn in den gleichen Gesellschaften, deren Grundstruktur die Bedingungen für die Entstehung von Sinnkrisen und die Möglichkeiten für deren Ausbreitung geschaffen hat, haben sich in bestimmten, gegenläufigen Prozessen Strukturen gebildet, die einer ungehinderten Ausbreitung von Sinnkrisen entgegenwirken und so eine gesamtgesellschaftliche Krise verhindert haben" (BERGER & LUCKMANN, 1995, S. 69). So kommt dem Fernsehen bzw. den Medien, die die gesellschaftliche Pluralisierung maßgeblich vorangetrieben haben, gleichzeitig ein konstitutiver Charakter in bezug auf die gesellschaftliche Entwicklung zu. MIKOS (1994) faßt dieses dialektische Verhältnis folgendermaßen zusammen: "Einerseits treiben sie [die Medien] die Ausdifferenzierung der Gesellschaft mit voran, andererseits bedürfen sich weiter ausdifferenzierende Gesellschaften zunehmend der Medien, um den gesellschaftlichen Integrationsprozeß zu sichern" (S. 11). Dabei hat sich das Fernsehen bereits früh explizit als Sinnproduzent für therapeutische Belange, als Lobby für psychisch und körperlich Kranke empfohlen (vgl.

MOHL, 1979), und mit der Expansion ist das Angebot zunehmend gewachsen. Der Erfolg des Mediums ergibt sich schon aufgrund der Bequemlichkeit, mit der dessen Angebote konsumiert werden können. BERGER und LUCKMANN (1995) halten fest:

> "Zu diesem Zweck braucht man oft überhaupt nicht mehr ein Amt, eine Anstalt, eine Praxis aufzusuchen. Man kann einfach seinen Fernsehapparat einschalten, und schon steht eine große Auswahl von therapeutischen Programmen zur Verfügung" (S. 56).

Aber nicht nur explizit als therapeutisch oder Ratgebersendungen ausgewiesene Programme fungieren als Handlungsanleitung für den Zuschauer, indem sie Sinnangebote vermitteln. Sinn konstituiert sich letztlich in jeder kommunikativen Auseinandersetzung des Zuschauers mit den medial dargebotenen Inhalten zum jeweiligen Thema. Dementsprechend werden die "unterschiedlichsten Sinnangebote der Sinnvermittlungsanstalten nicht einfach 'konsumiert'; sie werden dort vielmehr kommunikativ angeeignet und selektiv zu Bestandteilen der Sinngemeinsamkeiten von Lebensgemeinschaften verarbeitet" (BERGER & LUCKMANN, 1995, S. 71). Auf diese Weise leisten die Medien, und hier ist insbesondere das Fernsehen gemeint, "einen Beitrag zur Realitätskonstruktion der Gesellschaft. Dazu gehört eine laufende Reaktualisierung der Selbstbeschreibung der Gesellschaft und ihrer kognitiven Welthorizonte" (LUHMANN, 1996, S. 183). So vertritt auch MIKOS (1994) die Auffassung, daß "das Fernsehen [...] Bestandteil der symbolischen Ordnung einer Gesellschaft [sei], denn Kommunikation ist ein symbolischer Prozeß, mit deren Hilfe die Mitglieder einer Gesellschaft Realität erzeugen und verändern" (S. 10). Und SCHULZE (1992) formuliert in diesem Zusammenhang, daß "durch Vorführung von Gesellschaft in den Medien [...] soziale Strukturen und intersubjektiv geteilte Deutungsmuster entstehen" (S. 77).

Den vorangegangenen Ausführungen gemäß wird konstatiert, daß das Fernsehen dem Zuschauer mit seinen Programmen Inhalte und Sinnangebote verschiedenster Art offeriert. Zwar handelt es sich hierbei um Inszenierungen und somit um eine konstruierte Medienwirklichkeit, die mit Hilfe von Technik 'vermittelt' wird, dennoch ist diese nicht frei von Konsequenzen für die Zuschauer.

SPANGENBERG (1992) hält fest:

> "'Medienwirklichkeit' oder medial vermittelte Wirklichkeit betrachten wir [...] nicht als Ebene zweiter Ordnung, sondern als einen gleichberechtigten Teil der kognitiven Realität, dessen Bedeutung für den Aufbau von kollektiver und individueller Welterfahrung weiter zunimmt" (S. 80).

Dabei hat sich die Fernsehlandschaft in den letzten Jahren drastisch verändert. Die Medienkonzentration führte zu einer Vermehrung der Sender, die mittlerweile rund um die Uhr ihre Programme ausstrahlen. Wie bei der Beschreibung des Forschungsgegenstandes dargelegt, unterliegen darüber hinaus auch die Inhalte einem Wandel (vgl. Kapitel 2). Immer häufiger werden 'intime Formate' lanciert, Sendungen, in denen unprominente Personen auftreten und deren private Belange vor einem und für ein Millionenpublikum thematisiert werden. Die Frage, welche Bedeutung dieser Art von medialer Kommunikation im Zeitalter der Individualisierung zukommt bzw. womit der anhaltende Erfolg dieser Formate zu erklären ist, wird im folgenden Kapitel behandelt.

3.2.2 'Intime Formate' als Spiegel des Individualisierungszeitalters

Die Modernisierung unserer Gesellschaft hat zu einer Pluralisierung der Lebensstile geführt. Sinn wird nicht mehr einheitlich und gesamtgesellschaftlich vermittelt, sondern es ist dem Handelnden potentiell möglich, eine Vielzahl alternativer Lebensbiographien zu realisieren. Damit stehen nunmehr vornehmlich persönliche Bedürfnisse im Zentrum einer subjektiv zufriedenstellenden Gestaltung des Lebens. Selbstbezug, d.h. die Fokussierung von Handlungen auf persönlich als relevant empfundene Aspekte, manifestiert sich – als Konsequenz dieser Entwicklung – in Konsum- und Erlebnisorientierung (vgl. Kapitel 3.1.5). Dabei ist der Aufwand der Konstruktion der persönlichen Identität für den Einzelnen hoch wie nie zuvor, denn potentiell ist in fast allen Bereichen fast alles möglich, gleichzeitig kann aber auch jede der vielen zu treffenden Entscheidungen eine Fehlentscheidung sein. Das Individuum muß sich somit immer wieder der Richtigkeit seiner getroffenen Entscheidung vergewissern und diese notfalls revidieren.

MÜLLER (1994) bemerkt in Anlehnung an BECK und BECK-GERNSHEIM (1990):

> "Je weiter die gesellschaftliche Individualisierung und damit Differenzierung voranschreitet, desto größer ist der diskursive Aufwand, die gewählten Lebenswege abzusichern, sich ihrer Richtigkeit zu vergewissern und sie gegenüber anderen möglichen abzuwägen" (S. 157).

Eine Hilfe bieten in diesem Zusammenhang moderne Sinnsysteme, die sich von traditionellen sinnvermittelnden Institutionen dadurch unterscheiden, daß sie nicht mehr integrativ, sondern nur für spezifische Bereiche relevant sind und unvermittelt nebeneinander existieren. In diesen Subsinnwelten werden kollektive Lebensauffassungen für begrenzte gesellschaftliche Gruppen vermittelt. Der Anschluß an eine Ideologie dient als Orientierungshilfe und damit letztlich der Stabilisierung der selbstgewählten Lebensauffassung. Die Vermittlung von kollektiven Sinnmustern findet in unserer heutigen Zeit nicht mehr nur in der Vis-à-vis-Interaktion statt, sondern zusätzlich mit Hilfe der Medien. Dementsprechend eignet sich der Fernsehzuschauer den medial dargebotenen Sinn in der Rezeption kommunikativ an. Dabei ist es zunächst unerheblich, ob das Angebot des Fernsehens explizit als Lebenshilfe angewiesen ist oder die Sinnvermittlung eher implizit stattfindet, wie dies im Alltag überwiegend der Fall ist.

Im Zuge der mit der Individualisierung verbundenen Psychologisierung unserer Gesellschaft wird das 'Ich' bzw. die gewählte Lebensauffassung immer häufiger explizit thematisiert, denn die zunehmende Anzahl an Möglichkeiten erhöht die Gefahr potentieller Fehlentscheidungen. Bekenntnisse, ob in der Kommunikation mit sich selbst ('in foro interno', vgl. Kapitel 3.1.5), mit Freunden und Bekannten oder aber in Therapien bzw. Selbsterfahrungs- und Selbsthilfegruppen, erlauben es dem Handelnden, sein Leben selbst zu gestalten. Diese Kommunikationsformen – gleich ob institutionell oder individuell – bieten Orientierungshilfe und somit die Chance für den Einzelnen, seinen persönlichen Standort zu bestimmen, seine selbstgewählte Lebensauffassung zu bekennen, zu überprüfen und gegebenenfalls zu revidieren. Der Hang zur Selbstthematisierung dient somit der Stabilisierung der individuellen Identität.

Betrachtet man nun die mediale Entwicklung der letzten Jahre, so verwundert es daher kaum, daß der gesellschaftliche Hang zur individuellen Selbstthematisierung auch hier zu beobachten ist. Dementsprechend stellen "Selbstverwirklichung und Selbstdarstellung" (LUCKMANN, 1991, S. 155) das vorherrschende Thema des Fernsehens dar. HICKETHIER (1985) hat diesen Trend bereits in den 80er Jahren in bezug auf die Lancierung der psychologischen Ratgebersendung "Ich und Du" (NDR) thematisiert, die als Vorläufer 'intimer Formate' verstanden werden kann:

> "Wo die Selbstverwirklichung nicht mehr im öffentlichen Bereich gesucht wurde, sondern im Privaten, öffnete sich den Fernsehmachern in ihrer ständigen Suche nach neuen Bereichen, in die das Fernsehen neue Einblicke vermitteln konnte, auch das Private als neues Betätigungsfeld. Der Innenbereich, die psychischen Verhältnisse zu debattieren und vorzuführen, wurde Mode" (S. 89f.).

Mit dem Aufkommen der 'intimen Formate' zu Beginn der 90er Jahre hat sich die explizite Selbstthematisierung endgültig im Fernsehen etabliert und ist darüber hinaus zu einem zentralen Programmbestandteil geworden. Nunmehr wird nicht mehr alleine Sinn für die Zuschauer versendet, sondern der Bürger bekommt zudem die Möglichkeit, öffentlich über subjektiv Bewegendes zu sprechen. Was BECK und BECK-GERNSHEIM (1990) über die Problematik der Partnerschaftsgestaltung im Zeitalter der Individualisierung geschrieben haben, liest sich dementsprechend wie das Programm täglicher Talk-Shows:

> "Was Familie, Ehe, Elternschaft, Sexualität, Erotik, Liebe ist, meint, sein sollte oder sein könnte, kann nicht mehr vorausgesetzt, abgefragt, verbindlich verkündet werden, sondern variiert in Inhalten, Ausgrenzungen, Normen, Moral, Möglichkeiten am Ende eventuell von Individuum zu Individuum, Beziehung zu Beziehung, muß in allen Einzelheiten des Wie, Was, Warum, Warum-Nicht enträtselt, verhandelt, abgesprochen, begründet werden" (S. 13).

Als Spiegel der gesellschaftlichen Entwicklung führen Daily Talks beispielsweise vor, daß es keine verbindliche Wahrheit gibt, sondern daß die Meinung des Einzelnen zählt, wenn es um die Wahl der Lebensauffassung bzw. die Konstruktion der individuellen Wirklichkeit geht. Diese Verlagerung, weg von einer öffentlichen, auf objektiven Wissensbeständen basierenden

Kommunikation hin zu einer Thematisierung gefühlsmäßiger, zwischenmenschlicher Erfahrung wird auch von MEHL (1996) betont. Die Autorin untersuchte den forschungsrelevanten Formaten analoge Beiträge in Frankreich, das 'télévision de l'intimité' (Fernsehen der Intimität). MEHL (1996) schreibt:

> "L'espace public fondé en rasion s'appuie sur des savoirs, des expertises, des opinions et croyances argumentées par es connaissances ou des références à des systèmes de pensée. Il donne à voir des situations, des personnages, des histoires instructives. Il cède la parole à des spécialistes, des savants, des intellectuels, des artistes, des responsables. Au contraire, l'espace public fondé sur l'expérience valide des émotions, promeut le discours profane, valorise la singularité. Il donne à voir des exemples individuels, des cas suggestifs, des personnages emblématiques. Il cède la parole à des usagers, des consommateurs, des citoyens ordinaires" (S. 229).[9]

SENNETT (1983) hat in diesem Zusammenhang betont, daß Institutionen und Ereignisse ein wirkliches Interesse nur noch dann wecken, "wenn wir in ihnen Personen am Werke sehen, wenn sie sich für uns in Personen verkörpern" (S. 425). Die sich durch das Charakteristikum der Personalisierung (vgl. Kapitel 2.2.1) konstituierenden 'intimen Formate' dienen als "Medien der Populärkultur gewissermaßen als Identitätsmärkte, aus denen sich die Individuen bedienen, um ihre Identität zu basteln" (MIKOS, 1994, S. 24). So viele Protagonisten – so viele Handlungsoptionen! Das Fernsehen als sekundärer Sinnproduzent bzw. 'intermediäre Institution' (vgl. BERGER & LUCKMANN, 1995) hat sich mit seinen 'intimen Formaten' an das gesellschaftliche Zeitalter der Individualisierung assimiliert. Hier wird 'Selbstorganisation' (vgl.BECK, 1997, vgl. Kapitel 3.1.5) praktiziert und vorgeführt, "alles Mögliche und Unmögliche getan, beklagt, eingeklagt, erzeugt, beschworen" (BECK, 1997, S. 184f.). Über den moralischen Gehalt der öffentlich vertretenen Lebensauffassung ist damit nichts ausgesagt. Nach BECK (1997) darf die Selbstorganisation "nicht mit Emanzipation und allem Guten und Schönen gleichgesetzt werden [...].

[9] Wortgetreue Übersetzung v. Fürtjes (1997b): "Der auf Vernunft gegründete öffentliche Raum stützt sich auf Kenntnisse, Gutachten, Meinungen und Überzeugungen Sachkundiger oder verweist auf Gedankensysteme. Er führt belehrende Situationen, Personen, Geschichten vor. Er übergibt das Wort an Spezialisten, Gelehrte, Intellektuelle, Künstler, Verantwortliche. Im Gegensatz dazu initiiert der sich auf die valide Erfahrung der Gefühle stützende öffentliche Raum die einfache Rede, wertet die Einzigartigkeit auf. Er führt individuelle Beispiele, suggestive Einzelfälle, versinnbildlichte Personen vor. Er überläßt das Wort Konsumenten, Verbrauchern, normalen Bürgern" (S. 229).

Damit kann durchaus auch Fremdenhaß, Gewalt, Sicherheitsbewegungen aller Arten – also der häßliche Bürger – die Bühne betreten" (BECK, 1997, S. 184f.). MÜLLER (1994) beschreibt die zentrale Aufgabe des Fernsehens als intermediäre Institution in diesem Zusammenhang; denn im Zuge gesellschaftlicher Entwicklungen ist heutzutage "zum großen Teil das Fernsehen, nicht mehr die Kirche der zentrale öffentlich-private Ort [...], an dem Geständnisse, Beichten und Bekenntnisse abgelegt, Selbstpraktiken eingeübt und identitätsstiftende Lebenswege und -regeln entworfen werden" (S. 165).

Wurde das Phänomen bisher im gesellschaftlichen Gesamtzusammenhang dargelegt, stellt sich nunmehr die Frage, welche Bedeutung identitätsstiftende Praktiken, die den Zuschauern in den 'intimen Formaten' vermittelt bzw. von den Studiogästen getätigt werden, in psychologischer Hinsicht, d.h. für den Einzelnen, haben. Die Kommunikation über das Medium wird daher im folgenden Kapitel sowohl aus der Perspektive des Zuschauers als auch aus der des unprominenten Studiogastes analysiert.

3.3 Medien und Individuum

In 'intimen Formaten' werden Privatgespräche für den Zuschauer inszeniert, im alltagsanalogen Gespräch zwischen den prominenten Moderatoren und den unprominenten Personen als Protagonisten ihrer eigenen authentischen Geschichte. Letztlich aber müssen Unterschiede im Verhältnis zur Vis-à-vis-Kommunikation berücksichtigt werden. Es stellt sich daher die Frage, warum die Unterhaltungen in Talk- und Beziehungsshows derart attraktiv sind, daß die Rezeption oder der Auftritt dem Alltagsgespräch vorgezogen bzw. als Alternative oder Ergänzung zu diesem gewählt wird.

Medienpsychologische Modelle beschäftigen sich seit jeher mit der besonderen Wirkungsdimension bzw. dem Nutzen (oder der Gefahr) medialer Kommunikation für den Zuschauer. Diese werden in den Kapiteln 3.3.1 bis 3.3.1.2 – unter Berücksichtigung unterschiedlicher wissenschaftlicher Strömungen – in ihrer Entwicklung aufgezeigt. Dabei werden insbesondere solche Konzepte einbezogen, die auf die bisher referierten theoretischen Ausführungen Bezug nehmen bzw. als angewandte Weiterführungen jener gelten können. Im Hinblick auf die inhaltlich zentralen Aspekte 'intimer Formate' wird insbesondere die Personalisierung medialer Kommunikation durch prominente Moderatoren sowie durch unprominente Studiogäste thematisiert.

Wie bereits dargelegt, bildet das innovative Element 'intimer Formate', der Auftritt unprominenter Personen, den Forschungsgegenstand der sich an die theoretischen Ausführungen anschließenden empirischen Analyse. Zur Fragestellung, warum Studiogäste das öffentliche Gespräch über intime Belange einer Alltagskonversation vorziehen bzw. welche Vorteile diese mediale Konversation im Gegensatz zum nicht medialen Gespräch aus individueller Sicht bietet, liegen bisher kaum wissenschaftliche Ergebnisse vor. Dies hängt sicher mit der Neuartigkeit des Phänomens zusammen. Die wenigen bereits publizierten Befunde zum Auftritt unprominenter Personen erschienen alle erst während bzw. nach der Durchführung der vorliegenden Studie und haben vornehmlich soziologischen Hintergrund (vgl. Kapitel 3.4.4 - 3.4.6). Daher gilt es zunächst, die Kommunikationssituation 'TV-Auftritt' auf der Grundlage der allgemeinen sozialpsychologischen Ausführungen (vgl. Kapitel 3.1.1) sowie in Abgrenzung zum Alltagsgespräch zu charakterisieren. Diese Berücksichtigung der spezifischen und andersgearteten Kommunikationsebenen des öffentlichen Bekenntnisses wird – unter Einbezug der beschriebenen soziologischen Dimensionen (vgl. Kapitel 3.1.5) – als konstititutiv für die individuelle Motivation zum Auftritt verstanden (vgl. Kapitel 3.3.1).

3.3.1 Der Rezipient

3.3.1.1 Der verhaltenstheoretische Ansatz

Mit einem Blick auf die Entwicklungslinien der Medienwirkungsforschung soll zunächst verdeutlicht werden, daß die in der vorliegenden Arbeit vertretene Auffassung von Medienrezeption als einer aktiven und wirklichkeitsherstellenden Tätigkeit in der Wissenschaft keineswegs schon immer gängig war. Im Gegenteil war die Medienwirkungsforschung – entstanden in den 20er Jahren im Rahmen der US-amerikanischen Propagandaforschung – der theoretischen Tradition des Behaviorismus (vgl. DEHM, 1984; WINTERHOFF-SPURK, 1986; VORDERER, 1992) verhaftet. Der Behaviorismus (oder auch verhaltenstheoretische Ansatz) stellte den Versuch dar, eine objektive Wissenschaft aufzubauen und Verhalten ohne die Berücksichtigung subjektiver Aspekte erklären zu können. Innere Prozesse bzw. das Bewußtsein waren somit nicht Gegenstand der Forschung, die sich ausschließlich auf objektiv beobachtbares Verhalten konzentrierte. Verhalten konstituiert sich in diesem Sinne durch äußere Reize, die das Individuum zur *Re*aktion zwingen. Die Medieninhalte, verstanden als objektive Reize, führen bei den Rezipienten zu unwillkürlichen und alle gleichermaßen betreffende Reaktionen. Persönliche Rezeptionsmotive, die möglicherweise im Zusammenhang mit individuellen Bedürfnissen stehen, bleiben unberücksichtigt. DEHM (1984) schreibt:

> "Diese Theorie der 'omnipotenten' Medien ging davon aus, daß ein sorgfältig gestalteter Inhalt der Massenmedien als Stimulus jedes Individuum gleichermaßen in dem Sinne erreicht, daß eine identische Reaktion in der vom Kommunikator intendierten Richtung beim Publikum erzielt wird" (S. 40).

Da im Zuge der Forschung eingeräumt werden mußte, daß nicht alle Individuen auf alle (medialen) Reize gleichermaßen reagieren, wurden ausschließlich linear kausale Zusammenhänge in der Weiterentwicklung des klassischen Behaviorismus ab Mitte der 50er Jahre relativiert. Um die Vielfalt des Verhaltens bei den Rezipienten erklären zu können, führte man diverse sogenannte 'intervenierende Variablen' ein, jedoch ohne sich letztlich vom medienzentrierten Modell eines passiven, *re*aktiven Zuschauers zu lösen.

3.3.1.2 Der Uses-and-gratifications-Ansatz

In Abkehr von dieser reduktionistischen Sichtweise wurden schon früh und immer wieder Ansätze publiziert, die Medienrezeption als eine aktive Tätigkeit propagierten (zusammenfassend vgl. AYAß, 1993). Jedoch konnte sich diese Auffassung erst mit einem Paradigmenwechsel ab Mitte der 60er Jahre in der Medienforschung etablieren (allerdings nicht, ohne immer wieder gegenläufige Ansätze hervorzubringen). Der als 'Uses-and-gratifications-Approach' (vgl. BLUMLER & KATZ, 1974; KATZ, BLUMLER & GUREVITCH, 1974) bekannte Forschungsansatz stellt die motivationale Perspektive auf seiten der Rezipienten ins Zentrum des Forschungsinteresses und verdeutlicht somit den Wandel von einem medienzentrierten zu einem publikumszentrierten Modell (vgl. RENCKSTORF, 1986). KATZ und FOULKES (1962) bemerken in diesem Sinne:

> "This is the approach that asks the question, not 'What do the media do to the people?' but, rather, 'What do people do with the media?' (S. 378).

Die zahlreichen Arbeiten zum 'Uses-and-gratifications-Ansatz' können nach zwei Ausrichtungen unterschieden werden (vgl. TEICHERT, 1975): der sozialpsychologischen der englischen Wissenschaftler um KATZ, GUREVITCH, BLUMLER, MCQUAIL und BROWN sowie der soziologischen um die schwedischen Forscher ROSENGREN und WINDAHL (1972; vgl. auch LUNDBERG & HULTÉN, 1968).

Die sozialpsychologische Ausrichtung betont die Auffassung von Medienrezeption als einer Tätigkeit, die der Zuschauer aufgrund seiner persönlichen Bedürfnislage aktiv und absichtsvoll vollzieht, mit dem Ziel, subjektiv wahrgenommene Bedürfnisse durch die Rezeption zu befriedigen. Dabei steht die Wahl für die Handlung 'Fernsehrezeption' in Konkurrenz zu anderen Handlungen, die ebenfalls mit dem Ziel einer Bedürfnisbefriedigung ausgeführt werden. Die Betonung der Bewußtheit des Handelns und der Freiheit des Einzelnen, zwischen verschiedenen Handlungen zu wählen, legen nahe, daß die Motive kognitiv repräsentiert sind und demzufolge in Befragungen erfaßt werden können (vgl. MCQUAIL, BLUMLER & BROWN, 1972; KATZ, BLUMLER & GUREVITCH, 1974). Als methodologische Konsequenz dieser Auffassung wurden im Rahmen der Uses-and-gratifications-Forschung zahlreiche Motiv-Kataloge unterschiedlichen Inhalts und Umfangs erarbeitet.

Nutzungsmotive

Von KATZ und FOULKES (1962) beispielsweise wurde das 'Escape-Konzept' als ein grundlegendes Motiv zur Mediennutzung thematisiert. Ausgehend von einem in westlichen Industriegesellschaften lebenden Individuum, das aus der Entfremdung von ursprünglichen sozialen Zusammenhängen heraus unter einem Gefühl der Macht- bzw. Bedeutungslosigkeit leidet, dient Fernsehkonsum der Flucht aus der unbefriedigenden realen Welt (vgl. KATZ & FOULKES, 1962). Im Sinne subjektiv variierender Bedeutungen der Mediennutzung kann diese Flucht sowohl positive als auch negative Konsequenzen für den Rezipienten haben: auf der einen Seite kann der kurzzeitige Ausstieg aus der Alltagswelt die Funktion einer Rekreation erfüllen, auf der anderen Seite kann sich ein Rückzug auf mediale Inhalte auf Kosten des sozialen wie politischen Verantwortungsbewußtseins des Einzelnen auswirken (vgl. DEHM, 1984). In Erweiterung des Konzeptes von KATZ und FOULKES (1962) führt GREENBERG (1973) zusätzlich zu eskapistischen Beweggründen sieben weitere Motivgruppen ein ('Entspannung', 'Geselligkeit', 'Information', 'Gewohnheit', 'Zeitfüller', 'Selbstfindung' und 'Spannung'). KATZ, BLUMLER und GUREVITCH (1974) gliedern die Funktionen der Medien in die drei Kategorien 'Zeitvertreib', 'Information' und 'Beziehung'. McQUAIL, BLUMLER und BROWN (1972) hingegen unterscheiden vier Motivdimensionen: neben 'Ablenkung bzw. Zeitvertreib' und 'Kontrolle der Umgebung' wird TV-Konsum zur Erforschung und Stärkung der Persönlichkeit ('Persönliche Identität') wie zur sozialen Versorgung ('Beziehungen') genutzt. Wie in diesen Unterscheidungen bereits anklingt, werden neben diversen anderen Aspekten persönliche und soziale Bezüge, die der Arbeit an der eigenen Identität dienen, als motivationale Aspekte der Medienrezeption ermittelt.

In der soziologischen Ausrichtung wird dem sozialen Kontext, in dem sich Mediennutzung abspielt, eine noch größere Relevanz eingeräumt (vgl. ROSENGREN & WINDAHL, 1972; LUNDBERG & HULTÉN, 1968). So schreibt ROSENGREN (1974) über menschliche Bedürfnisse, "that these needs do not develop in a vacuum but in interaction with a host of other variables [...]: characteristics of the individual and his society" (S. 271f.). Durch die Interaktion von Individuum und Gesellschaft entstehen persönliche Probleme, für die der Einzelne bestimmte Problemlösungen annimmt. Der Begriff 'Problem' wird dabei nicht immer in einem belastenden Sinne verstanden, sondern eher als Bedürfnis des Einzelnen im Verhältnis zu den Anforderungen, die von außen an ihn herangetragen werden. Aufgrund der wahrgenommenen Lösungsmöglichkeiten, die zur Abhilfe des Problems bzw. Realisation des Bedürfnisses führen, werden Motive für bestimmte Handlungen entwickelt, aus denen sich im Idealfall Gratifikationen für den Handelnden ergeben. Hierzu gehört der Medienkonsum genauso wie nicht-medienbezogene Aktivitäten. Das ausgeführte Verhalten – gleich welcher Art – wirkt wiederum auf das Individuum und den gesellschaftlichen Prozeß zurück.

Kritik des Uses-and-gratifications-Ansatz

Auch wenn hier die Bedürfnisstruktur des Handelnden als durch Austauschprozesse konstituiert und gleichzeitig solche initiierend verstanden wird, bleiben die Arbeiten beider Forschungsrichtungen in ihrer empirischen Umsetzung hinter ihren interaktionistischen Setzungen zurück. Ganz im Gegenteil tendieren alle Arbeiten dahin, "menschliche Bedürfnisse außerhalb konkreter gesellschaftlicher Bedingungen zu sehen" (TEICHERT, 1975, S. 282) und Motive dementsprechend isoliert zu betrachten. Ein weiterer Kritikpunkt bezieht sich auf die extreme Formulierung des Modells, die zwar vor dem Hintergrund der Abgrenzung gegenüber einer passivistischen Sichtweise des

Behaviorismus verständlich, aber somit ähnlich kritikanfällig wird. RUBIN (1993) strebt eine Vermittlung zwischen den Extrempositionen an:

> "Media audiences have often been depicted at extremes: (a) being 'passive' and expected to be influenced by the communicated messages, or (b) being 'active' and expected to make rational decisions about what media content to accept and reject. A valid view of audience behavior lies somewhere between these extremes" (S. 98).

Aus der Auffassung von Medienrezeption als einer bewußten Handlung ergibt sich die Annahme, daß die konstitutiven Bedürfnisse vom Zuschauer auch benannt werden können. Bezüglich der Verwendung fast ausschließlich standardisierter Befragungsmethoden stellt sich hier die Frage, inwieweit unbewußte Inhalte, die möglicherweise ebenfalls eine bedeutsame Rolle bei der Mediennutzung spielen, bei der Erhebung vernachlässigt werden. VORDERER (1992) merkt in bezug auf die Problematik des Einsatzes standardisierter Instrumente an, daß "dieses Vorgehen ein Höchstmaß an Bewußtheit und Auskunftsfähigkeit bei den befragten Personen unterstellen muß, [...] aber vor dem Hintergrund der Vermutung, wonach ein Teil der Mediennutzung nicht instrumentell, sondern eher zufällig, habitualisiert oder gelegenheitsbestimmt erfolgt [...] äußerst fragwürdig" (S. 34) ist.

Als weiterer zentraler Kritikpunkt ist immer wieder die Theorielosigkeit des Ansatzes bemängelt worden (vgl. TEICHERT, 1975; DEHM, 1984; VORDERER, 1992). So werden menschliche Bedürfnisse als Grundlage für Medienrezeption bzw. alternative Handlungen angenommen, diese dem Ansatz zugrundeliegende "funktionalistische Erklärungsstruktur" (VORDERER, 1992, S. 28) aber in keinem einheitlichen Modell abgebildet. Der einzige Systematisierungsversuch menschlicher Bedürfnisse, MASLOWS (1954) allgemeine Theorie, trägt im Hinblick auf Medienkonsum wenig zur Erklärung von Rezeptionsmotiven bei. Auch die von ROSENGREN und WINDAHL (1972) vertretene Auffassung, das Bedürfnis nach sozialer Interaktion sei ein allgemein menschliches, wird nicht näher expliziert und liefert somit keine brauchbaren Erklärungen für ein umfassendes Verständnis des Medienhandelns (vgl. TEICHERT, 1973). Die Autoren haben das "lack of a uses and gratifications theory as such" (BLUMLER & KATZ, 1974, S. 15) selbst eingeräumt und sprechen – aufgrund dieses Umstandes – weniger von einer Theorie als vielmehr von einer "research strategy" (BLUMLER & KATZ, 1974, S. 15).

3.3.1.3 Symbolischer Interaktionismus in der Medienforschung

Um die Motive, aus denen sich das Bedürfnis zur Medienrezeption konstituiert, zu verstehen, bieten sich Ansätze an, die das interpretative Paradigma eines aktiv und sinnhaft handelnden Individuums des Uses-and-gratifications-Modells mit theoretisch fundierten Grundlagen zur Erklärung von kommunikativen Bedürfnissen verbinden. Im Sinne des Symbolischen Interaktionismus[10] wird Kommunikation als Voraussetzung und Notwendigkeit für menschliche Existenz verstanden. Nur im kommunikativen Austausch kann der Einzelne seine Bedürfnisse kenntlich machen, realisieren und gleichzeitig den an ihn gestellten Ansprüchen gerecht werden. Auf diese Weise erfährt er sich als situationsübergreifende und zeitüberdauernde personale Einheit, als Person mit einer unverwechselbaren Identität (vgl. Kapitel 3.1.1).

Es stellt sich nunmehr die Frage, welche Bedeutung 'intime Formate' bzw. die Verwendung spezifischer Charakteristika (vgl. Kapitel 2.2) für die Identitätsbalance des Rezipienten aufweisen. Dabei gilt es zu berücksichtigen, daß die Kommunikationsstrukturen aufgrund spezifischer Bedingungen von der Vis-à-vis-Interaktion zu unterscheiden sind und diesem Umstand entsprechend Chancen, aber auch Gefahren für den Rezipienten bergen. Im folgenden werden daher zwei Ansätze ausgeführt, die allgemeine theoretische Annahmen zur Erklärung von Kommunikationsfunktionen auf der Grundlage des Symbolischen Interaktionismus (vgl. Kapitel 3.1.1) mit dem Phänomen 'Medienrezeption' verbinden. Unter Zuhilfenahme dieser theoretischen Konzepte werden die Fernsehunterhaltungen und deren mögliche Bedeutung für den Zuschauer näher beleuchtet.

3.3.1.4 Parasoziale Interaktion und parasozialer Vergleich

Fernsehkommunikation wird dem Zuschauer – gleich ob im Spielfilm, in der Soap Opera oder in der Talk-Show – von medialen Akteuren vorgeführt. Insbesondere in den in der vorliegenden Arbeit relevanten Formaten kann nach zwei Gruppen von Protagonisten unterschieden werden: den prominenten Moderatoren einerseits und den unprominenten Studiogästen andererseits. Ausgehend von der Auffassung, daß Fernsehrezeption eine Form der kommunikativen Aneignung von Wirklichkeit darstellt, wird nunmehr die Frage rele-

[10] Da vier unterschiedliche Ausrichtungen differenziert werden müssen (vgl. TEICHERT, 1973), ist in diesem Zusammenhang der Symbolische Interaktionismus der Chicagoer Schule gemeint, als dessen bekanntester Vertreter der direkte MEAD-Nachfolger HERBERT BLUMER (1962, 1973) gilt.

vant, welche Funktion die Medienakteure im Rahmen der individuellen Realitätskonstruktion für den Zuschauer einnehmen.

Ein Aufsatz, der sich schon in den 50er Jahren mit dieser Problematik auseinandergesetzt hat, ist das 'Konzept der parasozialen Interaktion' von HORTON und WOHL (1956; vgl. auch HORTON & STRAUSS, 1957). Unter Bezugnahme auf die theoretischen Grundlagen des Symbolischen Interaktionismus vertreten die Autoren die Auffassung, daß mediale Kommunikation einen – alltäglichen Gesprächen analogen – Aneignungsprozeß darstellt und bezeichnen dieses "simulacrum of conversational give and take" (S. 33)[11] in Anlehnung an soziale Interaktion, die über den Bildschirm vermittelt wird, als "parasocial interaction" (S. 33). Über das direkte Setting der Interaktionssituation hinaus baut der Rezipient langfristig eine 'parasoziale Beziehung' (parasocial relationship) zu den Akteuren des Mediums auf, deren authentischen Charakter HORTON und WOHL (1956) folgendermaßen beschreiben:

> "One of the striking characteristics of the new mass media [...] is that they give the illusion of face-to-face relationship with the performer. The conditions of response to the performer are analogous to those in a primary group. The most remote an illustrious men are met as if they were in the circle of one's peers" (S. 32).

Die Fernsehakteure – und hiermit ist zunächst das prominente Medienpersonal wie beispielsweise der Talkmaster gemeint – werden von HORTON und WOHL (1956) als 'personae' bezeichnet. Die Illusion einer Beziehung zum Zuschauer ergibt sich schon durch die Unmittelbarkeit, die das Fernsehen mit seiner audio-visuellen Technik vermittelt und die ähnliche Umgangformen der Interaktionsteilnehmer nahelegt wie in der alltäglichen Vis-à-vis-Situation:

> "They [die Zuschauer] 'know' such a persona in somewhat the same way they know their chosen friends: through direct observation and interpretation of his appearance, his gestures and voice, his conversation and conduct in a variety of situations" (S. 34).

[11] Die Zitate wurden nicht der Erstpublikation, sondern einer neueren Veröffentlichung des Originalartikels aus dem Jahre 1979 entnommen, in der die zitierten Textstellen entsprechend den angegebenen Seitenzahlen zu finden sind.

Darüber hinaus stehen dem Fernsehen als Bildmedium Präsentationsformen zur Verfügung, um die parasoziale Bindung zu intensivieren. So können medientechnische Gestaltungsmittel wie z.B. der Zoom eingesetzt werden und auf diese Weise die hergestellte Intimität durch das Überschreiten von natürlichen Distanzschwellen zusätzlich extremisieren (vgl. HALL, 1974; MEYROWITZ, 1979). Eine geringe interpersonale Distanz beispielsweise vermittelt dem Zuschauer eine vertraute Atmosphäre. Zudem werden verbal informelle Umgangsformen praktiziert, so daß "the 'actor' [...] talks as if he were conversing personally and privately" (HORTON & WOHL, 1956, S. 33), z.B. indem er den Gegenüber beim Vornamen nennt. Dieser alltagsnahe bzw. persönliche Kommunikationsstil wird in den 'intimen Formaten' als zentrales Charakteristikum hervorgehoben (vgl. Kapitel 2.2.4).

Der Seriencharakter der Sendungen garantiert nach HORTON und WOHL (1956), daß die persona als immer wiederkehrende und damit zuverlässige Größe für den Zuschauer in den Alltag eingeplant werden kann. Besonders im Zusammenhang mit täglich ausgestrahlten Sendungen wie den Daily Talks ist diese Wirkungsdimension von großer Relevanz. Welches Beziehungsangebot ausgewählt wird und welche Funktionen die persona für den Rezipienten übernimmt, wird erst vor dem Hintergrund persönlicher Belange verständlich, die zudem in soziale Strukturen eingebunden sind:

> "What para-social roles are acceptable to the spectator and what benefits their enactment has for him would seem to be related to the systems of patterned roles and social situations in which he is involved in his everyday life" (HORTON & WOHL, 1956, S. 41f.).

Voraussetzung für den Aufbau einer parasozialen Beziehung ist zum einen, daß dem Zuschauer die durch die persona offerierte Rolle verständlich ist und daß er ihr eine persönliche Relevanz beimißt, nicht zuletzt muß er über ein Verhaltensrepertoire verfügen, daß ihm selbst die Übernahme einer Rolle erlaubt. Daher muß der Rezipient in der Lage sein, sich in den medialen Gegenüber hineinzuversetzen, um seinerseits adäquate Bezüge zur Aufrechterhaltung der Beziehung auszubilden. Den Grundannahmen des Symbolischen Interaktionismus entsprechend findet das sogenannte 'role taking' (vgl. MEAD, 1934; vgl. Kapitel 3.1.1, vgl. auch HIPPEL, 1992) statt: Der Rezipient versetzt sich in die Lage des medialen Gegenübers, nimmt sich selbst aus der fremden Perspektive wahr, um sein eigenes Handeln erfolgreich zu gestalten.

Parasoziale Interaktion wird somit bei HORTON und WOHL (1956) eindeutig von einer Identifikation mit der Medienfigur unterschieden. Während Identifikation als ein Vorgang beschrieben werden kann, bei dem der Rezipient sich in die andere Person verwandelt und glaubt, diese zu sein (vgl. SCHÜRMEIER, 1996, S. 107), ist hier der gegenseitige Perspektivenwechsel gemeint. Damit beziehen sich die Übernahme fremder Aspekte in der parasozialen Interaktion nicht – wie irrtümlich häufig angenommen – auf Personen oder Figuren, sondern auf die Aneignung sozialer Handlungsrollen. Diese können sowohl als zugewiesene Rolle des Gegenübers als auch als Stellvertreterrolle abgebildeter Personen wie beispielsweise des Studiopublikums konzipiert sein (vgl. HORTON & STRAUSS, 1957).

Unter Berücksichtigung individueller Fähigkeiten wie Möglichkeiten bietet die parasoziale Interaktion dem Zuschauer die Gelegenheit zur Entwicklung und Einübung neuer Rollen, die unter Umständen im Alltag nicht oder nicht mehr praktiziert werden können. Parasoziale Interaktion führt somit zur Erhöhung der sozialen Mobilität. Für den sozial Isolierten kann das Medium vor dem Hintergrund einer pathologischen Entwicklung kompensatorische Funktionen erfüllen, in diesem Fall ersetzt die persona soziale Bezugspersonen. Angemerkt werden muß, daß pathologische Nutzungsformen nach HORTON und WOHL (1956) nicht die Regel sind, sondern vielmehr einen devianten Sonderfall darstellen (vgl. auch HIPPEL, 1992), auch wenn spätere Autoren pathologische Nutzungsformen mit der parasozialen Interaktion häufig gleichgesetzt haben. So schreibt beispielsweise LEVY (1979), "the more opportunities an individual has for social interaction, the less it is that he or she will engage in a para-social relationship" (S. 70). Und GUMPERT und CATHCART (1979) sprechen in diesem Zusammenhang gar von einem "surrogate interpersonal relationship" (S. 32).

Auch wenn man parasoziale Interaktion nicht als defiziente, sondern als eine neue Möglichkeiten bietende Kommunikationsform versteht, bleiben letztlich Unterschiede im Verhältnis zur realen face-to-face-Interaktion bestehen. Die 'answering role' (vgl. HORTON & WOHL, 1956), die das Medium dem Zuschauer zuweist, ist frei von Verpflichtungen und Verantwortung für den Zuschauer, dieser muß seine Rolle nicht im Austausch mit dem Gegenüber demonstrieren. Vielmehr ist die 'answering role' durch eine fehlende Wechselseitigkeit geprägt, denn der Rezipient kann zwar aus Beziehungsangeboten wählen, selbst jedoch keine erstellen. Damit wird die Rolle vom Akteur kontrolliert und ist nicht entwicklungsfähig. Die einzige Möglichkeit des Eingriffs bleibt der Rückzug im Um- bzw. Abschalten. Entsprechend diesen zentralen Unterschieden zwischen sozialen und parasozialen Beziehungsmustern bemerkt HIPPEL (1992), daß die Ausführungen von HORTON und WOHL (1956) und in der Folge von HORTON und STRAUSS (1957) selbst zwei unterschiedliche Lesarten des Verhältnisses von parasozialer zu sozialer Interaktion nahelegen. In diesem Sinne ist die parasoziale Interaktion – wie die aus deren Gesamtheiten resultierenden parasozialen Beziehungen – als eine Form von Kommunikation zu verstehen, die in ihren Grundzügen der sozialen analog ist. Darüber hinaus gilt es jedoch, spezielle Bedingungen zu berücksichtigen, aufgrund derer die beiden Kommunikationsformen sich grundlegend voneinander unterscheiden. In diesem Sinne räumen HORTON und STRAUSS (1957) ein:

> "The social-psychological processes involved in an audience's subjective participation in the television program are not radically different from those occurring in everyday social activity [...]. The relationhips built up, and the understandings that sustain them, seem no different in kind from those characteristics of normal social life; and the symbolic processes mediating them are likewise the same, though their operations are modified somewhat by the special conditions of television broadcasting" (S. 587).

Daß eine Etablierung von Bindungen an Medienfiguren durch den Zuschauer tatsächlich stattfindet, konnten STURM, HAEBLER und HELMREICH (1972, vgl. auch STURM, 1991) empirisch nachweisen. Es stellt sich nunmehr die Frage, welche inhaltlichen Dimensionen in den Interaktionsprozessen, die im Rahmen der Fernsehkommunikation zwischen persona und Zuschauer ablaufen, relevant werden.

Bereits in einer sehr frühen Arbeit, einer Befragung von Hausfrauen zum Thema 'daytime serials' im amerikanischen Hörfunk, hat HERZOG (1944) darauf hingewiesen, daß Medienfiguren verschiedene Funktionen für den Rezipienten erfüllen können. Sie üben eine Vorbildfunktion im Sinne eines idealisierten Verhaltensmodells aus: "They teach the listener appropriate patterns of behaviour" (S. 25). Zum anderen dient die Ähnlichkeit der Medienfigur dem Rezipienten zum sozialen Vergleich und gibt ihm dadurch beispielsweise das Gefühl, mit seinen Problemen nicht alleine dazustehen: "Burdened with their own problems, listeners claim that it made them feel better to know that other peoples have troubles, too" (S. 24). Von besonderem Erklärungswert ist in diesem Zusammenhang die von FESTINGER (1954) dargelegte sozialpsychologische Theorie sozialer Vergleichsprozesse, "derzufolge Individuen dazu tendieren, ihre Einschätzung und Bewertung der Realität vom Vergleich mit anderen Individuen abhängig zu machen" (BENTE & FROMM, 1997a, S. 47).

Geht man davon aus, daß in einer hochspezialisierten Gesellschaft wie der unseren verbindliche Vorgaben – aufgrund des Bedeutungsverlustes traditioneller Institutionen – nicht länger existieren (vgl. Kapitel 3.1.4), bieten sich die unprominenten Studiogäste mit ihren meist alltäglichen Geschichten, die mehr oder weniger jeden Zuschauer betreffen, als soziale Vergleichsobjekte an. Sie ermöglichen die "Bewertungen der eigenen Fähigkeiten und Fertigkeiten, die Einschätzung des Platzes im gesellschaftlichen Miteinander, sei es nun hinsichtlich der Attraktivität, des sympathischen Wesens, der Intelligenz oder aber der Angemessenheit des eigenen Verhaltens in sozialen Situationen" (BENTE & FROMM, 1997a, S. 47). Auf diese Weise können sie als Vorbild bzw. mögliche Verhaltensalternative in bezug auf in allen Lebensbereichen zu fällende Entscheidungen herangezogen werden.

STRANGE (1996) hat im Zuge der Weiterentwicklung des parasozialen Konzeptes vorgeschlagen, "die Bandbreite betrachteter Beziehungsmodi zu erweitern" (S. 177). Diese Beziehungsmodi wurden von BENTE und FROMM (1997a) bezüglich der Funktionen unprominenter Studiogäste in Affektfernsehsendungen für die Zuschauer thematisiert. Vorausgesetzt, der Zuschauer kann zu dem auf dem Bildschirm Dargebotenen einen – im Verhältnis zu seiner Lebenswelt – bedeutsamen Zusammenhang aufbauen, kann der parasoziale Vergleich in bezug auf die eigene Lebensbewältigung verschiedene Ergebnisse für den Zuschauer hervorbringen.

> "(1) Der Zuschauer sieht sich erfolgreicher als der Gast und fühlt sich bestätigt und aufgewertet [...]. (2) Die Problembewältigung ist für Zuschauer und Studiogast ähnlich unglücklich, mit dem Ergebnis, daß sich der Zuschauer nicht mehr so alleine fühlt. (3) Der Studiogast zeigt eine bessere Problemlösung und dient damit dem Zuschauer als mögliches Verhaltensmodell und Quelle der Hoffnung" (BENTE & FROMM, 1997a, S. 47f.).

Im Sinne des Symbolischen Interaktionismus haben die von den unprominenten Protagonisten vorgeführten Handlungsalternativen identitätsstiftende Funktion. Dieser Umstand erklärt sich aus der Struktur der Identität selbst, welche gesellschaftlich konstituiert ist (vgl. MEAD, 1934) und somit vom Handelnden "nur im Bezug zu den Identitäten anderer Mitglieder seiner gesellschaftlichen Gruppe" (MEAD, 1934, S. 206) bestimmt werden kann. PAPE (1996) hat diese Bedeutung unprominenter Protagonisten bei der Analyse der Beziehungsshow 'Nur die Liebe zählt' hervorgehoben:

> "Indem das Medium Fernsehen innerhalb spezifischer Sendungen in zunehmendem Maße die realen Lebenssituationen seiner Akteure einbezieht, hält es [...] dem Rezipienten einen Spiegel vor. Es bietet ihm die Möglichkeit, seine eigene Lebenssituation mit der ausgestrahlten Version zu vergleichen, sich mir ihr zu identifizieren oder sich von ihr abzugrenzen. Damit hilft es ihm bei der Gewinnung und Stabilisierung seiner Identität" (S. 87).

Die besondere Attraktivität des parasozialen Vergleiches liegt für den Zuschauer darin begründet, daß jener immer mit positiven Wirkungen verbunden ist. Selbst aus der Präsentation von Abnormitäten scheint sich noch ein Gewinn zu ergeben, denn diese können dem Zuschauer zur Abgrenzung gegen Andersartiges dienen und tragen damit letztlich ebenfalls zur Stabilisierung der eigenen Auffassung von Lebensführung bei (vgl. BENTE & FROMM, 1997a). SOEFFNER (1992) bemerkt in diesem Zusammenhang, "wie sehr die Herstellung von Monstren uns, der Gesellschaft als Publikum, zur Absicherung und Bestätigung der eigenen sozialen 'Normalität' dienen" (S. 165). Das Konzept der parasozialen Beziehung wie das des parasozialen Vergleiches bieten somit für die forschungsrelevanten Formate hilfreiche Erklärungsmuster.

3.3.1.5 Handlungsrollen und Fernsehnutzung

In der deutschen Medienforschung erfolgte die Erklärung des Phänomens 'Fernsehrezeption' auf der Grundlage des Symbolischen Interaktionismus erstmals Anfang der 70er Jahre. Hervorgegangen aus der Kritik des Uses-and-gratifications-Modells (vgl. Kapitel 3.3.1.2) entwickelte sich der sogenannte 'Nutzenansatz' (vgl. RENCKSTORF, 1973, 1977; TEICHERT, 1972, 1973), der die im Uses-and-gratifications-Modell vertretene Auffassung von einem aktiven

Publikum mit dem interpretativen Handlungskonzept des Symbolischen Interaktionismus verbindet. Durch die Verknüpfung der beiden Modelle "entstand die Sichtweise des Massenkommunikationsprozesses als subjektive Wirklichkeitsbewältigung der Rezipienten" (DEHM, 1984, S. 42). An die Stelle einer eindeutigen Zuweisung von Bedeutungen zu Medieninhalten tritt nunmehr die Analyse individuell wie sozial konstituierter Interpretationsprozesse. DEHM (1984), die den Nutzenansatz als wegweisendes und weiterzuentwickelndes Konzept würdigt, beschreibt die Implikationen der veränderten Sichtweise folgendermaßen:

> "Entsprechend der funktionalen Analyse können, ebenso wie ein Medieninhalt für ein Individuum verschiedene manifeste und latente Funktionen haben kann, verschiedene Inhalte für verschiedene Individuen die gleiche Funktion haben oder der gleiche Inhalt für verschiedene Individuen unterschiedliche Funktionen" (1984, S. 42).

Im Gegensatz zum 'Konzept der parasozialen Interaktion' (vgl. HORTON & WOHL, 1956) beschränkt sich der Nutzenansatz wie die weiterführenden handlungstheoretischen Konzeptionen (vgl. RENCKSTORF, 1986; KROTZ, 1992) nicht ausschließlich auf die Beziehungsangebote von Medienakteuren, sondern versteht unter der symbolischen Umwelt des Fernsehens – neben Personen – Dinge und Strukturen schlechthin (vgl. KROTZ, 1992). Im Austausch mit diesen 'Objekten', die im Rahmen der individuellen Situation interpretiert werden, erfolgt medienbezogenes, d.h. "parakommunikatives Handeln" (KROTZ, 1992, S. 222). Dabei nimmt der Zuschauer immer eine bestimmte Rolle ein, die hier verstanden wird als jedwede "Form, in der Menschen in Situationen auftreten, also kommunizieren und sozial handeln" (KROTZ, 1992, S. 222). TEICHERT (1972, 1973) und KROTZ (1992), die das Konzept der Rolle (vgl. Kapitel 3.1.1) auf das Medienhandeln im Sinne der Rezeption angewendet haben, verstehen das 'Zuschauen' dementsprechend "als eine soziale Rolle [...], die eigene Struktur und spezifische Verhaltensregeln hat" (TEICHERT, 1973, S. 357). Faßt man die im Fernsehen beobachteten Aktionen als "ein an den Zuschauer gerichtetes Rollenhandeln" (TEICHERT, 1973, S. 370) auf, so stellt sich die Frage, inwieweit diese Rollenangebote und damit letztlich der parakommunikative Austausch analog zu alltäglichen Interaktionen abläuft bzw. inwieweit hier entscheidende Unterschiede konstatiert werden müssen. Vergegenwärtigt man sich die Bedeutung von Kommunikation als "Handel um Identität" (KROTZ, 1992, S. 239, vgl. Kapitel 3.1.1), "in dessen Verlauf sich das Individuum neue Zugänge zu sich und seiner Umwelt erschließt, indem es sich einerseits auf die Beziehung zu anderen Identitäten in anderen Rollen einläßt und andererseits sich dagegen kenntlich macht" (KROTZ, 1992, S. 239), so sind hier grundlegende strukturelle Andersartigkeiten zu verzeichnen.

Analog zu den Ausführungen von HORTON und WOHL (1956), die von der fehlenden Verpflichtung und Verantwortung der 'answering role' gesprochen haben (vgl. Kapitel 3.3.1.1), hebt TEICHERT (1973) die "relative Unabhängigkeit von der Notwendigkeit der Typisierung und Identitätsdarstellung" (S. 377) hervor. KROTZ (1992) schreibt in diesem Zusammenhang, daß "die Aktivitäten des Mitteilens und des Aufnehmens unüberwindbar verteilt sind. Somit ändert sich die Bedeutung der wechselseitigen Perspektivenübernahme (vgl. Kapitel 3.1.1) als Voraussetzung für sinnvolles Handeln grundlegend: Dementsprechend wird zwar – analog zur Vis-à-vis-Interaktion – das Verhalten des Gegenübers eingeschätzt. Die eigene persönliche Identität wird in diesem Prozeß jedoch nur für den Handelnden selbst repräsentiert. Das 'role-taking', in dem man sich selbst aber aus der Perspektive des anderen betrachtet, wird in diesem Zusammenhang gegenstandslos, da für den Zuschauer in der Fernsehrezeptionssituation keine Handlungskonsequenzen in bezug auf den Medienakteur notwendig werden. Dies entbindet den Rezipienten zwar im positiven Sinne vom Zwang zur Selbstpräsentation, liefert ihm jedoch im negativen Sinne keine Möglichkeiten zur Erweiterung seines Handlungsspielraums, denn das Feedback über die Angemessenheit des Kenntlichmachens seiner Identität bleibt aus. KROTZ (1992) formuliert in diesem Sinne:

> "Man nimmt an Parakommunikation teil, ohne, wie im Kommunikationsprozeß möglich oder notwendig, das eigene Handeln und Verstehen durch den Fortlauf des Prozesses in den Antworten anderer bestätigt zu bekommen oder es dadurch reflektieren zu können" (S. 237).

Rückmeldungen, beispielsweise über Mißverständnisse bei der Demonstration der eigenen Absichten, bleiben aus, und somit verändert sich der Charakter sozialer Handlungen. Der mediale Ansprechpartner ist "potentiell endlos präsent" (KROTZ, 1992, S. 227), der Ablauf sozialen Geschehens jedoch wird dadurch, daß Rückmeldungen fehlen, weniger vorhersehbar. Der Zuschauer kann daher nur annehmen, aber nie sichergehen, daß er adäquate Erwartungen in bezug auf den Fortgang der medialen Handlungen entwickelt. "Damit fehlt parakommunikativem Handeln offensichtlich ein Element sozialer Verbindlichkeit, das kommunikativem Handeln immanent ist" (KROTZ, 1992, S. 238). Es stellt sich somit die Frage nach längerfristigen Auswirkungen dieser medial andersgearteten Austauschprozesse auf die Konstruktion individueller Wirklichkeiten. Vergegenwärtigt man sich einen durchschnittlichen täglichen Fernsehkonsum des Erwachsenen von fast drei Stunden (vgl. DARSCHIN & FRANK, 1995), so wird deutlich, daß wahrscheinlich täglich mehr Begegnungen parakommunikativer als nicht-medialer Natur sind. Einflüsse auf das nicht mediale Alltagshandeln sind dementsprechend denkbar. KROTZ (1992) schreibt:

> "Es ergibt sich nämlich, daß die für parakommunikatives Handeln notwendigen und darüber eingeübten Handlungsstrukturen es schwierig machen, daß die gesellschaftlichen Individuen lernen, in kommunikativen Prozessen ihre Identität erfolgreich zur Geltung bringen – dies als strukturelles Ergebnis des Medienhandelns, ganz unabhängig davon, welche Art von Sendungen gesehen wird" (S. 240).

Wenn es bei allen medialen und damit bei einem hohen Anteil alltäglicher Begegnungen keinen Sinn mehr macht, auf den anderen einzugehen, dann könnte sich dies in der alltäglichen Unterhaltung durch einen Mangel an der Fähigkeit zuzuhören ausdrücken. Ebenso könnte die fehlende Notwendigkeit, sich selbst dem Gegenüber in seiner Identität präsentieren zu müssen, zu Unstimmigkeiten führen: so könnten hier möglicherweise Probleme bei der adäquaten Demonstration der eigenen Bedürfnisse entstehen und daraus resultierend Mißverständnisse bei der Deutung durch den Gegenüber. Mit KROTZ (1992) "kommt vor dem Hintergrund einer rollentheoretisch angelegten Medien- bzw. Mediennutzungsanalyse dem Fernsehen und seinen Rollenangeboten gesellschaftliche Verantwortung zu" (S. 233). Dem Individualisierungsprozeß in unserer Gesellschaft Rechnung tragend, können nicht mehr wenige, für alle verbindliche Rollenmuster vorgeführt werden, sondern es muß – um das Zurechtfinden in einer hochdifferenzierten Gemeinschaft mit vielfältigen Rollenmustern zu gewährleisten – hier eine breite und adäquate Palette von möglichen Verhaltensvorgaben angeboten werden. Mit einem Blick auf die in der vorliegenden Untersuchung relevanten Formate scheint zumindest die breite Angebotspalette – in den täglichen Talks – gegeben zu sein. Inwieweit diese Rollenangebote angemessen sind bzw. vom Zuschauer tatsächlich mit Blick auf ein Zurechtfinden in der Realität genutzt werden, wird anhand von Befunden forschungsrelevanter Arbeiten aufgezeigt (vgl. Kapitel 3.4).

3.3.2 Der unprominente Studiogast

Der Schritt des Normalbürgers ins Fernsehen bzw. dessen öffentliches Bekenntnis intimer Lebensauffassungen ist ein noch relativ neues Phänomen in der Medienlandschaft. Zwar hat es immer schon einzelne Formate, z.B. Ratgebersendungen, gegeben, in denen Privates medial inszeniert wurde, aber die endgültige Etablierung 'intimer Formate' als zentraler Bestandteil des Fernsehprogramms ist erst seit Beginn der 90er Jahre zu beobachten. Daher liegen bisher erst wenige Untersuchungen über die Motivation zum Auftritt bzw. die Veröffentlichung privater Belange aus individueller Perspektive vor. Jene behandeln entweder jeweils nur besondere Bedürfnisse im Zusammenhang mit einem spezifischen Format. So hat PAPE (1996) Teilnehmer der Beziehungsshow 'Nur die Liebe zählt' (SAT.1) über ihre Motivation zur medialen Beziehungsanbahnung befragt. JOCHLIK (1996) untersuchte die Suchsendungen 'Vermißt!' (WDR) und 'Bitte melde Dich!' (SAT.1) insbesondere im Hinblick auf die Trauerbewältigung der suchenden Angehörigen, die sich an das Fernsehen wenden. Formatübergreifende Analysen, in denen grundlegende kommunikative Bedürfnisse ermittelt wurden, liegen von REICHERTZ (1996) und MEHL (1996) vor und behandeln den Forschungsgegenstand vornehmlich aus der soziologischen Perspektive. MEHLS (1996) Studie bezieht sich zudem auf Beiträge des französischen Fernsehens. Für die Betrachtung der individuellen Sichtweise nützliche Ergebnisse der genannten Untersuchungen werden in die Ausführungen des vorliegenden Kapitels einbezogen, die einzelnen Studien in Kapitel 3.4 jeweils zusammenfassend referiert.

Ausgehend von den sozialpsychologischen Ausführungen, wurde Kommunikation (vgl. Kapitel 3.1.1 - 3.1.2) als menschliche Fähigkeit beschrieben, die der Balancierung der eigenen Bedürfnisse mit den von außen an den Handelnden herangetragenen Anforderungen dient. Auf diese Weise können längerfristige Handlungspläne realisiert werden, und der Handelnde kann sich situationsübergreifend und zeitüberdauernd als personale Einheit, d.h. als funktionierende Identität, erfahren. Gemäß diesen Ausführungen im Sinne des Symbolischen Interaktionismus (vgl. Kapitel 3.1.1; vgl. MEAD, 1934; BLUMER, 1973) sind darüber hinaus die im Rahmen der kommunikativen Handlung vom Individuum vorgenommenen subjektiven Bedeutungszuweisungen zu berücksichtigen, um die individuellen Beweggründe für das Verhalten umfassend erklären zu können.

In bezug auf die Motivation unprominenter Personen zur Teilnahme an einer Fernsehsendung und Veröffentlichung ihrer privaten Erlebnisse ist somit zu fragen, welche Bedeutung den verschiedenen Komponenten der Handlungseinheit 'TV-Auftritt' beigemessen wird. Hierzu zählen zunächst das Medium als Teil der Erlebnisindustrie unserer Gesellschaft und die Sendung, in der der Befragte auftritt. Daneben ist auch die Relevanz, die dem Thema beigemessen wird, von Bedeutung wie die Haltung zu allen anderen in die Handlung involvierten Personen. Zur differenzierten Betrachtung letzterer ist es notwendig, sich zu vergegenwärtigen, daß der Fernsehauftritt – ähnlich wie die Medienrezeption – als kommunikativer Akt unter spezifischen Bedingungen zu verstehen ist. Die Besonderheit des Auftritts besteht darin, daß dieser sich aus mehreren, gleichzeitig wirksamen und unterschiedlich gearteten Kommunikationsebenen – unvermittelter wie auch medialer Natur – zusammensetzt. Diese verschiedenen Ebenen werden im folgenden kurz dargelegt, da sie zum differenzierten Verständnis der Handlung aus individueller Perspektive berücksichtigt werden müssen.

Das anonyme Millionenpublikum

Die mediale Situation konstituiert sich im Gespräch, das an ein Millionenpublikum versendet wird. Im Unterschied zur Alltagssituation ist die Anzahl der Adressaten, die die Aussagen des Studiogastes erreichen, damit weit größer. Zudem sind die Zuschauer dem Studiogast persönlich nicht bekannt und im Moment der Ausstrahlung für diesen nicht sichtbar. Diesem anonymen Publikum gegenüber stellt sich der Studiogast in einer bestimmten Art und Weise dar und erfährt sich gleichzeitig selbst. MEHL (1996) hat im Zusammenhang mit dieser Kommunikationsebene die Motivation zur Mitteilung einer öffentlichen Botschaft ermittelt, in der der Gast persönliche Erfahrungen als Ratschläge an das Publikum weitergeben und diesem damit als Vorbild dienen will. Auch das Bekenntnis einer Schuld und die aus dieser heraus angestrebte öffentliche Beichte (vgl. MEHL, 1996; REICHERTZ, 1996) kann im Zusammenhang mit der Anwesenheit eines großen Publikums interpretiert werden. Durch das öffentliche Eingeständnis der Schuld und das bewußte Inkaufnehmen der Blöße vor dem Millionenpublikum soll die Glaubwürdigkeit des Büßers erhöht werden und mit ihr die Chance auf eine öffentliche Absolution. Die von PAPE (1996) ermittelten Motive der Selbstdarstellung und der extraordinären Handlung zeichnen sich ebenfalls durch die Exponierung der eigenen Person vor einer großen Öffentlichkeit aus. Diese kann als eine Überhöhung der alltäglichen Handlung interpretiert werden, die zudem ebenfalls außerwöhnlich ist und somit die Individualität des Protagonisten belegt. Es muß also im Rahmen der nachstehenden Analyse gefragt werden, welche Bedeutung diesem großen, aber anonymen Publikum aus Sicht der Teilnehmer beigemessen wird.

Bezugspersonen vor dem Bildschirm

Das Millionenpublikum vor dem Bildschirm besteht nicht nur aus dem Studiogast unbekannten Personen, sondern muß darüber hinaus nach einer weiteren Adressatengruppe differenziert werden. Es handelt sich hierbei um jene Personen, die dem Gast persönlich bekannt und daher teilweise in die von ihm veröffentlichten Intimitäten involviert sind. So thematisiert der Studiogast persönliche Erfahrungen, beispielsweise in Verbindung mit dem Partner, dem Chef oder dem Nachbarn. Auf diese Weise tut er im Auftritt über diese Personen Dinge kund, die sein Beziehungsverhältnis zu ihnen offenlegen. MEHL (1996) hat in diesem Zusammenhang das Motiv zur Übermittlung einer persönlichen Botschaft herausgestellt, die dem Gast im alltäglichen Austausch aus verschiedensten Gründen bisher nicht möglich war. Die Besonderheit der medialen Kommunikationssituation liegt im Gegensatz zum Alltag in der fehlenden Feedback-Möglichkeit für die in die persönlichen Geschichten des Gastes involvierten Gesprächspartner vor dem Bildschirm. Diese können im Moment des Auftritts nicht unmittelbar auf die Aussagen des Gastes reagieren, diesen z.B. nicht unterbrechen oder sich selbst darstellen. Sie müssen zuhören. In Beziehungsshows werden Dritte darüber hinaus durch das Moment der Überraschung gezwungen, vor der Kamera Stellung hinsichtlich ihres Verhältnisses zum Studiogast zu beziehen. Da davon auszugehen ist, daß der Studiogast seinen Partner, Chef oder auch den Nachbarn nach dem Auftritt wiedersieht, stellt sich hier die Frage, welche Wirkung mit den öffentlichen Aussagen, die sich auf nahestehende Personen beziehen, erzielt werden soll. Gesetzt den Fall, daß diesen im Auftritt etwas mitgeteilt werden soll, bietet die in der Situation fehlende Feedback-Möglichkeit eventuell Aufschluß darüber, warum der Austausch über das Medium einer Alltagskommunikation vorgezogen wird. Letztlich kann das Bekenntnis als Möglichkeit zur öffentlichen Darstellung der eigenen Identität verstanden werden und in der Definition der Beziehung zur Bezugsperson vor dem Bildschirm sowohl zur Demonstration einer Zusammengehörigkeit als auch einer Abgrenzung genutzt werden.

Vis-à-vis-Kommunikation im Studio

Drittens beinhaltet der Auftritt eine weitere unvermittelte Kommunikationsebene: es findet ein Gespräch zwischen dem Gast, dem Moderator und den anderen Gästen statt. Zum einen ist es daher denkbar, daß sich die Kommunikationsbedürfnisse des Teilnehmers auf die Person des Moderators beziehen, den der Gast bisher im Zweifel nur aus der Warte des Zuschauers kennt und den er jetzt im realen Austausch kennenlernen kann. MEHL (1996) hat dem Gespräch zwischen Moderator und Gast therapeutische Qualitäten attestiert, mit denen letzterer seine persönlichen Probleme zu behandeln sucht. Zum anderen könnten die kommunikativen Bedürfnisse der Vis-à-vis-Situation mit den anderen Studiogästen im Zusammenhang stehen. Die unprominenten Protagonisten teilen möglicherweise die Erfahrungen zum Thema, insofern sind soziale Vergleichsprozesse denkbar. In diesem Sinne könnte beispielsweise die Veröffentlichung eines persönlichen Problems als Gelegenheit dienen, sich im Auftritt unter Gleichgesinnten erfahren zu wollen. Der Vergleich mit den anderen kann verschiedene Resultate zeitigen: (1) sich mit seinen privaten Schwierigkeiten als nicht alleine zu erfahren; (2) Handlungsmodelle zu erhalten, wenn andere Gäste dieses persönlich belastende Problem bereits gemeistert haben; (3) sich als kompetenter zu erfahren, wenn die anderen Betroffenen dasselbe Problem weniger gut im Griff haben. Der Studiogast kann aufgrund dieser sozialen Vergleichsprozesse seine eigene Position im sozialen Gefüge bestimmen.

Zudem ist es dem Gast möglich, in der sozialen Interaktion am Drehtag Einblick in die Welt des Fernsehens zu gewinnen, die selbst einen Teil der Erlebnisindustrie unserer Gesellschaft darstellt. Nicht zuletzt werden die Auftritte immer auch finanziell vergütet (vgl. Anhang) und dienen somit auch zur Befriedigung monetärer Bedürfnisse (vgl. Reichertz, 1996) im Sinne einer zunehmenden Konsumorientierung.

Versteht man die Handlungseinheit 'TV-Auftritt' als spezifische Kommunikationssituation, deren Bedeutung sich für den Studiogast aus den subjektiven Interpretationen, die den einzelnen Aspekten der Handlung beigemessen werden, ergibt, so ergeben sich brauchbare Erklärungen für die Präferenz der öffentlichen Handlung im Vergleich zur alltäglichen unvermittelten Kommunikationssituation. Durch eine Integration dieser sozialpsychologisch relevanten Dimensionen der Handlung mit den soziologischen Ausführungen (vgl. Kapitel 3.1) wird die Fragestellung in Kapitel 4 methodisch umgesetzt. Dabei werden nicht nur Motivationen ergründet, sondern auch die Frage nach den Wirkungen bzw. der Durchsetzung der ursprünglich intendierten Motive und somit nach dem Nutzen des Auftritts gestellt.

Als Ergänzung der bisherigen Ausführungen werden zunächst empirische Befunde zu den forschungsrelevanten oder konzeptionell analogen Sendungen referiert, die die Brauchbarkeit der theoretischen Konzepte – sowohl in bezug auf die Rezeption als auch für den Auftritt im Medium – belegen.

3.4 Empirische Befunde

Theoretische Modelle zur Erklärung der gesellschaftlichen Voraussetzungen für die Lancierung intimer Formate und deren seit Jahren anhaltender Erfolg wurden aufgezeigt. Die Relevanz medialer Kommunikation für Zuschauer und Studiogäste wurde – insbesondere in bezug auf die Verwendung spezifischer Charakteristika intimer Formate – thematisiert. Die Brauchbarkeit dieser Ansätze wird nunmehr anhand empirischer Befunde dargelegt. Da die beschriebene Entwicklung kein ausschließlich deutsches Phänomen, sondern im Zuge der Modernisierung in westlichen Gesellschaften durchgängig zu beobachten ist, werden zudem Arbeiten zu vergleichbaren amerikanischen, englischen und französischen Formaten referiert. Bei der Auswahl wurde der Schwerpunkt auf solche Arbeiten gelegt, die, wie die vorliegende empirische Analyse, Talks und Beziehungsshows zum Gegenstand haben. Aber auch verwandte, in diesem Zusammenhang interessierende Formate wurden berücksichtigt. Die im folgenden referierten Studien haben zum einen die Kommunikationsinhalte und -strukturen zum Gegenstand, zum anderen werden deren Relevanz für Zuschauer und insbesondere für die Teilnehmer aufgezeigt.

3.4.1 Die Themen der Daily Talks und ihre sprachliche Präsentation

In der öffentlichen Diskussion genießen die täglichen Talk-Shows einen zweifelhaften Ruf (vgl. Kapitel 1). Dieser gründet sich insbesondere auf die Auswahl der Themen, die nach Meinung der Kritiker häufig an Peinlichkeit nicht zu überbieten sind. Vor keinem Tabu werde Halt gemacht, konstatiert die öffentliche Presse. Dies, so wird vermutet, hat den Verlust tradierter Norm- und Wertvorstellungen zur Folge. Der Frage, welche Themen nun in Talk-

Shows tatsächlich behandelt werden, sind BENTE, JOCHLIK, ADAMECK und GRISARD (1997) im Rahmen einer Studie zum Genre 'Affektfernsehen' nachgegangen.

Im Rahmen der Untersuchung wurden alle jemals gesendeten Themen der täglichen Talks 'Hans Meiser', 'Ilona Christen', 'Fliege' und 'Arabella' erhoben. Sendungen, die im Anschluß an den Erhebungszeitraum (von Januar bis einschließlich Juni 1995) lanciert wurden, fließen nicht in die Analyse mit ein. Die Datenbasis umfaßte 1.603 Sendungstitel ('Hans Meiser': 676; 'Ilona Christen': 451; 'Fliege': 208; 'Arabella': 268) und wurde anhand von Ankündigungen in Programmzeitschriften erstellt. Die erhobenen Titel wurden einer strukturierenden, qualitativen Inhaltsanalyse (vgl. MAYRING, 1990) unterzogen und die im folgenden aufgelisteten Kategorien gewonnen:

- Alternative Heilmethoden
- Astrologie/Spirituelles
- Beruf/Arbeitswelt
- Beziehungen
- Charakter/Lebensart
- Familie
- Gesellschaft/Wirtschaft
- Gesundheit
- Körper/Schönheit/Mode
- Rund um Prominente
- Psychologische Probleme
- Religion/Sekten
- Sex
- Straftaten – Täter/Opfer
- Tiere
- Tod
- Ohne Zuordnung

Die Ergebnisse der Inhaltsanalyse geben Aufschluß über die in den jeweiligen Sendungen behandelten Themen, deren Rangfolge und prozentuale Verteilung. Die Tabellen 3.1 und 3.2 zeigen die Ergebnisse im Überblick.

Tabelle 3.1: Rangliste der Themen bei 'Hans Meiser' und 'Ilona Christen' in absoluten (abs. %) und kumulierten (cum. %) Häufigkeiten

	Hans Meiser				**Ilona Christen**		
Rang	**Kategorie**	**abs. %**	**cum. %**	**Rang**	**Kategorie**	**abs. %**	**cum. %**
1	Familie	13.2	13.2	1	Familie	15.3	15.3
2	Beziehungen	12.7	25.9	2	Beziehungen	14.6	29.9
3	Gesellschaft/Wirtschaft	11.1	37.0	3	Gesundheit	10.0	39.9
4	Beruf/Arbeitswelt	10.1	47.1	4	Gesellschaft/Wirtschaft	8.9	48.8
5	Charakter/Lebensart	7.4	54.5	5	Straftaten - Täter/Opfer	8.2	57.0
6	Gesundheit	7.2	61.7	6	Charakter/Lebensart	7.3	64.3
7	Sex	5.6	67.3	7	Sex	6.0	70.3
8	Körper/Schönheit/Mode	5.2	72.5	8	Psychische Probleme	5.8	76.1
9	Ohne Zuordnung	5.0	77.5	9	Ohne Zuordnung	5.5	81.6
10	Psychische Probleme	4.9	82.4	10	Beruf/Arbeitswelt	5.1	86.7
11	Straftaten - Täter/Opfer	4.3	86.7	11	Astrologie/Spirituelles	3.5	90.2
12	Rund um Prominente	3.6	90.3	12	Körper/Schönheit/Mode	3.1	93.3
13	Astrologie/Spirituelles	2.7	93.0	13	Religion/Sekten	2.2	95.5
14	Religion/Sekten	2.1	95.1	14	Rund um Prominente	1.6	97.1
14	Tod	2.1	97.2	14	Tod	1.6	98.7
16	Tiere	1.6	98.8	16	Tiere	0.9	99.6
17	Alternative Heilmethoden	1.3	100.0	17	Alternative Heilmethoden	0.4	100.0

Tabelle 3.2: Rangliste der Themen bei 'Fliege' und 'Arabella' in absoluten (abs. %) und kumulierten (cum. %) Häufigkeiten

	Fliege				**Arabella**		
Rang	**Kategorie**	**abs. %**	**cum. %**	**Rang**	**Kategorie**	**abs. %**	**cum. %**
1	Familie	22.6	22.6	1	Körper/Schönheit/Mode	28.0	28.0
2	Beziehungen	13.9	36.5	2	Beziehungen	21.3	49.3
3	Charakter/Lebensart	9.6	46.1	3	Sex	14.6	63.9
3	Gesundheit	9.6	55.7	4	Charakter/Lebensart	9.3	73.2
5	Gesellschaft/Wirtschaft	9.1	64.8	5	Familie	7.5	80.7
6	Ohne Zuordnung	5.3	70.1	6	Ohne Zuordnung	6.0	86.7
7	Psychische Probleme	4.3	74.4	7	Beruf/Arbeitswelt	5.2	91.9
7	Alternative Heilmethoden	4.3	78.7	8	Astrologie/Spirituelles	3.0	94.9
9	Straftaten - Täter/Opfer	3.8	82.5	9	Gesellschaft/Wirtschaft	1.9	96.8
10	Astrologie/Spirituelles	3.4	85.9	10	Rund um Prominente	1.5	98.3
11	Rund um Prominente	2.9	88.8	11	Tiere	1.1	99.4
12	Körper/Schönheit/Mode	2.4	91.2	12	Alternative Heilmethoden	0.7	100.0
12	Tod	2.4	93.6	13	Straftaten - Täter/Opfer		
14	Sex	1.9	95.5	13	Psychische Probleme		
15	Tiere	1.9	97.4	13	Gesundheit		
16	Beruf/Arbeitswelt	1.4	98.8	13	Tod		
17	Religion/Sekten	1.0	100.0	13	Religion/Sekten		

Themenauswahl und Rangfolge

Entgegen der in der öffentlichen Kritik vorherrschenden Annahme, daß besonders reißerische Themen die zentralen Inhalte der Daily Talks darstellen, ergab die Auswertung der Daten, daß eher Alltägliches dominiert. So steht bei 'Hans Meiser', 'Ilona Christen' und 'Fliege' gleichermaßen das Thema 'Beziehung' an erster und das Thema 'Familie' an zweiter Stelle. Nur die für ein jüngeres Publikum konzipierte Sendung 'Arabella' macht eine Ausnahme: Hier steht der Themenbereich 'Körper/Schönheit/Mode' an erster Stelle, aber auch hier gefolgt vom Thema 'Beziehung' auf Platz zwei. Tabu-Themen hingegen – wie beispielsweise 'Sex' – rangieren bei 'Hans Meiser' und 'Ilona Christen' erst auf Platz sieben und bei 'Fliege' sogar erst auf Platz 14. Auch diesbezüglich bildet die Sendung 'Arabella' eine Ausnahme, denn ausschließlich hier ist der Bereich 'Sex' – an dritter Stelle der Themenverteilung – als zentraler Sendungsinhalt zu bezeichnen. Der Tabu-Bereich 'Tod' ist ebenfalls insgesamt selten vertreten, bei 'Fliege' rangiert er auf Platz 12, bei 'Hans Meiser' und 'Ilona Christen' sogar erst auf Platz 14; bei 'Arabella' wird dieses Thema gar nicht behandelt.

Themenverteilung

Bezüglich der Themenvielfalt und -verteilung innerhalb der einzelnen Formate ergab die Inhaltsanalyse auffällige Unterschiede. So werden in den Sendungen 'Hans Meiser', 'Ilona Christen' und 'Fliege' alle 17 ermittelten Themenbereiche abgedeckt, während die Sendung 'Arabella' sich durch eine wesentlich reduziertere Angebotspalette auszeichnet. So werden die Inhalte 'Straftaten – Täter/Opfer', 'Psychische Probleme', 'Gesundheit', 'Tod' und 'Religion/Sekten' hier gänzlich vernachlässigt. Auch im Hinblick auf die prozentuale Verteilung der Themen unterscheiden sich die untersuchten Talks: Während 'Hans Meiser' sich durch die breiteste Themenstreuung auszeichnet, gefolgt von 'Ilona Christen', zeigt sich bei 'Fliege' und 'Arabella' eine Zentrierung auf wenige Themen. So werden bei 'Fliege' zwei Drittel der ausgestrahlten Beiträge mit nur fünf Themenbereichen abgedeckt; bei 'Arabella' ist die Verteilung noch einseitiger. In der Hälfte aller Ausstrahlungen werden nur zwei Themenbereiche behandelt ('Körper/Schönheit/Mode', 'Beziehungen').

Zusammenfassend zeigt die Themenverteilung anhand der Titel, daß die in den Daily Talks vertretenen und mehr oder weniger breit gestreuten Inhalte insgesamt alltägliche Thematiken darstellen. Als persönlicher Nahbereich sind die zentralen Themenbereiche – 'Beziehung' und 'Familie' – mehr oder weniger für alle Zuschauer relevante Themen. Dieser Befund deckt sich auch mit den Ergebnissen einer von BERGHAUS und STAAB (1995) durchgeführten Untersuchung über die Themenverteilung in Gesprächs-Shows. Unter diesem Genre werden Daily Talks, Konfro-Talks, Themen- und Promi-Talks subsumiert. BERGHAUS und STAAB (1995) bemerken:

> "Die Gesprächs-Shows weisen tatsächlich ein breites Themenspektrum auf. Die Palette reicht von allgemein menschlichen Fragestellungen bis zu gesellschaftlichen Phänomenen. Partnerschaft und Familie sind bei allen Sendern (mit Ausnahme von SAT.1) herausragende Themen" (S. 121).

Auch BERGHAUS und STAAB (1995) kommen zu dem Schluß, daß Tabuthemen eher selten behandelt werden. Zur Erklärung der Diskrepanz zwischen der öffentlichen Meinung und der tatsächlichen Angebotspalette sei folgendes angemerkt: Es ist zumindest denkbar, daß die Rezeption spektakulärer Inhalte – so beispielsweise sexueller Abnormitäten wie Windelfetischismus – dem Zuschauer aufgrund ihrer Außergewöhnlichkeit möglicherweise eher im Gedächtnis bleibt als die alltäglichen Geschichten. Durch diesen Umstand bedingt, wird die Ausstrahlungshäufigkeit extremer Sendeinhalte möglicherweise überschätzt.

Bezüglich der Bedeutung der Themenangebote für den Rezipienten sei an dieser Stelle noch einmal kurz auf die theoretischen Ausführungen der Bamberger Schule (vgl. Kapitel 3.1.3 - 3.1.4) verwiesen. Es wurde konstatiert, daß es in unserer Gesellschaft an verbindlichen Vorgaben und Handlungsorientierungen für alle persönlich relevanten Bereiche wie beispielsweise Berufs- und Beziehungswahl mangelt. In diesem Sinne kommt den Themen der täglichen Talks möglicherweise eine Orientierungsfunktion zu, die in einer Fragebogenstudie von BENTE, BAHß, DORANDO und HÜNDGEN (1997; siehe Kapitel 3.4.9) bestätigt werden konnte. Diese Befunde können auch als Erklärung dafür aufgefaßt werden, warum extreme Themen – wie beispielsweise Geschlechtsumwandlung oder gekaufte Ehepartner – nicht unbedingt zu den zentralen Inhalten gehören; denn hier fehlt dem Zuschauer der verbindliche und bedeutsame Bezug zum eigenen Alltag.

Titelgestaltung

Im Rahmen der oben referierten Themenanalyse von BENTE, JOCHLIK, ADAMECK und GRISARD (1997) wurde anhand der beschriebenen Datenbasis auch die Gestaltung der Titel der Daily Talks bezüglich der Verwendung spezifischer formal-sprachlicher Merkmale untersucht. Die Analyse umfaßte die Dimensionen 'Personalisierung' ('Ich-Botschaften'), 'Affektivität' (Verwendung von Emotionsbegriffen) und 'sprachliche Auffälligkeiten' (Reimformen, Redewendungen sowie Umgangssprache). Die Ergebnisse zeigen, daß mehr als die Hälfte der erfaßten Titel zumindest eines, wenn nicht mehrere der erhobenen formal-sprachlichen Merkmale aufweisen. Besonders auffällig ist die Personalisierung von Titeln bei 'Fliege', die hier für 88% aller Beiträge ermittelt wurde. Bei 'Hans Meiser' weisen 19,7%, bei 'Ilona Christen' 17,5% und bei 'Arabella' 12,3% der Titel dieses Stilmittel auf. Nach SANDIG (1986) entspricht die Personalisierung (z.B. 'Ich war so gut wie tot') der privaten Rezeptionsperspektive des Lesers und schafft auf diese Weise ein intimes und für persönlichste Mitteilung offenes Klima, zudem dient sie als Hinweis für die Darstellung des Inhaltes anhand eines Einzelschicksals. Dieses Charakteristikum dient somit der Herstellung des persönlichen Bezugs durch den Rezipienten und versinnbildlicht die Individualisierungstendenzen in unserer Gesellschaft.

Als wichtigstes Stilmittel bei der Titelpräsentation der Sendungen 'Hans Meiser', 'Ilona Christen' und 'Arabella' wurde die Verwendung sprachlicher Auffälligkeiten ermittelt, so z.B. umgangssprachliche Formulierungen (z.B. 'Tote Hose im Bett'), Redewendungen und Sprichwörter (z.B. 'Je oller, je doller') sowie Alliterationen (z.B. 'Gepeinigt, gequält, geschunden – Folteropfer'). Diese dienen der Erhöhung der Aufmerksamkeit des Rezipienten und suggerieren Vertrautheit (vgl. BLUMENTHAL, 1983; PÜSCHEL, 1985; SANDIG, 1986; DITTGEN, 1989). Die Verwendung affektiver Formulierungen spielt bei der Titelgestaltung aller untersuchten Sendungen eine eher untergeordnete Rolle. Zusammenfassend kann die Vermutung geäußert werden, daß die Bindung des Zuschauers an den Talk insbesondere durch die Verwendung solcher formal-sprachlichen Merkmale erreicht werden soll, die im Alltag insbesondere in privaten – Nähe und Intimität konstituierenden – Gesprächen zu finden sind.

3.4.2 Kommunikationsstrukturen und Beziehungsangebote im Talk

Ist das Interesse des Zuschauers zur Rezeption von Talk-Shows vorhanden, so nimmt dieser an einem medial inszenierten Gespräch teil. Zur detaillierten Betrachtung der im Fernsehen vorgeführten Kommunikationsstrukturen legte FROMM (1995) eine vergleichende Einzelfallstudie vor, die das Gesprächsverhalten von Talk-Show-Moderatoren, ihre Imagearbeit und das Beziehungsangebot an den Zuschauer in den Blick rückt. FROMM (1995) geht in Anlehnung an das Konzept der parasozialen Interaktion von HORTON und WOHL (1956) davon aus, daß Zuschauer zu den Protagonisten im Medium alltagsanaloge Beziehungen aufbauen. Hierzu dient – insbesondere in der Talk-Show – vornehmlich die Interaktion, die im Sinne von WATZLAWICK, BEAVIN und JACKSON (1969) neben einem Inhaltsaspekt immer auch einen Beziehungsaspekt enthält. Im Beziehungsaspekt einer Aussage wird das Verhältnis zum Gegenüber definiert, sowohl positiv als auch negativ. Ebenso präsentiert der Moderator in jeder Äußerung sein eigenes Image. Hier können ebenfalls positive wie negative Selbstdarstellungen in die Interaktion einfließen. Beziehung und Image konstituieren sich – in Anlehnung an die Ausführungen GOFFMANS (1969, 1974, 1986; vgl. auch HOLLY, 1979) – in Interaktionsritualen und sind sowohl von kulturellen als auch von persönlichen Einflüssen geprägt. FROMM (1995) entwickelte anhand je einer kompletten Sendung der Talk-Shows 'Boulevard Bio' und 'Hans Meiser' ein Kategoriensystem, welches vier Oberkategorien enthält. Diese beziehen sich auf die Selbstpräsentation des Moderators wie auch auf den Umgang mit dem Gast ('Selbstbestätigung', 'Selbstkritik', 'Partnerbestätigung', 'Partnerkritik') und werden in weitere Unterkategorien ausdifferenziert. Die Analyse ganzer Sendungen gewährleistet die Erfassung dramaturgischer Verläufe und mündet in einen Vergleich der Moderationsstile.

Es zeigte sich, daß sich die Moderatoren hinsichtlich der Verwendung von Interaktionsritualen teilweise erheblich voneinander unterscheiden. Auf diese Weise konstituieren sie ihr individuelles Image und Beziehungsangebot, welches sich bereits auf Einzelaussagenniveau ermitteln läßt. Ein Vergleich zeigt Unterschiede und Gemeinsamkeiten in der Interaktionsstruktur: So nehmen partnerbestätigende Interaktionsmuster in beiden Sendungen den größten Raum ein, was sich schon aus dem Format 'Talk-Show' erklärt, indem der Moderator dem Gast Fragen stellt, die meist bestätigender Natur sind.

Während diese bei 'Hans Meiser' eher als Gegengewicht zu verschiedenen Formen der Partnerkritik eingesetzt werden, verwendet sie Alfred Biolek z.B. in Form von Lob und Komplimenten zur Imagepflege des Gastes insgesamt häufiger und in facettenreicheren Ausprägungen, ohne sie mit kritischen Einwänden zu kontrastieren. Alfred Biolek präsentiert das Starimage des Gastes unter Einsatz diverser formaler Strategien wie z.B. Wiederholungen oder Paraphrasen, die bei 'Hans Meiser' weniger häufig und weniger facettenreich eingesetzt werden. Dennoch beendet auch Hans Meiser heikle Situationen fast immer mit Partnerbestätigungen und vermeidet auf diese Weise Eskalationen von Gesprächen, wenn auch er insgesamt mehr Raum für Kontroversen zuläßt.

Alfred Biolek rückt die eigene Person in den Gesprächsinhalten weitaus häufiger in den Vordergrund als Hans Meiser und bedient sich dazu auch eines umfangreicheren Repertoires kommunikativer Strategien. Während Hans Meiser sich hauptsächlich in Form von Stellungnahmen profiliert, mit denen er sich für seine Gäste einsetzt und ihnen ein Forum zur Meinungsäußerung verschafft, fällt bei Alfred Biolek – neben Stellungnahmen und Erwähnung von Insider-Kenntnissen – insbesondere das Ansprechen von Gemeinsamkeiten mit dem eingeladenen Star auf, die den Talkmaster selbst in den Mittelpunkt der Unterhaltung stellen. Partnerkritische Interaktionsstrukturen sind die einzigen Strategien, die bei 'Hans Meiser' einen breiteren Raum einnehmen als bei 'Boulevard Bio', was auch für ihre formale Ausgestaltung gilt. Während Alfred Biolek durch sehr dezente partnerkritische Anmerkungen die Harmonie des Gesprächs wahrt oder zu wahren versucht, wählt Hans Meiser durchaus sehr direkte und drastische Formen des partnerkritischen Umgangs. Hierdurch zwingt er den Gast, Stellung zu beziehen. Selbstkritische Interaktionsmuster werden von beiden Moderatoren selten benutzt und können eher als Form des Understatements gewertet werden, durch die der Talkmaster zeigt, daß jeder Fehler machen kann und er selbst auch nur ein Mensch ist ("Ich konnte noch nie richtig rechnen").

Hans Meiser demonstriert in seiner nachmittäglichen Talk-Show unter Verwendung klar strukturierter und wenig facettenreicher Interaktionsmuster eine konstruktive Auseinandersetzung mit alltäglichen Problemen. Auf diese Weise wird soziale Kompetenz mit Vorbildcharakter an den Zuschauer zu Hause vermittelt. Durch das bodenständige und nicht mit Starallüren behaftete Image suggeriert der Moderator im Gespräch Normalität, die die Möglichkeit einer

Übernahme für den Zuschauer erhöht. Alfred Biolek hingegen präsentiert unter Verwendung mannigfaltiger selbst- und partnerbestätigender Kommunikationsmuster die traditionelle Talk-Show als Möglichkeit zur Publicity-Gewinnung für die meist prominenten Gäste und bietet dem Zuschauer damit einen unterhaltsamen Abend. Das oberste Gebot ist die Sicherung der Harmonie im Gesprächsverlauf, die Alfred Biolek – gemäß seinem Image – als einfühlsamen und zurückhaltenden Moderator erkennen läßt. Wird er von einem Gast angegriffen, nimmt er sich selbst zurück, um auf diese Weise die Harmonie zu sichern – auf Kosten kritischer Tendenzen. Bei einem ohnehin harmonischen Gesprächsverlauf hingegen rückt der Moderator neben der Figur des Gastes auch seine eigene Person häufig in den Vordergrund und wird –beispielsweise durch herausgestellte Gemeinsamkeiten mit seinen Gästen – selbst zum Star.

3.4.3 Talk: Therapiesitzung, Streitgespräch oder Beichte?

Immer wieder werden Unterhaltungen in Talk-Shows mit anderen Dialogformen verglichen. Häufig wird dabei der Bezug zur Kommunikation in beratenden Institutionen hergestellt, so beispielsweise zur Beichte in der christlichen Kirche oder zum Gespräch in der Psychotherapie. In diesem Sinne schreibt WHITE (1992):

> "Most immediately, the private exchange between two individuals – in a church or a doctor's office, for example – is reconfigured as a public event, staged by the technological and signifying conventions of the television apparatus" (WHITE, 1992, S. 9).

Zur Prüfung der Verwendung therapeutischer Interaktionsstrategien in Talk-Shows liegen verschiedene Arbeiten aus dem anglo-amerikanischen Bereich sowie eine Studie zu deutschen Formaten vor. LIVINGSTONE und LUNT (1994) etwa haben eine Inhalts- und Kommunikationsanalyse der amerikanischen Talk-Shows 'The Phil Donahue Show' und 'The Oprah Winfrey Show' sowie der englischen Sendungen 'Kilroy' und 'The time, the place' vorgelegt. Die Analyse von insgesamt 35 Folgen der Formate ergab, daß die inszenierten Kommunikationsmuster tatsächlich therapeutische Interaktionsstrukturen aufweisen.

In diesem Sinne schildern LIVINGSTONE und LUNT (1994) etwa das Verhalten des britischen Talk-Show-Moderators 'Kilroy':

> "He sympathetically puts his arm around people, speaking in a lowered voice and maintaining steady eye contact. He uses a range of therapeutic interventions: asking questions [...]; challenging emotions [...]; putting interpretations to people [...]; restating a story in analytic terms [...]; provoking people into helping themselves" (S. 64).

Nach Auffassung von LIVINGSTONE und LUNT (1994) wird in den Therapiegesprächen analog strukturierten Dialogen innerhalb der Talk-Show eine Atmosphäre von Intimität und Sicherheit geschaffen, die den Studiogast zur Selbstöffnung und damit zur Thematisierung seiner privaten Belange bewegen soll. Ähnliche Ergebnisse haben auch KATRIEL und PHILIPSEN (1990), die ebenfalls eine strukturanalytische Untersuchung der 'Phil-Donahue-Show' durchgeführt haben, ermittelt. Die Autoren konstatieren, daß sich das Gesprächsverhalten des Moderators insbesondere durch einen nahen, unterstützenden und flexiblen Charakter auszeichnet. Während das Verhalten des Studiogastes durch ein hohes Maß an Selbstöffnung geprägt ist, verhält sich der Moderator eher zurückhaltend und hört seinem Gegenüber empathisch zu; seine Kommentierungen sind weder wertend oder richtend noch von Neugier geprägt, sondern vor allem wertschätzend und unterstützend: "This is speech in which unconditional positive regard finds its natural home" (KATRIEL& PHILIPSEN, 1990, S. 84). Damit enthält die beschriebene Kommunikationsstruktur wesentliche Merkmale, die als Haltung des Therapeuten in der klientenzentrierten Gesprächspsychotherapie (vgl. ROGERS, 1972; 1987) verstanden werden.

Darüber hinaus aber, so haben LIVINGSTONE und LUNT (1994) herausgestellt, ist das Talk-Gespräch nicht alleine auf den therapeutischen Dialog beschränkt, sondern enthält zudem Elemente anderer Konversationsformen. In diesem Sinne können die in Talk-Shows realisierten Kommunikationsmuster nur unter Heranziehung unterschiedlicher Konzepte adäquat beschrieben werden: "We consider below three influences on the programmes – the debate, the romantic narrative and the therapy session" (LIVINGSTONE & LUNT, 1994, S. 56). Das Gespräch im Talk ist somit als eine Mischung unterschiedlicher Dialogformen zu begreifen:

> "From the attempt to apply analytic schemata to programmes, it is clear that no one schema fits neatly. [...] It is the mix of argument style and performance that characterizes the genre" (LIVINGSTONE & LUNT, 1994, S. 140).

Zu ähnlichen Ergebnissen kommt auch FÜRTJES (1997a), die zum empirischen Vergleich von Gesprächen in Talk-Shows mit psychotherapeutischen Interaktionen eine Kommunikationsanalyse für Ausschnitte aus verschiedenen Sendungen ('Hans Meiser', 'Ilona Christen', 'Arabella', 'Fliege', 'Schreinemakers live') vorgelegt hat. In Anlehnung an Kategoriensysteme und Ratingskalen aus der psychotherapeutischen Prozeßforschung konzipierte Analyseinstrumente dienten dabei sowohl der Erfassung genuin therapeutischer Verhaltensweisen als auch der Abbildung unterschiedlicher allgemeiner kommunikativer Strategien. Es zeigte sich, daß sich die Sendungen – obwohl in der Presse häufig 'über einen Kamm geschoren' – im Moderatorenstil doch stark voneinander unterscheiden. Zudem ist das Auftreten quasitherapeutischer Interaktionsstrukturen nicht unabhängig vom Thema, sondern diese finden sich insbesondere in den untersuchten Sequenzen, in denen ernste und belastende Themen wie etwa Tod und Mißbrauch behandelt werden.

Der Vergleich zwischen Talk und Therapiegespräch trifft am ehesten auf die Sendungen 'Fliege' und problembelastete Sequenzen bei 'Schreinemakers live' zu. So kommen bei den genannten Moderatoren beispielsweise in der Psychotherapie bedeutsame bestätigende Verbalisierungen (z.B. 'mmh', 'ja') zum Tragen, die – im Sinne von TAUSCH (1968) – im Rahmen gesprächspsychotherapeutischer Behandlungen der Stützung des Erzählflusses des Klienten dienen sollen. Darüber hinaus werden bestätigende Verbalisierungen auch verwendet, um den Klienten zu einer vertieften Selbstexploration anzuregen. Arabella Kiesbauer, Hans Meiser und Ilona Christen zeichnen sich stärker durch die Verwendung anderer Kommunikationsmuster aus: sie steuern den Gesprächsverlauf eher durch konkretes Nachfragen und direktives Lenken. So nehmen die Talks 'Hans Meiser' und 'Arabella' durch ihren vergleichsweise hohen Anteil an mißbilligenden, den Gast kritisierenden Äußerungen zeitweilig die Qualität einer offenen Diskussion oder gar eines Streitgespräches an. Folglich widersprechen auch die Studiogäste den Moderatoren häufiger als in den eher quasi-therapeutisch strukturierten Gesprächssituationen bei 'Fliege' oder 'Schreinemakers live'. Non-direktive Verhaltensformen der klientenzentrierten Therapietheorie (vgl. TAUSCH, 1968) wie beispielsweise 'nicht direktives Lenken und Fragen' sowie 'Reflektieren' werden von allen untersuchten Moderatoren kaum realisiert. Dieses Ergebnis verweist darauf, daß Studiogäste in Talk-Shows – im Gegensatz zu Klienten in der Psychotherapie – nur wenig Einfluß auf den Gesprächsverlauf haben.

Selbstöffnende Moderatorenaussagen, die der Ermutigung der Gäste zum Erzählen eigener Erlebnisse und damit zur Öffnung vor der Kamera gelten (vgl. LIVINGSTONE & LUNT, 1994), nehmen insgesamt einen quantitativ eher geringen Anteil am Gesamtverhalten der analysierten Moderatorenäußerungen ein. Dennoch muß hier berücksichtigt werden, daß quantitativ geringe Ausprägungen qualitativ durchaus bedeutsam sein können, da sie als implizite Beziehungsdefinition zum Gegenüber richtungweisend für den Gesprächsverlauf sind. So thematisierte beispielweise der Moderator Jürgen Fliege seine eigene Mißbrauchserfahrung: *"Also, ich kann mir das so gut vorstellen; als Kind war ich auch mal betroffen, in einer ganz ähnlichen Situation; Mißbrauch gibt es auch mit mir als kleiner Junge. Das war das Schlimmste überhaupt, sich bei diesen offiziellen Stellen Gehör zu verschaffen"*(Jürgen Fliege, zit. nach FÜRTJES, 1997, S. 140). Dementsprechend weist Jürgen Fliege – zusammen mit Margarethe Schreinemakers – die vergleichsweise höchsten Werte auf der am stärksten ausgeprägten Stufe dieser Skala auf. Auch bezüglich der Daten zur 'Verbalisierung emotionaler Erlebnisinhalte' wird eine Differenzierung der Talks erforderlich. So formuliert beispielsweise Hans Meiser den höchsten Anteil von Äußerungen ohne erkennbaren Bezug zum Studiogast, während Jürgen Fliege die meisten Äußerungen mit direktem Bezug auf den Gast in der aktuellen Studiosituation macht. Hans Meiser realisiert den vergleichsweise höchsten Anteil von sachlichen Äußerungen, Fliege hingegen die meisten Äußerungen mit emotionalen Qualitäten, gefolgt von Margarethe Schreinemakers, die sich in diesem Sinne beispielsweise folgendermaßen äußert: *"Frau Bichler, ich kann Ihnen deutlich ansehen, wenn Sie diese Bilder sehen, dann bewegt sich viel in Ihnen, da geht eine ganze Menge vor"* (Margarethe Schreinemakers, zit. nach FÜRTJES, 1997, S. 165).

Die Kommunikationsstrategie 'Selbstexploration', die im Rahmen der Psychotherapie als Anzeichen einer intensiven Auseinandersetzung des Klienten mit seinen eigenen aktuellen Gefühlsinhalten gewertet wird, ist in den untersuchten Formaten insgesamt eher selten anzutreffen. Den vergleichsweise höchsten Anteil selbstexplorativer Äußerungen weisen die Gäste von Fliege auf, so beschreibt beispielsweise eine Frau ihre Mißbrauchserlebnisse: *"Und jedenfalls hat er immer mehr Druck ausgeübt, Anrufe immer, also es war schon sehr schlimm gewesen, also ich kann das jetzt, das regt einen immer noch auf"* (Gastaussage des Talks 'Fliege', zit. nach Fürtjes, 1997, S. 188). Zwischen dem Interaktionsverhalten der Moderatoren und dem der Gäste wurden systematische Zusammenhänge ermittelt. FÜRTJES (1997a) bemerkt:

> "In allen Untersuchungssequenzen, in denen quasi-therapeutische Merkmale im Moderatorverhalten deutlich akzentuiert hervortreten, weist auch das Verbalverhalten der Studiogäste höhere Ausprägungen auf; so bewegen sich die an diesen Sequenzen beteiligten Gäste von einer eher sachlichen Schilderung hin zu einer emotionalen Auseinandersetzung mit dem behandelten Problembereich, artikulieren ihre Gefühle expliziter und fokussieren deutlicher auf das eigene Erleben" (S. 201f.).

Der Frage nach dem tatsächlichen Nutzen der Sendungen – für Zuschauer und Gäste – wird in den folgenden Kapiteln nachgegangen.

3.4.4 Fernsehen als Religionsäquivalent

Talks wie beispielsweise 'Hans Meiser' oder 'Fliege' thematisieren reale Erfahrungen, Beziehungsshows wie 'Nur die Liebe zählt' greifen in die Wirklichkeit der Teilnehmer ein, indem sie diese inszenieren. Für die Gäste solcher Sendungen sind die medialen Erfahrungen offensichtlich realitätsstiftend, aber sie sind nicht auf diesen Personenkreis beschränkt, sondern bieten – wie REICHERTZ (1996, vgl. auch 1995a, b) darlegt – darüber hinaus 'für alle vor dem Schirm Sinnstiftung und ethische Maßstäbe' (S. 2). REICHERTZ (1996) geht in seiner Untersuchung, die sich auf die Methoden einer hermeneutischen Wissenssoziologie gründet, davon aus, daß moralisch-ethische Institutionen, hier insbesondere die Kirche im Zuge des gesellschaftlichen Wandels, ihre orientierungsvermittelnde Kraft eingebüßt haben und diese nunmehr die Medien innehaben. Im Gegensatz zu KEPPLER (1994), die das Fernsehen zwar auch als 'quasi-sakralen Raum' bezeichnet, Auftritte im Medium aber letztlich eher als überzogene Form ritualisierter Handlungen zum Zwecke der Erlebnissteigerung beschreibt, vertritt REICHERTZ (1995a, 1995b, 1996) die Auffassung, daß egozentrische Motive meist im Hintergrund stehen und der Glaube an die Wirksamkeit der Rituale das Handeln bestimmt. REICHERTZ (1996) konstatiert, "daß das Medium 'Fernsehen' und das von ihm an alle

Haushalte Versendete in vielen Punkten dem 'Religiösen' äquivalent ist und daß deshalb das Medium das leistet, was ehemals die Religion vollbrachte" (S. 5). Diesbezüglich benennt er vier religionsäquivalente Praktiken, die das Medium in diesem Zusammenhang bereitstellt und illustriert diese exemplarisch an spezifischen Sendungen:

- ***Beichte und Absolution*:** Als mediale und damit öffentliche Variante der christlichen Beichte werden hierunter Rituale verstanden, die in den Sendungen 'Nur die Liebe zählt', 'Verzeih mir' und z.T. auch in Talk-Shows (z.B. 'Hans Meiser') inszeniert werden. Diese Praktik des Auftritts "wird vor allem von denen genutzt, die Schuld auf sich geladen haben, aber nicht mehr an die reinigende Kraft des priesterlichen 'ego te absolvo' glauben (können), aber dennoch der Vergebung bedürfen. Das Fernsehen bietet ihnen den Raum für das öffentliche Bekenntnis, für die befreiende Beichte und erteilt die (meist bußfreie) Absolution in schönen und freundlichen Worten" (REICHERTZ, 1996, S. 10).
- ***Wunder und Magie*:** Sendungen wie die 'Surprise Show' und 'Bitte melde Dich!' suggerieren dem Zuschauer die Existenz von Wundern und Magie, indem sie scheinbar Unmögliches möglich machen. Vermißte werden wiedergefunden, Familien in sogenannten 'Re-Unions' nach Jahrzehnten wieder zusammengeführt, bisher nicht realisierbare Wünsche erfüllt. Auf diese Weise suggerieren diese Sendungen Teilnehmern und Zuschauern Hoffnung in bezug auf Lebensaspekte, die bisher unerreichbar schienen.
- ***Mitgefühl und finanzielle Hilfe*:** Das Format 'Schreinemakers live' demonstriert, wie das Fernsehen karitative Funktionen übernimmt. Effektiver als Hilfesuche in der Kirche scheint der Weg ins Fernsehstudio, da hier kurzfristiger finanzielle wie emotionale Unterstützung angeboten wird.
- ***Romantik und Treueschwur*:** Im Zeitalter steigender Scheidungsraten vermittelt die Sendung 'Traumhochzeit' tradierte romantische Ideale, die Teilnehmern und Zuschauern Hoffnung macht, daß 'echte Liebe', Treue und dauerhafte Beziehungen noch zu verwirklichen sind (vgl. auch REICHERTZ, 1993, 1994, 1995a).

REICHERTZ' (1996) Ausführungen liefern Erklärungen für die andauernde und vielgestaltliche Entwicklung der neuen Formate. Die wenigen bisher vorliegenden und im folgenden dargelegten Analysen, die die Befragungen von Teilnehmern bezüglich ihrer Motive für einen Fernsehauftritt zum Gegenstand haben, belegen dessen sinnstiftende Funktion, die meist über eine reine Überhöhung des Alltags hinausgeht.

3.4.5 Funktionen französischer Formate

MEHL (1996) hat das Aufkommen von Reality-Shows seit Anfang der 90er Jahre im französischen Fernsehen untersucht. Die von MEHL als 'la télévision de l'intimité' (Fernsehen der Intimität) bezeichneten Formate thematisieren die authentischen und privaten Schicksale unprominenter Menschen, die früher nur nahestehenden Personen mitgeteilt wurden:

> "De moeurs jusqu'alors cachées, connues seulement des entourages les plus proches, sont révélées à tous. Des modes de vie particuliers, souvent secrets, voire clandestins, sont montrés au monde extérieur" (S. 17).[12]

Private Themen, private Gefühle, dargestellt an unprominenten Einzelfällen und präsentiert vor Millionenpublikum leiten nach MEHL (1996), die sich hier auf SENNETT (1983) bezieht, eine Vermischung traditionell getrennter öffentlicher und privater Räume ein:

> "Espace public/expace privé: prédomine, désmorais, l'idée que ces territoires se confondent, que la distinction n'est plus opérante, que la psychologisation du jeu public et la médiatisation du je privé ont aboli les frontières" (S. 231).[13]

Vor dem Hintergrund dieser Betrachtungen hat MEHL (1996) – neben Inhalts- und Strukturanalysen, Interviews mit Fernsehmachern, Experten und Zuschauern – neun halb-strukturierte Interviews mit Teilnehmern der Sendungen 'Bas les masques' ('Runter mit den Masken', France 2) und 'L'amour en danger' ('Die Liebe in Gefahr', TF 1) durchgeführt. Diese erheben aufgrund der kleinen Stichprobe keinen Anspruch auf Repräsentativität. Ermittelt wurden hier die spezifischen Motive zur Teilnahme an der Sendung, die Eindrücke während der medialen Inszenierung sowie die dem Auftritt folgen-

[12] Wortgetreue Übersetzung v. Fürtjes (1997b): "Bislang verborgene, nur in der nächsten Umgebung bekannte Gewohnheiten werden allen enthüllt. Besondere Lebensumstände, oft verheimlicht, nur im Geheimen betrachtet, werden der Außenwelt offenbart" (S. 17).

[13] Wortgetreue Übersetzung v. Fürtjes (1997b): "Der öffentliche Raum/der private Raum: Es herrscht nunmehr die Idee vor, daß sich diese Bereiche vermischen, daß die Unterscheidung nicht mehr wirksam ist, daß die Psychologisierung des öffentlichen Spiels und die mediale Verbreitung des privaten Spiels die Grenzen haben verschwinden lassen" (S. 231).

den Wirkungen. Auf diese Weise konnten vier verschiedene Funktionen des Auftritts unterschieden werden:

- ***Typ 1: 'le message personnel' – die persönliche Botschaft**:* Der unprominente Gast teilt im Auftritt persönliche Inhalte mit, die er bisher nicht zur Sprache gebracht hat und die sich an konkrete Personen richten. Dabei kann es sich z.B. um die Veröffentlichung einer Krankheit handeln oder um Beziehungsschwierigkeiten. Während die Themen variieren können, ist das Ziel immer dasselbe. Der Gast möchte seiner persönlichen Umgebung etwas mitteilen, was ihm aus verschiedensten Gründen im direkten sozialen Kontakt nicht möglich ist. Das Fernsehen verhilft auf diese Weise zur Wiederaufnahme der Kommunikation, die in der Familie, in der Beziehung oder im Freundeskreis nicht funktioniert.
- ***Typ 2: 'le verbe thérapeutique' – das therapeutische Gespräch:*** Die Kommunikationsstruktur zwischen Gast und Moderator gleicht der zwischen Patient und Therapeut. Typisch dafür ist der urteilsfreie bzw. neutrale Standpunkt, von dem aus der Moderator respektive der Therapeut das Gespräch führt. Interventionsstrategien aus der Psychotherapie finden hier Anwendung. Dabei geht es dem Gast weniger um die Veröffentlichung der privaten Inhalte als vielmehr um ihre 'psychologische Behandlung'. Hier ist ein Trend zur Psychologisierung in unserer Gesellschaft erkennbar, der nicht länger nur elitären Gruppen vorbehalten bleibt.
- ***Typ 3: 'la confession cathodique' – die Fernsehbeichte:*** Der Gast nutzt den Auftritt im Sinne einer Beichte zur Veröffentlichung eines persönlichen Problems, das ihn schwer belastet. Die Beichte hat nach Auffassung des katholischen Glaubens eine kathartische Funktion. Durch das Ansprechen der Probleme wird eine Entlastung und Befreiung von Schuldgefühlen angestrebt. Indem der Gast seine eigene Person öffentlich problematisiert, hofft er auf Anerkennung durch das Publikum. Die Fernsehbeichte richtet sich weniger an die konkret in die persönlichen Problematiken involvierten Personen, vielmehr dient sie der Selbstbefreiung des Gastes von seinen Schuldgefühlen.
- ***Typ 4: 'la parole publique' – die öffentliche Botschaft:*** Weniger aufgrund von Wissen als aufgrund persönlicher Erfahrungen hat der Gast das Bedürfnis, den Zuschauern durch seinen Auftritt eine öffentliche Botschaft mitzuteilen. Indem sich der Gast an das Publikum (zu Hause und im Saal) richtet, gibt er Ratschläge, verbreitet Lehren, mit denen er anderen helfen will. Inhaltlich geht es dabei häufig um Fragen, die sich mit moralischen,

kulturellen und religiösen Aspekten beschäftigen. Auf diese Weise übernimmt das Intimitätsfernsehen Aufgaben, die vormals Vereinen oder der Kirche oblagen.

Die sowohl von MEHL (1996) als auch von REICHERTZ (1996) hervorgehobene Beichtfunktion im Sinne einer entlastenden und heilenden Wirkung des Sprechens über die Probleme selbst ist ein Aspekt des Auftritts, der auch bei Autoren, die englische und amerikanische Formate untersucht haben, immer wieder betont wird (vgl. KATRIEL & PHILIPSEN, 1990; GAIK, 1992; WHITE, 1992). So sprechen KATRIEL und PHILIPSEN (1990) beispielsweise im Zusammenhang mit der Analyse der 'Phil Donahue Show' vom "healing value of communication about problems" (S. 90), der Zuschauern wie Teilnehmern suggeriert: "Communication is the solution to the problem of 'relationship' (love) and of 'self' (personhood)" (S. 91).

Der Zuschauer erfährt durch die Veröffentlichung fremder Probleme etwas über sich selbst, sein eigenes Leben und die Bewältigungsmöglichkeiten eigener Belange. Der Studiogast bekennt sich in den sogenannten 'Confessional-Talks' öffentlich zu Inhalten, die er vorher nicht auszusprechen wagte. Dieses Bekenntnis hat möglicherweise kathartische Funktion, indem es den Akteur von seinen Problemen entlastet, unabhängig davon, welche sozialen Konsequenzen dieses 'outing' mit sich bringt. So schreiben LIVINGSTONE und LUNT (1994):

> "Certain experiences are recognized, legitimated and shared, the expression of emotions may be cathartic, and ordinary people can prove to themselves and to the public, 'this happened to me and I survived'" (S. 67).

Die Studiogäste, die ihre privaten Belange im Intimitätsfernsehen veröffentlichen, setzen ihrer Privatheit – im Sinne MEHLS (1996) – neue Grenzen. Die von ihnen mitgeteilten persönlichen Aspekte empfinden sie selbst nicht als zu privat für die Öffentlichkeit und betrachten den Auftritt als Test, der ihnen positive Erfahrungen einbringt. Aus MEHLS (1996) Sicht kann zwar durch das mediale Gespräch eine weitergehende Reflexion der problematischen Thematik angeregt werden, jedoch sind die therapeutischen Wirkungen – schon aufgrund der Einmaligkeit des Ereignisses – begrenzt:

> "Les effects psychotherapeutiques de ces émissions sont limité. Limités dans le temps déjà: la plupart des témoins attestent, en effet, que dans les moments qui ont immédiatenment suivi l'émission, un certain calme s'est rétabli, une volonté d'avancer s'est mainfestée, un dialogue interrompu s'est timidement renouè. Mais très vite, la vie et ses conflits reprennent leurs cours" (S. 76).[14]

KATRIEL und PHILIPSEN (1990) hingegen haben zwar das Verhalten des Therapeuten nicht als explizit therapeutisch beschrieben, räumen ihm aber zumindest entwicklungsfördernde Tendenzen ein:

> "Given human malleability, such interpenetration holds the promise of the kind of interpersonal speech which fosters the favorable conditions of growth and change" (S. 91).

In bezug auf MEHLS (1996) Untersuchung muß kritisch angemerkt werden, daß aus der Beschreibung der Typen nicht eindeutig hervorgeht, ob diese ausschließlich aus den Interviews mit den Studiogästen oder aufgrund von Gesprächen mit Redakteuren bzw. durch Inhaltsanalysen des Materials gewonnen wurden. Somit ist der Rückbezug der erhobenen Daten aufgrund wenig transparenter Methoden nicht nachvollziehbar. Dies gilt auch für die erfaßten Charakteristika der Inszenierungen; hier wird nicht expliziert, auf welche Art und Weise diese in die Interpretation der Ergebnisse einfließen.

3.4.6 Motive für die Teilnahme an der Sendung 'Nur die Liebe zählt'

Auch PAPE (1996) sieht in den neuen Formaten ein kompensatorisches Angebot, das sich infolge von gesellschaftlichen Veränderungen wie Enttraditionalisierungs- und Individualisierungsprozessen etablieren konnte. War der Lebensweg für den Einzelnen früher verbindlich vorgegeben, unterliegt er heutzutage kaum noch Beschränkungen. Die Vorteile dieser Entwicklungen manifestieren sich in der Möglichkeit, seinen eigenen Lebensstil und dessen Verlauf frei wählen zu können. Aber auch die Nachteile sind unüber-

[14] Wortgetreue Übersetzung v. Fürtjes (1997b): "Die psychotherapeutischen Wirkungen dieser Sendungen sind begrenzt. Begrenzt schon in der Zeit: Die Mehrzahl der Protagonisten bestätigen in der Tat, daß sich in den Momenten unmittelbar nach der Sendung eine gewisse Ruhe, ein Wunsch danach voranzuschreiten eingestellt habe, ein unterbrochener Dialog zaghaft wieder aufgenommen wurde. Aber bereits kurze Zeit später nehmen das Leben und seine Konflikte wieder ihren Lauf" (S. 76).

sehbar. PAPE (1996) konstatiert in diesem Zusammenhang einen "Verlust an Sicherheit und Halt, der durch das Fehlen von Vorbildern, Orientierungslosigkeit, Fremdbestimmung [...], den Zwang zur Wahl, Entfremdung und Isolation sowie die potentielle Entstehungsmöglichkeit subjektiver und intersubjektiver Sinnkrisen geprägt ist" (PAPE, 1996, S. 78). Von diesen bleibt auch der Bereich der Partnerwahl und des innerhalb einer Partnerschaft gewählten Beziehungsstils (z.B. Großfamilie oder Single-Dasein) nicht verschont. Vor dem Hintergrund dieser Ausführungen hat PAPE (1996) – neben hermeneutischen Analysen zu den Themen 'Beziehungsanbahnung' und 'Funktion der Massenmedien' – fünf Interviews zur subjektiven Motivlage von Teilnehmern der Sendung 'Nur die Liebe zählt' geführt. Als Spezialform der qualitativen Befragung wurde das narrative Interview gewählt, das sich durch die Anwendung des Erzählprinzips in idealer Weise dazu eignet, die Orientierungsmuster des Handelns – hier die Beweggründe für die Teilnahme – herauszuarbeiten (vgl. PAPE, 1996).

Folgende Ergebnisse konnten ermittelt werden: Alle Teilnehmer sind regelmäßige Konsumenten der Sendung 'Nur die Liebe zählt'. Sie haben sich ohne große Überlegungen zum Auftritt entschlossen oder wurden – dem Sendungskonzept gemäß – durch Dritte überrascht. Zunächst haben sich die Anwärter keine Chancen auf die Teilnahme ausgerechnet. Die Auswahl der eigenen Person durch die Programmverantwortlichen wurde folglich als persönliche Bestätigung erlebt, da die eigene Geschichte als interessant genug befunden wurde, um im Fernsehen präsentiert zu werden (vgl. auch BENTE & FROMM, 1996; FROMM, JOCHLIK & MUCKEL, 1997). In bezug auf die Bewältigung des Beziehungsproblems haben alle Teilnehmer schon vor dem Auftritt eher fruchtlose Versuche unternommen. Das Fernsehen wird in diesem Zusammenhang als 'ultimative Instanz' (PAPE, 1996) bezeichnet, die – selbst im Falle eines erneuten Mißerfolgs – zumindest beweist, daß der Betroffene alles Erdenkliche versucht hat, um seine Situation im gewünschten Sinne zu beeinflussen. PAPE ermittelt vier Motive, die – je nach Einzelfall – in unterschiedlicher Anzahl auftreten und in Zusammensetzung und Intensität variieren können:

- ***Das Motiv der Selbstdarstellung*:** Die Teilnehmer sind bestrebt, ihre eigene Persönlichkeit öffentlich zu exponieren. Es scheint sich hier um ein seelisches Grundbedürfnis der Befragten zu handeln, da diese sowohl im öffentlichen als auch im privaten Bereich Gelegenheiten suchen, um sich selbst darzustellen.
- ***Das Motiv der Suche nach Anerkennung*:** Die Anerkennung, die der Gast in der Teilnahme an der Sendung sucht, bezieht sich auf persönliche Aspekte wie individuelle Handlungs- und Verhaltensweisen. Durch die Veröffentlichung wird die Möglichkeit einer Anerkennung auf einen über das Private hinausgehenden Bereich ausgeweitet.
- ***Das Motiv der Einsamkeit*:** Der Gast empfindet sich selbst als einsam und ist aufgrund der fehlenden Paarbeziehung nicht in der Lage, ein Leben nach seinen Vorstellungen zu führen.
- ***Das Motiv der extraordinären Handlung*:** Dieses Motiv verdeutlicht das Zusammenwirken verschiedener Aspekte im Auftritt. Der Teilnehmer möchte Kontakt zu dem potentiellen Partner herstellen, indem er etwas Außergewöhnliches tut, dabei dient die extraordinäre Handlung auch der Selbstdarstellung als individuelle Persönlichkeit. Insbesondere durch die überhöhte Wirkung, die dem Medium 'Fernsehen' zugesprochen wird, interpretieren die Teilnehmer ihre öffentliche Liebeserklärung als unübertrefflichen Beweis echter Liebe.

Der Auftritt wird von allen fünf Befragten positiv bewertet, selbst dann, wenn die Liebeserklärung nicht den gewünschten Erfolg hatte. Somit verliert die ursprüngliche Absicht an Bedeutung, das Erlebnis des Auftritts selbst – einmal dabeizusein, wenn Fernsehen gemacht wird – rückt in den Vordergrund. Zudem werden die sozialen Reaktionen des Umfeldes insgesamt als positiv beschrieben und manifestieren sich in einer Zufriedenheit über das eigene Verhalten (PAPE, 1996, S. 71). Alle Personen erklären ihre potentielle Bereitschaft zu einem erneuten Fernsehauftritt.

Die Klassifikation der Motive bei PAPE (1996) ist insofern nicht ganz einheitlich, als daß z.B. die 'Suche nach Anerkennung' und das 'Motiv der extraordinären Handlung' einen Soll-Zustand beschreiben, der im Auftritt angestrebt wird. Dagegen zeigt sich im 'Motiv der Einsamkeit' ein eher unbefriedigender Ist-Zustand, für den durch die Veröffentlichung Abhilfe geschaffen werden soll. Würde man das 'Motiv der Einsamkeit' entsprechend einer Soll-Klassifikation in ein Motiv der 'Suche nach persönlicher Bindung' umbenennen, könnte dieses als Sonderfall von MEHLS (1996) 'persönlicher Botschaft' gesehen werden, die sich in diesem Fall speziell an den Wunschpartner zwecks Initiierung einer Beziehung richtet. Die Motive 'Selbstdarstellung' und 'Suche nach Anerkennung' scheinen eine gewisse Überschneidung zu beinhalten, da – so haben BENTE und FROMM (1996) ermittelt – Selbstdarstellung als psychologisches Grundbedürfnis letztlich immer im Zusammenhang mit der Suche nach Anerkennung steht. Dementsprechend ist auch das 'Motiv der extraordinären Handlung' teilweise im 'Motiv der Selbstdarstellung' enthalten, da die Teilnehmer mit dem Bedürfnis nach einer extraordinären Handlung – wie PAPE (1996) schreibt – "bestrebt sind, ihre individuelle Persönlichkeit darzustellen" (S. 90). Die von MEHL (1996) als 'therapeutische Funktion' oder 'öffentliche Botschaft' beschriebenen Beweggründe sind bei PAPE (1996) nicht zu finden. Es muß hier zum einen die bei beiden Autoren kleine Stichprobe mit ihrem eher explorativen Charakter berücksichtigt werden, zum anderen sind die untersuchten Sendungen in ihrer Konzeption nicht identisch, da das französische Format 'bas les masques' weniger der Zusammenführung von Personen dient, als eher der Veröffentlichung persönlicher Erfahrungen, vergleichbar dem Daily Talk.

3.4.7 Suchsendungen als Hilfe in der Trauerbewältigung?

In monothematisch konzipierten Suchsendungen ist die Veröffentlichung privater Schicksale der spezifischen Funktion der Suche nach Vermißten durch ihre Angehörigen unterstellt. In einer Interviewstudie mit 16 Teilnehmern[15] der Formate 'Bitte melde Dich!' (SAT.1) und 'Vermißt!' (WDR) ist JOCHLIK (1997) der Frage nachgegangen, welche Rolle Suchsendungen, die sich selbst als 'Lebenshilfe' für suchende Angehörige verstehen, bei der Bewältigung von Vermissungserlebnissen spielen können. Analog zu trauertheoretischen Konzeptionen – die sich ausschließlich mit dem Tod nahestehender Personen auseinandersetzen – nimmt JOCHLIK (1997) an, daß bei der Vermissung eines Angehörigen ein ähnlicher Trauerprozeß ausgelöst wird. So entsteht für den Hinterbliebenen aufgrund des Verlusterlebnisses ein Ungleichgewicht in seiner Person-Umwelt-Beziehung, welches "in seiner Intensität und Bedeutsamkeit über alltägliche Erfahrungen des Angehörigen hinaus geht" (JOCHLIK, 1997, S. 267; vgl. FILIPP, 1990). Hieraus resultieren Veränderungen, sowohl auf der persönlichen Beziehungsebene als auch in der Beziehung zum sozia-

[15] 11 Personen traten bei 'Bitte melde Dich!', fünf bei 'Vermißt!' auf, vier der Befragten nahmen an beiden Sendungen teil.

len Umfeld und darüber hinaus in der Beziehung zur Gesamtgesellschaft (vgl. SPIEGEL, 1989). JOCHLIK (1997) schreibt:

> "Der zurückgelassene Angehörige muß in einer ihm neuen sowie völlig fremden Situation entsprechend den ihm zur Verfügung stehenden Ressourcen Bewältigungsversuche unternehmen, um das Gleichgewicht der Person-Umwelt-Beziehung wieder herzustellen" (S. 268).

Auf der Grundlage transaktionaler Neueinschätzungen (vgl. LAZARUS, 1990) wird im Laufe einer erfolgreichen Trauerbewältigung ein Identitätswechsel vollzogen. Die Ergebnisse der Studie, für die die Methode des problemzentrierten Interviews gewählt wurde, belegen, daß die Teilnahme an Suchsendungen massiv auf den Bewältigungsprozeß der Suchenden einwirkt. Die Mehrheit der Befragten hat schon vor der öffentlichen Suche mit Hilfe der Sendungen 'Bitte melde Dich!' und/oder 'Vermißt!' umfassende Suchmaßnahmen ergriffen. Aber da die polizeiliche Vermißtenmeldung, die bei elf der 16 Befragten auf die ergebnislosen Anfragen bei Freunden und Bekannten folgte, nicht zum Erfolg führte, suchten die Hinterbliebenen mittels Flugblättern bzw. Suchplakaten oder unternahmen Suchreisen, um entweder den Verbleib der gesuchten Person direkt zu klären oder um Hinweise über deren Aufenthaltsort zu erfahren. Fünf der Befragten sind mit der Publizierung ihrer Suche sofort an eine der Suchsendungen herangetreten, ohne vorher in der Öffentlichkeit zur Suche nach den Vermißten aufgerufen zu haben. Dieser Umstand, der sich durch einen Mangel an Hilfsangeboten von staatlicher Seite wie auch von anderen öffentlichen Institutionen erklären läßt, führt dazu, daß der Auftritt aus Sicht der Suchenden als "ein notgedrungenes Sich-Einlassen auf die Veröffentlichung der eigenen Person sowie der persönlichen Geschichte" (JOCHLIK, 1997, S. 266) verstanden wird. Während die Suche mittels einer der beiden Suchsendungen für fünf der Befragten lediglich eine Alternative zu anderen Suchmöglichkeiten darstellte, wurde diese für elf der befragten Angehörigen zur letzten Hoffnung, Gewißheit über den ungeklärten Verbleib des Vermißten zu erlangen. Im Vordergrund stand dabei weniger der Wunsch, den Vermißten zur Rückkehr zu bewegen, als vielmehr das Bedürfnis, die persönlich unerträgliche Situation zu klären.

Damit stellt die Hoffnung, Gewißheit über das Schicksal des vermißten Familienangehörigen zu erhalten, das primäre Motiv aller befragten Teilnehmer der beiden Suchsendungen 'Bitte melde Dich!' und 'Vermißt!' dar. Die folgende Aussage einer Mutter, die ihre seit 1992 vermißte, mittlerweile 25jährige Tochter sucht, verdeutlicht dieses Phänomen: *"Es geht mir darum, zu wissen, ob, wie es ihr geht. Um herauszufinden, ob sie überhaupt noch lebt oder ob sie tot ist. Daß ich irgendwo auch für mich selber ... na ja ich sage mal, es irgendwo zu Ende bringe"* (Gastaussage, zit. nach JOCHLIK, 1997, S. 183). So wird die Sendung 'Vermißt!' und mehr noch das Format 'Bitte melde Dich!' aufgrund ihrer großen Breitenwirkung als ultimative Instanz gewertet. *"Man hatte das Gefühl, alles getan zu haben"*(Gastaussage, zit. nach JOCHLIK, 1997, S. 178), schilderte eine Frau, die ergebnislos nach ihrer Schwiegertochter gesucht hatte, die Bedeutung, die sie der Sendung in diesem Zusammenhang beimaß. Vor diesem Hintergrund wird es verständlich, daß elf der 16 Interviewten ihre Suche unmittelbar nach dem öffentlichen Suchaufruf via einer der Sendereihen eingestellt haben, obwohl nur drei Angehörige die von ihnen gesuchte Person mit Hilfe der Sendung wiederfinden konnten. So erklärte ein resignierter Vater: *"Also, wenn das nichts hilft, dann hilft uns auch keiner mehr"* (Gastaussage, zit. nach JOCHLIK, 1997, S. 145). Dieser Effekt wurde besonders deutlich bei der Sendung 'Bitte melde Dich!', die über eine größere Breitenwirkung als die Sendung 'Vermißt!' verfügt.

So kommt der Teilnahme an der Suchsendung Ritualcharakter im Sinne einer Abschlußfunktion – ähnlich eines Begräbnisses – zu. Allerdings bleibt bei allen Befragten ein Restgefühl der Hoffnung auf ein Lebenszeichen des Vermißten bestehen, auch wenn sich dieses im Zuge der Teilnahme an der Sendung drastisch verringert hat. Zwar wird die Suche – wie hier in der Hälfte der Fälle – nach erfolglosem Suchaufruf in einer der beiden Sendungen aufgegeben, aber die Bewältigung des Verlusterlebnisses ist nicht abgeschlossen. Vielmehr ist die Veröffentlichung der Vermissung als ein Schritt in diesem Prozeß zu verstehen. Die Funktion von Suchsendungen kann somit als Einleitung des Statusüberganges sowie als Ablösung vom verlorengegangenen Objekt verstanden werden. Unter dem Aspekt der transaktionalen Neueinschätzungen führen die Beendigung der Suche und die Veränderung der Einstellung bzw. der Bewertung des Verschwindens als Schritt hin zu einer Neuorientierung, die möglicherweise langfristig einen Identitätswechsel einleiten kann.

Die Beurteilung der Sendungen durch die Teilnehmer fällt trotz ihrer Orientierungsfunktion im Rahmen der Verlustbewältigung recht unterschiedlich aus: Während alle befragten Teilnehmer der WDR-Sendereihe noch einmal mit

Hilfe von 'Vermißt!' einen öffentlichen Suchaufruf starten würden, sind nur die Hälfte der Teilnehmer von 'Bitte melde Dich!' bereit, aus eigener Initiative noch einmal die Hilfe dieses Formates in Anspruch zu nehmen. Letztere beanstandeten Fehler bei der Darstellung ihres Vermißtenfalles wie eine unnötige Dramatisierung, sowohl in der Moderation als auch in den Einspielungen. Darüber hinaus wurde eine fehlende oder mangelhafte Betreuung beanstandet.

3.4.8 Fernseh-Shows sind Personen

Gleich, ob die unprominenten Studiogäste in einer Suchsendung, Talk- oder Beziehungsshow auftreten, die Präsentation ihrer privaten Geschichte legt – ob des Erfolges der Formate – ein Interesse auf seiten der Zuschauer nahe. Auf der Grundlage persönlicher Bedürfnisse rezipieren diese die Sendungen mit dem Ziel, erstere zu befriedigen. Zur Erforschung der Rezeptionsmotive haben BERGHAUS und STAAB (1995) eine qualitative Zuschauerbefragung durchgeführt, die Aufschluß darüber geben sollte, wie diese Sendungen vom Zuschauer rezipiert werden. Der Untersuchungsgegenstand war hier das global als 'Fernseh-Shows' definierte Genre, worunter sehr unterschiedliche Angebote wie "Spielshows, Gameshows, Quizsendungen, Talkshows, Talkrunden, Streitgespräche, Gesprächsrunden, Diskussionen usw." (S. 7) zusammengefaßt wurden. Die Autoren gehen davon aus, daß Rezipienten diese 'Vorweg-Klassifikationen' ohnehin nicht teilen, sondern die zu untersuchenden Formate dem Erleben nach eher allgemein als 'Fernseh-Shows' klassifizieren. Entsprechend schlagen BERGHAUS und STAAB (1995) vor, das Genre über gemeinsame Charakteristika zu definieren. So sollen die ausgewählten Formate "vom Sender selbst inszenierte Interaktionsereignisse (vor allem Gespräche und Spiele) präsentieren, die von einem Moderator geleitet und mit Gästen (vor allem Gesprächspartnern und Kandidaten) durchgeführt werden" (S. 21). Ein weiteres gemeinsames Merkmal ist der Live-Charakter, der insbesondere durch die Anwesenheit eines Studiopublikums verstärkt wird. Informationen, die in 26 narrativen Interviews mit Erwachsenen einer soziodemographisch heterogen zusammengesetzten Stichprobe erhoben wurden, geben Auskunft über das, was die Befragten im Fernsehen ansehen, wie sie es anschauen und was die konkreten Angebote für sie bedeuten. BERGHAUS und STAAB (1995) kommen zu folgenden Ergebnissen:

- ***Fernseh-Shows werden 'nebenbei' geschaut:*** Der Tätigkeitsbegriff 'fernsehen' wird meist im Zusammenhang mit einer intentionalen Rezeption von Fernsehsendungen verwendet, d.h. der Beitrag wird ausgewählt und in ganzer Länge rezipiert. Hingegen weisen Formulierungen wie 'mal reingucken', 'zappen' oder 'nebenbei sehen' auf eine andere Umgangsweise mit dem Medium hin, die typischen für den Konsum von Fernseh-Shows ist: Diese Form der Rezeption geschieht eher zufällig oder unbewußt und wird daher in einer ungestützten Befragung selten erinnert. Auf Nachfragen hin stellt sich jedoch oftmals heraus, daß Fernseh-Shows bis ins Detail bekannt sind. Dieser Umstand belegt, daß sie rezipiert werden.

- ***Fernseh-Shows als Defizitausgleich:*** Auch wenn die Auffassungen darüber, was 'Unterhaltung' ist, weit auseinandergehen, lassen sich zwei Unterhaltungstypen differenzieren: zum einen wird Unterhaltung als Erweiterung innerer Erlebnismöglichkeiten verstanden, bei der die Zuschauer "ihre Phantasie zum Klingen, ihren Verstand auf Touren bringen" (S. 10). Diese Rezeptionsfunktion findet sich insbesondere bei fiktionalen Sendungen. Bei der Rezeption von Fernseh-Shows hingegen trifft insbesondere eine andere Auffassung von Unterhaltung zu: das Fernsehen wird zur Befriedigung akuter Bedürfnisse, wie z.B. zur Suche nach Abwechslung, Spannung oder Entspannung genutzt und dient damit als Ausgleich für reale Mängel, als "eine Art Hygienemaßnahme, um den seelischen und körperlichen Pegel auszupendeln" (S. 10).
- ***"Fernseh-Shows sind Personen"*** (S. 11): Fernseh-Shows werden – schon in bezug auf den Titel, der häufig den Namen des Moderators trägt – mit Personen identifiziert. Diese Tatsache werten BERGHAUS und STAAB (1995) als Indiz für die hohe Tragfähigkeit des Konzepts der parasozialen Interaktion nach HORTON und WOHL (1956), das die Bindung des Zuschauers an den Bildschirmakteur beschreibt. Die Ergebnisse belegen, daß diese Beziehung keineswegs positiv geartet sein muß: "Gerade diejenigen Bildschirm-Personen und ihre Eigenschaften, die provozieren, bleiben den Zuschauern am besten im Gedächtnis und regen sie zu den ausführlichsten Kommentaren an" (S. 11).
- ***"Ich bin zwar zu Hause, aber ich bin doch dabei"***(S. 12): Fernseh-Shows vermitteln dem Zuschauer Nähe zu dem, was auf dem Bildschirm präsentiert wird. Sie regen an, mitzuraten, mitzuspielen, mitzuzittern und mitzudiskutieren (vgl. BERGHAUS & STAAB, 1996, S. 12). Ein Einstieg ist – im Gegensatz zur Rezeption fiktionaler Formate – jederzeit möglich, auch wenn die Sendung nur 'nebenbei' rezipiert wird. Zum anderen werden die Kandidaten und Showgäste als Angehörige der 'Eigengruppe' und damit als Stellvertreter für den Zuschauer selbst wahrgenommen. Auch hier werden parasoziale Interaktionen getätigt, die allerdings anders geartet sind als die

gegenüber den Moderatoren. Während letztere vom Zuschauer eher kritisch betrachtet werden, ist es für diesen bedeutsam, das die unprominenten Protagonisten von den Moderatoren fair behandelt werden. Darüber hinaus mißfällt es dem Zuschauer, wenn Kandidaten gewinnen, ohne etwas geleistet zu haben, und sie freuen sich, wenn sie selbst die Quizfragen schneller beantworten können. "Schutz, Eifersucht, Wettbewerb – das sind typische Haltungen gegenüber gleichrangigen Mitgliedern der Eigengruppe" (S. 12).

- ***Relevante Untersuchungseinheiten***: Fernseh-Shows werden vom Rezipienten nicht als abgeschlossene Sendungen wahrgenommen. Die Kategorienbildung bezieht sich vielmehr zum einen auf die Person des Moderators, die sendungsübergreifend und -unabhängig bekannt ist, und zum anderen auf die Rateaufgaben oder Themen, die als Untereinheiten innerhalb der Sendung beschrieben werden können. Analysen dürfen sich daher nicht nur auf die Zähleinheit 'Sendung' beziehen, sondern müssen aus Zuschauerperspektive relevante Dimensionen wie 'Moderator', 'Spiel' und 'Gespräch' differenziert betrachten.

Insgesamt konstatieren BERGHAUS und STAAB (1995) die herausragende Bedeutung von Gesprächen und zwischenmenschlichen Interaktionen zwischen den Moderatoren und ihren Gästen für den Rezipienten:

> "Zuschauer von Showsendungen richten ihre Aufmerksamkeit primär auf Personen, insbesondere auf Moderatoren, sekundär auf Sachinhalte. Bei beidem spielt die Vermittlung über Gespräche eine große Rolle. Die Zuschauer beurteilen einen Moderator unter anderem danach, wie er mit Kandidaten und anderen Showgästen umgeht. Sie erwarten, daß er ihnen wie Gleichrangigen begegnet und den nötigen Respekt zollt, und sie kritisieren, wenn er sich statt dessen über seine Gäste lustig macht und auf ihre Kosten zu profilieren sucht. Die Beziehung Moderator-Gast wird den Zuschauern vorzugsweise in Gesprächen transparent, hier wird sie ihnen sogar besser durch'schau'bar als in den Bildern" (S. 117).

Kritisch anzumerken bezüglich der Konzeption der Studie von BERGHAUS und STAAB (1996) ist zunächst, daß sich die Sendungsauswahl für die Analyse aus sehr heterogenen Formaten zusammensetzt, die – schon alleine wegen der unterschiedlichen Konzepte und Sendeplätze – eine differenzierte Betrachtung sowohl des Materials selbst als auch der spezifischen Zuschauergruppen notwendig machen. Auch wenn die Zuschauer die 'Vorweg-Klassifikationen' der Programmzeitschriften nicht teilen, ist zu vermuten, daß sich beispielsweise der Nachmittagstalk 'Fliege', die morgendlich gesendete Spiel-Show 'Der Preis ist heiß', der montags abends ausgestrahlte Konfro-Talk 'Einspruch!' und die große Samstagabend-Show 'Wetten, daß...?' hinsichtlich diverser Rezeptions- bzw. Nutzungsmuster der Zuschauer nicht unerheblich voneinander unterscheiden. Auch ist es zu erwägen, die Rezipienten selbst einer differenzierteren Betrachtung zu unterziehen, so etwa im Hinblick auf ihre Lebenssituation und allgemeine Fernsehmotivation; denn es ist eher unwahrscheinlich, daß sich die gefundenen Rezeptionsmuster bei psychologisch unterschiedlichen Zuschauergruppen in gleicher Weise vorfinden lassen.

3.4.9 'Affektfernsehen' und (para-)soziale Kommunikationsmotive

Eine Studie zur Analyse des Rezeptionsverhaltens, die neben konkreten Fernsehmotiven auch Persönlichkeitsfaktoren, die soziale Situation sowie Werthaltungen und Lebensstile der Zuschauer berücksichtigt, wurde von BENTE, BAß, DORANDO und HÜNDGEN (1997) im Rahmen des Projektes 'Affektfernsehen' vorgelegt. Auf Grundlage einer Fragebogenstudie mit 626 Probanden wurde eine Motivanalyse zum konkreten Nutzungsverhalten von Affektfernsehsendungen durchgeführt. Es zeigt sich, daß Zuschauer, die Formate wie Talk-, Beziehungsshows und Suchsendungen positiv bewerten, in der Rezeption der Schicksale einen Bezug zur eigenen Lebenssituation herstellen. So wurde im Rahmen einer Faktorenanalyse als wichtigster Motivfaktor die Dimension 'Sozialer Vergleich/Problemlösung' ermittelt. Dieser beinhaltet Items wie 'Ich gucke Fernsehen, weil ich dadurch erfahre, daß andere ähnliche Probleme haben' oder 'Ich gucke Fernsehen, weil es mir hilft, eigene Probleme zu bewältigen'. Es liegt daher nahe zu vermuten, daß Sendungen, in denen das Schicksal unprominenter Akteure thematisiert oder inszeniert wird, als Informationsquelle für die Bewältigung der eigenen sozialen Realität durch den Zuschauer herangezogen werden. Durch die Rezeption wird im Vergleich die Bestimmung der eigenen Position im Sinne eines sozialen Vergleiches (vgl. Kapitel 3.1.5) möglich, "sei es nun in der Abgrenzung, in der Identifikation oder im Mitfühlen" (BENTE & FROMM, 1997a, S. 324). Aus diesen Ergebnissen folgernd ist es nur zu verständlich, daß eskapistische Motive bzw. Entspannung in keinem bedeutsamen Zusammenhang zur positiven Bewertung der Formate stehen. Das sich insbesondere durch seinen authentischen Charakter auszeichnende Genre 'Affektfernsehen' präsentiert reale Geschichten. Deren Nähe zum Alltag des Rezipienten ist vermutlich so groß, daß sie eine Flucht aus dem realen Leben als Motiv für die Rezeption dieser Formate eher unwahrscheinlich machen. Dieser Befund widerlegt die Auffassung, nach der die Zuschauer des 'Affektfernsehens' diese Formate aus voyeuristischen Motiven sehen, einzig um sich am Schicksal anderer zu ergötzen. Auch das in der öffentlichen Diskussion häufig aufgeworfene Bild einer eher defizitären Persönlichkeitsstruktur bzw. eines aus sozial unbefriedigenden Konstellationen heraus motivierten Konsums erweist sich als nicht haltbar. Im Gegenteil sind die untersuchten Zusammenhänge zwischen einer Präferenz für Affektfernsehangebote und Persönlichkeitsmerkmalen (z.B. 'Selbstwert', 'Kontrollüberzeugungen', 'interpersonale 'Probleme') marginal. Auch das Rezeptionsmotiv 'parasoziale Interaktion' (vgl. Kapitel 3.3.1.1), das insbesondere bei den Formaten 'Talk' und 'Beziehungsshow' als höchst bedeutsam ermittelt wurde, steht nicht in Verbindung mit persönlich erlebten Mangelsituationen wie beispielsweise Einsamkeit. Vielmehr zeichnet sich die zum Medienakteur etablierte Bindung als eigene Kommunikationsform mit spezifischen Regelhaftigkeiten aus.

Auffälligkeiten ergaben sich hingegen bezüglich des Zusammenhangs von positiver Bewertung bestimmter Affektfernsehformate und Aspekten des Lebensstils wie der Werthaltungen. So geht – mit Ausnahme weniger Angebote des Genres – eine positive Bewertung mit "einer eher häuslichen, an Sicherheit sowie Moral und Anstand orientierten Lebenseinstellung und einer Präferenz für eher romantische, weniger anspruchsvolle oder aufregende Unterhaltung einher" (BENTE & FROMM, 1997b, S. 55). Für Freizeitinteressen zeigt sich insbesondere beim Talk ein negativer Zusammenhang zum Faktor 'Ausgehen' und positive Beziehungen zum Faktor 'Heim/Familie'. Faßt man diese Ergebnisse zusammen, so sind die Zuschauer intimer Formate weder voyeuristisch noch in ihrer Persönlichkeitsstruktur oder in ihren sozialen Zusammenhängen als auffällig zu beschreiben. Gerade das Bedürfnis nach einer sich durch Sicherheit, Moral und Anstand auszeichnenden Wirklichkeit und die Bedeutsamkeit des sozialen Vergleiches legen eine Orientierungsfunktion für den Zuschauer nahe, die tabubrechenden und kulturelle Werte in Frage stellenden Tendenzen eindeutig entgegenwirkt.

3.5 Zusammenfassung: Das Fernsehen als Bekenntnisforum

Die Integration der theoretischen Betrachtungen mit den Ergebnissen der empirischen Analysen liefert Erklärungsmuster für die zunehmende mediale Intimisierung. Den Ausführungen gemäß ist diese eng mit der geschichtlichen Entwicklung westlicher Gesellschaften verknüpft. So wurde die Handlungsorientierung für den Einzelnen in den vergangenen Jahrhunderten in unserer Gesellschaft maßgeblich durch Vorgaben zentraler Institutionen wie beispielsweise der Kirche, der Familie oder durch Berufsinnungen geregelt. Im Zuge der Erweiterung gesellschaftlicher Wissensbestände wurden Modernisierungsprozesse eingeleitet, die zu einer Differenzierung der Handlungsrollen geführt haben. Mit der zunehmenden Arbeitsteilung beispielsweise ging ein drastischer Anstieg der Zahl der Berufe einher. Partnerschaftliche Beziehungen wurden im Zuge der Demokratisierung und der damit verbundenen Aufhebung traditioneller Standesschranken immer weniger reglementiert und verschiedenste Lebensformen somit gleichermaßen realisierbar.

Mit dieser zunehmenden Pluralisierung der Lebensstile in unserer Gesellschaft gehen Individualisierungsprozesse einher, aufgrund derer die nicht mehr verbindlich vorgegebenen Lebenspläne vom Einzelnen selbst generiert werden. Diese Entwicklung hat zwar einerseits den Vorteil, daß der Lebenslauf heute frei gewählt werden kann, andererseits aber stellt die Möglichkeit der Wahl gleichzeitig einen Zwang dar, denn die Entscheidungen *müssen* (immer wieder) getroffen werden. Nicht mehr äußere Vorgaben, sondern die persönlichen Ansprüche des Handelnden bilden den Maßstab seiner Lebensgestaltung, für deren Gelingen er selbst Verantwortung zu tragen hat. Im Zuge dieser Fokussierung auf die eigene Person sind Konsum- und Erlebnisorientierung ins Zentrum der Lebensplanung getreten, die heute mit dem Wunsch nach Selbstverwirklichung gleichgesetzt wird.

Aus gesellschaftlicher Perspektive existieren zwar kollektive Sinnmuster, die einer gemeinsamen Handlungsorientierung dienen, z.B. in bezug darauf, wie eine Partnerschaft zu gestalten sei. Aber diese Subsinnwelten sind nicht mehr für alle Gesellschaftsmitglieder gleichermaßen, sondern nur noch für unvermittelt nebeneinander existierende Subgruppen von Relevanz. Dem Einzelnen dienen die Sinnangebote als mögliche Orientierungshilfe in der unüberschaubaren Welt der potentiellen Handlungsvielfalt. Pluralismus und Selbstbezug als hauptsächlicher Maßstab der Lebensgestaltung haben dazu geführt, daß der Handelnde sich immer wieder von der Richtigkeit der getroffenen Entscheidungen in bezug auf die konkurrierenden potentiellen Möglichkeiten überzeugen muß. Zu diesem Zwecke werden kommunikative Handlungen getätigt, in denen sich das Individuum im Verhältnis zu anderen und sich selbst zu unterschiedlichen Zeitpunkten reflektiert und sich auf diese Weise seiner selbstgewählten Identität vergewissert. Dieses Bedürfnis hat in den letzten Jahrzehnten drastisch zugenommen. Die Bekenntnisse können einerseits in einem institutionellen Rahmen abgelegt werden. So hat sich eine Flut von Angeboten wie z.B. verschiedenste Therapieformen, Selbsterfahrungsgruppen, Sekten und esoterische Orientierungen entwickelt. Andererseits wird infolge der Psychologisierung unserer Gesellschaft auch das Bedürfnis nach Selbstthematisierung der eigenen Lebensauffassung im privaten Rahmen forciert.

Seit 'intime Formate' sich als zentraler Bestandteil des Fernsehprogramms etabliert haben, ist auch das Medium 'Fernsehen' zum Ort der Selbstthematisierung und Bekenntnisforum avanciert. Im Daily Talk beispielsweise kann jeder Normalbürger seine individuelle Lebensauffassung veröffentlichen. Dem Rezipienten wird auf diese Weise eine Vielfalt möglicher Handlungsoptionen und Subsinnorientierungen präsentiert, denen aber gleichzeitig jegliche Verbindlichkeit fehlt. Das Fernsehen – selbst ein Produkt der Modernisierung – treibt somit einerseits die Individualisierung weiter voran, andererseits übernimmt es für den Zuschauer Orientierungsfunktion, indem es ihm mögliche Subsinnwelten aufzeigt. Dabei werden die prominenten Moderatoren aufgrund ihrer dauerhaften medialen Präsenz und ihres Beziehungsangebotes an den Zuschauer ähnlich wie reale Bezugspersonen erlebt. Der alltagsnahe Charakter der medial inszenierten Gespräche und die Ähnlichkeit der unprominenten Protagonisten zum Zuschauer erleichtern die kommunikative Aneignung fremder Schicksale. Die Studiogäste dienen dem Rezipienten – so belegen es einschlägige Forschungsbefunde – zur persönlichen Handlungsorientierung, sei es im Sinne einer Vorbildfunktion, einer Identifikation oder in der Abgrenzung von Andersartigem. Ähnlich wie der soziale Vergleich in der Vis-à-vis-Interaktion wird der parasoziale Vergleich vor dem Fernseher zur Stabilisierung der eigenen Identität eingesetzt. Über den tatsächlichen Nutzen oder Wert der in den 'intimen Formaten' dargebotenen Handlungsalternativen und Subsinnwelten ist damit allerdings noch nichts ausgesagt, zumal nicht nur als ethisch und moralisch einwandfrei zu bewertende Lebensauffassungen dargeboten werden.

Die Kommunikationsstruktur der medialen Gespräche gleicht teilweise Bekenntnissen, wie wir sie von professionell beratenden Instanzen, z.B. der Kirche oder der Psychotherapie kennen, teilweise haben sie die Qualität eines intimen Austausches unter Vertrauten im Familien- oder Freundeskreis. In der Selbstthematisierung der Studiogäste, die als ein in der Institution 'Fernsehen' veröffentlichtes Bekenntnis verstanden werden kann, stellen sich jene in einer bestimmten Art und Weise nach außen hin dar und erfahren sich gleichzeitig selbst. Damit dient der Auftritt als Bekenntnis der Feststellung der eigenen Person in einem bestimmten Zusammenhang und der Definition der eigenen Identität in bezug zu anderen oder im Hinblick auf bestimmte Sachverhalte. In Abgrenzung zur unvermittelten Situation liegt die Besonderheit des Auftritts in der Gleichzeitigkeit drei unabhängig voneinander existierender Gesprächsebenen bzw. Adressatengruppen. Zu unterscheiden sind: (1) Das mediale Gespräch vor einem dem Studiogast persönlich unbekannten Millionenpublikum; (2) das mediale Gespräch kann sich dabei auch auf die Mitglieder der Bezugsgruppe vor dem Fernseher beziehen, die dem Gast persönlich bekannt, möglicherweise in die privaten Geschichten involviert sind und die er nach der Sendung wiedersehen wird. Diese sind in der Kommunikationssituation aufgrund der fehlenden Feedbackmöglichkeit selbst nicht in der Lage zu reagieren. In Beziehungsshows werden sie vor laufender Kamera zur Stellungnahme gezwungen; (3) das Vis-à-vis-Gespräch zwischen Gast, Moderator und den anderen Teilnehmern, die eine bestimmte, ähnliche oder andersgeartete Haltung zum selben Thema haben. Die Bedeutung, die diesen Ebenen und darüber hinaus auch dem Medium selbst, der Sendung und dem zu behandelnden Thema zugeschrieben wird, muß als zentral in bezug auf die vom Gast im Auftritt zu realisierenden Bedürfnisse berücksichtigt werden. Darüber hinaus wurde in den wenigen bisher vorliegenden Untersuchungen zum TV-Auftritt unprominenter Personen herausgestellt, daß es sich hier nicht um den Wunsch nach Befriedigung vereinzelter Bedürfnisse handelt. Vielmehr existieren kollektive Motivtypen, die aus der gesellschaftlichen Entwicklung und deren Konsequenzen für die individuelle Wirklichkeitskonstruktion resultieren.

Die wirklichkeitserstellende Bedeutung des Auftritts ist bisher meist aus soziologischer Sicht und meist in Verbindung mit einem besonderen Thema verpflichteten Formaten, z.B. Suchsendungen oder Beziehungsshows, untersucht worden. Dort wurden somit vornehmlich mit dem monothematischen Konzept der Sendung im Zusammenhang stehende Motivationen der

Teilnehmer ermittelt, die sich beispielsweise in Suchsendungen in dem zentralen Beweggrund, die vermißte Person wiederzufinden, äußern. Hingegen fehlen bisher Analysen, die allgemeine Handlungsstrukturen in bezug auf verschiedenste Formate und Themen – aus soziologischer und aus psychologischer Perspektive – ausreichend erklären können. Wie bereits dargestellt, ist das Phänomen umfassend nur unter Berücksichtigung soziologischer Ansätze zu verstehen, da es sich als gesellschaftlich konstituiert erweist. Es ist nicht alleine in Ablösung von vergangenen Gesellschaftsstrukturen zu interpretieren, sondern auch als Manifestation neuer Sinnorientierungen wie beispielsweise Selbstorganisation und Erlebnisorientierung. Darüber hinaus kann die forschungszentrale Frage, warum Menschen im Fernsehen auftreten, im Sinne der theoretischen Ausführungen valide nur unter Einbezug subjektiver Interpretationen und somit aus der psychologischen Perspektive ermittelt werden.

Diesen Ausführungen gemäß ist die folgende empirische Analyse den Prämissen des Symbolischen Interaktionismus verpflichtet. Die zentrale Betonung der Relevanz subjektiver Bedeutungszuweisungen im Hinblick auf eine adäquate Erfassung des Forschungsgegenstandes bringt zwingende methodologische Konsequenzen für die empirische Analyse – den Fernsehauftritt unprominenter Personen als ein Bekenntnis vor Millionen – mit sich. Die Wahl und Begründung der Methode sind Gegenstand des folgenden Kapitels.

4 Methode

In den vorangegangenen Kapiteln wurde die gesellschaftliche und mediale Entwicklung beschrieben sowie deren mögliche Relevanz für den Einzelnen aufgezeigt. Der Erklärungswert der theoretischen Modelle wurde anhand ausgewählter Befunde dargelegt. Die nunmehr vorzustellende, im Rahmen der vorliegenden Arbeit durchgeführte empirische Analyse hat das Erleben und Verhalten unprominenter Studiogäste in Talk- und Beziehungsshows zum Forschungsgegenstand. Im Zentrum der Untersuchung standen insbesondere Fragen nach den Motivationen, die Menschen 'wie du und ich' zu einem Fernsehauftritt bewegen. Es sollte daher ermittelt werden, welche individuellen Bedürfnisse bzw. Probleme durch die Veröffentlichung privater Kommunikation zu befriedigen bzw. zu bewältigen versucht werden. Im folgenden wird dargestellt, wie dieses Forschungsvorhaben methodisch realisiert wurde. Nach der Explikation der im Rahmen der Fragestellung relevanten Aspekte werden die herangezogene Methode und Technik aufgezeigt. Diese sind mit Rückbezug auf die theoretischen Ausführungen dem interpretativen Paradigma verpflichtet. Da das persönliche Erleben der Teilnehmer und damit die subjektiven Bedeutungszuweisungen im Zusammenhang mit dem Auftritt von zentraler Relevanz sind, wurde das Forschungsvorhaben als Einzelfallstudie realisiert. Als Erhebungstechnik diente das problemzentrierte Interview. Im zweiten Schritt der Untersuchung wurde, ausgehend von den rekonstruierten Einzelfällen, eine Typisierung erarbeitet. Diese läßt verallgemeinerbare Aussagen zu, die die Bedeutung des Auftritts in einen gesamtgesellschaftlichen Zusammenhang stellen. Die Umsetzung der einzelnen Untersuchungsschritte im Rahmen eines qualitativen Forschungsansatzes von der Auswahl der Erhebungstechnik bis zur Analyse der Daten wird nachfolgend erläutert und begründet.

4.1 Fragestellung

Seitdem intime Formate ihren Siegeszug im deutschen Fernsehen angetreten haben, wurden privater Kommunikation neue Dimensionen eröffnet. Die Frage danach, was Menschen dazu bewegt, ihre persönlichen Belange vor einem Millionenpublikum öffentlich zu machen, ist bisher kaum Gegenstand systematischer Analysen gewesen. In der öffentlichen Diskussion wurden die möglichen Beweggründe indes meist einseitig und reduziert dargestellt.

Den Studiogästen kommt demnach vornehmlich die Rolle exhibitionistisch veranlagter, pathologisch angehauchter Gestalten zu, die sich von skrupellosen Fernsehproduzenten auf der Jagd nach hohen Einschaltquoten zur Schau stellen lassen. Diese Erklärungsmuster tragen wenig zu einem differenzierten Verständnis des Phänomens bei, dessen Erfolg – so zeigt das nach wie vor große Interesse zur Teilnahme – seit Jahren anhält.

Wie alle kommunikativen Handlungen fungiert auch der Auftritt im Fernsehen als Akt, bei dem vom Handelnden selbst auf der Grundlage individueller Bedeutungszuweisungen subjektive Wirklichkeiten erstellt werden. Daß diese differenziert betrachtet werden müssen, konnte anhand der in den Kapiteln 3.4.4 bis 3.4.7 referierten, zum Thema bereits vorgelegten empirischen Analysen dargestellt werden. Darüber hinaus zeigen die Befunde, daß den Veröffentlichungen privater Belange im Fernsehauftritt nicht nur individuelle, sondern aufgrund ihrer enormen Verbreitung auch institutionelle Relevanz beigemessen werden muß. Diese ist vor dem Hintergrund gesellschaftlicher Entwicklungen und der daraus erwachsenden Rolle des Mediums zu interpretieren. So hat REICHERTZ (1996) im Zuge des Bedeutungsverlustes religiöser bzw. kirchlicher Institutionen und der von diesen offerierten Praktiken die Übernahme analoger Funktionen durch das Fernsehen aufgezeigt. Der Auftritt kann daher die Funktion einer Beichte übernehmen, die zur Entlastung und Befreiung von Schuldgefühlen dient. Seelsorgerische bzw. therapeutische Funktionen des Mediums für die Teilnehmer sind von verschiedenen Autoren herausgestellt worden (vgl. Kapitel 3.4). In einer Untersuchung französischer Formate (vgl. MEHL, 1996) wurden Motive ermittelt, bei denen Fernsehen vom Studiogast als ein Ort verstanden wird, an dem Öffentlichkeitsarbeit betrieben werden kann. Demnach wird der Auftritt vom Teilnehmer als öffentliches Forum genutzt, vom dem aus er Botschaften – seien sie nun moralischen, kulturellen oder religiösen Inhalts – an eine große Zuhörerschaft vermittelt. Zwar wurde im Fernsehen schon immer politisiert, aber die Veröffentlichung persönlicher Belange durch Privatpersonen wird im Medium erst seit Aufkommen der zunehmenden Intimisierung praktiziert.

Dabei imitieren diese Kommunikationsformen durch die Art der Inszenierung einerseits die Alltagssituation, denn vertraute Moderatoren sprechen im Umgangsstil mit Menschen 'wie du und ich' über deren persönliche Belange (siehe Kapitel 2.2). Andererseits aber unterscheidet sich die Auftrittssituation aufgrund mehrerer gleichzeitig existierender und anders gearteter

Kommunikationsebenen maßgeblich vom Vis-à-vis-Gespräch. Die Fernseh-Beichte beispielsweise wird nicht mehr nur von einem Ohrenzeugen, sondern von Millionen von Augenzeugen mitverfolgt. Daher dürfen Privatgespräche, die im Fernsehen stattfinden, nicht als Alltagsersatz verstanden werden, sondern als neue Form der Kommunikation, deren Besonderheit in ihrer Mehrdimensionalität liegt. In bezug auf die Handlungseinheit 'TV-Auftritt' sind drei kommunikative Perspektiven zu unterscheiden: Es handelt sich zum einen um eine unvermittelte Vis-à-vis-Interaktion mit dem Moderator, den anderen Gästen und evtl. mit dem Experten. Die Vis-à-vis-Kommunikation hinter der Bühne mit eben diesen Personen und darüber hinaus auch den Mitarbeitern der Sendung ist eine weitere unvermittelte Dimension, die aber nicht zur Inszenierung selbst gehört, da sie nicht vor laufender Kamera stattfindet. Darüber hinaus stellt der Auftritt eine mediale Situation dar, deren Adressaten das Publikum vor dem Bildschirm sind. Dieses Publikum kann in zwei Gruppen differenziert werden, die für den Teilnehmer von unterschiedlicher Relevanz sind. Es besteht einerseits aus einer großen Anzahl dem Studiogast unbekannter Zuschauer, sozusagen dem Massenpublikum, andererseits aus ihm persönlich bekannten und mehr oder weniger nahestehenden Personen. Letztere sind teilweise in die vom Teilnehmer publizierten privaten Geschichten involviert und haben im Moment der Veröffentlichung keine Möglichkeit zur Einflußnahme. Es sei denn, sie werden im Rahmen der jeweiligen Sendung durch überraschende Zusammenführung mit dem Gast vor laufender Kamera zur Stellungnahme aufgefordert. Es ist davon auszugehen, daß je nach persönlichen Motiven zur Teilnahme eine oder mehrere Kommunikationsebenen gleichzeitig genutzt werden, um auf diese Weise die intendierten Bedürfnisse zu befriedigen. Daher galt es, die jeweils relevante(n) Kommunikationsebene(n) bzw. den oder die damit verbundenen Adressaten der Botschaft bei der Analyse zu berücksichtigen. Aus der Besonderheit der medialen Kommunikation läßt sich auch die Andersartigkeit bzw. der wahrgenommene Vorteil im Vergleich zum Alltagsgespräch ableiten, der möglicherweise funktional eingesetzt wird, z.B. wenn möglichst viele Personen erreicht werden sollen.

Die Mehrdimensionalität der Untersuchungseinheit verlangte eine umfassende Analyse der Handlungsstruktur der Situation 'TV-Auftritt'. Insofern lag hier weniger die Ermittlung repräsentativer Verteilungen von Motiven nahe als vielmehr ein differenziertes Verständnis möglicher Funktionen des Mediums, sowohl aus individueller Sicht als auch aus der Perspektive eines institutionsäquivalenten Angebotes. Erfaßt wurde somit die Untersuchungseinheit

'TV-Auftritt', ausgehend von den bereits im Alltag bestehenden Bedürfnissen bzw. Problemen, die den Wunsch zur Teilnahme auslösen, über das Erleben des Auftritts selbst bis hin zu kurz- wie längerfristigen Wirkungen im Auftritt und als Folge des Ereignisses. Die Wirkungen beziehen sich sowohl auf die Umsetzung der ursprünglich angestrebten Kommunikationsziele als auch auf nicht antizipierte Effekte, die Einfluß auf die Beurteilung des Auftritts haben. Im folgenden werden die zentralen, im Rahmen der Untersuchung erarbeiteten Forschungsfragen noch einmal kurz zusammengefaßt:

- Welche Bedürfnisse bzw. Probleme, die die Grundlage für die Entwicklung der Motive bilden, bestehen unabhängig von und damit bereits vor dem Auftritt?
- Welche Beweggründe zur Teilnahme an Talk- bzw. Beziehungsshows können ermittelt werden? Wer bzw. was soll zu welchem Zweck erreicht werden?
- Welche Vorteile bietet die mediale Kommunikation aufgrund ihrer Spezifität gegenüber dem Alltagsgespräch?
- Wie sehen die Motivstrukturen im Einzelfall aus? Welche Variation kann in bezug auf die Anzahl, Intensität und Zusammensetzung individueller Motive ermittelt werden?
- Inwieweit können die Beweggründe im Rahmen des Auftritts oder auch danach durchgesetzt werden?
- Wie wird der Auftritt abschließend bewertet, abhängig von der Realisation der Motive und der weiteren nicht antizipierten Erfahrungen im Zusammenhang mit der Handlung?
- Welche Typen lassen sich ermitteln, die über den Einzelfall hinaus verallgemeinerbar sind?
- Welche Funktionen, die vormals von Institutionen wie beispielsweise der Kirche ausgeübt wurden bzw. die erst im Zuge gesellschaftlicher Modernisierungs- und Individualisierungsvorgänge entstanden sind, übernimmt das Fernsehen für die spezifischen Typen?

4.2 Qualitativer Forschungsansatz: Die Einzelfallstudie

Die theoretischen Ausführungen unter Bezugnahme auf die Theorie des Symbolischen Interaktionismus sowie die Theorie der Wissenssoziologie stellen eine spezifische Auffassung menschlichen Handelns in den Vordergrund.

Dieses wird – in Abgrenzung zu behavioristischen Positionen – nicht als von außen vorgegeben, d.h. als objektiv verstanden, sondern konstituiert sich auf der Grundlage permanenter subjektiver Interpretationsprozesse des Handelnden. Für diese grundlagentheoretische Position, die den Handelnden und sein Wirklichkeitsverständnis in den Mittelpunkt der Forschung stellt, hat WILSON (1973, S. 58) den Begriff des 'interpretativen Paradigmas' eingeführt.

Dieser Auffassung folgend, ergaben sich zwingende methodologische Konsequenzen, die einen rein quantitativen Forschungsansatz zum Zwecke repräsentativer Aussagen über den Untersuchungsgegenstand ausschlossen. Vielmehr war es das zentrale Anliegen der vorliegenden Arbeit, die Handlungseinheit 'TV-Auftritt' in ihrer Komplexität sowohl aus subjektiver Sicht als auch aus gesellschaftlicher Perspektive zu erfassen. Für ein derartiges Forschungsvorhaben bot sich insbesondere die Einzelfallstudie im Rahmen eines qualitativen Forschungsansatzes an, auch wenn hier der Verlust repräsentativer Ergebnisse in Kauf genommen werden muß. WITZEL (1985) schreibt: "Der zentrale Vorteil der Fallanalyse besteht darin, sich durch die Beschränkung auf ein Untersuchungsobjekt oder relativ wenige Personen mit mehr Untersuchungsmaterialien beschäftigen zu können, um dadurch nuancenreichere und komplexere Ergebnisse zu bekommen" (S. 239). Gleichwohl sind die im Rahmen der Analyse ermittelten Aussagen durchaus verallgemeinerbar. So folgte nach einer detaillierten Rekonstruktion der Einzelfälle eine systematisierende Zusammenfassung, die der Herausarbeitung der sich in den Einzelfällen manifestierenden überindividuellen, d.h. typischen Handlungsmuster diente. Für diese können Generalisierungen im Sinne von Existenzaussagen ("es gibt ...") getroffen und in einem gesellschaftlichen Kontext interpretiert werden. LAMNEK (1995) hält fest:

> "Wissenschaftliches Vorgehen – auch im interpretativen Paradigma – hat das Ziel, in irgendeiner Weise typische, als extrem-, ideal- oder durchschnittstypische Handlungsmuster zu identifizieren. Handlungsmuster, die zwar individuell festzumachen sind, aber keineswegs nur einmalig und individuenspezifisch wären. Vielmehr manifestieren sich in diesen Handlungen generellere Strukturen" (S. 16).

Die vorliegende qualitative Einzelfallstudie zum Thema 'Fernsehauftritt unprominenter Personen' stellt somit einerseits das subjektive Erleben der Teilnehmer in den Vordergrund, andererseits sollte die gesellschaftliche Relevanz des Mediums im Rahmen einer verallgemeinerbaren Typisierung erarbeitet werden. Um ein wissenschaftliches Vorgehen bei der Vergleichbarkeit der Fälle wie deren Zusammenfassung zu kollektiven Mustern zu gewährleisten, mußten die Forschungsschritte der Analyse überprüfbaren Kriterien genügen. Die in der Psychologie auf Grundlage des normativen Paradigmas geforderten Gütekriterien 'Objektivität', 'Validität' und 'Reliabilität' haben sich im Zusammenhang mit qualitativer Forschung als wenig tragfähig erwiesen, da die beiden Paradigmen schon aufgrund ihrer theoretischen Ausgangsposition nur bedingt miteinander vergleichbar sind. Die Methodologie qualitativer Forschung kann daher nicht nach Maßstäben eines normativen Paradigmas gemessen werden, sondern – darauf ist immer wieder hingewiesen worden (vgl. LAMNEK, 1993; MAYRING, 1990) – verlangt nach eigenen methodologischen Kriterien, die der Theorie, dem Forschungsgegenstand und -ziel angemessen sind. Diese werden im folgenden dargelegt.

- ***Prinzip der Offenheit***
  Das methodologische Merkmal der Offenheit, das im quantitativen Forschungsprozeß nur in der explorativen Phase akzeptiert wird, bezeichnet in der qualitativen Forschung ein zentrales Prinzip, das sich auf alle Phasen der Untersuchung gleichermaßen bezieht. Offenheit besteht in bezug auf die Entwicklung eines theoretischen Konzeptes. Dieses wird anhand der zu untersuchenden Forschungsfrage entwickelt, ist aber im Rahmen der Analyse offen für Modifikationen und wird somit der Komplexität des Gegenstandes gerecht. Auf diese Weise wird verhindert, daß relevante Aspekte vernachlässigt werden, genauso wie für den zu Untersuchenden auf Grundlage seiner subjektiven Bedeutungszuweisungen Unbedeutendes nicht überbewertet wird. Dazu ist es notwendig, daß auch die Erhebungssituation selbst offen gestaltet wird, um die subjektiven Interpretationsleistungen der zu untersuchenden Personen bei der Analyse berücksichtigen zu können. Die theoretische Struktur des Untersuchungsgegenstandes wird somit durch die Forschungssubjekte selbst herausgebildet.

- ***Prinzip der Kommunikativität***
  Das interpretative Paradigma gründet sich auf die Auffassung, daß soziale Wirklichkeit in kommunikativen Handlungen hergestellt wird. Dies gilt somit für den Alltag wie für die Erhebungssituation im Forschungsprozeß gleichermaßen und impliziert, daß die Methode zur Generierung von Daten nicht losgelöst von kommunikativen Prozessen gewählt werden kann, son-

dern als Interaktion realisiert wird. Das Gespräch ist somit der Zugang des Forschers zur Wirklichkeit und zu den Bedeutungszuweisungen der Untersuchungsobjekte, da nur im Kommunikationsprozeß verständlich wird, auf welche Weise sich deren Wirklichkeit konstituiert bzw. Bedeutungen zugewiesen werden. Diesen Überlegungen folgend, sind die Erhebungstechniken der Einzelfallstudie gemäß dem Prinzip der Kommunikativität anzulegen.

- ***Prinzip der Naturalistizität***
  Die Erfassung der Alltagswelt in ihrer natürlichen und damit komplexen und kommunikativen Struktur impliziert, daß die Untersuchungseinheit in der Erhebungssituation nicht in isolierte Variablen zerlegt werden kann. Dementsprechend soll die Untersuchungssituation eine möglichst hohe Analogie zum Alltag der zu befragenden Person aufweisen. Standardisierte Situationen und reduktionistische Erhebungsmethoden sind somit zu vermeiden. Vielmehr muß dem zu Untersuchenden die Möglichkeit gegeben werden, die eigene Wirklichkeit frei und ohne Verlust ihrer Komplexität thematisieren zu können.

- ***Prinzip der Interpretativität***
  Die soziale Realität des Einzelnen wird nicht als objektiv vorgegeben aufgefaßt, sondern konstituiert sich aufgrund von Interpretationen und Bedeutungszuweisungen, die der Handelnde in sozialen Situationen vornimmt. Der Nachvollzug dieser subjektiven Bedeutungszuweisungen, welche als sinngebend für das konkrete Handeln zu verstehen sind, erlaubt das vollständige Verständnis des Phänomens im Rahmen des Forschungsprozesses. Ziel der Einzelfallstudie ist somit die Erfassung und Interpretation eines subjektiv gemeinten Sinns.

Wahl der qualitativen Erhebungs- und Auswertungstechnik

Auf Grundlage der vorgestellten methodologischen Prinzipien der qualitativen Einzelfallstudie erfolgte die Wahl der Erhebungs- und Auswertungstechnik. Im qualitativen Paradigma werden als Techniken vorwiegend das qualitative Interview, die teilnehmende Beobachtung, die Gruppendiskussion und die Inhaltsanalyse herangezogen. Zur Bestimmung der für die vorliegende Untersuchung adäquaten Erhebungs- und daraus folgend auch Auswertungstechnik mußte zunächst der Bezug zu den theoretischen Prämissen, den zu untersuchenden Personen sowie zu den forschungsrelevanten Erkenntniszielen hergestellt werden. Wie in Kapitel 4.1 eingehend erläutert wurde, stand im Zentrum der Analyse die Erfassung von Motiven, die unprominente Menschen zu einem Auftritt im Fernsehen bewegen. Der theoretische Hintergrund unter Bezugnahme auf symbolisch-interaktionistische Konzepte stellte die subjektive Bedeutungszuweisung der Teilnehmer im Zusammenhang mit dem Auftritt ins Zentrum der Untersuchung. Demzufolge galt es, die sich aus den Interpretationsleistungen der Handelnden konstituierende Wirklichkeit zu erheben. Darüber hinaus sind die Veröffentlichungen des Privaten im Fernsehen keine singulären Erscheinungen, sondern sich im Zuge gesellschaftlicher Veränderungen manifestierende Phänomene (vgl. Kapitel 2). Zur erfassen waren somit sowohl individuelle als auch gesellschaftliche Dimensionen. Bei der Datenerhebung subjektiver Bedeutungswelten der Teilnehmer wurde davon ausgegangen, daß persönliche Bedürfnisse bzw. Probleme die Motivation zum Auftritt erzeugen. Daher war ein Blick über die Situation 'TV-Auftritt' hinaus auf die Gesamtsituation der Untersuchungspersonen unabdingbar. Gleichzeitig mußte die Wahl der Erhebungsform gewährleisten, daß die Daten verallgemeinert werden konnten, um die Abbildung der überindividuellen gesellschaftlichen Relevanz des Mediums im Rahmen einer Typisierung zu gewährleisten.

Insofern schied die Technik der Gruppendiskussion aus, da im Rahmen dieser Erhebungsmethode nicht genug Raum für die Fokussierung auf die persönliche Bedürfnis- bzw. Problemlage der Teilnehmer gewährleistet ist, die den Nachvollzug der Entwicklung bis weit in die Vergangenheit hinein notwendig macht. Zudem ist die für die Gruppendiskussion zentrale Inszenierung von Gruppenprozessen wie die Erforschung von gruppenspezifischen Verhaltensweisen, Meinungen und Einstellungen im Rahmen der vorliegenden Fragestellung kaum relevant. Auch die teilnehmende Beobachtung schied als Erhebungstechnik aus, denn deren zentrales Kennzeichen ist, daß diese dem Forscher einen Einblick in die natürliche Lebenswelt bzw. den Alltag der Beobachteten ermöglichen soll. Der Fernsehauftritt hingegen ist weder eine alltägliche Situation für den Studiogast, noch ist es dem Forscher möglich, in dieser Situation eine teilnehmende Beobachtung durchzuführen, beispielsweise um Informationen zu erheben, die über den Rahmen der Untersuchungssituation hinausgehen. Die Inhaltsanalyse schließlich bezieht sich im qualitativen Paradigma auf die Auswertung bereits erhobenen Materials, welches aber im Rahmen der hier darzustellenden Studie noch nicht vorlag und daher zunächst generiert werden mußte.

4.2.1 Das qualitative Interview

Aus diesen Überlegungen resultierend, fiel die Wahl der Erhebungstechnik auf das qualitative Interview. Im Sinne der aus dem Französischen stammenden Formulierung 'entrevue' wurde der Begriff 'Interview' zunächst im anglo-amerikanischen Sprachraum verwendet. Hierunter wird – vor der Bestimmung einer konkreten Form – allgemein eine verabredete Zusammenkunft verstanden. Im Sinne einer soziologischen Definition ist das Interview "eine Gesprächssituation, die bewußt und gezielt von den Beteiligten hergestellt wird, damit der eine Fragen stellt, die vom anderen beantwortet werden" (LAMNEK, 1995, S. 35f.). Diese Gesprächssituation kann im Rahmen einer Datenerhebung sehr unterschiedlich gestaltet werden, und die zu differenzierenden Formen des Interviews bzw. die Zuordnung zur Forschungsrichtung hängen maßgeblich vom Grad der Standardisierung ab. In Abgrenzung zu einem quantitativen Vorgehen, das sich durch ein hohes Maß an Standardisierung auszeichnet, sind qualitative Interviews maximal halb- oder sogar nicht-standardisiert. Für die vorliegende Analyse wurde das problemzentrierte Interview ausgewählt, das einerseits die Erfassung subjektiver und umfassender biographischer Daten erlaubt, andererseits aufgrund seiner Halbstrukturiertheit die Vergleichbarkeit der Fälle untereinander im Gegensatz zu einem nicht-standardisierten Interview erhöht. Daher eignet es sich idealerweise als Vorbereitung auf die systematisierende Analyse in Form einer Typenbildung, im Rahmen derer das Phänomen im gesamtgesellschaftlichen Kontext beleuchtet werden soll.

4.2.1.1 Das problemzentrierte Interview

Der von WITZEL (1982, 1985) geprägte Begriff des 'problemzentrierten Interviews' bezeichnet eine Erhebungstechnik, die aus der Erkenntnis resultiert, "daß der komplexe und prozessuale Kontextcharakter der sozialwissenschaftlichen Forschungsgegenstände kaum durch normierte Datenermittlung zu erfassen ist" (WITZEL, 1985, S. 227). Im Gegensatz zu quantitativen Interviewstrategien, die "der Situationsbezogenheit und Prozeßhaftigkeit interpretativer Anteile des sozialen Handelns nicht gerecht werden" (WITZEL, 1985, S. 227), ist das problemzentrierte Interview den methodologischen Maßstäben eines interpretativen Paradigmas verpflichtet (vgl. Kapitel 4.2). Diesen folgend formuliert WITZEL (1985) Problem-, Prozeß- und Gegenstandsorientierung als zentrale Kriterien der Methode zur Gewährleistung der Erfassung und Analyse von komplexen Forschungsfragen (vgl. Kapitel 4.2.1.1).

Das Kriterium der Problemzentrierung weist darauf hin, daß die im Rahmen der Fragestellung zu erfassende gesellschaftliche Problemstellung bereits vor der eigentlichen Erhebungsphase vom Forscher recherchiert wurde. Die Offenlegung und Systematisierung des Wissenshintergrundes in bezug auf den Forschungsgegenstand erfolgten durch die Berücksichtigung theoretischer Konzepte, bereits vorliegender empirischer Untersuchungen und vorab im Untersuchungsfeld angestellter Erkundungen. Bei letzteren handelt es sich in der vorliegenden Studie um Interviews mit Redakteuren und Produzenten der Sendungen, in denen die zu befragenden Teilnehmer aufgetreten sind. Die Interviews wurden im Rahmen des Projektes 'Affektfernsehen' durchgeführt. Der auf Grundlage dieser Voruntersuchungen entwickelte Leitfaden (vgl. FROMM & BENTE, 1995; BENTE & FROMM, 1997a) ist als Instrument charakteristisch für die Technik des problemzentrierten Interviews. Die Verwendung eines Interviewleitfadens gewährleistet – trotz einer offenen Gesprächsführung und der Heterogenität der Einzelfälle – eine möglichst hohe Vergleichbarkeit der Interviews untereinander im Hinblick auf die Typenbildung. Dabei dient der Leitfaden der Systematisierung der Themenfelder sowie als Orientierungsrahmen und Gedächtnisstütze (vgl. WITZEL, 1985). Seine Verwendung ermöglicht es dem Forscher, aus seiner Sicht forschungsrelevante Fragen zu stellen, jedoch ohne den Erkenntnisgewinn von vornherein auf diese Aspekte zu begrenzen. WITZEL (1985) bemerkt: "Die innere Logik des Aufbaus der Themenfelder sowie die Reihenfolge der einzelnen, unter die jeweilige Thematik fallenden Fragerichtungen sind nur der 'leitende Faden' für die Problemzentrierung des Interviewers" (S. 236).

Die reflexive Gewinnung und Prüfung der Daten wird im Kriterium der Prozeßorientierung beschrieben. Dabei werden die theoretischen Vorannahmen an den Gegenstand herangetragen, kontrolliert und gegebenenfalls modifiziert, bis die Fragestellung adäquat beantwortet ist. Dieses reflexive, durch Austausch zwischen Empirie und Theorie gekennzeichnete Vorgehen bezieht sich aber nicht nur auf die Datenerhebung, sondern auch auf den Gegenstand selbst und den gesamten Forschungsablauf einschließlich der Auswertung.

Das Kriterium der Gegenstandsorientierung bezieht sich auf die Distanzierung von einem instrumentenorientierten Vorgehen anhand eines a priori konstruierten Kategoriensystems. Ziel der Analyse ist vielmehr die Erfassung der Wirklichkeit aus der subjektiven Perspektive der zu untersuchenden Personen. Dementsprechend wird, "ausgehend von einem relativ offenen theoretischen Konzept, verbunden mit der Fragestellung der Untersuchung, der Forschungsprozeß auf die Problemsicht der Subjekte zentriert" (WITZEL, 1985, S. 228). Da der Befragte somit selbst als Experte der zu erhebenden Informationen gilt, erfolgte die Rekrutierung der Interviewpartner nicht durch die Ziehung einer Zufallsstichprobe, sondern nach dem Prinzip eines 'theoretical samplings' (vgl. GLASER & STRAUSS, 1967; WITZEL, 1982). Das bedeutet, daß die zu befragenden Personen den forschungsrelevanten Erkenntniszielen entsprechend ausgewählt werden. Diese Vorgehensweise gewährleistet die Offenlegung struktureller und komplexer Zusammenhänge, aus denen sich das zu analysierende Phänomen konstituiert.

4.2.2 Die Auswahl der Formate und der zu befragenden Personen

Die Rekrutierung der Interviewpartner gliederte sich in mehrere Arbeitsschritte. Zunächst wurden die forschungsrelevanten Formate unter Einbezug der theoretischen Konzepte und vorliegenden Fragestellung festgelegt. Im nächsten Schritt wurde ein Videoarchiv angelegt. Es folgten die Sichtung der aufgezeichneten Sendungen und die nach dem Prinzip des 'theoretical samplings' (vgl. Kapitel 4.2.1.1) durchgeführte Auswahl der in den Beiträgen aufgetretenen Studiogäste für die Befragung. Diese Schritte werden – untergliedert in die Kapitel 'Sendungsstichprobe' und 'Probandenstichprobe' – im folgenden dargestellt.

4.2.2.1 Sendungsstichprobe

In Kapitel 2 wurde die Intimisierung der Fernsehlandschaft beschrieben. Diese Entwicklung manifestiert sich in der zunehmenden Lancierung 'intimer Formate', die sich durch spezifische Charakteristika (vgl. Kapitel 2.2) auszeichnen, wenn auch nicht alle Formate alle Charakteristika gleichermaßen aufweisen. Die Auflösung privater und öffentlicher Räume durch die Imitation des Alltagsgespräches im Fernsehen kann Suchsendungen, Spielshows und Infotainment-Magazinen nur bedingt attestiert werden. So behandeln Suchsendungen ausschließlich die Suche nach vermißten Personen und somit ein Verhalten, welches an sich wenig alltäglich ist. Zudem treten die unprominenten Suchenden nicht unbedingt im Studio in Erscheinung. Die Darstellung der Problematik wird also nicht zwangsläufig im Gespräch, sondern auch in MAZ-Beiträgen inszeniert. In Spielshows ist die Präsentation privater Belange in eine festgelegte Dramaturgie eingebunden und dient somit als Transportmittel für die Spiele mit der Aussicht auf einen oft nicht unbeträchtlichen materiellen Gewinn. Das Gespräch an sich tritt hier zugunsten der Spiele in den Hintergrund. Auch Infotainment-Magazine stellen weniger eine alltagsnahe Kommunikation in den Vordergrund, da die privaten Geschichten nicht in der Auseinandersetzung zwischen den Protagonisten im Studio, sondern anhand von MAZ-Beiträgen präsentiert werden. Um ein Höchstmaß an Vergleichbarkeit zwischen dem Gespräch im privaten Rahmen und der Veröffentlichung des Privaten im öffentlichen Raum zu gewährleisten, wurden die genannten Formate daher bei der Analyse vernachlässigt und nur jene ausgewählt, die alle herausgestellten Charakteristika der zunehmenden Intimisierung aufweisen. Dazu gehören insbesondere die täglichen Talk-Shows, aber auch Beziehungsshows. Der Daily Talk dominiert schon aufgrund seiner inflationären Angebotspalette sowie seiner täglichen Sendefrequenz das Bild der Fernsehlandschaft. Die Beziehungsshow betont den Realitätscharakter nicht nur aufgrund einer Thematisierung, sondern darüber hinaus durch die Inszenierung alltäglicher – hier partnerschaftlicher – Thematiken mit Hilfe der Sendung selbst. Somit wurden Daily Talks und Beziehungsshows als zentral für die Etablierung bzw. Inszenierung von Gesprächen über private (bzw. alltägliche) Belange im Medium 'Fernsehen' herausgestellt. Die Datenerhebung fand im Zeitraum 1/1995 - 7/1995 im Rahmen des Projektes 'Affektfernsehen' im Auftrag der Landesanstalt für Rundfunk Nordrhein-Westfalen statt. Alle im Rahmen des Erhebungszeitraums im Programm befindlichen forschungsrelevanten Formate wurden in die Analyse einbezogen. Es handelte sich dabei im einzelnen um folgende Sendungen:

- ***Daily Talks***

In die Analyse aufgenommen wurden alle im Zeitraum der Datenerhebung (erstes Halbjahr 1995) im Programm vertretenen täglichen Talks ('Hans Meiser' (RTL), 'Ilona Christen' (RTL), 'Fliege' (ARD) und 'Arabella' (PRO 7)). In der Zwischenzeit lancierte Formate wie 'Bärbel Schäfer' (RTL), 'Vera am Mittag' (SAT.1) u.a.m. werden demnach nicht berücksichtigt.

- ***'Schreinemakers live'***

Bereits vor Einführung der Daily Talks wurde 'Schreinemakers live' (SAT.1)[16] ausgestrahlt. Obwohl es sich eher um eine Mischform zwischen 'Magazin' und 'Talk' handelt, die nur einmal wöchentlich ausgestrahlt wird und bei der auch Prominente zu Gast sind, kann dieses bereits vor Einführung der täglichen Talks lancierte Format als Trendsetter für die Präsentation privater Thematiken mit unprominenten Studiogästen bezeichnet werden. Durch die enorm lange Sendezeit von fast drei Stunden nimmt es einen ähnlich großen Sendezeitraum ein wie die täglichen Talks. Daher wurde 'Schreinemakers live' ebenfalls in die Analyse aufgenommen.

- ***'Nur die Liebe zählt'***

Als weitere richtungweisende Entwicklung auf dem Fernsehmarkt wurden Beziehungsshows herausgestellt, die über die bloße Thematisierung unprominenter Schicksale hinausgehen. Hier werden zwischenmenschliche Beziehungen nicht mehr nur besprochen, sondern qua Konzept inszeniert. Das Fernsehen wird zum Beziehungsstifter, indem es den Protagonisten Hilfestellung bei der Kontaktanbahnung bietet. Für die Analyse ausgewählt wird das einzige im Untersuchungszeitraum ausgestrahlte Format, 'Nur die Liebe zählt' (SAT.1), das ausschließlich partnerschaftliche Thematiken behandelt.

Nach der Festlegung der forschungsrelevanten Formate wurde ein Videoarchiv angelegt und im Erhebungszeitraum von 1/1995 bis 7/1995 im Rahmen des Projektes 'Affektfernsehen' der Landesanstalt für Rundfunk Nordrhein-Westfalen wurden 160 Beiträge aufgenommen. Dabei handelt es sich teilweise auch um Wiederholungen, die bereits zu früheren Zeitpunkten ausgestrahlt wurden.

4.2.2.2 Probandenstichprobe

Den theoretischen Erkenntnissen folgend, wurden sechs Shows aufgrund ihrer spezifischen Charakteristika als zentral forschungsrelevant definiert und demzufolge für die empirische Analyse ausgewählt. Im nächsten Schritt galt es, im Rahmen dieser Formate aufgetretene Gäste für die Befragung auszuwählen. Dazu wurde das Archivmaterial gesichtet. Nach dem Prinzip des 'theoretical sampling' wurde der Schwerpunkt auf den Themenbereich 'Beziehung'

[16] Die Sendung wurde seit Anfang 1997 nicht mehr auf SAT.1, sondern auf RTL ausgestrahlt und trug den Namen 'Schreinemakers TV'. Im Dezember 1997 wurde die Sendung abgesetzt.

gelegt, der in den Untersuchungen von BERGHAUS und STAAB (1995) wie auch bei BENTE, JOCHLIK ADAMECK und GRISARD (1997) als zentrales Thema täglicher Talks ermittelt wurde. Zudem war hier eine thematisch hohe Vergleichbarkeit mit Gästen von Beziehungsshows gegeben. Daneben wurden auch die Themen 'Sex', 'Charakter/Lebensart, 'Gewalt' und 'Gesundheit/Krankheit' berücksichtigt.

Um möglichst alle relevanten Handlungsmuster im Hinblick auf den Forschungsgegenstand zu erfassen, wurde bei der Auswahl der Personen in bezug auf die Kombination von Alter und Geschlecht eine große Bandbreite gewählt. Diese ließ verschiedenste Lebenserfahrungen und damit auch unterschiedliche Bedürfnislagen erwarten. Das Alter der Personen lag zwischen 15 und 58 Jahren (Frauen: 15 - 50, Männer: 16 - 58 Jahre). Das Durchschnittsalter betrug somit 33;6 Jahre. Die Befragten der Sendung 'Nur die Liebe zählt' waren im Durchschnitt am jüngsten (22;4 Jahre), die der Sendung 'Fliege' am ältesten (43 Jahre). Das Bildungsniveau, das sich erst während der Befragung selbst ermitteln ließ, zeigte folgende Variation: Höheres Bildungsniveau (Studium, Abitur, Besuch des Gymnasiums und Fachhochschulreife) haben 11 Interviewpartner (4 Männer und 7 Frauen), mittleres Bildungsniveau (Realschule) haben 8 Interviewpartner (1 Mann und 7 Frauen), niedriges Bildungsniveau (Hauptschulabschluß) haben 10 Befragte (6 Männer und 4 Frauen), ein Interviewpartner hat keinen Schulabschluß.

Im nächsten Schritt erfolgte die Kontaktaufnahme mit den Redaktionen der ausgewählten Sendungen. Den zuständigen Redakteuren wurden die Listen der vorab ausgewählten potentiell interessierenden Interviewpartner vorgelegt. Die Redaktion ihrerseits nahm Kontakt mit diesen Personen auf und erkundigte sich nach der Bereitschaft zur Teilnahme an einem Interview. Erklärten sich die Studiogäste zum Gespräch bereit, so wurde ihre Telefonnummer an die Forscherin weitergegeben. Kritisch angemerkt werden muß, daß auf diese Weise eine zusätzliche Selektion durch die Macher nicht ausgeschlossen werden konnte, die der Sendung ablehnend gegenüberstehende Gäste unberücksichtigt ließ. Für die Sendung 'Fliege' konnte diese Selektion ausgeschlossen werden, da die Redaktion die Telefonnummern der Gäste ohne Rücksprache mit diesen an die Forscherin weitergab. In allen anderen Redaktionen hingegen war vorab das Einverständnis der Gäste in bezug auf die Weitergabe ihrer Telefonnummer eingeholt worden.

Aus forschungsökonomischen Gründen wurde die Anzahl aller zu befragenden Personen auf 30 festgesetzt. Eine Stichprobe dieser Größenordnung gewährleistete die Ermittlung komplexer Handlungsstrukturen – sowohl in individueller als auch in kollektiver Hinsicht –, ohne den Rahmen des zu leistenden finanziellen Aufwandes wie des Arbeitseinsatzes zu sprengen. Es sollten jeweils fünf Teilnehmer pro Sendung interviewt werden, um Verzerrungen der Ergebnisse, die durch mögliche Besonderheiten einer einzelnen Sendung auftreten könnten, zu vermeiden. Da nach der Rekrutierung von potentiellen Teilnehmern durch die Redaktionen weit mehr als 30 Personen ihre Bereitschaft zu einem Gespräch erklärt hatten, mußte eine weitere Auswahl getroffen werden. Hier wurde wiederum der Forschungsökonomie der Untersuchung Rechnung getragen und zeitliche sowie finanzielle Aspekte berücksichtigt.

Im nächsten Schritt erfolgte die Kontaktaufnahme zwischen der Forscherin und den Interviewpartnern per Telefon. Das Forschungsanliegen wurde kurz dargestellt, ein Befragungstermin und -ort vereinbart. Darüber hinaus wurde den Interviewpartnern die vertrauliche Behandlung der innerhalb des Gespräches erhobenen Daten zugesichert, um die Offenheit in der Gesprächssituation zu gewährleisten.

4.2.3 Die Datenerhebung und -erfassung

Nach der Rekrutierung der 30 Befragten wurden die Interviews zwischen August 1995 und März 1996 durchgeführt. Der Auftritt der Teilnehmer lag zum Erhebungszeitpunkt mindestens sechs Wochen zurück. Die Gespräche fanden nach telefonischer Vereinbarung bei den Interviewpartnern zu Hause statt. Auf diese Weise konnte eine möglichst natürliche und vertrauliche Gesprächssituation gewährleistet werden. In zwei Fällen war dies allerdings aufgrund mangelnder Ungestörtheit nicht möglich, so daß auf ein naheliegendes Café ausgewichen werden mußte. In zwei weiteren Fällen hielten sich die außerhalb von Köln wohnenden Gesprächspartner in der Stadt auf, so daß die Interviews beim Interviewer zu Hause geführt wurden. Außergewöhnliches Verhalten bei der Gesprächsanbahnung zeigten zwei Gesprächspartner, indem sie bereits bei der Terminabsprache nach einer finanziellen Vergütung fragten. Obwohl diese nicht gewährt werden konnte, erklärten sich die beiden Personen schließlich zur Teilnahme bereit. Ein einziger Gesprächspartner meldete sich unaufgefordert, nachdem er sich die Telefonnummer der Forscherin vom Redakteur der Sendung hatte geben lassen. Zu Beginn des Gespräches wurden die zu befragenden Personen noch einmal kurz über Sinn und Zweck der Studie aufgeklärt. Die Interviews wurden auf Tonband mitgeschnitten. Eine aufgrund dessen bei nur wenigen Teilnehmern anfänglich auftretende Befangenheit legte sich nach kurzer Zeit. Es wurden zunächst allgemeine Fragen zum Fernsehkonsum gestellt, um den Befragten den Gesprächseinstieg zu erleichtern und die narrative Gesprächsstruktur aufzubauen. Der hinzugezogene Interviewleitfaden (vgl. FROMM & BENTE, 1995; BENTE & FROMM, 1997a) wurde nach folgenden forschungsrelevanten Themenfeldern gegliedert:

- Daten zur Person, persönliche Situation einschließlich wahrgenommener Bedürfnisse bzw. Probleme
- Rezeptionsverhalten
- Beschreibung bzw. Bewertung der Sendung, in der der Befragte aufgetreten ist, aus der Zuschauerperspektive
- Die Idee zum Auftritt
- Beweggründe zum Auftritt als kommunikative Bedürfnisse unter Berücksichtigung der spezifischen Kommunikationsbedingungen des Auftritts (bzw. deren Vorteile im Vergleich zum Alltag) und ihre Realisation
- Der Auftritt (bzw. die Dreharbeiten) unter Berücksichtigung aller subjektiv relevanten Aspekte (die Behandlung des Themas, das Verhältnis zu den anderen Gästen, das Verhalten der Macher und des Moderators, Selbsteinschätzung in der Situation)
- kurz- und längerfristige Wirkungen des Auftritts, soziale Reaktionen, abschließende Beurteilung

Eine ausführliche Darstellung des Interviewleitfadens findet sich im Anhang.

Unter Berücksichtigung der Leitfadenfragen wurden in der Erhebungsphase selbst erzählungs- und verständnisgenerierende Kommunikationsstrategien (vgl. WITZEL, 1985) miteinander verbunden. Diese erlauben einerseits, die vom Befragten generierten Sinnzusammenhänge zu ermitteln und ermöglichen andererseits eine Integration in den wissenschaftlich zu erfassenden Gegenstandsbereich. Sich an der Erzähllogik des Interviewpartners orientierend, wurden vom Interviewer nach dem Aufbau der narrativen Gesprächsstruktur allgemeine Sondierungen (vgl. WITZEL, 1985) eingesetzt. Diese sollten den Interviewpartner zur Thematisierung der Erlebnisinhalte anregen, von denen der Interviewer annahm, daß sie für die Beantwortung der Forschungsfrage von zentraler Bedeutung seien. Damit diente die Kommunikationsstrategie der allgemeinen Sondierung der materialgenerierenden Funktion des Interviews.

Eine weitere Kommunikationsstrategie, die spezifische Sondierung (vgl. WITZEL, 1985), spiegelt die verständnisgenerierende Funktion der Technik wider. Sie dient der Nachvollziehbarkeit der Schilderungen der Interviewpartner und kann auf verschiedene Weise realisiert werden. Zum einen werden Zurückspiegelungen verwendet, bei denen der Interviewer dem Befragten mit seinen eigenen Worten ein Interpretationsangebot macht, was der Interviewpartner wiederum kontrollieren, modifizieren bzw. korrigieren kann. Zum anderen können Verständnisfragen eingesetzt werden, die der Thematisierung widersprüchlicher Antworten oder ausweichender Äußerungen dienen, um auf diese Weise gültigere bzw. präzisere Interpretationen zu ermöglichen. Darüber hinaus wird der Gesprächspartner mit Ungereimtheiten oder ungeklärten Aspekten konfrontiert, die ihn zur Offenlegung seiner Konstruktion von Realität zwingen. Letztlich ergeben sich aus der konkreten Gesprächssituation zu erfragende Inhalte, die sich als bedeutsam in bezug auf den Gegenstand oder die Fortführung des Gespräches erweisen. Diese Aspekte sind nicht im Leitfaden verzeichnet bzw. wurden vom Befragten selbst nicht genannt, obwohl sie vom Interviewer als bedeutsam angesehen werden. Als Ad-hoc-Fragen bilden sie den Abschluß der Erhebungsphase. Ergänzende Informationen über die Wohnsituation des Befragten, prägnante Charakterzüge oder Reaktionen in der Gesprächssituation wie beispielsweise Nervosität oder Beflissenheit werden in einem Postskript festgehalten. Diese Zusatzinformationen sind wichtige Hilfen "nicht zuletzt bei Fragen der Glaubwürdigkeit der Aussagen bzw. der Beurteilung der Offenheit des Gesprächspartners und erleichtern [...] den authentischen Nachvollzug des Falles und seiner Interpretation" (LAMNEK, 1995, S. 99).

Die im Rahmen der Methodenkritik häufig thematisierten Probleme in bezug auf die Vergleichbarkeit von Interviews, welche aus der unterschiedlichen Fähigkeit der Gesprächspartner, ihre Erlebnisinhalte zu verbalisieren, resultiert, erwies sich trotz großer Bildungsunterschiede als unproblematisch. Die Artikulationsfähigkeit ließ sich schon aus dem Umstand ableiten, daß alle Befragten im Rahmen ihres Auftrittes in der Lage gewesen waren, ihre Belange vor der Kamera zu thematisieren. Darüber hinaus konnte der Interviewer Verständnisprobleme vermeiden, indem er sich an das unterschiedliche sprachliche Niveau in der jeweiligen Gesprächssituation anpaßte. Die Qualität wie auch die Quantität der erfaßten Daten waren abhängig von der Bereitschaft der Interviewpartner zu Selbstöffnung. Diese war in drei Fällen sehr gering, so daß die Aussagen der Befragten kaum über die Thematisierung des Auftritts selbst hinausgingen und private Belange, die es gemäß der Forschungsfrage zu erheben galt, fast gar nicht artikuliert wurden. Andere Interviewpartner hingegen redeten 'ohne Punkt und Komma'. Darüber hinaus mußte bei der Durchführung der Erhebung mit bedacht werden, daß Spontaneität und Länge eines Beitrags zu einem bestimmten Themenaspekt nicht unwillkürlich mit der subjektiv erlebten Bedeutsamkeit gleichzusetzen sind. So galt es in einigen Fällen eher latente Bedeutungsstrukturen zu berücksichtigen, die zwar unbewußt, deshalb aber nicht weniger relevant im Zusammenhang mit der Handlungsmotivation zum Fernsehauftritt waren.

Unter Berücksichtigung der beschriebenen Unterschiede bezüglich der Fähigkeit zur Verbalisierung von Erlebnisinhalten, der Bereitschaft, sich im Gespräch mit dem Forscher zu öffnen, sowie der zu differenzierenden subjektiven Bedeutsamkeit des Auftritts und der persönlichen Problemlage variierten die Interviews in der Dauer zwischen 30 und 80 Minuten. Die bereits geschilderten Auffälligkeiten in bezug auf das Verhalten der Teilnehmer im Rahmen der Datenerhebung wurden in einem Postskript festgehalten und fließen in die Einzelfalldarstellungen ein.

4.2.4 Die Datenaufbereitung

Zur Gewährleistung der vollständigen Erfassung und intersubjektiven Überprüfbarkeit der Daten wurden die 30 durchgeführten Interviews auf Tonband aufgezeichnet und anschließend vollständig transkribiert. Diese Art der Datenaufbereitung erlaubt die beliebige Reproduzierbarkeit des Gespräches in seiner zusammenhängenden Komplexität als Basis für eine umfassende Analyse. Die folgende Textpassage zeigt ein Beispiel einer Interviewtranskription.

I: Können sie mal erzählen, wie sie dahingekommen sind?

IP: Durch eine Zeitungsanzeige. Da ging es um das Thema [Titel der Sendung: 'Polygamie'], also einer, männlich oder weiblich, mit mehreren Partnern zusammenlebend.

I: Wurde aus der Anzeige klar, daß es sich um eine Fernsehsendung [handelt?

IP: Ja, Talk-Shows,] das war klar, grundsätzlich Talk-Show, aber welche, war nicht klar. Und dann habe ich angerufen, und dann kam dann irgendwann die Rückmeldung.

I: Was haben sie sich bei dem Anruf gedacht?

IP: Was ich mir dabei gedacht habe? Ist äußerst interessant, das Thema, weil wir ja so mal gelebt haben über einen längeren Zeitraum, und fand ich persönlich interessant, mit anderen und vor allem auch in der Öffentlichkeit darüber mal zu reden.

I: Was bedeutet das, in der Öffentlichkeit darüber zu reden?

IP: Meinungen, die vielleicht irgendwo versteckt in der Masse, in der Bevölkerung herrschen -, keiner redet eigentlich drüber. Das ist was, wo ich sage, in der Öffentlichkeit -, mit der Öffentlichkeit letztendlich mal über das Thema zu reden. Auch wenn es erst mal einseitig ist.

Im Sinne der Fragestellung im Rahmen der Einzelfallkonstruktion war es bedeutsam, die Aussagen der Interviewpartner in ihrer Individualität und Authentizität zu bewahren. Dementsprechend sollten mögliche Dialektismen und grammatikalisch nicht ganz einwandfreie Formulierungen nicht eliminiert werden. Andererseits aber lag es im forschungsökonomischen Interesse, die Transkriptionen so wenig aufwendig wie möglich anzulegen. Als wörtliches Transkriptionsverfahren bietet sich die Technik der International Phonetic Association (vgl. EHLICH & SWITALLA, 1976) an, eine Transkription nach dem Internationalen Phonetischen Alphabet (IPA). Eine weitere Möglichkeit stellt die literarische Umschrift (vgl. ZWIRNER & BETHGE, 1958) dar. Beide Verfahren sind allerdings sehr aufwendig, schwer zu lesen und verlangen eine gewisse Einarbeitungszeit. Geringeren Aufwand und bessere Lesbarkeit garantiert die Übertragung in normales Schriftdeutsch, dabei wird allerdings der Dialekt bereinigt, Satzbaufehler werden behoben und der Stil geglättet (vgl. MAYRING, 1990). Für die vorliegende Arbeit gehen mit dieser Technik zu viele relevante Informationen verloren. Zudem war es bedeutsam, auffällige non- oder paraverbale Phänomene kommentieren zu können. Daher wurden die geschilderten wörtlichen Transkriptionsverfahren zugunsten eines kommentierten Transkriptionsverfahrens (vgl. KALLMEYER & SCHÜTZE, 1976) vernachlässigt. Letzteres erlaubt die Berücksichtigung von Auffälligkeiten der Sprache wie beispielsweise Betonungen, Lachen oder Pausen im Wortprotokoll. Aber auch das von KALLMEYER und SCHÜTZE (1976) vorgelegte kommentierte Transkriptionssystem geht durch die Erhebung umfassender zusätzlicher Informationen auf Kosten einer einfachen Handhabung und Lesbarkeit. Da ein Mindestmaß an Kommentierungen aber berücksichtigt werden sollte, wurde ein in Anlehnung an HOLLY (1979) erstelltes kommentiertes Transkriptionssystem verwendet, welches sich bereits in einer früheren Arbeit der Verfasserin (vgl. FROMM, 1995) als anwenderfreundlich und in bezug auf die Informationsgewinnung als ausreichend erwiesen hatte. Die nachstehende Tabelle gibt einen Überblick über die hier angewandten Regeln.

Tabelle 4.1: Transkriptionsrichtlinien

Zeichen	**Bedeutung**
I:	Interviewer
IP:	Interviewpartner
[...]	Auslassung innerhalb einer Aussage
(..)	unverständliche Äußerung
//	Unterbrechung durch den nächsten Interaktanten
Mir ging es seel-	Wortabbruch
Mir ging es seelisch -, ich war auch echt auf dem Boden.	Satzabbruch
I: [So, so. *IP: Ja, ja.]*	gleichzeitiges Sprechen
"Nervösigkeit"	zur Wahrung der Authentizität der Aussage des Befragten werden auch 'falsche' Worte oder grammatikalisch nicht ganz richtige Aussagen übernommen
"Millionen Menschen in Deutschland und ausgerechnet bei dir steht er [der Moderator] vor der Tür."	Erklärung des aus dem Zitat selbst nicht ersichtlichen Bezugs durch Verwendung eines Einschubs
"Das Thema war mir scheißegal, ich habe einfach nur gedacht, da schauen so viele Leute zu und werden auch ein paar Kölner dabei sein und [das] kann nicht schlecht sein."	durch Verwendung eines Einschubs werden aufgrund umgangssprachlicher Formulierungen fehlende Wörter eingefügt, um ein flüssigeres Lesen der Zitate zu erleichtern
"Ja, aber auch im nachhinein, habe ich irgendwo nichts Negatives gehört, von dritten, vierten, fünften: 'Seid ihr bescheuert?' 'Wie kann man nur so was machen.' Nee, überhaupt nicht."	direkte Rede innerhalb der Zitate wird durch einfache Anführungszeichen gekennzeichnet

Schwierigkeiten ergaben sich in bezug auf die allen Teilnehmern zugesagte vertrauliche Behandlung der Interviewdaten. Diese ist nicht alleine durch die Anonymisierung der Einzelfalldarstellungen zu gewährleisten, da eine Identifizierung auch aufgrund einer Zusammenführung der Interviewdaten mit dem Bandmaterial der Sendungen (wie auch dem Sendungstitel bzw. dem Ausstrahlungsdatum) möglich ist. Zur Gewährleistung der den Befragten zugesicherten Anonymität wurde daher auf eine vollständige Auflistung der Sendungstitel sowie der Ausstrahlungstermine der Sendungen verzichtet. Die Titel werden sinngemäß, nicht aber im Wortlaut angegeben. Zitate der Befragten werden dementsprechend nicht mit Quellenangaben versehen, und die Interviews sind nicht im Anhang einzusehen. Die Handhabung der

Darstellung von Originalzitaten im Rahmen der Präsentation der Ergebnisse wird in Kapitel 4.2.5.1 erläutert.

4.2.5 Qualitatives Auswertungsverfahren

Ausgehend von der Annahme, "daß subjektiv im Handeln relevante Sachverhalte zugleich Momente gesellschaftlicher Struktur sind" (GERHARDT, 1985, S. 230), galt es im Sinne der Fragestellung, diese beiden Ebenen aus dem erhobenen Material herauszuarbeiten. In diesem Sinne hält GERHARDT (1991) fest:

> "Dem Soziologen, dem es vielfach um die Erklärung des Einzelfalls aus institutionalisierten Strukturen geht, ist nicht ausreichend gedient, wenn er/sie zwar den Einzelfall verstanden, aber die Strukturen nicht gleichzeitig in seinem/ihren Forschungsmaterial identifiziert hat, aus denen der Einzelfall (bzw. die Breite der untersuchten Einzelfälle) sich erklären läßt. Fallübergreifend müssen also gesellschaftliche Strukturen ermittelt werden, die in den Entwicklungsprozessen der analysierten Fällen 'drinstecken'" (S. 438).

Zu diesem Zweck eignete sich ein zweistufiges Vorgehen, bei dem zunächst eine Einzelfallrekonstruktion der Interviews erfolgte und im zweiten Schritt die Herausarbeitung kollektiver Handlungsmuster. Hierzu wurde als Verfahren eine Typenbildung (bzw. -konstruktion oder auch Typisierung) in Anlehnung an die 'verstehende Strukturanalyse' nach GERHARDT (1985, 1986, 1991) gewählt, welche das Verstehen gesellschaftlicher Entwicklungen über die Betrachtung von Einzelfällen hinaus gewährleistet. Die beiden Analyseschritte werden im folgenden dargelegt.

4.2.5.1 Einzelfallrekonstruktion

Die Einzelfallrekonstruktion oder auch -analyse bildet den ersten Schritt des Auswertungsverfahrens. Bei diesem Vorgehen werden die Einzelfälle hinsichtlich der forschungsrelevanten Gesichtspunkte untersucht, um die individuellen Ausformungen der in den jeweiligen sozialen Situationen relevanten Handlungsmuster zu erfassen. Die kommunikativ erhobene Handlungsfigur wird methodisch kontrolliert fremdverstanden, d.h., der Forscher bemüht sich unter Bezugnahme auf das theoretische Hintergrundwissen, "die in der sozialen Wirklichkeit gefundenen Phänomene [...] sinnhaft nachzuvollziehen"

(Lamnek, 1995, S. 356). Die als vollständige Transkripte vorliegenden Interviewdaten wurde bei diesem reflexiven Vorgehen zunächst Satz für Satz zergliedert, wobei die Erhaltung des Kontextbezuges zum vollständigen Verstehen des Phänomens zu gewährleisten war. Nebensächlichkeiten wurden ausgesondert und die zentrale, die Fragestellung betreffenden Aspekte herausgearbeitet, so daß eine Konzentration des Materials erfolgte.

Es ergaben sich die kategorial bedeutsamen Einheiten, die forschungsrelevanten Themenfelder traten zutage, d.h., die Entwicklung und Formulierung der Kategorien erfolgte nicht a priori, sondern erst aufgrund des erhobenen Materials. Die Zusammenstellung der, für alle Interviews verbindlichen Oberkategorien der Handlungseinheit 'TV-Auftritt' entspricht dem chronologischen Ablauf des Erlebens. Tabelle 4.2 zeigt die Kategorien und deren zeitlichen Bezug im Überblick.

Tabelle 4.2: Kategorien zur Erfassung der Untersuchungseinheit 'TV-Auftritt' in der Chronologie des Ablaufs

Oberkategorie	**Zeitraum**
Persönliche Situation, Bedürfnis- bzw. Problemlage	Vor dem Auftritt
Die Idee zum Auftritt in der Sendung	Von der Idee zur Teilnahme über die Kontaktaufnahme bis hin zur Zusage zur Teilnahme (seitens des Teilnehmers oder der Macher)
Beweggründe für den Auftritt	
Dreh und Auftritt	Der Drehtag
Folgen des Auftritts	Erlebnisse in der Folgezeit des Auftritts bis zum Interview

Die Oberkategorien wiederum wurden nach thematisch relevanten Unterkategorien differenziert. Tabelle 4.3 zeigt diese im Überblick.

Tabelle 4.3: Gliederung der forschungsrelevanten Themenfelder in Ober- und Unterkategorien

Oberkategorie	**Unterkategorie**
Persönliche Situation, Bedürfnis- bzw. Problemlage	Beschreibung bzw. Einschätzung der persönlichen Situation, Bedürfnis- bzw. Problemlage vor bzw. unabhängig vom Auftritt
	Ursachenzuschreibung in bezug auf das Bedürfnis bzw. Problem
	Unabhängig vom Auftritt unternommene Handlungen zur Befriedigung der Bedürfnisse bzw. zur Bewältigung der Probleme
Die Idee zum Auftritt in der Sendung	Bekanntheit, Rezeption und Beurteilung der Sendung
	Art und Ablauf der Kontaktaufnahme
	Einschätzung der eigenen Chancen zur Teilnahme
Beweggründe für den Auftritt	Motive zur Teilnahme als Kommunikationsbedürfnis unter spezifischen Bedingungen
	Unterschied bzw. Vorteil der öffentlichen und spezifischen Kommunikationssituation im Vergleich zum alltäglichen Gespräch
	Relevanz des Themas der Sendung
Dreh und Auftritt	Erleben (kurz vor bzw. in) der Auftrittssituation
	Beurteilung der eigenen Darbietung
	Die anderen Teilnehmer: Verhalten, Miteinander, Erleben und Einschätzung der anderen Teilnehmer
	Die Fernsehmacher: Verhalten, Betreuung/Service, Miteinander, Erleben und Einschätzung der Fernsehmacher
	Der Moderator: Verhalten, Erleben und Einschätzung der Person
	Aufbereitung des Themas
	Allgemeine und zusammenfassende Aussagen
Folgen des Auftritts	Veränderung des eigenen Verhaltens bzw. der eigenen Einstellung
	Soziale Reaktionen
	Einschätzung der eigenen Darbietung nach der Ausstrahlung der Sendung bzw. der Rezeption des Videobandes
	Handhabung und Bedeutung des Videobandes
	Beurteilung der Veröffentlichung des privaten Themas im nachhinein
	Bereitschaft zu einem weiteren Auftritt
	Weitere Auftritte/öffentliche Aktivitäten, Fernsehen als berufliche Perspektive
	Allgemeine und zusammenfassende Aussagen

Die Unterkategorien und ihre Ausformungen werden im folgenden beschrieben und anhand von Beispielzitaten illustriert (siehe Tabellen 4.4 - 4.8). Die Textstellen dienen als Belege für die Relevanz der kategorialen Zuordnungen und verdeutlichen gleichzeitig die individuellen Eigenarten des Falles. Es gilt zu beachten, daß nicht in allen Fällen alle Unterkategorien relevant sein müssen und daß diese je nach individueller Bedürfnis- bzw. Problemlage unterschiedliche Gewichtung haben können. Nimmt man beispielsweise die der Oberkategorie 'Dreh und Auftritt' zugehörige Unterkategorie 'Der Moderator', so sind je nach Teilnehmer drei unterschiedliche Interpretationen in bezug auf die Relevanz dieser Kategorie möglich:

- Die Person des Moderators ist völlig unerheblich im Zusammenhang mit dem Auftritt. Diese Unterkategorie hat für den betreffenden Fall keine Relevanz und wird in der Beschreibung folglich gar nicht aufgeführt.

- Die Person des Moderators hat zentrale Bedeutung im Zusammenhang mit den Beweggründen zur Teilnahme, d.h. der Gast tritt in der Sendung auf, weil er den Moderator einmal persönlich kennenlernen will. Dementsprechend gilt ein großer Teil der Aufmerksamkeit am Drehtag dem Moderator.

- Die Person des Moderators hat zwar als Beweggrund keine Relevanz, wird aber im Rahmen des Auftritt als bedeutsam erlebt und fließt daher in die Analyse mit ein.

Bei der nachstehenden Auflistung der Ober- und der diesen zugehörigen Unterkategorien muß daher mit bedacht werden, daß dem Zitat nur im Kontext des gesamten Interviews zu entnehmen ist, welches Gewicht der jeweiligen Aussage zukommt. Da es aber im vorliegenden Kapitel galt, alle möglichen im Rahmen der Gespräche erfaßten relevanten Aspekte zu veranschaulichen, muß bei den nachstehenden Tabellen dieser Zusammenhang bzw. die subjektive Gewichtung der jeweiligen Aussagen unberücksichtigt bleiben. Hinter den drei zur Illustration der Vorgehensweise herangezogenen Zitaten ist die jeweilige Fallnummer angegeben, so daß der Zusammenhang und die spezifische Relevanz der Aussage durch Nachlesen im jeweiligen Ergebniskapitel hergestellt werden können.

Persönliche Situation, Bedürfnis- bzw. Problemlage

Die in diese Kategorie fallenden Aussagen beziehen sich auf die Lebenssituation (vornehmlich soziale Beziehungen bzw. Partnerschaft, Arbeitslage, Gesundheit, finanzielle Situation) des Befragten unabhängig vom Auftritt. Diese Bedürfnisse bzw. Probleme können bis in die Kindheit zurückreichen, aber auch in der jüngsten Vergangenheit entstanden sein. Häufig werden mögliche Gründe bzw. Ursachen für das Entstehen der persönlichen Lage thematisiert. Versuche, die bereits vor dem Interesse der zur ermittelnden Handlungseinheit 'TV-Auftritt' unternommen wurden, um die persönlichen Bedürfnisse zu befriedigen bzw. Probleme zu lösen, werden hier aufgeführt.

Tabelle 4.4: Oberkategorie 'Persönliche Situation, Bedürfnis- bzw. Problemlage'

Unterkategorie	**Beispielzitat**
Beschreibung bzw. Einschätzung der persönlichen Situation, Bedürfnis- bzw. Problemlage vor bzw. unabhängig vom Auftritt	– *"Was mich am meisten belastet ist ja diese Ungerechtigkeit des Scheidungsgesetzes jetzt. Denn es ist wirklich so, daß ich nun wirklich nicht dafür kann, daß meine Frau lesbisch geworden ist. Ich habe nicht dazu beigetragen, und daß man da so im Stich gelassen wird und gesagt kriegt: 'Deine Schuld, du hast eine Frau geheiratet, du hast zwei Kinder in die Welt gesetzt, sieh zu, wie du damit fertig wirst'." (Fall 15)* – *"Ich sehe das gerne, daß ich im Mittelpunkt irgendwo stehe [...] zum Beispiel, einfach ein Beispiel aus der Schule. Wenn irgendwelche, eine Schülervollversammlung ist und man stellt sich davor und redet ein paar Worte. Da steht man auch im Zentrum des Interesses. Und sowas genieße ich." (Fall 3)* – *"Es ist für mich schon Horror, wenn ich im Flugzeug fliegen muß, ich bin also, ich habe mehr oder weniger Menschenangst, also ganz schlimm, es war eine Zeitlang ganz extrem, daß ich noch nicht mal mehr mit dem Bus gefahren bin, nicht arbeiten gewesen bin, nur noch zu Hause war. Also, ich hatte ganz extrem Menschenangst, ich konnte zeitweilig nicht arbeiten." (Fall 8)*

Fortsetzung von Tabelle 4.4

Ursachenzuschreibung in bezug auf das Bedürfnis bzw. Problem	– *"Die Ursache -, ich schätze mal, das habe ich schon von Kindheit an (..). Und ich gehe mal davon aus, daß das von der Kindheit her ist, gehe ich von aus. In der Beziehung war ich immer schon, von Kindheit an war ich immer nervös, praktisch von der Kindheit her. Daß das praktisch so irgendwie gekommen ist und ich kann es aber selbst nicht sagen, wie es genau gekommen ist. Jedenfalls habe ich das von klein an." (Fall 9)* – *"Es ist halt keine Liebe mehr. Es wird immer was dableiben, aber es ist einfach ein Gefühl, daß ich ihn gerne habe und daß ich keinen Haß auf ihn habe, und darüber bin ich froh, daß ich das Gefühl jetzt haben kann. [...] ich weiß jetzt einfach, das ist halt ein Mensch, mit dem ich nicht klarkomme, also, es ist halt nicht, er hat halt einen Charakter, der mir wehtut, und das geht halt nicht. Und das hat auch seine Zeit gebraucht, bis ich das begriffen, ich meine, Liebe macht halt blind, ne. Ist ja nun mal so." (Fall 13)* – *"Ich bin sehr früh von zu Hause weg, ich mußte von zu Hause weg, und das habe ich wohl nicht verkraftet. Ich war also mit 16 von heute auf morgen hier, meine Eltern wohnten in F., das war -, ich hatte sechs Wochen also ein Heimweh, ich stand kurz vorm Selbstmord. Jeden Morgen aufgestanden, habe gedacht: So, jetzt springst du aus dem Fenster, den Tag bringst du nicht mehr. Und dann ein Jahr später habe ich das dann das erste Mal gekriegt. Also diese Verarbeitung, das hat lange gedauert, diese Abnabelung, die kam zu schnell, die kam zu früh, das war einfach, ich war überfordert damit. Und dann kamen diese Panikattacken." (Fall 8)*
Unabhängig vom Auftritt unternommene Handlungen zur Befriedigung der Bedürfnisse bzw. zur Bewältigung der Probleme	– *"Ich sage immer, ich habe das Problem schon versucht zu ändern, aber ich muß damit leben." (Fall 9)* – *"Obwohl ich ihm das vorher schon, ach was weiß ich -, wie oft und um ihn gekämpft habe und immer wieder vor verschlossenen Türen gerannt bin." (Fall 1)* – *"Und dann wollte ich aber eigentlich doch den Prozeß haben, weil ich gehofft hatte, daß der Täter einmal vorgeladen wird, weil der ist nie gehört worden zu der Sache. Ich als Opfer bin dreimal begutachtet worden, und der brauchte nie irgendwie zu seiner Tat stehen." (Fall 23)*

Die Idee zum Auftritt in der Sendung

Die in diese Oberkategorie fallenden Aspekte beziehen sich auf den Zeitraum von der Idee zur Teilnahme über die Kontaktaufnahme bis hin zur Zusage – seitens der Macher oder des Gastes. Dabei fällt oftmals die Unterschätzung der eigenen Chancen, an der Sendung teilnehmen zu dürfen bzw. ausgewählt zu werden, auf. Diese verdeutlicht gleichzeitig die hohe Relevanz, die dem Medium beigemessen wird. Weiterhin war die Sendung aus der Perspektive des Zuschauers von Interesse, es sollte ermittelt werden, ob diese vor der Teilnahme überhaupt bekannt war, und wenn, ob sie gefällt bzw. überhaupt rezipiert wird. Zwar kann sich dieser letzte Aspekt auch auf die Zeit vor der Idee zur Teilnahme beziehen, wurde aber aus Gründen einer inhaltlich zusammenhängenden Darstellung in diese Oberkategorie integriert.

Tabelle 4.5: Oberkategorie 'Idee zum Auftritt in der Sendung'

Unterkategorie	**Beispielzitat**
Bekanntheit, Rezeption und Beurteilung der Sendung	– *"Ich kannte die Sendung nur vom Hörensagen. [...] Aber war halt irgendwie ein Begriff für mich." (Fall 19)* – *"Wenn ich nachmittags zu Hause bin und sie sind gerade dran, dann gucke ich rein. Ist aber auch themenabhängig." (Fall 6)* – *"Mich berührt sowas. Also, Herzlichkeit und Wärme und Liebe gibt es wenig genug auf der Welt, und doch, ich gucke mir sowas gerne an, da stehe ich auch zu." (Fall 2)*
Art und Ablauf der Kontaktaufnahme	– *"Ja, dahingekommen bin ich [...] durch diese Anzeige, Thema [Titel der Sendung: 'Polygamie'] habe ich gesehen in der Zeitung und zu [Name des Partners] gesagt, oh, guck mal. Das Thema interessiert uns seit Jahrzehnten, ja, kann man sagen, eben auch live, und ja, guck mal da, und das ist doch interessant, und sollen wir uns da melden, ja, so war der Einstieg." (Fall 27)* – *"Die Redakteurin von 'Nur die Liebe zählt' stand vor dem Schultor und hatte Flugblätter verteilt und hat mich angesprochen, ob ich heimlich verliebt bin." (Fall 3)* – *"Meine Kinder haben da angerufen. Die haben das auf dem Videotext gesehen, und dann haben die da angerufen, haben da auf das Band irgendwas gesprochen. Und dann kam der Rückruf hierhin, da wußte ich aber inzwischen Bescheid." (Fall 10)*
Einschätzung der eigenen Chancen zur Teilnahme	– *"Also es war so ganz spontan, es war unüberlegt, es war echt spontan, ich habe gedacht, erst mal komme ich sowieso nicht dahin, weil das ist immer so, das sind immer nur andere, es werden andere krank, es gewinnen andere im Lotto, es kommen andere ins Fernsehen, war für mich eigentlich nur ein Jux." (Fall 8)* – *"Habe ich gar nicht [da]mit gerechnet, weil ich normalerweise immer ziemlich viel Pech habe und habe auch nicht damit gerechnet, daß die mich dafür nehmen." (Fall 9)* – *"Und dann habe ich dort hingeschrieben, ich hätte doch nie geglaubt, da kommst du mal hin." (Fall 12)*

Beweggründe für den Auftritt

In dieser Kategorie wurden die spezifischen Motive zur Teilnahme an der Sendung erfaßt. Dabei wird die Veröffentlichung des Privaten im Medium als kommunikative Handlung unter spezifischen Bedingungen verstanden und dementsprechend ermittelt, wer bzw. was durch den Auftritt erreicht werden sollte. Es gilt, Anzahl, Kombination und Ausformung der Motive im jeweiligen Einzelfall zu rekonstruieren. Da der öffentliche Raum einem privaten Gespräch zur Realisation der Bedürfnisse bzw. Bewältigung der Probleme vorgezogen wird, sind die spezifischen Unterschiede bzw. Vorteile, die der öffentlichen Kommunikationssituation im Verhältnis zum Alltagsgespräch beigemessen werden, herauszuarbeiten. Dabei spielt auch das Thema der Sendung eine Rolle, das mit den Beweggründen zusammenhängen kann, aber nicht muß.

Tabelle 4.6: Oberkategorie 'Beweggründe für den Auftritt'

Unterkategorie	**Beispielzitat**
Motive zur Teilnahme als Kommunikationsbedürfnis unter spezifischen Bedingungen	– *"Ich sage mal, im ersten Moment [...] habe ich aus Neugier angerufen. Neugier, praktisch was das ist, wie die Sendung insgesamt ist. Aber im Endeffekt, ich bin nachher hingegangen, weil ich hatte gehofft, daß es mir ein klein wenig helfen würde, doch offen darüber zu reden." (Fall 9)* – *"Das interessanteste dabei war, fand ich, ob Rückrufe kommen, Anrufe kommen, jetzt egal, ob positiv oder negativ, überhaupt irgendwelche Meldungen." (Fall 27)* – *"Dieser Auftritt im Fernsehen war eigentlich nur so quasi ein Sprachrohr, wo ich also einen breiten Öffentlichkeit mitteilen konnte, was ich über Homosexualität denke. Ja, das war's." (Fall 30)*
Unterschied bzw. Vorteil der öffentlichen und spezifischen Kommunikationssituation im Vergleich zum alltäglichen Gespräch	– *"Ja, wenn du dich so schon nicht traust, dann mach' doch einfach so, also dann mußt du es ihm nicht persönlich sagen, dann mach es halt übers Fernsehen." (Fall 4)* – *"Daß ich wirklich an die Öffentlichkeit damit gehe und ihm damit wirklich beweise, wie lieb ich ihn hab und wieviel mir wirklich an ihm liegt. [...] Daß ich wirklich vor allen Leuten dann sage: 'Ich will dich zurück, und ich liebe dich', wirklich keinen Hehl daraus mache, egal was." (Fall 1)* – *"Ich habe gehofft, daß die das dadurch ein bißchen anders annehmen, als wenn ich ihnen das sage. Wenn ich ihnen das sage, dann denken die: Ach, das ist das, und wenn die das dann da sehen und sehen, daß andere auch das Problem haben, praktisch, daß das nicht ein Einzelfall ist, praktisch das dann anders aufnehmen, praktisch denn ein bißchen mehr drauf eingehen, statt, wie soll ich sagen, nur einfach denken: So was kann man nicht haben, so ein Problem gibt's nicht.' Habe ich gehofft, daß die dadurch etwas anders also annehmen, wenn die das sehen halt, das ist nicht der einzige, es gibt noch viele in Deutschland, die das Problem haben." (Fall 9)*
Relevanz des Themas der Sendung	– *"Also ich meine, ich wüßte auch nicht, worüber ich sonst so reden sollte, weil das war halt so ein Wahnsinnserlebnis, und darüber konnte ich halt viel erzählen, aber ich wüßte auch sonst kein Thema, worüber ich mich so auslassen könnte." (Fall 13)* – *"Gut, die Geschichte bot sich an. Ja, gut, das Thema muß vorhanden sein." (Fall 6)* – *"[Das Thema] war mir scheißegal, ich habe einfach nur gedacht, da schauen so viele Leute zu und werden auch ein paar Kölner dabei sein und [das] kann nicht schlecht sein." (Fall 11)*

Dreh und Auftritt

In dieser Kategorie werden alle relevanten Erlebnisse am Drehtag selbst – von der Anreise bis zur Heimreise – festgehalten. Die diesbezüglichen Aussagen können allgemeiner Natur sein, aber auch konkrete Aspekte betreffen. Als bedeutsam wurde das Erleben der eigentlichen Auftrittssituation bzw. kurz vorher und kurz nachher festgehalten, die Behandlung des Themas – je nach dessen persönlicher Relevanz für den Gast – sowie die anderen involvierten Personen. Dies sind vornehmlich die Fernsehmacher, der Moderator oder auch die anderen Gäste.

Tabelle 4.7: Oberkategorie 'Dreh und Auftritt'

Unterkategorie	**Beispielzitat**
Erleben (kurz vor bzw. in) der Auftrittssituation	– *"Ich weiß nicht, in dem Moment habe ich mich irgendwie so gefühlt, das mag unheimlich überheblich klingen, aber ich habe mich so gefühlt, als ob ich mein ganzes Leben nichts anderes gemacht hätte." (Fall 6)* – *"Ich habe die ganze Zeit da gesessen, mir lief der Schweiß hinten runter, und ich hatte hinterher richtig kletschnaße verkrampfte Hände." (Fall 10)* – *"Also man hat selber schon das Gefühl, man hat Einfluß in irgendeiner Form, indem man da seine Meinung sagt. Und, ja, das ist eben auch ein interessantes Gefühl." (Fall 19)*
Beurteilung der eigenen Darbietung	– *"Ich fand das überhaupt nicht normal. Ich fand, ich habe da rumgestottert." (Fall 10)* – *"Die [Erfahrung] war positiv, insoweit, daß ich also nicht umgefallen bin, daß ich auch meine Sachen gesagt habe, wie ich gewirkt habe, weiß ich ja nicht, weil ich es ja nicht gesehen habe. Ich habe auch nicht angefangen zu zittern, fand ich auch ganz gut." (Fall 27)* – *"Habe dann versucht, möglichst mich auf das Gespräch mit dem Kai zu konzentrieren, und ich denke, das ist mir ganz gut gelungen." (Fall 3)*
<u>Die anderen Teilnehmer</u> Verhalten, Miteinander, Erleben und Einschätzung der anderen Teilnehmer	– *"Also, man merkt schon bei den meisten Gästen, daß da so ein gewisses Konkurrenzverhalten besteht." (Fall 19)* – *"Die können sagen, ich sei arrogant, aber wissen sie, das ist mir egal." (Fall 28)* – *"Und wir haben halt unsere Erfahrungen ausgetauscht, haben darüber geredet. Es war auch eine tolle Gruppe, also wir haben uns vorher unheimlich gut verstanden." (Fall 13)*

Fortsetzung von Tabelle 4.7

Die Fernsehmacher Verhalten: Betreuung/Service Miteinander, Erleben und Einschätzung der Fernsehmacher	– *"[Die Betreuung] fand ich ausgesprochen gut, da waren keine Leerläufe, und die ganze Atmosphäre war drauf aufgebaut, die Nervosität zu mildern." (Fall 27)* – *"Wir wurden eigentlich ziemlich schnell abserviert. Also ich habe das Gefühl gehabt, es ist Ware, Menschen werden konsumiert. Und ich meine, wenn man sich anguckt, das wußte ich auch nicht, daß die Sendung jeden Tag läuft, kann das ja gar nicht anders sein." (Fall 29)* – *"Das sind ganz tolle Menschen, gerade dieses Fernsehvolk." (Fall 2)*
Der Moderator Verhalten, Miteinander, Erleben und Einschätzung des Moderators	– *"Die hat einem wirklich ein bißchen auf die Sprünge geholfen auch, wirklich sehr nett." (Fall 30)* – *"Und dann habe ich gesagt: 'Eins stelle ich schon mal klar, in diesem Rahmen nicht.' Ich habe gesagt: 'Diese Geschichte und diese Geschichte und diese Geschichte sind meine privaten Dinge [...]. Und in diesem Rahmen hier werde ich diese Geschichten nicht erzählen.'" (Fall 29)* – *"Er hat 'ne Gabe, einfach einem irgendwo das zu nehmen, daß er der Star schlechthin ist und du bist ein Nobody." (Fall 1)*
Aufbereitung des Themas	– *"Tja, also mein Wunsch wäre eigentlich gewesen, daß ich selber sowas sagen kann und auch andere Leute, noch mal eben diese Message: 'Hallo Leute, schwul sein ist nicht schlimm und ist alles toll' und 'Guckt mal hier, alle Bekannten und Verwandten wissen Bescheid.' Das kam ja eigentlich von keinem so richtig rüber, weil eben nur auf dieses 'Coming out', auf diesen Problemen rumgeritten wurde. [...] Eigentlich war ich dann ein bißchen enttäuscht, aber tja, wie soll ich mich ausdrücken, ich hätte also lieber gehabt, daß von heute gesprochen wird. Ich war jetzt nicht enttäuscht, aber ich hätte gerne eine andere Wendung gehabt in dem Gespräch oder in der Diskussion, bei allen." (Fall 30)* – *"Die Stunde kriegst du 'rum, du bist hier halt im falschen Theater, ist nicht dein Thema, jedenfalls nicht so, und bevor ich sowas mit mir machen lasse oder da rausgehe und frustriert bin oder mal ein Stück meiner Würde verliere, halt ich also lieber meinen Mund. Da kann ich dann auch damit leben, zu kurz gekommen zu sein." (Fall 29)* – *"Voll daneben, [...] nicht besonders interessant. Also von dem Thema wieder, eigentlich Alltäglichkeiten." (Fall 26)*
Allgemeine und zusammenfassende Aussagen	– *"So etwas erlebt man kein zweites Mal." (Fall 1)* – *"Als Erfahrung, für mich persönlich war es positiv, wenn man es richtig verwertet." (Fall 29)* – *"Ein gutes Gefühl, war ein schöner Tag gewesen, war ein Erlebnis, da eben mal bei 'Arabella' gewesen zu sein, mit dem Flug hin und zurück." (Fall 30)*

Folgen des Auftritts

Die hier erfaßten, sowohl allgemeine als auch spezifische Aspekte betreffenden Aussagen beziehen sich auf die Folgezeit des Auftritts bis zum Interviewtermin. Wirkungen können sich auf die intendierten Motive bzw. deren Realisation beziehen. Darüber hinaus zeitigt der Auftritt fast immer auch Wirkungen, mit denen der Teilnehmer nicht gerechnet hat und die mit den ursprünglichen Beweggründen nicht im Zusammenhang stehen. Diese sind für die subjektive Einschätzung des Auftritts aber häufig dennoch von Relevanz. Als bedeutsame Wirkungsaspekte herausgestellt wurden die Veränderung des eigenen Verhaltens bzw. der eigenen Einstellung sowie die Einschätzung der eigenen Darbietung nach der Ausstrahlung der Sendung (bzw. der Rezeption des Videobandes). Diese Wirkungen hängen insbesondere auch mit den sozialen Reaktionen des Umfeldes zusammen, das sich bestätigend oder ablehnend gegenüber dem Auftritt des Teilnehmers verhalten kann. Teilweise wird aufgrund dieser Resonanz die Veröffentlichung der privaten Inhalte im nachhinein in einem anderen Licht interpretiert oder aber noch einmal bestätigt. Die erfaßten Wirkungen haben Einfluß auf die Bereitschaft, noch einmal im Fernsehen aufzutreten. Besonders jüngere Teilnehmer ziehen das Fernsehen darüber hinaus auch als berufliche Perspektive in Erwägung.

Tabelle 4.8: Oberkategorie 'Folgen des Auftritts'

Unterkategorie	**Beispielzitat**
Veränderung des eigenen Verhaltens bzw. der eigenen Einstellung	– *"Ich kann zwar jetzt seit der Sendung ein bißchen offener drüber reden [...], nur geändert hat sich großartig nichts, ein bißchen schon, aber nicht viel." (Fall 9)* – *"Mir ist durch die Talk-Shows so richtig bewußt geworden, daß tatsächlich meine Einstellung sich [...] verändert hat." (Fall 19)* – *"Ich habe also wenig Probleme, klar, ab und zu mal Depressionen, aber mir geht es gut. Und da haben auch diese Shows mit zu beigetragen." (Fall 24)*
Soziale Reaktionen	– *"Es ist ja auch so, normalerweise, [...] daß aufgrund solcher Talk-Shows immer Zuschriften kommen. Es wird immer wieder gesagt, nur, ich habe bis heute nicht eine einzige bekommen. Warum eigentlich nicht, also weder positiv noch negativ noch sonst in irgendeiner Form, null. Es ist nichts passiert." (Fall 26)* – *"Viele haben halt gefragt: 'Wie kommt man an sowas 'ran?' Die wollten dann sofort auch dahingehen." (Fall 16)* – *"Die ganze Schule saß vor dem Fernseher, die fanden das alle so super. [...] die haben alle gesagt: 'Hey, gut, was du da erzählt hast, du hast dich tapfer geschlagen', so ungefähr. Also, ich habe da eigentlich nur Komplimente bekommen." (Fall 13)*

Fortsetzung von Tabelle 4.8

Einschätzung der eigenen Darbietung nach der Ausstrahlung der Sendung bzw. der Rezeption des Videobandes	– *"Daß man den Eindruck hatte, daß da besonders viel [...] Herz rüberkam." (Fall 1)* – *"Wie ich es dann gesehen habe, war ich dann enttäuscht, weil ich es auch selber nicht rüberbringen konnte, wie ich es hätte gerne gemacht. Man denkt ja dann immer, das kann man locker und leicht, [...], aber wenn es dann darum geht, dann findet man doch nicht so die Worte, wie man gerne möchte." (Fall 24)* – *"Also ganz schlimm, ich dachte, boah, da ist überhaupt nichts rübergekommen, also das hat der Sache überhaupt nicht gedient." (Fall 23)*
Handhabung und Bedeutung des Videobandes	– *"Wenn ich Heimweh kriege nach ihm [dem Ex-Freund], dann gucke ich es wieder." (Fall 12)* – *"Die wird auch nie gelöscht sein, diese Kassette. Das ist einfach, ja sowas ist unvergänglich."(Fall 1)* – *"Ich habe die Sendung selber dann nicht mehr angeguckt, das mache ich nicht, das belastet mich dann zu sehr." (Fall 29)*
Beurteilung der Veröffentlichung des privaten Themas im nachhinein	– *"Dieses Thema nicht unbedingt noch mal, weil es im nachhinein doch ein bißchen einen Nachklang hat, [...], es gibt vielleicht doch ein paar Sachen, die vielleicht nicht jeder erfahren muß." (Fall 18)* – *"Es ist ja eigentlich, was nur mit mir zu tun hat, und dann habe ich mich manchmal gefragt, mein Gott, jetzt wissen so viele Leute, was du da durchgemacht hast. Aber das waren immer nur so kurze Momente." (Fall 13)* – *"Mit so einem Thema, das würde ich sowieso nicht mehr machen, nur mal mit was lustigem oder so." (Fall 24)*
Bereitschaft zu einem weiteren Auftritt	– *"Ich glaube, das kann, ich denke mir, gerade bei mir, kann es zu so einer Droge werden. Weil, also, ich würde es jederzeit wieder machen." (Fall 15)* – *"Fernsehen ist für mich, hat sich für mich erledigt." (Fall 13)* – *"Seitdem haben wir auch nichts mehr gemacht, wir haben alles abgeblockt." (Fall 23)*
Weitere Auftritte/ öffentliche Aktivitäten Fernsehen als berufliche Perspektive	– *"Ich wollte einfach wissen, ob das bei den anderen genauso ist, und, ob ich überhaupt die Chance habe, angenommen zu werden. [...] Komischerweise hat es immer geklappt." (Fall 24)* – *"Und habe ich auch so spaßeshalber und halb im Ernst noch den [Name des Redakteurs] mal angeschrieben, ob die noch einen Kabelträger bräuchten, das würde mir auch Spaß machen, in so einem Ambiente zu arbeiten." (Fall 15)* – *"In einer Daily Soap oder sowas mitspielen als Nebenrolle, würde ich wahnsinnig gerne machen." (Fall 3)*
Allgemeine und zusammenfassende Aussagen	– *"Also, ich finde, das ist eine ganz gute Gelegenheit, war ganz gut. Ich habe das also kein bißchen bedauert." (Fall 14)* – *"Also im nachhinein, wenn ich das jetzt aus der Distanz betrachte, [...], war es durchweg positiv. Gerade wegen der Reaktion der anderen Leute." (Fall 3)* – *"Es war schon ein tolles Erlebnis." (Fall 13)*

Anhand der aufgefundenen und interindividuell in ihrer Relevanz variierenden Kategorien erfolgte im Anschluß an die Auswertung eine charakterisierende Darstellung der Einzelfälle. Diese orientiert sich an der aufgeführten Chronologie der Oberkategorien (vgl. Tabelle 4.2), um die Vergleichbarkeit der Interviews untereinander zu vereinfachen. Bedeutsame Aspekte, die im Postskript vermerkt wurden, dienten der Vervollständigung und flossen in die Beschreibung mit ein. Die Kategorien wurden durch die Verwendung von Zitaten belegt und das Typische des Einzelfalls herausgestellt. Die Beschreibung ist somit gleichzeitig ein interpretierendes Vorgehen. Um die Zitate vom beschreibenden Text abzuheben, wurde für erstere eine kursive Schriftart verwendet. Wird das Zitat nicht als eigenständiger Satz aufgeführt, sondern reiht sich an die Beschreibung, so wird des authentischen Charakters wegen die Originalaussage beibehalten, auch wenn diese grammatikalisch nicht einwandfrei ist, z.B.: Gehindert hat sie an diesem Entschluß bisher der finanzielle Aufwand, *"dafür Hunderte von Mark bezahlen, das ist mir zu teuer, wenn das mit ein paar hundert Mark dann getan ist."* Als Überschrift wurde für jeden Einzelfall ein Zitat der befragten Person ausgewählt, welches das oder ein zentrales Motiv zur Teilnahme illustriert. Zum Zwecke einer prägnanten Aussage sind die Überschriften teilweise gekürzt oder umgestellt worden. Im Text ist das Originalzitat an entsprechender Stelle jeweils nachzulesen. Die Darstellung der Einzelfälle erfolgt in Kapitel 5.1.

4.2.5.2 Typenkonstruktion

Der zweite Schritt der Analyse diente der Herausarbeitung kollektiver Handlungsmuster, die gesellschaftlich relevante Entwicklungen zu erklären in der Lage sind. LAMNEK (1995) hält fest:

> "Wir erhalten ein geschlossenes, abgerundetes ganzheitliches Bild vom Befragten, das wir praktisch und theoretisch nutzen können. [...] Wir können Existenzaussagen formulieren und einen Typus konstruieren, der über den Einzelfall hinaus von gesellschaftlicher Bedeutung ist" (S. 55).

Dabei hat der von GERHARDT (1985, 1986, 1991) in Anlehnung an WEBER (1904) bezeichnete 'Idealtypus' die Aufgabe, "nicht das Gattungsmäßige, sondern umgekehrt die Eigenart von Kulturerscheinungen scharf zum Bewußtsein zu bringen" (S. 202). Der Typus (bzw. Typ) dient somit nicht einfach als Zusammenfassung einzelner erfaßter Handlungsmuster, sondern will diese aus ihrer gesellschaftlichen Bedeutung heraus erklären. Bei der Definition der Typen wurde auf sozialwissenschaftliche Erkenntnisse bzw. die theoretischen Vorarbeiten zurückgegriffen, um die konkreten Erkenntnisse der Alltagswirklichkeit in den allgemeinen sozialwissenschaftlichen Wissensstand zu überführen. GERHARDT (1991) beschreibt in Anlehnung an WEBER (1904, 1922) drei Prüfschritte zur Ermittlung adäquater Typen:

1) Die Wissensprüfung dient der Anwendung des theoretischen Wissenshintergrundes auf den Gegenstand. Die Herstellung theoretischer Bezüge macht deutlich, daß es keine beliebige Anzahl von Typen für das zu erfassende Phänomen gibt, sondern daß diese sich aus dem Gegenstand selbst ergeben und ihre Anzahl somit begrenzt ist.
2) Das Fortdenken besagt, daß, wenn bei der Typenbildung Elemente weggelassen werden können, ohne daß sich das Wesen des Typus ändert, diese wegzulassen sind.
3) Die Erfahrungsprobe impliziert, daß die erforschten Typen am Gegenstand selbst – dem gesellschaftlichen Geschehen – zu messen sind, um den Erfolg der Typenbildung auf diese Weise zu kontrollieren.

WEBER (1904) beschreibt das Vorgehen zur Bildung eines Idealtypus folgendermaßen:

> "Er [der Idealtypus] wird gewonnen durch einseitige Steigerung eines oder einiger Gesichtspunkte und durch einen Zusammenschluß einer Fülle von diffus und diskret, hier mehr, dort weniger, stellenweise gar nicht, vorhandenen Einzelerscheinungen, die sich jenen einseitig herausgehobenen Gesichtspunkten fügen, zu einem in sich einheitlichen Gedanken bilde" (S. 191).

Somit ist der Idealtypus nach WEBER (1904) "nicht eine Darstellung des Wirklichen, aber er will der Darstellung eindeutige Ausdrucksmittel verleihen" (S. 190). Diese Auffassung des Typus als einer reinen Idee bzw. "Utopie" (WEBER, 1904, S. 191) wird allerdings nicht von allen Autoren vertreten. So stellt beispielsweise LAMNEK (1995) heraus, daß bei der Typisierung "einzelne Aspekte eines gefundenen Phänomens gedanklich gesteigert als wesentliche Merkmale des Phänomens herausgestellt [...] werden, ohne daß sie immer in einer reinen Form in der sozialen Wirklichkeit zu finden wären" (S. 356). Diese Formulierung legt die Existenz beider Varianten nahe, der Typus kann einerseits eine Idee und damit nicht real sein, andererseits durchaus als empirisch nachweisbare Erscheinung existieren. In der vorliegenden Arbeit wird davon ausgegangen, daß es zwar 'reine' Handlungsmuster insofern gibt, als daß Fälle aufgefunden wurden, die ausschließlich ein einziges Motiv zur Teilnahme an einer Fernsehsendung aufweisen. Das individuelle Erscheinungsbild des Einzelfalles aber ist durch einmalige Zusammenhänge und Ausformungen des Phänomens gekennzeichnet, die bei der Typenbildung vernachlässigt werden. Somit wird der Typ letztlich zu einer abstrakten Idee verdichtet, die in dieser Form nicht real existiert. Diese Abgrenzung erlaubt es einerseits, bei der Betrachtung des Einzelfalls dessen spezifische Besonderheiten nachzuvollziehen, andererseits dient die Typenbildung der Herausarbeitung überindividueller kulturspezifischer Phänomene.

Die Einzelfälle wurden "nach dem Prinzip minimaler und maximaler Kontrastierung zueinander in Beziehung gesetzt" (GERHARDT, 1991, S. 438). Dieses Vorgehen ermöglichte, die verallgemeinerungsfähigen Handlungsdimensionen des TV-Auftritts in den jeweiligen Fallbesonderheiten hervorzuheben. Deren Isolierung führt zur Erstellung typischer Handlungsmuster, die das Strukturelle und Gesellschaftliche verdichtet verkörpern. Im Zentrum der Analyse stand die Formulierung von Existenzaussagen in bezug auf eine kollektive Bedeutung des Mediums als Ort privater Kommunikation. Es wurde herausgestellt, inwieweit Talk- und Beziehungsshows für die Teilnehmer Aufgaben übernehmen, die vormals von gesellschaftlichen Institutionen geleistet wurden. Auch wurde ermittelt, daß im Rahmen gesellschaftlicher Modernisierungs- und Differenzierungsprozesse Sinnmuster entstanden sind, die in der vormodernen Gesellschaft nicht existierten und für die das Medium ein Forum bietet. Aufgrund dieser spezifischen Handlungsrollen wurden die Typen benannt und das jeweilige Kommunikationsbedürfnis bzw. die im Zusammenhang mit der medialen Situation relevanten Kommunikationsebenen geschildert. Tabelle 4.9 zeigt diese Arbeitsschritte im Überblick.

Tabelle 4.9: Handlungstyp, individuelles Kommunikationsbedürfnis und gesellschaftlicher Bezug

Handlungstyp	**Kommunikationsbedürfnis**	**Institutionelle Äquivalente bzw. gesellschaftliche Entwicklungsvoraussetzungen**
Der Fernseh-Star	Selbstinszenierung, Erleben der eigenen Person wie der Reaktionen anderer auf die eigene Person	Das Medium als Entsprechung der Showbühne im Zusammenhang mit gesellschaftlichen Individualisierungstendenzen und Erlebnisorientierungen
Der Patient	Überwindung psychischer Probleme durch Bewältigung der Prüfungssituation 'TV-Auftritt' vor einem Millionenpublikum, Selbstbekenntnis 'in foro interno' Fernsehen als Lobby für das persönliche Problem, um Zuschauer bzw. persönliche Bekannte für Probleme zu sensibilisieren; Selbstbekenntnis Das Medium als Zugangsmöglichkeit zu kompetenten Gesprächspartnern (Experten) für das belastende Problem	Übernahme von Aufgaben der kirchlichen Seelsorge, Psychotherapie und des Gesundheitswesens durch das Medium
Der Verehrer **bzw. Kontaktanbahner**	Herstellung einer partnerschaftlichen Beziehung durch Ansprache einer konkreten Person mit Hilfe des Mediums; Bekenntnis an die geliebte Person Herstellung einer partnerschaftlichen Beziehung durch eine visuelle Kontaktanzeige, Ansprache einer Masse von potentiellen Partnern mit Hilfe des Mediums	Kontaktanbahnung als Funktion des Mediums aufgrund des durch gesellschaftliche Entwicklungen eingeleiteten Bedeutungsverlustes der Familie als beziehungsanbahnende Institution Der Auftritt als außergewöhnliches Ereignis im Zuge gesellschaftlicher Individualisierungstendenzen zur Unterstützung der Kontaktanzeige
Der Rächer	Öffentliche Abwertung einer anderen, ehemals nahestehenden Person und Korrektur des Selbstbildes durch Richtigstellung von Tatsachen in bezug auf die eigene Person; Möglichkeit, im Auftritt Macht zur Redefreiheit zu haben, gehört werden zu müssen. Pflicht des anderen, zuhören zu müssen und sich nicht wehren zu können	Äquivalent des Pranger als Strafform im Rahmen einer Lynchjustiz

Fortsetzung von Tabelle 4.9

Der Anwalt in eigener Sache	Anfechtung subjektiv als ungerecht erfahrener Urteilssprüche, Richtigstellung von Tatsachen, Entlastung von zugewiesener Schuld und Zuweisung an die Verantwortlichen bzw. den Gesetzgeber Das Medium als Lobby für die zu verhandelnden Gesetzeskonflikte und als Druckmittel auf den Gesetzgeber	Übernahme von Eigeninitiative in bezug auf unzulängliche Rechtsprechung, die aufgrund fortschreitender Differenzierungsprozesse entsteht und auf welche die Justiz nicht schnell genug durch Schaffung neuer und adäquater Rechtsformen reagieren kann
Der Ideologe	Öffentliche Darlegung einer persönlichen Überzeugung in bezug auf verschiedenste Bereiche der Lebensführung (z.B. Partnerschaften, Emanzipation, Religion) zur Einflußnahme auf das öffentliche Bewußtsein (großes Publikum) bzw. zur Festigung der eigenen Identität, Selbstbekenntnis	Immaterielle Ideologien zur Selbstverwirklichung als Glaubensauffassungen, die sich infolge des Bedeutungsverlustes einheitlicher Sinnvorgaben im Rahmen der Modernisierung und Individualisierung der Gesellschaft entwickelt haben
Der Propagandist	Realisation monetärer Bedürfnisse im Hinblick auf eine große Anzahl potentieller Kunden bzw. durch lukrative Aufwandsentschädigung	Materielle Ideologie zur Selbstverwirklichung als Bedürfnis, das sich im Rahmen der Modernisierung und Individualisierung der Gesellschaft entwickelt hat
Der Zaungast	Der Auftritt im Fernsehen als Informationszugang zum Medium selbst aus erster Hand	Selbstreferenz des Mediums als eines Produkts von Modernisierungsvorgängen

Zum differenzierten Verständnis des Vorgehens werden im folgenden die sich aus der Einzelfallauswertung ergebenden und für die Konstitution der Typen bedeutsamen Aspekte aufgezeigt. Da diese je nach Typus sehr variieren können – was für einen Typus zentral ist, kann für den anderen irrelevant sein –, wird für jeden Typ ein eigenes System relevanter Erlebens- und Verhaltensmuster vorgelegt, aufgrund dessen sich die Erstellung eines einheitlichen aber letztlich wenig aussagekräftigen Schemas erübrigt. Bei diesem Vorgehen werden die Kategorien der Einzelfallanalyse vernachlässigt und der Bedeutungszuweisung des Typus entsprechend neu gruppiert. In den Einzelfällen auftauchende Aspekte können ganz wegfallen, wenn sie sich als nicht typisch zur Konstitution des jeweiligen Handlungsmusters erweisen. Hierin zeigt sich der nicht reale, sondern idealtypische Charakter der Typenbildung. Bei der Beschreibung der einzelnen Typen werden auch mögliche Unterschiede in der Ausgestaltung thematisiert, um keine künstliche Homogenität zu erzeugen.

Die Tabellen 4.10 - 4.20 zeigen die für den jeweiligen Typ relevanten Auswertungskategorien im Überblick. In der ersten Spalte werden die zentralen kollektiven Sinnmuster der Handlungsfigur aufgeführt. In Spalte 2 werden diese nach möglichen zu differenzierenden Ebenen untergliedert. Spalte 3 dient dem Beleg und der Illustration der ermittelten Bedeutungskomplexe anhand von ein bis maximal drei Beispielzitaten, je nach Vorkommen und Differenziertheit der ermittelten zuzuordnenden Aussagen. Hinter dem Zitat wird jeweils die zugehörige Fallnummer angegeben.

Tabelle 4.10: Der Handlungstyp 'Fernseh-Star'

Kollektives Handlungsmuster	**Differenzierung**	**Beispielzitat**
Bedürfnis zur Selbstinszenierung	Erleben der eigenen Person sowie der (positiven) Reaktionen anderer auf die eigene Person	– *"Ich war schon immer der Typ, der sich gerne vor Massen, vor Massen irgendwie zeigt." (Fall 3)* – *"Jeder Mensch ist eitel, jeder Mensch braucht Anerkennung." (Fall 19)*
Umsetzung des Bedürfnisses unabhängig vom TV-Auftritt	Spannung und Selbstinszenierung als durchgängiges Thema im Alltag	– *"Ich habe mal ganz spontan einen Strip in der Disco gemacht, für solche Sachen bin ich schon zu haben." (Fall 15)* – *"Ich sehe das gerne, daß ich im Mittelpunkt irgendwo stehe [...], zum Beispiel, einfach ein Beispiel aus der Schule. Wenn irgendwelche -, eine Schülervollversammlung ist und man stellt sich davor und redet ein paar Worte. Da steht man auch im Zentrum des Interesses. Und sowas genieße ich." (Fall 3)*
Das narzißtische Bedürfnis als Beweggrund für den TV-Auftritt	Subjektive Relevanz unter Berücksichtigung der spezifischen Qualitäten der Auftrittssituation (Aufhebung der räumlichen Begrenztheit, Prominenz)	– *"Ich denke mal, jeder Mensch mag es, im Mittelpunkt zu stehen, ja, und da stehe ich nicht nur im Mittelpunkt in dem Moment, von meinem Bekanntenkreis, sondern im Mittelpunkt von, ich weiß nicht, wie viele Millionen gucken das am Tag." (Fall 6)* – *"In vielen Köpfen ist der, der im Fernsehen war, immer noch eine Berühmtheit, wen kennen wir sonst aus dem Fernsehen, Götz George, was weiß ich was, dann wird man direkt im Kopf mit anderen Leuten verbunden, so habe ich das Gefühl. Weil es halt immer noch etwas Besonderes ist. Es ist nicht so, daß man jeden Tag ins Fernsehen kommt." (Fall 3)*

Fortsetzung von Tabelle 4.10

Bedeutung des Themas	Der private Inhalt spielt eine untergeordnete Rolle	– *"[Ich] habe in dem Moment auch gar nicht an das Thema gedacht. Also das war irgendwie in dem Moment, wo wir dann zum Flughafen gefahren sind, war das für mich nebensächlich." (Fall 24)*
Erleben des Auftritts	Schilderung des Erlebnisses unter Berücksichtigung der subjektiv relevanten Aspekte (Spaß am Spannungserleben, Prominenz, Aufhebung räumlicher Begrenztheit) Hervorhebung emotionaler Erlebnisqualitäten	– *"Ich habe mich ehrlich gesagt gefühlt wie ein Star, ich kann es nicht so beschreiben, es war ganz großartig." (Fall 12)* – *"Ich finde das unheimlich spannend, wenn man dann da so -, dann sitzen da so unheimlich viele Leute, und die hören dann gespannt zu, was man so erzählt. Ich habe mich irgendwie, habe ich mich ganz gut dabei gefühlt." (Fall 24)* – *"Uns liefen die Tränen, also, es war eine wahre Wonne. Ehrlich, es ging uns durch und durch, wir halten uns also an der Hand, und wir waren am Zittern und am Zittern und am Zittern, und das war wunderbar, echt toll." (Fall 2)*
	Erleben der Prominenz im Sinne von Machtgefühlen bzw. der Möglichkeit, Einfluß nehmen zu können	– *"Ich denke, dieses Machtgefühl, das kommt auch bei jedem Einzelnen, egal jetzt, wie klein man in dem Moment tatsächlich ist. Aber jeder, der da irgendwas von sich gibt, was tatsächlich diese Millionen Leute hören, der hat das Gefühl ja schon, also man hat selber schon das Gefühl, man hat Einfluß in irgendeiner Form, indem man da seine Meinung sagt. Und, ja, das ist eben auch ein interessantes Gefühl." (Fall 19)* – *"Man ist halt selber irgendwie wie der Moderator oder die anderen Leute, die da mitwirken, dafür verantwortlich, daß da jetzt irgendwie ein gutes Programm über die Bühne läuft. [...] Und man denkt auch in dem Moment, man hätte einen entscheidenden Vorteil dadurch, daß man selber da im Fernsehen sitzt, weil man weiß, was gespielt wird." (Fall 19)*

Fortsetzung von Tabelle 4.10

Folgen des Auftritts	Kurzfristige Prominenz aufgrund sozialer Resonanz und deren bestätigende Wirkung	– *"Und wie ich dann (..) in den Ort bin auch, das war ein Sturm, ich denke, bin ich jetzt Liz Taylor oder Joan Collins oder wer bin ich jetzt? Oder in der Firma, die kamen: 'Ach Gott, wie super.'" (Fall 12)* – *"Eine Bestärkung in der Eitelkeit, klar, ganz logisch, nachdem das dann ausgestrahlt worden ist, nachdem dann soviel positive Resonanz dann kam, auch von fremden Leuten und dann auch noch Post gekriegt und so. [...] Das war für mich halt eine unheimlich positive Erfahrung." (Fall 19)*
	Keine bzw. negative soziale Reaktionen	– *"Kein Mensch, mich hat keiner angesprochen." (Fall 22)* – *"Die einen haben gesagt: 'Oh toll, unser Junge war im Fernsehen.' Und bei Bekannten, ja bei denen hieß es: 'Oh, du bist bekloppt, sowas zu erzählen.' Anderen war das wieder total gleichgültig." (Fall 6)*
	Bewertung der eigenen Darbietung nach der Rezeption der Sendung	– *"Und da sieht man doch noch so einiges, um Gottes Willen, wie hast du dich da verhalten, man kommt sich dann vor wie ein Schauspieler, der sich selber kritisiert. Gut, okay, sowas passiert dann halt, aber war eigentlich so ganz zufrieden." (Fall 15)* – *"[Ich fand], daß ich da unheimlich Selbstsicherheit ausgestrahlt habe." (Fall 3)*
	Einstellung zu weiteren Auftritten	– *"Ich glaube, das kann, [...] zu so einer Droge werden. Weil, also, ich würde es jederzeit wieder machen." (Fall 15)* – *"Ich hätte mich da schnell dran gewöhnen können an sowas. Man kriegt doch schon so eine Art Sucht dann irgendwo." (Fall 15)*
	Einschätzung der Fernsehmacher im Sinne des Spannungsschemas	– *"Dieses Lebendige, dieses ständig Neue, diese täglichen Herausforderungen. [...] so eine Fernsehproduktionsfirma wird niemals in einen täglichen Trott verfallen." (Fall 3)* – *"Ich bin gerne mit so Leuten zusammen, die auch so ein bißchen offener sind, nicht so verklemmt und nicht so dieses Steife." (Fall 15)*
	Einschätzung des Fernsehens als berufliche Perspektive	– *"Hoffnungen, entdeckt zu werden und pro Moderation da irgendwie zwanzigtausend Mark zu kriegen, die Hoffnung hat man, sicher, klar." (Fall 11)* – *"In einer Daily Soap oder sowas mitspielen als Nebenrolle, würde ich wahnsinnig gerne machen." (Fall 3)*

Tabelle 4.11: Der Handlungstyp 'Patient'

Kollektives Handlungs-muster	**Differenzierung**	**Beispielzitat**
Persönliche Problemlage	Angst, in öffentlichen Situationen, Schüchternheit im allgemeinen (bzw. vor dem anderen Geschlecht im besonderen) bis hin zu Menschenangst	– *"Ich habe Schwierigkeiten, in die Öffentlichkeit zu treten." (Fall 27)* – *"Wenn ich dann vor einem [Jungen] stehe, in den ich verknallt bin, [...] dann stehe ich da mit Maulsperre, [...] in der Beziehung bin ich echt schüchtern, aber sonst eigentlich wirklich nicht." (Fall 4)* – *"Ich bin mehr ein Typ, der zu Hause bleibt, 'ne, ich gehe nicht gerne weg. [...] Also, ich hatte ganz extrem Menschenangst, ich konnte zeitweilig nicht arbeiten." (Fall 8)*
	Somatische Probleme	– *"[Starkes] Schwitzen, das war mir schon immer etwas peinlich." (Fall 16)*
	Mangelndes Verständnis der Umwelt für das persönliche Problem	– *"Die, die dieses Problem nicht haben, einige, die gucken einen erst mal an." (Fall 9)* – *"Wenn du hier das erzählst, die meisten verstehen das gar nicht so direkt. Weil die haben das Problem nicht, und da kann man sich praktisch nicht so direkt mit unterhalten." (Fall 9)*
Versuche, Abhilfe für das Problem zu schaffen, unabhängig von bzw. vor dem TV-Auftritt		– *"[Ich] bin von Arzt zu Arzt gerannt. [...] Ich dachte, die bringen dich in eine Nervenanstalt, wem sage ich das jetzt, man hat [...] Angst, ausgelacht zu werden, man hat keinen, dem man sich anvertrauen kann." (Fall 8)* – *"Nee, aber ich habe ja, wie gesagt, halt vorher schon manche Sachen ausprobiert, und da habe ich ja nie Hilfe erfahren, oder es hat halt nicht geklappt." (Fall 16)*
Die Bewältigung psychischer bzw. physischer Probleme als Beweggrund für den TV-Auftritt	Der Auftritt als Prüfungssituation (in bezug auf die Aufhebung räumlicher Begrenztheit und das daraus resultierende Millionenpublikum)	– *"Ja, ich wollte da in die Höhle des Löwen, ja. Wollte mal wissen, ob ich das packe." (Fall 8)* – *"Wenn du dich das einmal traust, traust du dich das vielleicht demnächst auch." (Fall 10)* – *"Fast so eine Art persönliche Mutprobe." (Fall 19)*

Fortsetzung von Tabelle 4.11

	Fernsehen als Lobby für das persönliche Problem (um Zuschauer bzw. persönliche Bekannte für das Problem zu sensibilisieren)	– *"Ich habe gehofft, daß die das dadurch ein bißchen anders annehmen, als wenn ich ihnen das sage. Wenn ich ihnen das sage, dann denken die: Ach, das ist das, und wenn die das dann da sehen und sehen, daß andere auch das Problem haben, praktisch, daß das nicht ein Einzelfall ist." (Fall 9)* – *"Das hilft doch zum Nachdenken [...]. Daß man sieht, daß so viele schüchtern sind, vielleicht ist das ja was ganz Normales." (Fall 10)*
	Wunsch nach Verständnis unter Gleichgesinnten (ebenfalls betroffenen Gäste) in der Vis-à-vis-Situation des Auftritts	– *"Weil ich bin praktisch deswegen dahingegangen, eben weil ich gehofft hatte, praktisch, daß da Leute sind, die auch einen verstehen. Wenn du hier das erzählst, die meisten verstehen das gar nicht so direkt." (Fall 9)*
	Kathartische Bedürfnisse	– *"Ich bin nachher hingegangen, weil ich hatte gehofft, daß es mir ein klein wenig helfen würde, doch offen darüber zu reden." (Fall 9)*
	Auftritt als Möglichkeit, Ratschläge für das Problem zu bekommen	– *"Daß ich dort irgendwo einen Tip kriege, was ich halt dagegen machen kann." (Fall 16)* – *"Und ich wußte ja, daß dieser Professor eingeladen wurde, [...] und habe halt gedacht, vielleicht weiß der ja doch noch irgendwas." (Fall 16)*
Erleben des Auftritts	Erleben des Auftritts als Prüfungssituation und Bewältigung bzw. Versagen	– *"Das war halt das Hauptproblem, jetzt schaffst du die Menschenmassen nicht wegzustecken." (Fall 8)* – *"Wie ich nachher geredet hab, dann hat ich auch gar keine Panik mehr, weil ich habe die Leute auch gar nicht mehr angesehen." (Fall 8)*
	Wirkung des Gespräches mit Gleichgesinnten (ebenfalls betroffene Gäste)	– *"In dem Moment habe ich mir gedacht, du siehst jetzt, daß du nicht als einziger dieses Problem hast, daß auch noch andere dieses Problem haben." (Fall 9)* – *"Das war doch ganz interessant, sowas zu hören, daß es welche gibt, die noch mehr Probleme haben als ich. Daß man Probleme hat, kann ich mir vorstellen, aber daß es noch schlimmer sein könnte, habe ich mir nicht vorgestellt. Und dann habe ich es doch gesehen und mir in dem Moment gedacht, daß meines ja noch halbwegs harmlos in der Beziehung ist." (Fall 9)*

Fortsetzung von Tabelle 4.11

	Erleben unmittelbar nach dem Auftritt	– *"Also, ich war über mich stolz, daß ich den inneren Schweinehund überwunden hab, vorher wirklich -, jetzt kotzt du hier, so schlecht war mir halt. Aber [...] es hat doch gut geklappt und ich habe den inneren Schweinehund echt überwunden, weil das ist nicht so einfach." (Fall 8)* – *"Eine absolut positive Erfahrung. [...] daß ich zum Beispiel erfahren habe, wie ich in so einer Situation reagiere, daß ich eben nicht dann mich zurückziehe und Angst bekomme, sondern daß ich darüber reden kann." (Fall 19)*
Folgen des Auftritts	Soziale Bestätigung	– *"Die haben das schon etwas anders angenommen, [...] die haben [...] gesehen, praktisch, daß es dieses Problem wirklich gibt." (Fall 9)* – *"Dann sagten sie [die Familie]: 'So schlimm war es doch gar nicht. Du bist ja schließlich kein Profi', und dann sagten sie: 'Das war eigentlich ganz in Ordnung, wie du da aufgetreten bist und so.'" (Fall 9)*
	Erfahrung, mit dem Problem nicht alleine zu sein	– *"Viele Leute sagen es von sich selber dann auch, ich würde sagen, fast fünfzig Prozent, mindestens, eher mehr als weniger." (Fall 10)* – *"Jedenfalls bin ich nicht so alleine, wenn es einem selber schlecht geht, dann geht es allen anderen schlecht, dann ist das ja schon nicht mehr so schlimm." (Fall 10)*
	Problemlage nach dem Auftritt	– *"Wenn ich dann merke, plötzlich zu viele Menschen oder so, dann habe ich das gar nicht mehr so schlimm. [...], wenn ich das [den Auftritt] überlebt habe, das ist eigentlich schon, fast schon, für einen, der Panik hat, ist das schon eigentlich eine Horrorvorstellung." (Fall 8)* – *"Ich habe also schon nach zwei Wochen gemerkt, daß das besser wurde, und nach vier Wochen war es [...] weg, also, ich habe kaum noch geschwitzt an den Händen." (Fall 16)*
	Einstellung zu weiteren Auftritten	– *"Ich weiß, daß ich beim nächsten Mal nicht so nervös wäre, ich glaube, daß ich noch ein bißchen besser drüber sprechen könnte und die Leute das noch besser verstehen würden, was eigentlich los ist." (Fall 9)* – *"Wenn man die Erfahrung zum ersten Mal macht, ist es was anderes, als wenn man sie zum zweiten oder zum dritten Mal macht, von der eigenen Sicherheit her, und sicherlich auch von dem, was ich dann rausbringen kann, wenn ich sicherer bin." (Fall 27)*

Tabelle 4.12: Der Handlungstyp 'Verehrer bzw. Kontaktanbahner'

Kollektives Handlungs-muster	Differenzierung	Beispielzitat
Bedürfnis nach einer partner-schaftlichen Beziehung	Beziehung im allgemeinen, Partnerschaft mit einer konkreten Person bzw. Ex-Partner	– *"Daß wir diese [polygame] Lebensform schon gerne wieder praktizieren würden, natürlich nur unter gewissen Bedingungen wie Offenheit und auch das Einverständnis, das tiefe Einverständ-nis, in die Tiefe zu gehen und nicht an der Ober-fläche zu bleiben, weil das funktioniert dabei nicht." (Fall 27)* – *"Es gibt ja so verschiedene Grade von Verknallt-sein, und in den [Name] war ich verdammt ver-knallt." (Fall 4)*
Umsetzung des Bedürfnisses unabhängig vom TV-Auftritt	Versuche, Kontakt zum potentiellen Partner aufzunehmen, unabhängig von bzw. vor dem Fernsehauftritt	– *"Sie hat mir oft gesagt, daß sie in näherer Zu-kunft keinen Freund haben möchte. [...] Und dann habe ich irgendwann gedacht, vielleicht bin ich nicht irgendwer, sondern bin vielleicht der, den sie dennoch akzeptiert, obwohl sie mir das gesagt, man denkt ja immer sowas, ich bin anders als die anderen und so weiter und so-fort." (Fall 3)* – *"Obwohl ich ihm das vorher schon, ach was weiß ich, wie oft und um ihn gekämpft habe, bin immer wieder vor verschlossene Türen gerannt." (Fall 1)*
Bedürfnis zur Kontakt-aufnahme als Beweggrund zum Auftritt	Inanspruch-nahme der Beziehungsshow 'Nur die Liebe zählt' Auftritt in einer Talk-Show zur Publizierung des Beziehungs-wunsches	– *"Vielleicht ist das der Punkt, wo du ihn kriegen kannst und er sagt: 'Ich versuche es noch mal'." (Fall 1)* – *"Daß sich eventuell noch eine Frau oder auch mehrere melden und daß das wieder auflebt, diese Lebensform." (Fall 27)*
	Der mediale Weg als außer-gewöhnliche Handlung	– *[Es sollte] "was groß Angelegtes werden, daß ich irgendwie an einem Bunjee-Seil zu ihr run-terkomme oder aus dem Flugzeug mit einem Fallschirm abspringe und auf dem Fallschirm ganz groß steht: [Name]." (Fall 3)*
	Der Antrag via Auftritt als letzte Instanz	– *"Wenn er wirklich sagt 'nein', dann ist er wirk-lich weg. Dann habe ich für mich die Gewißheit, er will absolut nichts mehr. So schwer es auch dann gewesen wäre, aber dann hätte ich es wirklich gewußt." (Fall 1)*

Fortsetzung von Tabelle 4.12

Das Erleben des Auftritts	Realisation des Antrages, der potentielle Partner willigt in der Sendung zur (Wieder-)Aufnahme der Beziehung ein ('Nur die Liebe zählt')	– *"Ich nehm' wohl an, daß es für ihn irgendwo ein Beweis war, daß ich wirklich an die Öffentlichkeit damit gehe und ihm damit wirklich beweise, wie lieb ich ihn hab und wieviel mir wirklich an ihm liegt. [...] Daß ich wirklich vor allen Leuten dann sage: 'Ich will dich zurück, und ich liebe dich', wirklich keinen Hehl daraus mache, egal was. Ich nehme wohl an, daß das für ihn dieser 'Kick down' war." (Fall 1)*
	Mißlingen des Antrages, Absage des potentielles Partners ('Nur die Liebe zählt')	– *"Ich kann meine Gefühle da kaum beschreiben, was ich da gedacht habe, weil ich war teilweise enttäuscht, teilweise war es - ja Enttäuschung, ich weiß nicht, da stürmen so viele Gefühle auf einen ein, das ist kaum zu beschreiben." (Fall 3)*
Folgen des Auftritts	Einstellung zu weiteren Auftritten	– *"Und wenn man wirklich was will, dann denke ich, dann sollte man sowas auch tun." (Fall 1)*
	Anerkennende Äußerungen des potentiellen Partners (der Auftritt als Bekenntnis)	– *"Sie fand es toll, sie fand die Idee selber toll, daß ich [...] mich so engagiere, daß ich auch eine Blöße praktisch riskiere und vors Fernsehen gehe." (Fall 3)* – *"Genauso wie mit einer Heirat, das wird ausgehangen, das kann jeder sehen[...], das ist genauso was, wie wenn ich jetzt an die Öffentlichkeit gehe und sage: 'So, ich bekenne mich dazu. Ich habe da Scheiße gebaut, ich will das aber noch mal mit dem probieren', [...] und ich vertrete meine Meinung vor einer Größe, vor einer Masse von Menschen." (Fall 2, Partner von Fall 1)*
	Kritische Äußerungen des potentiellen Partners	– *"Wenn man das so nicht schafft, dann ist das irgendwie, ja nicht Armutszeugnis, das ist jetzt was hart, aber irgendwie sollte man das schon schaffen oder vielleicht dann lieber über eine Freundin oder sonst irgendwas, aber nicht übers Fernsehen." (Fall 5, Partner von Fall 4)*
	Ausbleiben der intendierten Resonanz von potentiellen Partnern	– *"Es ist ja auch so, [...] daß aufgrund solcher Talk-Shows immer Zuschriften kommen. [...] nur, ich habe bis heute nicht eine einzige bekommen. Warum eigentlich nicht, also weder positiv noch negativ noch sonst in irgendeiner Form, null. Es ist nichts passiert." (Fall 26)*
	Das Band als unvergängliches Dokument	– *"Die wird auch nie gelöscht, diese Kassette. [...] ja sowas ist unvergänglich. Sowas erlebt man kein zweites Mal. Das war einfach irgendwo toll." (Fall 1)*

Im Gegensatz zu den bisher beschriebenen Typen 'Fernseh-Star' und 'Verehrer', deren Motivation auf homogene Inhalte wie einerseits das vom Thema unabhängig Sich-selbst-Erleben und andererseits die Kontaktanbahnung abzielen, bezieht sich die Motivation des im folgenden dargestellten Typs 'Rächer' auf heterogene Inhalte. Daher dient Tabelle 4.13 zunächst der Auflistung der unterschiedlichen aufgefundenen relevanten Themen, die den Beweggrund zur Teilnahme darstellen. Diese werden an Beispielzitaten belegt und illustriert. In der darauf folgenden Tabelle 4.14 wird der Ablauf der Handlungseinheit 'TV-Auftritt' für den Typ 'Rächer' expliziert.

Tabelle 4.13: Relevante Themen des Handlungstyps 'Rächer'

Persönlich relevantes Thema des Rächers als Beweggrund zur Teilnahme	**Beispielzitat**
Fremdgehen ehemaliger Partner (Fall 6, 14)	– *"Dann haben es nicht nur die beiden gesehen, sondern auch Bekannte von denen, irgendwie mache ich es ihnen vielleicht dadurch ein bißchen schwerer. Kläre die Nachwelt über die beiden Frauen auf, so ungefähr." (Fall 6)* – *"Ich habe es auch aus dem Grunde nur gemacht, weil mein Mann also unfair aus der Partnerschaft oder Ehe gegangen ist. Sonst würde ich niemals so vor allen Leuten über meine privaten Sachen reden." (Fall 14)*
Fremdgehen des ehemaligen Partners mit gleichgeschlechtlicher Person (Fall 15)	– *"Man will auch die Macht ausleben ein bißchen, hatte ich auch das Gefühl, [...] den Partner, von dem man halt verletzt wurde, eine reinzuwürgen, wenn man die Möglichkeit [hat], und da muß man sich doch schon irgendwo ziemlich beherrschen, daß man da nicht irgendwas Verletzendes über der Bildschirm sagt auch." (Fall 15)* – *"Man will sie auch schon irgendwo vielleicht auch outen, sie outen, weil sie sich nicht dagegen wehren kann irgendwo." (Fall 15)*
Betrug des Partners durch Unterschieben eines fremden Kindes (Fall 20)	– *"Ich hatte meiner Ex-Frau irgendwo auch noch Rache geschworen. Ich habe ihr gesagt: 'Es gibt so etwas wie ausgleichende Gerechtigkeit, irgendwann kriegst du von mir einen, da rechnest du nicht mit.'" (Fall 20)* – *"Ich denke, also, die meisten Leute wissen das gar nicht. Jeder macht dich schlecht, du bist der Buh-Mann. [...] Weil einige meinten, also, meine Ex-Frau wäre die beste gewesen und das könnte ja alles gar nicht so sein und das wäre bestimmt ganz anderes gewesen bezüglich Scheidung und so weiter. Und irgendwo, da war auch der Hintergedanke, so ist es gelaufen und diesen Weg zeige ich euch jetzt." (Fall 20)*

Fortsetzung von Tabelle 4.13

Sich ausgenutzt fühlen vom Partner (Fall 13, 24)	– *"Er kam halt immer wieder an und hat gesagt: 'Komm [Name der Interviewpartnerin], wir versuchen es noch mal.' Und ich bin immer wieder drauf eingegangen, habe mich immer wieder ausnutzen lassen, immer wieder mit mir spielen lassen, und ich habe halt immer wieder auf den Moment gewartet, ihm sagen zu können: 'Weißt du was, du kannst jetzt von mir aus heulend vor mir knien und sagen, [Name der Interviewpartnerin], ich habe dich aber gerne, laß es uns noch mal versuchen.' Und ich könnte sagen: 'Nein.' Und auf den Moment habe ich halt immer gewartet." (Fall 13)* – *"Und ich habe das gemacht, weil ich diesem Psychologen eins auswischen wollte, ich habe also da angerufen: 'Dann und dann ist die Sendung, guck die dir mal an.' Das brauchte ich einfach." [vom Therapeuten mißbrauchte Frau] (Fall 24)*
Üble Nachrede einer nahestehenden Person in bezug auf persönliche Lebensführung (Fall 30)	– *"Ich [wollte das] so als kleine Stichelei so meinem Vater gegenüber so unterjubeln [...]. Ja, weil ich damals fand, der hat sehr blöd reagiert. Und ich wollte eigentlich, daß das zur Sprache kommt. [...] Ich wollte gar keine Reaktion, nee, ich wollte eigentlich nur noch mal, daß mein Vater heute, im nachhinein, weil ich war in seinen Augen damals wirklich auf der gleichen Stufe wie ein Krimineller." [Homosexueller Sohn] (Fall 30)*

Tabelle 4.14: Der Handlungstyp 'Rächer'

Kollektives Handlungsmuster	Differenzierung	Beispielzitat
Persönliche Problemlage	Verletzung durch inakzeptables Verhalten einer nahestehenden Person, insbesondere des Partners	– *"Da habe ich schon schlimme Sachen hinter mir, und ich hätte auch schon tot sein können. Er hat versucht, mich zu schlagen, zu treten." [Betrogene Ehefrau] (Fall 14)* – *"Die verletzte Ehre des Mannes, das ist in jedem Fall so, nämlich, man kommt sich ja dann verarscht vor." [Betrogener Ehemann] (Fall 20)* – *"Ich war in seinen Augen damals wirklich auf der gleichen Stufe wie ein Krimineller." [Sohn über Einschätzung seiner Homosexualität durch seinen Vater] (Fall 30)*
	Unglückliches Erleben und Verhalten der eignen Person in der Partnerschaft bzw. im Verhältnis zur nahestehenden Person	– *"Ich habe halt nur für ihn gelebt und habe halt rechts und links nichts mehr gesehen, und ich habe unheimlich viel auch verloren um mich 'rum, mein ganzes Umfeld.'" (Fall 13)* – *"Die letzten Jahre überhaupt fühlte ich mich sehr unterdrückt. Ich wurde immer kleiner, ich habe dann auch so wenig gesagt [...]. Und dann eben nachher denke ich, so geht es nicht weiter." (Fall 14)*
	Bewältigung der Probleme in der Beziehung gelingen nicht	– *"Dann sagte ich: 'Wie stellst du dir das denn weiterhin vor?' Und dann sagte er: 'Laß mich in Ruhe.' Und da kam der in Panik. [...] und dann schlug der um sich." (Fall 14)*
	Weiterbestehen der persönlichen Schwierigkeiten nach Abbruch der Beziehung	– *"Ich hatte drei Jahre keinen festen Freund mehr, weil ich nicht dazu in der Lage war, [...] ich war drei Jahre lang, obwohl ich nicht mehr mit ihm zusammen war, nur auf ihn fixiert." (Fall 13)* – *"Aber ich habe es erlebt, nachdem mein Mann weg war, da fühlte ich mich da also so stark, und dann kam wieder eine Woche, da war ich am Boden zerstört. Da merkte ich selber: 'mein Gott, ich komme auf keinen grünen Zweig.'" (Fall 14)*
	Probleme im Umgang mit der bedeutsamen Person nach Trennung bzw. Aufgabe des Kontaktes (Fehlen einer Aussprache; Unfähigkeit, sich abzugrenzen)	– *"Ich habe ja mit meinem Vater [...] kein so herzliches Verhältnis, und wenn er sich ein Jahr nicht melden würde, würde mir auch nichts fehlen. Ist also so ein bißchen komisches Verhältnis, ein bißchen unterkühltes Verhältnis." (Fall 30)* – *"Nee, also, mit meinem Mann hätte ich niemals reden können." (Fall 14)* – *"Das ist immer noch so, wenn ich ihn sehe, dann schwappt es immer noch so über, also, es ist ja einfach so. Seine erste große Liebe vergißt man halt nie." (Fall 13)*

Fortsetzung von Tabelle 4.14

Umsetzung des Bedürfnisses unabhängig vom TV-Auftritt	Aus der unglücklichen Lage bzw. nicht gelungener Bewältigung der Probleme resultierendes Rachebedürfnis	– *"Ich hatte meiner Ex-Frau irgendwo auch noch Rache geschworen. Ich habe ihr gesagt: 'Es gibt so etwas wie ausgleichende Gerechtigkeit, irgendwann kriegst du von mir einen, da rechnest du nicht mit.'" (Fall 20)* – *"Die Rache, weil ich ihr das versprochen hatte und die ganzen Jahre darauf gewartet -, ihr eine zu drücken und wußte bloß nicht, wie." (Fall 20)*
Rachewunsch als Beweggrund zum Auftritt	Explizierung des Wunsches nach Vergeltung	– *"Also für mich, da stand also auf jeden Fall im Vordergrund die Rache. Dat war an erster Stelle. Also, ich glaube, so würde jeder handeln. Meine ich." (Fall 20)* – *"Und ich habe das gemacht, weil ich diesem Psychologen eins auswischen wollte." [vom Therapeuten mißbrauchte Frau] (Fall 24)* – *"Weil ich das wirklich eigentlich so als kleine Stichelei so meinem Vater unterjubeln wollte. Ja, weil ich damals fand, der hat sehr blöd reagiert. Und ich wollte eigentlich, daß das zur Sprache kommt." [Homosexueller Sohn] (Fall 30)*
	Machtgefühl aufgrund der Möglichkeit, im TV das Verhalten Dritter anzuprangern und fehlende Feedback-Möglichkeit für den anderen (besondere Kommunikationssituation)	– *"Man will auch die Macht ausleben ein bißchen, hatte ich auch das Gefühl, [...] den Partner, von dem man halt verletzt wurde, eine reinzuwürgen, wenn man die Möglichkeit [hat], und da muß man sich doch schon irgendwo ziemlich beherrschen, daß man da nicht irgendwas Verletzendes über der Bildschirm sagt auch." (Fall 15)* – *"Man will sie [die Ex-Frau] schon irgendwo vielleicht auch outen, sie outen, weil sie sich nicht dagegen wehren kann irgendwo." (Fall 15)*
	der Auftritt als Möglichkeit, nach Abbruch der Verbindung überhaupt kommunizieren bzw. öffentlich eine Absage erteilen zu können	– *"Ich habe es eigentlich deswegen gemacht, ich habe mir immer mal gewünscht, also früher habe ich mir immer gewünscht, meinem Ex-Freund das mal so richtig ins Gesicht zu sagen, am besten noch durchs Fernsehen, [...] ja und dann war es soweit, und ich war endlich nach drei Jahren soweit, darüber zu reden ohne direkt einen Heulkrampf zu kriegen, und da habe ich gesagt, das machst du jetzt einfach." (Fall 13)* – *"Ich glaube, für mich hat es einfach nur die Bedeutung gehabt, darüber zu reden, und ich habe halt insgeheim die Hoffnung gehabt, daß er das irgendwie hört. Und irgendwo war das für mich so die einzige Chance, mal darüber zu reden." (Fall 13)*

Fortsetzung von Tabelle 4.14

	Darstellung des unfairen Verhaltens der anderen Person in der Öffentlichkeit zur Entehrung und gleichzeitigen Wiederherstellung der eigenen Ehre	– *"Dann haben es nicht nur die beiden gesehen, sondern auch Bekannte von denen, irgendwie mache ich es ihnen vielleicht dadurch ein bißchen schwerer. Kläre die Nachwelt über die beiden Frauen auf, so ungefähr." (Fall 6)* – *"Ich denke, also, die meisten Leute wissen das gar nicht. Jeder macht dich schlecht, du bist der Buh-Mann. [...] Weil einige meinten, also, meine Ex-Frau wäre die beste gewesen, und das könnte ja alles gar nicht so sein und das wäre bestimmt ganz anderes gewesen bezüglich Scheidung und so weiter. Und irgendwo, da war auch der Hintergedanke, so ist es gelaufen und diesen Weg zeige ich euch jetzt." (Fall 20)*
	Lancierung der Teilnahme durch Inkenntnissetzen der anzuprangernden Person bzw. Dritter, um Resonanz zu garantieren	– *"Und ich habe das gemacht, weil ich diesem Psychologen eins auswischen wollte, ich habe also da angerufen: 'Dann und dann ist die Sendung, guck die dir mal an.' Das brauchte ich einfach." [vom Therapeuten mißbrauchte Frau] (Fall 24)* – *"Und ich habe auch noch vorgesorgt, damit es genug Leute wußten." (Fall 20)*
Erleben des Auftritts	Degradierung der anderen Person	– *"Also das war ja gerade dieser eine Satz, wo ich halt sagte, daß ich sie mit der Hand in der Bluse ihrer Freundin erwischt habe, das war das einzige, wo ich absichtlich auch so weit gegangen bin." (Fall 15)* – *"Jetzt hast du der einen gedrückt, da wird sie lange dran denken." (Fall 20)*
	Durchsetzung einer Abgrenzung vom bzw. Absage an den anderen	– *"Ich habe ihm nie das sagen können, zum Beispiel, als der Hans Meiser mich dann gefragt hat, ob ich denn jetzt, wie das jetzt wäre, wenn er jetzt wiederkommen würde und sagen würde: 'Komm, wir fliegen noch mal nach Ibiza.' Und auf den Moment habe ich seit vier Jahren gewartet, und das hat mir also so gut getan, in dem Moment zu sagen: 'Nein.' Und ich bin auch jetzt davon überzeugt, das bleibt auch dabei. Aber dazu bin ich halt nie gekommen." (Fall 13)* – *"Das hat halt gezeigt, daß ich halt endlich damit leben kann. Daß ich wirklich darüber weg bin und auch wieder offen für was Neues bin." (Fall 13)*

Fortsetzung von Tabelle 4.14

Folgen des Auftritts	Reaktionen der angeprangerten Personen (Akzeptanz der Abgrenzung, Beschämung, kein Kommentar zum Auftritt)	– *"Ja, ich glaube, er [der Ex-Freund] hat es auch so ernstgenommen, wie ich das gesagt habe. Ja, also, vorbei, aus und vorbei, und das für immer." (Fall 13)* – *"Und da hätte er [der Vater des homosexuellen Teilnehmers] gesagt, irgendwie, er könnte sich gar nicht dran erinnern, daß er das damals gesagt hätte. War wohl ein bißchen peinlich berührt, daß ich das gesagt habe." (Fall 30)* – *"Es hat sich eigentlich gar nichts geändert, die hat auch nie irgendwas gesagt, daß sie das gesehen hätte, kam nur nachher raus." (Fall 15)*
	Reaktionen von Personen, die der angeprangerten Person nahestehen	– *"Die beste Freundin [der Ex-Frau], die meinte dann noch: 'Und wenn mein Mann dich in die Finger kriegt, der wird dir die Flügel stutzen.'" (Fall 20)* – *"Die Mutter von meiner Ex-Frau, die hat über das Experiment einen Herzinfarkt bekommen." (Fall 20)*
	Öffentliche Entehrung der angeprangerten Person	– *"Und dann saß das ganze Dorf natürlich wieder vor dem Fernsehen. Und dann am nächsten Morgen, da ging sie in den Supermarkt: 'Da, die war et.' Ich denke, mhm, dat is gut." (Fall 20)*
	Bestätigende Resonanz Unbeteiligter auf den Racheakt	– *"Die fanden das alle gut, fanden das korrekt. [...] Einige kamen: 'Alle Achtung, finde ich toll.' Und: 'Das hatte die verdient, bloß die Sendezeit, die war zu kurz. Du hättest mehr sagen müssen.'" (Fall 20)* – *"Es war alles in allem, muß ich doch sagen, so sehr mitfühlend." (Fall 15)*
	Zusammenfassende positive Beurteilung des Racheaktes bzw. der öffentlichen Zurückweisung der ehemals nahestehenden Person	– *"Also, ich finde, das ist eine ganz gute Gelegenheit, war ganz gut. Ich habe das also kein bißchen bedauert." (Fall 14)* – *"Ja, aber irgendwo, da war die Rechnung beglichen, und ich wollte mal langsam mit dem Thema auch abschließen, es war ja nun ein paar Jahre her, und ich hatte das so lange vor mir hergeschoben, weil halt eben da war Rache mit drin. Und jetzt, jetzt war das Ding gegessen, hier mit der Frau war ich jetzt quitt, und da war die Welt in Ordnung." (Fall 24)*
	Einstellung zu weiteren Auftritten	– *"Fernsehen ist für mich, hat sich für mich erledigt." (Fall 13)* – *"Wenn das ein Thema ist, was mich betrifft und wo ich vielleicht was zu sagen könnte." (Fall 14)*

Wie beim Rächer ergeben sich auch für als Anwälte in eigener Sache auftretende Teilnehmer unterschiedliche Thematiken. Es wurden zwei diesem Typus zugehörige Themen ermittelt, die in Tabelle 4.15 dargestellt werden.

Tabelle 4.15: Relevante Themen des Handlungstyps 'Anwalt in eigener Sache'

Persönliche Problemlage im Sinne eines Gesetzeskonfliktes; Gesetzesspruch wird als ungerechtfertigte Schuldzuweisung erlebt	**Beispielzitat**
Teilnehmer wird von Ehefrau wegen einer anderen Frau verlassen und muß laut Gesetz für gleichgeschlechtliche Beziehung Unterhalt zahlen (Fall 15)	– *"Es ist ja zum Beispiel so, daß ich Unterhalt bezahle für meine Frau, obwohl sie mit einer anderen zusammenlebt, die auch arbeiten könnte, die also auch den ganzen Tag nichts tut. So, im Gesetzestext heißt es wörtlich: 'gleichgeschlechtliche Beziehungen entbinden nicht vom Unterhaltsanspruch'. Das heißt, ich muß also weiterzahlen." (Fall 15)* – *"Was mich am meisten belastet, ist ja diese Ungerechtigkeit des Scheidungsgesetzes jetzt. Denn es ist wirklich so, daß ich nun wirklich nicht dafürkann, daß meine Frau lesbisch geworden ist. Ich habe nicht dazu beigetragen, und daß man da so im Stich gelassen wird und gesagt kriegt: 'Deine Schuld, du hast eine Frau geheiratet, du hast zwei Kinder in die Welt gesetzt, sieh zu, wie du damit fertig wirst.'" (Fall 15)*
Teilnehmerin wird von Therapeuten mißbraucht, laut Gesetz liegt keine Handhabe vor, den Täter zur Verantwortung zu ziehen (Fall 23)	– *"Eigentlich der Mißbrauch von dem Therapeut war sehr schlimm. Aber was danach gekommen ist, also die Gutachter und die Staatsanwaltschaft, das war dreimal so schlimm." (Fall 23)* – *"Und dann ist die Staatsanwaltschaft ja auch gegen mich vorgegangen. Zum Beispiel hat der damalige Staatsanwalt überhaupt nicht ermittelt, sondern hat einfach nach einem Jahr ungefähr die Ermittlungen eingestellt und dann hat dem Täter noch bescheinigt, daß er gegebenenfalls so aussagen wird, daß man ihm ein schuldhaftes Verhalten nicht nachweisen kann. Ich war wirklich dann auch wieder fix und fertig, da habe ich gedacht, es darf so nicht weitergehen." (Fall 23)* – *"Also, es ist so ausgegangen, das Strafverfahren ist nach drei Jahren abgeschmettert [...], und zwar mit der Begründung von Düsseldorf, daß das im höchsten Maße verwerflich ist, aber keine Handhabe." (Fall 23)* – *"Für mich war das so schlimm, weil diese Schuldzuweisung, vom Gericht, vom Gutachter." (Fall 23)*

Tabelle 4.16: Der Handlungstyp 'Anwalt in eigener Sache'

Kollektives Handlungs-muster	**Differenzierung**	**Beispielzitat**
Abhilfe für das Problem, unabhängig vom (hier untersuchten) TV-Auftritt	Bedürfnis nach Verständnis, Hilfe, Entlastung von Schuld (weitere TV-Auftritte)	– *"Vielleicht sucht man ja auch nur nach Bestätigung, das man halt wirklich gesagt bekommt: 'Mensch da hast du Recht.' Das ist halt Zustimmung irgendwo. 'Da muß man was dran ändern' oder sowas, aber das reicht halt auch irgendwo nicht aus. Man will schon irgendwo was bewegen auch." (Fall 15)* – *"Ich hatte so wahnsinnig viel Probleme am Hals, es wäre ganz gut, wenn ich da fachlichen Rat mal bekäme." (Fall 15)* – *"Dann rief [...] die Redaktion von 'Hans Meiser' an, ja, ich meine -, ja, dann hat man so gedacht, was da [bei Einspruch!] schiefgelaufen ist, das versuchst du jetzt irgendwie, da besser zu machen." (Fall 15)*
Bedürfnis nach Änderung der Gesetzeslage als Beweggrund zum TV-Auftritt	Streben nach Gerechtigkeit, Gesetzes-änderung durch Zuhilfenahme des Mediums als Lobby	– *"Man muß irgendwo aufrütteln und sagen: 'Hier, so geht das nicht, wie ihr das jetzt macht.' Und da habe ich schon erwartet, daß da vielleicht irgendeine Resonanz kommt. Genau wie jetzt, jetzt bin ich ja sehr intensiv von diesem Thema betroffen, weil jetzt läuft halt die Scheidung, es ist quasi kurz vor dem Ende, und ich sehe jetzt, was alles auf einen zukommt und wie der Staat einen doch da fix und fertig macht. Und da wäre es schon schön, wenn da mal ein Aufrütteln drin wäre und jemand sagen würde: 'Da muß man was tun dran.'" (Fall 15)* – *"Um das Gesetz durchzudrücken, wäre es jetzt mal gut, daß das auch ins Fernsehen kommt, wir müssen mit Öffentlichkeit arbeiten." (Fall 23)*
	Bedürfnis nach Entlastung von Schuld bzw. Verantwortung	– *"Man hat zwar keine Schuld, aber man fühlt sich schuldig, ne. Und das, irgendwo wollte man zeigen, ja warum ist das passiert, das war wichtig für mich." (Fall 23)* – *"[Ich] wollte zeigen, daß da keine Schuld vom Patienten ist, sondern daß alle Verantwortung [...] wirklich beim Therapeuten liegt." (Fall 23)*
	Scham und Angst vor Unverständnis Unbeteiligter	– *"Man erwartet so diese Lästereien, so, mußt du ja irgendwas falsch gemacht haben, wenn die dann lesbisch ist." (Fall 15)* – *"Daß man sich schon etwas selbst vergewaltigt, also, daß das irgendwie so eine Scham auch ist, da wird eine Schamgrenze schon überschritten." (Fall 23)*

Fortsetzung von Tabelle 4.16

Erleben des Auftritts	Die Sendung bzw. das Verhalten des Moderators kann einerseits als Lobby für das persönliche Problem erfahren werden, andererseits auch als wenig hilfreich erlebt werden	– *"Im Grunde war das nur sensationslüstern." (Fall 23)* – *"Ich fühlte mich von ihm total vergewaltigt." (Fall 23)* – *"Ja, zum Beispiel, ich hatte von vornherein [...] gesagt, ich möchte nicht mehr über das Mißbrauchsthema sprechen, [...] sondern ich möchte über die juristische Seite sprechen. Und das ist überhaupt nicht irgendwie berücksichtigt worden." (Fall 23)*
Folgen des Auftritts	Die Hoffnung, die Verantwortlichen zur Änderung der Gesetzeslage zu zwingen, erfüllt sich nicht	– *"Sobald die Sendung 'rum ist, dann, im großen und ganzen hört und sieht man nichts mehr, dann verschwindet man wieder irgendwo im Keller." (Fall 15)* – *"Also ganz schlimm, ich dachte, boah, da ist überhaupt nichts rübergekommen, also das hat der Sache überhaupt nicht gedient, 'ne." (Fall 23)*
	Soziale Resonanz (ist zwar teilweise positiv, aber eher im allgemeinen); spezifische Reaktionen auf das Motiv können auch negativ ausfallen	– *"Aber eben da kamen dann so die Gespräche: 'Geht da ins Fernsehen, will wohl nur das Geld abzocken, und dann erzählen sie da ihre Geschichte, wenn ich das nicht will, dann mache ich sowas nicht.' 'Ne, und so kam das dann so." (Fall 23)* – *"[Der Auftritt führte dazu], daß man mit manchen Leuten nicht mehr zusammen -, weil die einfach sowas geredet haben, nicht verstanden haben, eigentlich praktisch -, eine Nutte haben sie mich genannt und ich weiß nicht, was alles. Und der arme Therapeut, also so." (Fall 23)*
	Soziale Resonanz ebenfalls vom Problem betroffener Personen	– *"Ich glaube, etwas mehr Verständnis, weil sehr viele Frauen sich auch gemeldet haben und dadurch auch wirklich viele Frauen den Mut gehabt haben, überhaupt gegen ihre Therapeuten vorzugehen." (Fall 23)*
	Einstellung zu weiteren Auftritten (bzw. Öffentlichkeitsarbeit) bezüglich des Beweggrundes, auf den Gesetzgeber einwirken zu wollen	– *"[Ich] will wirklich an die Presse auch gehen, daß die vielleicht so ein bißchen auch mal was bewegen. Weil ich sehe das nicht ein, daß ich einfach so kampflos aufgebe." (Fall 15)* – *"Ich muß wohl sagen, im großen und ganzen, daß diese Sendungen nicht geeignet sind." (Fall 23)* – *"Seitdem haben wir auch nichts mehr gemacht, wir haben alles abgeblockt." (Fall 23)*

Der Typ 'Ideologe' zeichnet sich durch die Heterogenität des im Auftritt zu propagierenden Themas aus. Im Gegensatz beispielsweise zum Typ 'Fernseh-Star', der sich selbst (eher unabhängig vom Thema) im Auftritt erleben will, differieren die für den Ideologen relevanten Inhalte sehr. Jene können sich auf jedes nur erdenkliche Thema beziehen, wenn dieses für den Ideologen von zentraler persönlicher Relevanz ist. Da bei jedem Thema wiederum unterschiedliche Aspekte fokussiert werden können, erweist sich (wie schon beim Rächer und beim Anwalt in eigener Sache) die bisher gewählte Form zur Abbildung der typspezifischen Kategorien beim Ideologen als unübersichtlich. Daher werden im folgenden zunächst die jeweils relevanten Themen aufgelistet, an Beispielzitaten belegt und illustriert (vgl. Tabelle 4.17). Dabei wird bereits deutlich, daß die öffentliche Verkündung einer Botschaft, das Bekennen der Zugehörigkeit zu einer Ideologie zweidimensional ist: Einerseits kann das Bedürfnis im Vordergrund stehen, mit den eigenen Erfahrungen den unbekannten Zuschauern als Vorbild zu dienen. Andererseits dient die öffentliche Thematisierung persönlich bedeutsamer Inhalte der Festigung der eigenen Standhaftigkeit in bezug auf die vorgetragene Ideologie. Häufig kommen beide Aspekte zum Tragen, besonders die Festigung der eigenen Gesinnung scheint aber eine eher latente Wirkstruktur zu sein.

Tabelle 4.17: Relevante Themen des Handlungstyps 'Ideologe'

Persönlich relevantes Thema des Ideologen als Beweggrund zur Teilnahme	**Beispielzitat**
Plädoyer für die Liebe im Gegensatz zur materiellen Gesellschaft (Fall 2)	– *"Ich bin zweimal richtig auf die Fresse gefallen in Beziehungen und habe vielleicht aus den Sachen eins gelernt, man darf sich nie verschließen. Sobald sich einer der Partner verschließt, ist man auf dem Holzweg, auf dem verkehrten Weg. Und eigentlich finde ich dieses 'Sich-zeigen' an der Öffentlichkeit aus meiner Sicht eigentlich so, daß denen das erspart bleibt. Daß man vielleicht so eine Initialzündung bei manchen löst und denkt, meine Güte, du könntest bei deiner Freundin oder deiner Frau vielleicht auch mal wieder mit einer Kleinigkeit, auch wenn man Jahre zusammen ist, so ein richtiges Fünkchen erwecken und ihr einfach mal zeigen: 'Mensch, ich habe dich lieb oder so. Und darum finde ich das gut, daß man sowas an die Öffentlichkeit bringt.'" (Fall 2)*

Fortsetzung von Tabelle 4.17

Bewältigung einer Trennung (Fall 10, 14)	– *"Ehe man in einer schlechten Ehe ausharrt, ich meine, vom Verstand her habe ich das die ganzen Jahre gewußt, aber bis ich mich getraut habe, den Schritt zu machen, das hat also lange gedauert, und heute sage ich, das war falsch. [...] Heute würde ich jedem sagen: 'Also wartet nicht, nicht lange warten.'" (Fall 10)* – *"Ich habe dann auch gesagt, also, das ist kein Mann wert, daß eine Frau da sich hängenläßt oder weint oder was ich was alles." (Fall 14)*
Zen-Buddhismus als Ausweg aus der gesellschaftlichen Krise (Fall 25)	– *"Wichtig ist es, daß die Menschen wissen, daß es sowas gibt, daß sowas möglich ist, Zen auch hier in Deutschland zu praktizieren, weil ich davon überzeugt bin, daß diese Art von Meditation uns in unserer Gesellschaftskrise sehr gut helfen kann. Erst mal jedem Einzelnen und der ganzen Gesellschaft sicherlich auch." (Fall 25)*
Polygamie als alternative Beziehungsform (Fall 26, 27) bzw. Abkehr vom gesellschaftlichen Treue-Ideal (Fall 28)	– *"Meinungen, die vielleicht irgendwo versteckt in der Masse, in der Bevölkerung herrschen, keiner redet eigentlich drüber, das ist was, wo ich sage, in der Öffentlichkeit, mit der Öffentlichkeit letztendlich mal über das Thema reden. Auch wenn es erst mal einseitig ist." (Fall 26)* – *"[Polygamie in der Öffentlichkeit anzusprechen] bedeutet, sich der Kritik auszusetzen, die ja ohne weiteres aufkommen kann, muß ich einkalkulieren. Ich muß mich selber also, muß einen festen Standpunkt haben, wenn ich also selber meine, mein Standpunkt ist nicht gefestigt genug, würde ich es nicht machen. Weil ich die Gefahr dann sehe, ich würde umfallen, durch vielleicht irgendwelche Fragen." (Fall 27)* – *"Im Vordergrund stand, daß ich zu dem Thema [Treue] was zu sagen habe, was mich schon immer ein bißchen geärgert hat. [...] Ja, eben weil wir diese Doppelmoral haben." (Fall 28)*
Männer vor dem Schicksal bewahren, für vermeintlich eigene Kinder zu zahlen (Fall 20)	– *"Wieso soll man nicht versuchen, auf dem Weg wieder anderen Männern die Augen zu öffnen. Daß die sich vielleicht mal Gedanken machen oder mal nachrechnen." (Fall 20)*
Homosexualität (Fall 30)	– *"Dieser Auftritt im Fernsehen war für mich eigentlich nur so quasi ein Sprachrohr, wo ich also einer breiten Öffentlichkeit mitteilen konnte, was ich über Homosexualität denke." (Fall 30)* – *"Einfach mal in die Öffentlichkeit zu gehen und zu sagen: 'Seht her, ich bin also nicht häßlich, [...] ich könnte also eine Frau haben, und ich gehe mit meiner Homosexualität offen um und ist wirklich nichts Schlimmes und meine Mutter weiß Bescheid und meine Familie weiß Bescheid', so nach dem Motto: 'Seht her, ist nix, wofür man sich schämen muß, da kann man offen drüber sprechen.' Und wollte eigentlich so erzählen, wie es heute ist." (Fall 30)*

Fortsetzung von Tabelle 4.17

Emanzipation der Frau (Fall 29)	– *"Für mich bedeutet Emanzipation, mit ruhigem Gewissen und mit Selbstbewußtsein Frau zu sein. Beruf ist nicht die Notwendigkeit, um emanzipiert zu sein." (Fall 29)* – *"Eine Chance [...], eine Meinung zu äußern und auch Impulse zu setzen, die nicht nur mich betreffen. [...] Ich wollte auf alle Fälle, ich denke, die Frauen erreichen, die vielleicht gerade zu Hause sind, bügeln." (Fall 29)* – *"Daß sich da so ein Selbstbewußtsein, ja, daß wir ein Solidaritätsgefühl entwickeln, wenn wir Frauen zu Hause bügeln und Kinder versorgen und und und. Ich denke, das [...], kann man das Sendungsbewußtsein nennen." (Fall 29)* – *"Ich bin alleinstehend, ich habe keine Kinder. Ich bin jetzt Ende Dreißig, und für mich war das eben auch -, ganz persönlich war ich auch betroffen, daß ich sage, ich möchte Kinder haben und ich möchte mit einem Mann und möchte nicht berufstätig sein, wenn ich Kinder habe. Ich möchte nur in Anführungszeichen Mutter und Hausfrau sein. Aber ich möchte mich nicht schlecht und abhängig fühlen. Abhängig zu sein und sich abhängig zu fühlen, das sind zwei Paar Stiefel." (Fall 29)*
Emanzipation der Frau in bezug auf körperliche Probleme (Fall 19)	– *"Ich [habe] da sehr viel Wert drauf gelegt, einfach mal so zu zeigen, ich bin halt eine Frau, ich war nicht immer so locker, ich war früher sehr gehemmt. Und ich hatte vor allem immer Komplexe [...] wegen meiner Figur, weil ich immer dachte, wenn ich mit einem Mann ins Bett gegangen bin, oh Gott, jetzt sieht der da ein Speckröllchen oder da irgendwie was an meiner Figur, was nicht so richtig ist. Ich habe das viele Jahre wirklich geglaubt, [...]. Daß Männer auf sowas so achten." (Fall 19)* – *"Ja, auch Mut hab-, machen, irgendwie so zu sich selber zu stehen oder auch zu sehen, okay, da ist eine, ich weiß nicht, ob die Leute mir das abgenommen haben, daß das wirklich so war, daß ich Komplexe hatte, aber vielleicht der ein andere wirklich das mir geglaubt hat, daß die Leute sehen, okay, da ist jemand, die hat auch Probleme gehabt, und zwar nicht zu knapp, aber die hat das jetzt geschafft. Man kann das überwinden, es ist nichts, womit man sich abfinden muß ein Leben lang. Also, das fand ich halt auch ziemlich wichtig, das einfach mal zu zeigen." (Fall 19)*

Aufgrund der Heterogenität der aufgefundenen Themen wurden bei der Herausstellung der typspezifischen Kategorien in bezug auf das Verhalten und Erleben im bzw. nach dem Auftritt eher allgemeine Aussagen gewählt. Diese sind aus sich selbst heraus verständlich, so daß nicht jeweils der Bezug zum Gesamtkontext hergestellt werden muß, der als tabellarische Darstellung nicht realisierbar ist.

Tabelle 4.18: Der Handlungstyp 'Ideologe'

Kollektives Handlungs-muster	**Differenzierung**	**Beispielzitat**
Umsetzung des Bedürfnisses unabhängig vom (hier untersuchten) TV-Auftritt	Thematisierung der Ideologie im privaten Rahmen, in weiteren Auftritten, Gründung von Vereinen	– *"Wir hatten also ein spezielles Streitthema in unserer Freundschaft, und das war immer die Emanzipation." (Fall 28)* – *"Einmal im WDR, da ging es um einen Verein, den ich gegründet hatte, im Kölner Fenster." (Fall 26)* – *"Wir haben noch einen anderen Verein gegründet, vor einiger Zeit, oder wir sind jetzt dabei, die offizielle Seite zu gründen, sagen wir mal so." (Fall 26)*
Bedeutung des Themas	Das Thema der Sendung steht fast immer In Zusammenhang mit dem Inhalt der Ideologie, auch wenn es selten der zentrale Beweggrund zum Auftritt ist	– *"Das ist nicht egal, man muß zu dem Thema stehen und dazu was zu sagen haben." (Fall 28)* – *"Das Thema war eigentlich sehr interessant, und da ich also mich immer geärgert habe, daß bei Emanzipationsthemen im Fernsehen, wenn ich sowas gesehen habe." (Fall 29)*
Erleben des Auftritts	Die Veröffentlichung der Ideologie als Vorbild, Hilfe für den Zuschauer	– *"Ich habe mich schon wohl dabei gefühlt, den Menschen mal so meine Erfahrung mitzuteilen [...] Vielleicht habe ich dem ein oder anderen was mit auf den Weg gegeben." (Fall 13)* – *"Es ist vielleicht für die ein oder andere so ein kleiner Denkanstoß, und einfach aus den Erfahrungen raus, die ich gemacht habe, war mir das wichtig." (Fall 19)*
	Kritik an der Aufbereitung des Themas (aufgrund des Konzeptes der Sendung, des Verhaltens des Moderators)	– *"Hier geht es nicht darum, ein Thema zu erörtern, sondern hier geht es da drum, einfach eine Show zu machen, Effekte zu erzielen." (Fall 29)* – *"Es war alles was kurz, die Zeit war sehr knapp bemessen, und es hätten auch noch andere Fragen kommen können, um mehr in die Tiefe zu gehen, aber eben, weil das jetzt auf die anderen mit verteilt war, kam das eben nicht." (Fall 27)* – *"Hätte sicherlich besser sein können, wenn er [der Moderator] vorher mehr Zeit gehabt hätte." (Fall 25)*

Fortsetzung von Tabelle 4.18

	Beurteilung der eigenen Darbietung in bezug auf das Thema (positive und negative Aspekte)	– *"Ich fand, die Sachen, die ich jetzt gesagt habe, das war irgendwie im nachhinein, wo ich den Film da gesehen habe, denke ich irgendwie, wie blöd und belanglos. Sachen, die wichtig sind oder für mich wichtig waren, die habe ich gar nicht gesagt." (Fall 14)* – *"[Die Erfahrung war] positiv, insoweit, daß ich also nicht umgefallen bin, daß ich auch meine Sachen gesagt habe." (Fall 27)*
Folgen des Auftritts	Bestätigung der eigenen ideologischen Einstellung	– *"In der Sendung wurde das [Gefühl, sich unter Kontrolle zu haben] noch mal verstärkt." (Fall 13)* – *"Mir ist so meine eigene Einstellung dadurch, daß ich in den Talk-Shows drüber geredet habe, auch eigentlich noch mal bewußter geworden, und das war recht entspannend für mich." (Fall 19)*
	Positive soziale Resonanz (in bezug auf die Botschaft)	– *"Es waren so viele Leute, die also wirklich auf einen zugekommen sind und haben gesagt: 'Hör mal, wir haben eure Sendung oder euer Ding da gesehen oder euren Clip, und das geht einfach unter die Haut' und so. Das fand ich toll." (Fall 2)*
	Keine bzw. negative soziale Reaktionen	– *"Ich würde sagen, es ist im Sande verlaufen." (Fall 26)* – *"Und dann sieht man bei den meisten hier, die dann irgendwie so unverschämt weggucken oder so." (Fall 2)*
	Einstellung zu weiteren Auftritten	– *"Und wenn da eine Sendung wäre, wo ich zu irgendeinem Thema, was mich auch interessiert, mal meine Meinung sagen könnte. Zur Politik oder zu gesellschaftlichen Sachen oder weiß ich nicht, da würde ich dann noch mal hingehen." (Fall 30)* – *"Vielleicht hast du irgendwann die Gelegenheit, die Dinge, die du sagen möchtest, im richtigen Rahmen zu sagen. Dann ist es gut, und wenn nicht, kannst du auch drauf verzichten." (Fall 29)*

Tabelle 4.19: Der Handlungstyp 'Propagandist'

Kollektives Handlungs-muster	**Differenzierung**	**Beispielzitat**
Umsetzung monetärer Bedürfnisse bzw. finanzieller Interessen unabhängig vom (hier untersuchten) TV-Auftritt	Im Beruf, mit Hilfe der Medien bzw. anderen Auftritten	– *"Ich habe einen Second-Hand-Laden." (Fall 13)* – *"Auch beim Bayerischen Rundfunk da, [...] da war da einfach auch die Vorstellung, daß ich so als Familientherapeutin mit aufgenommen werde, das war der Reiz dabei." (Fall 21)* – *"Wir haben mal Zeitungsanzeigen gemacht über so, sagen wir mal Seminare [...]. Wir haben mal Anzeigen aufgeben dafür." (Fall 26)*
Finanzielle Bedürfnisse und kommerzielle Interessen als Beweggrund zur Teilnahme	Die Aufwandsentschädigung und kostenfreie Bewirtung während des Drehtages	– *"Na gut, kriegste Geld, [...] machste mal." (Fall 11)* – *"[Party feiern bedeutet] einfach genau dasselbe, wie sich in der Kneipe gemütlich hinsetzen, gukken, unterhalten, nur daß ich da keine zwei Mark zwanzig für ein Bier bezahle, sondern es umsonst bekomme." (Fall 23)*
	Der Auftritt als Chance, für das eigene Geschäft bzw. für Dienstleistungen zu werben	– *"Na gut, [...] kannst den Laden erwähnen, machste mal." (Fall 11)* – *"Ich hatte die Idee, Werbung zu machen. Da war einfach auch die Vorstellung, daß ich so als Familientherapeutin mit aufgenommen werde, das war der Reiz dabei. Ich hatte mich gerade kurz vorher selbständig gemacht, ich hatte gedacht, vielleicht gibt es irgendeine Gelegenheit." (Fall 21)*
	Der Auftritt als Chance, für das Geschäft bzw. die Dienstleistung Dritter zu werben	– *"Das Interesse von diesem Hotelier war natürlich schon auch, daß wir ein bißchen Werbung machen." (Fall 21)* – *"Na ja, da habe ich gesagt, okay, [Name des Hotelbesitzers], mache ich mal für dich Reklame." (Fall 22)*
Erleben des Auftritts	Kommerzielle Aktivitäten hinter den Kulissen	– *"Und dann habe ich noch zwei andere Mädels kennengelernt, wohl auch aus der Redaktion, die ich direkt angehauen habe, von wegen: 'Ich habe einen Second-Hand-Laden, bringt mir mal ein paar Klamotten.' 'Klar.'" (Fall 11)*
	Befriedigung monetärer Bedürfnisse	– *"Zweihundert oder zweihundertfünfzig, zweihundert [Mark] glaube ich. Das war für mich, für zwei Stunden war das, fand ich das vollkommen okay." (Fall 11)* – *"Ich werde auch noch mit ein dreihundert Mark vergütet, und das fand ich auch nicht uninteressant." (Fall 27)*

Fortsetzung von Tabelle 4.19

	Der Drehtag als Gratis-veranstaltung	– *"Ich bin, wie gesagt, abgeholt worden und wieder zurückgebracht worden und hab da Lachsschnittchen gekriegt und war okay." (Fall 11)* – *"Es war ein günstiger Abend, es wurde alles bezahlt (..) und war eigentlich bis auf die halbe Stunde Party. Man konnte machen, was man wollte, Bierchen trinken." (Fall 23)*
	Werbung für Dritte	– *"Dann habe ich den Kronenhof erwähnt, ist ja auch schön dieses Oberstaufen. Nachdem ich in der Sendung viermal Oberstaufen gesagt habe, hat der Fliege dann gesagt: 'Jetzt ist es gut, aber es ist auch schön.'" (Fall 22)*
	Mißlingen bei der Umsetzung des Beweg-grundes, im Auftritt Werbung zu machen	– *"Das hat dann nicht geklappt, und ich habe es dann nicht fertiggebracht zu sagen: 'Ich habe nicht einfach nur einen Laden in K., der Klamotten verkauft, sondern ich habe einen Second-Hand-Laden da und da.'" (Fall 11)* – *"Ich wollte das eigentlich bringen, aber dann habe ich festgestellt, in dem ganzen Rahmen [...]. Das paßt nicht." (Fall 26)*
Folgen des Auftritts	Einstellung zu weiteren Auftritten	– *"[Noch mal aufzutreten] würde ich mir überlegen [...], käme aufs Geld an." (Fall 11)* – *"Das ist ein Job." (Fall 28)*
	Finanzielle Aspekte	– *"Mein Bankkonto ist wieder ein bißchen gefüllt." (Fall 23)* – *"Ich habe mir mit meiner Freundin einen schönen Urlaub [...], wir sind mit dem Wohnwagen weggefahren, und da haben wir die tausend Mark mit Genuß auf den Kopf gehauen. Und denn habe ich gesagt: 'So, von dem Geld machen wir zwei uns einen Guten.' Und das haben wir auch richtig schön auf den Kopf gehauen." (Fall 20)*
	Ausbleiben von Reaktionen auf die Werbung	– *"Also, ich hatte nicht das Gefühl, daß es eine Resonanz hatte." (Fall 25)*

Tabelle 4.20: Der Handlungstyp 'Zaungast'

Kollektives Handlungs-muster	**Differenzierung**	**Beispielzitat**
Einschätzung des Mediums		– *"[Es ist] unheimlich schwer [...], die Menschen für irgend etwas noch zu begeistern, ich muß ja gegen die ganze Medienindustrie antreten." (Fall 17)* – *"Ich finde es eher erschreckend, ja, was für einen Einfluß Medien auf Menschen haben." (Fall 17)*
Das Interesse am Medium als Beweggrund zur Teilnahme	Neugier am Produktionsablauf, Auftritt als Zugang zu Information aus erster Hand	– *"Es hat mich nur interessiert, es hat mich einfach mal interessiert, zu sehen, wie sowas über die Bühne geht." (Fall 17)* – *"Ja, ich mache es mal, weil ich dachte so, meine Tochter wollte ich mitnehmen, [...]. Und ich denke mir: Ei, das ist bestimmt interessant, so mit Fernsehkameras, weil man kriegt ja nicht immer die Gelegenheit. Und ich habe auch mit ihr darüber gesprochen, sie meinte: 'Oh ja, Mama, komm, laß uns das machen.'" (Fall 7)*
	Auftritt als Realitätsprüfung des Mediums	– *"Ob das alles so stimmt, was die Leute da so erzählt haben. Das weiß man nicht so genau. Ich meine, es ist ja auch schon einiges aufgetreten, es gibt da Profis da drunter, die hier und da und dort, die das wirklich wegen dem Geld machen, 'ne." (Fall 8)* – *"So ungefähr, 'ne, ist das wirklich wahr, daß da wirklich Leute sitzen, die aus dem Volk kommen, oder so, 'ne, als Test, mal ausprobieren, was passiert. Das wollte ich einfach mal wissen, 'ne." (Fall 8)*
	Interesse an der Person des Moderators	– *"Wenn ich ganz ehrlich bin, ich sehe mir den [Hans Meiser] gerne an [...]. Daß man ihn auch mal sieht, wie er in natura ist." (Fall 14)* – *"Wie der ist, der Jürgen Fliege zum Beispiel. Das fand ich unheimlich spannend. Wie ist der?" (Fall 24)*

Fortsetzung von Tabelle 4.20

Das Erleben des Auftritts	Der Blick hinter die Kulissen bietet Einsichten, die dem Teilnehmer als Zuschauer oder Publikumsgast im Studio nicht zugänglich sind	– *"Mit der Schminke, wie das alles so vonstatten geht, mit den Kameras, das war eigentlich interessant." (Fall 7)* – *"Was für ein Schwachsinn. Ich meine, da stellt sich einer hin, klatscht, und die anderen müssen auch klatschen, und das alles, ja, das ist, weiß nicht -, ich finde das irgendwie -, habe das sehr belächelt." (Fall 7)*
	Der Auftritt aus der Perspektive einer verantwortungsfreien Statistenrolle	– *"Hier war ich nur ein klitzekleines Licht, und dessen war ich mir bewußt, und darum konnte ich da auch so halbwegs locker rangehen, natürlich war ich schon auch nervös, na klar. Aber daß das nun mein Selbstbewußtsein besonders -, nein, nein, wirklich nicht. Also das muß ich schon woanders herkriegen, aber nicht in so einer Sendung, echt nicht." (Fall 17)* – *"Also, daß ich eigentlich da ja nur ein Statist war, das war mir ganz klar, und das hat mich auch erleichtert, weil ich mir dann die Sache angucken konnte. Ich war ja für nichts verantwortlich, ich mußte da ein paar Sätze von mir geben, und das war ja alles." (Fall 18)*
	Erleben des Moderators in der Vis-à-vis-Situation	– *"Da kam der Hans Meiser dann, und der ist ja wirklich so, wie er im Fernsehen ist, nett und natürlich, und auch so, er ist ja wohl ein paar Jahre nur älter als ich, auch so in dem Alter, und vor allen Dingen so natürlich. Wir sind so auf einer Ebene." (Fall 14)* – *"Weil, wenn man dann nachher da so in die Sendung kommt, dann tut der [Jürgen Fliege] so, als wenn er unheimlich viel Ahnung da hat, und das ist halt nicht der Fall. Alles aufgesetzt." (Fall 24)*
Folgen des Auftritts	Einstellung zu weiteren Auftritten	– *"Zu einem Thema, was mich wirklich interessieren würde, denke ich mir, würde ich das schon gerne machen." (Fall 7)* – *"Ich würde es wahrscheinlich tun, weil es mich interessiert, wie das so über die Bühne geht, obgleich, ich weiß jetzt schon viel, also, ja." (Fall 23)*

Auf Grundlage der Erarbeitung der typspezifischen Auswertungskategorien erfolgt die Darstellung der Ergebnisse in Kapitel 5.2. Dabei wird auf die theoretischen Ausführungen Bezug genommen und die Manifestation gesellschaftlicher Entwicklungen am konkreten Phänomen – dem TV- Auftritt unprominenter Personen – aufgezeigt. Die kollektiven Handlungsmuster, resultierend aus den unterschiedlichen Beweggründen zur Teilnahme an einer Fernsehsendung, werden mit Zitaten belegt und illustriert. Dabei werden teilweise auch Zitate verwendet, die aus Platzgründen oder weil sie nur im Zusammenhang verständlich sind nicht in den hier aufgeführten Tabellen zu finden sind. In einer abschließenden Zusammenfassung (vgl. Kapitel 6) werden die Typen zu komplexeren Handlungsfiguren verdichtet. Deren Zweck ist die Hervorhebung typen- und somit themenübergreifender Bedeutungsstrukturen kommunikativer Handlungsmuster. Diese treten, über die unterschiedlichen Thematiken hinaus, zutage und werden als grundlegende Bedürfnisse menschlicher Kommunikation verstanden, welche hier mit Hilfe des Auftritts realisiert werden sollten bzw. wurden.

4.3 Zusammenfassung: Zur Adäquatheit der Methode

Die Darstellung der Methode diente der Explizierung der Fragestellung in bezug auf den Forschungsgegenstand sowie der Begründung und Darlegung des gewählten Forschungsansatzes. Die Analyseschritte wurden festgelegt, die Auswahl der zu untersuchenden Sendungen bzw. der zu befragenden Personen getroffen und die Untersuchungseinheit – der TV-Auftritt unprominenter Personen – definiert. Der Fragestellung gemäß erfolgte die Analyse der Handlungseinheit sowohl aus psychologischer als auch aus soziologischer Perspektive. Den theoretischen Ausführungen folgend, war das Forschungsvorgehen dem interpretativen Paradigma verpflichtet. Dieser Umstand brachte zwingende methodologische Konsequenzen bei der Umsetzung der Fragestellung mit sich. Dementsprechend galt das Forschungsinteresse nicht der Ermittlung repräsentativer Verteilungen von Bedürfnislagen und Beweggründen im Zusammenhang mit der Handlung 'TV-Auftritt'. Vielmehr bezog sich das Forschungsinteresse zum einen auf die Frage nach den individuellen Sinnkonstruktionen der Teilnehmer und den daraus resultierenden Kommunikationsbedürfnissen im Auftritt, zum anderen auf die Bedeutung des Mediums als Institutionsäquivalent.

Diesen Ausführungen entsprechend wurde das Vorhaben im Rahmen eines qualitativen Forschungsansatzes als Einzelfallstudie realisiert. Die Wahl der Erhebungstechnik fiel auf das problemzentrierte Interview, welches ermöglicht, das Wirklichkeitsverständnis der Handelnden selbst in den Mittelpunkt zu stellen und den komplexen und prozessualen Kontextcharakter des Forschungsgegenstandes zu berücksichtigen. Die Verwendung des Leitfadens garantierte dabei eine möglichst hohe Vergleichbarkeit im Hinblick auf die sich anschließende soziologische Analyse, die Konstruktion kollektiver Typen. Die Auswahl der zu untersuchenden Formate sowie der zu befragenden Personen erfolgte nach dem Prinzip des 'theoretical samplings'. Zur umfassenden Betrachtung wurden alle im Untersuchungszeitraum ausgestrahlten und als für die mediale Intimisierung bedeutsamen 'intimen Formate' ausgewählt.

Datenerhebung und -erfassung sowie die Datenaufbereitung und das zwei Analyseschritte umfassende qualitative Auswertungsverfahren wurden detailliert geschildert. Sowohl zur Einzelfallrekonstruktion als auch zur Typenkonstruktion wurden umfangreiche Tabellen vorgelegt, die das Vorgehen bei der Kategorienbildung offenlegen. Die Darstellung der Methode erlaubt somit ein differenziertes Verständnis des Vorgehens, das in allen Analyseschritten nachvollzogen werden kann.

5 Ergebnisse

Im vorangegangenen Methodenkapitel wurden die Arbeitsschritte der Einzelfallrekonstruktion und der sich an diese anschließenden Typenkonstruktion ausführlich dargelegt. Es folgt nunmehr die Präsentation der Ergebnisse. Die Einzelfallrekonstruktion dient der Darstellung der psychologischen Forschungsperspektive und betont die ideographischen Aspekte des Untersuchungsgegenstandes (vgl. Kapitel 5.1). Die darauf folgende Typenkonstruktion behandelt den TV-Auftritt aus soziologischer Sicht und nimmt diesen als kollektives, gesellschaftlich konstituiertes und Gesellschaft konstituierendes Phänomen in den Blick (vgl. Kapitel 5.2). Um Wiederholungen zu vermeiden, erfolgt die Zusammenfassung der Ergebnisse nicht abschließend im vorliegenden Kapitel, sondern wird in Kapitel 6 im Rahmen der Gesamtzusammenfassung und Diskussion der vorliegenden Studie vorgelegt.

5.1 Einzelfallrekonstruktion

Wie aufgrund der Vorarbeiten zu erwarten war, bestätigte sich die Annahme, daß die im Rahmen der Einzelfallanalyse aufgefundenen Bedürfnis- bzw. Problemstrukturen sowie die daraus resultierenden Motive zum Auftritt sich teilweise erheblich voneinander unterscheiden. Demzufolge weisen einige der Befragten nur ein einziges Motiv als Beweggrund zum Auftritt auf, während bei anderen Interviewpartnern sehr komplexe Motivstrukturen mit bis zu fünf unterscheidbaren und in individueller Weise kombinierten Einzelmotiven aufgefunden wurden. Ähnliches gilt für die individuellen Bedürfnis- bzw. Problemlagen. Darüber hinaus können bei interindividuell übereinstimmenden Motiven unterschiedliche Kommunikationsebenen als relevant erachtet werden bzw. deren Ausformung unterschiedlicher Intensität sein, d.h. jeder Typus kann je nach individueller Motivkonstellation zentral oder sekundär sein. Der zentrale Beweggrund zur Teilnahme kann nicht aus der Rezeption des Beitrags, sondern erst im Interview erschlossen werden. Die gewählte Darstellungsform der Ergebnisse der Einzelfallanalyse in Form von zusammenfassenden Beschreibungen, die mit Zitaten belegt und illustriert werden, gewährleistet das Verständnis dieser ideographischen Aspekte in idealer Weise. zeigt die individuellen Motivkonstellationen im Überblick. Der zentrale Beweggrund wird hervorgehoben. Bei der Einzelfallbeschreibung wird die Motivkonstellation im Abschnitt 'Beweggründe' angegeben und der zentrale Beweggrund jeweils vorangestellt. Die Überschrift des Einzelfalles dient der Illustrierung des zentralen Motivs anhand eines Zitates der befragten Person.

Tabelle 5.1: Verhältnisse der im Einzelfall aufgefundenen Motivkonstellationen

	Verehrer Kontakt-anbahner	**Fernseh-Star**	**Patient**	**Ideologe**	**Propa-gandist**	**Anwalt**	**Rächer**	**Zaungast**
Fall 1	++							
Fall 2		++		+				
Fall 3	+	++						+
Fall 4	++		+					
Fall 5								++
Fall 6		++					+	
Fall 7								++
Fall 8			++					+
Fall 9			++					+
Fall 10			++	+				
Fall 11		+			++			
Fall 12		++						
Fall 13		+		+			++	
Fall 14				+			++	+
Fall 15		++				+	+	
Fall 16			++					+
Fall 17								++
Fall 18					++			
Fall 19		++	+	+				+
Fall 20				+	+		++	+
Fall 21		+			++			+
Fall 22		++			+			
Fall 23						++		
Fall 24		+					++	+
Fall 25				+	++			
Fall 26	+			++	+			+
Fall 27	++		+	+	+			+
Fall 28				+	++			
Fall 29			+	++				
Fall 30			+	++			+	+

++: zentrales Motiv, +: sekundäres Motiv bzw. Motive

5.1.1 Fall 1: Daß ich wirklich an die Öffentlichkeit damit gehe und ihm damit wirklich beweise, wie lieb ich ihn hab

Persönliche Situation, Bedürfnis- bzw. Problemlage

Für die 30jährige Hausfrau und Mutter ist die Familie als Institution von zentraler Bedeutung: *"Da ist jeder für jeden da, [Familie] ist ein Ort, an dem man sich zurücklehnen kann."* Um so schwerer traf es sie, als ihre Ehe scheiterte, die Familie auseinanderbrach und die Kinder, die weiterhin bei ihr lebten, ohne Vater aufwuchsen. Als sie ihren neuen Partner über eine von diesem im Radio lancierte Kontaktanzeige kennenlernte, *"kam direkt was irgendwie rüber."* Die beiden konnten sich *"super unterhalten"*, haben viel zusammen gelacht. Von Anfang an waren ihr Freund, ihre Kinder und sie *"einfach Familie pur."* Im Laufe des Zusammenlebens allerdings entstanden zunehmend Probleme, die vornehmlich daraus resultierten, daß die Frau ihren Partner immer um sich haben wollte und mit der Freiheit, die er für sich beanspruchte, nicht zurechtkam. Anfang des Jahres trennte er sich von ihr, der Kontakt war aber nie ganz abgerissen, und sie hatte immer wieder versucht, *"ihn zurückzuerobern"*, war aber *"immer wieder vor verschlossene Türen gerannt."*

Die Idee zum Auftritt bei 'Nur die Liebe zählt'

Die Teilnehmerin kannte die Beziehungsshow 'Nur die Liebe zählt' seit letztem Jahr und hatte seitdem praktisch jede Sendung gesehen. Die Begeisterung für die Show teilte sie mit ihrem Ex-Freund, denn die beiden hatten 'Nur die Liebe zählt' häufig gemeinsam gesehen und fanden es toll, *"was das Fernsehen sich so alles einfallen läßt, um wirklich Leute zusammenzuführen"* und *"daß es Leute gibt"*, die *"in der Öffentlichkeit den Partner zurückgewinnen wollen."* Nun saß die Frau abends alleine zu Hause und sah im Fernsehen den Aufruf zur Teilnahme. *"Und so bin ich eigentlich draufgekommen, weil ich wußte, daß mein Freund die Sendung auch gut findet und auch den Mut der Leute bewundert, die sich da melden. Und da habe ich gedacht, das ist irgendwo die letzte Chance, die du noch hast, wenn überhaupt."* Zudem wußte sie, daß ihr Ex-Freund *"auch irgendwo einer [ist], der aus seinen Tränen irgendwo auch keinen Hehl macht vor anderen."* Sie bewarb sich, und daraufhin wurde von den Machern *"der ganze Stein ins Rollen gebracht."* Die junge Frau wurde auf Herz und Nieren geprüft, mußte *"Leute irgendwo herschaffen"*, die die Glaubwürdigkeit ihrer Geschichte bestätigen konnten, um ihrer Betreuerin in der Redaktion zu beweisen, *"daß ich ihr keinen Bären aufbinde."* Die Redakteurin erzählte ihr, *"daß sie meinte, eine gewisse Art Men-*

schenkenntnis zu haben, um die Leute rauszufiltern, die hinkommen, um sich nur in Szene zu setzen; oder die, die hinkommen, die wirklich was wollen, denen es wirklich daran liegt, den Partner zurückzubekommen." Sie bestand die Prüfung: *"Dann kam der Anruf, ich bin angenommen."*

Beweggründe *(Typ: Verehrer)*

Bei der Teilnahme an der Show ging es der Befragten *"einzig und allein um die Sache." "Vielleicht ist das der Punkt, wo du ihn kriegen kannst und er sagt: 'Ich versuche es noch mal'"*, hatte sich die Befragte gedacht und wollte ihrem Liebesbekenntnis durch die Anwesenheit eines Millionenpublikums mehr Glaubwürdigkeit verleihen. Der Antrag mit Hilfe des Fernsehens war für sie *"der letzte Strohhalm, an den ich mich irgendwo geklammert habe"*, und wurde von der Frau als letzte Instanz gewertet, denn sie war bereit, den Ausgang ihres Appells – gleich ob positiv oder negativ – als endgültig zu akzeptieren: *"Wenn er wirklich sagt 'nein', dann ist er wirklich weg. Dann habe ich für mich die Gewißheit, er will absolut nichts mehr. So schwer es auch dann gewesen wäre, aber dann hätte ich es wirklich gewußt."*

Dreh und Auftritt

Für die nicht medienerprobte Teilnehmerin waren Dreh und Auftritt *"der Sprung ins kalte Wasser."* Diese außergewöhnliche Belastung machte sich in ihrer extremen Aufregung bemerkbar, es *"war so aufregend, und das Herz schlug hier oben raus."* Vor laufender Kamera hatte sie *"auf einmal einen riesengroßen Klops im Hals", "Knie wie Pudding"*, und *"mußte immer wieder von vorne anfangen." "Irgendwann blieb die Stimme weg, dann fing ich an zu heulen."* Die Macher hatten während der Dreharbeiten *"eine Engelsgeduld"* mit ihr. *"Die Leute helfen einem"*, und *"man brauchte nur 'piep' zu sagen, und schon war jemand da, der sich um einen gekümmert hat, auf die Schulter geklopft hat."* Für die Teilnehmerin sind die Leute vom Fernsehen *"wie eine riesengroße Familie [...], und da wird man also bombig drin aufgenommen. Man hat also nicht das Gefühl, man ist da jetzt, wie soll ich das erklären, irgendwo einer, der von der Materie überhaupt keine Ahnung hat. Sondern, die erklären das alles und was und wo und wie jetzt mit einem gemacht wird. Irgendwo war es toll."* Auch der Moderator Kai Pflaume hatte die Fähigkeit, *"einfach einem irgendwo das zu nehmen, daß er der Star schlechthin ist und du bist ein Nobody."* So hatte die junge Frau nicht das Gefühl, daß der Moderator *"wer weiß wer ist und du bist so ein kleines Licht"*, sondern fühlte sich mit ihrem Problem ernst genommen. Und auch mit den anderen Teilnehmern war es *"wirklich ein richtig bombiger Zusammenhalt."* Diese familiäre Atmosphäre erleichterte ihr die Umsetzung ihres Vorhabens. Das Liebesbekenntnis vor Zeugen zu inszenieren verlieh dem Gesagten nach Meinung der jungen Frau mehr Glaubwürdigkeit, und sie hatte mit ihrem Anliegen Erfolg, denn ihr Ex-Freund bekannte sich in der Sendung zu ihr: *"Ich nehm' wohl an, daß es für ihn irgendwo ein Beweis war, daß ich wirklich an die Öffentlichkeit damit gehe und ihm damit wirklich beweise, wie lieb ich ihn hab und wieviel mir wirklich an ihm liegt. [...] Daß ich wirklich vor allen Leuten dann sage: 'Ich will dich zurück, und ich liebe dich', wirklich keinen Hehl daraus mache, egal was. Ich nehme wohl an, daß das für ihn dieser 'Kick down' war."* Daß ihr Freund dabei seine intimsten Gefühle vor einem Millionenpublikum offenbarte, war ihr nicht peinlich: *"Daß ich mich oder er sich für die Sache da selbst geschämt hat, daß er da geheult hat, nee, überhaupt nicht. Für mich war es irgendwo nur 'ne Sache, daß ihn das unheimlich berührt hat."* Als sie nach der erfolgreichen Umsetzung ihres Antrages den Wink bekam, *"so, jetzt darfst du von der Couch aufstehen und dich nach oben verziehen, da war irgendwo doch ein riesengroßer Brocken gefallen."* Anschließend fühlte sich die Teilnehmerin *"wie ein Engelchen, unheimlich erleichtert und geschafft." "So etwas erlebt man kein zweites Mal."*

Folgen des Auftritts

Die junge Frau glaubt, daß die Show 'Nur die Liebe zählt' wirklich helfen kann, Menschen wieder zusammenzuführen, wenn diese *"ganz einfach den Mut aufzubringen und einfach an die Öffentlichkeit zu gehen, denn viele sitzen zu Hause im Kämmerlein und fließen dahin vor Selbstmitleid, und heulen und heulen und heulen. Weil sie vielleicht a keinen haben, mit dem sie reden können, b vielleicht nicht wollen. Und wenn man wirklich was will, dann denke ich, dann sollte man sowas auch tun."* Sie selbst würde in einer ähnlichen Situation durchaus noch einmal die Hilfe der Sendung in Anspruch nehmen und auch anderen Betroffenen zu diesem Schritt raten. Der zurückgewonnene Partner war von ihrem außergewöhnlichen Engagement begeistert und meinte, er hätte ihr einiges zugetraut, *"aber das beim besten Willen nicht."* Eine Woche lang war er vollkommen durcheinander, *"grinste sich einen und sagte, [...] das Kamerateam, was du da (..), das ist Wahnsinn irgendwo."* Anerkennung wurde ihr nicht nur vom Partner, sondern auch von Freunden und Bekannten zuteil. Beispielsweise rief ihre Ex-Schwägerin an und sagte: *"Was habe ich gehört, du bist ein Fernseh-Star?" "Hast du richtig gehört"*, war ihre Antwort. Beim Einkaufen wurde sie sogar von Fremden angesprochen, *"das war noch so lustig."* Beim Tanken zum Beispiel beobachteten sie zwei junge Männer: *"Und wie ich dann rauskam, tippte der eine mich auf die Schulter: 'Entschuldigung, kenne ich dich?' 'Nö', ich sage: 'Woher?' 'Kann das sein, daß du am Sonntag im Fernsehen warst?' 'Ja', ich sage: 'Das kann sein'.* Es war *"ein richtiger Schneeball, der dann ins Rollen kam"* und die Reaktionen waren durchweg positiv: *"Ja, aber auch im nachhinein, habe ich irgendwo nichts Negatives gehört, von dritten, vierten, fünften: 'Seid ihr bescheuert?' 'Wie kann man nur so was machen?' Nee, überhaupt nicht."*

Der Kontakt zur Redaktion blieb auch noch nach ihrem Auftritt bestehen, so fragte die zuständige Redakteurin nach, ob sich die beiden noch verstünden. *"Es ist also nicht so, daß ich jetzt das Gefühl hab, boms, es ist abgedreht und jetzt bist du irgend 'ne Nummer für die, nee."* Die Sendung, bei der ihrer Meinung nach *"besonders viel Herz rüberkam"*, hat sie auf Video aufgezeichnet. *"Das Band müßte eigentlich schon durchgewetzt sein. Es lief auch durch sämtliche Hände."* Die Aufzeichnung verleiht dem Ereignis dauerhaften Charakter: *"Die wird auch nie gelöscht, diese Kassette. Das ist einfach -, ja sowas ist unvergänglich."*

5.1.2 Fall 2: Ich liebe diese Öffentlichkeit, ich weiß nicht wieso, aber da fühle ich mich wohl

Persönliche Situation, Bedürfnis- bzw. Problemlage

Der 31jährige Mann schilderte persönliche Probleme in nahezu allen Lebensbereichen, so beispielsweise im Beruf. Er ist in der kaufmännischen Abteilung einer großen Firma tätig, fühlt sich jedoch in seinem Job nicht sicher, da ihm die für seine Tätigkeit erforderliche Ausbildung fehlt. Zwar holt er diese zur Zeit an der Abendschule nach, hat aber Bedenken, möglicherweise *"zu blöd"* zu sein, um die Abschlußprüfungen zu bestehen. In seinen Augen hat sich *"das ganze Berufsleben [...] so sehr geändert. Wenn die Firma einen loswerden will, dann wird sie ihn los, und wenn es mit Geld ist."* Überhaupt herrscht *"Korruption überall. Es fängt schon ganz unten an. Und das eine ist, wir sind also auf einem Weg in eine ganz ganz schlimme Zeit. Und das Allerschlimmste was daran ist, das zieht sich verdammt noch mal ins Privatleben mit rein. Und darum gibt es auch irgendwo keine vernünftige Partnerschaft mehr."* So ging auch seine eigene Ehe in die Brüche: *"Vor allem die Risse, die da hinterlassen werden, ich hab nach meiner Ehe, wo meine Frau mir laufengegangen ist mit einem anderen Kerl, habe ich zwei Jahre gebraucht, um das zu überwinden auch, mir ging es seelisch -, ich war auch echt auf dem Boden. [...] also wenn ich da Mut gehabt hätte, hätte ich mich am liebsten selbst umgebracht, muß ich ganz ehrlich sagen."* Nach und nach faßte er wieder Mut und ging eine neue Partnerschaft ein, aber auch diese scheiterte in einer Art und Weise, daß er *"wieder alles abgeben"*, wieder von vorne anfangen mußte. Nachdem er zweimal *"so richtig auf die Fresse gefallen"* war, lernte der Mann eine alleinerziehende Mutter mit zwei Kindern kennen, die ebenfalls geschieden war. Mit der neuen Familie verlebte er zunächst eine schöne Zeit und nahm die Kinder seiner Partnerin an, als wären es seine eigenen. Der Interviewpartner liebt Kinder, und um so schmerzlicher ist es für ihn, daß er selbst keine Kinder zeugen kann, da ihm laut ärztlicher Diagnose eine Zeugungsunfähigkeit attestiert wurde: *"Es brach für mich wirklich eine Welt zusammen, und mit ihr tut das weh eigentlich, daß ich keine eigenen Kinder habe."*

Nach und nach kamen auch in dieser Partnerschaft Probleme auf. Seine Freundin verstand nicht, daß er seine eigene Wohnung nicht aufgab, denn sie wollte ihn immer um sich haben. Er hingegen fühlte sich von ihr zunehmend eingeengt und in der Angst, einmal mehr *"den Stuhl vor die Tür gestellt"* zu bekommen, zog der Mann sich diesmal selbst zurück: *"Bevor dir das jetzt noch mal passiert, gehst du lieber selbst. [...] Dir passiert es nicht, daß dir noch mal einer sagt: 'So, jetzt guck zu, daß du Land gewinnst.'"* Dennoch hatte er die schönen Seiten des Familienlebens nicht ganz vergessen können: *"Lachen, Kinder, also die beiden Kinder, viel lachen, viel rumtoben, viele schöne Dinge, die wir zusammen gemacht und erlebt haben."* An manchen Tagen bereute er seine Entscheidung fast: *"Ich meine, ich müßte lügen, daß ich nicht manches Mal hier gesessen oder gelegen habe und drüber nachgedacht habe, Mensch, was machen denn wohl jetzt die Kinder oder auch der Hund oder so [...]. Aber ich habe mir immer gesagt, nein, du bleibst dabei, du hast gesagt, du machst es nicht, allein schon wegen der Kinder, und du bleibst auch dabei."* Er nahm sich vor, erst einmal sein eigenes Leben in Ordnung zu bringen, bevor er sich wieder auf eine andere Person einlassen wollte: *"Du hast dein eigenes Reich, dahin verziehst du dich jetzt, machst die Türe zu und bist für dich."*

Während er im Beziehungsleben den Rückzug antrat, sind die Verhaltensweisen und Erlebnisse, in denen der Interviewpartner sich selbst beschreibt, häufig davon geprägt, sich öffentlich zu exponieren. Zweimal nahm er als Gast in Quizsendungen im Fernsehen teil, er gibt Kontaktanzeigen im Radio auf und ist bei Konzerten seines Lieblingsmusikers Wolfgang Petri *"auch schon drei-, viermal zu dem auf die Bühne gegangen. Nimm' mir das Mikrophon und mach mit dem Halligalli."* In dieser Beziehung ist der junge Mann *"für jeglichen Spaß zu haben."* Auf der Bühne zu stehen erzeugt in ihm eine *"schöne Wärme"*, daher ist das Fernsehen für ihn auch *"ein Metier, wo ich eigentlich gerne gearbeitet hätte [...], so Sportreporter oder irgendwie sowas. Ich liebe diese Öffentlichkeit, ich weiß nicht wieso, aber da fühle ich mich wohl."*

Die Idee zum Auftritt bei 'Nur die Liebe zählt'
Als Zuschauer kannte der junge Mann die Sendung 'Nur die Liebe zählt' von Anfang an und teilte die Begeisterung für die Show mit seiner Ex-Freundin. Er guckt sich *"sowas gerne an"*, weil die Beziehungsshow einen Kontrast zum alltäglichen Leben darstellt: *"Die Zeit ist so schnellebig geworden"* und *"mit Geld kann man alles erreichen, und das ist traurig.""Für Gefühle ist heutzutage im Leben sehr wenig Platz."* Bei 'Nur die Liebe zählt' hingegen stehen *"keine immensen Preise im Vordergrund"*, da geht es *"um den Menschen."* Darum hat die Show in seinen Augen Vorbildcharakter: *"Und solche Sendungen, weiß ich nicht, die helfen einem [...] vielleicht mal wieder ein bißchen anders denken."* Einmal im Rahmen dieser Sendung auf der Bühne stehen zu dürfen war für den Interviewpartner *"wie ein Sechser im Lotto"*, denn *"erst mal muß man ja die Chance kriegen."* Diese Chance kam für den Mann überraschend, denn seine Ex-Freundin initiierte eine Videobotschaft, in der sie öffentlich ihre Liebe zu ihm bekannte, ihre Fehler eingestand und hoffte, ihn auf diese Weise zurückzugewinnen. Als das Kamerateam vor seiner Tür stand, war er *"gebügelt, da fielen mir wirklich erst mal die Schuppen vom Kopf."* Er dachte, *"das kann nicht wahr sein"*, *"Millionen Menschen in Deutschland und ausgerechnet bei dir steht er [der Moderator] vor der Tür."*

***Beweggründe** (Typ: Fernseh-Star – Ideologe)*
Die *"Chance"*, nach dem überraschenden Dreh an der Sendung teilnehmen zu dürfen, bot dem Mann eine weitere Möglichkeit, sich in der Öffentlichkeit zu präsentieren und dabei das *"wonnige"* Gefühl, diese *"schöne Wärme"* zu erleben. Die Aufmerksamkeit eines großen Publikums wollte er zudem zur Vermittlung seiner Lebensphilosophie einer harmonischeren Welt nutzen und hoffte, den Zuschauern als Vorbild dienen zu können: *"Man darf sich nie verschließen. Sobald sich einer der Partner verschließt, ist man auf dem Holzweg, auf dem verkehrten Weg. Und eigentlich finde ich dieses 'Sich-zeigen' an der Öffentlichkeit aus meiner Sicht eigentlich so, daß denen das erspart bleibt. Daß man vielleicht so eine Initialzündung bei manchen löst und denkt, meine*

Güte, du könntest bei deiner Freundin oder deiner Frau vielleicht auch mal wieder mit einer Kleinigkeit, auch wenn man Jahre zusammen ist, so ein richtiges Fünkchen erwecken und ihr einfach mal zeigen: 'Mensch, ich habe dich lieb.' Und darum finde ich das gut, daß man sowas an die Öffentlichkeit bringt.'"

Dreh und Auftritt

Der Teilnehmer genoß es, im Rahmen seines Auftritts bei 'Nur die Liebe zählt' einmal mehr im Mittelpunkt zu stehen: *"Das allerschönste Erlebnis da, das war für mich wirklich, ich konnte mich bewegen, wo ich wollte, es kamen immer Leute auf mich zu und sagten: 'Tag [Name des Interviewpartners] hey, hy [Name des Interviewpartners].' Und ich denke, ich sage: 'Tut mir leid, ich kenne euch nicht.' 'Ja, aber wir dich' oder so. Ich stand auf der Toilette oder so und habe echt gepinkelt, da kam einer rein und klopfte mir auf die Schulter: 'Ah [Name des Interviewpartners] alles klar?' Ich stand da, das kann nicht wirklich sein. Das war schon, war riesig der Tag, wirklich."* Am Tag der Aufzeichnung war er der Star, ohne die negativen Begleiterscheinungen des Ruhms ertragen zu müssen: *"Wenn man Boris Becker heißt, ja dann darfst du noch nicht mal schräg pinkeln [...], oder jetzt hier Franziska von Almsick oder so, dann darfst du nichts machen, [...] dann kennen die tausend, Milliarden von Leuten kennen dich oder so. Und dann genieße ich das auf einer Seite, daß das zwar 'ne Menschenmenge gesehen hat, ich aber nachher wieder in Vergessenheit gerate. Aber für einen Moment, für einen Bruchteil vielleicht so in der Öffentlichkeit stehe."*

Der Teilnehmer war fasziniert von dem Aufwand, der für ihn und seine Geschichte betrieben wurde: *"Was ich am allerschönsten fand, muß ich ganz ehrlich sagen, dann nachher, wo die uns eingeladen haben, wo wir dann dahin gekommen sind und wo ich erst mal gesehen habe, wieviele Leute an solch einer Sendung hängen. Das war für mich wirklich, also, das ging mir tagelang noch nach."* Die Verantwortlichen haben sich um ihn und seine Freundin *"rührend"* gekümmert. *"Das war riesig, das war also ein ganz, ganz toller Tag, und den Leuten, den möcht ich, ich hätt' denen am liebsten alle, wäre ich denen um den Hals gefallen und hätte denen ganz doll 'Danke' gesagt."* Für ihn sind das *"ganz tolle Menschen, gerade dieses Fernsehvolk."* Der junge Mann ist *"mit solchen Leuten verdammt gerne zusammen"*, *"weil [...] die dasselbe Ziel vertreten wie ich."* *"Klar ging es ihnen darum, eine tolle Sendung zu machen, aber trotzdem stand das Gefühl doch irgendwo im Vordergrund."* In dieser heilen Welt, in der jenseits der Bedrohungen des Alltags nicht Geld, sondern Gefühle zählen, fühlte sich der Teilnehmer *"unheimlich wohl und geborgen". "Uns liefen die Tränen, also, es war eine wahre Wonne. Ehrlich, es ging uns durch und durch, wir halten uns also an der Hand, und wir waren am Zittern und am Zittern und am Zittern, und das war wunderbar, echt toll."*

Das Verhalten sèiner Ex-Freundin, aus ihren Gefühlen in der Öffentlichkeit keinen Hehl zu machen und die Blöße einer Zurückweisung zu riskieren, hat für ihn Bekenntnischarakter. Es ist *"genauso wie mit einer Heirat, das wird ausgehangen, das kann jeder sehen, der und die wollen heiraten, das ist genauso was, wie wenn ich jetzt an die Öffentlichkeit gehe und sage: 'So ich bekenne mich dazu. Ich habe da Scheiße gebaut, ich will das aber noch mal mit dem probieren', und genauso, wie es halt in der Sendung ist, und ich vertrete meine Meinung vor einer Größe, vor einer Masse von Menschen."* Dieses außergewöhnliche Engagement mußte seiner Meinung nach belohnt werden: *"Ich war das auch nicht gewöhnt, daß auf einmal mal eine Frau so um mich kämpft. [...] darum hat sie eigentlich noch mal eine Chance verdient."* Vor laufender Kamera willigte er daher ein, die Beziehung zu ihr wieder aufzunehmen.

Folgen des Auftritts

Als am nächsten Tag das Radio bei ihm anrief, hat der Befragte wiederum *"keinen Moment gezögert, den Weg in die Öffentlichkeit zu gehen."* Er würde *"sofort so wieder reagieren, weil das ist, weiß ich nicht, ich finde das schön, wenn Menschen heutzutage Gefühle haben, Kriege und Ärger und Zank und Knaß gibt es genug auf der Welt."* Die Resonanz auf seinen Auftritt war groß und hat ihn in seiner Vision von einer harmonischeren Welt bestätigt:*"Es waren so viele Leute, die also wirklich auf einen zugekommen sind und haben gesagt: 'Hör mal, wir haben eure Sendung oder euer Ding da gesehen oder euren Clip, und das geht einfach unter die Haut' und so. Das fand ich toll."* Aber es gab nicht nur anerkennende Kommentare, sondern auch kritische Stimmen. Die einen sagten, sie würden so etwas nicht machen, die anderen guckten *"irgendwie so unverschämt weg."* Er hat für dieses Verhalten kein Verständnis und für Menschen, die über Gefühle nicht reden können, nur Mitleid übrig: *"'Ihr seid arm, ihr seid wirklich -, ihr tut mir leid oder was. Wenn ihr über eure Gefühle nicht wegkönnt oder nicht darüber sprechen könnt oder meint, das ist blöd oder so, dann wünsche ich euch viel Spaß in eurer Beziehung.'"*

5.1.3 Fall 3: Ich war schon immer der Typ, der sich gerne vor Massen zeigt

Persönliche Situation, Bedürfnis- bzw. Problemlage

Der 20jährige Gymnasiast beschreibt sich selbst als *"Profilneurotiker"* oder auch als *"Typ, der sich gerne vor Massen, vor Massen irgendwie zeigt."* Aus diesem Bedürfnis heraus sucht er immer wieder öffentliche Situationen auf: *"Ich sehe das gerne, daß ich im Mittelpunkt irgendwo stehe [...] zum Beispiel, einfach ein Beispiel aus der Schule. Wenn irgendwelche -, eine Schülervollversammlung ist und man stellt sich davor und redet ein paar Worte. Da steht man auch im Zentrum des Interesses. Und sowas genieße ich."* Die Exponierung der eigenen Person in der Öffentlichkeit ist für den Befragten *"ein schönes Gefühl einfach nur. Zu wissen, das kann eine x-beliebige Anzahl von Leuten sein, die einen da sieht, [...]. Und man selbst ist der Mittelpunkt, daß alle auf einen schauen. Und das können jetzt drei Leute sein, das kann auch nur einer sein. Wenn ich weiß, ich bin das Zentrum des Interesses."* Welche Rolle er spielt, wenn *"die Leute genau zu dem Zwecke da sind, um das zu hören, was ich sage"*, ist ihm *"völlig egal."* *"Da bin ich ganz wandelhaft."*

Zur Zeit war der junge Mann verliebt, zwar hatte ihm seine Angebetete *"oft gesagt, daß sie in näherer Zukunft keinen Freund haben möchte. [...] Und dann habe ich auch sehr zurückgesteckt, deswegen habe ich auch nichts weiter so unternommen."* Trotzdem blieb die Hoffnung, sie vielleicht doch noch erobern zu können: *"Und dann habe ich irgendwann gedacht, vielleicht bin ich nicht irgendwer, sondern bin vielleicht der, den sie dennoch akzeptiert, obwohl sie mir das gesagt, man denkt ja immer sowas, ich bin anders als die anderen und so weiter und sofort."*

Die Idee zum Auftritt bei 'Nur die Liebe zählt'

Der junge Mann wurde vor der Schule angesprochen. *"Die Redakteurin von 'Nur die Liebe zählt' stand vor dem Schultor und hatte Flugblätter verteilt und hat mich angesprochen, ob ich heimlich verliebt bin."* Als er bejahte, fragte sie ihn, *"ob ich da nicht Lust zu hätte, das zu machen und mit in die Sendung zu kommen. Und dann meinte ich: 'Ja, warum nicht'"*, obgleich er die Show gar nicht kannte. Der Gedanke, seiner Angebeteten auf diesem Wege einen Antrag zu machen, kam ihm erst in der Situation, und er gefiel ihm, denn er hatte mit seiner Bekannten einmal *"über solche Fernsehsendungen allgemein gesprochen, und da meinte sie auch so zu mir: 'Das finde ich total toll, wenn das jemand macht.'"* Er selbst beurteilte die Sendung, die er sich erst eine Woche vor seinem Auftritt im Fernsehen anschaute, zwar eher dahin gehend, daß es nur darum geht, *"Leute bloßzustellen, um praktisch die Zuschauer zu unterhalten, mit Sachen, die sie sonst nicht sehen."* Dennoch blieb er bei seinem Entschluß zur Teilnahme.

Beweggründe *(Typ: Fernseh-Star – Verehrer – Zaungast)*
"Ein ganz wichtiger Grund, spricht jetzt nicht gerade für mich, ich wollte mich immer mal gerne im Fernsehen sehen, das fand ich toll, daß das da auch geklappt hat." Mit seinem Anliegen im Fernsehen aufzutreten war für den Teilnehmer eine Möglichkeit, seine *"Profilneurose zu bestätigen"*, denn *"wo kann man besser im Mittelpunkt stehen als im Fernsehen?" "Einer der anderen Gründe war halt, daß ich der [Name der Freundin] das auch so beibringen wollte"*, zumal er wußte, daß ihr diese Art von Anträgen, in denen sich der Verehrer offen und ehrlich zu seiner Liebe bekennt, gefiel: *"Na gut, wenn sie das schön findet, soll sie das bekommen."* Die Aktion, mit der er um die junge Frau werben wollte, sollte seiner Vorstellung nach etwas Besonderes, *"groß Angelegtes werden, daß ich irgendwie an einem Bunjee-Seil zu ihr runterkomme oder aus dem Flugzeug mit einem Fallschirm abspringe und auf dem Fallschirm ganz groß steht: [Name der Freundin]."* Bei der Entscheidung, seine Gefühle für die junge Frau öffentlich zu machen, hatte er sich auf seine *"Menschenkenntnis verlassen und auf die eines Freundes, mit dem sie auch recht häufig über mich gesprochen hat, und die Resonanz, die da 'rüberkam, die ich aufgefangen habe, die war einfach nur positiv."* Neben dem *"Sinn und Zweck dieser Sendung selber, daß man halt seine Angebetete abbekommt"*, war es für ihn auch *"sehr, sehr wichtig"*, einmal zu erfahren, wie Fernsehen gemacht wird, *"sowas mal mitzuerleben, was da abgeht."*

Dreh und Auftritt
Der junge Mann war fasziniert von der Arbeit der Redaktion und dem Aufwand, der für die Inszenierung seines Antrages betrieben wurde: *"Dieser ganze Vorlauf, der vor so einer Sendung ist, da sind ja wahnsinnige Vorbereitungen nötig, um so eine kleine Aktion, die da im Endeffekt nur vier, fünf Sendeminuten ausmachen, sowas zu arrangieren."* Aus seinen Vorstellungen einer groß angelegten Aktion wurde jedoch nichts. Die Redaktion setzte eine weniger aufwendige Form des Antrags durch: *"Als die [Name der Redakteurin] meinte: 'Wir machen das nur mit einer Videobotschaft', da war ich schon ziemlich enttäuscht."* Dennoch willigte er ein, und die Dreharbeiten waren aus

seiner Sicht ein durchweg positives Erlebnis: *"Ich stand voll dahinter, mir hat das total viel Spaß gemacht. [...] Klasse, einfach nur Klasse."*

Am Tag der Ausstrahlung war er *"aufgeregt schon, ja, aber eher nicht aufgeregt, weil ich vors Fernsehen komme, sondern aufgeregt, weil ich nicht wußte, was [Name der Freundin] gesagt hat."* Als sein Auftritt an der Reihe war, *"fand ich es schrecklich, weil ich kam mir vor, als würde ich mir fast in die Hose machen, also ich war wahnsinnig aufgeregt, ich habe gezittert, bis kurz, bevor die Tür aufging, hatte ich eine Redakteurin neben mir stehen, die hatte meine Nerven die ganze Zeit versucht zu beruhigen. Als ich dann runterging, da dachte ich auch noch: oh Gott, was wird das, und habe dann versucht, möglichst mich auf das Gespräch mit dem Kai zu konzentrieren, und ich denke, das ist mir ganz gut gelungen."* Mit seinem Antrag hingegen hatte der junge Mann keinen Erfolg, denn seine Angebetete kam nicht in die Sendung: *"Ich kann meine Gefühle da kaum beschreiben, was ich da gedacht habe, weil ich war teilweise enttäuscht, teilweise war es - ja Enttäuschung, ich weiß nicht, da stürmen so viele Gefühle auf einen ein, das ist kaum zu beschreiben."* So fühlte er sich nach dem Auftritt *"ermattet, ziemlich ermattet, ich nur gedacht, ich will raus hier. [...] Ich will es einfach nur hinter mich lassen, ich wollte nicht, daß jetzt alle Leute zu mir ankommen und sagen: 'Ja, tut mir leid', wie das dann auch geschehen ist."* Schließlich entschied er sich, dennoch an der Party, die im Anschluß an die Sendung stattfand, teilzunehmen und bereute seinen Entschluß nicht: *"Also die Feier hat mir richtig gut gefallen."* So bewertet der junge Mann den Tag beim Fernsehen trotz seines Mißerfolges als ein schönes Erlebnis. Es war *"sehr interessant, das Ganze mitzuerleben"*, *"selbst mal bei so einer Aufzeichnung dabeigewesen zu sein."* Das lag besonders an dem harmonischen Miteinander: *"Die ganze Atmosphäre war unglaublich schön. Also, ich habe den Tag da genossen. Man wurde umwirtet, also man mußte nur mal sagen: 'Ich möchte gerne das und das haben.' Sofort, zack kam das, es mangelte wirklich an nichts. Außerdem waren die ganzen anderen Kandidaten, [...] auch alle da versammelt, und es war einfach eine wahnsinnig lockere Atmosphäre, weil wir haben uns alle ziemlich gut verstanden und haben uns auch mit den Betreuern da sehr gut verstanden, haben die ganze Zeit Scherze gemacht."* Die Fernsehleute begeisterten ihn, denn die sind *"einfach viel freundlicher, viel natürlicher."* Auch der Moderator Kai Pflaume hatte *"eine gute Ausstrahlung"*, war *"sehr positiv, sehr freundlich, sehr lebendig, sehr spontan"* und diese natürlichen und lockeren *"Umgangsformen"*, *"das mag ich auch sehr."*

Folgen des Auftritts

Der Auftritt des jungen Mannes hat sich so schnell herumgesprochen, *"ein Buschfeuer ist gar nichts dagegen."* Von Freunden und Bekannten, aber auch von Fremden wurde er angesprochen: *"'Hör mal, ich kenne dich, du warst doch im Fernsehen?'"* Zwar war er *"keine Berühmtheit in dem Sinne"*, aber *"zumindest für ein paar Tage, ein paar Wochen sogar"*, denn im Fernsehen aufzutreten bedeutet, prominent zu sein: *"Ich war im Fernsehen halt, ja in vielen Köpfen immer noch: 'boah, toll der ist eine Berühmtheit, im Fernsehen.' Wen kennen wir sonst aus dem Fernsehen? Götz George, was weiß ich was, dann wird man direkt im Kopf mit anderen Leuten verbunden, so habe ich das Gefühl. Weil es halt immer noch etwas Besonderes ist. Es ist nicht so, daß man jeden Tag ins Fernsehen kommt."*

Mit der jungen Frau, die seinen Liebesantrag in aller Öffentlichkeit zurückwies, traf sich der Teilnehmer noch am Tag der Ausstrahlung. Obwohl jene sich keine Beziehung mit ihm vorstellen konnte, war sie von seiner Idee begeistert: *"Sie fand es toll, sie fand die Idee selber toll, daß ich [...] mich so engagiere, daß ich auch eine Blöße praktisch riskiere und vors Fernsehen gehe."* Ähnlich haben die meisten Leute reagiert und seinen Antrag über das Fernsehen als *"toll"* und *"mutig"* bezeichnet. Seine Mutter *"fand es witzig"* und *"war stolz auf ihren Sohn."* Insgesamt beurteilt der junge Mann seine Teilnahme aufgrund dieser Resonanz als Erfolg: *"Also im nachhinein, wenn ich das jetzt aus der Distanz betrachte, aus der Distanz von zwei, drei Monaten, also aus der Distanz, sage ich, war es durchweg positiv. Gerade wegen der Reaktion der anderen Leute."* Negative Kommentare kamen nur von denen, *"die allgemein alles, was über 'Hallo' sagen drüber weggeht, [...] peinlich finden, [die] fanden das natürlich peinlich, aber auf die Meinung der Leute kommt es mir überhaupt nicht an."*

Die Videoaufzeichnung, die er selbst *"mittlerweile bestimmt zwei Dutzend Male gesehen"* hat, beurteilte er dahin gehend, *"daß ich da unheimlich Selbstsicherheit ausgestrahlt habe."* Er könnte sich daher auch vorstellen, professionell ins Fernsehgeschäft einzusteigen: *"Also, ich hatte mir auch selbst schon mal für mich überlegt, daß ich sowas in der Richtung gerne mal machen möchte."* Am liebsten würde er *"in einer Daily Soap oder sowas mitspielen als Nebenrolle, würde ich wahnsinnig gerne machen."* Auch Redakteur wäre ein interessanter Beruf *"oder auch vielleicht ein bißchen höher hinaus, daß ich irgendwo [im] Management von so einer, von einer Fernsehanstalt oder von einer Produktionsfirma wie Endemol, daß ich da sitze. Das würde mir wahnsinnig Spaß machen."* Was er am Fernsehgeschäft *"unwahrscheinlich schön"* findet, ist *"dieses Lebendige, dieses ständig Neue, diese täglichen Herausforderungen"*, denn *"so eine Fernsehproduktionsfirma wird niemals in einen täglichen Trott verfallen [...] im Sinne von langweiligen Arbeiten."*

5.1.4 Fall 4: Wenn du dich so schon nicht traust, es ihm persönlich zu sagen, dann mach' es halt übers Fernsehen

Persönliche Situation, Bedürfnis- bzw. Problemlage

Die 15jährige Gymnasiastin beschreibt sich selbst als *"lockeren Typ"*, der normalerweise keine Probleme hat, auf Menschen zuzugehen. Anders sieht es aus, wenn sie verliebt ist, und in der Zeit vor dem Auftritt war sie *"verdammt verknallt"* in einen Jungen aus ihrer Schule: *"Wenn ich dann vor einem stehe, in den ich verknallt bin, [...] dann stehe ich da mit Maulsperre, [...] in der Beziehung bin ich echt schüchtern, aber sonst eigentlich wirklich nicht."*

Die Idee zum Auftritt bei 'Nur die Liebe zählt'

Die Teilnehmerin hatte die Sendung 'Nur die Liebe zählt' schon vor ihrem Auftritt ein paarmal gesehen,, und ihr gefällt die Show zum einen *"wegen Kai Pflaume"*, denn der *"ist sehr nett"*, zum anderen, *"weil da kriegt man halt die ganzen Erfahrungen von den Leuten mit."* So kannte die Schülerin auch die 'Nur die Liebe zählt'-Love Box[17], an der sie zufälligerweise vorbeikam, als sie eines Tages mit ihren Freundinnen in der Stadt unterwegs war. Ihre Freundinnen wußten, daß sie verliebt war, und kannten auch ihre Hemmungen Jungen gegenüber. Sie forderten die junge Frau daher auf, dem Mitschüler ihre Liebe mit Hilfe des Mediums zu offenbaren: *"Ja, wenn du dich so schon nicht traust, dann mach' doch einfach so, also dann mußt du es ihm nicht persönlich sagen, dann mach' es halt übers Fernsehen."* Als sie sich anstellte, um ihre Botschaft aufzeichnen zu lassen, wurden die Macher auf sie aufmerksam: *"Da haben sie mich dann angesprochen, was ich für ein Statement hätte. Dann habe ich ihnen das halt alles erzählt, und dann haben sie mir gesagt: 'Ja, du wärst ein Fall für die Sendung', halt als Kandidat."* Die junge Frau dachte nicht lange nach: *"In so einer Situation, das ist bei mir dann immer halt alles spontan, dann sage ich halt zu allem so ja und amen."* Wenn ihr vorher je-

[17] Diese Einrichtung bietet Verliebten die Möglichkeit, dem bzw. der Angebeteten mit Hilfe des Mediums eine Nachricht zu übermitteln, die in der folgenden Sendung ausgestrahlt wird.

mand erzählt hätte, daß sie ins Fernsehen kommen würde, dem hätte sie *"wahrscheinlich den Vogel gezeigt."*

***Beweggründe** (Typ: Verehrer – Patient)*
"Wenn man so verknallt ist", sagt die Schülerin, *"dann hat man ja manchmal echt das Gefühl, da ist man so happy, da könnte man das in die ganze Welt rausschreien, ist ja auch so eine Redensart." "Nur wegen dem Jungen"* willigte sie daher zur Teilnahme an der Sendung ein. Bezüglich ihrer Hemmungen kam ihr der öffentliche Antrag insofern entgegen, als *"daß ich mich erst dann wirklich getraut habe"*, denn im Gegensatz zur Vis-à-vis-Situation schafft das Medium durch die fehlende Unmittelbarkeit möglicher Reaktionen eine gewisse Distanz: *"Fernsehen find ich nicht halb so schlimm, wie einen Jungen anzusprechen."*

Dreh und Auftritt
Während der Dreharbeiten und in der Auftrittssituation war die Schülerin *"natürlich verdammt aufgeregt."* Hilfestellung erhielt sie in dieser nervenaufreibenden Situation von den Machern, die sie mit ihrem Anliegen ernstnahmen: *"Die haben sich halt [...] ziemlich sehr um mich gekümmert, weil ich ja sozusagen das Nesthäkchen war, war die jüngste, was ich auch ganz toll fand, die haben mich nicht so halt als kleines Kind so abgestempelt, sondern die haben sich auch wirklich halt -, so haben sich gefreut, daß ich da überhaupt mitmache und so."* Der Moderator half ihr im Gespräch vor der Kamera, denn er hatte *"so eine beruhigende Art, wenn man auf der Couch sitzt [...], und dann guckt er einem tief in die Augen, und dann antwortet man nur noch auf seine Fragen."* Das nahm ihr ein wenig die Aufregung darüber, wie ihr Vorhaben ausgehen mochte: *"Ich wußte ja nicht genau, also, bis in dem Moment, wo er halt selber die Treppe runtergekommen ist, ob er jetzt kommt oder nicht. [...] hätte ja sein können, daß er halt nein sagt und nicht gekommen wäre, dann hätte ich alleine gesessen."* Der Antrag in Form einer Videobotschaft ermöglichte es ihr, dem Jungen ihre Liebe *"nicht persönlich"* gestehen zu müssen und ihre in Vis-à-vis-Situationen häufig auftretende Schüchternheit durch die mediale Anonymität umgehen zu können. Der Junge enttäuschte sie nicht und kam in die Sendung. Erfolg hatte die Teilnehmerin aber nicht nur bei ihrem Mitschüler, sondern auch bei den Machern, die ihr während der Dreharbeiten eine Praktikumsstelle anboten. Das freute sie, denn das *"Fernsehflair, halt mit den ganzen Kameras, die Aufregung, und, also alles zusammen halt"* beeindruckte die Schülerin sehr. Dennoch beurteilte sie die Atmo-

sphäre beim Fernsehen nicht nur positiv: *"Manchmal war das ein bißchen übertrieben, halt so, 'oh Gott' wie süß' und 'wie schnuffig', und diese ganze Knutscherei und so [...] und alle sind immer nur gut drauf, wenn da mal einer nur Probleme hat oder so, das kann er halt nicht zeigen, weil, das fand ich irgendwie nicht so toll."*

Folgen des Auftritts
Tatsächlich entwickelte sich eine Beziehung zwischen der Schülerin und ihrem Mitschüler, die aber nicht lange hielt. Nach ein paar Wochen stellten die beiden fest, daß sie nicht zueinander paßten, weil sie *"total verschieden sind"*, und trennten sich wieder. Darüber hinaus bescherte der Auftritt der Schülerin eine große *"Popularität":* In der Schule gab es viel Trubel, und die meisten fanden es gut, daß sie den *"Mut"* hatte, mit ihrem Anliegen ins Fernsehen zu gehen. Auch ihre Eltern, die sie bei ihrem Vorhaben unterstützt hatten, waren begeistert, und ihr Vater *"fand [...] das wirklich auch toll, daß seine Tochter im Fernsehen war"* und ist *"vor Stolz geplatzt."* Negativ haben nur die reagiert, die eine *"negative Grundeinstellung"* zum Fernsehen haben. Einige meinten, sie habe sich *"komplett blamiert, das waren aber nur zwei oder drei, [...] und die sind auch nicht gerade, ehrlich gesagt, meine besten Freundinnen."* Die meisten *"wollten mich halt nur ein bißchen verarschen oder auf den Arm nehmen halt so, auch wenn es halt negativer Kommentar im eigentlichen nicht war. Also ich denke mal, die fanden das irgendwie alle -, weil ich mein-, ist ja auch unsere Schule populär geworden, einige waren ja auch im Fernsehen durch den ganzen Menschenauflauf, und so, waren sie natürlich auch stolz drauf dann. Auf jeden Fall eigentlich mehr positiv."* Die Reaktionen beschränkten sich nicht nur auf das nähere Umfeld, auch von Fremden auf der Straße wurde das Paar erkannt: *"Wir liefen halt durch [...] die Innenstadt, und jeder Zweite guckte erst mal, dann guckte er noch mal, riß die Augen auf, und: 'Das sind die vom Fernsehen, vom Fernsehen.' Wir sind nur noch mit der Jacke überm Kopf rumgelaufen."* Die junge Frau genoß den kurzzeitigen Starruhm: *"Also, ich finde das halt witzig, wenn man dann auf der Straße von wildfremden Leuten angesprochen [wird]: 'Ich habe dich im Fernsehen gesehen.' Und: 'Du bist doch die von 'Nur die Liebe zählt'?'" "Ist auch ganz lustig, wenn einen jeder [...] erkennt."*

Nach ihren Erfahrungen bei den Dreharbeiten überlegt die Schülerin, ob sie die ihr angebotene Praktikumsstelle annehmen, da *"mal reinschnuppern"* soll. *"Ich fand das wirklich toll, weil das ganze Arbeitsklima da war total super, man kommt immer mit neuen Leuten zusammen, auch mit netten Jungs, ich meine, man wäre dann ja direkt beim Fernsehen."* Sie könnte sich vorstellen, Talk-Show-Moderatorin zu werden oder in einer Soap Opera mitzuspielen. Aber *"bestürmt"* oder *"schlimm belagert"* werden, die Konsequenzen des Prominentendaseins tragen und ihr Privatleben aufgeben will sie nicht: *"Also halt wirklich nur mal so, ach die dahinten und dann wieder vergessen."* Nach den Erlebnissen hat sie allerdings auch Bedenken in bezug auf die langen Arbeitszeiten, denn Fernsehen ist ihrer Meinung nach ein ziemlich harter Job: *"Ich stelle mir auch schon vor, daß das stressig sein kann."*

5.1.5 Fall 5: Fernsehen mal angucken ist bestimmt ganz lustig

Persönliche Situation, Bedürfnis- bzw. Problemlage

Der 16jährige Gymnasiast, der sich selbst als *"Spaßvogel"* beschreibt und *"für vieles zu haben"* ist, schilderte im Gespräch kaum private Belange. So hat er zur Zeit noch keine Berufswünsche, denn vor ihm liegen *"noch zweieinhalb Jahre Schule und dann Bund oder Zivildienst, wahrscheinlich Zivildienst, und dann kann ich ja noch studieren, aber ich weiß noch nicht was, aber es kommt schon noch."* Gegenüber dem Medium nimmt er eine ablehnende Haltung ein, guckt selbst *"immer weniger Fernsehen"*, wenn überhaupt interessiert er sich für Sport und Reportagen oder Talk-Shows wie 'Talk im Turm' mit kritischen Themen wie beispielsweise 'Scientology', *"all solche Sachen."*

Die Idee zum Auftritt bei 'Nur die Liebe zählt'

Der Schüler kannte die Sendung 'Nur die Liebe zählt' nur von Trailern her und hatte sie bisher nie gesehen, weil ihn solche Art von Sendungen *"so richtig nicht"* interessiert. Zur Teilnahme an der Show wurde er von einer Mitschülerin überrascht, die für ihn eine Videobotschaft aufgenommen hatte, in der sie ihm ihre Liebe gestand. Als der junge Mann aus der Schule kam, stand das Kamerateam mit dem 'Nur die Liebe zählt'-Caravan auf dem Vorplatz, und der Moderator machte ihn zwischen den anderen Schülern ausfindig. *"Also, auf dem Vorplatz hat er so gefragt, also: 'Wir suchen einen Jungen, älter als fünfzehn, jünger als achtzehn, größer als 1,50, kleiner als 1,70' u.s.w. Und ich habe dann immer aus Spaß gesagt: 'Ich bin es sowieso.'"* Tatsächlich hatte der Schüler mit seiner Vorahnung Recht und war derjenige, der von Kai Pflaume gesucht wurde. Gemeinsam mit dem Moderator schaute er sich die Videobotschaft an und willigte ein, an der Sendung teilzunehmen.

***Beweggründe** (Typ: Zaungast)*

Zwar spielte der Antrag seiner Mitschülerin bei der Entscheidung des Schülers, an der Sendung teilzunehmen, insofern eine Rolle, daß, *"wenn ich sie gekannt hätte und gewußt hätte, daß ich sie nicht so nett finde oder so, wäre ich auch nicht gegangen, aber so, da ich sie nicht kannte, habe ich mir gedacht, kannst ja nichts verlieren und Fernsehen mal angucken ist bestimmt ganz lustig."* Daher nahm er *"eher wegen Fernsehen"* an der Aufzeichnung teil. Das Interesse an einer Beziehung mit seiner Mitschülerin dagegen stand im Hintergrund. *"Das habe ich auf mich zukommen lassen, das war mir nicht egal, aber hatte ich keine Ahnung von. Und mir war ganz recht, daß dann erst mal sechs Wochen Ferien war, habe ich gedacht, du kannst erst mal gucken, was sich ergibt oder nicht."*

Dreh und Auftritt

Nachdem der Moderator den jungen Mann ausfindig gemacht hatte, guckten die beiden sich im 'Nur die Liebe zählt'-Caravan die Videobotschaft des Mädchens an. Obwohl die Kamera seine Reaktionen aus nächster Nähe festhielt, fühlte sich der junge Mann nicht beklemmt, *"eher so, ach oh Gott, was soll das denn jetzt, weil da habe ich gar nicht mit gerechnet."* Daß die Mitschülerin sich ihm mit Hilfe des Fernsehens offenbarte, fand er *"eigentlich nicht so gut."* In der Videobotschaft hatte sie gesagt, daß sie sehr schüchtern ist: *"Das fand ich auch komisch, das fiel mir direkt auf. Daß man dann zum Fernsehen geht, das konnte ich gar nicht verstehen." "Wenn man das so nicht schafft, dann ist das irgendwie, ja nicht Armutszeugnis, das ist jetzt was hart, aber irgendwie sollte man das schon schaffen oder vielleicht dann lieber über eine Freundin oder sonst irgendwas, aber nicht übers Fernsehen."* Dennoch beurteilte er ihren Antrag als *"mutig und auch originell, aber ein bißchen übertrieben"*, da er sie *"nur vom Sehen"* kannte.

Die notwendigen Vorbereitungen für die Sendung wurden getroffen, und der Tag der Aufzeichnung rückte immer näher. Die Redakteurin, die ihn während der Dreharbeiten betreute, entsprach für den jungen Mann *"voll dem Klischee von einer Fernsehfrau. Also, so irgendein Tigerkleid und total hibbelich, und dann kam irgend jemand rein, hat Essen gebracht: 'Danke Schätzchen' und 'Echt süß von dir' und nur so rumgesäuselt. Also, ich habe mich zeitweise richtig kaputtgelacht."* Dann kam *"der schrecklichste Augenblick"*, sein Auftritt. *"Bis dahin war ich eigentlich ziemlich ruhig und alles ganz lustig, aber wenn man dann da oben steht und denkt, uh, jetzt die Treppe runter, bloß nicht fallen, von hinten sieht man nur das Sperrholz, und das sieht alles gar nicht so toll aus, aber auf dem Monitor das Studio, alles bunt und leuchtend, und das Publikum, was dann animiert wird zu klatschen und so."* Die Aufregung legte sich bald: *"Also, als ich die Treppe unten war, war es okay. [...] das ging dann eigentlich alles."* Ein bißchen nervös war er schon:*"Man weiß schon, daß man jetzt natürlich aufgezeichnet wird und daß das morgen, was weiß ich, vier Millionen gucken, aber wenn man nicht gerade daran denkt, dann geht das eigentlich."* Die Fragen, die der Moderator dem jungen Mann stellte, *"waren alle ziemlich belanglos, aber in so einer Sendung gehört das ja auch ein bißchen dazu, [...] da kann man ja auch nicht viel andere Fragen stellen."* Kai Pflaume wirkte auf ihn *"ganz nett"*, aber *"eigentlich ein bißchen zu schön und so ein bißchen, ja, nicht arrogant, aber manchmal guckt er doch so ein bißchen auf die Leute runter, auch wenn er dann diese nette Masche macht und verständnisvoll, aber er führt sie ja doch schon vor."* Nach dem Auftritt fühlte er sich *"natürlich erst mal ein bißchen erleichtert, auch daß es vorbei ist, [...] und dann war da nachher noch die Feier in dem Büro oben, ist ja wohl immer, und dann noch was gegessen und geredet, aber das war's dann auch schon."* Von den Machern erhielt der Teilnehmer anerkennende Kommentare, er sei *"locker"* gewesen, habe seinen Auftritt *"sehr gut"* und *"wunderbar"* absolviert. Alles in allem war es *"ein lustiger Tag."*

Folgen des Auftritts

Am Tag der Ausstrahlung schaute sich der Befragte die Sendung mit seiner Mutter und seiner Großtante an. *"Die haben sich -, also meine Mutter war ja auch schon bei der Aufzeichnung dabei, und die lacht sich immer noch kaputt, die hat das jetzt noch mal geguckt, und meine Großtante fand das auch okay. [...] Ich weiß nicht, also die [Mutter] findet das einfach lustig, ich glaube, die wäre auch selber gerne mal im Fernsehen."* Er selbst hingegen betrachtete die Sendung eher kritisch, für ihn ist 'Nur die Liebe zählt' *"ziemlicher Blödsinn"*, *"leicht trivial und seicht."* Über die anderen Beiträge hat er sich *"kaputtgelacht"*, denn die Schicksale, die in der Sendung gezeigt wurden, wirkten auf ihn zwar *"nicht lächerlich, aber komisch. Also, man kann sich da eher drüber amüsieren, als da richtig mitfühlen."* Obwohl die Sendung nicht vorgibt, Leute vorzuführen, passiert dies nach Meinung des Teilnehmers bei 'Nur die Liebe zählt' auf eine wenig *"humoristische"* Art, und die meisten Teilnehmer *"kapieren das nicht so."* *"Eine Spur stärker, und es wäre schon fast eine Satire."*

Die Resonanz in der Schule war *"größtenteils positiv."* Die Mitschüler fanden *"es eigentlich alle ganz lustig."* Die meisten meinten, er hätte sich nicht blamiert, sondern *"gut verkauft."* Es gab auch kritische Stimmen, aber die *"muß man ja auch akzeptieren, wenn manche es nicht gut finden [...]. Und manche haben auch gar nichts gesagt, aber irgendwann kam dann doch bei allen die Neugier raus: 'Jetzt erzähl mal' und so."* Es hat ihn überrascht, daß so viele Leute die Sendung sehen, *"also ich wußte zwar, daß ein paar Millionen Einschaltquoten -, aber daß das so viele sind. In K. im Cinedom, die haben nie direkt gesagt: 'Ah die', sondern immer nur erst der kurze Blick, dann noch mal nachgeguckt und dann das Getuschel, weil die treten ja dann meistens in Gruppen auf. Mehr eigentlich nicht. Und vielleicht auch gelacht."* Für eine gewisse Zeit im Mittelpunkt des Interesses zu stehen hatte für den Befragten zwei Seiten: *"Sicher, ich denke schon, daß man das irgendwie toll findet, daß man so von allen erkannt wird und vielleicht darüber geredet wird, aber wenn dann jeder wieder mit der gleichen Story kommt: 'Oh, ich habe dich gesehen' und 'Das war lustig', und 'Ich habe mich ja kaputtgelacht' und so, dann nervt es irgendwann auch schon."* Dennoch könnte sich der Schüler durchaus vorstellen, noch einmal im Fernsehen aufzutreten: *"Muß interessant sein, kommt auf die Gäste an."* Die Medienbranche wäre prinzipiell auch ein berufliches Betätigungsfeld für ihn, allerdings betrachtet er die möglichen Berufsfelder nach seinen Erfahrungen während der Aufzeichnung durchaus differenziert: *"Kommt drauf an, als was. Wenn ich so sehe, also Kandidaten betreuen [...] ist gar nicht schlecht. Aber ich würde keine Lust haben, das jede Woche zu machen, weil ich schätze mal, können auch ganz schöne Idioten dabei sein oder sonst was. Und Kabelhilfe und so hätte ich auch keinen Bock drauf, da so Lakai zu sein. Irgendwie vom Kameramann angeschissen zu werden oder vom Regisseur, der war dann auch mies drauf [...]. Nur rumgemosert, und alles muß schnell gehen und hektisch. Nee, also wenn schon, also Moderator auch nicht unbedingt. [...] Weil dann, nee, das wäre zuviel Rummel, außer es ergibt sich. Aber bis man da ist, da muß man ja, schätze ich auch, ziemlich viel sich hocharbeiten oder sonst was tun. [...] Also, Regisseur zum Beispiel finde ich nicht schlecht, Kameramann selber ist auch nicht schlecht, aber ewig Kameramann zu sein, stelle ich mir auch blöd vor."* Dem Schüler ist eine längerfristige *"Perspektive"* wichtig. *"Ich stelle es mir nicht so gut vor, da ohne irgendeine Ausbildung einfach hinzugehen und sagen: 'Hey ihr, ich will hier ein bißchen helfen', sondern vielleicht, was weiß ich, Lehre oder Ausbildung da auch machen und dann auch mit einem Ziel, weiter zu arbeiten."*

Mit dem Mädchen, mit dem er durch die Sendung zusammenkam, hat sich letztlich doch keine dauerhafte Beziehung entwickelt, schon nach wenigen Wochen trennten die beiden sich wieder. Nach der ersten Verabredung zum Kino besuchte der Schüler das Mädchen zu Hause: *"Und dann kam erst mal der Schock fürs Leben, als ich in das Zimmer trat, weil 'Take That'-Poster und nur 'Take That' und was weiß ich, knackige Jungs aus 'Mädchen' und so, wo ich es gar nicht mit habe, und 'Bravo' verstreut, na ja, und dann war sie in Urlaub und dann ich, dann war ich noch einmal da und dann habe ich gedacht, nee, geht nicht."*

5.1.6 Fall 6: Die Chance auf das Extravagante

Persönliche Situation, Bedürfnis- bzw. Problemlage

Der 23jährige Interviewpartner hat zu seinen Eltern und Verwandten kaum noch Kontakt. Man *"trifft sich auf Familienfesten mal so zwischendurch"*, da seine *"Familie ziemlich zerrüttet ist."* Nach der Trennung seiner Eltern mußte er aus dem Elternhaus ausziehen und wechselte daraufhin mehrfach den Wohnort, zog zwischenzeitlich zu einer Freundin, aber *"sechs Wochen später hat sie mich vor die Tür gesetzt."* Dann *"hatte [er] die Möglichkeit entweder auf irgendeiner Parkbank in D. oder ins Sauerland"*, wo er heute alleine wohnt. Neben den familiären sind auch partnerschaftliche Beziehungen für den jungen Mann bisher eher enttäuschend verlaufen. So war er mit zwei Frauen liiert, die ihm untreu wurden, ließ sich aber auf diese – auch nachdem er davon erfahren hatte – immer wieder ein, in der Hoffnung, noch einmal von vorne anfangen zu können. Diese Versuche mißglückten in beiden Fällen, und insbesondere nach der Trennung von seiner ersten Freundin hatte der junge Mann Probleme mit übermäßigem Alkoholkonsum.

Auch beruflich boten sich ihm bisher wenig Perspektiven. Als gelernter Bürokaufmann wollte er *"in den kaufmännischen Bereich auf jeden Fall, weil das ist etwas, das liegt mir einfach."* Allerdings wurde er nach seiner Lehre von seinem Arbeitgeber nicht übernommen, hatte *"wenig Berufserfahrung im kaufmännischen Bereich, und da ist es unheimlich schwer reinzukommen."* Aufgrund seiner häufigen Wohnortswechsel mußte er sich immer neue Arbeit suchen und übte infolgedessen verschiedenste Tätigkeiten aus. Er kellnerte, arbeitete im Büro und im Baugewerbe. Heute verdient er sein Geld als Organisator von Konzerten, kann aber von diesen Einkünften nicht leben, so daß er zusätzlich als Kraftfahrer arbeiten muß. Ein Job, der ihm besonders gut gefallen würde, wäre der des Fernsehmoderators. In so einem Beruf ist man *"der*

Mittelpunkt der Sendung, sowieso. Irgendwo hat man die Leitfunktion für die Zuschauer, man leitet die Zuschauer durch das entsprechende Programm." Diese Rolle würde dem jungen Mann gefallen, denn die Aufmerksamkeit anderer für seine Person ist ihm ein zentrales Bedürfnis: *"Ich stehe gerne im Mittelpunkt."* Als Schlagzeuger einer Band hat er diese Erfahrung bereits vor einem großen Publikum gemacht.

Die Idee zum Auftritt bei 'Ilona Christen'

Der Befragte kannte die Sendung 'Ilona Christen' schon seit längerem, sieht Talk-Shows aber insgesamt *"seltener, wenn sie gerade dran sind, wenn ich nachmittags zu Hause bin und sie sind gerade dran, dann gucke ich rein. Ist aber auch themenabhängig."* Eines Tages saß er zu Hause und las eine *"Anzeigenzeitung, es vergeht keine Woche, wo ich die nicht habe. Irgendwo findet man immer ein Schnäppchen da drin. Und habe ich so durchgeblättert, und hinten drin war dann eine Anzeige, [Titel der Sendung: 'Sex mit dem Ex-Partner'][18]. Wer zu diesem Thema was erzählen kann, rufen sie an, Telefonnummer Köln."* Aus der Anzeige wurde zwar ersichtlich, daß es sich um eine Fernsehsendung handelte, nicht aber um welche. *"Daraufhin habe ich angerufen, [...] und habe meine Geschichte da erzählt, dann haben die zwei Tage später noch mal angerufen, habe ich meine Geschichte noch mal erzählt, dann kam ich in eine nähere Auswahl, mußte dann meine Geschichte noch mal erzählen."* Nach mehreren Telefonaten *"wurde der Vertrag zugeschickt, bin ich hingefahren, und das war's."*

Beweggründe *(Typ: Fernseh-Star – Rächer)*

Der junge Mann bezeichnete das Bedürfnis, sich und seine Geschichte öffentlich darzustellen, als *"eine Art Exhibitionismus"*, welcher aufgrund der medialen Kommunikationssituation weitaus mehr Publikum zuläßt, als es in alltäglichen Situationen möglich ist: *"Ich denke mal, jeder Mensch mag es, im Mittelpunkt zu stehen, ja, und da stehe ich nicht nur im Mittelpunkt in dem Moment, von meinem Bekanntenkreis, sondern im Mittelpunkt von, ich weiß nicht, wie viele Millionen gucken das am Tag."* Zwar treten jeden Tag viele Leute in Talk-Shows auf, *"aber auf die Masse gesehen, sind es immer noch wenige"*, und somit ist ein Fernsehauftritt immer noch etwas Besonderes, eben *"die Chance auf das Extravagante."* Das Thema der Sendung – 'Sex mit dem

[18] Der Titel wird aus Gründen der Anonymisierung der Befragten nicht im Wortlaut, sondern nur dem Sinngehalt entsprechend wiedergegeben.

Ex-Partner' – *"bot sich an. Ja, gut, das Thema muß vorhanden sein"*, zumal er damit *"einschlägige Erfahrungen"* gemacht hatte. Als *"mitteilungsbedürftiger Mensch"* hatte der junge Mann den Wunsch, *"andere Leute an meinem Problem teilhaben lassen zu können"*, und wollte sich an seinen Ex-Freundinnen für deren unfaires Verhalten auch ein bißchen rächen: *"Dann haben es nicht nur die beiden gesehen, sondern auch Bekannte von denen, irgendwie mache ich es ihnen vielleicht dadurch ein bißchen schwerer. Kläre die Nachwelt über die beiden Frauen auf, so ungefähr."*

Der Auftritt

Vor seinem Auftritt war der junge Mann *"nicht großartig"* nervös. *"Ich weiß nicht, in dem Moment habe ich mich irgendwie so gefühlt, das mag unheimlich überheblich klingen, aber ich habe mich so gefühlt, als ob ich mein ganzes Leben nichts anderes gemacht hätte."* Seine persönliche Geschichte öffentlich zu erzählen war ihm nicht unangenehm, da er *"ziemlich offen"* ist, zudem nahm er das Publikum im Studio kaum wahr und war *"fixiert auf Ilona Christen, weil ich habe mich mit ihr unterhalten, mehr oder weniger."* Die Moderatorin *"hatte ihren vorgefertigten Fragenkatalog, was sie wissen wollte, und nach dem ist sie auch gegangen. Ich habe versucht, ihr das Wort abzuschneiden, aber es hat nicht ganz geklappt."* Dennoch hatte er das Gefühl, *"locker, fröhlich, frei"* erzählt zu haben. Im Mittelpunkt zu stehen und von Millionen Menschen gesehen zu werden bedeutete für den jungen Mann Anteilnahme an seiner Geschichte: *"In dem Moment, wo die sich das angucken, sind die verpflichtet, mehr oder weniger, sich mit mir zu beschäftigen. Ist ein schönes Gefühl."* Aber nicht nur bei den Zuschauern stand der Teilnehmer im Mittelpunkt, sondern auch von den Verantwortlichen wurde ihm Aufmerksamkeit zuteil, die er *"einfach nur beeindruckend"* empfand: *"Der ganze Aufwand, [...] der für einen gemacht wird, der für die Sendung gemacht wird. Dann habe ich erst mal versucht, es mir in Zahlen vorzustellen, die ganzen Lichter von oben, die tausend Spots und dann ein Stückchen weiter die Regiekammer, das war toll."* Von der Moderatorin hingegen, die er kurz vor seinem Auftritt kennenlernte, war er *"ziemlich enttäuscht."* *"So zu uns Gästen war sie wirklich locker und freundlich und war toll, nur nachdem der Sound Check abgelaufen ist, sollten wir ja noch mal eben ein Gläschen trinken gehen, um die Kehle durchzuspülen. Sie ging dann in ihre Garderobe, und wir mußten da vorbei, um in den Aufenthaltsraum zu kommen. Und da standen dann fünf Mädels um sie 'rum und machten hier und machten da, sie war nur am rummotzen, und auch während des Sound Checks ging es: 'Kann nicht mal einer die Klimaanlage anmachen?' 'Ja, wollten wir nicht, weil -.' 'Ja, ihr müßt mal ein bißchen nachdenken, muß ich denn hier alles machen?' Die absoluten Starallüren."*

Folgen des Auftritts

Als die Sendung ausgestrahlt wurde, hat sich der junge Mann *"extra einen Tag Urlaub genommen."* Er zeichnete die Talk-Show auf, sah sie zunächst alleine, *"ich weiß nicht, wie oft"*, dann aber auch mit *"Bekannten und Freunden, im Moment kursiert die Kassette irgendwo bei mir in der Verwandtschaft."* Der Teilnehmer betrachtete seine Person dabei *"eigentlich in dem Moment mit kritischen Augen [...], so mit Kritikeraugen."* Es ging ihm hauptsächlich um seine *"Ausstrahlung: Warum hast du da jetzt so geguckt? Warum hast du da jetzt die Gestik abgelassen?"* Aus der Sicht des Zuschauers, *"wenn ich die Geschichte vorher nicht gekannt hätte"*, würde er sich selbst als *"armes Schwein"* bezeichnen, *"der arme Junge, so jung und schon so viel durchgemacht. Obwohl es ja im Endeffekt nicht alles war."* Von Bekannten, Verwandten und Fremden wurde der Teilnehmer nach seinem Auftritt häufig angesprochen, allerdings sind die meisten Interessierten *"auf die Geschichte als solche gar nicht eingegangen"*, sondern haben ihn eher nach den Erfahrungen beim Fernsehen oder nach der Moderatorin ausgefragt. Auch wenn die Zustimmung überwog, waren die Meinungen *"eigentlich geteilt. Die einen haben gesagt: 'Oh toll, unser Junge war im Fernsehen.' Und bei Bekannten, ja bei denen hieß es: 'Oh, du bist bekloppt, sowas zu erzählen.' Anderen war das wieder total gleichgültig."* Ob seine Ex-Freundinnen die Sendung gesehen haben, weiß er nicht, allerdings würde es ihm *"irgendwo eine Genugtuung geben"*, denn *"deren Verhalten war ja nicht von schlechten Eltern."*

Alles in allem hat das Interesse seiner Umwelt dem Teilnehmer *"einfach Aufschwung gegeben"* und so war er hinterher kurzzeitig *"davon überzeugt, ich will zum Fernsehen, ich bewerbe mich überall und werde Moderator."* Allerdings, *"der große Boom war nach einer Woche, war der vorbei"*, und aus der Idee, sich beim Fernsehen zu bewerben wurde nichts, das *"hat sich wieder im Sand verlaufen."* Dennoch könnte sich der junge Mann das Medium immer noch als berufliche Perspektive vorstellen: *"Ich weiß nicht, irgendwo interessiert Fernsehen mich einfach. Ich würde auch nach wie vor -, ich sage mal, wenn jetzt hier Produzent X reinkommt und sagt: '[Name des Interviewpartners], dein Aufritt war toll, dich will ich als Moderator haben.' Würde ich machen, sicher klar."* Ob beruflich oder privat, er würde *"jederzeit die*

Chance wieder wahrnehmen, wenn sie sich mir bieten würde", denn ein Auftritt im Fernsehen ist nach wie vor die *"Chance auf das Extravagante"* und garantiert ihm die Aufmerksamkeit seiner Mitmenschen.

5.1.7 Fall 7: Das ist bestimmt interessant, so mit Fernsehkameras

Persönliche Situation, Bedürfnis- bzw. Problemlage

In ihrer ersten Partnerschaft war die heute 31jährige Hausfrau zunächst sehr glücklich. Nach der Geburt ihrer Tochter heiratete sie ihren Partner, dessen Verhalten sich jedoch bald nach der Hochzeit drastisch veränderte. Ihr Ehemann vertrat plötzlich ein traditionelles Rollenverständnis, nahm für sich selbst Freiheit in Anspruch, von seiner Ehefrau erwartete er hausfrauliche Pflichten. Die junge Frau sah sich das Verhalten ihres Partners eine Zeitlang an, konnte seine Vorstellungen aber nicht akzeptieren und zog daraufhin mit ihrer Tochter zu einem alten Freund, mit dem sich bald eine Partnerschaft entwickelte. Bevor sie sich jedoch endgültig für einen der beiden Männer entschied, hatte die junge Frau noch einmal intimen Kontakt mit ihrem Ehemann, der quasi als Prüfstein fungierte. Ihre Wahl fiel auf den neuen Partner, sie heiratete diesen und zog bald darauf mit ihm und ihrer Tochter in ein anderes Bundesland. Zu Bekannten und Verwandten hat die Befragte seitdem relativ wenig Kontakt, was die Leute über sie denken, ist ihr *"scheißegal. [...] entweder, man nimmt mich so, wie ich bin, und akzeptiert das, oder man läßt es bleiben."*

Die Idee zum Auftritt bei 'Ilona Christen'

In einer Zeitschrift für Gebrauchtwaren stieß die Frau auf Inserate von Fernsehproduktionen, da *"waren mehrere Annoncen drin. Unter anderem eben halt auch diese Besagte, [Titel der Sendung: 'Sex mit dem Ex-Partner'] war das, ja. Und weil ich eben halt diese Erfahrung gemacht habe, das war eigentlich jetzt nur Jux, das war reiner Jux. Weil ich dachte: mein Gott, ich habe sowieso nicht viel zu erzählen, und wen interessiert sowas schon. Ne, gibt bestimmt tolle Geschichten da, aber meine ist mit Sicherheit zu nichtssagend. Ich einfach angerufen."* Aus der Anzeige selbst wurde die konkrete Sendung, um die es sich handelte, nicht ersichtlich: *"Und habe denn erst mal nachgefragt, weil ich bin ja sehr vorsichtig, man weiß ja nie, was sich dahinter verbirgt. Und die haben mir dann also bestätigt, 'Ilona Christen' und so."* Die Befragte hatte die Sendung vor ihrem Auftritt schon mal gesehen, *"das war sowas in die esoterische Richtung. [...] Das hatte mich einfach interessiert"* und fand die Sendung *"okay"*, da man sich dort *"auch Informationen holen"* kann. So bewarb sie sich zur Teilnahme, *"und dann ging irgendwann denn das Telefon und dann hieß es: 'Ja, sie sind fällig.'"*

***Beweggründe** (Typ: Zaungast)*

Als die Interviewpartnerin von der Redaktion zurückgerufen wurde und man sie in die Sendung einlud, entschloß sie sich: *"Ja, ich mache es mal, weil ich dachte so, meine Tochter wollte ich mitnehmen, [...]. Und ich denke mir: Ei, das ist bestimmt interessant, so mit Fernsehkameras, weil man kriegt ja nicht immer die Gelegenheit. Und ich habe auch mit ihr darüber gesprochen, sie meinte: 'Oh ja, Mama, komm, laß uns das machen.'"* Das intime Thema, einen Seitensprung mit dem Ex-Mann und damit den Betrug an ihrem Ehemann in der Öffentlichkeit mitzuteilen, war für sie insofern wenig heikel, als daß die Geschichte zum einen *"passé"* war, zum anderen *"hatte [sie] auch nicht vor, da irgendwie jetzt von mir was zu erzählen, weil es im Prinzip keinen interessiert, jetzt so Details. Deshalb, ich hatte schon Lust, da mal mitzumachen, aber eben halt vorsichtig mit der Wortwahl."* Die Befragte wollte *"keinen in die Pfanne hauen"*, ihren Ex-Mann *"nicht runtermachen, das war mir also ganz wichtig, [...] egal, was da gewesen ist, aber das ist nicht meine Methode, einen da runterzuknüppeln."*

Der Auftritt

Am Tag der Aufzeichnung fuhr die Interviewpartnerin mit ihrem Ehemann und ihrer Tochter ins Studio. Kurz vor dem Auftritt lernte sie die Moderatorin kennen, die mit den Teilnehmern den Ablauf der Sendung besprach, *"was sie ungefähr einen fragen würde, was man so antwortet."* Als der Moment des Auftritts näherrückte, war die Frau *"tierisch nervös"*, denn vor der Kamera mußte sie *"ja drauf achten, was man sagt, es hätte ja sein können, daß er [der Ex-Mann] es sieht."* Zwar hatte sie bereits in Vorgesprächen die Wahrung ihrer Intimsphäre eingefordert – *"bis hierhin erzähle ich gern, aber nicht weiter"* –, aber auch währenddessen war sie *"eigentlich nur damit beschäftigt, daß ich nichts Falsches sage. Und hoffentlich ist es bald vorbei, also wie gesagt, ich wußte letztendlich nicht, was ich sagen sollte, weil wie gesagt, ich selbst finde die Geschichte gar nicht so sehr interessant."* Insgesamt aber hat sie sich *"da schon vorsichtig ausgedrückt."*

Die Teilnahme an der Aufzeichnung bot der Familie die Möglichkeit, ihr Interesse in bezug auf das Medium zu befriedigen, und die Interviewpartnerin erlebte, *"wie einfach der Ablauf war, so eben Frau Christen zu sehen, die im*

Fernsehen viel größer wirkt, und sie ist ja doch sehr klein und schmächtig. [...] wie das alles so vonstatten geht, mit den Kameras, das war eigentlich interessant." Auch *"diese Betreuung da und das Schminken, das hat mir Spaß gemacht, weil die waren alle unheimlich freundlich. Es waren unheimlich viel junge Leute da, und die waren alle ganz, ganz toll freundlich. Das fand ich ganz toll. Mit der Betreuung, kaltes Buffet war ja da, so ein kleines, mit dem Sekt danach, das war toll."* Sie genoß es, *"sich vorher mit den Leuten zu unterhalten und auch so ein bißchen auszutauschen und so, das finde ich schon ganz toll."* Dabei beurteilte die Teilnehmerin das Medium auch kritisch: *"Wenn ich interessant sage, meine ich nicht, daß ich es gut finde. Sondern ich kann auch durchaus irgendeine negative Sache interessant finden."* So empfand sie die Animation des Publikums durch den Warm-upper als *"Schwachsinn." "Ich meine, da stellt sich einer hin, klatscht, und die anderen müssen auch klatschen, und das alles, ja, das ist, weiß nicht -, ich finde das irgendwie -, habe das sehr belächelt."*

"Dieses Neue eben, das mal zu erleben im Fernsehen", war für die ganze Familie und insbesondere für ihre Tochter ein großes Erlebnis: *"Das Kind, das war total aufgeregt, ihr zeigen zu können: 'boah, guck mal, so sieht es eben halt im Fernseher praktisch aus', das hat unheimlich Spaß gemacht. Seien sie mal Kind, und dann erklären sie dem Kind, wie das Fernsehen funktioniert. Da sind irgendwelche Menschen drin, ja, und die sind dann so klein [...]. Und diesen Ablauf eben mal zu erleben, das war so toll. Und sie hat extra an diesem Tag noch die Schule geschwänzt, aber ich denke mir so, das ist auch eine Art Lernen und das war also mal ganz toll, daß sie das erleben dürfte."*

Folgen des Auftritts

Im Ort wurde die Teilnehmerin auf ihren Auftritt angesprochen, so beispielsweise von der Bäckersfrau: *"Und zwar kommt die immer samstags, die eine, und wir gingen irgendwie am Bäckerauto vorbei, und sie meinte, halt: 'Moment mal, entschuldigen sie, daß ich sie anspreche. Aber ich muß sie was fragen, ich muß sie was fragen.' Und sie hing also wirklich schon aus dem Auto raus: 'Waren sie nicht im Fernsehen?'"* Die Befragte verleugnete ihren Auftritt, *"weil ich das lustig finde, weil die Leute so: 'Hach, die war im Fernsehen, die war im Fernsehen, boah, erzähl mal.' Und wenn man dann eben ganz trocken mit trockener Miene da ankommt: 'Nee.'"* Ihrer Meinung nach muß sie *"das doch nicht jedem erzählen: 'Hey Leute, ich war im Fernsehen, und tierisch', nee, also so bin ich nicht."*

In bezug auf das Thema ist die Teilnehmerin überzeugt, sich fair verhalten zu haben. Ihr Ex-Schwiegervater sah die Sendung und war ihr *"nicht böse"*, und so hat sie auch kein schlechtes Gewissen ihrem Ex-Mann gegenüber: *"Und da ich weiß, daß ich nichts Schlimmes gesagt habe, ist es mir eigentlich auch egal gewesen, was er denkt."* Ihr Mann, der bei der Aufzeichnung im Publikum saß, *"fand das auch total interessant, mal dabeigewesen zu sein"*, und sie selbst könnte sich durchaus vorstellen, *"noch mal eine Sendung mitmachen, wo es um ein Thema geht, womit ich was anfangen kann."*

5.1.8 Fall 8: Ja, ich wollte da in die Höhle des Löwen, ja. Wollte mal wissen, ob ich das packe

Persönliche Situation, Bedürfnis- bzw. Problemlage

Die 29jährige Frau ging *"sehr früh von zu Hause weg, ich mußte von zu Hause weg, und das habe ich wohl nicht verkraftet. Ich war also mit 16 von heute auf morgen hier, meine Eltern wohnten in F., das war, ich hatte sechs Wochen also ein Heimweh, ich stand kurz vorm Selbstmord. Jeden Morgen aufgestanden, habe gedacht: So, jetzt springst du aus dem Fenster, den Tag bringst du nicht mehr."* Ihrer Meinung nach war diese zu frühe und radikale Abnabelung der Grund für die ein Jahr später zum ersten Mal auftretenden *"Panikattacken."* Die junge Frau entwickelte sich zu einem *"Typ, der zu Hause bleibt, 'ne, ich gehe nicht gerne weg. Es ist für mich schon Horror, wenn ich im Flugzeug fliegen muß, ich bin also, ich habe mehr oder weniger Menschenangst, also ganz schlimm, es war eine Zeitlang ganz extrem, daß ich noch nicht mal mehr mit dem Bus gefahren bin, nicht arbeiten gewesen bin, nur noch zu Hause war. Also, ich hatte ganz extrem Menschenangst, ich konnte zeitweilig nicht arbeiten."* Die Interviewpartnerin wollte ihre *"Menschenangst oder Angst in engen Räumen"* überwinden und ist infolgedessen *"von Arzt zu Arzt gerannt, war drei Wochen im Krankenhaus, und die haben mich abgetan, ich hatte einen Blutzucker von 400 und zwei Stunden später von 20, das ist wirklich psychosomatisch, aber das hat mir kein Arzt geglaubt. Bis man dann mal soweit war, daß man einen gefunden hat, der einem glaubt, sind sechs Jahre vergangen.[...] Ich dachte, die bringen dich in eine Nervenanstalt, wem sage ich das jetzt, man hat [...] Angst, ausgelacht zu werden, man hat keinen, dem man sich anvertrauen kann."* Schließlich begab sie sich in eine Therapie und wurde im Rahmen der Behandlung mit den öffentlichen Situationen, in denen die Panikattacken auftraten, konfrontiert: *"Man soll ja nachher zum Beispiel mal im Bus fahren. Für mich ist dann schon Horror gewesen. Ich sitze im Bus, [...] ich kriege so einen Hals , also schwitzige Hände, das glaubt man gar nicht, man wird fahl im Gesicht, man kriegt Herzrasen, eine Übelkeit, kurz, man meint, man müßte gleich erbrechen, daß ich manchmal schon gedacht habe, jetzt rennst du da vorne zum Busfahrer, sagst: 'Ich muß raus, ich muß raus, ich muß raus.' So sitzt man dann, ich muß raus, ich muß raus. So fängt man dann an, und das Sitzen, das ist eine Katastrophe. Einkaufen gehen, manchmal stand ich an der Kasse und habe den Wagen festgehalten, mir lief der Schweiß so runter. [...] Dann geht man dann schnell nach Hause, guckt weder rechts noch links, man will ja nur noch weg. Und dann saß ich da zu Hause, und dann wird man müde, kriegt Kopfschmerzen, ist erschöpft, als hätte man einen Marathon hinter sich. Und das macht man dann immer wieder, immer wieder, 'ne."*

Einzig von ihrem Ehemann und Vater ihrer drei Kinder hat die junge Frau Hilfe bei ihren Problemen erfahren, denn er *"hat nachher mit geholfen [...], das zu bewältigen"*, und unterstützt sie auch bei ihrem beruflichen Vorhaben, neben ihren hausfraulichen Tätigkeiten das Fachabitur nachzuholen, um anschließend zu studieren. Zu den Eltern wie den Schwiegereltern hingegen besteht seit der Geburt ihrer ersten Tochter kaum mehr Kontakt, da diese für ihre frühe Eheschließung wie ihre gesamte Lebensführung noch nie Verständnis aufbrachten: *"Die waren sowieso immer schon sehr mies zu mir, wie die [Tochter] dann auf die Welt kam: [...] Ob ich denn nur die Beine breitmachen könnte, mehr hätte ich wohl nicht zustande gebracht. Also, auf solche Leute kann ich ehrlich gesagt verzichten."*

Die Idee zum Auftritt bei 'Ilona Christen'

Die Befragte kannte die Sendung bereits seit längerem und guckt *"gerne"* Talk-Shows wie 'Ilona Christen', je nachdem, ob sie das Thema interessiert: *"Da sortiere ich nämlich auch ganz gewollt aus, 'ne. Ich gucke vorher nach, was für ein Thema ist. Ich gucke mir dann schon lange nicht mehr alles an."* 'Ilona Christen' ist zwar nach Meinung der Befragten ziemlich ernst, es *"fehlt immer mal so ein bißchen der nötige Humor da drin"*, aber andererseits *"auf jeden Fall informativ, ist, glaube ich, eine der wenigen [Sendungen], die auch einen Experten zu Wort kommen läßt, nicht nur Talk-Gäste, sondern auch mal Wissenschaftler, Ärzte, Rechtsanwälte, die auch mal von der Materie Ahnung haben, darüber reden. Finde ich schon mal sehr informativ und interessant."*

Als die junge Frau nachmittags zu Hause saß und sich langweilte, sah sie sich den Videotext verschiedener Talk-Shows an: *"Ich habe da mal so durchge-*

guckt, und ich sage mal, Gott, wie kommt man da hin, welche Themen gibt es denn, 'ne." Ganz spontan interessierte sie das Thema 'Beziehungsdramen' bei 'Ilona Christen', da sie und ihr Ehemann in der Auseinandersetzung mit der Familie viel hatten durchmachen müssen: *"Habe ich was zu zu sagen, habe ich gesagt, und habe dann angerufen."* Ihr Anruf war *"unüberlegt, es war echt spontan, ich habe gedacht, erst mal komme ich sowieso nicht dahin, weil das ist immer so, das sind immer nur andere, es werden andere krank, es gewinnen andere im Lotto, es kommen andere ins Fernsehen, war für mich eigentlich nur ein Jux."* Sie war der Meinung, ihre Erlebnisse seien nicht spektakulär genug, um im Fernsehen gesendet zu werden: *"So interessant ist das ja eigentlich gar nicht. [...] Wenn man das halt im Fernsehen sieht, ach Gott, was erleben die Leute alles, das würde bei uns nicht vorkommen, 'ne. [...] was interessiert die deine Geschichte, ist doch Quatsch. Die [...] suchen wirklich immer das Extreme raus, das muß ganz dramatisch sein, es muß furchtbar sein, es muß skurril sein wie nur was. Daß es normale Menschen gibt, das glaubt man eigentlich im Fernsehen nicht, und das fehlt, 'ne."* Sie dachte sich, *"mal gucken, was kommt"*, und *"die haben eine Woche später zurückgerufen, die fanden die Geschichte toll."*

Beweggründe *(Typ: Patient – Zaungast)*
Für die unter Menschenangst und Klaustrophobie leidende Frau stellte die öffentliche Auftrittssituation eine Mutprobe dar: *"Ja, ich wollte da in die Höhle des Löwen, ja. Wollte mal wissen, ob ich das packe."* Als sie die Zusage erhielt, bekam sie Angst vor der eigenen Courage und überlegte, den Auftritt abzusagen: *"Das war mein Rückziehergrund eine Woche vorher, ich kriegte schon schweißnasse Hände. Ich denke, nee, nee, nee, nee, nee, so ging das nur im Kopf."* Dann aber dachte sie sich: *"Mein Gott, jetzt kannst du doch nicht immer 'nein' sagen. Mein Mann sagt immer: 'Du verbaust dir dein ganzes Leben, weil du Angst hast.' Man verbaut sich wirklich viel. Man gönnt sich auch gar nichts mehr, wenn man diese Angst hat."* Darum entschloß sie sich, an der Sendung teilzunehmen: *"Nee, das verbaust du dir jetzt nicht, das muß nicht sein. Du wirst da betreut, was ist dabei, das packst du auch."* Das Thema der Talk-Show war für die Teilnehmerin weniger zentral, aber dennoch heikel, denn die Erfahrungen, die sie zum Thema 'Beziehungsdramen' veröffentlichen wollte, tangierten nicht nur sie selbst und ihren Mann, sondern auch ihre Eltern und Schwiegereltern. Der jungen Frau war bewußt, daß sie auch kritische Worte über das in ihren Augen unmögliche Verhalten der Angehörigen äußern würde. Dennoch wollte sie *"niemandem wehtun"*, niemanden durch ihren

Auftritt *"benachteiligen"* und verabredete daher mit den Redakteuren, daß ihr Nachname während der Sendung nicht genannt werden sollte. Zwar bestand die Gefahr, daß die Familie die Sendung sähe oder über andere davon erführe. Dies schien der Teilnehmerin und ihrem Mann allerdings eher unwahrscheinlich,, und jener hielt sie davon ab, die Betroffenen über den Auftritt zu informieren: *"Ja, warte mal ab, vielleicht sehen die das ja gar nicht. Nun haben wir ja auch gar nicht damit gerechnet."*

Darüber hinaus bot der Blick hinter die Kulissen der jungen Frau die Möglichkeit zu prüfen, *"ob das alles so stimmt, was die Leute da so erzählt haben. Das weiß man nicht so genau. Ich meine, es ist ja auch schon einiges aufgetreten, es gibt da Profis da drunter, die hier und da und dort, die das wirklich wegen dem Geld machen, 'ne."* Die Interviewpartnerin wollte wissen, ob die Studiogäste wirklich 'echt' sind: *"So ungefähr, 'ne, ist das wirklich wahr, daß da wirklich Leute sitzen, die aus dem Volk kommen, oder so, 'ne, als Test, mal ausprobieren, was passiert. Das wollte ich einfach mal wissen, 'ne."*

Der Auftritt

Als die Teilnehmerin in die Studios kam, war sie angenehm überrascht: *"Ich habe echt gedacht, man kommt da hin, muß sich da durchfragen, das war überhaupt nicht so, [...] man kam in den Empfang, es war alles sehr freundlich, das muß man sagen, das fand ich gut. Man war nicht alleine, das war schon mal eine Erleichterung. Nichts schlimmer, als wenn man sich verloren irgendwo in die Ecke gestellt fühlt."* Als der Auftritt näherrückte, wurde ihre Angst immer größer: *"Das war halt das Hauptproblem, jetzt schaffst du die Menschenmassen nicht wegzustecken." "Die Leute saßen ja schon alle, ich dachte, nee, jetzt, wie ich dann da saß, ich denk, jetzt rennst du weg, ich habe so panische Angst gehabt, ich habe gedacht, jetzt kriegst du keinen Ton raus, ich wußte auch nicht mehr, was ich sagen sollte, und wußte überhaupt nichts mehr, mir fiel überhaupt nichts mehr ein, war total Black Out."* Da sie als letzte an die Reihe kam, erzählten zunächst alle anderen Gäste ihre Geschichten: *"Ach Gott, ja und dann fing ja die erste Geschichte an und dann die zweite Geschichte und die dritte Geschichte, und dann fing die Frau Christen ja auch an zu heulen. [...] Ich dachte schon, so ein Mist. Und du kommst mit deiner -, na, eigentlich nichts Weltbewegendes, aber die wollten mich ja unbedingt dahinsetzen, also war nun deren Schuld, habe ich noch so gedacht, 'ne, tausend Gedanken gingen mir durch den Kopf. Und dann raunte die mir dann zu, wie die Geschichte fertig war, ist ja noch 'ne Werbepause oder was, na ja, auf jeden Fall raunte die mir dann zu, sie könnte nicht mehr: 'Mach du das alleine, Mädchen.'"* Die Moderatorin war von den Schicksalen der anderen Gäste derart betroffen, daß sie sich nicht mehr in der Lage sah, die junge Frau zu interviewen. *"Und dann habe ich gedacht, was machst du jetzt, und dann habe ich auch irgendwie erzählt."* Als sie anfing zu sprechen, verschwand ihre Angst: *"Wie ich nachher geredet hab, dann hat ich auch gar keine Panik mehr, weil ich habe die Leute auch gar nicht mehr angesehen."* Aufgrund dieser positiven Erlebnisse war die Teilnehmerin nach ihrem Auftritt *"total erleichtert, war total happy"*, diese für sie besonders stressige Situation bewältigt zu haben: *"Also, ich war über mich stolz, daß ich den inneren Schweinehund überwunden hab, vorher wirklich -, jetzt kotzt du hier, so schlecht war mir halt. Aber dann habe ich gedacht, es hat doch gut geklappt und ich habe den inneren Schweinehund echt überwunden, weil das ist nicht so einfach." "Und wie ich dann draußen war, boah, ich habe es geschafft, das war für mich das Höchste, daß ich das gepackt habe."* Die junge Frau hatte sich bewiesen, daß sie ihr Problem in den Griff kriegen kann: *"Das Gefühl, das war riesig, 'ne, das war wie zehn Flaschen Sekt trinken, also so eine Power hatte man. Ich habe gedacht, so, jetzt kann dir so schnell keiner mehr vormachen, du hast Angst vor Menschen."* Lob wurde ihr auch von den Machern und den anderen Gästen zuteil: *"Und da fühlte ich mich auch ganz bestärkt da drin. Ich denke, gut, so schlimm wird es wohl nicht gewesen sein."*

Folgen des Auftritts

Seit ihrem Auftritt hat die junge Frau *"kaum noch"* Panikattacken gehabt. *"Wenn ich dann merke, plötzlich zu viele Menschen oder so, dann habe ich das gar nicht mehr so schlimm. Ich sage, das kann auch gar nicht mehr so schlimm sein, also, wenn ich das überlebt habe, das ist eigentlich schon, fast schon, für einen, der Panik hat, ist das schon eigentlich eine Horrorvorstellung."* Am Ausstrahlungstermin nahm sie die Sendung zwar auf, sah sie aber zunächst nicht. *"Und dann kam mein Mann nach Hause. [...]. Ja, dann hat er gesagt: 'Komm, ich möchte das mal gerne sehen.' Dann haben wir wohl nur meinen Teil angeguckt: 'Ja, ist doch toll geworden, warum guckst du dir das denn nicht an?' Ich sage: 'Gut, okay, so schlimm ist es nun wirklich nicht.'"* Bezüglich ihrer Probleme mit den Eltern und Schwiegereltern fand keine Verbesserung statt, im Gegenteil: *"Meine Eltern wissen es immer noch nicht, und geändert hat es sich insofern, daß ich mehr mit der Familie von meinem Mann auseinander bin."* Deren Reaktion wunderte sie insofern, als sie *"keine Namen genannt"* hat. Aber *"die haben sich alle den Schuh angezogen, obwohl, ich habe ja niemanden genannt, gar nichts, 'ne. Und der Onkel von meinem Mann, [...] sagt der: 'Für Geld tust du wohl alles.' Jetzt weiß ich wenigstens, wo dran ich bin."* Darüber hinaus wurde sie auch von neugierigen Bekannten und Unbekannten angesprochen: *"'Hören sie mal, das waren sie doch da?'"* und erhielt sogar unaufgefordert Kleiderspenden, *"für die Kleine hier, ja, zum Anziehen und so, ich dachte, auwei, das wollte ich eigentlich auch nicht, ich meine, wir nagen wirklich nicht am Hungertuch oder so, 'ne."* Aufgrund der überwiegend positiven Erfahrungen kann sich die Befragte durchaus vorstellen, noch einmal an einer Talk-Show teilzunehmen, *"wenn wirklich ein gutes Thema ist, wo ich auch was zu zu sagen hätte"*, allerdings würde sie nie intimste Dinge preisgeben, sich *"niemals outen wollen, so, zum Beispiel 'ich bin schwul' oder 'ich bin lesbisch', würde ich nie tun, weil das würde dann auf die Familie zurückgehen, auf die Kinder zurückgehen, also das würde ich nie tun."*

5.1.9 Fall 9: Ich habe gehofft, daß die das dadurch ein bißchen anders annehmen,als wenn ich ihnen das sage

Persönliche Situation, Bedürfnis- bzw. Problemlage

Der 24jährige Mann arbeitet in der Versandabteilung einer Fabrik und wohnt bei seinen Eltern. Er ist Single und hat Probleme, auf Frauen zuzugehen, da er sehr schüchtern ist: *"Ja, das ist mein Problem, ich werde dann immer erst ziemlich nervös, und wenn ich dann selber hingehe, werde ich immer rot, und das ist mein Problem. Das Reden noch nicht mal, das Problem ist die Nervösigkeit, die bei mir ist, und dann kommt durch die Nervösigkeit das Stottern dann zustande, und das ist das Problem."* Gründe für diese Schwierigkeiten vermutet der junge Mann in seiner Kindheit: *"Die Ursache, ich schätze mal, das habe ich schon von Kindheit an (..). Und ich gehe mal davon aus, daß das von der Kindheit her ist, gehe ich von aus. In der Beziehung war ich immer schon, von Kindheit an war ich immer nervös, praktisch von der Kindheit her. Daß das praktisch so irgendwie gekommen ist und ich kann es aber selbst nicht sagen, wie es genau gekommen ist. Jedenfalls habe ich das von klein an."* In seinem Bekanntenkreis stößt er mit seinem Problem häufig auf Unverständnis, denn Leute, *"die dieses Problem nicht haben, einige, die gucken einen erst mal an." "Wenn du hier das erzählst, die meisten verstehen das gar nicht so direkt. Weil die haben das Problem nicht, und da kann man sich praktisch nicht so direkt mit unterhalten."* Versuche, im Umgang mit Frauen etwas selbstsicherer zu werden, sind bisher gescheitert: *"Ich sage immer, ich habe das Problem schon versucht zu ändern, aber ich muß damit le-*

ben." Dennoch möchte der Befragte an sich arbeiten: *"Ich weiß ganz genau, ich brauche praktisch einen Anschubs von hinten, da muß jemand sein, der mich in der Beziehung ein bißchen lenkt. Ich weiß ganz genau, von alleine werde ich das Problem garantiert nie los."*

Die Idee zum Auftritt bei 'Ilona Christen'

Der junge Mann hatte die Sendung vor seinem Auftritt schon *"ein paar mal geguckt"*, allerdings ist er aufgrund seiner Arbeit zu dieser Tageszeit eher selten zu Hause und interessiert sich auch nicht für alle Themen: *"Ich gucke schon, was für ein Thema, weil alles gucke ich mir da auch nicht an."* 'Ilona Christen' ist nach Auffassung des jungen Mannes *"eine Sendung, die informiert quasi auch über Probleme, da sieht man, was andere für Probleme haben, weil viele haben ja auch Probleme, nur trauen sich das nicht zu sagen. Nur in der Sendung sagen wirklich viele Leute, was sie für Probleme haben."* Auf die Idee, seine eigenen Probleme dort öffentlich zu machen, war er allerdings bisher nicht gekommen. Als er eines Tages zu Hause saß, kam *"ein Freund von mir, der wohnt auch direkt bei uns im Haus. Kam zu mir hin: 'Du mußt mal Tafel 355 im Videotext gucken.' 'Ach nee, Tafel 355', ich sage: 'Was ist da?' 'Da ist genau das Passende für dich.' Ich angestellt, geguckt, da sind ein paar Seiten. 'Das ist genau das richtige für dich, da würde ich mich mal melden.'"* Durch seinen Freund inspiriert, bewarb sich der Befragte zum Thema 'Schüchternheit' bei der Redaktion: *"Habe ich gar nicht [da]mit gerechnet, weil ich normalerweise immer ziemlich viel Pech habe und habe auch nicht damit gerechnet, daß die mich dafür nehmen, angerufen, gewollt habe ich schon, nur mit gerechnet habe ich nicht, angerufen, ja, war erst Anrufbeantworter dran. Dann haben die mich zwei Tage später angerufen. Dann hat der mir ein paar Fragen gestellt. Wie, wo, was, wieso, und dann hat er mir gesagt: 'Wenn wir sie nehmen, rufen wir wieder an.' Ja, habe ich mir gedacht, da wird sowieso nichts mehr draus. Ja, und dann haben die auf einmal angerufen, da war ich erst mal ganz überrascht, aber dann habe ich gesagt, jetzt machst du das auch."*

Beweggründe *(Typ: Patient – Zaungast)*

Der Gast nannte verschiedene Gründe für seinen Entschluß, an der Sendung teilzunehmen: *"Ich sage mal, im ersten Moment [...] habe ich aus Neugier angerufen. Neugier, praktisch was das ist, wie die Sendung insgesamt ist. Aber im Endeffekt, ich bin nachher hingegangen, weil ich hatte gehofft, daß es mir ein klein wenig helfen würde, doch offen darüber zu reden."* Im Gespräch mit den anderen Gästen, die ebenfalls vom Problem der Schüchternheit betroffen sind, hoffte der junge Mann auf mehr Verständnis, als ihm bisher in seinem Bekanntenkreis zuteil wurde: *"Weil ich bin praktisch deswegen dahingegangen, eben weil ich gehofft hatte, praktisch, daß da Leute sind, die auch einen verstehen. Wenn du hier das erzählst, die meisten verstehen das gar nicht so direkt."* Er informierte daher auch Freunde und Bekannte, sich die Sendung anzusehen, in der Hoffnung, daß diese dann endlich verstünden, daß es das Problem 'Schüchternheit' wirklich gibt und daß es gar kein so ungewöhnliches Phänomen ist: *"Ich habe gehofft, daß die das dadurch ein bißchen anders annehmen, als wenn ich ihnen das sage. Wenn ich ihnen das sage, dann denken die, ach, das ist das, und wenn die das dann da sehen und sehen, daß andere auch das Problem haben, praktisch, daß das nicht ein Einzelfall ist, praktisch das dann anders aufnehmen, praktisch denn ein bißchen mehr drauf eingehen, statt, wie soll ich sagen, nur einfach denken: So was kann man nicht haben, so ein Problem gibt's nicht.' Habe ich gehofft, daß die dadurch etwas anders also annehmen, wenn die das sehen halt, das ist nicht der einzige, es gibt noch viele in Deutschland, die das Problem haben."*

Der Auftritt

Mit seinem Bruder und dem Freund, der ihn zur Veröffentlichung seines Problems animiert hatte, fuhr der junge Mann zur Aufzeichnung der Talk-Show. In den Studios angekommen, wurde er zuvorkommend behandelt: *"Ja, doch, man kam sich nicht verloren vor, sagen wir mal so. Also, ich muß sagen, die Betreuung, die war sehr gut. Und die waren alle ziemlich sehr freundlich, das muß man sagen. Weil im ersten Moment kennt man die Leute ja noch nicht so."* Mit soviel Fürsorge hatte der Teilnehmer gar nicht gerechnet: *"Ich habe mir vorgestellt, daß du da hinkommst, dich hinsetzt, ein bißchen schminkst, und reingesetzt und wieder raus. Aber daß das praktisch so freundlich aufgenommen wird in dem Moment und so freundlich mit einem umgegangen wird, das fand ich doch ganz interessant, weil ich habe mir das etwas anders vorgestellt. Praktisch, daß das alles voll durchgeplant ist, daß praktisch so wie am Fließband, schnell durch, schnell, durch, nächste Sendung, nächste Sendung. So habe ich mir das zuerst vorgestellt, aber es war doch etwas anders. Die lassen sich doch schon etwas Zeit für die Leute."* Als der Auftritt näherrückte, war er *"erst mal ziemlich nervös"*, und in der Maske mußte bei ihm *"ziemlich viel Puder [drauf], weil ich ziemlich rot war, damit das nicht so auffällt."* Die Moderatorin bemühte sich, dem Gast die Angst zu nehmen und hat ihm *"vor der Sendung schon klargemacht: 'Nicht nervös sein, ruhig reden, nicht so schnell und so viel [...] lieber ein paar Sekunden überlegen und dann sprechen.'"* Dann kam der Moment der Aufzeichnung: *"Dann wurde es ernst, dann kam die Sendung, und dann [...] kam ich dran. Ich [war] im ersten Moment ganz nervös und so, dann hat die mir die Fragen gestellt, und bei einem Wort, da war ich so nervös, daß ich das beim dritten Stottern erst rausgekriegt habe, aber danach ging es so halbwegs."* Die Aufzeichnung war für den jungen Mann *"sehr stressig"*, obwohl die Moderatorin ihm auch während des Gespräches vor der Kamera Hilfestellung leistete: *"Das konnte man schon merken, sie hat versucht, wenn ich schon angesetzt habe, schon leicht ein bißchen einen Schubs mit reinzugeben, damit das ein bißchen lockerer von der Hand geht [...], sie hat versucht, mir beim Reden einen leichten Schubs zu geben."* Im Auftritt erfuhr sich der Gast als nicht alleine mit seinem Problem: *"In dem Moment habe ich mir gedacht, du siehst jetzt, daß du nicht als einziger dieses Problem hast, daß auch noch andere dieses Problem haben."* Der Gast stellte fest, daß es Betroffene gibt, bei denen die Schüchternheit noch viel problematischer ist als bei ihm selbst: *"Das war doch ganz interessant, sowas zu hören, daß es welche gibt, die noch mehr Probleme haben als ich. Daß man Probleme hat, kann ich mir vorstellen, aber daß es noch schlimmer sein könnte, habe ich mir nicht vorgestellt. Und dann habe ich es doch gesehen und mir in dem Moment gedacht, daß meines ja noch halbwegs harmlos in der Beziehung ist."*

Folgen des Auftritts

Einige Bekannte, die der Teilnehmer vorher über seinen Auftritt informiert hatte und die sich die Sendung angesehen hatten, änderten tatsächlich ihre Einstellung zu seinem Problem. Einige, die es vorher lustig fanden und sich nicht vorstellen konnten, *"wie man das Problem haben kann, praktisch Frauen anzusprechen, nervös zu werden und schüchtern zu sein"*, *"die haben das schon etwas anders angenommen, [...] die haben das praktisch schon etwas ernster gesehen"*, denn sie haben *"gesehen, praktisch, daß es dieses Problem wirklich gibt."* So guckten ihn die Leute nach dem Auftritt *"schon ein bißchen mehr an. [...] der hat praktisch die Überwindung gefunden, dahin zu gehen."* Aber diese Aufmerksamkeit hielt nicht lange an, *"das ist nach einer Zeitlang wieder vergessen."* Die Reaktionen der Familie und Freunde waren durchweg positiv, *"es kam keine negative Stimme da oder so, das kam überhaupt nicht."* Er selbst hatte gedacht, seine Darbietung *"wäre absolut daneben gegangen, ich hätte mich absolut blamiert, aber dann sagten sie [die Familie]: 'So schlimm war es doch gar nicht. Du bist ja schließlich kein Profi', und dann sagten sie: 'Das war eigentlich ganz in Ordnung, wie du da aufgetreten bist und so.'"* Um sein eigenes Erleben in der Auftrittssituation mit den Reaktionen der anderen zu vergleichen, sah er sich das Band noch einmal alleine an, *"um das genauer noch mal zu analysieren für mich selber, [...] weil die anderen haben zwar gesagt, daß das nicht so schlimm war, aber ich war mir nicht ganz so sicher, beim ersten Mal habe ich noch gezweifelt, nachher kam das so, ging ja noch mal so, konnte man noch akzeptieren. Weil ich habe in dem Moment an mich ein bißchen höhere Ansprüche als ein anderer, das ist immer mein Problem, ich möchte das immer so gut wie möglich, zwar nicht perfekt, aber so gut wie möglich das dann hinkriegen."*

Allerdings hat sich für ihn in bezug auf sein Problem wenig geändert: *"Nee, also praktisch ist nicht so, ich kann zwar jetzt seit der Sendung ein bißchen offener drüber reden [...], nur geändert hat sich großartig nichts, ein bißchen schon, aber nicht viel." "Ich habe es mir erhofft praktisch, daß da durch das Reden -, zwar, daß der ganz große Sprung nicht gelingt, das war mir auch klar, aber ich habe gedacht, ein bißchen mehr, habe ich doch schon mit gerechnet."* Trotzdem könnte sich der Teilnehmer vorstellen, noch einmal im Fernsehen aufzutreten, *"zu einem Thema, was zu mir paßt"*, denn *"ich weiß, daß ich beim nächsten Mal nicht so nervös wäre, ich glaube, daß ich noch ein bißchen besser drüber sprechen könnte und die Leute das noch besser verstehen würden, was eigentlich los ist."*

5.1.10 Fall 10: Wenn du dich das einmal traust, traust du dich das vielleicht demnächst auch

Persönliche Situation, Bedürfnis- bzw. Problemlage

Die 46jährige Altenpflegerin schilderte neben verschiedenen körperlichen Leiden, aufgrund derer sie sich häufig für längere Zeiträume in stationärer Behandlung befindet, Probleme im sozialen Kontakt, da sie sehr schüchtern ist: *"Wenn mehr als vier oder fünf Leute da sind, halte ich meinen Mund, also grundsätzlich, ob das jetzt in der Schule ist oder wo große Gruppen sind, selbst unsere Weihnachtsfeier auf der Arbeit, wenn dann alle da sitzen, halte ich auch schon wieder meinen Mund."* So hat sie sich beispielsweise in der gesamten Schulzeit wie auch in der Altenpflegeschule *"nicht einmal gemeldet."* Die Interviewpartnerin glaubt, daß ihre Schüchternheit und Beklemmung in öffentlichen Situationen aus dem Verhältnis zu ihren Eltern resultiert: *"Die strenge Erziehung von meinen Eltern, 'die darf das nicht' und 'Kinder reden nicht, wenn Erwachsene da sind' und 'reden nur, wenn sie gefragt werden', hat bestimmt viel mit der Erziehung zu tun."* Ihre Eltern hatten wenig Verständnis für ihre Belange und haben das Leben ihrer Tochter zu *"hundert Prozent"* diktiert: *"Ich wollte mal Kindergärtnerin werden und das dürfte ich auch nicht."* Ihr Vater, der mittlerweile gestorben ist, war für sie ein Mensch, der ihr Angst machte, ihre Mutter *"ist sehr streng, heute noch, die weiß alles besser, ich habe heute noch kein gutes Verhältnis. Ich gehe hin zu ihr, weil man das halt so macht."*

Das Problem, sich nicht frei entfalten zu können, wiederholte sich für die Frau, als sie ihren Mann kennenlernte, denn auch dieser verhielt sich ihr gegenüber sehr dominant: *"Ich dürfte nicht arbeiten, als die Kinder dann da waren, da war er dann hundert Prozent dagegen, weil es ja dann so aussehen könnte, als würde er nicht genug verdienen, als müßte ich dann arbeiten gehen."* Der Ehemann war jemand, der *"alles besser weiß und besser kann als irgend jemand anders sonst, und wenn er da nicht hundert Prozent im Mittelpunkt steht, dann ist das alles schon nicht so richtig."* Er setzte sie nicht nur psychisch unter Druck, sondern übte darüber hinaus auch körperliche Gewalt auf seine Ehefrau aus: *"Er kann sehr gewalttätig sein, erst recht, wenn er Alkohol getrunken hat."* Die Befragte erlebte ihre persönliche Situation zunehmend als unerträglich und begann im Hinblick auf eine Trennung eine Ausbildung zur Altenpflegerin, *"weil ich immer gedacht habe, also wenn du dich trennst, ich will kein Geld von ihm."* Mit diesem Entschluß setzte sie sich zum ersten Mal gegen ihren Ehemann durch: *"Das dürfte ich eigentlich auch nicht, das habe ich dann das erste Mal durchgezogen und wollte dann nach der Altenpflegeschule mich trennen und ausziehen. Das habe ich ihm natürlich nicht gesagt. Dann wurde es während der Zeit der Schule so schlimm, da bin ich also während der Schulzeit schon ausgezogen. [...] habe ich natürlich wieder gewartet, bis er nicht mehr zu Hause war, und dann bin ich gegangen."* Daß sie den Entschluß zur Scheidung erst nach so langer Zeit gefaßt hat, bereut sie jetzt: *"Heute ärgere ich mich nur wahnsinnig, daß ich das nicht schon zwanzig Jahre früher gemacht habe. Heute könnte ich mich selber dafür ohrfeigen."* Seit drei Jahren ist sie geschieden und lebt mit ihren beiden Kindern zusammen, zu denen sie ein liberaleres Verhältnis aufbauen wollte als das, das sie zu ihren eigenen Eltern hatte. Zeit ihres Lebens hatte sie gedacht: *"Ich möchte nicht, daß meine Kinder so über mich denken, wie ich über meine Eltern denke"*, und hatte diese deshalb *"unautoritär erzogen."* Mit ihnen versteht sie sich sehr gut, *"ist das alles ein bißchen locker"*, und ihr gefällt es, daß diese anders sind als sie selbst, *"sich viel mehr trauen als ich."* Sie selbst hat sich zwar schon häufig vorgenommen, mal einen Schritt auf andere zu zu machen. *"Das habe ich mir schon oft gedacht, aber nie gemacht, und dann habe ich immer kurz vorher gedacht, beim nächsten Mal, nächstes Mal, nächstes Mal."* Die Frau hatte sich überlegt, in eine Therapie zu gehen, denn *"die würde bestimmt was bringen."* Sie wollte *"immer schon mal gerne zum Psychologen gehen, schon Zeit meines Lebens, oder Hypnose oder sowas in der Richtung, weil ich habe an meine Kindheit so gut wie keine Erinnerungen, und das ist meiner Meinung nach, was ich noch weiß, zu wenig. Da muß also vielleicht irgendwas vielleicht mal passiert sein, wo ich irgendwo abblocke, und das würde ich doch mal zu gerne wissen, was das ist."* Gehindert hat sie an diesem Entschluß bisher der finanzielle Aufwand, *"dafür Hunderte von Mark bezahlen, das ist mir zu teuer, wenn das mit ein paar hundert Mark dann getan ist."*

Die Idee zum Auftritt bei 'Ilona Christen'

Die Befragte sieht Talk-Shows schon aus zeitlichen Gründen eher selten. Bei der Auswahl ist es ihr wichtig, daß *"das Thema interessant ist"* und die Talk-Show 'Ilona Christen' hat *"meistens gute Themen."* Auf die Idee, selbst mit ihren persönlichen Problemen im Rahmen einer Talk-Show aufzutreten, war die Befragte allerdings bisher nicht gekommen. Der Auftritt wurde durch ihre Söhne initiiert, die im Videotext den Aufruf sahen, sich zum Thema 'Schüchternheit' zu melden: *"Meine Kinder haben da angerufen. Die haben das auf dem Videotext gesehen, und dann haben die da angerufen, haben da auf das Band irgendwas gesprochen. Und dann kam der Rückruf hierhin, da wußte ich aber inzwischen Bescheid."* Sie selbst war zunächst fassungslos und fragte ihre Kinder, *"ob die total durchgedreht wären. Ja, aber die fanden das mal eine gute Idee, und dann haben die mich auch überredet: 'Wenn die dich nehmen, mach das mit.'"* Ihre Kinder wollten sie auf diese Weise dazu bewegen, ihre Scheu zu überwinden und sagten: *"Mach das endlich mal und tu mal."* Sie selbst hoffte bis zum Schluß, daß es doch nicht klappt. Da sie zur Zeit der Aufzeichnung wieder einmal stationär behandelt wurde, dachte sie: *"Na ja, vielleicht lassen die dich gar nicht aus dem Krankenhaus weg den einen Tag, dann hast du auch eine Ausrede, brauchst du doch nicht hinzugehen."* Letztlich bekam sie aber die Erlaubnis und nahm an der Sendung teil.

Beweggründe *(Typ: Patient – Ideologe)*

Von ihren Kindern überraschend angemeldet und überredet, wertete die Befragte die öffentliche Situation des Auftritts gewichtiger als alltägliche Situationen, in denen sie sich letztlich immer hatte zurückziehen können: *"Jetzt steht da ein bißchen Zwang und Druck dahinter."* Daher hatte sie sich gedacht: *"Jetzt machst du das einmal, wenn du dich das einmal traust, traust du dich das vielleicht demnächst auch."* So hoffte sie, ihre Schüchternheit auf diese Weise ein Stück weit in den Griff bekommen zu können: *"Ich habe gedacht, irgendwann muß ich mal anfangen, bis ich tot bin, sonst sterbe ich hinterher und habe das immer noch nicht gemacht."* Indem sie ihre Schwierigkeiten öffentlich machte, wollte sie sowohl sich selbst als auch von ähnlichen Problemen betroffenen Zuschauern helfen: *"Das hilft doch zum Nachdenken oder mal neue Seiten sehen, die meisten Sachen haben ja doch zwei Seiten, eine Sache vielleicht einmal von einer anderen Seite zu sehen. Daß man sieht, daß so viele schüchtern sind, vielleicht ist das ja was ganz Normales."* Mut machen wollte sie darüber hinaus auch Menschen, die in einer ähnlich unglücklichen Beziehung verharren, anstatt ihr Leben selbst in die Hand zu nehmen: *"Vielleicht regt das ja ein paar Leute zum Nachdenken über sich selber an." "Ehe man in einer schlechten Ehe ausharrt, ich meine, vom Verstand her habe ich das die ganzen Jahre gewußt, aber bis ich mich getraut habe, den Schritt zu machen, das hat also lange gedauert, und heute sage ich, das war falsch. [...] Heute würde ich jedem sagen: 'Also wartet nicht, nicht lange warten.'"*

Der Auftritt

Am Tag der Aufzeichnung kam die Teilnehmerin als letzte, *"die anderen waren auch alle schon da. Da fiel das wenigstens gar nicht so auf, da war ich nicht die erste, das war schon mal für mich ganz gut."* Vor dem Auftritt saß sie mit den anderen Gästen zusammen, es wurde noch *"ein bißchen geredet"*, und die Befragte war *"sehr nervös."* Dieser Zustand hielt während der Aufzeichnung an: *"Ich habe die ganze Zeit da gesessen, mir lief der Schweiß hinten runter, und ich hatte hinterher richtig kletschnasse verkrampfte Hände."* Zudem fror sie: *"Ich glaube nicht, daß das so kalt im Studio war, ich nehme an, das war nur so eine Aufregung, ein innerer Zustand."* Daß sie ihre private Geschichte vor einem Millionenpublikum erzählte, war ihr im Moment der Aufzeichnung nicht bewußt: *"Das habe ich irgendwo verdrängt." "Ich könnte auch heute nicht mehr sagen, wie viele Leute da im Saal waren, ich habe auch versucht, da nicht mehr hinzugucken, damit ich es erst gar nicht sehe, die vielen Leute, die da rumhocken."* Ihr Verhalten vor der Kamera fand die Teilnehmerin *"überhaupt nicht normal. Ich fand, ich habe da rumgestottert"* und beurteilte auch ihre Gesprächsbeiträge sehr kritisch: *"Irgendwie fand ich nachher alles blöd, was ich gesagt habe. Sobald ich fertig war, habe ich gedacht, war Schiete."* Als die Aufzeichnung beendet war, hatte sie nur noch den

Wunsch, das Studio schnellstens zu verlassen: *"Ich habe mich ganz schnell angezogen und habe gedacht, jetzt muß ich ganz schnell nach Hause fahren. Da wollte ich also nichts mehr sehen, nichts mehr hören, ich wollte nur noch nach Hause."*

Folgen des Auftritts

Die Resonanz auf den Auftritt der Teilnehmerin war durchweg positiv. *"Die Kinder sagten: 'Das war doch ganz normal, das war doch richtig so.'"* Die Leute, die sie im Krankenhaus kannte, fanden ihren Auftritt *"sehr gut"*, und die Kollegen meinten, *"das wäre ganz normal, das wäre typisch so, wie ich auf der Arbeit auch wäre, die sagten auch, das merkt man auf der Arbeit, daß ich sehr ruhig bin."* Die Teilnehmerin wurde *"ausgefragt, wie es dazu gekommen wäre, wie das gewesen wäre, ob man da Geld für kriegt"*, und es schien ihr, als wollten die anderen selbst im Fernsehen auftreten und daher wissen, *"wie man das macht und wie man da drankommt."* Bestätigende Reaktionen erfuhr die Frau auch bezüglich des von ihr veröffentlichten Problems 'Schüchternheit', das ein weit verbreitetes Phänomen zu sein scheint: *"Viele Leute sagen es von sich selber dann auch, ich würde sagen, fast fünfzig Prozent, mindestens, eher mehr als weniger."* Daß es anderen ähnlich geht, macht das Problem für die Betroffene selbst erträglicher: *"Jedenfalls bin ich nicht so alleine, wenn es einem selber schlecht geht, dann geht es allen anderen schlecht, dann ist das ja schon nicht mehr so schlimm."* Aber trotz dieser positiven Wirkungen ist sie sich letztlich nicht sicher, ob ihre Hemmungen nach dem Auftritt weniger geworden sind: *"Manchmal bilde ich mir ein, ich würde mich heute mehr trauen, aber manchmal denke ich mir auch, es ist genauso geblieben wie vorher, ich bin mir nicht sicher." "Ob sich viel geändert hat, glaube ich nicht."* Auf jeden Fall hat der Auftritt *"bestimmt auch Nerven gekostet"*, und die Befragte glaubt nicht, daß sie sowas noch einmal machen würde.

5.1.11 Fall 11: Kriegste Geld, kannst den Laden erwähnen, machste mal

Persönliche Situation, Bedürfnis- bzw. Problemlage

Die 28jährige Interviewpartnerin hat in ihrem Leben schon verschiedenste Berufe ausgeübt. So absolvierte sie ein Kirchenmusikstudium, arbeitete später als Krankenschwester und ist heute Inhaberin einer Modeboutique, doch bereits jetzt *"juckt"* es sie schon wieder, bald etwas anderes zu machen. Die Befragte interessiert sich für einen Job beim Fernsehen, denn dort zu arbeiten bedeutet für sie, *"in einer gewissen Form Einfluß zu nehmen, den man selber auch für gut hält, zum Beispiel. Oder einfach eine Möglichkeit, gut Geld zu verdienen auch natürlich."* Da ihr die notwendige Ausbildung fehlt, wäre ein Job vor der Kamera *"die einzige Möglichkeit, Geld zu verdienen, weil ich hinter der Kamera einen Ausbildungsweg gehen müßte, der mir so wenig finanzielle Unterstützung bietet, daß ich mir das einfach nicht leisten könnte."* Die Interviewpartnerin ist mit einer Journalistin befreundet, mit der sie *"ein paar Projekte"* plant, in denen sie selbst vor der Kamera stehen soll. Ob sie für so einen Job geeignet ist, weiß sie nicht: *"Ich müßte es ausprobieren, ob ich das kann."* Es hängt nicht zuletzt davon ab, inwieweit sie sich verkaufen müßte, denn sie will sich *"in Anführungsstrichen wenigstens grob [...] so darstellen, wie ich mich fühle, und [...] nicht so tun [müssen], als ob."*

Die Idee zum Auftritt bei 'Hans Meiser'

Ein Freund einer Freundin, der bei 'Hans Meiser' ein Redaktionspraktikum machte, bekam den Auftrag, Leute zum Thema 'Unglückliche erste Liebe' zu suchen. *"Und dann hat er erst diese Freundin von mir eben angesprochen, [...] und dann hatte die aber irgendwie überhaupt keinen Bock dazu, weil sie sagte: 'Ich will nicht und überhaupt nicht, aber frag doch mal [Name der Interviewpartnerin].'"* Daraufhin wurde die Interviewpartnerin von der Redakteurin angerufen, *"und dann habe ich gesagt: 'Komm doch einfach mal vorbei.' Das hat sie dann auch gemacht. Und dann haben wir uns irgendwie kurz unterhalten, und ich wußte auch überhaupt nicht, ob das jetzt irgendwie klappt oder nicht klappt. Und dann rief sie mich einige Zeit später an und sagte, wäre ja wohl klar gewesen. [...] und dann haben wir einen Termin gemacht."* Da die Frau die Talk-Show nicht kannte, sah sie sich in der Nacht vor der Aufzeichnung die Wiederholung der Tagessendung an, *"dann gefiel er mir eigentlich schon gar nicht, und ich wollte auch schon gar nicht mehr hingehen."* Nach Meinung der Interviewpartnerin ist die Sendung *"nicht intellektuell anspruchsvoll, ohne daß ich jetzt sagen möchte, daß ich jemanden dafür verurteile, wenn er sie sich anguckt. Also, wenn ich nachmittags zu Hause bin und bügele, dann gucke ich mir die vielleicht auch an, [...] das kann mich dann auch kurzweilig unterhalten, das ist gar kein Thema."* Letztlich aber ist es eine Sendung, *"die die Masse anspricht, aber es ist nichts, was mir gefällt."*

Beweggründe *(Typ: Propagandist – Fernseh-Star)*

Als die Befragte angesprochen wurde, dachte sie sich: *"Na gut, kriegste Geld, kannst den Laden erwähnen, machste mal."* Daß sie dabei ihre private Geschichte, den unglücklichen Ausgang der Beziehung mit ihrem Ex-Freund, veröffentlichen würde, stand völlig im Hintergrund, war ihr *"scheißegal, ich habe einfach nur gedacht, da schauen so viele Leute zu und werden auch ein paar Kölner dabei sein und [das] kann nicht schlecht sein."*

Darüber hinaus stellte der Auftritt auch eine Möglichkeit dar, ihr Talent vor der Kamera zu testen. So hatte sie es *"auch auf einen Rat von einer Freundin hin gemacht, die mit Film zu tun hat, und wir haben ein paar Projekte vor, auch in Kombination mit mir, und für sie war das eigentlich auch so eine Sache, daß sie gesagt hat: 'Laß uns einfach mal gucken, wie du kommst vorm Fernsehen, also vor der Kamera.' Und das war also auch schon noch so ein Aspekt."* Dabei hatte sie zwar einerseits überhaupt nicht damit gerechnet, durch ihren Auftritt entdeckt zu werden, andererseits hatte sie doch *"Hoffnungen, entdeckt zu werden und pro Moderation da irgendwie zwanzigtausend Mark zu kriegen, die Hoffnung hat man, sicher, klar."*

Der Auftritt

Am Tag der Aufzeichnung fuhr die Teilnehmerin ins Studio und nutzte bereits vor der Sendung die Situation, um Werbung für ihr Geschäft zu betreiben. *"Und dann habe ich noch zwei andere Mädels kennengelernt, wohl auch aus der Redaktion, die ich direkt angehauen habe, von wegen: 'Ich habe einen Second-Hand-Laden, bringt mir mal ein paar Klamotten.' 'Klar.'"* In der Maske zeigte sich ihr professionelles Geschick, denn sie mußte *"nicht nachgeschminkt werden, die haben nur drübergepudert, weil ich war geschminkt, ich hatte mich vorher schon etwas dicker, sozusagen telegen aufgestylt, und dann war da auch nichts mehr zu machen."* Auch das Lampenfieber machte ihr kaum zu schaffen, und die Teilnehmerin sah dem Auftritt entspannt entgegen: *"Aufgeregt war ich nicht. [...] Hatte ein bißchen schweißige Hände vielleicht, aber unauffällig. Also, ich habe das einfach auf mich zukommen lassen, ich fand das einfach als Erfahrung mal ganz witzig."* Andere Studiogäste, die in der Situation weniger entspannt waren, versuchte sie während des Auftritts zu beruhigen, *"hatte nur das Bedürfnis, der über den Rücken zu streichen, weil die irgendwie total fertig war, und das Mädel neben mir war auch ziemlich fertig, ich habe eigentlich nur von beiden Seiten irgendwie so immer nur leicht über die Schulterblätter gefahren, [...] also diese Situation fand ich eher nicht angenehm."*

Es gelang der Teilnehmerin nicht, im Gespräch vor der Kamera Werbung für ihren Laden zu betreiben. *"Das hat dann nicht geklappt, und ich habe es dann nicht fertiggebracht zu sagen: 'Ich habe nicht einfach nur einen Laden in K., der Klamotten verkauft, sondern ich habe einen Second-Hand-Laden da und da.'"* Sie glaubt, daß der Moderator sie bewußt daran gehindert hat: *"Das hat er auch mit Sicherheit, unterstelle ich ihm einfach, hätte er auch anders machen können."* Überhaupt hatte die Frau das Gefühl, *"daß er mit mir nicht gut konnte."* Ihrer Meinung nach lag das daran, daß sie *"ihm zu direkt einfach"* war und den Bereich 'Sexualität' beispielsweise offen ansprach. Zwar war der Befragten bewußt, daß das zu dieser Sendezeit problematisch ist, *"aber dann sollen sie Liebeskummer [...] nicht zu so einer Uhrzeit senden." "Hans Meisers Art und Weise, damit umzugehen, fand ich Panne."* Die Teilnehmerin hatte das Gefühl, daß der Moderator *"gar nicht in die Tiefe, wirklich in die Tiefe geht, denn also alle Fragen, die zu dem Thema Liebeskummer waren, sind für mich oberflächlicher Natur gewesen."* In ihren Augen ist Hans Meiser *"zu abgebrüht, also, ich mochte seine Art einfach nicht. Das ist so eine verkappte Freundlichkeit und auf Leute eingehen, die eigentlich nur dazu dient, sich selbst ins rechte Licht zu rücken, und nicht, irgendwelche Informationen weiterzugeben."* Dennoch hat sich der Auftritt für die Teilnehmerin vom finanziellen Aspekt her gelohnt, sie bekam *"zweihundert oder zweihundertfünfzig, zweihundert [Mark] glaube ich. Das war für mich, für zwei Stunden war das, fand ich das vollkommen okay. Ich bin, wie gesagt, abgeholt worden und wieder zurückgebracht worden und hab da Lachsschnittchen gekriegt und war okay."* Für ihr souveränes Verhalten vor der Kamera wurde ihr nach dem Auftritt Anerkennung von den Verantwortlichen zuteil: *"Anschließend kamen halt sehr positive Sachen, also einer der Kameramänner hat mir irgendwie auf die Schulter geklopft und gemeint, wär' klasse gewesen, und [Name der Redakteurin] hat irgendwie gemeint, wäre Klasse gewesen. Ich fand es nicht so toll, aber habe ich dann einfach mal so angenommen, 'ne und ja. Und dann bin ich sofort gefahren. Habe ich mich mit [Name des Praktikanten] noch kurz unterhalten, der kam natürlich dann auch, dieser Freund von der Freundin, und hat gemeint, wär' gut gewesen, und dann, das wars, und dann habe ich, also mit Hans Meiser habe ich mich nicht verabschiedet, kein Wort mehr gewechselt, ich bin dann zackig gefahren."*

Folgen des Auftritts

Bis auf ein paar kritische Stimmen aus dem näheren Umfeld ihrer Familie kam *"so in der Regel, von den Leuten, mit denen ich konkret zu tun hab, [...] eigentlich nur Positives."* Darüber hinaus wurde sie auch von Fremden auf der Straße erkannt: *"'Habe ich sie nicht bei 'Hans Meiser' gesehen?' oder so. Habe ich gesagt: 'Kann sein, tschö.'"* Von Unbekannten bekam sie zudem *"zwei nette einigermaßen ernstgemeinte Kennenlernangebote und zwei oder drei sogar ziemlich obszöne Geschichten"*, hat aber letztlich *"alles abgeblockt."* Wirklich wichtig war ihr eigentlich nur das Urteil von Fachleuten. So sprach sie mit der befreundeten Journalistin und einem befreundeten Regisseur, *"und die meinten halt nur beide daraufhin: 'Wir würden sofort was mit dir machen in der Richtung.' Und das ist auch das einzige, was ich denn auch so als professionell empfunden habe, einfach so eine professionelle Aussage, würdest du vor der Kamera gut rüberkommen oder nicht."* Zwischenzeitlich hat sie mit der Journalistin bereits ein erstes Projekt realisiert: *"Und ich hab danach jetzt auch noch vor drei Monaten mit ihr zusammen in Kuba einen Film gemacht für Arte. Und bin zwar auch nur zweimal in dem Fall durchs Bild gelaufen, aber hab da schon so in richtige Filmarbeiten reingeschnuppert und einige Kontakte geknüpft und möchte auch irgendwie schon so noch was eventuell draus machen. Also das weiß ich noch nicht, ist noch nichts Konkretes, aber wir haben schon ein paar Projekte zusammen vor."* An Erfahrungen mit täglichen Talks hingegen ist ihr Bedarf gedeckt, lediglich monetäre Aspekte könnten sie noch locken: *"Also zu 'Hans Meiser' aber wäre ich nie wieder gegangen, zu 'Ilona Christen' wäre ich nicht mehr gegangen, zu 'Bärbel Schäfer' wäre ich jetzt nicht mehr gegangen, das ist das, was ich jetzt gesehen habe. Zu Alfred Biolek würde ich gehen, Margarethe Schreinemakers würd' ich mir überlegen, weiß ich nicht. Aber so von Talk-Sendungen, außer zu Biolek, denke ich, käme aufs Geld an."*

5.1.12 Fall 12: Man wird gesehen, sind wir doch mal ehrlich, es ist doch so

Persönliche Situation, Bedürfnis- bzw. Problemlage

Die 50jährige Frau hat in ihrem *"Leben schon viel mehr Tiefen als Höhen erlebt."* Nach der Scheidung von ihrem Ehemann stand sie mit drei Kindern alleine da, und um diese durchzubringen, begann sie, als Schichtarbeiterin in einer Fabrik zu arbeiten, in der sie heute immer noch tätig ist. Als sie vor einiger Zeit einen in Deutschland lebenden Amerikaner kennenlernte, schien das Schicksal es einmal gut mir ihr zu meinen, denn die Beziehung zu ihm war für sie *"wirklich die spezielle Liebe."* Sie erlebte ihn als einen einfühlsamen Partner, der beruhigenden Einfluß auf ihre manchmal impulsive Persönlichkeit ausübte: *"Er war ein Super-Mensch, nicht geraucht, nicht getrunken, immer so für mich Verständnis, wenn ich mal explodiert bin. War schön ruhig. Das ist alles an ihm abgeprallt, [...] wenn ich gestreßt war von der Fabrik. Und er hat gesagt: 'Du kannst genauso ruhig sein, oder laut, es ist dasselbe.' Da hat er Recht gehabt. (..) Ach, es war schon sowas, 'ne. [...] Manchmal habe ich angefangen zu streiten, wahrscheinlich wollte ich Aggressionen abbauen. Und dann hat er mich in den Arm genommen, hat er mich gestreichelt: 'Ist schon gut, ist gut.'"* Anderthalb Jahre waren die beiden ein Paar, als ihr Partner in die Staaten zurückgehen mußte, um dort seine schwerkranke Mutter zu versorgen, und weil er darüber hinaus berufliche Verpflichtungen hatte. Die beiden planten eine gemeinsame Zukunft, indem sie beschlossen, daß die Befragte nach ein paar Monaten entweder nachkäme oder er, falls die beruflichen Erfolge ausblieben, wieder zurückkommen würde. Als ihr Partner in die Staaten zurückfuhr, war *"der Abschied [...] so schlimm, es war so furchtbar, ich wollte nicht mehr leben. Ich habe Beruhigungstabletten geschluckt. Ich bin bei Rot über die Ampel gefahren. Ich war wie weg."* Sie trank zuviel und es dauerte lange, bis sie sich wieder fing, *"bis ich gedacht habe, das geht nicht, so geht es nicht weiter, ich brauche meinen Führerschein und ich muß irgendwann mal klar werden."* Während ihr Partner sich selten bei ihr meldete, entwickelte die Frau eine wahre Schreibwut, um den Kontakt aufrechtzuerhalten: *"Ich habe Briefe geschrieben, Briefe geschrieben, Briefe geschrieben, ich habe mich bald wahnsinnig gemacht."* Das Schreiben praktiziert sie als Ausgleich zur Arbeit schon seit längerem nicht nur in Form von Briefen: *"Ich schreibe viel, ich schreibe viele Geschichten."* Diese Tätigkeit *"füllt mich aus. [...] ich bin immer am Schaffen, immer am -, nicht körperlich, aber da oben nicht. Und da will ich mich fit halten. Wenn sie Zeit haben, gebe ich ihnen später mal was zu lesen. Und, ach ich bin, wissen sie, manchmal denke ich, ich hätte irgendwas besonderes in mir drin und das lebe ich aus."* Dabei hat die Interviewpartnerin das Bedürfnis, sich einem großen Publikum mitzuteilen: *"[Ich] versuche immer, in die Zeitung reinzukommen, habe ich auch schon ein paarmal geschafft."*

Die Idee zum Auftritt bei 'Hans Meiser'

Die Befragte kennt die Sendung schon seit längerem, guckt sie aber schon aufgrund ihrer Arbeitszeit nicht regelmäßig. Sie sieht sich 'Hans Meiser' an, *"wenn das Thema gut ist, [...], wenn nicht, dann mache ich halt aus"* und findet die Sendung *"im großen und ganzen gut"*, denn *"man lernt [...], was eben Menschen betrifft, welche Probleme sie haben, wie sie damit fertig werden."* Das hilft der Frau auch, ihre eigenen Probleme zu akzeptieren: *"Manchmal denke ich auch, eigentlich sind meine Probleme doch gering gegen die Probleme, die jetzt da auf den Tisch kommen."* Allerdings werden ihrer Meinung nach in der Sendung auch Dinge ausgebreitet, *"die gar keine Probleme sind"*, die Leute *"machen die zu einem Problem."* Was ihr gar nicht gefällt, ist, *"daß die Leute immer zuviel Fremdwörter gebrauchen [...]. Was nicht gerade ein gebildeter oder hochgebildeter Mensch ist, kommt oft mit den Wörtern überhaupt nicht zurecht."*

Eines Tages las sie im Nachspann der Sendung: *"'Schreiben sie unter dem Thema: [Titel der Sendung: 'Unglückliche erste Liebe']."* Trotz großer Zweifel an der Medientauglichkeit ihrer Geschichte hatte sie *"dort hingeschrieben, ich hätte doch nie geglaubt, da kommst du mal hin. Ich habe mir gedacht, es sind ja überwiegend jüngere Leute oder jüngere Personen, die schreiben. Die denken, die Liebe ist für Ältere gar nicht mehr oder (..) oder das ist dumm oder. [...] Ja, und dann habe ich dahin geschrieben, ich habe aber dann weiter -, für mich war das Thema erledigt, ich habe dahin geschrieben, fertig, die sollen es wissen, so ungefähr. Und zwei Tage später ruft die [Name der Redakteurin] mich an, ich denke, das gibt es überhaupt nicht. Ja, und freitags war sie schon gekommen. Da haben wir uns so lieb unterhalten, so nett, und dienstags drauf dann (..) war ich dann in Köln. Und das war dann ein Ereignis."*

Beweggründe *(Typ: Fernseh-Star)*
Sich und ihre Gefühle zu veröffentlichen ist ein grundsätzliches Anliegen der Teilnehmerin, das sich beispielsweise in dem Bedürfnis zeigt, ihre eigenen Kurzgeschichten in Zeitschriften publizieren zu wollen. Die Veröffentlichung einer Geschichte bedeutet für die Befragte Hoffnung auf Aufmerksamkeit und Anerkennung. So macht sie auch die Chance, im Rahmen einer Talk-Show auftreten zu können, *"stolz, da überhaupt hinzukommen, [...] man wird gesehen, sind wir doch mal ehrlich, es ist doch so."* Durch die Veröffentlichung ihrer privaten Erlebnisse hoffte sie, Anerkennung in einem größeren Rahmen zu erfahren, wollte *"dort mal beweisen, daß ein Mensch oder eine Frau mit fünfzig Jahren noch Gefühle hat oder Empfindungen oder auch noch leiden tut."* Dabei ging es ihr nicht darum, *"schmutzige Wäsche"* zu waschen

und auch *"intime Sachen, die muß ich auch nicht loswerden"*, sondern nur *"das, was jeder hören kann und wissen kann."*

Der Auftritt

Ehe sich die Teilnehmerin versah, war der Tag der Aufzeichnung gekommen: *"Ich konnte das alles gar nicht -, das ist alles zu schnell gegangen, ich konnte das gar nicht so, so richtig checken. Das war so spontan alles. Ach Gott, da fahr ich halt mal hin, und ich hatte keine Hemmungen, keine Komplexe gehabt, gar nicht gehabt, ich habe mich nur gefreut."* Als die Frau zum Dreh fuhr, war sie unsicher, was sie beim Fernsehen erwarten würde: *"Ich bin dort hingekommen, denke ich, was da dich erwartet, das sind alles Persönlichkeiten."* Um so glücklicher war sie, daß diese sich völlig natürlich, überhaupt nicht arrogant verhielten. Daß das Prominente sind, *"das hat man nie zu spüren gekriegt. [...] so freundlich, so hilfsbereit, so herzlich, also, das gibt es nicht."* Diesen Eindruck hatte sie nicht nur von den Mitarbeitern, sondern auch vom Moderator: *"Und wie dann der Hans Meiser ins Zimmer gekommen ist, wo wir da gehockt haben, man hat keine Hemmungen gehabt, keine Komplexe, er hat mit uns erzählt, so, wie ich mit ihnen jetzt erzähle, also, es war ganz super, ich fand den Mann super."* Die Befragte empfand den Moderator als *"sehr normal, sehr menschlich, ich glaube, wenn der Hans Meiser jetzt reinkäme, zum Beispiel, und ich würde sagen: 'Herr Meiser, haben sie Hunger, ich habe Linsensuppe gekocht', er würde nicht sagen: 'Nee.' So stelle ich mir ihn vor. Ganz normal, wie sie und ich, wie irgendwer. Nicht hochgestochen, gar nichts."* Die sie betreuende Redakteurin sorgte dafür, daß die Teilnehmerin nicht nervös wurde, *"war eigentlich maßgebend, daß ich ruhig war. Gleich, wie ich gekommen bin, hat sie mich in den Arm genommen, und nachher haben wir uns nett unterhalten, und am Telefon immer wieder, und die hat mir so eine Ruhe gegeben. Und dann hat sie mich in den Arm genommen."* Auch die anderen Mitarbeiter *"haben auch die Ruhe ausgestrahlt, weil sie alle so gelassen und so freundlich und so hilfsbereit und einfach wie du und ich waren. Da war niemand dabei, der arrogant war, überhaupt nicht, und das war das, was die Menschen ruhig macht. Keine Hektik, gar nichts."* *"Also wirklich, sie haben sich so bemüht und: 'Wollen sie was essen?' 'Wollen sie was trinken?' 'Greifen sie zu!' Und: 'Iß was!' Also wirklich ganz prima. Nur Pluspunkte."* Einmal erleben zu dürfen, wie Fernsehen gemacht wird, war für die Teilnehmerin *"schon interessant, mit den Kameras, das (..) Studio, wo man ein bißchen zum Mensch gemacht wird. Wie das alles so abläuft, und auch vor der Sendung, der Meiser, jetzt fangen wir an, so einfach reden, so ganz normal."*

Die Redakteurin hatte sich in den Tagen vor dem Dreh nach der Telefonnummer ihres Freundes in Amerika erkundigt, und die Teilnehmerin wurde während der Sendung mit einer Live-Schaltung überrascht. *"Und wie der dann anruft, ich denke, mir geht die Erd' weg."* In dem Moment, wußte sie gar nicht, wie ihr geschah: *"Ich war erschrocken, und ich war so glücklich, ich kann ihnen das gar nicht sagen. Die Stimme zu hören, und daß das ganze Publikum das auch hört -, es war ein Gefühl, ich kann es gar nicht beschreiben. Es war so schön, es war super."* So war der Tag für die Teilnehmerin *"groß, ich habe mich ehrlich gesagt gefühlt wie ein Star, ich kann es nicht so beschreiben, es war ganz großartig."* Die Teilnehmerin genoß die Aufmerksamkeit und die Wertschätzung ihrer Person: *"Es war einfach schön, es war einfach schön. Das Publikum war da, und es war irgendwie, ich habe mich gefühlt wie in der Großfamilie, so ungefähr. Es war toll, ich ginge jetzt wieder hin."*

Folgen des Auftritts

Nach ihrem Auftritt wurde die Interviewpartnerin von vielen Leuten angesprochen: *"Man war plötzlich, im Moment, nur für drei Tage vielleicht, war man das Gesprächsthema. Aber zum Guten, nicht irgendwie nachteilig. Und viele haben gesagt: 'Ach, das hast du prima gemacht. Mensch, du hast Mut.' Und in der Firma: 'Du hast Power, Klasse' und so, 'ne. Und das war für mich schön, hat mich aufgebaut."* Negative Reaktionen gab es kaum:*"Es haben nur die blöd reagiert, die wirklich blöd sind, das muß ich ihnen ehrlich sagen."* Nicht nur Bekannte, sondern auch Fremde sprachen sie an: *"'Ich kenne sie doch.' Ich sage: 'Tut mir leid, ich kenne sie nicht.' 'Ach, ich kenne sie doch.' (..) 'Ich weiß es nicht, ich weiß es nicht.' 'Sie waren im Fernsehen.' 'Ja, stimmt.' Oder wie ich zum Arzt bin. Ach Gott, ich denke, mich trifft der Schlag, ich komme da rein: 'Ah, unser Fernseh-Star, unser Fernseh-Star.'"* Am Telefon entbrannte *"ein regelrechter Terror, nicht bösartig. Und jeder hat nur angerufen und wahrscheinlich gedacht, er wäre der einzige."* Sogar aus dem Osten und aus England riefen Leute an. Hinterher ging es *"sogar so weit, daß ich den Stecker rausgezogen habe, ich kann es nicht mehr hören, weil ich ja immer dasselbe gesagt habe."* Wie ein Filmstar hofiert zu werden war der Teilnehmerin fast schon zuviel: *"Und wie ich dann (..) in den Ort bin auch, das war ein Sturm, ich denke, bin ich jetzt Liz Taylor oder Joan Collins oder wer bin ich jetzt? Oder in der Firma, die kamen: 'Ach Gott, wie super.' Und: 'Sowas hat es noch nie gegeben in der Firma-'. Also ich war -, mir war das gar nicht so angenehm. Ich kann das nicht so haben, ich bin ja derselbe Mensch geblieben wie vorher, nur, daß das jetzt ein Ereignis war."* Ihrer Meinung nach haben die Leute *"eine verdrehte Vorstellung davon, wie man dahin kommt. Die sehen das als eine riesengroße Sache, natürlich war es für mich auch riesengroß, aber so riesengroß ist es doch gar nicht. Da sind doch jeden Tag so viele drin. So riesig ist das gar nicht."* Dennoch haben der Tag im Studio und die unglaubliche Resonanz die Frau so beeindruckt, daß sie gerne noch einmal in einer Talk-Show auftreten würde: *"Ich würde mal gerne versuchen -, ich meine, zum Hans Meiser werde ich wohl nicht mehr können, weil die [Name der Redakteurin] sagt: 'Personen, die mal da waren, für die ist es schwer, wieder reinzukommen.' Die wollen ja andere Gesichter, das ist ja klar. Aber ich wollte mal versuchen, vielleicht zum Jürgen Fliege irgendwie."*

Ihre Beziehung nahm keinen glücklichen Verlauf. Zwar hätte sie im Sommer nach Amerika fliegen können, *"nur, wäre ich rübergefahren, ich hätte ja wieder nach Deutschland gewollt, ich will ja nicht drüben bleiben. Ich habe mir das alles mal überlegt."* Da sie seit 24 Jahren in der Fabrik arbeitet, ist sie ihrer Meinung nach jetzt *"in dem Alter, wo man nicht mehr so von vorne anfangen kann."* Zudem möchte die Interviewpartnerin ihre Unabhängigkeit nicht aufgeben: *"Ich will mein eigenes Ich bleiben, und ich will nicht betteln müssen um fünf Dollar. Ich habe mein Geld, und wenn ich mein Geld ausgebe, ist es eben weg. Ich kann machen, was ich will, ich bin mein eigenes Ich, und das will ich mir behalten. Und das wäre halt nicht."* Die Schmerzen, die sie beim Abschied ertragen hatte, will sie nicht noch einmal erleiden müssen. So verflog die *"erste Euphorie"* und wenn man *"ein bißchen Abstand gewonnen [hat], dann fängt man ja erst mal an, klar zu denken. [...] der Alltag fängt ja irgendwann an. Und der sieht ja dann ganz anders aus, wie nur Händchen halten und Kino gehen oder ausgehen, das ist ja anders, dann, das ist ja nicht die Realität dann."* Zwar hat sie zu ihrem Ex-Freund noch Kontakt: *"Ich habe ihm jetzt wieder eine Geburtstagskarte geschrieben, ich schreibe eine Weihnachtskarte, ab und zu schreibe ich eine Karte, wir sind ja Freunde geblieben, nur die Beziehung bringt jetzt nichts."* Mittlerweile ist *"alles eingeschlafen"*, aber manchmal sehnt sie sich nach ihm. Dann schaut sie sich die Aufzeichnung auf Band an: *"Wenn ich Heimweh kriege nach ihm, dann gucke ich es wieder."*

5.1.13 Fall 13: Wenn ich mal darüber reden kann, dann bin ich darüber weg

Persönliche Situation, Bedürfnis- bzw. Problemlage

Die 19jährige angehende Hotelfachfrau lernte vor vier Jahren ihre erste große Liebe, einen Schulkameraden, kennen. Sieben Monate waren die beiden ein Paar, und die junge Frau war völlig auf ihren Partner fixiert: *"Ich habe eigentlich so richtig einseitig gelebt, ich habe halt nur für ihn gelebt und habe halt rechts und links nichts mehr gesehen, und ich habe unheimlich viel auch verloren um mich 'rum, mein ganzes Umfeld."* Ihrem Absolutheitsanspruch konnte die Beziehung nicht gerecht werden. *"Das war einfach zuviel, weil wir waren sechzehn, damit konnten wir gar nicht klarkommen, damit konnte keiner, mit diesem Wahnsinnsgefühl, was ich da reingesteckt habe, [...]. Aber das war damals wirklich schier unmöglich, was ich da verlangt habe, ich habe auch viel von ihm verlangt, und sobald das dann nicht erfüllt wurde, war er dann schlecht, so ungefähr, und hat mir nie das gegeben, was ich wollte, und dabei hat er mir das gegeben, was er konnte, was für ihn drin war. Und da wurden meine Erwartungen halt nicht erfüllt."* Trotz dieser Konflikte war die junge Frau weder in der Lage, ihre Ansprüche zu reduzieren noch sich von ihrem Partner zu trennen: *"Er kam halt immer wieder an und hat gesagt: 'Komm [Name der Interviewpartnerin], wir versuchen es noch mal.' Und ich bin immer wieder drauf eingegangen, habe mich immer wieder ausnutzen lassen, immer wieder mit mir spielen lassen, und ich habe halt immer wieder auf den Moment gewartet, ihm sagen zu können: 'Weißt du was, du kannst jetzt von mir aus heulend vor mir knien und sagen, [Name der Interviewpartnerin], ich habe dich aber gerne, laß es uns noch mal versuchen.' Und ich könnte sagen: 'Nein.' Und auf den Moment habe ich halt immer gewartet."* Zunehmend stellte sich heraus, daß die beiden sehr unterschiedliche Interessen hatten. Als ihr Freund immer weniger Zeit mit ihr verbrachte, terrorisierte sie ihn mit Telefonanrufen, jedoch ohne Erfolg. Man trennte sich, ohne daß es am Ende der Beziehung eine Aussprache gegeben hätte. *"Und ich habe ihn halt nie wieder gesehen, wir wohnen zwar fast so gut wie nebeneinander, aber wir sehen uns nie."* Die junge Frau litt sehr unter der Trennung: *"Liebeskummer sollte man nicht auf die leichte Schulter nehmen, das habe ich sehr extrem gespürt."* Drei Jahre lang machte sie *"die Hölle durch"* und dachte sogar daran, Selbstmord zu begehen. *"Ich hatte drei Jahre keinen festen Freund mehr, weil ich nicht dazu in der Lage war, [...] ich war drei Jahre lang, obwohl ich nicht mehr mit ihm zusammen war, nur auf ihn fixiert."* Mittlerweile hat sie ihre *"Emotionen zurückgeschraubt"* und kann über das Thema reden, ohne sofort die Fassung zu verlieren. Dennoch verspürt die junge Frau ihrem Ex-Freund gegenüber *"immer noch Emotionen." "Das ist immer noch so, wenn ich ihn sehe, dann schwappt es immer noch so über, also, es ist ja einfach so. Seine erste große Liebe vergißt man halt nie."* Jetzt, da sie begriffen hat, daß ihr Ex-Freund *"halt ein Mensch [ist], mit dem ich nicht klarkomme"*, weil er *"halt einen Charakter [hat], der mir weh tut, und das geht halt nicht"*, ist es ihr wichtig, sich vor ihm zu schützen: *"Er ist ein Mensch, auf den ich mich nie wieder einlassen möchte."* Mittlerweile hat die Befragte einen neuen Freund, der auch erfahren hat, wie sehr sie noch an ihrem Ex-Freund hing, da sie über die erste Liebe *"nie drüber reden wollte und auch nicht konnte, weil, weil mir das halt immer noch weh tat und weil mein Herz halt immer noch daran hing."*

Die Idee zum Auftritt bei 'Hans Meiser'

Die junge Frau kannte die Sendung bereits vor ihrem Auftritt und guckte 'Hans Meiser', wenn sie *"mal Zeit hat oder mal Langeweile"* hatte. Sie findet die Sendung *"recht ordentlich, würde ich mal sagen, also, da wird keine schmutzige Wäsche gewaschen"*, obwohl sie insgesamt das Gefühl hat, daß die Talk-Show *"immer schlechter"* wird: *"Ich finde die Themen manchmal sowas von ätzend, und ich finde, da sind Themen bei, da frage ich mich wirklich, warum die Menschen darüber reden."* Manchmal gefällt ihr *"auch der Hans Meiser nicht"*, denn die Befragte hat *"schon oft erlebt, daß er solange bohrt, bis er irgendwas aus den Menschen rauskriegt, was die vielleicht gar nicht erzählen wollen."*

Die Idee, in der Sendung aufzutreten, war in den Augen der Teilnehmerin ursprünglich *"ein Scherz. Meine Mutter guckt immer mal 'Hans Meiser', und die blenden dann ja am Ende immer ein: 'Bewerben sie sich zum Thema sowieso.'"* An diesem Tag ging es um das Thema 'Unglückliche erste Liebe'. *"Meine Mutter las das also, und ich habe ja noch meine ältere Schwester und meinte: 'Da müßt ihr euch bewerben. Ihr beide habt da doch wirklich die Hölle durchgemacht, das macht ihr. Und da haben wir gesagt: 'Ach Mama, da haben wir eh keine Chance.' [...] und dann meinte [Name der Schwester]: 'Schreiben wir erst mal eine Bewerbung. Und dann haben wir einen Satz geschrieben und den abgeschickt, und dann haben wir einen Anruf bekommen, und dann haben wir gesagt: 'Sollen wir es jetzt wirklich machen, war ja eigentlich nur ein Scherz, 'ne. Sind wir auch dazu bereit, das irgendwie zu erzählen?' Ja, dann haben wir gesagt: 'Lassen wir die mal kommen und gucken mal, was wir da so erzählen müssen, wie das so abläuft.'"* Daraufhin bekamen sie Besuch von der Redakteurin. *"Wir haben uns unheimlich gut mit ihr unterhalten, und dann habe ich gedacht: Okay, bis zu dem und dem Grad kann ich das erzählen, das und das erzähle ich und das und das behalte ich für mich. Und war eigentlich kein Problem."* Man einigte sich, daß die ganze Familie und Freunde zur Aufzeichnung mitkommen können, denn das *"ist natürlich ein wahnsinniges Erlebnis."* Die Redakteurin wollte nicht beide Schwestern auf die Bühne setzen und *"meinte dann nur, es wären ihr zu viele und sie müßte halt eine ins Publikum setzen, dann meinte sie aber direkt, sie möchte mich halt an den Anfang setzen, weil ich so aus mir rauskomme, weil ich so toll reden kann, und dann habe ich gesagt: 'Meinetwegen.'"*

Beweggründe *(Typ: Rächer – Ideologe – Fernseh-Star)*
Die Thematisierung ihrer ersten Liebesgeschichte bot der jungen Frau die Möglichkeit, sich selbst zu beweisen, daß sie ihre erste Beziehung emotional überwunden hat: *"Weil ich habe gesagt, wenn ich mal darüber reden kann, dann bin ich darüber weg."* So hatte die Veröffentlichung ihrer privaten Beziehungsgeschichte die Funktion, sich vom ehemaligen Partner abgrenzen zu können und auf diese Weise eventuelle Rückfälle von vornherein zu unterbinden: *"Ich habe es eigentlich deswegen gemacht, ich habe mir immer mal gewünscht, also früher habe ich mir immer gewünscht, meinem Ex-Freund das mal so richtig ins Gesicht zu sagen, am besten noch durchs Fernsehen, [...] ja und dann war es soweit, und ich war endlich nach drei Jahren soweit, darüber zu reden ohne direkt einen Heulkrampf zu kriegen, und da habe ich gesagt, das machst du jetzt einfach."* Ob er die Sendung sehen würde, wußte sie nicht, da sie keinen Kontakt mehr zu ihm hatte: *"Ich glaube, für mich hat es einfach nur die Bedeutung gehabt, darüber zu reden, und ich habe halt insgeheim die Hoffnung gehabt, daß er das irgendwie hört. Und irgendwo war das für mich so die einzige Chance, mal darüber zu reden."* Ihr neuer Freund hatte Verständnis für ihre Bedürfnisse, *"der saß auch im Publikum. Also, der stand voll und ganz hinter mir. Also, der hat gesagt: 'Wenn du das machen möchtest, dann mach das, vielleicht tut es dir gut, darüber zu reden.'"* So lag es ihr auch am Herzen, ihre Belange *"einfach nur loswerden."* Zudem fand die Teilnehmerin, die früher einmal den Wunsch hatte, Schauspielerin zu werden, *"das auch irgendwie lustig, ich fand das toll, mal ins Fernsehen zu kommen, und okay, ich meine, es mag vielleicht Seelenstriptease sein, das mag sein, aber das kommt drauf an, was und wieviel man erzählt und wie man das rüberbringt."* Neben diesem *"Erlebnis, ins Fernsehen zu gehen"*, hat sie sich mit

"dem Gedanken recht wohl gefühlt", den Zuschauern ihre *"Erfahrung mitzuteilen"*, denn das Thema 'Unglückliche erste Liebe' ist für die junge Frau ein *"Wahnsinnserlebnis, und darüber konnte ich halt viel erzählen, aber ich wüßte auch sonst kein Thema, worüber ich mich so auslassen könnte."*

Der Auftritt

Am Tag der Aufzeichnung fuhr die Teilnehmerin mit ihrer Familie und Freunden ins Studio. Sie wurden *"sehr nett empfangen"* und lernten die anderen Teilnehmer kennen, *"und wir haben halt unsere Erfahrungen ausgetauscht, haben darüber geredet. Es war auch eine tolle Gruppe, also wir haben uns vorher unheimlich gut verstanden."* Im Laufe der Vorbereitungen stellte sich der Moderator vor, dann wurde sie geschminkt, *"das war natürlich unheimlich aufregend."* Dann *"fing die Musik an, ja, dann fing Hans Meiser an zu sprechen, dann hat er mich vorgestellt, und dann hatte ich also ganz schön Herzklabaster."* Die junge Frau war als erste an der Reihe, *"und die ganzen Leute saßen vor mir und sahen alle so erwartungsvoll aus, und ja: 'Jetzt erzähl mal.' [...] die ersten ein, zwei Minuten, da habe ich wirklich gedacht, ich versinke gleich im Erdboden, ich habe gedacht, das schaffst du nicht."* Der Moderator kam ihr zur Hilfe, stellte *"gute Fragen"*, und *"dann habe ich die Leute vergessen, und wenn ich einmal ins Reden komme, ist das sowieso kein Problem mehr."*

Die Teilnehmerin hat sich *"schon wohl dabei gefühlt, den Menschen mal so meine Erfahrung mitzuteilen [...] Vielleicht habe ich dem ein oder anderen was mit auf den Weg gegeben."* Im Auftritt hatte sie endlich die lang ersehnte Möglichkeit, sich selbst und anderen zu beweisen, daß sie mit der ehemaligen Beziehung abgeschlossen hatte und gegen jegliche Rückfälle gefeit ist: *"Ich habe ihm nie das sagen können, zum Beispiel, als der Hans Meiser mich dann gefragt hat, ob ich denn jetzt, wie das jetzt wäre, wenn er jetzt wiederkommen würde und sagen würde: 'Komm, wir fliegen noch mal nach Ibiza.' Und auf den Moment habe ich seit vier Jahren gewartet, und das hat mir also so gut getan, in dem Moment zu sagen: 'Nein.' Und ich bin auch jetzt davon überzeugt, das bleibt auch dabei. Aber dazu bin ich halt nie gekommen."* Nach dem Auftritt fühlte sich die Teilnehmerin *"erleichtert"*, *"weil die Aufregung ging halt weg, und ich war mir halt sicher, ich habe gut geredet und ich habe das erzählt, was ich auch nur erzählen wollte. Und ich hatte halt unheimlich Angst, daß ich mich verhaspele und plötzlich nicht mehr weiterweiß, da hatte ich also ganz große Angst vor, und das ist mir nicht passiert."*

Folgen des Auftritts

Der Auftritt hatte für die junge Frau überwiegend positive Folgen. Ihr Freund war *"froh, daß ich endlich mal drüber reden konnte"*, denn *"das hat halt gezeigt, daß ich halt endlich damit leben kann. Daß ich wirklich darüber weg bin und auch wieder offen für was Neues bin."* Ihr Ex-Freund teilte ihr bei einem unerwarteten Zusammentreffen mit, daß er die Sendung zufälligerweise gesehen hatte und ihren Auftritt *"in Ordnung [fand], weil er meinte, das paßt zu mir. Er meinte, das paßt einfach zu meinen Typ, daß ich darüber erzähle. Er meint, ich habe nichts Schlechtes erzählt über ihn, ich habe nicht abgezogen, also. Er fand es in Ordnung, was ich da erzählt habe, und er hat sich auch keinesfalls dafür geschämt, er hat sich das in Ruhe angucken können."* Die junge Frau überzeugte ihn mit ihrer Absage: *"Ja, ich glaube, er hat es auch so ernstgenommen, wie ich das gesagt habe. Ja, also, vorbei, aus und vorbei, und das für immer."* Auf diese Weise hatte sie sich via Auftritt noch einmal beweisen können, daß ihr Gefühl zu ihrem Ex-Freund *"keine Liebe mehr"* ist und hofft, *"daß es weiter so bleibt."* Nach der Trennung hat sie langsam gelernt, sich von ihm abzugrenzen und ihre Standfestigkeit zurückzugewinnen. Durch den Auftritt *"in der Sendung wurde das noch mal verstärkt."*

Auch von anderen Leuten hat sie *"kein schlechtes Wort gehört."* Ihre Klassenkameraden, *"die fanden das super. Die fanden das so stark, ja, die ganze Schule saß vor dem Fernseher, die fanden das alle so super. Und da hat mich auch keiner hinterher blöd drauf angemacht in der Schule, hat gesagt: 'Mein Gott, war aber doof, wie kannst du denn das machen' und so, überhaupt nicht, die haben alle gesagt: 'Hey, gut, was du da erzählt hast, du hast dich tapfer geschlagen', so ungefähr. Also, ich habe da eigentlich nur Komplimente bekommen."* Auch ein Verehrer meldete sich: *"Ich habe dann halt Briefe bekommen, von einem Jungen, der fand das also ganz toll, was ich da erzählt habe, und er möchte mich auch kennenlernen, aber dafür gehe ich nicht zu 'Hans Meiser.'"* Eine unliebsame Erfahrung in der Folgezeit des Auftritts allerdings waren häufige anonyme Anrufe, wie auch Meldungen von *"Unbekannten, die halt dieselben Probleme hatten und halt Briefkontakt mit mir aufnehmen wollten, und das war mir alles etwas zu lästig. Da hatte ich auch keine Lust drauf, muß ich sagen. Ich meine, ich habe da nie drauf geantwortet."* So gab es insgesamt *"schon Momente, wo ich mich gefragt habe: Na, war das das Richtige, was du da gemacht hast?"* Diese Bedenken bezogen sich auch auf die Veröffentlichung ihrer privaten Probleme: *"Es ist ja eigentlich, was nur mit mir zu tun hat, und dann habe ich mich manchmal gefragt, mein Gott, jetzt wissen so viele Leute, was du da durchgemacht hast. Aber das waren immer nur so kurze Momente. Aber es war schon ein tolles Erlebnis."* Heute weiß die Interviewpartnerin, daß sie so etwas *"nie wieder machen"* würde. *"Fernsehen ist für mich, hat sich für mich erledigt."* Für die Befragte war es *"eine Erfahrung, aber, die habe ich jetzt auch abgeschlossen. Ich würde auch nie zu 'Ilona Christen' gehen, oder ich würde auch nie zu 'Arabella' gehen, sondern das war ein Erlebnis und das möchte ich dabei belassen."*

5.1.14 Fall 14: Weil mein Mann unfair aus der Ehe gegangen ist

Persönliche Situation, Bedürfnis- bzw. Problemlage

Die 46jährige Frau war mehr als 20 Jahre verheiratet, als sie erfuhr, daß ihr Ehemann ein Verhältnis hatte. *"Und vor allen Dingen, die ganzen Jahre über, wir wohnen zehn Jahre hier, solange hat er eben auch das Verhältnis oder acht Jahre, ich habe es dann wirklich hundertprozentig nach zwei Jahren gewußt. Und habe immer wieder versucht, und dann meinte er: 'Nee, nee, das ist gar nicht so, das sieht nur so aus.' Und: 'Du bist mein ein und alles.' Sie kennen das, das Übliche. Und [...] er konnte sich zwischen zwei Frauen nicht entscheiden. Hier war also ich die einzige und da eben die andere."* Die Frau sprach über ihre Probleme nur mit ihrer Tochter, behielt ihren Kummer anderen Personen gegenüber *"über Jahre hinaus"* für sich: *"Ich habe also nie darüber geredet. [...] mit meiner Tochter, klar -, aber irgendwie denke ich: Was geht das fremde Leute an, und das ist ja auch so. Die Eltern, [...] die verstehen das auch gar nicht so, die sind schon über fünfundsiebzig und so, und dann will man die auch nicht so mit dem Kram belästigen."* Ihrem Mann lag wenig daran, an der seine Frau schwer belastenden Situation etwas zu ändern: *"Ja, mein Mann wollte ja auch eine Ehe nach außen hin führen, und der wollte sich gar nicht von mir trennen."* Für die Befragte wurde die psychische Belastung immer größer: *"Die letzten Jahre überhaupt fühlte ich mich sehr unterdrückt. Ich wurde immer kleiner, ich habe dann auch so wenig gesagt oder irgendwie, wissen sie, genau wie ein Ballon, der immer kleiner wird. Und dann eben nachher denke ich, so geht es nicht weiter."* Die Situation eskalierte zunehmend, wenn sie ihren Mann zur Rede stellte, wurde er gewalttätig: *"Dann sagte ich: 'Wie stellst du dir das denn weiterhin vor?' Und dann sagte er: 'Laß mich in Ruhe.' Und da kam der in Panik. Also da kam der in Panik, und dann schlug der um sich." "Da habe ich schon schlimme Sachen hinter mir, und ich hätte auch schon tot sein können. Er hat versucht, mich zu schlagen, zu treten. Ich spreche auch ziemlich laut, weil ich auf einem Ohr, da hat er mir draufgeschlagen, da ist das ganze Trommelfell nicht nur geplatzt, es ist ganz weg. Es ist so ein Transplantat drin, aber ich habe immer Beschwerden, hat auch mit dem Gleichgewichtssinn oder weiß ich zu tun."* Darüber hinaus litt die Frau unter psychosomatischen Beschwerden: *"Und ich hatte damals Probleme mit dem Magen und weiß ich was alles."* In ihrer Not sprach sie mit ihrem Arzt: *"Und dann sagte der Internist zu mir, ja sie müssen sich trennen oder das eben dulden. Und vor allen Dingen darüber reden."* Als die Ehe nicht mehr zu retten war, zog ihr Mann schließlich doch aus, und die Scheidung wurde in die Wege geleitet. In ihrer neuen Lebenslage fühlte sich die Befragte anfangs sehr isoliert: *"Als er nämlich auszog, für mich gab es nur drei Leute. Die von der Bank, der Rechtsanwalt und dann eben der Arzt und meine Tochter"*, mit der sie zusammenlebt. Plötzlich stand die Frau *"auf eigenen Füßen"* und mußte lernen, mit der neuen Situation zurechtzukommen: *"Aber ich habe es erlebt, nachdem mein Mann weg war, da fühlte ich mich da also so stark, und dann kam wieder eine Woche, da war ich am Boden zerstört. Da merkte ich selber, 'mein Gott, ich komme auf keinen grünen Zweig irgendwie.'"* Langsam lernte sie, mit anderen über ihre Probleme zu sprechen, und stellte fest, daß sie nicht die einzige war, deren Mann ein Verhältnis hatte: *"Von da an habe ich eben darüber geredet und denke ich, ach so viele Frauen, und dann erst hörte im Bekanntenkreis, die und da, und man kann sagen, jede zweite, dritte, die sind getrennt lebend oder Verhältnis."*

Der Kontakt zu ihrem Ehemann ist mittlerweile ganz abgebrochen: *"Wir haben also so nur über den Rechtsanwalt Kontakt und so."* Auch finanziell verweigerte er ihr jede Unterstützung: *"Und dann hat er gesagt vor Jahren schon, als er auch noch hier wohnte, bevor mir das alles zahlt, würde er mich totschlagen."* Seit der Trennung arbeitet die Befragte zweimal wöchentlich in einer Boutique, denn auch heute noch versucht ihr Mann, sie *"vom Finanziellen her [...] zu drücken, aber das ist alles -, läuft noch immer gerichtlich. Das läuft noch alles."* Dabei hatte sie selbst aus ihrer Sicht maßgeblich dazu beigetragen, daß ihr Mann es beruflich so weit gebracht hatte: *"Es berührt einen dann auch, vor allen Dingen, es ist alles ungerecht. Mein Mann ist nämlich, man kann sagen, mit nichts in die Ehe gekommen, sagt er selber, in ein gemachtes Nest, vom Beruf her ist er soweit gekommen nur durch mich. Bis zum Geschäftsführer."*

Die Idee zum Auftritt bei 'Hans Meiser'

Die Befragte sah seit der Trennung von ihrem Mann *"öfter schon mal"* Talk-Shows. 'Hans Meiser' gefällt ihr, denn in der Sendung werden *"gute Themen"* präsentiert und die Gäste können ihre Belange öffentlich machen: *"Also, ich finde das gut, weil da haben bestimmt viele Leute Gelegenheit, mal sich zu äußern, daß auch eben andere Leute das hören, vielleicht die Nachbarn oder in der eigenen Familie oder so [...]. Und vor allen Dingen finde ich es auch für viele mutig, wenn die sich melden und gehen dahin und reden dann offen darüber."* Der Gedanke, ihre eigenen Probleme im Umgang mit ihrem Ehemann zu veröffentlichen, kam der Frau, als während einer Sendung Gäste zum Thema 'Untreue Ehemänner' gesucht wurden. *"Und dann habe ich da hingeschrieben,[...] und dann rief man mich an. Ach du lieber Gott denke ich, hatte gar nicht damit gerechnet, aber da denke ich nachher: Versuch mal, ganz mutig zu sein und dann machst du das eben. Und dann riefen die auch an, ich dann auch dahin, aber normalerweise würde ich das nicht machen"*,denn sie hatte *"Bedenken. Nicht Bedenken bezüglich meines Mannes, sondern, was weiß ich, weil ich nicht selbstbewußt bin oder doch -, denke ich: Hoffentlich überstehst du das alles. Hoffentlich macht man das auch richtig, denn macht man ja zum ersten Mal, wenn man das jetzt vielleicht zum zweiten Mal oder dritten Mal macht, dann ist schon Routine dann. Man weiß ja gar nicht, wie läuft das so alles ab."*

***Beweggründe** (Typ: Rächer – Ideologe – Zaungast)*

Sowohl in der Ehe als auch nach der Trennung war der Ehemann jeglicher Auseinandersetzung mit seiner Frau ausgewichen: *"Nee, also, mit meinem Mann hätte ich niemals reden können."* Daher sah die Teilnehmerin ihren Auftritt als eine Chance, sich durch die Veröffentlichung ihrer persönlichen Geschichte an ihrem Ehemann für dessen wenig kooperatives Verhalten zu rächen: *"Ich habe es auch aus dem Grunde nur gemacht, weil mein Mann also unfair aus der Partnerschaft oder Ehe gegangen ist. Sonst würde ich niemals so vor allen Leuten über meine privaten Sachen reden."* Zwar wußte sie nicht, ob ihr Mann die Sendung überhaupt sehen würde, aber sie hoffte es. Zudem bestand die Möglichkeit, daß andere Personen, die diese gesehen hatten, ihn davon in Kenntnis setzen würden. Die Befragte wünschte sich *"vor allen Dingen auch, daß seine Mutter das sieht. [...] sie wußte das, die Mutter habe ich öfter angerufen, die war so geschockt. Aber im nachhinein, als er dann auszog, hat die Mutter dann zu ihm gehalten."* Über das Problem reden zu können bedeutete für die Teilnehmerin, sich Erleichterung zu verschaffen, und sie sah die Veröffentlichung dieses Themas darüber hinaus als Chance, anderen betroffenen Frauen ein *"bißchen Mut"* zu machen, denn *"das hört man auch immer wieder, was sind Frauen schön blöd, wie blöd man sein kann, das ist keiner wert."* Ein weiterer Grund, an der Sendung teilzunehmen, war die Person des Moderators: *"Wenn ich ganz ehrlich bin, ich sehe mir den gerne an, da kommt auch 'Notruf', zwar ist das auch ziemlich schlimm, wenn man sich die Sachen ansieht, aber auch schon mal hilfreich. [...] Hans Meiser, doch, da guckt man die Sendung auch."* So bot ihr der Auftritt die Möglichkeit, daß *"man ihn auch mal sieht, wie er in natura ist."*

Der Auftritt

Der Auftritt war für die Teilnehmerin eine neue Erfahrung: *"Also, der Tag, das war schon spannend eigentlich, man kann schon sagen, es ist für einen Außenstehenden doch ein Erlebnis gewesen. Man guckt immer nur -, vor allen Dingen, wenn man selbst dabei ist, ist das alles ganz anders, 'ne."* Beispielsweise hatte sie mit soviel Fürsorge von seiten der Redaktion gar nicht gerechnet: *"Ich habe gedacht, da bist du so, vielleicht, verloren und alleine und irgendwie, das ist ja dann unangenehm. Aber wirklich und auch nachher noch, von A bis Z, man wurde betreut, man fühlte sich so, du bist heute der Star."* Der Moderator, den die Teilnehmerin eine Stunde vor der Sendung kennenlernte, war ihr auf Anhieb sympathisch: *"Da kam der Hans Meiser dann, und der ist ja wirklich so, wie er im Fernsehen ist, nett und natürlich, und auch so, er ist ja wohl ein paar Jahre nur älter als ich, auch so in dem Alter und vor allen Dingen so natürlich. Wir sind so auf einer Ebene, ich würde sagen, vom Sozialstatus irgendwie fand ich mich dann wieder gleich."* Insbesondere von seinem professionellen und einfühlsamen Verhalten war sie begeistert: *"Vor allen Dingen, er kann sich auch in die Lage, finde ich, des anderen versetzen, kommt jetzt auf das Thema an, aber das ist ja sein Beruf. Aber, vor allen Dingen, wenn man mal nicht weiterwußte, das machte er ja alles."* Trotz dieser Hilfestellung war die Teilnehmerin in der für sie ungewohnten Situation zunächst sehr aufgeregt: *"Ich bin schon ziemlich nervös gewesen, aber ich denke, das darfst du nicht so zeigen, aber das merkt man, glaube ich, auch nachher so, wie man sich verhält, man ist doch sehr angespannt. Aber irgendwie, wenn man mal angefangen hat zu reden, [...] dann vergißt man das Drumherum."* Sie konzentrierte sich auf ihre Geschichte, und es war ihr wichtig, sich nach außen hin souverän darzustellen: *"Ich habe gedacht: Wer weiß, wieviel Leute das sehen, die vielleicht Freude haben, daß es mir vielleicht nicht so gutgeht, denke ich, aber denen zeigst du es, also nach außen hin würde ich niemals so die Schwäche zeigen wollen oder versuchen, aber nach innen hin ist das doch anders dann."* Die Veröffentlichung ihres Problems hatte für die Befragte kathartische Wirkung: *"Das hilft schon, wenn man offen über alles redet. Ich würde sagen, das erleichtert irgendwie, man fühlt sich doch ein bißchen freier, wenn man jemand hat, mit dem man darüber reden kann.""Das hätte ich besser schon früher gemacht."* Da es sich bei ihrer Geschichte um eine weitverbreitete Problematik handelte, glaubt sie nicht nur sich selbst, sondern auch anderen Betroffenen geholfen zu haben: *"Und auch anderen sicherlich, ein bißchen Mut gemacht, daß man -, ich habe dann auch gesagt, also, das ist kein Mann wert, daß eine Frau da sich hängenläßt oder weint oder was ich was alles."*

Folgen des Auftritts

Die Resonanz auf den Auftritt der Teilnehmerin war groß. Bekannte riefen an, *"das Telefon, ich habe nachher den Hörer daneben gelegt. Ach du lieber Gott."* Aber auch *"ganz Fremde, die ich jetzt spontan gesehen habe, irgendwie im Geschäft, [...] die sprachen mich dann an."* Insgesamt waren die Reaktionen positiv: *"Im großen und ganzen finden die das gut",* so zum Beispiel ihre Tochter, *"also sie fand das also ganz gut, daß ich das überhaupt mache. Und darüber rede. Weil sie weiß, daß mir das eben auch geholfen hat."* Aber es gab auch kritische Stimmen: *"Ja, also Verschiedene haben gesagt, [...]: 'Ja wie kann man das machen' usw., oder die vielleicht auch meinen Mann nur kurz kannten, also [...], die fanden das nicht so gut."* Ob ihr Mann die Sendung gesehen hat, weiß sie nicht, wenn ja, so nimmt die Befragte an, wird es *"ihn ärgern, der kriegt dann Wut",* obwohl sie glaubt, ihre Geschichte gar nicht nachdrücklich genug präsentiert zu haben: *"Ich fand, die Sachen, die ich jetzt gesagt habe, das war irgendwie im nachhinein, wo ich den Film da gesehen habe, denke ich irgendwie, wie blöd und belanglos. Sachen, die wichtig sind oder für mich wichtig waren, die habe ich gar nicht gesagt."* Trotzdem hat die Teilnehmerin den Auftritt *"kein bißchen bedauert." "Wenn das ein Thema ist, was mich betrifft und wo ich vielleicht was zu sagen könnte",* wäre sie durchaus nicht abgeneigt, noch einmal in einer Sendung aufzutreten. Zwischenzeitlich nahm die Befragte bereits die Sendung 'Wie bitte?' für ihre privaten Belange in Anspruch und war Publikumsgast bei 'Ilona Christen', 'Bärbel Schäfer' und in der Late Night Show von Thomas Koschwitz.

5.1.15 Fall 15: Mal ein bißchen ins Rampenlicht

Persönliche Situation, Bedürfnis- bzw. Problemlage

Der 33jährige Interviewpartner genießt es, sich in der Öffentlichkeit zur Schau zu stellen, da ihm die Aufmerksamkeit eines Publikums eine gewisse Befriedigung verschafft: *"Ich habe das Gefühl, ich bin so ein bißchen exhibitioni-*

stisch veranlagt." "Ich glaube schon, daß ich so ein Typ war, der gerne irgendwo im Vordergrund war. Also, ich bin nicht so einer, der jetzt in den Park geht, Mantel auf, so ein sanfter Exhibitionismus, aber ich denke schon, daß mir das Spaß macht, wenn mich Leute sehen, wenn ich gesehen werde und das auch weiß, das genieße ich schon irgendwo. Das ist schon so etwas wie eine Droge." So bewarb er sich beispielsweise auf ein Zeitungsinserat als Statist für einen Nacktauftritt an der Oper: *"Gerade weil da [im Inserat] stand auch Sauna-Szene, ich wußte, Sauna ist man eh nackt, das hat mir noch mehr den Ansporn gegeben, mich da zu melden, ich habe es schon genossen."* Der Auftritt hat dem Befragten *"wahnsinnig Spaß"* gemacht und garantierte ihm die Beachtung eines großen Publikums: *"Und dann zu wissen, da sitzen sechshundert Leute im Publikum oder tausend Leute, und in W. waren es sogar noch mehr. Und dann stolziert man wirklich splitterfasernackt über die Bühne, ich habe das genossen. Ich habe das wirklich genossen."* Aber nicht nur in bezug auf Jobs, sondern auch im privaten Bereich sucht er immer wieder die Gelegenheit: *"Ich habe mal ganz spontan einen Strip in der Disco gemacht, für solche Sachen bin ich schon zu haben."*

Ansonsten hat der Befragte *"wahnsinnig viele Probleme am Hals."* So lebt er zur Zeit in Scheidung, da seine Ehefrau sich zu ihren homoerotischen Neigungen bekannte und ihn wegen einer anderen Frau verließ. Mit jener und den beiden gemeinsamen Kindern lebt sie jetzt zusammen, und der verlassene Ehemann ist auf Grundlage der deutschen Gesetze verpflichtet, seiner Frau Unterhalt zu bezahlen, *"obwohl sie mit einer anderen zusammenlebt, die auch arbeiten könnte, die also auch den ganzen Tag nichts tut. So, im Gesetzestext heißt es wörtlich: 'gleichgeschlechtliche Beziehungen entbinden nicht vom Unterhaltsanspruch'. Das heißt, ich muß also weiterzahlen."* Er selbst ist mit der Gesetzeslage nicht einverstanden und fühlt sich vom Staat unfair behandelt: *"Was mich am meisten belastet, ist ja diese Ungerechtigkeit des Scheidungsgesetzes jetzt. Denn es ist wirklich so, daß ich nun wirklich nicht dafürkann, daß meine Frau lesbisch geworden ist. Ich habe nicht dazu beigetragen, und daß man da so im Stich gelassen wird und gesagt kriegt: 'Deine Schuld, du hast eine Frau geheiratet, du hast zwei Kinder in die Welt gesetzt, sieh zu, wie du damit fertig wirst.'"* Gespräche mit seiner Frau brachten keinen Erfolg, mittlerweile *"ist die Situation ganz zerstritten, können wir gar nicht mehr zusammen reden."* Diese Situation hat den Mann finanziell in große Schwierigkeiten gebracht, abzüglich aller Verpflichtungen bleiben ihm *"höchstens noch dreizehnhundert Mark übrig, und dafür dann Weihnachten, Ostern, Feiertage, in drei Schichten, nachts und was weiß ich zu arbeiten ist Quatsch."* Seine Arbeit als Busfahrer wird er daher nicht weiter ausüben können, sondern sich etwas Neues suchen müssen. In dieser unglücklichen Lage konnte auch seine Familie nicht die notwendige Unterstützung leisten: *"Nee, irgendwo nicht, vielleicht sucht man ja auch nur nach Bestätigung, daß man halt wirklich gesagt bekommt: 'Mensch da hast du Recht.' Das ist halt Zustimmung irgendwo. 'Da muß man was dran ändern' oder sowas, aber das reicht halt auch irgendwo nicht aus. Man will schon irgendwo was bewegen auch."* Daher ist der Mann auf der Suche nach kompetenter Hilfe, und es wäre *"ganz gut, wenn ich da fachlichen Rat mal bekäme."* Es ist ihm wichtig, seine problematische Situation publik zu machen, in der Hoffnung auf eine Verbesserung der Gesetzeslage: *"Das sollte man schon irgendwo breittreten, und da sollte man schon sagen: 'Das geht so nicht.' Es traut sich halt nur keiner 'ran, das mal zu ändern."*

Die Idee zum Auftritt bei 'Hans Meiser'

Der Interviewpartner guckt sich Talk-Shows *"mittlerweile nur ganz sporadisch an oder auch sehr wenig, weil ich einfach denke, das ist jetzt so ausgetreten und die reden manchmal über so einen Keu da [...], das ist einfach schrecklich."* Wenn er Langeweile hat oder wenn ihn das Thema interessiert, sieht er am liebsten 'Hans Meiser', denn diese Sendung ist *"auf jeden Fall noch am besten."* Das hängt seiner Meinung nach mit der Person des Moderators zusammen, den der Interviewpartner für den *"fähigsten Mann"* in diesem Geschäft hält, weil er in seinen Augen eine *"ehrliche Sendung"* macht: *"Weil ich denke, daß der Mann auch wirklich das meint, was er sagt."*

Als der Befragte einen Motorradurlaub plante, für den er per Annonce Mitreisende suchte, wurde er von einem Redakteur von 'Hans Meiser' angerufen, da dieser eine Sendung über Paare, die getrennt in Urlaub fahren, vorbereitete. Am Telefon erzählte der Interviewpartner dem Redakteur, daß er von seiner Frau getrennt lebe, *"habe wohl da auch angeschnitten, daß meine Frau in einer anderen Beziehung mit einer Frau ist, warum auch immer, weiß ich nicht."* Einige Zeit später lief eine 'Hans Meiser'-Sendung zu diesem Thema, *"ich mußte aber zum Dienst, hatte aber gerade noch Zeit bis kurz vors Ende zu gucken, und da kamen die Männer also überhaupt nicht zur Sprache, und das hat mich wahnsinnig geärgert. Da dachte ich noch, Mensch, bei denen mußt du mal anrufen und dich darüber beschweren. Jetzt hatte ich gerade die Türklinke in der Hand, wollte rausgehen, klingelt das Telefon, Redaktion*

'Hans Meiser', mir ist beinahe der Hörer aus der Hand gefallen. Und da habe ich dann gleich Dampf abgelassen." Die Redaktion plante eine weitere Sendung zum Thema, und anscheinend hatte der Redakteur, mit dem der Interviewpartner sich am Telefon unterhalten hatte, *"von diesem Urlaubsgespräch alles genau mitgeschrieben, ja und da bin ich halt in die Sendung gekommen."* Der Mann zögerte nicht: *"Ja, ich bin also ein spontaner Typ, habe ich sofort 'ja' gesagt."*

Beweggründe *(Typ: Fernseh-Star – Rächer – Anwalt in eigener Sache)*
Der Interviewpartner wollte in seinem Fernsehauftritt gleich mehrere Bedürfnisse befriedigen bzw. Probleme in Angriff nehmen. Zum einen hatte die Teilnahme an der Sendung den *"Reiz natürlich, [...] ins Fernsehen zu kommen"*, und im Fernsehen aufzutreten bedeutet *"einfach so halt, im Prinzip auch in der Öffentlichkeit so von jedem gesehen zu werden." "Ich denke, im Vordergrund steht ja nun wirklich, wenn man angesprochen wird: 'Hättest du Lust, aufzutreten?' Ich denke, im Vordergrund bei den meisten steht, sich halt auch mal ein bißchen zu profilieren, mal ein bißchen ins Rampenlicht, mal ein bißchen was reinzuschnuppern und halt so diesen -, ja fast schon diese Berühmtheit oder sonst irgendwas."* Zum anderen wollte er sich seine Beziehungsprobleme *"ja auch mal ein bißchen, wenn man das durchgemacht hat, egal bei wem, von der Seele reden möchte man, möchte das ja irgendwo mitteilen auch."* Dabei war dem Teilnehmer insbesondere daran gelegen, dem Ansehen seiner Ehefrau, die ihn mit ihrem unfairen Verhalten *"halt irgendwo ziemlich verletzt"* hatte, zu schaden. *"Man will auch die Macht ausleben ein bißchen, hatte ich auch das Gefühl, [...] den Partner, von dem man halt verletzt wurde, eine reinzuwürgen, wenn man die Möglichkeit [hat], und da muß man sich doch schon irgendwo ziemlich beherrschen, daß man da nicht irgendwas Verletzendes über der Bildschirm sagt auch."* Um den Erfolg dieses Racheaktes zu sichern, informierte er seine Ehefrau daher vorher über seinen Auftritt. Vorteilhaft an der medialen Situation erwies sich der Umstand, daß seine Frau zwar zuhören, aber nicht unmittelbar reagieren kann, so wollte er sie *"schon irgendwo vielleicht auch outen, sie outen, weil sie sich nicht dagegen wehren kann irgendwo."* Aber nicht nur im privaten Rahmen hoffte er, mit seinem Auftritt etwas zu bewegen, sondern hatte darüber hinaus das Bedürfnis, *"auch irgendwo Leute zu motivieren, was gegen dieses Thema zu tun."* Der Interviewpartner wollte die Verantwortlichen *"irgendwo aufrütteln und sagen: 'Hier, so geht das nicht, wie ihr das jetzt macht.' Und da habe ich schon erwartet, daß da vielleicht irgendeine Resonanz kommt. Genau wie*

jetzt, jetzt bin ich ja sehr intensiv von diesem Thema betroffen, weil jetzt läuft halt die Scheidung, es ist quasi kurz vor dem Ende, und ich sehe jetzt, was alles auf einen zukommt und wie der Staat einen doch da fix und fertig macht. Und da wäre es schon schön, wenn da mal ein Aufrütteln drin wäre und jemand sagen würde: 'Da muß man was tun dran.'"

Der Auftritt

Der Tag im Studio war für den Gast ein schönes Erlebnis, schon weil ihn die Atmosphäre beim Fernsehen sehr beeindruckte: *"Das war unheimlich gut, doch, also gerade dieses familiäre Drumrum, hatte ich das Gefühl, das hat mir sehr gut gefallen."* Das lag seiner Meinung nach an der unkonventionellen Art der Fernsehleute: *"Ich bin gerne mit so Leuten zusammen, die auch so ein bißchen offener sind, nicht so verklemmt und nicht so dieses Steife und so, ich bin halt auch ein bißchen spontaner und lustiger Typ, und das war da halt auch gegeben, genau das, da habe ich mich unheimlich wohl gefühlt."* Dennoch war er vor seinem Auftritt aufgeregt, das *"kam dann halt so, wie der Vorspann lief, so zehn Sekunden vorher, da wird man dann doch ein bißchen nervös. Ich meine, man sieht zwar das Publikum da, realisiert aber nicht so, daß draußen am Bildschirm vielleicht auch noch eine Million rumsitzen."* Obwohl der Interviewpartner *"wenig Berührungsängste"* in öffentlichen Situationen hat, wußte er letztlich doch, *"da draußen sitzen halt so viele und du wirst jetzt gesehen, man ist zwar aufgeregt, aber man genießt das auch ein bißchen."* Im Gespräch vor der Kamera setzte er sein Vorhaben, seine Frau bloßzustellen, in die Tat um, und das, was sie ihm angetan hatte, *"mußte man so kraß sagen." "Also das war ja gerade dieser eine Satz, wo ich halt sagte, daß ich sie mit der Hand in der Bluse ihrer Freundin erwischt habe, das war das einzige, wo ich absichtlich auch so weit gegangen bin."* Der Teilnehmer glaubt, daß er sein Problem *"rübergebracht hat in der Sendung, man hat sich schon sehr viel von der Leber wegreden können. Und das war, denke ich auch, wichtig."* Dabei hatte er nicht das Gefühl, daß der Moderator ihn zu Aussagen provoziert hatte, die ihm nachher hätten leid tun können, im Gegenteil hatte er den Eindruck, daß *"der Mann da auch mitfühlt"*, da dieser sich vor laufender Kamera mit dem Teilnehmer solidarisierte und die Ungerechtigkeit des Scheidungsgesetzes anprangerte.

Folgen des Auftritts

Der Teilnehmer erlebte die Veröffentlichung seiner Person als ein begehrenswertes Erlebnis: *"Ich glaube, das kann, ich denke mir, gerade bei mir, kann es zu so einer Droge werden. Weil, also, ich würde es jederzeit wieder machen." "Ich hätte mich da schnell dran gewöhnen können an sowas. Man kriegt doch schon so eine Art Sucht dann irgendwo."* So trat er ein paar Wochen später zu einem anderen Thema in der Talk-Show 'Arabella' auf. Aber nicht nur privat, sondern auch beruflich fasziniert ihn das Medium: *"Und habe ich auch so spaßeshalber und halb im Ernst noch den [Name des Redakteurs] mal angeschrieben, ob die noch einen Kabelträger bräuchten, das würde mir auch Spaß machen, in so einem Ambiente zu arbeiten."*

Seine eigene Darbietung betrachtete er durchaus kritisch: *"Nun habe ich mich ja selber in der Sendung auch gesehen, im nachhinein, und konnte dann auch beobachten, daß doch so einige Punkte der Nervosität an mir zu sehen waren. Was war das, so einen trockenen Mund hatte ich die ganze Zeit, das war schon zu erkennen gewesen."* Insgesamt war er mit sich zufrieden: *"Und da sieht man doch noch so einiges, um Gottes Willen, wie hast du dich da verhalten, man kommt sich dann vor wie ein Schauspieler, der sich selber kritisiert. Gut, okay, sowas passiert dann halt, aber war eigentlich so ganz zufrieden."* Auch die Reaktionen von Freunden und Bekannten waren durchweg bestätigend: *"Freunde haben angerufen und meinten dann halt unisono, wäre halt sehr gut rübergekommen. Auch Arbeitskollegen, gerade die ganzen Arbeitskollegen, die mich da gesehen haben, die waren also da sehr begeistert von. Die haben zwar dann auch was mitgeredet über die Probleme, die Leute, die eng um einen rumarbeiten, das mitbekommen, daß das so in der eigenen Familie stattfindet. Das ist ja wieder so, man bringt das zwar in die Öffentlichkeit, nur es sollte immer so ein Rahmen dazwischen sein. Daß die Leute direkt um einen es mitbekommen, die das im Prinzip nichts angeht, obwohl man es halt in der Öffentlichkeit sagt, das ist dann schon etwas anderes. Das ist ein ganz seltsames Gefühl."* Seine Angst, daß entferntere Bekannte und Arbeitskollegen über ihn lästern würden, *"so: 'Mußt du ja irgendwas falsch gemacht haben, wenn die dann lesbisch ist'"*, erwiesen sich aber im nachhinein als unberechtigt: *"Nee, gar nicht, gar nicht, also, es kamen zwar zwei, drei spitze Bemerkungen, aber da weiß man auch, wie sie gemeint waren, und sie waren wirklich nicht so gemeint. Es war alles in allem, muß ich doch sagen, so sehr mitfühlend."* In bezug auf das Verhältnis zu seiner Frau *"hat sich eigentlich gar nichts geändert, die hat auch nie irgendwas gesagt, daß sie das gesehen hätte, kam nur nachher raus"*, denn sie hatte ihm mitgeteilt, *"sie wüßte ja genau, was darin vorkäme"* und sie *"wäre [...] sehr dagegen"*, daß er die Sendung den Kindern vorgespielt hätte. Den Interviewpartner interessierten die Vorbehalte seiner ehemaligen Partnerin wenig, denn in seinem Beitrag hat er seiner Meinung nach nichts gesagt, *"was die Kinder irgendwie belastet, nichts, was die nicht selber wissen."*

In bezug auf die gesetzliche Situation allerdings hatte sich der Teilnehmer eine größere Resonanz versprochen: *"Sobald die Sendung 'rum ist, dann, im großen und ganzen hört und sieht man nichts mehr, dann verschwindet man wieder irgendwo im Keller."* In seinen Augen *"traut sich [...] keiner ran, das ist das Problem."* Dennoch will der Mann die öffentliche Debatte weiter antreiben: *"Und ich denke mir, da sollte man wirklich aufrütteln und sagen, hier muß was getan werden, das geht so nicht. Und da bin ich jetzt drauf und dran und will wirklich an die Presse auch gehen, daß die vielleicht so ein bißchen auch mal was bewegen. Weil ich sehe das nicht ein, daß ich einfach so kampflos aufgebe."* So beabsichtigt er, auch die Printmedien zu mobilisieren: *"Ich bin jetzt drauf und dran, das werde ich heute oder zumindest diese Woche noch machen, an 'Express', gerade weil die ja sehr viel gelesen wird, ein Fax zu schicken, daß die doch mal solche Themen aufgreifen können. Weil mir steht das Wasser im Moment wirklich bis hier. Das heißt, da sind Forderungen, Nachzahlungen an meine Frau von fast 9000 Mark."*

5.1.16 Fall 16: Daß ich dort irgendwo einen Tip kriege

Persönliche Situation, Bedürfnis- bzw. Problemlage

Die 23jährige Frau wohnt zu Hause und macht eine Ausbildung zur Krankengymnastin. Sowohl bei der Arbeit als auch im Privatleben leidet sie unter körperlichen Beschwerden in Form einer übermäßigen Schweißproduktion, die sie schon seit ihrer Kindheit begleiten. Eine geeignete Therapieform zu finden, war ihr bisher nicht gelungen: *"Nee, aber ich habe ja, wie gesagt, halt vorher schon manche Sachen ausprobiert, und da habe ich ja nie Hilfe erfahren, oder es hat halt nicht geklappt."* So hatte sie beispielsweise einen Hautarzt konsultiert: *"Der hatte mir auch eine Lösung verschrieben, mit der ich die Hände einreibe, das war so eine Spirituslösung mit noch etwas anderem gemischt, und das hatte überhaupt keinen Erfolg."* Vor radikaleren Methoden rieten ihre Eltern ihr ab: *"Es gibt so eine, Sympatektomie heißt das, weil der Sympatikus durchgetrennt wird, aber das ist halt so eine Radikalmethode, und da haben meine Eltern gemeint, dann soll sie lernen, damit so umzugehen, und ich habe mir dann halt auch so verschiedene Tricks gesucht, und es ging auch eigentlich ganz gut."* So hatte sie ihre Beschwerden letztlich akzeptiert: *"Ich kann damit leben, ich habe mich daran gewöhnt."* Trotzdem gab die junge Frau die Hoffnung auf eine mögliche Linderung nie auf und ging neuen Hinweisen immer wieder nach.

Die Idee zum Auftritt bei 'Schreinemakers live'

Die Befragte hatte sich im Rahmen ihrer Bemühungen, Abhilfe für ihr Problem zu schaffen, einmal an eine Fachzeitschrift gewandt: *"Und zwar hatte ich an 'Medizin heute' mal geschrieben, da stand so ein Artikel übers Schwitzen drin und was weiß ich, irgendwelches Informationsmaterial, und das habe ich angefordert und habe es aber nie bekommen."* Auf diesem Wege gelangte ihre Adresse in die Hände der Redaktion von 'Schreinemakers live'. Die junge Frau wurde von einem Redakteur angerufen, *"ob ich nicht Lust hätte, da mitzumachen."* Da sie die Sendung nicht kannte, ließ sie sich vor ihrem Auftritt eine Ausstrahlung auf Video aufzeichnen, um sich zu informieren und beurteilte die Show dahin gehend, daß es hier moderater zugeht als bei manchen anderen Talk-Shows, wo *"man so völlig auseinandergenommen wird."*

***Beweggründe** (Typ: Patient – Zaungast)*

Als der Redakteur die junge Frau ansprach, ob sie Lust hätte, an der Sendung teilzunehmen, hatte sie zunächst abgelehnt, denn es war ihr unangenehm, mit ihrem Problem an die Öffentlichkeit zu gehen: *"Na ja, Schwitzen, das war mir schon immer etwas peinlich und habe deshalb erst mal abgelehnt, habe gedacht, nee, das mache ich nicht."* Als der Redakteur eine Woche später wieder anrief, änderte sie ihre Meinung: *"Und dann habe ich mir das überlegt, na ja, eigentlich ist es ja kein Problem, du kannst darüber ja so erzählen, und auf einmal fand ich das dann auch ganz aufregend, einfach mal so mitzukriegen, wie das da abgeht. Und deshalb habe ich dann zugesagt."* Neben dem Interesse, einmal mitzuerleben, wie Fernsehen produziert wird, hoffte sie auf Hilfe für ihr Problem, *"daß ich dort irgendwo einen Tip kriege, was ich halt dagegen machen kann."* Dabei war für die Teilnehmerin insbesondere das Zusammentreffen mit dem ebenfalls eingeladenen Experten von Bedeutung: *"Und ich wußte ja, daß dieser Professor eingeladen wurde, [...] und habe halt gedacht, vielleicht weiß der ja doch noch irgendwas."*

Der Auftritt

Vor dem Auftritt war die junge Frau zunächst *"ziemlich angespannt"*, hatte *"Herzklopfen"* und *"schweißnasse Hände."* Die Aufregung legte sich aber während des Gespräches vor der Kamera: *"Aber dann, als ich da angefangen habe zu erzählen, so das ging dann eigentlich ganz gut, war dann eigentlich kein Problem mehr."* Hilfestellung bekam sie auch von der Moderatorin, *"wußte ich ja vorher auch nicht, daß sie also auch ein bißchen so beruhigend, und 'keine Angst' und 'passiert euch überhaupt nichts.' Und das fand ich eigentlich ganz gut, und das hat auch wirklich ein bißchen geholfen, das Ganze dann so locker mitzumachen."* So fühlte sie sich nach dem Auftritt *"völlig befreit"* und hatte vom Experten hilfreiche Tips erhalten.

Auch ihre Neugier in bezug auf das Medium wurde befriedigt: *"Ja, ich fand es einfach interessant, was so hinter der Bühne abgeht, wie das da abläuft, daß da zum Beispiel in diesem Vorraum noch mal alle mit Puderdöschen stehen und Mikro noch mal gecheckt und all solche Sachen, also, so im Fernsehen kriegt man das ja einfach nicht mit, was dahinter so abläuft und wie da gerade in so einer Talk-Show -, ob die Gäste da -, was weiß ich, irgendwo im Warteraum sitzen oder ob sie auch zwischendurch irgendwie unterhalten werden und solche Sachen, das war einfach interessant, das so mitzukriegen."* Eigentlich hatte sie es sich *"hektischer vorgestellt, und es war eigentlich doch sehr gut organisiert, also, es waren ja Tausende von Mitarbeitern da, keine Ahnung, wie viele das waren, die liefen da immer mit ihren Zetteln 'rum, haben alles abgehakt und hatten irgendwie voll den Überblick auch, und das fand ich schon beeindruckend, daß so eine Sendung, wo halt auch so viele Leute eingeladen sind, so viele Themen behandelt werden, so gut organisiert war, also das hat mich schon beeindruckt. Und daß eben da auch keine Hektik aufkam."*

Folgen des Auftritts

Die junge Frau griff die Ratschläge des Experten bezüglich ihrer körperlichen Beschwerden auf: *"Ja, genau, mit der Iontophorese, ist eigentlich nur eine Galvanisation, und ich habe das, ich arbeite ja im Krankenhaus und habe das dann mit dem Masseur ausgemacht, eine Viertelstunde in der Mittagspause, und ich habe also schon nach zwei Wochen gemerkt, daß das besser wurde, und nach vier Wochen war es jetzt also wirklich für zwei, drei Wochen weg, also, ich habe kaum noch geschwitzt an den Händen."* Dank des fachkundigen Rats hat sich ihr Problem *"unheimlich gebessert."* Die Teilnahme an der Sendung brachte der jungen Frau aber nicht nur die lang ersehnte Abhilfe für ihre Beschwerden, sondern auch die Aufmerksamkeit ihres Umfeldes. Zwar hatte sie ihren Auftritt vorher gar nicht publik gemacht: *"Ich hatte es vorher also keinem gesagt, daß ich dahingehe, drei oder vier Leute wußten das. Und es waren unheimlich viele, die zufälligerweise genau an diesem Donnerstag 'Schreinemakers [live]' gesehen haben und das sonst nie gesehen haben.Und ich war ja Freitag nicht da, aber Freitag müssen wohl unheimlich viele angerufen haben und gesagt haben: 'Was machst du denn?' Aber, das ging dann also noch so zwei Wochen, ging das dann noch so weiter. Leute, die mich halt gesehen haben, die ich dann halt auf der Straße getroffen habe."* Die Reaktionen ihrer Bekannten waren durchweg positiv, die *"fanden es doch alle lustig"*, daß sie im Fernsehen war und meinten, sie hätte sich *"souverän geschlagen"* und waren *"zufrieden"* mit ihr. *"Viele haben halt gefragt: 'Wie kommt man an sowas 'ran?' Die wollten dann sofort auch dahin gehen"*, und auch die Interviewpartnerin könnte sich vorstellen, noch mal an einer Talk-Show teilzunehmen.

5.1.17 Fall 17: Es hat mich einfach mal interessiert zu sehen, wie sowas über die Bühne geht

Persönliche Situation, Bedürfnis- bzw. Problemlage

Nach Auffassung der 40jährigen Teilnehmerin ist unsere Gesellschaft stark von den Einflüssen der Medien geprägt. Diesem *"unglaublichen Gebäude"* steht der Einzelne als *"klitzekleines Licht"* gegenüber und kann wenig bewegen. Derartige Erfahrungen machte die Befragte während ihrer früheren Arbeit als Kunsttherapeutin, in der sie alkoholabhängige und verhaltensgestörte Jugendliche behandelte. Sie empfand es als *"unheimlich schwer [...], die Menschen für irgend etwas noch zu begeistern, ich muß ja gegen die ganze Medienindustrie antreten."* Insofern ist ihre derzeitige Beschäftigung – seit 14 Jahren arbeitet sie als Kutscherin in einem Freilichtmuseum – *"erholsam"*, wenn diese auch andere Belastungen mit sich bringt: *"Bei meiner Arbeit bin ich immer irgendwie Chef, 'ne. Jeder fragte mich: 'Was, wie, wo fahren sie hin?' Für meine Pferde bin ich verantwortlich."*

Die Idee zum Auftritt bei 'Schreinemakers live'

Ein Bekannter der Interviewpartnerin war als Experte zur Talk-Show 'Schreinemakers live' eingeladen worden, um sein Buch zum Thema 'Sextips bei Rückenschmerzen' vorzustellen. Die ursprünglich als Betroffene zum Thema eingeladene *"Dame hat aber, weil das Thema so etwas unter die Gürtellinie ging, eigentlich gar nicht, aber na ja, jedenfalls hat die Dame gesagt: 'Ach nein, das bekommt mir nicht so gut in meiner Umgebung, wenn man hört, daß ich da und so -, laß ich lieber. Mein Mann und auch mein Chef meinen, ich soll es lassen.'"* Die Befragte wurde daraufhin von ihrem Bekannten und

Autor des Buches im Gespräch mit den zuständigen Redakteuren als Ersatz vorgeschlagen, da sie bereits einmal von einem Bandscheibenvorfall betroffen gewesen war: *"Und dann haben sie mich angerufen, habe ich gesagt: 'Natürlich mache ich mit', weil mich das interessiert hat"*, obgleich sie vor ihrem Auftritt von 'Schreinemakers live' noch *"nie was gehört"* hatte. Da die Befragte aber erst einen Tag vor dem Sendetermin eingeladen wurde, hatte sie keine Gelegenheit mehr, sich die Talk-Show vorher einmal anzugucken.

***Beweggründe** (Typ: Zaungast)*

Die Interviewpartnerin war *"neugierig"*, und *"es hat mich einfach mal interessiert, zu sehen, wie sowas über die Bühne geht"*, *"wie das Ganze da abläuft."* Daß sie dabei *"einfach nur da war, als jemand, dem gesagt wird, was ich tun soll"*, machte der Teilnehmerin den Auftritt noch sympathischer, denn diese Rolle stellte eine Abwechslung zum verantwortungsvollen Berufsalltag dar. In der Talk-Show war sie *"eigentlich da ja nur ein Statist [...], das war mir ganz klar, und das hat mich auch erleichtert, weil ich mir dann die Sache angucken konnte. Ich war ja für nichts verantwortlich, ich mußte da ein paar Sätze von mir geben, und das war ja alles."*

Der Auftritt

Der Drehtag war für die Teilnehmerin ein beeindruckendes Erlebnis. Die Verantwortlichen hatten sie und ihren Bekannten in einem Kölner Nobelhotel einquartiert, und auch in der Redaktion ging es *"vornehm, vornehm"* zu. *"Das fand ich schön, wir wurden so hofiert, 'ne."* Nicht nur die Mitarbeiter trugen dazu bei, daß sie sich dort *"ganz wohl gefühlt"* hat, auch das Verhalten der Moderatorin begeisterte die Teilnehmerin: *"Wie die da mit den Leuten umgegangen ist, das fand ich toll, weil sie ja, man muß einfach bedenken, daß sie da in so einem riesengroßen Rahmen steht, und wir sind wirklich nur ein kleines Licht, noch kleiner als ein kleines Licht."* Diese wenig verantwortungsvolle Aufgabe im Rahmen der Sendung machte den Auftritt für die Teilnehmerin leichter: *"Hier war ich nur ein klitzekleines Licht, und dessen war ich mir bewußt, und darum konnte ich da auch so halbwegs locker rangehen."* Zwar war sie in der Situation *"schon auch nervös"*, brauchte sich aber in ihrer Rolle als *"Mitläufer"* keine Sorgen zu machen, *"wie schaffst du das bloß, das hat mich nicht bedrückt, weil ich keine Verantwortung hatte, das war doch ganz egal, ob ich da nun war oder nicht, das war mir ziemlich klar, und deshalb habe ich das auch so genießen können und habe das ganz toll gefunden."* Als die Runde zum Thema 'Sextips bei Rückenschmerzen' auf der

Bühne zusammensaß und die Moderatorin *"anfing zu reden, habe ich gedacht: Ach du meine Güte. Weil das so eine, so weinerlich und so, so den Schmerz des ganzen deutschen Volkes in sich vereinend und es nun zur Sprache bringen. Also fand ich, habe ich gedacht: Ach du dickes Ei, wo bist du denn jetzt hier gelandet, aber egal."* Auch inhaltlich beurteilte die Interviewpartnerin das Gespräch kritisch, denn *"die Schreinemakers war ja gar nicht informiert, die weiß gar nicht, was ein Bandscheibenvorfall heißt. Da geht es nur darum, daß der ein oder andere Probleme hat, wenn er mit jemand schlafen will, da macht sich der Bandscheibenvorfall bemerkbar oder was. Mehr wußte sie nicht. Sie wußte ja gar nichts."* Daß das Thema wenig ernsthaft präsentiert wurde, gefiel der Teilnehmerin zwar gar nicht, aber ihrer Ansicht nach gehört das zum *"Konzept, die kann so ein Thema nicht anders angehen. Eine andere Sendung könnte über dieses Thema anders sprechen, sie muß es genauso machen, wie sie es gemacht hat, wenn sie ihrer Sendung und ihrem Ziel gerecht werden will."* Insgesamt wurde das Thema *"sehr kurz abgehandelt"*, denn *"sonst müßte sie ja ins Detail gehen, und das will ja keiner hören."* Das war für die Befragte *"natürlich total doof, weil gerade nachdem man einen Satz geredet hatte und so das Gefühl hatte, jetzt könntest du eigentlich auch noch mehr sprechen, da rannte hinter den Kameras eine Frau mit einem Schild, da stand drauf 'Schluß'."* Dennoch war der Auftritt für die Teilnehmerin *"wirklich ein Gewinn, nicht, weil ich da in dieser Sendung war, aber weil ich den ganzen Ablauf mal gesehen habe. Das fand ich gut."* So hat sie *"das ganze Drumherum [...] beeindruckt, das muß ich sagen, weil ich das auch noch nicht kannte"* und es war *"schon toll, also zu sehen, was die Menschen da so leisten müssen. Und sowas auf die Beine zu stellen, das fand ich schon interessant, und eben die Menschen selbst, was die da von sich hergeben, um das durchzustehen, wie die funktionieren müssen, damit die Sendung [...] läuft."* Um beim Fernsehen arbeiten zu können, muß man ihrer Meinung nach schon *"extrem extrovertiert"* sein und einen *"kolossalen Ideenreichtum"* aufweisen, *"der schon bis zur Blödsinnigkeit"* geht. Die Interviewpartnerin glaubt, daß man *"so einen Job nicht lange machen kann, der macht einen fertig."* Diese Einschätzung bestätigte sich auch während des Drehs, denn einer der Mitarbeiter war ein alter Bekannter von ihr, und ihn dort wiederzusehen, das *"hat mich schon erschüttert. Zudem, wie die dann runterkommen, was von denen noch so übrigbleibt irgendwann dann, da sieht man sie da im Fernsehapparat, und da sind sie hier und schick und zurechtgemacht und alles, und dann sacken sie so ab, und dann trägt er noch ein paar Kabel oder sowas."* So ist der Eindruck, den die Teilnehmerin aufgrund ihrer Erfahrungen bei 'Schreinemakers live' vom Fernsehen gewonnen hat, letztlich ambivalent. Einerseits ist ein Auftritt im Medium schon etwas besonderes, ist *"nicht Alltag, ich belüge mich natürlich auf die Art ein bißchen selbst, aber, aber dieses unglaubliche Gebäude, was da vor einem steht, das versuche ich so ein bißchen zu relativieren, so daß ich mir einfach sage, es gibt Leute, für die ist das Alltag. Also sowas Unglaubliches ist es nun auch nicht."* Andererseits ist ein Auftritt im Fernsehen für sie selbst nicht so, *"wie wenn ich meine Pferde instand setze oder so, so eine gewöhnliche Sache ist es nicht. Aber ich denke mir auch, man soll das nicht überbewerten. Irgendwo war es -, na ja, gut. Ich war da, und man ist schon etwas aufgeregt, und es ist über die Bühne gegangen und so, das war dann schon ein ganz gutes Gefühl."* Aber ihr *"Selbstbewußtsein"*, *"also das muß ich schon woanders herkriegen, aber nicht in so einer Sendung, echt nicht."*

Folgen des Auftritts

Da die Befragte kurzfristig zur Sendung eingeladen wurde, informierte sie niemand im vorhinein über ihren Auftritt, *"aber hinterher doch, der ein oder andere hat es gesehen."* Die Reaktionen von Freunden und Bekannten waren insgesamt eher kritisch, die *"fanden das nicht besonders toll, es gibt einige, die da drüber stehen, die sagen: 'Ob es diese Sendung ist oder irgendeine andere, es ist doch alles der gleiche Käse', so ungefähr. Und andere haben gesagt: 'Sowas machst du, sowas machst du?'"* Die ablehnende Haltung schien auch mit dem heiklen Thema zusammenzuhängen, *"nicht zu diesem Thema, nein, das möchte man denn doch nicht, nein, das nicht unbedingt, nein."* Die Teilnehmerin aber kümmerten die Reaktionen anderer wenig. Wenn sie kritisiert wurde, *"dann frage ich halt: 'Und du guckst so eine Sendung oder was?'"* Sie selbst steht zu ihrem Auftritt und *"würde es wahrscheinlich [wieder] tun, weil es mich interessiert, wie das so über die Bühne geht, obgleich, ich weiß jetzt schon viel, also, ja."*

5.1.18 Fall 18: Schöner Abend und ein bißchen Geld verdienen

Persönliche Situation, Bedürfnis- bzw. Problemlage

Der 30jährige Mann ist zum Zeitpunkt des Interviews angetrunken und wirkt wenig seriös, was sich durch die widersprüchlichen Aussagen, die er im Rahmen der Befragung macht, manifestiert. So teilt er beispielsweise mit, er habe die Schule abgebrochen, andererseits gibt er in einem Fragebogen (der im Rahmen einer anderen Fragestellung ausgefüllt werden sollte) an zu studieren. Bereits beim Telefonat erkundigt er sich, ob das Interview finanziell vergütet wird. Der Interviewpartner zählt sich zu den Leuten, *"die was erleben."* So arbeitete er als Aktfotograf, ist *"wirklich mal in K. drei Jahre abgesackt"* und lebte *"drei Jahre mal mit Prostituierten zusammen."* Nach Meinung des Teilnehmers, der momentan keine Freundin hat, prostituiert sich mehr oder weniger jede Frau, *"von den Etablissements bis über den Straßenstrich über, gehen sie mal in die Disco, da bezahlt man eine Flasche Sekt, [...] ist ja im Prinzip auch eine Art von Prostitution. Eine Flasche ausgeben."* Daher ist es in seinen Augen *"scheinheilig"*, das Thema 'Prostitution' zu tabuisieren, denn schließlich *"geht wirklich jeder zweite Mann ins Bordell"*, so auch er, vorausgesetzt, er lebt nicht in einer festen Partnerschaft.

Die Idee zum Auftritt bei 'Schreinemakers live'

Der Interviewpartner wurde angerufen, *"ob ich nicht Lust hätte, da mitzumachen, über einen Bekannten."* Der Bekannte selbst hatte sich geweigert, zum Thema 'Bordellbesuche' aufzutreten, denn *"er ist verheiratet und das wäre dann ein bißchen prekär."* Aus diesem Grund, glaubt er, hatten die Redakteure überhaupt *"sehr viele Probleme, Leute für das Thema zu finden"*, und er wurde relativ kurzfristig eingeladen. Im Gespräch mit dem Bekannten willigte er ein. *"Und dann habe ich halt gesagt: 'Okay, ich mache mit.'"* Daraufhin gab ihm der Bekannte die Telefonnummer der Redaktion, und der Teilnehmer rief den Redakteur an. Er wurde zum Thema ausgefragt und einen Tag später nahm er an der Sendung teil, von der er bis zu diesem Zeitpunkt noch nie etwas gehört hatte.

Beweggründe *(Typ: Propagandist)*

Für den Interviewpartner standen als Motivation zur Teilnahme insbesondere die finanziellen Aspekte im Vordergrund: *"Das erste war das Geld." "Hauptsache, da kommt was bei 'rum, da kommt eine Party bei 'rum, und da kommt was Kohle bei 'rum."* Beim Fernsehen eine Party zu feiern ist in den Augen des Teilnehmers *"einfach genau dasselbe, wie sich in der Kneipe gemütlich hinsetzen, gucken, unterhalten, nur daß ich da keine zwei Mark zwanzig für ein Bier bezahle, sondern es umsonst bekomme."* Zwar war das Thema 'Bordellbesuche' sehr intim, aber da *"wirklich jeder zweite Mann ins Bordell"* geht, ist es im Grunde nichts Ungewöhnliches.

Der Auftritt

"An dem Tag war es eigentlich sehr witzig, ein Bekannter ist Taxi-Fahrer in Köln, dementsprechend bin ich mit dem dahin gefahren, und gleichzeitig war

das ja die letzte Talk-Show von Schreinemakers vor der Sommerpause, sprich, da war eine dicke Party." Bereits vor der Sendung betrank sich der Teilnehmer mit einem anderen, ebenfalls zum Thema eingeladenen Gast, *"saßen zusammen am Tisch und haben dann bis zehn, halb elf schön zusammen gepichelt."* Als sein Auftritt an der Reihe war, hatte er *"schon so 20, 25 Kölsch intus. Wir sind um 23 Uhr aufgetreten und waren um sieben Uhr da. Und es war Party."* Mit Lampenfieber hatte er keine Probleme, und das Gespräch vor der Kamera war in seinen Augen vergleichbar mit einer ganz normalen Unterhaltung. Allerdings wurde das Thema seiner Meinung nach *"relativ kurz angeschnitten, weil die Schreinemakers meines Erachtens mit diesem Thema nicht umgehen konnte."* Der Teilnehmer hatte das Gefühl, für die Moderatorin *"war das irgendwie so meilenweit weg"* und sie war zudem *"schlecht vorbereitet."* Dies zeigte sich insbesondere daran, daß sie auf die wichtigsten Punkte gar nicht einging: *"Wie läuft man da 'rum, wie verhält man sich, was macht man, das finde ich relativ oberflächlich, weil, es läuft auf das eine raus, also zieht man sich aus. Aber warum und wieso und weshalb, wurde gar nicht nachgefragt."* Im Gespräch vor der Kamera, so sagte der Teilnehmer, habe er nicht viel Wahres erzählt: *"Also, Inhalt des Interviews, ich sage mal, hatte einen Wahrheitsgehalt bei der Sendung gehabt, bei mir, von 90 nicht, also 10 Prozent stimmten vielleicht."* Beispielsweise hatte er die zweijährige Beziehung, die sich aus dem ersten Kontakt mit einer Prostituierten ergab und von der er in der Sendung berichtete, angeblich frei erfunden, das *"war eigentlich, war einfach so in dem Augenblick, ohne groß nachzudenken"*, nur *"was Besseres fiel mir nicht ein."* Im Rahmen der Befragung hingegen behauptet er, *"mit vier Prostituierten mal zusammen"* gewesen zu sein. Nicht nur seine eigene Geschichte, auch die des anderen Gastes zum Thema beurteilt er als unwahr: *"Den fand ich eigentlich sehr lustig, weil ich glaube, Schreinemakers hatte da auch einen geordert, der da angeblich auch Gast war. Ich weiß, daß er nicht nur Gast ist, sondern auch ein Etablissement besitzt."* Dennoch wurde der eigentliche Beweggrund seines Auftrittes durchaus befriedigt, denn sein *"Bankkonto ist wieder ein bißchen gefüllt"*, der Teilnehmer wurde mit *"etwas mehr"* als 500 DM vergütet, *"es war ein günstiger Abend, es wurde alles bezahlt (..) und war eigentlich bis auf die halbe Stunde Party. Man konnte machen, was man wollte, Bierchen trinken."*

Folgen des Auftritts

Bekannte und Verwandte reagierten auf den Auftritt des Teilnehmers: *"Ich meine, letztendlich war interessant, das wurde mir hinterher von Bekannten -, viele haben es doch gesehen, ich wurde angesprochen."* Das amüsierte den Befragten: *"Der schönste Kommentar war: 'Ich weiß zwar nicht, was du gemacht hast, aber ganz O. redet von dir', [...] weil das war wohl im Prinzip, alle haben es gesehen, oder keiner hat es gesehen, aber alle reden da drüber."* Die Nachricht drang bis nach Amerika: *"Selbst mein Vater, der in USA lebt, hat wohl einen Anruf bekommen"* und beschwerte sich daraufhin direkt bei ihm, daß sein Sohn ein so intimes Thema öffentlich angesprochen hatte: *"Fand er unmöglich, man hätte ihn zumindest vorher warnen können."* Die Kommentare hatten insgesamt eine Bandbreite von *"sowas hätte ich ja nie gedacht oder bist aber mutig, dich dahinzustellen"* bis hin zu *"ich würde das nicht machen."* Die Kommentare kümmerten ihn *"relativ wenig"*, denn er empfand die Inhalte, die er veröffentlicht hatte, als *"ziemlich harmlos."* Andererseits hat er es zwar *"nicht bereut"*, aber würde vielleicht nicht noch einmal zu diesem Thema auftreten, *"weil es im nachhinein doch ein bißchen einen Nachklang hat, wenn man irgendeine Beziehung eingeht oder irgendwas anderes, dann, es gibt vielleicht doch ein paar Sachen, die vielleicht nicht jeder erfahren muß."* Letztlich war es *"eine Erfahrung"*, und der Teilnehmer steht einem weiteren Auftritt nicht abgeneigt gegenüber, *"wenn es irgendwie persönlich was bringen würde."* So nahm er nach seinem Auftritt bei 'Schreinemakers live' an der Sendung 'Hans Meiser' teil und hat im Rahmen der Talk-Show über seine *"Ex-Beziehung erzählt, ein bißchen, um ihr was auszuwischen, also persönlicher Hintergrund."*

5.1.19 Fall 19: Ich wußte schon, wie toll das eben ist, daß einen eben auch Leute manchmal ansprechen

Persönliche Situation, Bedürfnis- bzw. Problemlage

Die 25jährige Studentin litt in ihrer Jugend an Magersucht und Eßstörungen, *"war früher sehr gehemmt. Und ich hatte vor allem immer Komplexe. Immer Komplexe wegen meiner Figur, weil ich immer dachte, wenn ich mit einem Mann ins Bett gegangen bin. Oh Gott, jetzt sieht der da ein Speckröllchen oder da irgendwie was an meiner Figur, was nicht so richtig ist. Und ich habe das viele Jahre wirklich geglaubt, daß das so sei, daß Männer auf sowas so achten."* Um diese Hemmungen, die sie mit vielen anderen Frauen teilt, zu überwinden, mußte sie *"sich selbst gegenüber und auch anderen gegenüber offener werden."* Seitdem ihr das gelungen ist und sie *"zu sich selber [...] stehen"* kann, weiß die Interviewpartnerin, daß ein gesundes Selbstbewußtsein für den Erfolg bei den Männern wesentlich wichtiger ist als eine gute Figur, weil *"Männer [...] einfach drauf achten, wie ist die Frau drauf, ist die locker, geht die mit sich selber gut um, hat ein gutes Feeling für ihren Körper und so weiter, und eben nicht nur dieses Typische, ja die Frau muß superschlank sein, die muß superschön sein und so."* Dieses neu erlangte Selbstbewußtsein wollte die Befragte unter Beweis stellen. Als eine *"Art persönliche Mutprobe"* nutzte sie hierzu einen Auftritt in der Talk-Show 'Arabella' zum Thema 'One-Night-Stands'. Auf diese Weise wollte die junge Frau herausfinden, *"ob ich mir das selber zutraue, sowas zu machen, und ich muß ganz ehrlich gestehen, ich war völlig baff, daß das geklappt hat."* Es war ihr wichtig, *"einfach mal so zu zeigen, ich bin halt eine Frau, ich war nicht immer so locker, ich war früher sehr gehemmt"*, aber das ist nichts, *"womit man sich abfinden muß ein Leben lang."* Die Resonanz auf ihren Auftritt war groß, der Teilnehmerin wurde Anerkennung zuteil, und diese Erfahrung war für sie *"eine Bestärkung in der Eitelkeit, klar, ganz logisch, nachdem das dann ausgestrahlt worden ist, nachdem dann soviel positive Resonanz dann kam, auch von fremden Leuten und dann auch noch Post gekriegt und so. Ich mein-, mehr kann sich ja eigentlich kaum wünschen. Das war für mich halt eine unheimlich positive Erfahrung."* Seither ist die Studentin selbstbewußter geworden und steht immer häufiger selbst *"gerne im Mittelpunkt."* Um *"in die Kamera zu kommen"*, arbeitet sie nebenbei als Komparsin beim Film. Zwischenzeitlich hatte die junge Frau sich überlegt, dieses Bedürfnis auch bei ihren beruflichen Plänen zu berücksichtigen. So interessierte sie sich für eine Arbeit vor der Kamera, *"also so Moderation oder so."*

Die Idee zum Auftritt bei 'Schreinemakers live'

Die junge Frau sah eine *"Annonce in der Zeitung"* zum Thema 'Sex bei Tageslicht'. Aus der Anzeige wurde zwar ersichtlich, daß es sich um eine Talk-Show handelte, nicht aber um welche. *"Und dann habe ich halt bei dieser Casting-Firma angerufen, und die sagten halt dann 'Schreinemakers'. Und das fand ich halt ganz lustig, weil ich meine, Schreinemakers gucken ja unheimlich viele Leute. Ich kannte die Sendung nur vom Hörensagen. [...] Aber war halt irgendwie ein Begriff für mich."* Bereits am Telefon erzählte die Studentin, was sie *"so zu dem Thema halt sagen würde"*, denn sie hatte *"halt auch festgestellt, schon durch 'Arabella', daß die das eigentlich ganz gerne mögen, wenn man schon am Telefon so ein bißchen was erzählt, daß die auch einschätzen können, inwieweit man wirklich auch kein Blatt vor den Mund nimmt und inwieweit man da was vorschwindelt."* Ein Casting wurde vereinbart, und da die Sendung wenige Tage später produziert wurde, hatte die Teilnehmerin vorher keine Gelegenheit mehr, sich die Show einmal anzusehen.

***Beweggründe** (Typ: Fernseh-Star – Patient – Ideologe – Zaungast)*
"Jeder Mensch ist eitel, jeder Mensch braucht Anerkennung", und ein Fernsehauftritt, so hatte die junge Frau bereits durch ihre Teilnahme an der Sendung 'Arabella' erfahren, bringt *"viel für die Eitelkeit."* Sie hatte das Bedürfnis, diese Anerkennung noch einmal zu bekommen und bewarb sich daher zu einem weiteren Fernsehauftritt: *"Bei Schreinemakers war sicher auch ein bißchen schon mit der Grund, daß ich ja nun schon wußte, wie toll das eben ist, so dieses Drumherum, dieses Aufregende, daß einen eben auch Leute manchmal ansprechen."* Erneut ausgewählt worden zu sein gab ihr zusätzliche Bestätigung: *"Ich fand das halt auch lustig, was ich gedacht hätte, jetzt warst du schon in 'ner Talk-Show, jetzt versuchst du das einfach noch mal und jetzt klappt das schon wieder."* Wie der erste Auftritt stellte auch dieser eine *"Mutprobe"* dar, im Rahmen derer sie sich selbst beweisen und anderen Mut machen wollte, *"irgendwie so zu sich selber zu stehen oder auch zu sehen, okay, da ist eine, [...] die hat auch Probleme gehabt und zwar nicht zu knapp, aber die hat das jetzt geschafft. Man kann das überwinden, es ist nichts, womit man sich abfinden muß ein Leben lang. Also, das fand ich halt auch ziemlich wichtig, das einfach mal zu zeigen."* Dabei sah sie sich zwar nicht unbedingt *"in so einer Vorreiterrolle, aber, ich finde es trotzdem, es ist vielleicht für die ein oder andere so ein kleiner Denkanstoß, und einfach aus den Erfahrungen raus, die ich gemacht habe, war mir das wichtig."* Ein weiterer Grund zur Teilnahme war der, *"daß ich unheimlich neugierig war. Wie ist das da beim Fernsehen? Wie [...] ist die Schreinemakers? Wie sind die so drauf, wie läuft das Drumherum so ab?"* Mehr über die Fernsehwelt zu erfahren, interessierte sie nicht zuletzt aus beruflichen Gründen: *"Mich persönlich hat es eben auch deshalb besonders interessiert, weil ich selber mal überlegt hatte, so im Medienbereich was zu machen beruflich, also so Moderation oder so, das hätte mir auch Spaß gemacht."*

Der Auftritt
Am Ausstrahlungstag war *"alles sehr professionell organisiert. Also das war total Klasse, [...] wir kamen dann da an, es war direkt jemand da, der sich so ein bißchen um uns gekümmert hat und so ein bißchen eingewiesen hat, und das Team, das spielte sehr gut zusammen."* Es gab *"was zu essen, was zu trinken, konnten wir uns dann bedienen, unterhalten mit den anderen Gästen"*, und dabei bemerkte sie *"so ein gewisses Konkurrenzverhalten"*, denn jeder erzählte, *"was er irgendwie schon Tolles gemacht hat."* Im Laufe der Vorbereitungen lernte die Teilnehmerin die Moderatorin kennen: *"Und irgendwann*

kam die Schreinemakers dann halt auch selber und hat sich halt kurz vorgestellt, sich bei uns bedankt, dafür, daß wir halt da sind, und das fand ich halt sehr nett von ihr, weil sie hatte das halt so ausgedrückt, daß wir ja im Grunde die Sendung machen, wir sind die Gäste und an uns hängt die Sendung. Und das fand ich sehr sympathisch, also ich fand sie sehr nett, daß sie uns das Gefühl gegeben hat, daß wir wichtig sind." Als der Auftritt näherrückte, wurde es für die Teilnehmerin *"schon wieder aufregend."* Zu wissen, *"man sitzt dann da, und dann läuft das gerade im Fernsehen, man weiß, die sind jetzt im Studio, irgendwann kommt man selber halt dran"*, das erzeugte bei ihr das Gefühl, selbst Regie zu führen: *"Man ist halt selber irgendwie wie der Moderator oder die anderen Leute, die da mitwirken dafür verantwortlich, daß da jetzt irgendwie ein gutes Programm über die Bühne läuft. Daß man einfach da was Vernünftiges von sich gibt, daß der Ablauf stimmt, daß das alles funktioniert. [...] Und man denkt auch in dem Moment, man hätte einen entscheidenden Vorteil dadurch, daß man selber da im Fernsehen sitzt, weil man weiß, was gespielt wird."* Im Fernsehen zu sein, das gab ihr *"dieses Machtgefühl, das kommt auch bei jedem Einzelnen, egal jetzt, wie klein man in dem Moment tatsächlich ist. Aber jeder, der da irgendwas von sich gibt, was tatsächlich diese Millionen Leute hören, der hat das Gefühl ja schon, also man hat selber schon das Gefühl, man hat Einfluß in irgendeiner Form, indem man da seine Meinung sagt. Und, ja, das ist eben auch ein interessantes Gefühl."* Die Teilnehmerin nutzte ihre kurzzeitige Machtposition, um ihre Belange im Bereich der Sexualität *"einfach mal knallhart aus[zu]sprechen"*, und hatte durch die *"Talk-Show auch mal Gelegenheit [...], mal wirklich vor mehreren Leuten sowas auch kundzutun, einfach mal um so eben einen Denkanstoß zu geben."*

Die Fähigkeit, diese Situation souverän gemeistert zu haben, war für die junge Frau *"eine absolut positive Erfahrung. Also es war für mich einfach eine Selbsterfahrung zum einen, daß ich zum Beispiel erfahren habe, wie ich in so einer Situation reagiere, daß ich eben nicht dann mich zurückziehe und Angst bekomme, sondern daß ich darüber reden kann."* Diese *"Bestätigung"* war besonders bedeutsam vor dem Hintergrund der Tatsache, *"daß [...] ich sehr nervös war und früher sehr gehemmt war."* Das Lob der Moderatorin, die am Ende der Gesprächsrunde vor laufender Kamera sagte, daß ihr die Unterhaltung *"unheimlich Spaß gemacht"* hätte, bestärkte sie zusätzlich, denn Margarete Schreinemakers ist *"eine Frau, die man auch wirklich bewundern kann"* und die *"eine unheimlich lockere, nette Art so an sich"* hat. Überhaupt sind die Leute vom Fernsehen ihrer Meinung nach *"ein bißchen anders als andere*

Leute", denn *"die meisten sind so sehr individuell irgendwie, also man hat so das Gefühl, man trifft ganz viele verschiedene Typen irgendwie beim Fernsehen. Also, die Leute sind so, nicht so stinknormal, nicht so spießig. Oder sie wirken zumindest nicht so, man kennt die ja nicht, man hat nur einen ersten Eindruck. Die meisten sind ziemlich locker und ziemlich unkompliziert, und 'alles easy' und 'Honey hier' und 'Schatzi da' und so. Das ist irgendwie so wie eine große Familie halt auf eine Art. Man merkt zwar schon, wenn man mal so ein bißchen kritischer guckt, daß vieles eben auch Show ist, und daß die sich sicher auch ganz anders verhalten zu den Talk-Gästen, sag ich mal, als sie sich so untereinander verhalten. Aber irgendwie hat man das Gefühl, man ist mittendrin, man gehört dazu, man ist mit dabei irgendwie in dieser Fernsehwelt. Das ist wirklich so eine eigene Welt, das kann man schon sagen."*

Folgen des Auftritts

Nach ihren Auftritten bei 'Arabella' und 'Schreinemakers live' wurde die Studentin erneut zu 'Arabella' eingeladen und trat zum Thema 'Ich kriege jeden Mann' auf. Zwar durchsucht sie weiterhin die Zeitung danach, *"ob etwas Interessantes dabei ist, aber ich denke, man sollte es auch nicht zu sehr ausreizen."* Ein Angebot von 'Ilona Christen' lehnte sie daher ab. Die Auftritte haben *"rundherum nur Positives bewirkt"* und die Teilnehmerin in ihrer Selbstsicherheit bestärkt: *"Nach drei Talk-Shows, ich glaube, ich würde die vierte Talk-Show auch völlig locker meistern, da würde ich wahrscheinlich auch schon abwinken und sagen: 'Nervosität gar nicht.' Also, man gewöhnt sich dran, denke ich."* Und auch die große Aufmerksamkeit, die ihr zuteil wurde, bestätigte sie. Zeitweise fühlte sich die Teilnehmerin selbst wie ein Fernseh-Star. Fremde sprachen sie an, zum Beispiel in der Bahn, *"kamen ein paar Jungs auf mich zu und meinten: 'Hey Mann, dich habe ich doch letztens im Fernsehen gesehen, war ja total lustig und Klasse.' Eigentlich nur positive Reaktionen, also halt total gut irgendwie. Es ist auch ein lustiges Gefühl, wenn man halt dann plötzlich angesprochen wird, dann kommt man sich ja fast schon so ein bißchen berühmt vor, dann fühlt man sich auch ein bißchen gebauchpinselt. Und wenn dann auch noch Post kommt, dann ist es auch irgendwie ziemlich lustig."* Der Kameramann von 'Schreinemakers live' rief sie an, *"der halt meinte, er hätte mich vor der Kamera gehabt, und bei dem Thema, das war damals ja [Titel der Sendung: 'Sex bei Tageslicht']", da habe ich mir dann auch gedacht, ist irgendwie ganz klar, daß dann so Leute anrufen und dann einfach mal probieren, ob sie landen können."* Auch im näheren Umfeld wurde sie gelobt, so sagten beispielsweise ihre Eltern: *"'Mensch, ist ja mutig und irgendwie witzig', und da war auch direkt so ein bißchen eine Gesprächsebene zwischen meinen Eltern und mir halt da, daß man sich mal auf eine andere Art und Weise auseinandergesetzt hat."*

Aufgrund ihrer Auftritte hat sich für ihr *"privates Leben"* einiges geändert, ist der Teilnehmerin ihre *"eigene Einstellung dadurch, daß ich in den Talk-Shows drüber geredet habe, auch eigentlich noch mal bewußter geworden, und das war recht entspannend für mich."* So hatte sie in allen drei Sendungen zum Thema 'Sexualität' propagiert, *"wie locker ich das alles sehe, und das habe ich eigentlich auch immer locker gesehen, und erstaunlicherweise habe ich festgestellt, nachdem ich in den ganzen Talk-Shows war, so eigentlich will ich das gar nicht mehr. [...] daß ich gar keinen Sex haben wollte, ohne daß da ein Gefühl dabei ist. [...] Und mir ist durch die Talk-Shows so richtig bewußt geworden, daß tatsächlich meine Einstellung sich so verändert hat, daß ich mir das erlaube, und dadurch hatte ich nicht mehr das Gefühl, daß da Notwendigkeit besteht, mir das selber zu beweisen. Also, es war kein Druck mehr so in mir selber, daß ich das Gefühl hatte, ich muß das jetzt unter Beweis stellen, daß ich wirklich so locker drauf bin, weil ich bin locker."*

Die Fernsehwelt findet sie nach wie vor *"total schön, da zwischendurch immer mal wieder einzutauchen, mich einfangen zu lassen, aber ich bin auch froh, wenn ich hinterher wieder rauskomme. Weil es ist auch teilweise sehr oberflächlich. Man weiß nie so genau, was ist jetzt echt und was ist nicht echt, was ist gespielt, wie ist der andere wirklich."* Von der Idee, Fernsehen zu einer beruflichen Perspektive zu machen, ist sie daher wieder abgekommen, zudem ist ihr jetzt *"halt schon auch bewußt, daß der Alltag solcher Leute, die in so einem Bereich arbeiten, wirklich superstressig ist. Da gibt es keinen geregelten Feierabend, da gibt es kein geregeltes Wochenende, sondern da ist immer Streß angesagt."* Die junge Frau hingegen will sich ihren Beruf *"selber zeitlich einteilen können"* und sieht den Sinn ihres Lebens *"eher darin, anderen Menschen zu helfen."*

5.1.20 Fall 20: Ich hatte meiner Ex-Frau irgendwo auch noch Rache geschworen

Persönliche Situation, Bedürfnis- bzw. Problemlage

Der 35jährige Maler und Lackierer lebt nach der Scheidung bei seiner Mutter. Zum Bruch mit seiner Ehefrau kam es, als er diese mit einem anderen in flagranti ertappte und dabei erfuhr, daß nicht er selbst, sondern der Nebenbuhler der leibliche Vater seines vermeintlichen Sohnes sei. Er erzog somit seit Jahren das Kind eines anderen, im Glauben, es wäre sein eigenes. Der Interviewpartner fühlte sich *"verarscht"*, in seiner männlichen Ehre gekränkt und zudem finanziell hintergangen, denn er alleine war bisher für den Jungen aufgekommen. *"Ich weiß jetzt, daß ich nicht der Vater bin und habe im Endeffekt dafür die Zeit, wo ich mit der Frau zusammen war und von dem anderen das Kind dann großgezogen habe, habe ich siebentausend Mark wiedergekriegt und der Rest war Lehrgeld."* Der Mann ging vor Gericht und mußte auch noch die Verfahrenskosten tragen: *"Nämlich ich habe ja im Endeffekt alles bezahlt, die Gerichtskosten von ihr, weil sie war ja arm, sie hatte ja nix. Und schon ich, weil ich hier der Alleinverdiener war, der Idiot und dürfte bezahlen."* Der Betrogene bereut heute, daß er damals nicht härter durchgegriffen hat: *"Ich hätte mich, wie ich sie mit dem anderen da erwischt habe, da hätte ich -, da war ich ja noch ziemlich ruhig, da habe ich zuerst mal gesagt: 'So, jetzt zieht ihr euch mal an. Du machst, daß du aus der Tür kommst, ich setze mich jetzt in die Küche und trinke mir eine Tasse Kaffee. Frau, mach, daß du in die Küche kommst, ich glaube, wir haben über irgendwas zu reden, 'ne.' Und im nachhinein, also da habe ich mich schwarz darüber geärgert, daß ich so ruhig geblieben bin. Ich hätte ihn direkt auf das Gesicht hauen sollen und die Alte aus dem Fenster werfen, nee, und dann eiskalt: 'Die ist beim Blumengießen vom Balkon gefallen.' Also, das ging mir auch durch den Kopf, ich denke, du warst doch blöd, wieso hast du der Alten nicht direkt die Lampe ausgemacht, da wär Ruhe."* Im Laufe der Zeit hatte sich seine Wut immer weiter aufgestaut. Auch wenn das gerichtliche Verfahren zwischenzeitlich abgeschlossen wurde und er finanzielle Ansprüche seinem Sohn gegenüber geltend machen kann, wenn dieser achtzehn Jahre alt ist, ist das Thema für ihn nicht erledigt: *"Ich hatte meiner Ex-Frau irgendwo auch noch Rache geschworen. Ich habe ihr gesagt: 'Es gibt so etwas wie ausgleichende Gerechtigkeit, irgendwann kriegst du von mir einen, da rechnest du nicht mit.'"* Ähnliche Empfindungen hegte er für seine Schwiegermutter: *"Die Alte, die stand immer auf der Seite von meiner Ex-Frau, und der hatte ich auch irgendwo Rache geschworen [...]. Gut, Blut ist dicker wie Wasser, aber die Wahrheit ist die Wahrheit, da gibt et nix dran zu rütteln."*

Die Idee zum Auftritt bei 'Schreinemakers live'

Die Mutter des Teilnehmers las in der Zeitung ein Inserat, aus dem hervorging, daß ein Journalist auf der Suche nach einem Mann war, dem seine eigene Frau ein fremdes Kind untergeschoben hatte: *"Sie schob mir die Zei-*

tung am ersten Tag hin: 'Hier, lies mal, das habe ich gesehen.' Ich sage: 'Ach, Blödsinn.' Am zweiten Tag kam die Zeitung wieder." Aus der Anzeige selbst wurde nicht ersichtlich, daß es sich dabei um einen Fernsehauftritt handelte, sondern nur, *"daß vielleicht einfach einer zu dem Thema was wissen wollte für -, vielleicht für die Zeitung oder irgendwas, 'ne."* Der Befragte wollte damit zunächst nichts zu tun haben: *"Da habe ich gedacht, hast du doch eh keine Zeit für, alles nur Blödsinn, 'ne. Und wenn einer wat wissen will, dann soll er sehen, wo er et herkriegt."* Seine Mutter aber ließ nicht locker: *"Und dann hat sie mir das ein paar Mal unter die Nase geschoben, bis ich dann anrief, da gab sie Ruhe."* Letztlich war es *"auch irgendwo die Neugier. Ich denke, da muß doch einer irgendwas wollen. Und ruf mal an."* Der Redakteur am Telefon teilte ihm mit, daß es sich bei der Anzeige um die Teilnahme in der Sendung 'Schreinemakers live' handele. Der Mann hatte die Sendung *"schon mal gesehen"* und fand die Show *"unterhaltsam, lehrreich"* und *"ziemlich locker."* Daraufhin erklärte er sich zur Teilnahme bereit: *"'Ja', habe ich gesagt, 'okay, mache ich.'"*

Beweggründe *(Typ: Rächer – Ideologe – Propagandist – Zaungast)*
Beweggründe verschiedenster Art motivierten den Mann zum Fernsehauftritt, im Zentrum stand für ihn selbst die Rache an seiner Ex-Frau. Nachdem sich seine Wut ihr gegenüber über Jahre angestaut hatte, hatte der Betrogene lange auf eine geeignete Möglichkeit gewartet, sich an seiner Ex-Frau zu rächen. So kam ihm das Angebot zum Auftritt gerade recht, *"weil ich ihr das versprochen hatte und die ganzen Jahre darauf gewartet -, ihr eine zu drücken, und wußte bloß nicht, wie. Und das war genau das gefundene Fressen."* *"Also für mich, da stand also auf jeden Fall im Vordergrund die Rache. Dat war an erster Stelle. Also, ich glaube, so würde jeder handeln. Meine ich."* Es war ihm wichtig, das Geschehene aus seiner Perspektive zu erzählen und sich somit ins rechte Licht zu rücken: *"Ich denke, also, die meisten Leute wissen das gar nicht. Jeder macht dich schlecht, du bist der Buh-Mann. [...] Weil einige meinten, also, meine Ex-Frau wäre die beste gewesen und das könnte ja alles gar nicht so sein und das wäre bestimmt ganz anderes gewesen bezüglich Scheidung und so weiter. Und irgendwo, da war auch der Hintergedanke, so ist es gelaufen und diesen Weg zeige ich euch jetzt."* Der Interviewpartner wollte mit der Veröffentlichung seiner privaten Geschichte eine möglichst große Wirkung erzielen. *"Und ich habe auch noch vorgesorgt, damit es genug Leute wußten."* So informierte er Bekannte aus dem Ort: *"Die sagten: 'Wenn du das durchziehst, alle Achtung.' Und da habe ich gedacht, auf die Tour, da*

kriegste ihr eine. Und dann hier die Fußballmannschaft aus dem Ort, wo sie jetzt wohnt, die kenne ich ja alle. Habe ich das denen erst mal gesagt."

Der Teilnehmer glaubt, daß es nicht wenige Männer gibt, denen ein ähnliches Schicksal widerfährt und nahm daher an, *"daß vielleicht einige mal einen Denkanstoß [...] brauchen."* Darum wollte er durch seinen Auftritt *"versuchen, auf dem Weg wieder anderen Männern die Augen zu öffnen. Daß die sich vielleicht mal Gedanken machen oder mal nachrechnen."* Aber auch die finanzielle Vergütung spielte als Beweggrund eine Rolle. Nachdem ihm der Redakteur 500 DM geboten hatte, dachte er: *"Jetzt guckst du mal, wie weit kannst du reizen. Ja, und hinterher sagte er: 'Na gut, tausend.' Ich sage: 'Ist gebongt, ich komme.'"* Nicht zuletzt bot der Fernsehauftritt die Chance, einmal bei einer Fernsehproduktion dabeizusein: *"Das ist interessant, mal hinter die Kulissen zu gucken. [...] das ist das Interessante, das Neue. Und sowas, das reizt einen, okay, und wenn man dann auch noch was von sich -, sagen wir mal so, verkaufen kann und wat auch noch die Wahrheit ist und et ist auch noch irgendwie der Hintergedanken Rache oder sowat, dann wird dat ja doppelt so süß."*

Der Auftritt

Am Tage des Auftritts war der Interviewpartner ziemlich aufgeregt, denn er wußte nicht, wie er sich in der für ihn nicht alltäglichen Situation richtig zu verhalten habe. *"Die ganze Aufregung, 'ne, das Neue, ich wußte ja gar nicht nun, was mir da alles wieder bevorstand."* Ein Fahrer aus der Redaktion holte ihn zu Hause ab. *"Dann kommt hier die S-Klasse mit Chauffeur. Überall gingen die Rolläden hoch, alle am Fenster, ich denke, oh nein, was hast du jetzt da gemacht."* Zeitweilig bereute er seine Entscheidung sogar: *"Also, auf einmal, da war mir das alles zuviel, ich denke, jetzt dahin, und dann weißt du nicht, was da abläuft und das ganze Hin und Her, das Fremde, das Neue, ich denke: Oh, hättest du das am besten, also an dem Tag, da wärst du am besten eine Stunde ins Bett gegangen, wie du da angerufen hast."* Der Chauffeur nahm ihm die Unsicherheit, denn der *"war schon mal richtig cool, gut drauf. Also, der machte Witze, der war für jeden Blödsinn zu haben, und da ging das schon mal."* Im Studio wurde es dann allerdings ziemlich hektisch: *"Und wie wir dann wieder angehalten haben wieder vor dem Studio, Licht, und ich denke, wo sind wir denn jetzt, da stand da hier so ein Sicherheitsheini, der stand da 'rum, da wurde man noch untersucht. Ich sage, ich bin unbewaffnet, ihr könnt mich in Ruhe lassen. Also, das war schon, irgendwie war das komisch.*

[...] Weil du ja sowas überhaupt nicht kennst. Und dann fallen auf einmal ein ganzer Haufen Leute über einen her: 'Da kommen sie mal mit, da müssen hier, da müssen sie sich das angucken, dann gehen wir mal ins Studio. Das ist Kamera, da Kamera, hier Kamera, dort Kamera, und das müssen sie dahin, Make up', und ich denke, mein lieber Mann." Nach der anfänglichen Hektik fühlte er sich ziemlich alleine gelassen: *"Und, wie soll man sagen, die ersten zehn Minuten schwirrten da tausend Leute 'rum, jeder kam, 'Tag' und 'hier' und 'hallo.' Und bis auf einmal, da saß man da gottverlassen und ganz alleine. Und da kam ich mir irgendwo wat hilflos vor, ich denke, was machst du denn jetzt. Wartest du jetzt hier, bis daß dich einer abholen kommt, oder wie oder wat. Und dann auf einmal, da kam einer und schilderte uns dann den Ablauf. So, dann und dann ist es soweit, dann werdet ihr abgeholt und dann saßen wir da wie auf heißen Kohlen. Also das Warten, das ist das Schlimmste."*

In dieser stressigen Situation empfand er die natürliche Art der Moderatorin als wohltuend, *"weil die ging direkt auf jeden zu."* Die Angst, die er vor der Begegnung mit der prominenten Fernsehfrau gehabt hatte, erwies sich als unbegründet: *"Ja, da saßen wir auch vorher schon mal zusammen, und also, hier die Margarethe, die kam dann auch durch und bot zuerst mal jedem das 'Du' an, hier trinkt einen, also richtig toll. Ich denke, oh Mann, das ist bestimmt ganz streng und ernst und so, und ganz locker, als erstes erzählte sie einen Manta-Witz, der war gut."* Auch in bezug auf das Gespräch vor der Kamera versuchte die Moderatorin, dem Studiogast die Angst zu nehmen. *"Sie hat ja auch noch vor dem Auftritt gesagt: 'Ihr braucht keine Angst zu haben, wenn ihr nicht mehr weiterwißt, oder ihr hängt euch in irgendeinem Satz auf, ich helfe euch da raus, macht euch keine Sorgen.' Und dat fand ich gut. Und da ich schon von vornherein wußte, wenn irgendwat schiefläuft, da ist einer, also, der hilft dir. Und dat war gut. Und dat man nit ganz allein da steht, und dat war schon gut, dat man sowat von vornherein wußte, 'ne. Das war korrekt."* Das Gespräch vor der Kamera war für den Interviewpartner *"Streß, also da weiß man erst mal, die ganzen Leute, denen man erst mal wieder Bescheid gesagt hat, da mußt du Fernsehen gucken, die sitzen dann da, so, und dann muß man erst mal in Windeseile erst mal alles wieder sortieren, weil, das war ja nun auch schon ein paar Jahre her. Und ich mußte nun wirklich überlegen, wann war was, 'ne."* Nach der stressigen Situation des Auftritts fühlte er sich *"erleichtert, weil der ganze Druck, der war weg. Ich wußte so, okay, du hast deine Schuldigkeit getan. Jetzt fragt dich keiner mehr, jetzt kannst du dich in Ruhe mit deiner Cola in die Ecke setzen und läßt dir das noch mal durch den*

Kopf gehen. Und dann innerlich, so, jetzt bist du mit der Alten quitt, jetzt hast du der einen gedrückt, da wird sie lange dran denken. Ja, und so war das ja auch."

Folgen des Auftritts

Die Hoffnung des Teilnehmers, durch die Veröffentlichung seiner Beziehungsprobleme Rache an seiner Ex-Frau nehmen zu können, erfüllte sich: *"Vielleicht kannst du ihr auf der Tour so richtig eine drücken. Und das habe ich auch getan. Das war toll."* Da er viele Leute über seinen Auftritt informiert hatte, *"saß das ganze Dorf natürlich wieder vor dem Fernsehen. Und dann am nächsten Morgen, da ging sie in den Supermarkt: 'Da, die war et.' Ich denke, mhm, dat is gut."* Die Freunde und Bekannte seiner Ex-Frau, die hätten ihn *"am liebsten gesteinigt und gelyncht."* Seine Ex-Frau sprach ihn nach der Ausstrahlung nicht selbst an, sondern *"hat ihre beste Freundin vorgeschickt"*, die ihm *"Frechheiten"* an den Kopf warf: *"'Und wenn es mir nach ging, dann würden wir dich anzeigen, Verleumdung, üble Nachrede' und also, ich sage: 'Seid ihr irgendwie auf den Kopf gefallen, habt ihre euch am Alibert gestoßen oder wat?' Ich sage: 'Alles, was ich da gesagt habe, habe ich schwarz auf weiß.' 'Das interessiert uns nicht, das ist so lange her, da redet man nicht mehr drüber.' Ich sage: 'Wieso soll ich denn da drüber nicht mehr reden? Es ist doch wahr [...].' 'Du hast das doch nur wegen dem Geld getan!' Ich sage: 'Und wenn ich es wegen dem Geld getan hätte, es ist trotzdem die Wahrheit.' Die beste Freundin, die meinte dann noch: 'Und wenn mein Mann dich in die Finger kriegt, der wird dir die Flügel stutzen.' Ich sage: 'Laß ihn kommen. Sage ihm aber, er soll noch drei starke Männer mitbringen.' [...]. Und nachher, da habe ich mich rumgedreht und bin gegangen, ich denke, hier, bevor die Alte noch ausflippt, gehe lieber. Und von dem Tag an ist da nichts mehr nachgekommen."* Die Mutter seiner Ex-Frau, der er ebenfalls Rache geschworen hatte, *"hat über das Experiment einen Herzinfarkt bekommen."* Als sie die Ausstrahlung sah, hatte sie sich so sehr aufgeregt, daß sie mit einem Herzinfarkt ins Krankenhaus eingeliefert werden mußte. Über ihr Leid empfand er Genugtuung: *"Da muß das wohl all mit ihr so durchgegangen sein. Und das fand ich natürlich toll." "Der habe ich dann noch ein paar Blümchen geschickt, mit schönen Grüßen, die hat sie dann wohl irgendwie zerfetzt und an die Wand geworfen. Aber ich denke, das kannst du tun."* Seine Freunde bestätigten ihn in seinem Tun: *"Die fanden das alle gut, fanden das korrekt. [...] Einige kamen: 'Alle Achtung, finde ich toll.' Und: 'Das hatte die verdient, bloß die Sendezeit, die war zu kurz. Du hättest mehr sagen müssen.'"*

Auch Fremde kamen auf ihn zu: *"'Dich kenne ich, dich kenne ich, dich habe ich im Fernsehen gesehen.' Also das ist nur, drei- oder viermal ist mir das passiert, aber ich finde dat gut. Ja und heute noch, da sind ein paar Arbeitskollegen, die können es nicht lassen, wenn ich denen 'Tag' sage, dann sagen die: 'Margarethe.' Das ist heute noch. Aber ich find dat jut."*

Der Teilnehmer zeigte sich zufrieden über die Wirkungen seines Auftritts und könnte sich durchaus vorstellen, noch einmal an einer Fernsehsendung teilzunehmen. Es gelang ihm, durch die Veröffentlichung seiner privaten Leidensgeschichte einen Schlußstrich zu ziehen: *"Ja, aber irgendwo, da war die Rechnung beglichen, und ich wollte mal langsam mit dem Thema auch abschließen, es war ja nun ein paar Jahre her, und ich hatte das so lange vor mir hergeschoben, weil halt eben da war Rache mit drin. Und jetzt, jetzt war das Ding gegessen, hier mit der Frau war ich jetzt quitt, und da war die Welt in Ordnung."* Von dem Geld, das er als Aufwandsentschädigung für den Auftritt herausgehandelt hatte, machte sich der Interviewpartner *"mit meiner Freundin einen schönen Urlaub [...], wir sind mit dem Wohnwagen weggefahren, und da haben wir die tausend Mark mit Genuß auf den Kopf gehauen. Und denn habe ich gesagt: 'So, von dem Geld machen wir zwei uns einen Guten.' Und das haben wir auch richtig schön auf den Kopf gehauen."*

5.1.21 Fall 21: Ich hatte auch ein bißchen die Idee, Werbung zu machen

Persönliche Situation, Bedürfnis- bzw. Problemlage

Die 38jährige Organisationsberaterin hat bereits vor ihrem Auftritt bei 'Fliege' zweimal an Fernsehsendungen teilgenommen. In einer *"Familiensendung"* des ZDF traten sie und ihr Ehemann als Mannequins auf: *"Da ging es um Mode, Mode vorstellen."* In einer Sendung des Bayerischen Rundfunks wurde – wie auch später bei 'Fliege' – das Thema 'Seitensprünge in der Kur' behandelt, das sich anbot, da die Teilnehmerin ihren zweiten Ehepartner während eines Kuraufenthaltes kennengelernt hatte. Da sie gerade eine Therapieausbildung als Familientherapeutin absolviert hatte, wollte sie den Auftritt nutzen, um auf diesem Wege Werbung für ihre Praxis zu betreiben: *"Da war da einfach auch die Vorstellung, daß ich so als Familientherapeutin mit aufgenommen werde, das war der Reiz dabei."* Nach den Auftritten war sie von der sozialen Resonanz, die diese auslösten, beeindruckt: *"Da gab es ganz viele Leute, die das gesehen haben, die mich drauf angesprochen haben."* Sie glaubt, daß das Fernsehen *"schon so eine Faszination"* auf die Menschen ausübt, die man zum einen nutzen kann, um sich als Person *"darzustellen"* und auf diese Weise seine *"narzißtischen Grundbedürfnisse"* zu befriedigen. Zum anderen kann man den Auftritt nutzen, um persönliche Belange werbewirksam *"zu publizieren."* Der Einfluß, den man auf diese Weise auf die Zuschauer nehmen kann, ist aber nach Meinung der Befragten nicht als uneingeschränkt positiv zu beurteilen, sondern es ist fast schon *"erschreckend, ja, was für einen Einfluß Medien auf Menschen haben."* Diese Erfahrung machte sie nach ihren ersten Auftritten, als wildfremde Leute *"getuschelt und fasziniert und einen angeglotzt [haben], noch nicht mal angeguckt, sondern angeglotzt, einfach so, wenn man durch F. gelaufen ist oder im Lokal war oder sonst irgendwas."* Und das, *"wo wir einfach ganz Normale waren, die dumm da rumstanden im Prinzip, das fand ich schon erschreckend"*, insbesondere, wenn man bedenkt, daß dieser Einfluß zu manipulativen Zwecken mißbraucht werden kann.

Die Idee zum Auftritt bei 'Fliege'

Die Redaktion der Sendung 'Fliege' hatte sich bei ihren Recherchen zum Thema 'Seitensprünge in der Kur' auf der Suche nach Studiogästen an das Hotel gewandt, in dem die Interviewpartnerin und ihr Mann sich kennengelernt hatten. Da die beiden mittlerweile Stammgäste und mit dem Hotelbesitzer befreundet sind, kannte dieser ihre Geschichte, die sich ideal für die Sendung zu eignen schien. Nach Rücksprache mit ihrem Ehemann gab der Hotelier die Telefonnummer des Paares weiter: *"Die Redakteurin hat sich dann mit uns in Verbindung gesetzt, und zwar einzeln, sie wollte zum einen mit meinem Mann sprechen, zum anderen mit mir und hat so die Geschichte unseres Kennenlernens dort erfragt."* Während der Vorbereitungen zum Auftritt schaute sich die Teilnehmerin die Sendung, die sie bis dato nicht kannte, im Fernsehen an. Dabei hatte sie zunächst *"den Eindruck, ja so die Art, wie der Herr Fliege mit seine Kunden so da umgeht, ist irgendwie so ein bißchen einfühlsam oder behutsamer"* als die Moderatoren in anderen Talk-Shows. Gemeinsam mit ihrem Ehemann fuhr sie zur Aufzeichnung.

Beweggründe *(Typ: Propagandist – Fernseh-Star – Zaungast)*

Aufgrund der Resonanz, die die Teilnehmerin nach ihren vorhergehenden Auftritten erfahren hatte, wollte sie einmal mehr den Einfluß des Mediums nutzen. So eignete sich das Massenpublikum als potentielle Kundschaft, demgegenüber sie beabsichtigte, geschäftliche Belange *"zu publizieren."* *"Ich hatte auch ein bißchen die Idee, Werbung zu machen"*, denn die Teilnehmerin hatte sich *"gerade kurz vorher selbständig gemacht, ich hatte gedacht, vielleicht gibt es irgendeine Gelegenheit."* Zudem war es *"das Interesse von diesem Hotelier [...] natürlich schon auch, daß wir ein bißchen Werbung machen."* Daneben diente der Auftritt in der Sendung dazu, sich öffentlich *"darzustellen"*, um auf diese Weise die eigene *"Eitelkeit"* zu befriedigen und bot der Teilnehmerin darüber hinaus auch die Möglichkeit, den Moderator kennenzulernen: *"Ich glaube schon, daß es vielleicht auch dieser Fliege war, nach dem, was ich dann alles gehört habe. Jeder kannte den und 'ach, der ist so nett' und überhaupt, und wir haben uns das dann [live] angeguckt."* Die Geschichte selbst stand nicht im Mittelpunkt, vielmehr eignet sich ihrer Meinung nach *"alles"* als Geschichte, um sich *"darzustellen und zu publizieren."*

Der Auftritt

Am Tag der Aufzeichnung flog die Teilnehmerin mit ihrem Ehemann nach München: *"Wir wurden dann dort abgeholt am Flughafen, und zunächst hatten wir den Eindruck, das wäre jemand, der uns abholt, das war aber auch ein Gast, und es war ein derartiger Primitivling, also mich hat fast der Schlag getroffen. Der wurde auch abgeholt. Und der Fahrer und dieser Gast haben dort am Flughafen auf uns gewartet. Und das war so furchtbar, ja, also mein Aggressionspegel stieg innerhalb von zehn Minuten auf hundert, und der Mann war auch überhaupt nicht zu bewegen, den Mund zu halten."* Gemeinsam mit einem Menschen, den sie für so niveaulos hielt, wollte die Frau nicht auf der Bühne in Erscheinung treten: *"Also, ich kann wirklich nicht in so eine Sendung gehen, ja, wo jemand mitmacht, der so primitiv ist wie der, da zeige ich mich nicht. Und ich war also entschlossen, wieder nach Hause zu fahren, unverrichteter Dinge."* Schließlich wurde die Situation durch den Moderator entschärft: *"Der Chauffeur, der hat das ja mitbekommen und ist dann zu der Redakteurin und hat erzählt, was da so war. Und der Herr Fliege hat dann noch mal mit ihm gesprochen, daß er sich anders zu benehmen hat, [...]. Auf jeden Fall war er ganz still und hat kaum noch was gesagt, und er [der Moderator] hat ihn dann auch ins Publikum gesetzt und nicht auf die Stühle."* Die Teilnehmerin empfand den Moderator *"ziemlich aggressiv im Umgang, also, irgendwas hat nicht gleich funktioniert, oder, das war für mich, also für die Situation, von außen betrachtet, ein bißchen überspannt, fand ich, ziemlich heftig die Reaktion."* Dennoch war sie *"sehr beeindruckt von ihm, daß er eine sehr starke Persönlichkeit ist, also mir hat das sehr imponiert."* Ihrer Auffassung nach ist er *"nicht so dieses Weichei, wie er sich manchmal da so präsentiert. Ich habe Stärke empfunden, Souveränität, ja. [...] Ich denke, daß, was man da in der Sendung sieht, das ist ein anderes Bild von ihm, als das, was man außerhalb dieser Sendung von ihm wahrnimmt."*

Begeistert war die Teilnehmerin auch von dem professionellen und sensiblen Verhalten der Verantwortlichen: *"Also, was mich sehr beeindruckt hat und sehr fasziniert hat, war das Team. Ich finde, die haben eine sehr gute Werbung für ihr Unternehmen gemacht. Die waren sehr besonnen, auch so im Umgang, sage ich mal, mit sicherlich auch schwierigen Situationen, auch den Umgang mit diesem Mann, eben sofort zu reagieren, darauf einzugehen, in der Lage zu sein, flexibel zu sein, das umzustellen, die waren alle sehr freundlich, waren sehr bemüht, also ich denke, so, die Aufregung vielleicht auch den Leuten zu nehmen. Und also das war was, was ich ganz toll fand."* Vor der Sendung gab es *"was zu trinken, Häppchen, so etwas euphorische Stimmung verbreitet, ja. Es gab schon einige Leute, die da waren, ja."* Mit den anderen Teilnehmern saß sie *"hinter der Bühne, schon etwas nervös, also ich war schon etwas nervös einerseits. Andererseits, die ganzen Leute, mit denen wir vorher gesprochen haben, so dieses Paar, das sich da gerade in der Kur begegnet ist und so, die waren viel aufgeregter. Und dann also bis zum letzten geredet und sich unterhalten und die ein bißchen beruhigt, da ging es schon."* Während des Auftritts selbst hat sie sich *"wohl gefühlt, ich habe mich gut gefühlt, es gab keine Situation, wo ich mich unangenehm gefühlt hätte. Weil ich gedacht hätte, es wäre irgendwas, was nicht abgesprochen gewesen ist oder das irgendwie in eine falsche Richtung gegangen wär,e unterhalb der Gürtellinie oder sonst irgendwas. Oder ich wäre irgendwie bedrängt worden mit Fragen, solche Sachen gar nicht, ich habe mich gut gefühlt, das fand ich wichtig."* Es gelang ihr und ihrem Mann, Werbung für den Hotelier zu betreiben, indem sie den Namen des Hotels mehrfach nannten. Um für ihre eigenen beruflichen Belange zu werben, ergab sich allerdings keine Gelegenheit. Auch wenn sie nicht alle ihre Vorhaben im Auftritt umsetzen konnte, fühlte sich die Teilnehmerin anschließend *"bestätigt"* und hatte den Eindruck, die Situation vor der Kamera souverän gemeistert zu haben.

Ihre Einstellung gegenüber der Talk-Show 'Fliege' hat sich allerdings aufgrund der Erfahrungen am Drehtag grundlegend geändert, denn die ist ihrer Meinung nach *"eine Form von Manipulation. Ich habe eine Therapieausbildung und weiß, je nachdem, wie man auf Leute zugeht und mit ihnen umgeht, ist halt auch eine Bereitschaft da. Und wenn man sich zu einem bestimmten Thema schon stellt, bereit erklärt, damit umzugehen, wenn die Betroffenheit sehr hoch ist, ist man da schneller bereit, über Dinge zu reden, über die man sonst vielleicht in der Öffentlichkeit nicht reden würde."* Der Moderator nutzt seine *"therapeutisch-behutsame"* Art, um *"Betroffenheit [zu] publizieren."* Den Einfluß, der auf diese Weise insbesondere auf psychisch labile Gäste ausgeübt werden kann, beurteilt die Teilnehmerin als *"riskant"*, denn der Auftritt zeitigt hier im vorhinein möglicherweise schwer abschätzbare Wirkungen. Der *"Schutz, den Menschen brauchen"*, ist nicht gewährleistet. Ob der kritischen Einschätzung, die die Teilnehmerin der Sendung nach der Aufzeichnung beimaß, machte sie ihren Auftritt vor dem Ausstrahlungstermin nicht weiter publik.

Folgen des Auftritts
Nachdem die Teilnehmerin während des Auftritts keine Eigenwerbung hatte machen können, war diesbezüglich keine Resonanz zu erwarten. Aber auch jenseits der beruflichen Aspekte gab es *"keine Reaktionen von fremden Leuten"*, blieben jegliche Kommentare aus, die zur Befriedigung der *"narzißtischen Grundbedürfnisse"* hätten beitragen können. Sie selbst war mit ihrer eigenen Darbietung, die sie sich anhand des Videobandes ansah, *"sehr zufrieden"* und schrieb noch eine Danksagung an die Redaktion, in dem sie deren Arbeit lobte. Weiteren Auftritten allerdings steht die Interviewpartnerin ambivalent gegenüber: Einerseits hat sie *"kein Bedürfnis mehr danach."* Andererseits könnte sie *"es jetzt nicht mit Sicherheit sagen, wenn es irgendwas wäre, was ich sehr faszinierend finden würde. Aber ansonsten wäre mein Bedürfnis im Moment für solche Sachen gedeckt."*

5.1.22 Fall 22: Und ganz ehrlich, alle sind fernsehgeil

Persönliche Situation, Bedürfnis- bzw. Problemlage
Der 58jährige Verkaufsleiter eines Automobilkonzerns ist der Ansicht, daß in unserer Gesellschaft grundsätzlich jeder im Fernsehen auftreten will: *"Ganz ehrlich, alle sind fernsehgeil."* Zur Befriedigung dieses Bedürfnisses ist er selbst bereits diverse Male im Fernsehen aufgetreten. So spielte der Befragte zweimal in der Krimiserie 'Ein Fall für zwei' mit, einmal *"habe ich an der Bar gestanden, 'ne, [...] als Statist."* In einer Sendung des Bayerischen Rundfunks trat er schon einmal zum Thema 'Seitensprünge in der Kur' auf, und in einer ZDF-Sendung führten er und seine zweite Ehefrau als Mannequins Kleidung vor. In der Fernsehproduktion 'Der Schattenmann' mit Mario Adorf hatte er seine erste kleine Rolle: *"Da war ich ein Abgeordneter der Stadt F. "* Nach den Ausstrahlungen der jeweiligen Sendungen wurde der Interviewpartner

häufig auf seine schauspielerischen Aktivitäten angesprochen: *"Wenn ich da an die erste Sendung überlege, da waren ja - tausend ist übertrieben, die da schon mal -: 'Mensch [Name des Interviewpartners], ich habe dich ja gesehen, habt ihr toll oder nicht toll.' War ich in F. auf der Straße, eine Frau kommt auf mich zu: 'Hallo Herr [Name des Interviewpartners].' Ich sage: 'Kennen wir uns?' 'Nein, aber ich habe sie in der Fernsehsendung gesehen.'"* Nach seinem Auftritt bei der Modenschau im ZDF kamen die Leute auf ihn zu: *"Waren wir essen, ich denke, was ist denn jetzt los, da guckten die plötzlich."* Kurzzeitig wie ein Star behandelt zu werden brachte dem Befragten zwar einerseits *"Selbstbestätigung"*, andererseits ist er der Meinung, daß man diese Reaktionen auch nicht überbewerten sollte. Von Fremden auf seine Rolle als Mannequin angesprochen, reagierte der Interviewpartner mit Understatement: *"Ich sage: 'Ich bin interessant? Eine Freundin hat das gemacht und wir haben ein paar Klamotten gewechselt.'"*

Die Idee zum Auftritt bei 'Fliege'

Die Redaktion 'Fliege' plante eine Sendung zum Thema 'Seitensprünge in der Kur'. Für dieses heikle Thema Gäste zu finden erwies sich als außerordentlich schwierig: *"Seitensprünge machen wir alle ganz gerne in der Kur, aber dann nachher auch dazu stehen und sagen: 'Jawohl, es ist so passiert'"*, das tun die wenigsten. Auf der Suche nach Studiogästen wandte sich die Redaktion an Hotelbesitzer in Kurgebieten, so auch an einen Hotelier, mit dem der Interviewpartner seit Jahren befreundet ist und in dessen Hotel er seine zweite Ehefrau kennenlernte. Jener rief ihn daraufhin an: *"Der [Name des Hotelbesitzers] sagte: 'Die wollen jemanden wissen wegen Kurschatten und Heirat. Ich habe gesagt, ich hätte sogar jemanden, der hat geheiratet jetzt bei uns.' 'Ach, das wär doch toll. [...] Würdet ihr das für uns tun?', hat er gefragt, weil wir schon seit Jahrzehnten dahin fahren."* Der Interviewpartner und seine Ehefrau ließen sich nicht zweimal bitten, dem befreundeten Hotelier einen Gefallen zu tun. *"Ich sage: '[Name des Hotelbesitzers], hey, wen soll ich da anrufen?' 'Ruf doch bitte mal die und die Frau an.' Habe ich die angerufen, habe ihr das erklärt, dann hat sie mit mir gesprochen, dann hat sie noch mal Faxe -, wie ich mir das vorstelle, wir sollten doch was schreiben, unseren Lebenslauf, wie es so passiert ist."* Da er die Sendung nicht kannte, sah er sich vor seinem Auftritt eine Ausgabe an. In seinen Augen ist der Moderator ein *"typischer Pfarrer, der ganz seicht auf seine Leute zugeht und sie packt."* Gemeinsam mit seiner Ehefrau nahm der Mann an der Aufzeichnung teil.

Beweggründe *(Typ: Fernseh-Star – Propagandist)*
Der Auftritt in der Talk-Show 'Fliege' bot dem Teilnehmer die Möglichkeit, 'zwei Fliegen mit einer Klappe zu schlagen.' Zum einen war es mal wieder *"eine Abwechslung"*, im Fernsehen aufzutreten, *"und ganz ehrlich, alle sind fernsehgeil."* In der Voraussicht, einmal mehr sagen zu können: *"Ja, ich war wieder im Fernsehen"* und auf diesem Wege etwas für seine *"Selbstbestätigung"* zu tun, entschloß sich der Mann zu einem erneuten Fernsehauftritt. Zum anderen konnte er dem befreundeten Hotelbesitzer auf diesem Weg einen Gefallen tun, indem er für ihn Werbung machte: *"Na ja, da habe ich gesagt, okay, [Name des Hotelbesitzers], mache ich mal für dich Reklame."*

Der Auftritt
Der Aufzeichnungstag *"war schon interessant, überhaupt mal das Gelände zu sehen. Leider sind wir zu spät dahin gekommen."* Vom Flughafen wurden er und seine Frau von einem Chauffeur der Produktion abgeholt und machten auf diesem Wege die Bekanntschaft eines anderen Gastes, der dem Teilnehmer äußerst unsympathisch war. Die Vorstellung, mit einer – seiner Meinung nach – derart niveaulosen Person zusammen auf der Bühne gesehen zu werden, war ihm unerträglich. Daher teilte der Interviewpartner dem Moderator gleich bei der Ankunft im Studio seine Meinung mit: *"Wie wir ankamen, da habe ich gesagt: 'Herr Fliege, wir dürfen sie begrüßen und uns auch gleich wieder von ihnen verabschieden.' 'Wieso?' Ich sage: 'Mit diesem Ohne-Niveau-Mensch -, kein Stück mache ich mit dem, kein Stück.'"* Der Interviewpartner setzte sich durch, denn der andere Studiogast wurde von Jürgen Fliege *"in die Schranken gewiesen"* und letztlich nicht auf der Bühne, sondern im Publikum plaziert. Der Befragte erlebte den Moderator als *"teilweise auch sehr von sich überzeugt so hinter der Bühne, schreit 'rum: 'Aus, Ende.' Ich denke, du lieber -, was ist denn jetzt passiert. Weil mal eine Frau gehustet hat im Publikum, wurde sowieso alles rausgeschnitten hinterher."* Trotz dieses Verhaltens ist der Moderator nach Meinung des Teilnehmers *"ein klar denkender Mann, er bringt es gut hin, sich ins rechte Licht zu setzen. Fliege ist geschickt, der ist sehr geschickt, mit väterlicher Art. Ich finde den gut, ich finde, der macht das gut."* Und auch die Zusammenarbeit in der Redaktion hat den Befragten begeistert: *"Das Team, ist toll, ganz spitze, [...], also ich denke, der Fliege hat ein gutes Team."*

Im Fernsehen aufzutreten und dabei über persönliche Erlebnisse zu sprechen ist für den Befragten, der durchaus nicht *"großkotzig"* wirken will, *"weil ich oft im Fernsehen schon war"* doch, *"als ob ich mich mit ihnen jetzt unterhalte."* Dennoch war der Teilnehmer trotz seiner Routine ein bißchen *"innerlich verspannt"* und immer darauf bedacht, sich in einem möglichst guten Licht darzustellen. *"Ja, es ist ja so, da überlegst du immer, was sagst du, sag bloß kein falsches Wort, tausend Kameras gucken dahin, streck' den Bauch nicht raus, sitz gerade, die Gedanken gehen dir andauernd -. Da guckt die rechte Kamera, da schwenkt die wieder um, dann Großbild, das ist so, bleibt ja so immer im Hintergrund drinne, doch, denke ich mal."* Es gelang dem Befragten, für den befreundeten Hotelier Reklame zu machen: *"Dann habe ich den Kronenhof erwähnt, ist ja auch schön dieses Oberstaufen. Nachdem ich in der Sendung viermal Oberstaufen gesagt habe, hat der Fliege dann gesagt: 'Jetzt ist es gut, aber es ist auch schön.'"*

Folgen des Auftritts

Die gewünschte Resonanz blieb aus. In dieser Hinsicht hat der Auftritt für den Teilnehmer *"nichts gegeben." "Kein Mensch, mich hat keiner angesprochen"*, was seiner Meinung nach nicht zuletzt an der Sendezeit liegt, denn *"wer normal arbeitet, hat um fünf noch nicht frei oder ist um fünf noch nicht zu Hause, der guckt sich nicht 'Fliege' an."* So brachte ihm der Auftritt keinen kurzzeitigen Starruhm. *"Stolz in der Brust"* empfunden zu haben, als er sich selbst im Fernsehen sah oder seine Leistung als *"hervorragend"* und *"oskarverdächtig"* zu bewerten, artikuliert der Befragte zwar im Spaß. Aber trotzdem war der Auftritt seiner Meinung nach durchaus *"okay"*, und so steht er eventuellen weiteren Teilnahmen durchaus nicht abgeneigt gegenüber: *"Mir macht es Spaß, sicher, wenn es mich interessieren würde, für ein Thema, das mich interessiert, würde ich auch noch mal auftreten, ja."*

5.1.23 Fall 23: Mein Anliegen war, daß endlich das Gesetz durchkommt

Persönliche Situation, Bedürfnis- bzw. Problemlage

Die 43jährige Hausfrau und Mutter dreier Kinder schildert ihre eigene Kindheit als geprägt von sexuellen Mißbrauchserfahrungen, für die die Täter letztendlich nie die volle Verantwortung übernehmen mußten: *"Mein Vater hat damals zwar auch eingesessen, aber ist dann nach sieben Monaten Untersuchungshaft dann mangels Beweisen freigesprochen worden, nach dem Mißbrauch, weil man das auch nicht so klar als Siebenjährige dann gesagt hat. [...]. Und auch nachher, wo das mit meinem Stiefvater passiert ist, da kam das ja auch mit rüber. Und irgendwo so, hast du dich nie getraut, das klar anzu-*

sprechen, 'ne." Die fehlenden Konsequenzen für die Täter, das Gefühl, den eigenen Vater verraten zu haben, sowie der mangelnde Glaube des Umfeldes an ihre Schuldlosigkeit an den Vorfällen führten zur Ausprägung starker Schuldgefühle, unter denen die Frau auch heute noch leidet.

Als sie vor ein paar Jahren wegen schulischer Probleme ihrer Tochter einen Therapeuten aufsuchte und dieser ihr zu einer Einzeltherapie riet, wiederholten sich die traumatischen Erlebnisse aus ihrer Kindheit. Über Monate wurde die Interviewpartnerin von ihrem Therapeuten mißbraucht und dabei psychisch unter Druck gesetzt. Falls sie sich weigerte, auf seine Forderungen einzugehen, drohte ihr jener, sie in eine Klinik für geistig gestörte Menschen einliefern zu lassen. Zudem machte der Therapeut seiner Klientin klar, daß man ihr sowieso keinen Glauben schenken werde und daß sie letztlich aufgrund ihrer persönlichen Ausstrahlung selbst für seine Übergriffe verantwortlich sei. Von Angst und Schuldgefühlen geplagt, war die Frau kaum in der Lage, über ihre Situation zu sprechen: *"Dann hatte ich auch eine unheimliche Angst, überhaupt denn was zu sagen, weil ich dachte: boah, dir glaubt kein Mensch, wenn du sagst, was da passiert ist. Das war genauso die Situation wie früher."* Sie fühlte sich wieder *"wie damals, als ob ich meinen Vater verraten hätte, 'ne."* Als sie den immer größer werdenden Druck nicht mehr ertragen konnte, zeigte die Frau ihren Therapeuten an: *"Die Schuldzuweisung war so schlimm, daß ich in dem Moment, wo das Faß am Überlaufen war, eigentlich geschafft habe, auf einmal den Mut haben, dagegen anzugehen."* Aber auch von staatlicher Seite wurde ihr nicht die erhoffte Unterstützung zuteil, im Gegenteil: *"Und dann ist die Staatsanwaltschaft ja auch gegen mich vorgegangen. Zum Beispiel hat der damalige Staatsanwalt überhaupt nicht ermittelt, sondern hat einfach nach einem Jahr ungefähr die Ermittlungen eingestellt und dann hat dem Täter noch bescheinigt, daß er gegebenenfalls so aussagen wird, daß man ihm ein schuldhaftes Verhalten nicht nachweisen kann. Ich war wirklich dann auch wieder fix und fertig, da habe ich gedacht, es darf so nicht weitergehen."* Das Strafverfahren wurde *"nach drei Jahren abgeschmettert [...], und zwar mit der Begründung von Düsseldorf, daß das im höchsten Maße verwerflich ist, aber keine Handhabe"* aufgrund des Fehlens adäquater Gesetze, die die Situation des Klienten in der Therapie unter Schutz stellt. Nach dem wenig erfreulichen Ausgang des Strafverfahrens war die Situation weiterhin *"schlimm, weil diese Schuldzuweisung, vom Gericht, vom Gutachter"* ihre psychische Belastung noch vergrößerte. So empfand die Befragte: *"Eigentlich, der Mißbrauch von dem Therapeut war sehr schlimm. Aber was danach gekommen ist, also die Gutachter und die Staatsanwaltschaft, das war dreimal so schlimm."* Dennoch strengte sie in der Folge ein Zivilverfahren an, damit der Therapeut zur Rechenschaft gezogen werde. Dieses zog sich weitere zwei Jahre hin. Vierzehn Tage vor den Verhandlungen wurde ein Vergleich geschlossen, da der Arbeitgeber des Therapeuten auf ihren Anwalt zuging. *"Und dann wollte ich aber eigentlich doch den Prozeß haben, weil ich gehofft hatte, daß der Täter einmal vorgeladen wird, weil der ist nie gehört worden zu der Sache. Ich als Opfer bin dreimal begutachtet worden, und der brauchte nie irgendwie zu seiner Tat stehen."* Der Arbeitgeber des Therapeuten erkannte die Forderungen der Frau an, zahlte *"zehntausend Mark Schmerzensgeld [...] und zwölftausend Mark Gerichtsgebühren."* Innerhalb der fünf Jahre, die der Prozeß insgesamt gelaufen ist, hat die Klägerin *"dreißigtausend Mark reingesteckt. Ja, also das hat mich das wirklich gekostet, aber das habe ich erarbeitet, dafür bin ich arbeiten gegangen, das bringt ja keiner rüber."*

Während der Verhandlungen lernte die Frau eine Therapeutin kennen, die sich auf Mißbrauchsfälle in der Therapie spezialisiert hatte und sich für eine Änderung der Gesetzgebung engagierte. Die Therapeutin nutzte die Medien, welche den Mißbrauch gerade als *"Modethema"* entdeckt hatten, um die juristischen Belange publik zu machen: *"Sie [die Therapeutin] sagt: 'Um das Gesetz durchzudrücken, wäre es jetzt mal gut, daß das auch ins Fernsehen kommt, wir müssen mit Öffentlichkeit arbeiten.' Und sie sagt: 'Das liegt noch in der Schublade da im Petitionsausschuß', sagte sie. 'Es kommt einfach nicht weiter.'"* Über die Therapeutin wurden Kontakte zu verschiedenen Redaktionen hergestellt, und die Interviewteilnehmerin trat als Betroffene im Konfro-Talk 'Einspruch!' mit Ulrich Meyer wie auch bei 'Hans Meiser' auf. Ein weiteres Angebot von 'Ilona Christen' lehnte sie ab: *"Jetzt habe ich einfach gesagt: 'Jetzt müssen auch mal die anderen, weil das sieht so aus, als ob ich unheimlich fernsehverrückt wäre, nur, das war uns damals ein Anliegen, das überhaupt in die Öffentlichkeit zu bringen, und die anderen haben sich einfach nicht getraut."*

Die Idee zum Auftritt bei 'Fliege'

Die Therapeutin rief die Teilnehmerin an und erzählte, daß die Sendung 'Fliege' bei ihr zum Thema 'Mißbrauch in der Therapie' angefragt hätte. *"Da habe ich wirklich gezögert, da habe ich gesagt: [...] 'Ich wollte doch eigentlich nicht mehr.'"* Trotz ihrer Skepsis, die von der Therapeutin geteilt wurde, entschlossen sich die beiden Frauen zu einem erneuten Auftritt, an dem auch die Therapeutin als Expertin teilnehmen sollte: *"Ja, sagt sie [die Therapeutin]: 'Ich habe auch so das Gefühl, daß das nicht mehr viel bringt, aber versuchen wir es noch mal', sagt sie. Daß es eben nur die juristische Seite -, sagt sie: 'Die ist zuwenig rübergekommen, und ich bin auch da' [...]. Und dann habe ich gedacht: Na ja, gut, wenn sie auch da ist, dann habe ich gesagt: 'Ich gucke mir aber erst mal die Sendung an'"*, da sie 'Fliege' nicht kannte. *"Die zwei-, dreimal, wo ich es so geguckt habe, habe ich erst mal so gedacht, das sind Informationsthemen, die da so rüberkommen, und er hatte dann auch Mitgefühl da so gezeigt, daß ich dachte, ja eigentlich so, du kannst da auch das rüberbringen, also daß man schon die freie Entscheidung hat, etwas rüberzubringen, das hatte ich schon erst mal so, das Gefühl gehabt."* Daraufhin *"habe ich dann auch nach ein paar Tagen angerufen, ich sage: 'Ja gut'"*, und die Therapeutin leitete ihre Telefonnummer an die Redaktion weiter.

Beweggründe *(Typ: Anwalt in eigener Sache)*
Mit ihren privaten und äußerst belastenden Erlebnissen ins Fernsehen zu gehen bedeutete für die Teilnehmerin, *"daß man sich schon etwas selbst vergewaltigt, also, daß das irgendwie so eine Scham auch ist, da wird eine Schamgrenze schon überschritten"*, denn sie mußte in aller Öffentlichkeit vor sich und anderen eingestehen, *"daß man auf so einen Therapeuten reingefallen ist, daß einem das passiert ist, 'ne. Und daß man ja auch die Vorgeschichte erzählen mußte, daß eben so ein Mißbrauch schon stattgefunden hat."* Dennoch nahm die Frau diese Situation in Kauf, in der Hoffnung auf eine baldige Gesetzesänderung: *"Mein Anliegen war, daß endlich das Gesetz durchkommt, daß die Leute wachgerüttelt werden, das ist was, was unbedingt unter Schutz gestellt werden muß, damit vielleicht die Therapeuten auch ein bißchen vorsichtiger werden, und daß eigentlich nicht jeder solche Therapien machen darf, sondern daß da schon gut ausgebildete Fachkräfte dran müssen."* Zudem wollte sie potentiell Gefährdete aufklären, daß diese vorsichtiger werden, *"daß vor allen Dingen Frauen sich die Therapeuten angucken oder Therapeutinnen angucken, daß man fragt als Frau, ob die Leute das Thema überhaupt bearbeiten können."* Dazu ist es notwendig, daß die Normalbürger *"eine Therapie überhaupt verstehen"*, denn in unserer Gesellschaft ist der Gang zum Therapeuten nach wie vor wenig akzeptiert: *"Die denken alle, die haben so einen Klaps weg, oder? [...] Im Gegenteil, Menschen, die in eine Therapie gehen, die sind ja noch so vernünftig, gehen ja noch mit sich so vernünftig um, daß sie praktisch in eine Therapie gehen."* Mit dieser Aufklärungsarbeit hoffte die

Teilnehmerin nicht zuletzt auch auf Verständnis für sich selbst: *"Für mich war eigentlich wichtig, daß ich nicht die Schuld gehabt habe."* Zwar weiß sie, daß sie *"keine Schuld [hat], aber man fühlt sich schuldig, 'ne. Und das, irgendwo wollte mal zeigen, ja, warum ist das passiert, das war wichtig für mich."* So lag es der Teilnehmerin am Herzen, daß die Zuschauer verstehen, *"daß da keine Schuld vom Patienten ist, sondern daß alle Verantwortung in dem Falle wirklich beim Therapeuten liegt."* Insgeheim hoffte sie zwar nicht unbedingt, daß der Therapeut die Sendung sähe, aber *"eigentlich wohl seine Leute drumherum, weil er heute noch praktiziert"* und sein Verhalten von Klienten und Kollegen auf diese Weise nicht länger akzeptiert werden würde.

Der Auftritt

Vor dem Auftritt besprach die Teilnehmerin mit dem Redakteur den Gesprächsleitfaden: *"Ich hatte von vornherein, wo die Redaktion mich angerufen hatte, gesagt, ich möchte nicht mehr über das Mißbrauchsthema sprechen, [...] sondern ich möchte über die juristische Seite sprechen."* Gemeinsam mit der Therapeutin fuhr die Frau nach München und wurde von einem Mitarbeiter vom Bahnhof abgeholt. *"Dann kamen wir in so einen Raum rein, da hatte man Essen aufgebaut. Ja, wir könnten essen, und dann guckten wir auf den Monitor, eine 'Fliege'-Sendung nach der anderen. Der dreht ja eine Sendung nach der anderen. [...] dann kriegten wir Mikrophon an, dann kam der Redakteur: 'Ja, ihr wißt ja Bescheid.' Also, da war gar kein Gespräch mehr, totale Hektik."* Auf sich selbst gestellt wartete die Frau auf ihren Auftritt, den Moderator sah sie vorher *"nur auf dem Monitor."* *"Und dann hat der Herr Fliege einen dann so aufgerufen, und dann tat er so betroffen, aber der war überhaupt nicht betroffen."* Im Gespräch mit dem Moderator vor der Kamera fühlte sich die Teilnehmerin *"total überrumpelt."* Es schien ihr, als ob jener *"total sensationslüstern"* sei: *"Ich habe von Anfang an gespürt, der war nur an diesen sexuellen Sachen, was mein Vater [...] gemacht hat, interessiert."* Die juristischen Aspekte hingegen, die der Teilnehmerin am Herzen lagen, *"das ist überhaupt nicht irgendwie berücksichtigt worden, sondern hat der Herr Fliege alle drei, die vor mir waren, schon mit dem Mißbrauch -, alles spitzte schon so die Ohren, und dann kam ich rein, und dann kam das schon wieder rüber mit dem Mißbrauch. Da wurde nur ganz am Rande die juristische Seite angesprochen, wie schwer das für die Frauen ist, und das wäre gerade so wichtig, diese juristische Seite, gewesen, und das ist überhaupt nicht rübergekommen."* Daß der Moderator während der Sendung eigene in seiner Kindheit liegende Mißbrauchserfahrungen thematisierte, fand sie *"irgendwie fehl am*

Platz" und wenig glaubwürdig: *"Weil ich dachte ja, wenn dir dasselbe passiert wäre, wärst du anders damit umgegangen." "Ich fand, dafür hat er überhaupt keine Distanz gewahrt. Der lag ja fast auf dem Schoß, ich fühlte mich in dem Moment -, muß ich auch sagen, der sah meinem Therapeuten auch irgendwo ähnlich, boah, ich hatte unheimlich Schwierigkeiten mit dem"* und fühlte sich *"von ihm total vergewaltigt."*

Auch nach der Aufzeichnung fand keine Unterhaltung mehr mit dem Moderator statt: *"Verlassen, von Fliege nichts, kein Gespräch mehr danach, das fand ich unmöglich. Danach habe ich gesagt, jetzt ist Ende."* Sie hatte den Eindruck, *"die konnten uns gar nicht schnell genug loswerden, hatte ich das Gefühl, weil schon wieder die nächste Sendung lief. Also, das fand ich irgendwie unmöglich."* Nach dem Auftritt war die Teilnehmerin *"total durcheinander, 'ne. Also, ich habe mich wohl noch mit Frau [Name der Therapeutin] unterhalten [...], also die war auch ganz entsetzt."* Diese negativen Erfahrungen machten der Frau deutlich, daß die Macher von 'Fliege' *"gar keine Achtung"* vor ihren Gästen haben, sondern *"sie bringen ihr Konzept rein"*, und damit *"bestimmen [die] eigentlich schon wieder über dich. Du wünschst etwas, und es wird überhaupt nicht"* berücksichtigt. *"In dem Zusammenhang, da mit Herrn Meiser und 'Einspruch!' ging es, aber mit 'Fliege' fand ich mich noch mal mißbraucht irgendwie."*

Folgen des Auftritts

Aufgrund ihrer schlechten Erfahrungen glaubt die Teilnehmerin, daß *"diese Sendungen nicht geeignet"* sind, um Belange wie die ihren durchzusetzen: *"Ich habe festgestellt, [an] solche Sachen kommst du nicht über die Medien ran, es funktioniert nicht, nein, einfach bestimmte Sachen, weil die Leute das gar nicht wahrhaben wollen, es abblocken. Also, du könntest jetzt noch hundert Sendungen machen."* So haben die Therapeutin und die Teilnehmerin nach dem Auftritt bei 'Fliege' auf eine weitere Publizierung des Themas via Fernsehen verzichtet: *"Seitdem haben wir auch nichts mehr gemacht, wir haben alles abgeblockt."* Eher noch könnte sie sich Reportagen als hilfreich vorstellen, *"aber mehr Fachleute, nicht die Betroffenen, es sollten nicht die Betroffenen drinnen sein, sondern die Fachleute."* Der negative Gesamteindruck wurde noch einmal bestätigt, als die Frau sich die Sendung auf dem Videoband ansah: *"Also ganz schlimm, ich dachte, boah, da ist überhaupt nichts rübergekommen, also das hat der Sache überhaupt nicht gedient, 'ne."* Auch ihr Mann empfand es als *"total daneben [...], weil der wieder auf diesen*

Mißbrauch -, er sagt, im Grunde war das nur sensationslüstern." Beim Geburtstag ihrer Nachbarin hat es einen *"Heidenkrach gegeben, mit Freunden auch. Was heißt Freunden, nachher habe ich gemerkt, daß es eben keine Freunde (..), und zwar letztes Jahr [...] auf dem Geburtstag von meiner Freundin. Sie kannte das ein bißchen so, weil sie das auch mal angesprochen hat mit mir. Und sie hat das dann so verteidigt, aber eben da kamen dann so die Gespräche: 'Geht da ins Fernsehen, will wohl nur das Geld abzocken, und dann erzählen sie da ihre Geschichte, wenn ich das nicht will, dann mache ich sowas nicht.' 'Ne, und so kam das dann so."* Die Leute hatten *"es nicht verstanden"*, und diese Auseinandersetzungen führten dazu, *"daß man mit manchen Leuten nicht mehr zusammen -, weil die einfach sowas geredet haben, nicht verstanden haben, eigentlich praktisch -, eine Nutte haben sie mich genannt und ich weiß nicht, was alles. Und der arme Therapeut, also so."* Einzig Betroffenen selbst glaubt sie, durch ihren Auftritt geholfen zu haben, *"weil sehr viele Frauen sich auch gemeldet haben und dadurch auch wirklich viele Frauen den Mut gehabt haben, überhaupt gegen ihre Therapeuten vorzugehen."*

5.1.24 Fall 24: Weil ich diesem Psychologen eins auswischen wollte

Persönliche Situation, Bedürfnis- bzw. Problemlage

Seit ihrer Kindheit hat die 36jährige Frau mit psychischen Problemen zu kämpfen, leidet immer wieder unter Depressionen, die möglicherweise im Zusammenhang mit frühen Mißbrauchserfahrungen stehen. So wurde die Interviewpartnerin bereits im Alter von acht Jahren vom Vater einer Freundin mißbraucht. In ihrer Familie erfuhr sie wenig Zuwendung. Ihre erste Ehe verlief nicht glücklich und wurde geschieden, nachdem ihr Ehemann fremdgegangen war. Aufgrund ihrer psychischen Probleme wurde das Kind im Rahmen des Scheidungsverfahrens dem Ehemann zugesprochen. Nach der Scheidung begab sich die Frau in eine Therapie, in der sie sich zunächst gut betreut fühlte und Vertrauen zu ihrem Therapeuten faßte. Dann aber wiederholten sich die Mißbrauchserfahrungen aus ihrer Kindheit. Irgendwann hielt die Frau den Druck, den der Therapeut auf sie ausübte, nicht mehr aus und brach die Therapie ab. In der Folge litt sie unter psychosomatischen Beschwerden. Erst ein Jahr später lernte sie einen Mann kennen, zu dem sie wieder Vertrauen fassen konnte und den sie schließlich auch heiratete. Heute ist sie Hausfrau und vermißt in dieser Tätigkeit die Beachtung und Anerkennung von anderen, *"weil ich also jetzt schon seit ein paar Jahren nicht mehr arbeite und habe diese Bestätigung nicht mehr von außen."* Früher einmal hatte die

Frau von einer Karriere beim Theater oder beim Film geträumt: *"Ich wollte immer auf eine Schauspielschule gehen, ich fand das also immer ganz toll, so diese Selbstdarstellung und dieses ganze Drumherum."* Aber aus ihren Plänen wurde nichts, und sie ergriff den Beruf der Altenpflegerin.

Die Idee zum Auftritt bei 'Fliege'

Die Talk-Show 'Fliege' gefiel der Frau insbesondere wegen der Person des Moderators: *"Also erst mal habe ich ihn im Fernsehen gesehen. Und ich fand ihn irgendwie unwahrscheinlich sympathisch. Der hatte was."* In ihren Augen war der Moderator *"unheimlich charmant und so schön ruhig, gefiel mir einfach so, seine ersten Sendungen gefielen mir unwahrscheinlich gut."* Besonders die Gesundheitsthemen wie beispielsweise eine Folge zum Thema 'Allergien' waren für die Befragte interessant, da sie selbst mit derartigen Problemen zu kämpfen hat. Als sie wieder einmal die Sendung sah, griff sie spontan zum Telefon: *"Im Fernsehen, da konnte man Karten reservieren, da habe ich dann angerufen und gesagt, ich wollte ganz gerne mal mit einem Redakteur sprechen. So, dann habe ich dann diese Telefonnummer bekommen, habe ich dann mit einer Redakteurin gesprochen."* Dieser teilte sie ihre Mißbrauchserfahrungen in der Therapie mit: *"Und dann habe ich ihr erzählt, was ich so erlebt habe, ganz kurz aber nur, weil sie war sehr unfreundlich am Telefon und sagte: 'Ja, sie können ja mal schreiben, aber zu diesem Thema werden wir wahrscheinlich keine Sendung machen.'"* Daraufhin wurde die Interviewpartnerin vom Ehrgeiz gepackt: *"Habe ich gedacht, gut, du blöde Ziege, jetzt schreibe ich einfach mal."* Ihre Geschichte erwies sich tatsächlich als sendefähig, und die Einladung zur Sendung gab ihr eine erste Bestätigung, beachtet und ernstgenommen zu werden: *"Ja, und zwei Tage später rief mich dann die Redakteurin von dieser Sendung an, aber eine andere, und fragte, ob ich nicht Lust hätte, nach München zu kommen."* Mit ihrem Ehemann flog die Teilnehmerin zur Aufzeichnung.

Beweggründe *(Typ: Rächer – Fernseh-Star – Zaungast)*

Die Befragte hatte unter den Mißbrauchserfahrungen in der Therapie und den Folgebeschwerden sehr gelitten. Für diese Leiden hatte sie sich an ihrem Therapeuten rächen wollen, und die Veröffentlichung seines Fehlverhaltens vor einem Millionenpublikum bot sich hierzu in idealer Weise an. Damit ihr Auftritt seine Wirkung nicht verfehlen würde, versäumte sie es nicht, den Therapeuten vorab über ihren Auftritt zu informieren: *"Und ich habe das gemacht, weil ich diesem Psychologen eins auswischen wollte, ich habe also da angerufen: 'Dann und dann ist die Sendung, guck die dir mal an.' Das brauchte ich einfach."* Ihre private Geschichte im Fernsehen massenwirksam auszubreiten garantierte ihr zudem die Aufmerksamkeit und Beachtung, die sie, seitdem sie nicht mehr berufstätig war, vermißte. Gleichzeitig fungierte der Auftritt als Prüfstein, denn da die Teilnehmerin selbst immer hatte Schauspielerin werden wollen, konnte sie sich jetzt 'live' davon überzeugen, ob das Medium als Beruf wirklich eine erstrebenswerte Alternative gewesen wäre. So war es für sie *"total interessant"*, das Fernsehen einmal 'hinter der Bühne' zu erleben. Daß sie sich nicht an verschiedene, sondern ausschließlich an die Redaktion 'Fliege' wandte, lag daran, daß *"ich den Typ gut fand"*, und so war es für sie *"unheimlich spannend"* zu erfahren, *"wie der ist, der Jürgen Fliege."*

Der Auftritt

Am Tage der Aufzeichnung war die Teilnehmerin *"total aufgeregt, nur so, ich fand es unwahrscheinlich spannend."* Ihre Mißbrauchserfahrungen, über die sie in der Sendung zum Thema 'Mißbrauch in der Therapie' erzählen würde, traten zunehmend in den Hintergrund, sie hatte *"in dem Moment auch gar nicht an das Thema gedacht. Also das war irgendwie in dem Moment, wo wir dann zum Flughafen gefahren sind, war das für mich nebensächlich. Das war nur noch dieses -, dahin zu fliegen und ach, so die Leute mal kennenzulernen und zu sehen, was da so abläuft."* Von der Atmosphäre in der Redaktion war die Teilnehmerin begeistert: *"Die waren alle unwahrscheinlich nett, also wirklich so, die jungen Leute, die da hinten waren, die sich um uns so gekümmert haben, die waren also wirklich unwahrscheinlich freundlich, und da konnte man hin gehen, was zu trinken holen und so."* Vom Moderator hingegen, *"von diesem Herrn Fliege, weiß ich nicht, war ich irgendwie enttäuscht"*, denn der nahm sich kaum Zeit für seine Gäste, was die Teilnehmerin insbesondere im Hinblick auf das ernsthafte Thema störte: *"Wo ich da hörte, daß er da drei oder vier Sendungen an einem Tag macht, da konnte ich mir vorstellen, daß er total k.o. war, klar. Aber ich meine, wenn man gerade so ein Thema hat, das kann man machen, wenn man -, vorher hatte er 'Schnupftabak' oder was, kein Thema, da kann man vorher -, braucht man nicht stundenlang drüber reden. Aber ich meine, wenn man so ein sensibles Thema hat, dann müßte man sich doch schon mehr mit den Leuten befassen. Die anderen hat er ganz links liegenlassen. Das war nur Zufall, daß bei uns am Tisch gerade ein Platz frei war."* In einem kurzen Wortwechsel wurde der Teilnehmerin bewußt, daß der Moderator sich mit ihrer Geschichte kaum auseinandergesetzt hatte: *"Dann fragte er mich: 'Wie sind sie denn hierhingekommen?' Also: 'Wer hat sie denn eingeladen?' Ja, und dann habe ich so gesagt, daß ich einen Brief geschrieben hätte, ob er den denn nicht bekommen hätte. 'Ach ja, er würde so viel - und, wüßte er jetzt nicht, aber wäre keine Agentur oder so?' Ich sage: 'Nee, keine Agentur.' 'Ja, ja dann ist ja gut.' Ja, dann wurde ich zum Schminken geholt. 'Ach', sagte er, 'dann gehe ich auch mal wieder.'"* Über das Thema selbst hatte sie mit dem Moderator *"überhaupt nicht"* gesprochen. *"Ich fand das eine Unverschämtheit, daß er nur so wenig Zeit hatte"*, und was sie dabei besonders ärgerte, war, daß er sich vor Publikum so informiert und einfühlsam gab: *"Weil, wenn man dann nachher da so in die Sendung kommt, dann tut der so, als wenn er unheimlich viel Ahnung da hat, und das ist halt nicht der Fall. Alles aufgesetzt." "Er macht einen auf unheimlich nett und sympathisch, wollen wir so mal sagen. Und im Grunde genommen, so, wie ich ihn gesehen habe, wie er so guckte und wie er sich bewegte und so, ist das ein ganz schöner Hallodri, könnte ich mir vorstellen. Also, daß er es faustdick hinter den Ohren hat, so stelle ich ihn mir vor. Also, daß er auch nichts anbrennen läßt, er ist nicht so, wie er sich im Fernsehen darstellt, also, das glaube ich nicht."*

Während des Auftritts war sie *"unwahrscheinlich nervös, war ja das erste Mal nun auch. Und vorher diese Enttäuschung, daß keiner mit mir gesprochen hat. Und dann kommt man da einfach so rein und wird so ins kalte Wasser geschubst. Also, das fand ich irgendwo schon nicht gut."* So hätte die Teilnehmerin sich *"präzisere Fragen gewünscht, aber die kamen dann auch nicht so. Wahrscheinlich war er auch nicht so informiert, nehme ich mal an."* Aber trotz dieser widrigen Umstände erlebte die Frau den Auftritt als eine Bestätigung, denn sie genoß es, auf der Bühne im Zentrum des Interesses zu stehen: *"Ich finde das unheimlich spannend, wenn man dann da so -, dann sitzen da so unheimlich viele Leute, und die hören dann gespannt zu, was man so erzählt. Ich habe mich irgendwie, habe ich mich ganz gut dabei gefühlt."*

Folgen des Auftritts

Als die Teilnehmerin die Aufzeichnung der Sendung auf Video sah, war sie *"sehr enttäuscht"*, *"weil ich es auch selber nicht rüberbringen konnte, wie ich es hätte gerne gemacht. Man denkt ja dann immer, das kann man locker und leicht, das macht einem nichts aus, aber wenn es dann darum geht, dann findet man doch nicht so die Worte, wie man gerne möchte."* Trotz dieser Selbstkritik hatte sich das Vorhaben, sich durch die Veröffentlichung der persönlichen Leidensgeschichte an ihrem Therapeuten zu rächen, für die Befragte erfüllt. Zwar wußte sie nicht, ob er die Sendung gesehen hatte, aber *"danach ging es mir dann auch besser"*, und *"für mich war die Sache mit diesem Thema abgeschlossen."* So hatte ihr der Auftritt *"halt in dem Falle geholfen"*, und auch ihr Mann begrüßte, *"daß ich das gemacht habe, da es mir dadurch besser gegangen ist."* Die Resonanz des Umfeldes war insgesamt vornehmlich positiv, *"mich haben ein paar Leute drauf angesprochen, die mich so kannten noch von früher her, ich bin ja hier auch groß geworden. Und die wissen sowieso, daß -, ich war ja auch öfter in Therapie und so, das wußten die alle. Und die haben das nie verstanden, warum, weshalb, wieso, und dadurch konnten die Leute mich besser verstehen."* Kritisiert wurde sie nur von einer Bekannten, die nicht verstand, wie man mit so einem intimen Thema an die Öffentlichkeit gehen kann. *"Und dann habe ich auch im nachhinein gedacht, ich sage: 'Irgendwie hast du auch recht.' Mit so einem Thema, das würde ich sowieso nicht mehr machen, nur mal mit was lustigem oder so."*

Aufgrund der überwiegend positiven Erfahrungen und der ihr zuteil gewordenen Aufmerksamkeit war die Teilnehmerin *"ganz heiß drauf"*, wieder in einer Talk-Show aufzutreten. Sie *"wollte einfach wissen, ob das bei den anderen [Sendungen] genauso ist und ob ich überhaupt die Chance habe, angenommen zu werden. Weil da schreiben die aus allen Städten und das war einfach so ein Reiz. Ich denke, die haben mich jetzt sofort genommen, versuchst du es einfach mal bei anderen."* In der Folgezeit saß sie vor dem Fernsehgerät und hat *"immer rumgezappt und geguckt und welches Thema würde mich interessieren"*, denn das Thema muß schon eins sein, *"wo man schon was zu sagen kann. Also nicht nur einfach so, also wenn ich da nichts zu zu sagen hätte, würde ich mich ja lächerlich machen. Also das will ich nicht."* Sie bewarb sich zu verschiedensten Themen bei 'Ilona Christen', bei 'Bärbel Schäfer' und zweimal bei 'Arabella'. *"Komischerweise hat es immer geklappt. Ob die keine Leute kriegen oder was, ich weiß es nicht."* Auch als sie sich danach bei 'Hans Meiser' bewarb, wurde sie *"sofort genommen."* Als die Redaktion allerdings Nachforschungen betrieb und sich herausstellte, daß die Interviewpartnerin schon diverse Male an Talk-Shows teilgenommen hatte, wurde sie daraufhin abgelehnt. Je mehr Auftritte die Frau absolvierte hatte, desto weniger ging es ihr um den Dreh selbst, sondern vielmehr um *"die Vorfreude, [die] finde ich [...] am spannendsten. Wenn es dann soweit ist, dann ist es gar nicht mehr so interessant, weil man ja weiß, was läuft. Also einfach dieses Hinschreiben und abwarten, nehmen sie dich oder nicht, das finde ich so total spannend, finde ich irgendwie gut."* Das Gefühl, beachtet zu werden, gab ihr *"irgendwie Auftrieb [...], zwar immer nur für kurze Zeit, aber das hat mir dann auch gereicht."* Und da sie wußte, daß dieses Gefühl schnell wieder abflaut, hat sie es *"wahrscheinlich immer wieder gemacht."* *"In der letzten Zeit"* geht es der Interviewpartnerin *"unheimlich gut [...]. Ich habe also wenig Probleme, klar, ab und zu mal Depressionen, aber mir geht es gut. Und da haben auch diese Shows mit zu beigetragen."* Dadurch, daß die Teilnehmerin das Medium aus der professionellen Perspektive erleben konnte, stellte sie auch fest, daß Fernsehen gar *"nicht so spannend ist, wie ich mir das so als junger Mensch immer vorgestellt habe."* Diese Erfahrung war letztlich beruhigend, denn sie konnte nun damit abschließen, einen Beruf beim Fernsehen zu glorifizieren und ihrer verpaßten Karriere auf der Bühne nachzutrauern: *"Weil ich so gesehen habe, daß wirklich überall nur mit Wasser gekocht wird. Und das habe ich irgendwo gebraucht."* Aus diesen positiven Erfahrungen heraus ist sie weiteren Auftritten nicht abgeneigt: *"Klar, aber man sagt so, jetzt habe ich im Moment nichts, wo ich hätte anrufen können oder mal was machen könnte, aber wenn ich was in den Kopf kriege und mir gefällt irgendwie ein Thema oder so, würde ich wahrscheinlich noch mal irgendwo anrufen. Ich bin in der Beziehung sehr wechselhaft auch."*

5.1.25 Fall 25: Die Sache, die ich hier mache, publik zu machen

Persönliche Situation, Bedürfnis- bzw. Problemlage

Nach Auffassung des 40jährigen Familienvaters befindet sich unsere Gesellschaft in einer Krise, die sich als *"Katastrophe"* auf das Leben des Einzelnen auswirkt: *"Rein, was menschlich abgeht in den Familien, Isolation und dann eben natürlich auch in der Berufswelt, die ganze Industrie, die Umweltverschmutzung und so weiter und so fort, ohne Ende. Wir leben in einer Zeit, es hat noch nie so viele Kriege gegeben wie in den letzten Jahren. Ich meine, es hat auch noch nie so viele Menschen gegeben."* Das Bedürfnis nach einer sozial verträglicheren Gesellschaft brachte den Mann, der ursprünglich als Krankenpfleger arbeitete, mit dem Zen-Buddhismus in Berührung. Anfang der 70er Jahre begegnete er einem Aikido-Meister, begann später selbst zu praktizieren und gründete einen Zen-Tempel. Im Rahmen seiner Arbeit als Zen-Lehrer will der Befragte diese Philosophie der Öffentlichkeit als alternative Lebensform aufzeigen: *"Wichtig ist es, daß die Menschen wissen, daß es sowas gibt, daß sowas möglich ist, Zen auch hier in Deutschland zu praktizieren, weil ich davon überzeugt bin, daß diese Art von Meditation uns in unserer Gesellschaftskrise sehr gut helfen kann. Erst mal jedem Einzelnen und der ganzen Gesellschaft sicherlich auch."* Um diese Philosophie publik zu machen und seinen Zen-Tempel als Ort, an dem man diese ausüben kann, zu bewerben, ist der Befragte schon *"ein paarmal im Fernsehen"* aufgetreten.

Die Idee zum Auftritt bei 'Fliege'
Eine Schülerin des Interviewpartners wurde von einem Redakteur der Sendung 'Fliege' angesprochen: *"Die kannte jemanden, der in München das mit veranstaltet."* Die Zen-Philosophie sollte im Rahmen des Themas 'Leben in der Einsamkeit' erörtert werden und die Schülerin gab daraufhin die Telefonnummer ihres Lehrers an den Redakteur weiter: *"Der rief mich an. Und wie ich dann hörte, Unterhaltungssendung und sowas, habe ich erst mal spontan nein gesagt."* Zunächst dachte er daran, *"mal einen meiner Schüler [zu] fragen, ob der Lust hat."* Schließlich änderte der Befragte seine Meinung: *"Zwei Tage später habe ich dann gedacht, ist vielleicht doch ganz gut, wenn ich das selber mache"*, denn aufgrund seines größeren Erfahrungshorizontes glaubte er, den Zuschauern Zen besser näherbringen zu können als seine weniger erfahrenen Schüler. Er entschloß sich zur Teilnahme, ohne zu wissen, was ihn in der Sendung konkret erwarten würde, da er die Talk-Show nie gesehen hatte.

Beweggründe *(Typ: Propagandist – Ideologe)*
Wie auch im Rahmen seiner Arbeit als Zen-Lehrer ging es dem Befragten bei seinem Auftritt bei 'Fliege' darum, der Öffentlichkeit diese Philosophie als alternative Lebensform aufzuzeigen, die zunächst dem Einzelnen und daraus resultierend letztlich auch der gesamten Gesellschaft aus der derzeitigen Krise helfen kann. Dabei wollte der Teilnehmer für den von ihm gegründeten Zen-Tempel werben, *"die Sache, die ich hier mache, publik [...] machen"* und hoffte, daß sich aufgrund seiner Schilderungen Interessenten melden würden: *"Also klar, die Hoffnung hat man, glaube ich, immer. Weil die Einschaltquoten von dieser Sendung ziemlich hoch sind."*

Der Auftritt
Der Interviewpartner erlebte den Drehtag als angenehm: *"Wir wurden bewirtet, es gab war zu essen, was zu trinken, war auch sehr nett, war auch ein sehr freundlicher Raum. Und da habe ich die anderen praktisch schon kennengelernt."* Die Inhalte, die er mit den anderen Gästen austauschte, waren für ihn *"eigentlich nichts Neues. Jeder hat seine Probleme und seine Erfahrungen."* Während der Aufzeichnung allerdings kam er sich *"fehl am Platze vor"*, denn die Inszenierung war ihm zu *"schaumäßig, alles ziemlich viel Schau."* Diese Eindrücke gewann der Befragte nicht nur in bezug auf die

anderen Gäste, sondern insbesondere auch hinsichtlich der Person des Moderators. Jürgen Fliege ist seiner Meinung nach *"voll in diesem Job - oder wie man es auch nennen will - aufgegangen und sieht eben zu, daß es alles so gut wie möglich von der Bühne geht und daß er besonders gut dasteht."* Da der Gast das Thema vor der Sendung nur mit einem Redakteur, nicht aber mit dem Moderator besprochen hatte, empfand er es nicht als differenziert genug dargestellt: *"Hätte sicherlich besser sein können, wenn er [der Moderator] vorher mehr Zeit gehabt hätte."* Der Befragte hatte das Gefühl, als könne Jürgen Fliege, der die traditionelle Zen-Kleidung des Gastes als *"exotisch"* titulierte, nicht viel mit dieser Philosophie anfangen. Trotzdem versuchte der Gast, den Auftritt in einem positiven Licht zu sehen: *"Aber sicherlich eine gute Übung, man versucht, sich mit allen Menschen zu harmonisieren."*

Folgen des Auftritts

Die Reaktionen auf den Auftritt des Interviewpartners waren rar: *"Also, ich hatte nicht das Gefühl, daß es eine Resonanz hatte."* Durch die Redaktion wurden gerade mal drei Personen vermittelt, die ein Interesse an Zen bekundeten bzw. sich über die im Zen-Tempel angebotenen Seminare informieren wollten. Dennoch betrachtete der Befragte seinen Auftritt als *"eine gute Übung, [...] um öffentlich was zu sagen, was bekannt zu machen."* Auf diese Weise hat er *"reflektiert, was ich da gesagt habe. Daß ich noch bessere Antworten geben könnte."* So könnte er sich trotz der ausbleibenden Anfragen durchaus vorstellen, zu diesem Thema noch einmal im Fernsehen aufzutreten. Am Ausstrahlungstermin sah er die Sendung im Kreise seiner Hochzeitsgäste, da er an diesem Tag geheiratet hatte: *"Und dann saßen die alle hier herum und wollten natürlich alle um sechzehn Uhr die Sendung sehen"* und *"fanden das gut."*

5.1.26 Fall 26: Ein Forum, wo man was unter die Leute bringen kann

Persönliche Situation, Bedürfnis- bzw. Problemlage

Der 48jährige Programmierer kann sich mit dem in unserer Gesellschaft an Partnerschaft herangetragenen Treue-Ideal nicht identifizieren, da dieses seiner Meinung nach letztlich nicht der Realität entspricht: *"Der Oberchef ist zwar verheiratet, hat aber mindestens eine Sekretärin noch nebenbei laufen. Da läuft das geheim, aber diese Form finde ich also so nicht akzeptabel für mich, dieses Geheime."* Er selbst lehnt diese Doppelmoral ab, denn *"das ist nur so ein Versteckspiel"* und fordert mehr Toleranz für offene polygame

Beziehungen. In seinen Augen stellt diese *"schwierige Lebensform"*, die mehr *"einem Raubtierkäfig wie einem Harem"* gleicht, höhere Ansprüche an die Beteiligten, denn sie verlangt absolute Offenheit der Partner untereinander. Der Befragte sieht seinen Wunsch nach einem Zusammenleben mit mehreren Partnerinnen in seiner Person begründet: *"Einfach, ich würde da sagen, eine Frau reicht nicht, die ist überfordert, vor allen Dingen, wenn sie noch Kinder hat, zumindest, die ist überfordert, zumindest, was meine Person angeht. Da kommt die nicht mit klar, das ist zuviel, zumal ich ja auch nicht hingehe und mein ganzes Potential in die Arbeit stecke, das mache ich also nicht. Dann sehe ich auch so zum Teil eine Überforderung, daher kommt das. Die also nicht nur sexuell zu sehen ist, das ist nicht alles, da gehört auch noch viel mehr dazu."* Der Befragte hat solche Beziehungsformen bereits zweimal praktiziert: *"Das war ja einmal in Deutschland, und dann aber über andert-halb Jahre in Griechenland."* Zur Zeit lebt er in einer Zweierbeziehung, aber sowohl er als auch seine Partnerin haben das Bedürfnis, die polygame Lebensform wieder zu verwirklichen. Obwohl Beziehungen mit mehr als zwei Partnern gesellschaftlich tabu sind, hat der Interviewpartner die Erfahrung gemacht, daß sie in gewisser Weise akzeptiert werden: *"Die Reaktionen der Umwelt, die ja eindeutig mitgekriegt haben, daß da mehr wie eine Frau ist, die haben ganz normal reagiert. Als wenn das ganz normal so üblich wäre. Das hat mich sowieso verblüfft."* Diese Toleranz ließ ihn hoffen, daß in unserer Gesellschaft möglicherweise doch ein Interesse für *"ein anderes Niveau von Sexualität"* besteht. Um seine persönlichen Bedürfnisse gesellschaftlich zu etablieren, gründete der Interviewpartner, der bereits mehrere Vereine zu verschiedenen Inhalten ins Leben gerufen hatte, einen weiteren Verein. Hier geht es *"um Sexualität als solches"* und darum, *"die Sexualität auf eine kulturelle Stufe zu erheben, weil die Sexualität, die heute hier in dieser Gesellschaft abläuft, ist eigentlich noch niedriger wie die tierische Stufe. Es ist so ätzend, es ist also bald nicht mehr zu glauben."* Derartige Erfahrungen machte der Befragte beispielsweise, als er in Zeitungen für Seminare seines Vereins warb: *"Wir haben mal Anzeigen aufgeben dafür, dann kamen sechs Zuschriften oder sieben, alle Zuschriften von Pädophilen. Ich bin vom Hocker gefallen, ich wollte es nicht glauben, [daß] die das auch unverblümt da reinschreiben, ich habe gedacht, ich spinne."*

Die Idee zum Auftritt bei 'Arabella'

Der Befragte wurde von seiner Freundin auf eine Zeitungsanzeige aufmerksam gemacht: *"Da ging es um das Thema [Titel der Sendung: 'Polygamie'], also einer - männlich oder weiblich - mit mehreren Partnern zusammenlebend."* Aus der Anzeige ergab sich nur, daß es sich um eine Talk-Show handelte, und als der Interviewpartner nachfragte, erfuhr er, daß das Inserat von der Redaktion 'Arabella' stammte. Er selbst kannte die Sendung nicht, da er weder über Kabelanschluß noch über Satellitenfernsehen verfügt, und ihm war *"diese Form von Talk-Shows"* überhaupt kein Begriff. Nach dem Gespräch mit dem Redakteur *"kam irgendwann die Rückmeldung"*, und der Befragte fuhr mit seiner Partnerin nach München.

Beweggründe *(Typ: Ideologe – Propagandist – Zaungast – Kontaktanbahner)*
Der Interviewpartner, der Partnerschaften mit mehreren Frauen gleichzeitig geführt hatte, wollte zu diesem Thema Reaktionen provozieren und somit in Erfahrung bringen, ob das Fernsehen *"ein Forum ist, wo man irgendwas unter Leute bringen kann."* Für ihn war es *"interessant, mit anderen und vor allem auch in der Öffentlichkeit darüber mal zu reden."* Dabei ging es dem Teilnehmer darum, sich mit den anderen Gästen, den Gleichgesinnten, *"die auch diese Problematik und alles kennen"*, auszutauschen. Durch die Publizierung dieses Tabu-Themas wollte er erfahren, ob *"Meinungen, die vielleicht irgendwo versteckt in der Masse, in der Bevölkerung herrschen, keiner redet eigentlich drüber, das ist was, wo ich sage, in der Öffentlichkeit, mit der Öffentlichkeit letztendlich mal über das Thema reden. Auch wenn es erst mal einseitig ist."* Dem Publikum im Saal wie zu Hause seine Meinung kundzutun bzw. Polygamie als eine mögliche Alternative zu traditionellen Beziehungsformen aufzuzeigen rührte von dem Wunsch her, diese gesellschaftsfähig zu machen. Für den Verein, den er gerade zum Thema 'Sexualität' gegründet hatte, wollte er an geeigneter Stelle Werbung machen. Daneben bestand aus seiner Warte auch die Hoffnung, daß sich möglicherweise eine Frau melden würde, die an einem Zusammenleben mit ihm und seiner Partnerin, die ebenfalls an der Sendung teilnahm, interessiert sei. Nicht zuletzt wollte er einmal miterleben, wie das beim Fernsehen alles abläuft.

Der Auftritt
Im Zuge der Vorbereitungen wurden Telefonate mit den zuständigen Redakteuren geführt. Der Teilnehmer mußte feststellen, daß das Thema, zu dem man ihn und seine Partnerin eingeladen hatte, in der Zwischenzeit abgeändert worden war, *"vermutlich, weil man nicht genug Leute zusammenbekommen hat, die an diesem anderen Thema mitwirken wollten."* Das Thema hieß jetzt 'Fremdgehen' und beinhaltete Beziehungsaspekte wie Eifersucht und Treue.

Da für den Teilnehmer insbesondere die von ihm praktizierte Lebensform im Vordergrund stand, war das abgeänderte Thema aus seiner Sicht *"restlos verfehlt"*, und er fühlte sich inmitten der Geschichten der anderen Gäste, die mit seiner Thematik gar nichts oder nur am Rande zu tun hatten, *"einsam."*

Vor der Aufzeichnung war *"eine gewisse Spannung [...] schon da, überhaupt, so eine Talk-Sendung hatte ich ja vorher nie gesehen, deswegen, ich wußte ja gar nicht, was da kam."* Die Moderatorin versuchte, ihm die Aufregung zu nehmen: *"Arabella kam dann mal kurz rein, ich fand sie sehr sympathisch, weiß auch viel, bereitet sich also trotz der kurzen Zeit [gut vor], weil kurz vorher lief schon eine Show mit ihr auch, und ja, hat so kurz noch mal diverse Sachen abgeklärt. Ich vermute im nachhinein, um die Leute ruhiger zu kriegen. Und dann fing diese Aufzeichnung an. Wir kamen rein und dann das übliche, Klatschparade."* Im Gespräch vor der Kamera fühlte er sich von der Moderatorin *"grundsätzlich etwas gebremst, bei anderen würde ich sagen, sie hat bei den anderen Gas geben müssen, damit die überhaupt was sagen. Und das ist so eine Sache, das sehe ich ja auch für mich, die erste Show, auch ich war unsicher, ist ja ganz klar, ich weiß nicht, was da passiert."* So hatte er nicht genügend Zeit, seine Statements abzugeben, zumal die Mikrophone von der Regie an- und ausgeschaltet wurden. Daher war er letztlich *"drauf angewiesen, wo die Aufmerksamkeit hingelenkt wird, von der Regie oder von wem auch immer. Man weiß nie, wann man abgeklemmt wird, kann man wirklich so sagen, weiß man nicht. So, und jetzt, da man das nicht weiß, wie soll man jetzt seine Aussagen, [...] logisch aufbauen [...], damit die Leute das verstehen können, kann es passieren, daß die Zeit nicht reicht, und dann fehlt irgendein Teil, ein wichtiger meistens. Und das, was man rüberbringen will, stimmt dann nicht. Da sehe ich dann ein Problem drin."* So war die inhaltliche Umsetzung des Themas in den Augen des Teilnehmers *"voll daneben, [...] nicht besonders interessant. Also von dem Thema wieder, eigentlich Alltäglichkeiten." "Diese Diskussion unter Gleichen in diesem Falle, die auch diese Problematik und alles kennen, das mal so anzureißen. Das war eben nicht möglich"*, auch wenn der Studiogast feststellen konnte, daß er mit seiner Vorstellung von Partnerschaft durchaus toleriert wurde, denn *"jeder hat es so genommen"*, und er wurde *"ganz normal"* behandelt. Seine Vorhaben aber, zum einen die Polygamie als alternative Lebensform zu propagieren und zum anderen Werbung für seinen Verein zu machen, konnte er nicht realisieren: *"Ich wollte das eigentlich bringen, aber dann habe ich festgestellt, in dem ganzen Rahmen [...]. Das paßt nicht."* Gründe dafür, daß die Sendung sich nicht als

Forum eignete, seine Philosophie zu vermitteln, suchte der Teilnehmer weniger im Konzept der Show als vielmehr bei sich selbst: *"Ich will jetzt nicht sagen, das ist jetzt Arabella schuld, das hat so viele verschiedene Gründe, das liegt ja auch an mir mit genausogut. Es war ja die erste Talk-Show, die ich überhaupt mitgemacht habe. Man weiß nicht, wie es läuft."*

Folgen des Auftritts

Trotz der nach Meinung des Teilnehmers wenig angemessenen Umsetzung des Themas hatte dieser sich eine gewisse Resonanz erhofft, so beispielsweise von Frauen, die an einem Zusammenleben mit ihm und seiner Partnerin interessiert gewesen wären. Die erhoffte Post blieb aus: *"Es ist ja auch so, normalerweise, [...] daß aufgrund solcher Talk-Shows immer Zuschriften kommen. Es wird immer wieder gesagt, nur, ich habe bis heute nicht eine einzige bekommen. Warum eigentlich nicht, also weder positiv noch negativ noch sonst in irgendeiner Form, null. Es ist nichts passiert.""Ich würde sagen, es ist im Sande verlaufen, so würde ich das bezeichnen."* Nur privat, von Bekannten wurde er häufig auf seinen Auftritt angesprochen, beispielsweise auf dem Campingplatz: *"Da kam ich dann mindestens ein halbes Jahr später auf diesen Platz, da hörte ich dann sofort aus Ecken rufen: 'Da kommt unser Fernseh-Star.' Und die Reaktion, also ich habe mich ja wirklich belacht, die Reaktion war, daß da einige Männer gesagt haben, seit zwanzig, dreißig Jahren machen sie mit einer Frau 'rum: 'Und dann kommst du im Fernsehen und sagst das so ganz locker, und wir?' Ja, die Frauen haben alle gelacht da drüber. Also fand ich ganz witzig, diese Reaktion."* Wie ein Fernseh-Star hofiert zu werden war ihm *"nicht unangenehm, 'ne, ist es nicht, eigentlich war es ganz gut."* Der Mann fühlte sich in seinem Selbstbewußtsein bestätigt:*"Wenn man das dann weiß, da haben, was weiß ich was, drei bis fünf Millionen Leute zugeguckt, das ist nicht schlecht, 'ne."* Von dieser Reichweite des Mediums beeindruckt, hat der Teilnehmer die Hoffnung, das Fernsehen als Forum nutzen zu können, nicht aufgegeben und das Thema 'Sexualität' weiter *"in die Presse reingebracht."* Im Zuge seiner Aktivitäten wurde er zum Thema 'Sexualität' bereits für eine weitere Sendung engagiert. Und auch, um einen anderen von ihm ins Leben gerufenen Verein zum Thema 'Schuldnerberatung' publik zu machen, nutzte der Teilnehmer das Fernsehen als Plattform und trat beim 'Kölner Fenster'(WDR) und bei 'Ilona Christen' (RTL) auf.

5.1.27 Fall 27: Das Interessanteste dabei fand ich, ob Rückrufe kommen

Persönliche Situation, Bedürfnis- bzw. Problemlage

Die 40jährige Hausfrau und Mutter zweier Kinder grenzt sich gegen die in unserer Gesellschaft gängigen Partnerschaften ab und wünscht sich, in einer polygamen Beziehung zu leben: *"Das Interessante sind in dem Fall wirklich Frauen, weil ich nicht das Bedürfnis habe, mit mehreren Männern zusammenzuleben, das ist nicht mein Ding."* Mit ihrem Partner hat sie eine derartige Beziehungskonstellation schon einmal verwirklicht, momentan aber leben die beiden in einer Zweierbeziehung. Sie und ihr Freund würden *"diese Lebensform schon gerne wieder praktizieren [...], natürlich nur unter gewissen Bedingungen wie Offenheit und auch das Einverständnis, das tiefe Einverständnis, in die Tiefe zu gehen und nicht an der Oberfläche zu bleiben, weil das funktioniert dabei nicht."* Für die Frau steht fest, daß diese Lebensform zwar gesellschaftlich nicht toleriert wird, aber *"viele diese Wünsche im Hinterkopf haben, sie nicht aussprechen oder zumindest nicht in der Öffentlichkeit aussprechen."* Obwohl die Teilnehmerin sich selbst als gehemmt und *"unsicher"* beschreibt und *"Schwierigkeiten [hat], in die Öffentlichkeit zu treten"*, ist es ihr ein Bedürfnis, diese Art des Zusammenlebens als eine Alternative zu traditionellen Lebensformen aufzuzeigen, um Einfluß auf die gesellschaftliche Entwicklung zu nehmen. Aus diesem Grund hat sie zusammen mit ihrem Lebensgefährten bereits einen Verein gegründet, der sich insbesondere mit Sexualität auseinandersetzt.

Die Idee zum Auftritt bei 'Arabella'

"Ja, dahin gekommen bin ich [...] durch diese Anzeige, Thema [Titel der Sendung: 'Polygamie'] habe ich gesehen in der Zeitung." Daraufhin sprach sie ihren Partner an: *"'Oh, guck mal.' Das Thema interessiert uns seit Jahrzehnten, ja, kann man sagen, eben auch live und: 'Ja, guck mal da' und 'das ist doch interessant', und 'sollen wir uns da melden?' Ja, so war der Einstieg."* Meistens ist sie diejenige, *"die diese Anzeigen findet und sucht und sagt: 'Hier, guck mal.'"* Da ihr Freund *"viel agiler und offener [ist], was Masse angeht"*, als sie selbst, schickte sie ihn dann vor, in der Redaktion anzurufen. Ohne die Sendung vorher gesehen zu haben oder überhaupt zu kennen, fuhren die beiden gemeinsam zur Aufzeichnung.

Beweggründe

(Typ: Kontaktanbahner – Patient – Ideologe – Propagandist – Zaungast)

Die Befragte schilderte verschiedene Beweggründe zur Teilnahme an der Talk-Show, so zum einen, *"daß sich eventuell noch eine Frau oder auch mehrere melden und daß das wieder auflebt, diese Lebensform, das war die eine Seite. Und die andere Seite war, daß ich das auch erleben wollte, wie sowas abgeht, Öffentlichkeit, wie die Sendung gemacht wird."* Ihre Unsicherheit in öffentlichen Situationen wollte sie auf diese Weise ein Stück weit desensibilisieren und sich im Auftritt selbst erfahren: *"Ich will das ausprobieren, wie komme ich damit klar. Bin ich jetzt so hektisch, daß ich kein Wort rausbringe, so nervös, fange ich an zu zittern? Das ist dann auch so mein Punkt und so eine Konfrontation."* Daneben hoffte die Frau auch auf die Möglichkeit, im Auftritt den von ihr und ihrem Partner gegründeten Verein zum Thema 'Sexualität' publik machen zu können: *"Jetzt zum Beispiel unser Verein, der ja auch mit, im weitesten Sinne mit dieser Lebensform zu tun haben könnte, [...] den bekannt zu machen, und insoweit ist es dann auch Forum."* Insofern hoffte sie, die Zuschauer zum Nach- bzw. Umdenken anregen zu können, was sich zum Beispiel darin zeigen könnte, daß *"Rückrufe kommen, Anrufe kommen, jetzt egal, ob positiv oder negativ, überhaupt irgendwelche Meldungen."* Nicht zuletzt war das Geld *"ein Anreiz, ja, nicht alleine, wenn das Thema nicht das Thema gewesen wäre, [...] dann nicht."*

Der Auftritt

Die Teilnehmerin beurteilte den Tag der Aufzeichnung als *"ausgesprochen gut, da waren keine Leerläufe, und die ganze Atmosphäre war drauf aufgebaut, die Nervosität zu mildern. [...] Auch bevor wir in die Sendung kamen, wurde gelacht, wir wurden warm, wir haben gleich 'du' zueinander gesagt, die Arabella hat das sofort angeboten, um diese Schwellenangst zu nehmen."* Die Befragte konnte einmal live erleben, wie Fernsehen gemacht wird: *"Ja, erst mal kam die Maske, dann kamen wir in diesen Vorraum da, was ja alles sehr nach Industrie aussieht, nicht gemütlich, gar nicht. Dann war ich sehr erstaunt, wie klein dieses Studio war, und, ja, dann haben wir uns plaziert, auf die Plätze, die uns angewiesen wurden und dann mit den Kameras, irgendwie, meine eigene Person stand im Hintergrund, und ich war eigentlich der Beobachter, um alles aufzunehmen."* Nachdem die Interviewpartnerin den Ablauf zunächst aus der Beobachterposition verfolgt hatte, war sie schließlich selbst an der Reihe, es kam der *"Moment, wo ich dann natürlich angesprochen wurde, klar, dann hörte die Beobachtung auf, und ich war nur auf mich konzentriert, was ich sage. Es war alles ganz hektisch, ganz klar, aber ich denke, das muß so sein, weil die ja ihre begrenzten Zeiten haben."* Ihre bewußt angestrebte Konfrontation mit der für sie ungewohnten öffentlichen Situation erlebte sie als *"positiv, insoweit, daß ich also nicht umgefallen bin, daß ich auch meine Sachen gesagt habe, wie ich gewirkt habe, weiß ich ja nicht, weil ich es ja nicht gesehen habe. Ich habe auch nicht angefangen zu zittern, fand ich auch ganz gut."* Ihrer Meinung nach *"hängt es auch mit der persönlichen Stärke"* zusammen, wie man sich darstellt. Insofern war diese positive Erfahrung auch eine Bestätigung ihrer Einstellung, denn ihre Ideologie öffentlich zu vertreten bedeutete für sie, *"sich der Kritik auszusetzen, die ja ohne weiteres aufkommen kann, muß ich einkalkulieren. Ich muß mich selber also, muß einen festen Standpunkt haben, wenn ich also selber meine, mein Standpunkt ist nicht gefestigt genug, würde ich es nicht machen. Weil ich die Gefahr dann sehe, ich würde umfallen, durch vielleicht irgendwelche Fragen."* Somit fungierte die öffentliche Verbreitung ihrer Lebensphilosophie als Möglichkeit, sich als dieser zugehörig zu präsentieren und sich gegen andersgerartete Auffassungen abzugrenzen. Dennoch gelang es ihr nicht, ihre Ideologie den Zuschauern in einem für sie ausreichend differenzierten Maße aufzuzeigen, und auch Werbung für den Verein konnte sie nicht anbringen: *"Es war alles was kurz, die Zeit war sehr knapp bemessen, und es hätten auch noch andere Fragen kommen können, um mehr in die Tiefe zu gehen, aber eben, weil das jetzt auf die anderen mit verteilt war, kam das eben nicht."*

Trotz dieser Schwierigkeiten überwogen die positiven Seiten, hatte die Teilnehmerin die öffentliche Situation souverän gemeistert, sich in ihrer Lebensphilosophie bestätigt, neue Eindrücke gesammelt und wurde nicht zuletzt auch finanziell entlohnt: *"Und was auch nicht uninteressant ist, das war dann auch eben, gut das ist eine Erfahrungswelt, das ist interessant, und ich lerne auch was, allein das alles aufzunehmen, und ich werde auch noch mit dreihundert Mark vergütet, und das fand ich auch nicht uninteressant."*

Folgen des Auftritts

Nach dem Auftritt gab es keinerlei Resonanz, es meldeten sich weder Frauen, die an einem gemeinsamen Zusammenleben interessiert gewesen wären, noch Personen, die Interesse am Austausch über die Lebensphilosophie der Teilnehmerin bekundeten. Reaktionen aus dem direkten Umfeld waren ebenfalls rar: *"Meine einzige soziale Reaktion kommt von meinem Sohn, der ist jetzt zwölf, der war damals elf. Und dann sagte er, kam er von der Schule: 'Es gibt*

Kinder in der Klasse, die meinen, sie hätten meine Mutter gesehen.' Und dann sagte er so halb leise: 'Da muß man sich ja schämen.' 'Ja', ich sagte zu ihm: 'Also hör mal, du weißt doch, wie wir gelebt haben, du warst doch dabei, du kennst doch die [Name der Partnerin], und das war doch ganz okay, und das müssen wir doch nicht verheimlichen.' Und dann sickerte ihm das, irgendwie hat er wohl nur Schlagworte gehört. Und der war dann auch noch klein, aber dann setzte sich das alles mehr in dieses reale Bild, und dann war das okay." Von anderer Seite wurden der Befragten gar keine Reaktionen zuteil: *"Weder auf dem Campingplatz, wobei ich auch denke, die Frauen halten sich zurück, die Männer sind dann etwas lauter, weil die wahrscheinlich, denke ich auch jedenfalls, eher diese Vorstellung im Hinterkopf haben und die nicht aussprechen möchten, mal mit mehreren Frauen. Aber ich denke, das bezieht sich auch hauptsächlich auf die Sexualität bei den meisten, und die sehen nicht das komplette Lebensgebilde, was dadurch entsteht."* Letztlich ist ihr die Meinung anderer ohnehin relativ gleichgültig: *"Die Leute sagen nichts, vielleicht, weil sie eine gewisse Selbstsicherheit spüren, wir machen das so und das ist unsere Überzeugung, und uns kann sowieso keiner jetzt an den Wagen pinkeln. Ich denke, die sind nicht konfliktfähig, wenn, hört man die positiven Sachen. Deswegen lege ich nicht allzuviel Wert darauf."* Trotz der geringen Resonanz ist die Teilnehmerin nicht abgeneigt, noch einmal an einer Fernsehsendung teilzunehmen: *"Wenn man die Erfahrung zum ersten Mal macht, ist es was anderes, als wenn man sie zum zweiten oder zum dritten Mal macht, von der eigenen Sicherheit her, und sicherlich auch von dem, was ich dann rausbringen kann, wenn ich sicherer bin."*

5.1.28 Fall 28: Das ist ein Job

Persönliche Situation, Bedürfnis- bzw. Problemlage

Als fünfzehnjähriges Mädchen wurde die heute 43jährige Frau als Fotomodell entdeckt, *"noch richtig mit Erlaubnis meiner Eltern und alles noch ganz offiziell, und meine Eltern haben mir aber sehr früh klargemacht, daß das kein Job fürs Leben ist. [...] was Ordentliches lernen, Schule fertigmachen, und das kann man nebenbei machen."* Der Traum von einer Model-Karriere blieb aus: *"Das war am Anfang so, als junges Mädel, tolle Karriere, tolle Reisen. [...] Tolle Männer. Jetzt sieht das anders aus. Es ist knallhart."* Sie arbeitete als Arzthelferin, später im öffentlichen Dienst und wurde nach einer Krebsoperation vorzeitig pensioniert. Auch privat blieb das große Glück aus. Die Interviewpartnerin führte zwei Ehen, die beide geschieden wurden, einen Ehemann verließ sie, als sie erfuhr, daß dieser eine Geliebte hatte. Heute fällt es ihr schwer, *"anderen Menschen zu vertrauen"*, und sie nimmt in Beziehungen zu Männern lieber selbst die Rolle der Geliebten als die der Ehefrau ein, da sie auf diese Weise die angenehmen Seiten einer Partnerschaft genießt und nicht den anstrengenden Alltag erleben muß, denn sie hat *"selber genug Probleme."* Geliebte zu sein, das heißt für die Befragte, hofiert zu werden und sich nur soweit einlassen zu müssen, daß sie selbst die Kontrolle behält. Diese Strategie verfolgt sie konsequent, denn sie lebt alleine, nur mit ihrem Hund und ihrer Katze und hat mittlerweile nur noch *"mit Leuten zu tun [...], mit denen ich zu tun haben möchte, wenn mir einer unsympathisch ist, den sortier ich aus."*

Obwohl die Befragte, wie sie betonte, *"auf das Geld nicht angewiesen ist"*, fragte sie bereits bei der Terminabsprache zum Interview, ob das Gespräch finanziell vergütet wird. Zwar bezieht sie Rente, arbeitet aber in einer Casting-Agentur, als Komparsin in Vorabendserien und tritt ab und zu in Talk-Shows auf. So war sie beispielsweise bei 'Ilona Christen' und 'Bärbel Schäfer' und schon mehrmals bei 'Arabella'. *"Also, ich bin weder fernsehgeil noch sonst irgendwas, das ist mein Job. Zwar mein Nebenjob, weil ich nicht jobben muß, [...] aber man muß ja auch pausieren in den Serien, damit das Gesicht nicht zu oft auftaucht."* Da sie in ihrem Leben schon viel erlebt hat, hat die Befragte *"zu vielen Themen was zu sagen."* Dennoch ist ihr das Thema einer Talk-Show, in der sie auftritt *"nicht egal, man muß zu dem Thema stehen und dazu was zu sagen haben."*

Die Idee zum Auftritt bei 'Arabella'

Die Befragte muß sich Talk-Shows schon im Rahmen ihrer Arbeit in der Casting-Agentur ansehen. Daran, wie sie in die ihrer Meinung nach *"jugendlich spritzige Sendung"* 'Arabella' kam, weiß sie nicht mehr, da sie schon häufiger an Talk-Shows teilnahm: *"Habe ich heute schon überlegt. Entweder über eine Agentur oder über Zeitung oder über den Videotext. Ich vergesse das dann. Ich mache das klar, ich fliege dahin und gehe wieder."*

Beweggründe *(Typ: Propagandist – Ideologe)*

Das Thema der Sendung – 'Fremdgehen' – ist in den Augen der Befragten *"ein Thema, was ein bißchen provokativ ist, das gefällt mir oder gefiel mir. Hausfrauenrezepte, das ist nicht mein Ding. Und das gefiel mir einfach, und dazu hatte ich was zu sagen."* Darüber, wie dieses Thema in der Öffentlichkeit behandelt wird, hatte sie sich *"schon immer ein bißchen geärgert"*, denn aufgrund der *"Doppelmoral"* in unserer Gesellschaft wird die Rolle der Geliebten zwar nicht toleriert, letztlich aber sind derartige Beziehungen durchaus üblich. Sie selbst hatte dreimal Verhältnisse mit verheirateten Männern gehabt und die positiven Seiten dieser Rolle schätzengelernt. Daher wollte sie im Auftritt Partei für die Rolle der Geliebten ergreifen. Allerdings glaubte die Teilnehmerin nicht, daß die öffentliche Verbreitung des Themas die Zuschauer zum Nachdenken anregt. *"Glaube ich nicht. Die Leute sehen die Talk-Shows wahrscheinlich so, wie ich das auch sehe. Das geht da rein und da wieder raus. Hinterher weiß ich gar nicht mehr, was war da, das bleibt nicht so haften."* Letztlich macht es für sie daher keinen Unterschied, ob sie solche Erfahrungen öffentlich macht oder *"ob ich das jetzt einer Freundin erzähle."* Der Vorteil der Behandlung des Themas im Rahmen einer Talk-Show ist der, daß der Auftritt immerhin bezahlt wird: *"Es bringt mir nicht mehr und nicht weniger, als wenn ich morgen drehe, [...] das ist ein Job." "Aber reich wird man da auch nicht von."*

Der Auftritt
Die Interviewpartnerin schilderte ihren Auftritt bei 'Arabella' als Routinearbeit und dementsprechend wenig spektakulär: *"Ich bin mittags geflogen, und ich hatte die Möglichkeit, auch zu übernachten, das nutze ich nie, ich fliege dann gleich wieder zurück und -. Ich bin morgens hingeflogen, ich bin abgeholt worden, das machen die an sich alle, abgeholt worden, ins Studio gefahren, da gab es einen kleinen Imbiß, und dann lief noch eine andere Aufzeichnung, dann begrüßt die Arabella die Leute, setzt sich kurz dazu, dann geht man noch mal das und das durch, dann steht das Protokoll auch, gucken wir es uns noch mal an, in die Maske, und dann geht's los. Nach der Aufzeichnung bin ich dann wieder nach Hause."*

Wie weit die Teilnehmerin mit ihren unkonventionellen Thesen zum Thema 'Fremdgehen' gehen sollte, wurde vor dem Auftritt *"abgeklärt, was behandeln wir, welche Fragen stellen wir, gehen wir in die Provokation oder halten wir uns zurück. Wie reagierst du drauf, das wird ja schon abgesprochen."* Während des Gespräches vor der Kamera brach sie eine Lanze für die gesellschaftlich wenig tolerierte Rolle der Geliebten: *"Das ist das Provokante in mir."* Wie erwartet stand sie im Kreuzfeuer der kontroversen Diskussion: *"Ich war ja diejenige, die mächtig angegangen wurde, da habe ich aber mit gerechnet, und das war auch der Grund, warum die mich genommen haben, um eben das Ganze ein bißchen zu beleben. So mundfaul bin ich da nicht."* Der

Kritik der anderen Gäste standzuhalten bestätigte die Teilnehmerin in ihrer Einstellung zum Thema 'Fremdgehen': *"Es amüsiert mich, wenn die Leute dann versuchen, auf mir rumzuhacken",* denn es gelang ihnen nicht, ihre Argumentation zum Umkippen zu bringen. Letztlich ist ihr die Meinung der anderen Gäste ohnehin gleichgültig, und sie war nicht weiter an einem Austausch interessiert: *"Die können sagen, ich sei arrogant, aber wissen sie, das ist mir egal."*

Folgen des Auftritts

Da die Teilnehmerin häufig im Fernsehen auftritt, sind ihre Beschreibungen nicht nur auf die Folgen des Arabella-Auftritts beschränkt, sondern beziehen sich auf die Reaktionen Dritter im allgemeinen: *"Die Leute auf der Straße, die fragen ja auch: 'Ach, wir haben sie im Fernsehen gesehen.' Hat man mich dann mal wieder erkannt. 'Machen sie sowas öfter?' Und ich werde mich hüten, da irgendwas zu erzählen. Erstens darf ich es gar nicht, und dann hole ich mir doch auch keine Konkurrenz ins Haus. Dann habe ich nämlich hinterher einen Rattenschwanz dran oder werde noch angerufen, das habe ich auch schon gehabt."* Ihre ablehnde Haltung resultiert daraus, daß sie sich zum einen ihre finanziellen Einkünfte von niemandem streitig machen lassen will, zum anderen ist sie an anderen Menschen nicht interessiert: *"Dann will ich da auch gar keinen Kontakt haben."* So verleugnet sie sich auch ab und zu, wenn sie auf ihre Fernsehpräsenz angesprochen wird: *"Nee, ich habe auf manche Leute einfach keine Lust. Und dann will ich mich nicht damit auseinandersetzen, will ich mich nicht vollquatschen lassen. Und in dem Moment, wo ich sage: 'Ja, das war ich.' 'Wieso, warum, weshalb.' Ja, und dann muß ich reden, und da habe ich keine Lust zu. Dann sage ich 'nein' und habe meine Ruhe."*

5.1.29 Fall 29: Eine Chance, eine Meinung zu äußern und auch Impulse zu setzen, die nicht nur mich betreffen

Persönliche Situation, Bedürfnis- bzw. Problemlage

Die 38jährige Interviewpartnerin ist nach der Trennung von ihrem langjährigen Freund Single und bezog alleine eine Wohnung. Zum Bruch kam es, als sie krank wurde, ihren Beruf nicht mehr ausüben konnte und ihr Partner sich weigerte, sie zu unterstützen. Für die Befragte ist eine derartige Situation *"keine individuelle Geschichte",* sondern es kommt in unserer Gesellschaft nicht selten vor, daß Männer nicht bereit sind, über die eigene Person hinaus Verantwortung für die Beziehung zu übernehmen. Die Interviewpartnerin beobachtete schon oft, *"daß Frauen sich auf Beziehungen einlassen, in denen sie absolut nicht abgesichert sind und die Partnerschaft nur solange funktioniert, wie sie funktionieren."* Die gesellschaftliche Situation der Frau ist in ihren Augen nach wie vor wenig emanzipiert. *"Um ein Selbstwertgefühl entwickeln zu können"*, sind Frauen nach Ansicht der Teilnehmerin heutzutage gezwungen, *"einen Beruf zu ergreifen, noch dazu einen Top-Beruf zu ergreifen, den auch noch top zu machen, noch besser zu machen als die Männer, bei dem Punkt bin ich der Meinung, daß wirklich Frauen im Berufsleben mehr beweisen müssen, daß sie was können."* Sie selbst hat im Zuge ihrer eigenen Erfahrung einen *"Lernprozeß"* durchgemacht und fordert, daß es Frauen in unserer Gesellschaft wieder erlaubt sein muß, *"mit ruhigem Gewissen und mit Selbstbewußtsein Frau zu sein." "Und ich denke, Frauen haben Fähigkeiten, sie haben Stärke und sie müssen nicht immer bessere Männer sein, um das Gefühl zu haben, ich bin auch wer."* Daher ist es ihrer Meinung nach notwendig, daß sich *"Männer oder [...] die Gesellschaft oder die Kultur sich in einer gewissen Art und Weise verändern, damit wir Frauen mit Männern leben und Kinder haben können."* Eine derartige Entwicklung wünscht sich die Teilnehmerin auch für ihre persönliche Zukunft: *"Ich bin alleinstehend, ich habe keine Kinder. Ich bin jetzt Ende Dreißig, und für mich war das eben auch -, ganz persönlich war ich auch betroffen, daß ich sage, ich möchte Kinder haben und ich möchte mit einem Mann und möchte nicht berufstätig sein, wenn ich Kinder habe. Ich möchte nur in Anführungszeichen Mutter und Hausfrau sein. Aber ich möchte mich nicht schlecht und abhängig fühlen. Abhängig zu sein und sich abhängig zu fühlen, das sind zwei Paar Stiefel."* Ihren Beruf als Erzieherin hat sie aufgegeben und wartet zur Zeit auf eine Umschulung, aber *"den richtigen Weg noch nicht gefunden, ich suche noch."*

Die Idee zum Auftritt bei 'Arabella'

Die Emanzipation der Frau ist ein *"spezielles Streitthema"*, das die Befragte mit einer befreundeten Journalistin verbindet. Diese *"hatte schon etliche Male versucht, mich zu gewinnen, weil ich die einzige war, die so weit und breit die Meinung vertreten hat."* Da die Journalistin Kontakte zu Pro 7 hatte, rief sie die Befragte im Zusammenhang mit Recherchen zum Thema 'Partner, die auf Kosten des anderen leben' für die Sendung 'Arabella' an. *"Wir kamen dann eigentlich ziemlich schnell ins Thema rein, ich war ganz überrascht, daß sie eigentlich meine Position sehr gut verstehen konnte, obwohl sie auch sehr emanzipiert lebt und auch sehr knallhart arbeitet in ihrem Job."* Da die Befragte die Sendung nicht kannte, wollte sie vor ihrer definitiven Zusage *"gerne wissen, wie das Konzept läuft."* Dieses wurde ihr von der Journalistin daraufhin unterbreitet, *"wie das wohl angelegt wird und wo die Schwerpunkte sind, und ich sage: 'Okay, das ist für mich so in Ordnung.' Dann hatten wir noch einen Termin ausgemacht, und dann ging das eigentlich alles so."* Einen Tag vor ihrem Auftritt sah sie sich die Sendung im Fernsehen an, *"damit ich wenigstens weiß, was auf mich zukommt."* Die Interviewpartnerin gewann den Eindruck, daß es in der Sendung *"in erster Linie darum[geht], platte schnelle Unterhaltung zu machen. Mit vielen Effekten, nicht anstrengend, leicht verdaulich."* Sie führte diesen Umstand jedoch zunächst auf das Thema zurück, denn es handelte sich um ein *"Pubertätsthema, und da habe ich gedacht, na gut, ist nicht so mein Ding, aber vielleicht ist sie so begabt, daß sie einfach verschiedene Themen verschieden angehen kann."*

Beweggründe *(Typ: Ideologe – Patient)*
"Das Thema war eigentlich sehr interessant", und die Teilnehmerin hatte sich *"immer geärgert [...], daß bei Emanzipationsthemen im Fernsehen, wenn ich sowas gesehen habe, dann immer Frauen eigentlich gesprochen haben, die nicht repräsentativ waren für die normale, die Durchschnittsfrau."* Vielmehr beobachtete sie, daß im Fernsehen im Zusammenhang mit diesem Thema Frauen gezeigt wurden, *"die elitäre Berufe hatten, das waren Frauen, die auf alle Fälle höhere Abschlüsse hatten. Und das waren Frauen, die sich in ihrem Beruf auch selbst verwirklichen konnten. Und das waren Frauen, die es sich leisten konnten, sich selbst zu verwirklichen, Beruf, Kind, Mann, weil sie eben eine Haushälterin hatten und so Sachen, hat mich immer wahnsinnig provoziert."* Daher sah sie den Auftritt als *"Chance [...], eine Meinung zu äußern und auch Impulse zu setzen, die nicht nur mich betreffen"* und wollte auf diese Weise *"die Frauen erreichen, die vielleicht gerade zu Hause sind, bügeln."* Die Teilnehmerin hoffte, daß Betroffene durch die öffentliche Thematisierung dieser Problematik eine Art *"Selbstbewußtsein, ja, daß wir ein Solidaritätsgefühl entwickeln, wenn wir Frauen zu Hause bügeln und Kinder versorgen und und und. Ich denke, das [...], kann man das Sendungsbewußtsein nennen."* Der Auftritt war *"die Gelegenheit, obwohl ich Bauchweh hatte"*, denn das Medium, das die Versendung ihrer Ideologie an ein breites Publikum ermöglichte, war für die Befragte immer mit einem *"Mythos"* behaftet gewesen. Fernsehen, das war für sie *"was ganz Großartiges, wo man denkt, das kann man ja gar nicht und das müssen ganz großartige Leute sein"* und *"da muß man also ganz Besonderes leisten."* So wollte sie den Auftritt nicht nur zur Verbreitung der ihr wichtigen Ansichten nutzen, sondern sich darüber hinaus

selbst einmal in der Situation vor der Kamera erproben, um zu erfahren, ob sie diesen Anforderungen gewachsen ist.

Der Auftritt
Um den ihren Vorstellungen nach hohen Anforderungen beim Fernsehen gerecht zu werden, hat sich die Teilnehmerin *"zu Hause Konzepte gemacht und habe geübt zu sprechen."* Am Tag der Aufzeichnung *"war also sehr gut organisiert, ich wurde dann da am Bahnhof abgeholt, ich bin dahin gekommen."* Was ihr zunächst auffiel, war, daß den Gästen vor dem Auftritt *"jede Menge Sekt und alkoholische Getränke"* angeboten wurden, die sie selbst aber ablehnte. Die Teilnehmerin hatte *"das Gefühl, daß es nicht unbedingt verkehrt ist, wenn die Leute etwas mehr intus haben. Und die haben ganz schön in sich reingekippt. Es waren also Unmengen da."*

Kurz vor der Sendung lernte sie die Moderatorin kennen. Der Befragten wurde mitgeteilt, *"ich sollte also mich nicht dran stören, daß Arabella die Leute duzt, 'ne. Und dann habe ich gesagt: 'Gut, da habe ich auch kein Problem', 'ne, habe ihr auf die Schulter geklopft: 'Hallo, ich bin die [Vorname der Interviewpartnerin].'"* Die selbstbewußte Art der Teilnehmerin hat der Moderatorin *"wohl nicht ganz so gepaßt. Sie ist es gewohnt, die Leute zu duzen, aber sie erwartet schon den entsprechenden Respekt. Den hatte ich aber nicht."* Bezüglich des Themas sagte Arabella Kiesbauer der Interviewpartnerin *"klipp und klar, was sie von mir hören möchte. Also sie hat da eigentlich eine ziemliche Forderungshaltung:'Von dir will ich das und das, von dir will ich das und das.'"* An diesem Punkt wurde der Teilnehmerin bereits klar, daß ihre Vorstellungen mit dem Konzept der Sendung nicht übereinstimmten. *"Ich wollte auf einen Anspruch, den sie nicht wollte."* Die Moderatorin schien sich weniger für gesellschaftliche Zusammenhänge, als vielmehr für konkrete Details aus ihrer Beziehung zu interessieren, die die Teilnehmerin der Redakteurin im Rahmen der Recherchen erzählt hatte, *"um gewisse Themen zu unterbreiten oder besser zu erklären."* Die Befragte weigerte sich daraufhin, diese intimen Belange öffentlich auszubreiten: *"Und dann habe ich gesagt: 'Eins stelle ich schon mal klar, in diesem Rahmen nicht.' Ich habe gesagt: 'Diese Geschichte und diese Geschichte und diese Geschichte sind meine privaten Dinge [...]. Und in diesem Rahmen hier werde ich diese Geschichten nicht erzählen.'"* Daraufhin kam sie in der Sendung kaum zu Wort, da die Mikrophone von der Regie an- und abgeschaltet und folglich nur wenige Wortbeiträge ihrerseits zugelassen wurden: *"Und dann bin ich auch ziemlich ausgeblendet worden, das war mir dann auch recht, weil ich gemerkt habe, hier geht es nicht darum, ein Thema zu erörtern, sondern hier geht es da drum, einfach eine Show zu machen, Effekte zu erzielen."* Sie war schließlich nur noch bemüht, den Auftritt möglichst unbeschadet zu überstehen: *"Die Stunde kriegst du 'rum, du bist hier halt im falschen Theater, ist nicht dein Thema, jedenfalls nicht so, und bevor ich sowas mit mir machen lasse oder da rausgehe und frustiert bin oder mal ein Stück meiner Würde verliere, halt ich also lieber meinen Mund. Da kann ich dann auch damit leben, zu kurz gekommen zu sein."*

Nach der Aufzeichnung wurden die Studiogäste *"ziemlich schnell abserviert. Also ich habe das Gefühl gehabt, es ist Ware, Menschen werden konsumiert. Und ich meine, wenn man sich anguckt, das wußte ich auch nicht, daß die Sendung jeden Tag läuft, kann das ja gar nicht anders sein."* Dennoch war es eine interessante Erfahrung, einmal erlebt zu haben, wie Fernsehen hinter den Kulissen abläuft, wenn auch der Mythos, der sich um das Medium rankte, in ihren Augen nicht mehr länger existiert: *"Der Mythos Fernsehen, da bin ich von runtergekommen."* Heute weiß die Teilnehmerin, Fernsehen ist nichts *"Großartiges"* mehr, kein Ort, an dem *"nur intelligente Leute"* auftreten: *"Heute weiß ich, daß es jeder kann."* So hatte auch sie selbst die ungewohnte Situation gemeistert und fühlte sich anschließend bestätigt: *"Der Auftritt erhöht doch das eigene Selbstwertgefühl, man steht in der Mitte, nicht ganz unten oder ganz oben und auch zu erkennen, wie viel man eigentlich auch kann. Als Erfahrung, für mich persönlich war es positiv, wenn man es richtig verwertet."*

Folgen des Auftritts

Aufgrund der wenig differenzierten Aufbereitung des für ihr Leben zentralen Themas 'Emanzipation der Frau' hat die Teilnehmerin sich entschieden, nicht noch einmal an einer derartigen Talk-Show teilzunehmen. Dennoch ist das *"Sendungsbewußtsein"* nach wie vor vorhanden: *"Vielleicht hast du irgendwann die Gelegenheit, die Dinge, die du sagen möchtest, im richtigen Rahmen zu sagen. Dann ist es gut, und wenn nicht, kannst du auch drauf verzichten."*

Die Aufzeichung hat sie sich gar nicht mehr angeguckt: *"Man ist zu kritisch mit sich selbst, denke ich dann."* Die Resonanz ihres Umfeldes war ihr wichtiger, und die war durchweg positiv, ihre Freunde sagten, *"daß es natürlich verdammt wenig war, aber daß ich mich auf keinen Fall blamiert habe, ich hätte also eine gute Fassade abgegeben und ich hätte sehr gut gesprochen und ich hätte einen souveränen Eindruck gemacht. [...] und ich hätte auch nicht sehr viel von mir preisgegeben, weil das wollte ich auch nicht, ich wäre gut weggekommen."* An den Reaktionen von Bekannten bemerkte die Teilnehmerin, daß das Fernsehen in den Köpfen vieler Leute immer noch einen Mythos verkörpert. Ihre Friseuse beispielsweise, *"sie hat das Video aufgenommen und hat das Video auch behalten. 'Ist schon komisch, eine Kundin zu haben, die mal im Fernsehen war.'"*

5.1.30 Fall 30: Ein Sprachrohr, wo ich einer breiten Öffentlichkeit mitteilen konnte, was ich über Homosexualität denke

Persönliche Situation, Bedürfnis- bzw. Problemlage

Der 32jährige Krankenpfleger wohnt alleine und führt eine homosexuelle Partnerschaft. Sich zu seiner Homosexualität zu bekennen war für ihn anfänglich nicht leicht, besonders seine Eltern hatten wenig Verständnis für seine Neigungen: *"Meine Mutter hatte zum Beispiel früher den Eindruck, Leute, die homosexuell sind, sind Männer, die keine Frau abbekommen. [...] die, eben die häßlich sind oder so und kein Mädchen mitkriegen, die es dann mit Männern probieren."* In den Augen seines Vater war er *"damals wirklich auf der gleichen Stufe wie ein Krimineller."* Seine Mutter hat nach und nach gelernt, die Homosexualität ihres Sohnes zu akzeptieren: *"Also meine Mutter hat da so eine Entwicklung mitgemacht von - am Anfang war sie also sehr schockiert über meine Homosexualität, peinlich berührt, hat mit keinem darüber gesprochen. Und, ich sage mal von Jahr zu Jahr zu Jahr, ich bin halt seit meinem siebzehnten Lebensjahr, weiß sie, daß ich homosexuell bin, geht sie also immer offener damit um. Dann wurden nachher die engsten Arbeitskollegen oder engsten Freunde eingeweiht. Das geht so weiter, jetzt, wenn sie gefragt wird: 'Hör mal, der hat noch keine Freundin?' oder 'Ist noch nicht verheiratet?', oder 'ne, daß sie dann sagt: 'Nee, der ist homosexuell.'"* Zu seinem Vater hingegen hat der junge Mann nach wie vor ein *"unterkühltes Verhältnis."* Seit der Scheidung seiner Eltern sieht er ihn *"zu allen Geburtstagen und zu allen Feiertagen, wo man sich normalerweise so sieht, [...] und ab und zu telefonieren wir auch mal zusammen. Aber ich habe zu ihm kein so herzliches Verhältnis. Und wenn er sich ein Jahr nicht melden würde, würde mir auch nichts fehlen."*

Er selbst hat heute keine Hemmungen mehr, offen über seine Homosexualität zu sprechen: *"Ich gehe also mittlerweile -, ich sage auch nicht: 'Guten Tag, mein Name ist so und so, ich bin homosexuell', 'ne. Aber wenn irgendwie das Gespräch daraufhin läuft: 'Bist du verheiratet?' 'Hast du eine Freundin?' Oder 'Bist du verlobt?' Oder 'Lebst du mit jemanden zusammen?' 'Ich habe einen Freund.' 'Ja, wie, einen Freund?' 'Ja, ich bin homosexuell.' So, ich habe keinen Bock mehr, da irgendwie ein Versteckspiel zu spielen, [...] das [kann] jeder wissen."*

Die Idee zum Auftritt bei 'Arabella'

Der Interviewpartner kannte die Talk-Show 'Arabella' bereits vor seinem Auftritt, sieht Talks aber eher *"wirklich mal durch Zufall, [...], das ist aber dann, weil ich gerade was esse, und dann schalte ich dabei schon mal den Fernseher an."* Als er die Sendung die ersten Male sah, fand er *"die Arabella ziemlich hektisch, so als Zuschauer jetzt, fand ich die also ziemlich flippig und unruhig, aber wenn man es öfter gesehen hat, dann gewöhnt man sich so ein bißchen dran. Dann ist die eigentlich ganz nett, so ein bißchen frischer als die anderen."* Beim Lesen der Tageszeitung sah er eine Anzeige unter 'Verschiedenes': *"'Suchen Leute, die über ihre Homosexualität sprechen wollen' oder 'die Probleme mit ihren Angehörigen hatten', irgendwie so ein Zweizeiler, Dreizeiler, und da bin ich irgendwie stutzig oder neugierig geworden."* Aus der Anzeige ergab sich, daß es sich um eine Fernsehsendung handelte. Daß es möglicherweise 'Arabella' sein könnte, mutmaßte der Mann aufgrund der Münchner Telefonnummer. Nachdem er sich dort gemeldet hatte, wurde er zurückgerufen und nach ausführlichen Telefonaten mit dem Redakteur zur Sendung eingeladen. Da er im Laufe der Gespräche viel von seiner Mutter erzählt hatte, fragte der Redakteur, ob die Mutter Lust hätte, mit ihrem Sohn in die Sendung zu kommen. Obwohl die Mutter zunächst Bedenken hatte, weniger wegen des Inhaltes als vielmehr, *"daß sie nicht frei sprechen kann, daß sie so aufgeregt sein wird, daß sie also kein Wort über die Lippen bekommt"*, entschlossen sich die beiden schließlich zu einem gemeinsamen Auftritt.

Beweggründe *(Typ: Ideologe – Rächer – Patient – Zaungast)*

Im Vordergrund stand für den Studiogast das Bedürfnis, seine eigenen Erfahrungen in bezug auf seine Homosexualität mitzuteilen: *"Einfach mal in die Öffentlichkeit zu gehen und zu sagen: 'Seht her, ich bin also nicht häßlich, [...] ich könnte also eine Frau haben, und ich gehe mit meiner Homosexualität offen um, und ist wirklich nichts Schlimmes, und meine Mutter weiß Bescheid, und meine Familie weiß Bescheid', so nach dem Motto: 'Seht her, ist nix, wofür man sich schämen muß, da kann man offen drüber sprechen.' Und wollte eigentlich so erzählen, wie es heute ist."* Anderen Homosexuellen wollte er Mut in bezug auf ein 'Coming out' machen: *"Ich wollte eben, weil ich weiß, wie schwierig das ist, sein 'Coming out' zu haben, also, in seinem engsten Bekannten- oder Freundeskreis mitzuteilen, daß man homosexuell ist, oder daß es Leute gibt, die meinen, sie wären der einzige Homosexuelle auf der ganzen Welt, die irgendwie meinen, das darf keiner wissen und ist was ganz Schlimmes und was Verbotenes."* Er hoffte, bei den Zuschauern auf diese Weise mehr Verständnis und gesellschaftliche Akzeptanz für Homosexuelle zu wecken. Seinem Vater gegenüber, der sich vor Jahren so intolerant seinem eigenen Sohn gegenüber verhalten hatte, wollte er dessen unmögliches Verhalten *"so als kleine Stichelei [...] unterjubeln [...]. Ja, weil ich damals fand, der hat sehr blöd reagiert. Und ich wollte eigentlich, daß das zur Sprache kommt."* Obwohl er seinen Vater im vorhinein von seinem Auftritt informierte, erwartete er keine Resonanz: *"Ich wollte gar keine Reaktion, nee, ich wollte eigentlich nur noch mal, daß mein Vater heute, im nachhinein, weil ich war in seinen Augen damals wirklich auf der gleichen Stufe wie ein Krimineller, daß er heute, er hat ja nun auch einen anderen Blick jetzt bekommen und einen anderen Horizont ein bißchen bekommen, daß er also sieht, daß homosexuell sein wirklich nichts Schlimmes ist und daß ich glücklich bin, so, wie ich bin, und daß ich einiges in meinem Beruf erreicht habe und so. Und mit meinem Privatleben, daß er eigentlich noch mal selber nachdenkt: 'Wie blöd bin ich damals gewesen, wie unqualifiziert?' Oder, wie weh er mir auch damit getan hat. Aber ich will jetzt nicht, daß er noch mal mich drauf anspricht und sagt: 'Hör mal, tut mir leid' oder, das habe ich nicht erwartet."*

Daneben war es für den Teilnehmer auch interessant, mitzuerleben, wie Fernsehen gemacht wird und sich einmal selbst vor der Kamera zu erproben: *"Wie wirkst du eigentlich so im Fernsehen, und man ja lacht auch über andere Leute, und wenn man hier vor dem Fernseher sitzt, denkt man, ich würde das anders machen, ich wäre so und so, oder auch beim 'Glücksrad' oder so. Ich wäre viel intelligenter oder wüßte viel eher das Rätsel. Und dann mal zu gucken, wie ist das denn, wenn man jetzt selber da steht. War schon interessant, aber war nicht der Hauptgrund."*

Der Auftritt

Am Tag der Aufzeichnung war der Teilnehmer *"überhaupt nicht aufgeregt"*, *"habe gedacht, na ja, was sie mich fragen wird, kann ich mir schon denken, habe ich überall eine Antwort zu, kann eigentlich nichts schiefgehen. Bin da ganz gelassen hingegangen."* Mit seiner Mutter flog er nach München: *"Wir sind da angekommen, sind abgeholt worden von einen Fahrer, dann standen da direkt vier, fünf Leute, sind zum Studio gefahren, haben uns dahin gesetzt, haben uns alle bekanntgemacht, da ist ja so ein Buffet mit Essen und Trinken, haben uns alle bekanntgemacht, dann kam dieser Redakteur, hat noch mal jeden zu sich reingeholt, hat noch mal erzählt, wie die Sendung so aufgebaut ist, über welche Themen wir welche Zeit sprechen, wann eine Pause ist und so. Dann kam die Arabella zufällig auch noch rein, die hat dann auch eben 'Hallo' gesagt. [...] Ja, dann sind wir ins Studio, und irgendwann ging es los."* Die Moderatorin leistete ihm im Gespräch vor der Kamera Hilfestellung, *"daß ich direkt schon merkte, wenn sie wirklich den Eindruck hat, im Moment muß ich nachdenken oder weiß nicht weiter, daß sie also sofort eingreift und einen nicht stehenläßt. Die hat einem wirklich ein bißchen auf die Sprünge geholfen auch, wirklich sehr nett."*

Für den Befragten war der *"Auftritt im Fernsehen [...] eigentlich nur so quasi ein Sprachrohr, wo ich also einer breiten Öffentlichkeit mitteilen konnte, was ich über Homosexualität denke."* Andererseits glaubte er, daß seine Meinung letztlich *"eigentlich gar keinen"* interessierte. So erfüllte der Auftritt wahrscheinlich auch den Zweck, sich seiner eigenen Identität zu versichern und dieser entsprechend akzeptiert zu werden: *"'Seht her, ich bin [...] nicht häßlich.'"* Das Thema 'Homosexualität' in der Öffentlichkeit anzusprechen stellte für ihn kein Tabu dar, *"weil es für mich eigentlich keine Intimität ist. Ich habe ja jetzt nicht über Sexpraktiken gesprochen, aber einfach mitzuteilen, ich bin homosexuell, ist für mich genauso mittlerweile, als wenn sie vielleicht sagen, anderen Leuten, ich bin heterosexuell, ist für sie ja auch nichts Intimes, wenn sie anderen Leuten erzählen, daß sie normal in Anführungsstrichen sind, so sehe ich das, ganz normal."* Letztlich aber war er mit der Umsetzung des Themas nicht zufrieden: *"Tja, also mein Wunsch wäre eigentlich gewesen, daß ich selber sowas sagen kann und auch andere Leute, noch mal eben diese Message: 'Hallo Leute, schwul sein ist nicht schlimm und ist alles toll' und 'Guckt mal hier, alle Bekannten und Verwandten wissen Bescheid.' Das kam ja eigentlich von keinem so richtig rüber, weil eben nur auf dieses 'Coming out', auf diesen Problemen rumgeritten wurde. [...] Eigentlich war ich dann ein bißchen enttäuscht, aber tja, wie soll ich mich ausdrücken, ich hätte also lieber gehabt, daß von heute gesprochen wird. Ich war jetzt nicht enttäuscht, aber ich hätte gerne eine andere Wendung gehabt in dem Gespräch oder in der Diskussion, bei allen. [...] Und jeder erzählte über seine Probleme, und irgendwann hatte ich dann den Eindruck, daß jetzt wirklich ein Zuschauer, der noch jung ist, denkt, das gibt nur Probleme, ich sage es keinem und mache das alles heimlich. Da habe ich so im nachhinein gedacht, schade eigentlich."* Immerhin gelang es ihm, die *"Stichelei"* seinem Vater gegenüber zu lancieren: *"Also ich habe nachher, da war ja diese Pause, und da stand ich mit der Arabella kurz zusamme,n und dann hatte ich eigentlich sie noch mal dran erinnert, an dieses Gespräch mit meinem Vater damals, ob sie da nicht noch mal drauf eingehen würde"*, was die Moderatorin dann auch tat.

Hinter die Kulissen der Fernsehwelt zu gucken war für den Teilnehmer ein faszinierendes Erlebnis: *"Mit welchen Tricks da gearbeitet wird und daß eben nicht alles so ist, wie man es auf dem Bildschirm sieht und die Genauigkeit und wie oft da wiederholt wird"*, das fand er *"interessant."* So war die Aufzeichnung für den Befragten *"ein gutes Gefühl, ein gutes Gefühl, war ein schöner Tag gewesen, war ein Erlebnis, da eben mal bei 'Arabella' gewesen zu sein, mit dem Flug hin und zurück. Mit dem Gespräch, gut, ich hätte lieber eine andere Wendung gehabt, aber ansonsten war ich voll zufrieden mit mir selbst, mit der ganzen Situation da war ich voll zufrieden gewesen, habe ein gutes Gefühl gehabt."*

Folgen des Auftritts

Nach seinem Auftritt wurde der junge Mann häufig angesprochen. Freunde und Bekannte waren *"allesamt begeistert"*, und auch von Fremden erfuhr er Resonanz: *"Die Leute reden, da ist doch der aus dem Fernsehen."* Insgesamt war das *"total witzig irgendwie, von wie vielen Leuten man angesprochen wird hinterher, hätte ich nicht gedacht, also selbst im Haus habe ich keinem erzählt, daß ich dahin gehe. Und dann fragte mich also meine Nachbarin: 'Ah, ich habe sie im Fernsehen gesehen', auch Bekannte riefen an, [...] ich, die haben mich im Fernsehen gesehen und ist ja toll."* Mit seinem Vater hat er nicht über seinen Auftritt gesprochen und erfuhr dessen Reaktion über seine Mutter: *"Und da hätte er gesagt, irgendwie, er könnte sich gar nicht dran erinnern, daß er das damals gesagt hätte. War wohl ein bißchen peinlich berührt, daß ich das gesagt habe."* Obwohl das Thema nicht seinen Wünschen entsprechend behandelt wurde, ist der Befragte dem Medium nach wie vor aufgeschlossen und würde auch zu einem anderen Thema seine Meinung sagen, *"zur Politik oder zu gesellschaftlichen Sachen oder weiß ich nicht, da würde ich dann noch mal hingehen."*

5.2 Typenkonstruktion: Der TV-Auftritt als kollektives Sinnmuster

Die im vorhergehenden Kapitel dargelegte Einzelfallrekonstruktion verdeutlicht die Vielfalt privater Probleme und Bedürfnisse, die mit Hilfe eines Fernsehauftritts zu bewältigen bzw. zu realisieren versucht oder tatsächlich realisiert werden. In der auf die Analyse der Einzelfälle folgenden und nunmehr darzustellenden Typenkonstruktion wird aufgezeigt, daß der Auftritt nicht nur als individuelles Phänomen sondern darüber hinaus als eine im gesellschaftlichen Kontext bedeutsame Handlung verstanden werden kann. Demgemäß existieren kollektive Sinnmuster, die der Veröffentlichung privater Belange im Fernsehen eine überindividuelle quasi-institutionelle Bedeutung verleihen. Die ermittelten kollektiven Handlungstypen werden im folgenden unter Bezugnahme auf institutionelle Entsprechungen bzw. gesellschaftliche Bedingungen für das Entstehen der Motivstrukturen dargelegt. Zitate der den Typen zuzuordnenden Einzelfälle werden zur Illustration herangezogen. Zweck der vorliegenden Typenkonstruktion ist weniger die Erarbeitung repräsentativer Daten als vielmehr die Formulierung von Existenzaussagen in bezug auf den Forschungsgegenstand. Eine quantitative Beschreibung der Typen bzw. der aufgefundenen Motivkonstellationen kann somit vernachlässigt werden. Gemäß dem methodischen Vorgehen der Typenkonstruktion konnten erschöpfend acht verschiedene Motivstrukturen ermittelt werden. Bei deren Darstellung werden die typrelevanten Verhaltens- und Erlebensmuster aufgezeigt, auch wenn diese – dem Verständnis des Idealtypus gemäß – nicht unbedingt in allen Einzelfällen in Erscheinung treten.

5.2.1 Der Fernseh-Star

Die Möglichkeit, zwischen einer unüberschaubaren Anzahl prinzipiell realisierbarer Optionen in nahezu allen Bereichen des Lebens wählen zu können, hat tradierte Sinnvorgaben für den Einzelnen durch gesellschaftliche Institutionen (z.B. Kirche oder Familie) in den Hintergrund gedrängt. Verbindliche Handlungsmuster verlieren in unserer Gesellschaft zunehmend an Bedeutung. Statt dessen sind insbesondere infolge der Modernisierung und der damit verbundenen Pluralisierung der Lebensstile eine Vielzahl von Subsinnwelten entstanden, die unvermittelt nebeneinander existieren. Bei der Auswahl des adäquaten Sinnangebotes ist der Einzelne auf sich selbst gestellt, die Konstruktion von Bedeutungen wird zu einer individuellen Angelegenheit, die vornehmlich aus persönlichen Bedürfnissen resultiert. Einen Bezug zwischen den Angeboten der Außenwelt und den persönlichen Bedürfnissen herzustellen bedeutet, die äußeren Umstände für das Innenleben zu funktionalisieren (vgl. SCHULZE, 1992). Dabei verlagert sich die Bedeutung von Handlungen, denn durch die zunehmende Innenorientierung werden diese nicht mehr nur ausgeführt. Das Erleben ist somit nicht mehr Begleiterscheinung einer Handlung, vielmehr wird es zu deren eigentlichem Sinn und Zweck. Aus dieser Erlebnisorientierung resultieren unterschiedliche kollektive Lebensstile, so beispielsweise das 'Spannungsschema' (vgl. SCHULZE, 1992), das die Flucht vor Langeweile durch die Suche nach Abwechslung, die Neugier auf Neues und die Freude an unerwarteten Erlebnissen zum zentralen Prinzip erhebt. Dabei ist das Bedürfnis nach Spannung aus sich selbst heraus auf eine permanente Steigerung angelegt, der Einzelne ist auf der Suche nach immer neuen und starken Reizen. Diese beziehen sich auf das Subjekt, das sich unterhalten will, indem es sich selbst stimuliert und in Szene setzt; das bestrebt ist, sich zu entfalten, um sich auf diese Weise selbst zu verwirklichen. Im Spannungsschema, das SCHULZE (1992) an der Erscheinung von Popstars verbildlicht hat, dreht sich alles um den Handelnden selbst. Unterhaltung und Selbstverwirklichung sind als Formen einer Lebensphilosophie zu verstehen, die als "Narzißmus" (SCHULZE, 1992, S. 157) bezeichnet werden.

Dieser in unserer Gesellschaft zunehmend bedeutsamen Grundorientierung entsprechend wurde im Rahmen der vorliegenden Untersuchung eine analoge Handlungsstruktur als Motivation zur Teilnahme an einer Fernsehsendung ermittelt. Der im folgenden als 'Fernseh-Star' benannte Typ nutzt den öffentlichen Auftritt zur Selbstinszenierung. Teilnehmer mit diesem Bedürfnis stehen *"gerne im Mittelpunkt"* und bezeichnen sich selbst beispielsweise als *"Profilneurotiker"*, *"Exhibitionisten"*, *"narzißtisch"* veranlagt oder *"fernsehgeil"*. Die persönliche Situation, aus der diese Beweggründe resultieren, kann dabei in bezug auf die Vielfalt und Intensität der zutage tretenden Probleme und Belange sehr differieren. Dementsprechend wurden sich als sehr problembeladen schildernde Fernseh-Stars genauso ermittelt wie solche, die ihre Situation als wenig problematisch schildern. Die persönliche Lage kann daher nicht als konstitutiv für den Typus 'Fernseh-Star' verstanden werden und wurde hier vernachlässigt.

Bei seiner Selbstinszenierung möchte der Fernseh-Star *"einfach so halt, im Prinzip auch in der Öffentlichkeit so von jedem gesehen [...] werden"*, und kein Raum eignet sich hierzu mehr als eine Bühne, auf der man sich präsentieren kann. Dazu suchen Teilnehmer, die diesem Typus zugehörig sind, öffentliche Räume auch im Rahmen privater Unternehmungen auf, machen beispielsweise *"ganz spontan einen Strip in der Disco"* oder gehen auf Konzerten zu den Musikern *"auf die Bühne."* Daneben bieten sich zur Inszenierung der eigenen Person auch Komparsen-Jobs an, die weniger aus finanziellen Gründen angenommen werden als vielmehr wegen des Auftritts selbst. Im Extrem kann dies beispielsweise ein Nacktauftritt sein, so schildert ein Teilnehmer das Erleben seiner Statistenrolle: *"Und dann zu wissen, da sitzen sechshundert Leute im Publikum oder tausend Leute, und in W. waren es sogar noch mehr. Und dann stolziert man wirklich splitterfasernackt über die Bühne, ich habe das genossen. Ich habe das wirklich genossen."*

War die Bühne des Fernsehens über Statistenrollen hinaus traditionell vornehmlich professionellen Akteuren vorbehalten, so wurde diese Zulassungsbeschränkung im Zuge der Expansion des Mediums und der damit verbundenen Diversifizierung des Angebotes zunehmend gelockert. Zunächst bekam der 'Normalbürger' die Möglichkeit, an Quiz-Shows teilzunehmen, für die er sich aufgrund eines umfassenden oder Expertenwissens qualifizierte. Mit dem Aufkommen 'intimer Formate' ist die Bühne des Fernsehens heute für nahezu jedermann zugänglich geworden, und die Erlebnisse des Lebens selbst qualifizieren hierzu. Die Teilnahme an einer Talk- oder Beziehungsshow eignet sich für die Umsetzung der Bedürfnisse des Fernseh-Stars in idealer Weise, denn *"wo kann man besser im Mittelpunkt stehen als im Fernsehen?"* Die Aspekte des Spannungsschemas werden in der Auftrittssituation abgedeckt, da diese zum einen (zumindest beim ersten Mal) eine ungewohnte und damit neue Situation darstellt. Sie beinhaltet per se starke Erlebnisreize. Schon aufgrund ihrer Medialität stellt der Auftritt eine Potenzierung der alltäglichen Möglichkeiten zur Selbstinszenierung dar, da die räumliche Begrenztheit unvermittelter Kommunikationssituationen (und damit letztlich auch ihre beschränkte Wirkungsdimension) im Auftritt aufgehoben wird. In diesem Sinne beschreibt ein Teilnehmer die Relevanz der Medialität für das Erleben: *"Ich denke mal, jeder Mensch mag es, im Mittelpunkt zu stehen, ja, und da stehe ich nicht nur im Mittelpunkt in dem Moment, von meinem Bekanntenkreis, sondern im Mittelpunkt von, ich weiß nicht, wie viele Millionen gucken das am Tag."* Zum anderen vermittelt die Situation die vom Fernseh-Star gewünschte Spannung, da die Inszenierung vor einem Studiopublikum 'live' stattfindet, selbst wenn die Sendung letztlich nicht 'live' ausgestrahlt wird. Im Wesen des Live-Charakters liegt Spannung, die aus der Unkalkulierbarkeit der Situation resultiert (vgl. Kapitel 2.2.3).

Das Empfinden des Fernseh-Stars, daß Millionen von Zuschauern *"in dem Moment, wo die sich das angucken, [...] verpflichtet [sind], mehr oder weniger, sich mit mir zu beschäftigen, ist ein schönes Gefühl."* Nicht nur seiner Selbst im Moment des Auftritts intensiv gewahr zu werden, sondern darüber hinaus auch für ein Millionenpublikum im *"Zentrum des Interesses"* zu stehen verstärkt die Bewußtheit der eigenen Person und damit die Bedeutung der Selbstinszenierung: *"Ich finde das unheimlich spannend, dann sitzen da so unheimlich viele Leute, und die hören ganz gespannt zu, was man so erzählt. Ich habe mich irgendwie, habe ich mich ganz gut dabei gefühlt"*, beschreibt eine Teilnehmerin ihr Erleben, das verdeutlicht, daß der Fernseh-Star es genießt, sich vor einer großen Zuschauerschaft zu exponieren. Dieser Beweggrund ist häufig zentral, und die Veröffentlichung der privaten Inhalte spielt eine eher nebensächliche Rolle, vornehmlich geht es dem Fernseh-Star um die Bestätigung seiner Person, denn *"jeder Mensch ist eitel, jeder Mensch braucht Anerkennung."* Diese Anerkennung ergibt sich nicht nur aufgrund der großen Zuschauerschaft, sondern auch durch die Bedeutung, die dem Medium selbst zugewiesen wird. Im Fernsehen auftreten zu dürfen ist die *"Chance auf das Extravagante"*, denn *"was da dich erwartet, das sind alles Persönlichkeiten."* In diesem Sinne ist der Fernseh-Star *"stolz, da überhaupt hinzukommen, [...] man wird gesehen, sind wir doch mal ehrlich, es ist doch so."* Zwar werden insbesondere Talk-Shows heutzutage inflationär von allen Sendern ausgestrahlt, und daher treten täglich viele unprominente Menschen in Talk-Shows auf, *"aber auf die Masse gesehen, sind es immer noch wenige."* Der Auftritt bleibt etwas besonderes, dem der Glamour, das Außergewöhnliche anhaftet. Der Fernseh-Star erlangt *"fast schon diese Berühmtheit oder sonst irgendwas"* und fühlt sich *"groß, ich habe mich ehrlich gesagt gefühlt wie ein Star, ich kann es nicht so beschreiben, es war ganz großartig."* Aufgrund dieses Erlebens rückt er in seiner Selbstwahrnehmung wie auch für viele Betrachter in die Nähe der wirklichen Stars, denn *"in vielen Köpfen ist der, der im Fernsehen war, immer noch eine Berühmtheit, wen kennen wir sonst aus dem Fernsehen, Götz George."* Sich als berühmt zu erfahren wird als sehr positiv empfunden, denn Prominenz wird assoziiert mit Prestige, Ansehen und Ehre, gilt als "Personalisierung des Erfolges" (FAULSTICH & STROBEL, 1989, S. 7) in unserer Gesellschaft. Darüber hinaus kann Prominenz mit dem Gefühl der Macht oder Möglichkeit der Einflußnahme verbunden sein (vgl. RAPP, 1971).

In diesem Sinne schildert eine junge Frau ihre Empfindungen während des Auftritts: *"Ich denke, dieses Machtgefühl, das kommt auch bei jedem Einzelnen, egal jetzt, wie klein man in dem Moment tatsächlich ist. Aber jeder, der da irgendwas von sich gibt, was tatsächlich diese Millionen Leute hören, der hat das Gefühl ja schon, also man hat selber schon das Gefühl, man hat Einfluß in irgendeiner Form, indem man da seine Meinung sagt. Und, ja, das ist eben auch ein interessantes Gefühl."* Der Erlebnisorientierung entsprechend stehen Gefühle und Eindrücke bei der Schilderung des Auftritts im Gegensatz zu tatsächlichen Handlungen im Vordergrund. Der Fernseh-Star beschreibt sich als *"wahnsinnig aufgeregt"*, er genießt die *"schöne Atmosphäre"* und die Spannung, kurzum: alle Momente, die dazu beitragen, sich selbst zu erleben: *"Uns liefen die Tränen, also, es war eine wahre Wonne. Ehrlich, es ging uns durch und durch, wir halten uns also an der Hand, und wir waren am Zittern und am Zittern und am Zittern, und das war wunderbar, echt toll"*, beschreibt ein Teilnehmer der Sendung 'Nur die Liebe zählt' die Momente vor der Kamera.

Das intensive Erleben des Auftritts wird fast immer durch die sich an den Auftritt anschließenden Erlebnisse im Freundes- und Bekanntenkreis, darüber hinaus durch die Reaktionen von Fremden verstärkt und verlängert: *"Und wie ich dann (..) in den Ort bin auch, das war ein Sturm, ich denke, bin ich jetzt Liz Taylor oder Joan Collins oder wer bin ich jetzt? Oder in der Firma, die kamen: 'Ach Gott, wie super.'"* Wie eine prominente Person hofiert zu werden, empfindet der Fernseh-Star als *"eine Bestärkung in der Eitelkeit, klar, ganz logisch, nachdem das dann ausgestrahlt worden ist, nachdem dann soviel positive Resonanz dann kam, auch von fremden Leuten und dann auch noch Post gekriegt und so. Ich mein-, mehr kann sich ja eigentlich kaum wünschen. Das war für mich halt eine unheimlich positive Erfahrung."*

Es muß angemerkt werden, daß diese positive soziale Resonanz nicht nur vom Typus 'Fernseh-Star' erlebt wird, sondern daß fast alle Studiogäste ein überwiegend positives Feedback erfahren. Dieses ist aber bei anderen Handlungstypen entweder gar nicht intendiert, oder es bezieht sich auf konkrete Inhalte, z.B. die gewünschte Aufmerksamkeit einer bestimmten Person oder Reaktionen zu Sachthemen (z.B. 'Homosexualität' oder 'Emanzipation der Frau'), zu denen sich der jeweilige Handlungstyp soziale Resonanz erhofft. Beim Fernseh-Star hingegen ist das Bedürfnis, den Auftritt und dessen Folgen zu erleben, ausschließlich auf die eigene Person fokussiert. Sich selbst zu erleben und von – möglichst vielen – anderen erlebt zu werden führt zur Erhöhung der Bedeutung der eigenen Person. Das Wissen um den Reiz der Auftrittssituation bzw. der darauf folgenden Wirkungen führt bei vielen dem Typus 'Fernseh-Star' zugehörigen Studiogästen wie auch bei solchen, die zunächst aus anderen Gründen aufgetreten sind, zu erneuten Bewerbungen zur Teilnahme an Sendungen. Eine 'Wiederholungstäterin' beschreibt ihre Beweggründe für den dritten Fernsehauftritt: *"Bei Schreinemakers war sicher auch ein bißchen schon mit der Grund, daß ich ja nun schon wußte, wie toll das eben ist, so dieses Drumherum, dieses Aufregende, daß einen eben auch Leute manchmal ansprechen."* Ein Teilnehmer, der sich mehrfach im Fernsehen und in anderen Aktionen öffentlich in Szene setzte, beschreibt dieses Erleben, das für ihn zu *"einer Droge werden [kann]. Weil, also, ich würde es jederzeit wieder machen." "Ich hätte mich da schnell dran gewöhnen können an sowas. Man kriegt doch schon so eine Art Sucht dann irgendwo."* Meist allerdings hält die Prominenz nur kurzzeitig an, *"der große Boom war nach einer Woche, war der vorbei."* Manchmal bleibt sie enttäuschenderweise ganz aus. Dann bleibt dem Fernseh-Star nur noch die Rezeption seiner Darbietung im Fernsehen, die auch von den Teilnehmern, denen Resonanz zuteil wurde, häufig im Anschluß an den Auftritt noch mal gesehen wird. Auf diese Weise verschafft er sich das positive Feedback selbst und betrachtet sich dabei durchaus *"mit kritischen Augen [...], so mit Kritikeraugen". "Und da sieht man doch noch so einiges, um Gottes Willen, wie hast du dich da verhalten, man kommt sich dann vor wie ein Schauspieler, der sich selber kritisiert. Gut, okay, sowas passiert dann halt, aber war eigentlich so ganz zufrieden."* Dies führt bei vielen Teilnehmern des Typs 'Fernseh-Star' dazu, daß sie sich das Fernsehen nicht nur im privaten Bereich, sondern auch als berufliche Perspektive vorstellen können. Speziell vor der Kamera zu arbeiten, *"so diese Selbstdarstellung und dieses ganze Drumherum."* empfinden sie als *"ganz toll"*, und *"Hoffnungen, entdeckt zu werden und pro Moderation da irgendwie zwanzigtausend Mark zu kriegen, die Hoffnung hat man, sicher, klar."* Das Interesse am Medium hängt insbesondere damit zusammen, daß die Fernsehwelt dem Spannungsschema (vgl. SCHULZE, 1992) gemäß als Kontrast zu Spießertum und Langeweile gedeutet wird, die Fernsehleute sind *"ein bißchen anders als andere Leute"*, denn *"die meisten sind so sehr individuell irgendwie, also man hat so das Gefühl, man trifft ganz viele verschiedene Typen irgendwie beim Fernsehen. Also, die Leute sind so, nicht so stinknormal, nicht so spießig."* Folglich beinhaltet ein Job beim Fernsehen nach Auffassung vieler dem Typ 'Fernseh-Star' zuzuordnenden Teilnehmer *"dieses Lebendige, dieses ständig Neue, diese täglichen Herausforderungen"*, denn *"so eine Fernsehproduktionsfirma wird niemals in einen täglichen Trott verfallen [...] im Sinne von langweiligen Arbeiten."*

Zusammenfassend beurteilt der Fernseh-Star seinen Auftritt immer als eine positive Erfahrung, was sich in den meisten Fällen auf ein positives Erleben der eigenen Person (im Auftritt und bei der Rezeption der Sendung) sowie auf die positive soziale Resonanz gründet. Aber selbst wenn eine dieser beiden Wirkungsdimensionen nicht zum Tragen kommt, sei es, weil soziale Reaktionen ausbleiben oder weil der Fernseh-Star mit seiner eigenen Darbietung nicht zufrieden ist, dient der Auftritt letztlich dem Spannungserleben. Der Spaß an der Selbstinszenierung führt bei allen Teilnehmern zu meist großem Interesse an einem erneuten Auftritt, ebenso ist die Begeisterung für einen Job beim Fernsehen recht hoch. Das Medium 'Fernsehen' wird assoziiert mit Unkonventionalität und Abwechslung und bietet die Möglichkeit zur Selbstinszenierung. Letztere birgt die Optionen, berühmt zu werden und begehrt zu sein.

5.2.2 Der Patient

Traditionell wurde das Zusammenleben innerhalb unserer Gesellschaft durch eine gemeinsame Sinnorientierung gesichert. Institutionen wie beispielsweise Kirche, Staat und Familie stellten verbindliche Praktiken zur Bewältigung des Alltags bereit (vgl. REICHERTZ, 1996). Auf diese Weise boten die Institutionen nicht nur eine Orientierungshilfe für den Einzelnen, sondern sie hatten gleichzeitig auch Kontrollcharakter (vgl. BERGER & LUCKMANN, 1969), der das Funktionieren der Gesellschaft durch die Überwachung der in ihr lebenden Individuen gewährleistete. Dennoch gab (und gibt) es in jeder Gesellschaft abnorme Fälle, die sich durch ein Abweichen einzelner Personen von der gemeinsamen Handlungsorientierung auszeichnen. Da diese eine Bedrohung für das Funktionieren einer Gesellschaft darstellen, müssen therapeutische Maßnahmen zur Reintegration abnormer Fälle entwickelt werden, die das Fortbestehen der Gesellschaft sicherstellen (vgl. BERGER & LUCKMANN, 1969). Hierzu gehören beispielsweise seelsorgerische Aufgaben wie die christliche Beichte (vgl. HAHN, 1982), aber auch die medizinische Versorgung. Körperliches und seelisches Wohlbefinden unterliegen somit der sozialen Kontrolle, und die Bereitstellung von Therapien ist als institutionelles Hilfsangebot für sich in Problemlagen befindende bzw. erkrankte Individuen zu verstehen. Die Förderung körperlicher und seelischer Gesundheit hat identitätsstabilisierende Funktion und trägt zur Verhaltenssicherheit im Alltag bei.

Durch den Verlust einer gemeinsamen Sinnorientierung im Zuge der Modernisierung hat sich das Angebot zur Therapie von abnormen Fällen verändert. Individualisierungsprozesse haben zu einer zunehmenden Psychologisierung der Gesellschaft (vgl. SENNETT, 1986; HABERMAS, 1990; MEHL, 1996) geführt, pluralistische Tendenzen haben einen Nährboden für verschiedenste sinnstiftende und -vermittelnde Praktiken bereitet. Psychotherapeutische Ausrichtungen reichen nunmehr von der Psychoanalyse über Selbsterfahrungsgruppen bis hin zu esoterischen Heilungsmethoden. Ähnliches gilt für die Therapie vornehmlich somatischer Krankheiten, neben der Schulmedizin stehen alternative, beispielsweise ganzheitliche Heilmethoden, zur Auswahl. Der Einzelne hat einerseits die Wahl, unterliegt andererseits aber auch dem Zwang, sich bei Bedarf für eine der angebotenen Therapieformen entscheiden zu müssen.

Als neue Institutionen einer modernen Gesellschaft haben sich die Massenmedien schon früh als Sinnproduzenten für therapeutische Belange, als Lobby für psychisch und körperlich Kranke empfohlen (vgl. Kapitel 3.2.1). Psychologische und medizinische Ratgebersendungen waren bereits in der Frühzeit des Mediums fester Bestandteil des Fernsehprogramms (vgl. MOHL, 1979). ZDF-Intendant VON HASE betonte in seiner Rede vor dem Fernsehrat im Jahre 1977 diesen Sendeauftrag: "Fernsehen muß mithelfen, Unüberschaubares erfaßbar zu machen, Lebens- und Orientierungshilfe in einer für viele Mitbürger heillosen Welt zu bieten" (zit. nach MOHL, 1979, S. 365). Das Thema 'Gesundheit' wurde als publikumswirksamer bzw. notwendiger Inhalt entdeckt und erspart dem Zuschauer in manchen Fällen den Weg in die Praxis (vgl. BERGER & LUCKMANN, 1995) bzw. informiert über erfolgversprechende Therapieformen bei bisher kaum zu therapierenden Krankheiten. Mit der Expansion des Mediums wuchs auch das Angebot. Kamen zunächst vornehmlich Experten zu Wort, so erschienen nunmehr auch die Betroffenen selbst auf dem Bildschirm (vgl. Kapitel 2.1). Seit dem Aufkommen der Daily Talks zu Beginn der 90er Jahre wird im Fernsehen täglich über jedes nur vorstellbare körperliche wie physische Problem getalkt – von der Impotenz bis zum Tourette-Syndrom, keine Abnormität ist mehr tabu. Die Sendungen zeichnen sich weniger durch die Vermittlung fundierten Wissens aus, da Experten in der Minderzahl sind und insgesamt eine eher geringe Redezeit haben. Vielmehr stehen die Betroffenen selbst im Mittelpunkt, indem sie ihre persönlichen Erfahrungen und Einstellungen zum Thema schildern (vgl. MEHL, 1996). Zwar dienen insbesondere tägliche Talks nicht nur der Information über Gesundheitsthemen, sondern sind auch Unterhaltungssendungen, und es wird darüber hinaus auch über andere Themen getalkt. Von einigen der hier untersuchten Teilnehmer aber werden sie gezielt aufgesucht, um psychische und/oder körperliche Probleme im Auftritt zu bewältigen. Dieser im folgenden als 'Patient' bezeichnete Typus kann dies im Rahmen einer Talk-Show zum Thema 'Gesundheit' tun. Darüber hinaus ist es aber auch möglich, daß ein Teilnehmer zu irgendeinem Thema – beispielsweise 'Beziehungen' – auftritt, das nicht auf körperliche bzw. seelische Probleme schließen läßt, im Auftritt jedoch sein zentrales psychisches Problem, beispielsweise eine Agoraphobie, behandeln will (vgl. Fall 8).[19] Das heißt, daß letztlich Auftritte in allen Sendungen (auch in Beziehungsshows) zur Linderung psychischer Beschwerden unternommen werden können. Daher ist es kaum verwunderlich, daß sich in der vorliegenden Untersuchung das Anliegen, im Auftritt psychische Probleme bewältigen zu wollen, in weniger als der Hälfte der Fälle am Thema der Sendung erkennen läßt. Der Beweggrund zur Teilnahme ist somit aus der Rezeption des Beitrags nicht abzuleiten und erschließt sich erst im Interview.

Bei näherer Betrachtung der Motivationsstruktur des Typus 'Patienten' müssen heterogene Therapieziele differenziert werden, die sich aus der Art des Problems im Zusammenhang mit dem Thema der Sendung ergeben: so kann der Auftritt (a) den Charakter einer Arztkonsultation annehmen, wenn der Gast zu einem Gesundheitsthema beispielsweise zum Thema 'Schwitzen' auftritt und hofft, auf diese Weise hilfreiche Tips für sein Problem zu bekommen; (b) kann der Auftritt eine Selbsterfahrung – im Sinne einer psychotherapeutischen Behandlung – darstellen, wobei hier danach unterschieden werden muß, ob das persönliche Problem gleichzeitig Thema der Sendung ist, denn in diesem Fall handelt es sich beim Auftritt um ein öffentliches Bekenntnis der persönlichen Schwierigkeiten. Ist das persönliche Problem – beispielsweise Schüchternheit – nicht das Thema der Sendung und wird demzufolge für den Zuschauer gar nicht erkennbar, so handelt es sich um

[19] Im umgekehrten Sinne geht es nicht jedem Studiogast, der zu einem Gesundheitsthema – beispielsweise zum Thema 'Rückenschmerzen' - auftritt, unbedingt darum, daß er Hilfe für dieses Problem erfahren will. Vielmehr kann dieser Teilnehmer, je nach persönlicher Bedürfnis- bzw. Problemlage, jedem Typus angehören.

ein Bekenntnis 'in foro interno', d.h. vor sich selbst (vgl. HAHN, 1982). In letzterem Falle kommen andere kommunikative Bedürfnisse für den Auftritt zum Tragen als beim öffentlichen Bekenntnis. Diese drei verschiedenen – sich teilweise überschneidenden – Motivlagen des Patienten und deren Umsetzung im Auftritt werden im folgenden näher dargestellt.

Der Auftritt mit dem Charakter einer Arztkonsultation bei somatischen Beschwerden zeichnet sich insbesondere dadurch aus, daß hier in der Vis-à-vis-Kommunikation der Kontakt zu einem Experten – z.B. einer anerkannten Koryphäe – hergestellt werden kann, welcher im Alltag aufgrund mangelnder Beziehungen oder fehlender finanzieller Möglichkeiten nicht zu realisieren ist. Das Gespräch mit dem Experten gibt dem Patienten die Möglichkeit, relevante Informationen in bezug auf das persönliche Leiden einzuholen. In diesem Sinne schildert eine junge Frau, die unter einer zu starken Schweißproduktion litt, ihre Beweggründe zum Auftritt: *"Wie gesagt, [ich habe] halt vorher schon manche Sachen ausprobiert, und da habe ich ja nie Hilfe erfahren, oder es hat halt nicht geklappt, und ich wußte ja, daß dieser Professor eingeladen wurde [...] und habe halt gedacht, vielleicht weiß der ja doch noch irgendwas."* Nach dem Auftritt können die Tips des Fachmanns durch therapeutische Maßnahmen in die Praxis umgesetzt und die Beschwerden eventuell gelindert werden. Die unter der starken Schweißproduktion leidende junge Frau berichtet von den Erfolgen der empfohlenen Methode: *"Ich habe also schon nach zwei Wochen gemerkt, daß das besser wurde, und nach vier Wochen war es jetzt also wirklich für zwei, drei Wochen weg, also, ich habe kaum noch geschwitzt an den Händen."*

Unter psychischen Problemen leidende Teilnehmer beschreiben sich fast alle als schüchtern und gehemmt im Umgang mit anderen Personen bzw. in öffentlichen Situationen, so etwa eine Hausfrau und Mutter eines Sohnes: *"Ich habe Schwierigkeiten, in die Öffentlichkeit zu treten."* Bei extremeren Ausprägungen weisen diese Hemmungen pathologische Züge auf und bereiten dem Betroffenen Beschwerden im Umgang mit seinen Mitmenschen, weit über das übliche Maß hinaus: *"Also, ich hatte ganz extrem Menschenangst, ich konnte zeitweilig nicht arbeiten."* Teilweise bezieht sich diese Angst ausschließlich auf das andere Geschlecht: *"Wenn ich dann vor einem [Jungen] stehe, in den ich verknallt bin, [...] dann stehe ich da mit Maulsperre, [...] in der Beziehung bin ich echt schüchtern, aber sonst eigentlich wirklich nicht."* Manchmal klagt der Patient nicht nur über die eigentlichen Ängste, sondern auch über das fehlende Verständnis seines Umfeldes: *"Wenn du hier das erzählst, die meisten verstehen das gar nicht so direkt. Weil die haben das Problem nicht, und da kann man sich praktisch nicht so direkt mit unterhalten."* Unter sehr starkem Leidensdruck stehende Patienten haben z.T. bereits Anstrengungen unterschiedlichster Art unternommen, mit dem Ziel, die belastenden Beschwerden zu reduzieren. Die unter Agoraphobie leidende Teilnehmerin suchte beispielsweise verschiedenste Ärzte auf: *"[Ich] bin von Arzt zu Arzt gerannt. [...] Ich dachte, die bringen dich in eine Nervenanstalt, wem sage ich das jetzt, man hat [...] Angst, ausgelacht zu werden, man hat keinen, dem man sich anvertrauen kann."* Unter Umständen begibt sich der Patient in eine Psychotherapie oder aber er versucht, das Problem durch Selbstbehandlung zu bewältigen, so im Fall einer sozial sehr gehemmten Teilnehmerin, die immer wieder versuchte, selbst die Initiative zu ergreifen und sich am gesellschaftlichen Geschehen zu beteiligen: *"Das habe ich mir schon oft gedacht, aber nie gemacht, und dann habe ich immer kurz vorher gedacht, beim nächsten Mal, nächstes Mal, nächstes Mal."* Letztlich aber konnten Selbstbehandlung wie auch therapeutische Maßnahmen nicht zu Heilungserfolgen beitragen: *"Ich weiß ganz genau, von alleine werde ich das Problem garantiert nie los."*

Patienten, die den Auftritt zum öffentlichen Bekenntnis ihrer psychischen Probleme nutzen, hoffen, *"daß es mir ein klein wenig helfen würde, doch offen darüber zu reden"*, und messen dem Auftritt somit eine kathartische Funktion bei. Dabei nutzen die Betroffenen das Medium als Lobby, denn daß eine Talk-Show – beispielsweise zum Thema 'Schüchternheit' – produziert wird, verleiht dem zunächst persönlichen Problem aus Sicht des Patienten gesellschaftliche Bedeutung. Aus diesem Umstand erhofft sich der Patient die Anteilnahme seiner Mitmenschen, die ihm bisher teilweise verwehrt blieb, da er nicht ernstgenommen wurde. So formuliert ein unter Schüchternheit dem anderen Geschlecht gegenüber leidender junger Mann seine Beweggründe: *"Wie das [die Sendung] kam, habe ich den Leuten vorher Bescheid gesagt, die haben sich das auch angeguckt. [...] Ich habe gehofft, daß die das dadurch ein bißchen anders annehmen, als wenn ich ihnen das sage. Wenn ich ihnen das sage, dann denken die: Ach, das ist das, und wenn die das dann da sehen und sehen, daß andere auch das Problem haben, praktisch, daß das nicht ein Einzelfall ist, praktisch das dann anders aufnehmen, [...] wenn die das sehen halt, das ist nicht der einzige, es gibt noch viele in Deutschland, die das Problem haben."* Der Wunsch nach Verständnis und Mitgefühl (REICHERTZ, 1996) wird durch das Bekenntnis vor einem Millionenpublikum zu realisieren versucht. Was die Gäste "dabei suchen und auch finden [...], ist ein grenzenloses, über die privaten und engeren sozialen Grenzen hinausgehendes, dies weit transzendierendes Verstandenwerden [...] nicht nur von denen, die es direkt angeht" (KEPPLER, 1994, S. 95). Dementsprechend kann sich die Offenbarung der persönlichen Nöte auch an das gesamte Publikum und dem Patienten somit unbekannte Personen richten, so bei einer unter Schüchternheit leidenden Frau: *"Das hilft doch zum Nachdenken oder mal neue Seiten sehen, die meisten Sachen haben ja doch zwei Seiten, eine Sache vielleicht einmal von einer anderen Seite zu sehen. Daß man sieht, daß so viele schüchtern sind, vielleicht ist das ja was ganz Normales."*

Auch gruppentherapeutische Aspekte werden für den sich offenbarenden Patienten relevant. Im Vis-à-vis-Gespräch mit den anderen, ebenfalls betroffenen Studiogästen hofft dieser, sich unter Gleichgesinnten austauschen zu können, so etwa der unter Schüchternheit Frauen gegenüber leidende Mann: *"Weil ich bin praktisch deswegen dahin gegangen, eben weil ich gehofft hatte, praktisch, daß da Leute sind, die auch einen verstehen."* Das Gespräch mit den Leidensgenossen kann dem Patienten das Gefühl vermitteln, mit seinem Leiden nicht alleine dazustehen: *"In dem Moment habe ich mir gedacht, du siehst jetzt, daß du nicht als einziger dieses Problem hast, daß auch noch andere dieses Problem haben."* Auch kann der Patient feststellen, daß es anderen noch schlechter geht als ihm selbst: *"Das war doch ganz interessant, sowas zu hören, daß es welche gibt, die noch mehr Probleme haben als ich. Daß man Probleme hat, kann ich mir vorstellen, aber daß es noch schlimmer sein könnte, habe ich mir nicht vorgestellt. Und dann habe ich es doch gesehen und mir in dem Moment gedacht, daß meines ja noch halbwegs harmlos in der Beziehung ist."*

Das öffentliche Bekenntnis kann im Anschluß an den Auftritt zu mehr Verständnis des persönlichen Umfeldes für den Patienten führen. So fühlt sich ein schüchterner junger Mann mit seinen Problemen akzeptiert: *"Die haben das schon etwas anders angenommen, [...] die haben das praktisch schon etwas ernster gesehen, [...] gesehen, praktisch, daß es dieses Problem wirklich gibt."* Zudem können vermehrt Gespräche mit anderen Betroffenen geführt werden, die sich ebenfalls zu ihrem Problem bekennen und dem Patienten das Gefühl geben, mit seinen Sorgen nicht alleine zu sein: *"Jedenfalls bin ich nicht so alleine, wenn es einem selber schlecht geht, dann geht es allen anderen schlecht, dann ist das ja schon nicht mehr so schlimm."*

Bei der dritten Variante des Typs 'Patient', der den Auftritt zur Bewältigung psychischer Beschwerden nutzt, die aber nicht Thema der Sendung sind, stellt der Auftritt ein Selbstbekenntnis 'in foro interno', also nur vor sich selbst dar (vgl. HAHN, 1982). Auf das Bekenntnis, sich seine Schwierigkeiten – wie beispielsweise Angst vor öffentlichen Situationen – einzugestehen, folgt der Auftritt als *"eine Art persönliche Mutprobe"*, die es zu meistern gilt. In diesem Sinne beschreibt eine unter Agoraphobie leidende junge Frau die Bedeutung des Auftritts: *"Ja, ich wollte da in die Höhle des Löwen, ja. Wollte mal wissen, ob ich das packe."* Indem der Patient diesen Streß bewußt in Kauf nimmt, hofft er auf eine Überwindung seiner Hemmungen, so eine unter Schüchternheit leidende Teilnehmerin: *"Wenn du dich das einmal traust, traust du dich das vielleicht demnächst auch."*

Von dem Patienten mit psychischen Beschwerden – gleich, ob diese Thema der Sendung sind oder nicht – wird der Auftritt dementsprechend teilweise sehr drastisch geschildert. Die Teilnehmer haben *"panische Angst"*, bekommen einen *"Black Out."* Zwar erleben die meisten Teilnehmer, gleich welchen Typus, die öffentliche Situation unter extremer Anspannung. Die Besonderheit aber liegt beim Patienten, der durch den Auftritt eine Selbsttherapie psychischer Beschwerden anstrebt, darin, daß die stressige Situation bewußt in Kauf genommen wird mit der Hoffnung auf desensibilisierende und somit heilende Wirkung. In diesem Sinne schildert die unter agoraphobischen Zuständen leidende Frau die Bewältigung der extrem stressigen Situation: *"Also, ich war über mich stolz, daß ich den inneren Schweinehund überwunden hab, vorher wirklich -, jetzt kotzt du hier, so schlecht war mir halt. Aber dann habe ich gedacht, es hat doch gut geklappt und ich habe den inneren Schweinehund echt überwunden, weil das ist nicht so einfach."* Unmittelbar nach dem Auftritt sind die meisten Patienten zufrieden mit ihrer Darbietung, das Gefühl, die öffentliche Situation gemeistert zu haben, ist fast immer eine *"absolut positive Erfahrung."* Seine Angst in der öffentlichen Situation in den Griff bekommen zu haben, *"das war halt das Hauptproblem, jetzt schaffst du die Menschenmassen nicht wegzustecken. Und wie ich dann draußen war, boah, ich habe es geschafft, das war für mich das höchste, daß ich das gepackt habe. [...] Das Gefühl, das war riesig, 'ne, das war wie zehn Flaschen Sekt trinken, also so eine Power hatte man. Ich habe gedacht, so, jetzt kann dir so schnell keiner mehr vormachen, du hast Angst vor Menschen."* Aus diesen Schilderungen wird die Funktion des Auftrittes im Sinne einer psychotherapeutischen Selbsterfahrung verständlich. Das öffentliche Bekenntnis oder auch das Bekenntnis vor sich selbst wird abgelegt, um durch die Überwindung der Traumata einen Wechsel der Selbstdefinition herbeizuführen (vgl. HAHN, 1982). Wie in den Schilderungen der Auftrittssituation deutlich wird, kommt es dabei zuweilen zu einer orgiastischen symbolischen Reproduktion der traumatischen Momente, welche HAHN (1982) als Kennzeichen des Bekenntnisses beschreibt. So ist der Auftritt für den Agoraphobiker *"eigentlich schon, fast schon, für einen, der Panik hat, ist das schon eigentlich eine Horrorvorstellung"*, die dieser tatsächlich durchlebt. Der Schluß, den HAHN (1982) daraus für die Wirkung von Bekenntnissen zieht, ist "am Ende [...] dann in vielen Fällen eine subjektive 'Überwindung' der eigenen Vergangenheit" (HAHN, 1982, S. 429). Ob diese aufgrund des Fernsehauftrittes, der ein einmaliges Ereignis darstellt und mit Psychotherapie somit schon aufgrund der zeitlichen Begrenztheit kaum vergleichbar ist, tatsächlich erreicht werden kann, ist eher zu bezweifeln (vgl. MEHL, 1996). Zwar glauben dies manche Teilnehmer, wie beispielsweise die junge Frau mit agoraphobischen Symptomen: *"Wenn ich dann merke, plötzlich zu viele Menschen oder so, dann habe ich das gar nicht mehr so schlimm. Ich sage, das kann auch gar nicht mehr so schlimm sein, also, wenn ich das überlebt habe."* Andere hingegen sind von der eher geringen Wirkung enttäuscht, so ein unter extremer Schüchternheit leidender junger Mann: *"Ich habe es mir erhofft praktisch, daß da durch das Reden -, zwar, daß der ganz große Sprung nicht gelingt, daß war mir auch klar, aber ich habe gedacht, ein bißchen mehr, habe ich doch schon mit gerechnet."* KATRIEL und PHILIPSEN (1990) haben der Teilnahme an einer Talk-Show zumindest eine entwicklungsfördernde Chance eingeräumt, die sich beispielsweise aus der Bestimmung der eigenen Position im sozialen Gefüge ergeben kann. Diese kann beim Typus 'Patient' teilweise festgestellt werden, so im Falle einer Frau, die den Aufritt als Prüfungssituation zur Überwindung ihrer persönlichen Schüchternheit sieht: *"Der Auftritt erhöht doch das eigene Selbstwertgefühl, man steht in der Mitte, nicht ganz unten oder ganz oben und auch zu erkennen, wie viel man eigentlich auch kann. Als Erfahrung, für mich persönlich war es positiv, wenn man es richtig verwertet."*

Gleich, ob der Patient die Teilnahme an der Sendung in bezug auf sein Problem als Erfolg bewertet oder nicht, auffällig ist, daß fast alle diesem Typus zugehörigen Studiogäste einem weiteren Auftritt nicht abgeneigt sind. Selbst wenn sie eine Linderung ihrer Hemmungen vermissen, glauben sie daran, daß sich diese bei der nächsten Teilnahme einstellen wird, so ein schüchterner junger Mann: *"Ich weiß, daß ich beim nächsten Mal nicht so nervös wäre, ich glaube, daß ich noch ein bißchen besser drüber sprechen könnte und die Leute das noch besser verstehen würden, was eigentlich los ist."* Diese positive Einstellung scheint insbesondere aufgrund der sozialen Anerkennung zu entstehen, die fast allen Patienten zuteil wird, auch wenn dabei das eigentliche Problem häufig gar nicht thematisiert wird. Vielmehr zeigen Freunde und Bekannte Interesse, nicht zuletzt, weil sie selbst einmal ins Fernsehen gehen wollen. Diese Ergebnisse decken sich mit den Befunden aus der Untersuchung von MEHL (1996, vgl. Kapitel 3.4.5), die eine kurzzeitige positive Wirkung nach dem Auftritt ermittelte, die wahrscheinlich nicht aufgrund therapeutischer Wirkungen entsteht. Dementsprechend ist es bezeichnend, daß die Probleme des Alltags sich über kurz oder lang wieder einstellen (vgl. MEHL, 1996), wenn das positive Feedback des Umfeldes wieder abgeflaut ist.

5.2.3 Der Kontaktanbahner bzw. Verehrer

Noch im letzten Jahrhundert waren Partnerwahl, Ehe und Familie "ein vorwiegend ökonomisches Arrangement" (BECK & BECK-GERNSHEIM, 1990, S. 69). Die Heirat diente der Herstellung einer "Wirtschaftsgemeinschaft, deren oberstes Gebot die Existenzsicherung und der Erhalt der Generationenabfolge war. Die Ehe wurde somit im Hinblick auf die Fortführung der Linie, ökonomische Faktoren (um seinen Besitz zu vergrößern und/oder zu sichern) und Allianzen von der Familie arrangiert" (PAPE, 1996, S. 8). Dabei war die Wahl strengen Reglementierungen unterworfen, beispielsweise in bezug auf Standesschranken, Rassen- und Religionszugehörigkeit. Die zu verheiratenden Personen hatten selbst keinen Einfluß auf den Beschluß ihrer Familien. Die zunehmende Differenzierung der Gesellschaft und die damit verbundene Individualisierung von Lebensläufen hat zu grundlegenden Veränderungen der Auffassungen in bezug auf die Institution 'Ehe' geführt. Für alle Gesellschaftsmitglieder verbindliche rechtliche oder kirchliche Sinnvorgaben dafür, mit wem und wie eine Partnerschaft zu initiieren bzw. zu führen sei, existieren nicht mehr. Vielmehr sind an die Stelle des traditionellen Verständnisses von Ehe und Familie interindividuell variierende Auffassungen getreten. Deren kollektiver Sinn liegt in dem Bedürfnis, sich mit Hilfe einer Beziehung – wie auch immer – selbst zu verwirklichen. Das bedeutet, daß der Sinn einer Partnerschaft in die beteiligten Personen selbst verlegt wird und erklärt die hohe Bedeutsamkeit, die der eigenen Person wie auch dem Partner heutzutage innerhalb einer Beziehung eingeräumt wird. BECK und BECK-GERNSHEIM (1990) bemerken in diesem Zusammenhang: "Je mehr die traditionellen Bindungen an Bedeutung verlieren, desto mehr werden die unmittelbar nahen

Personen wichtig für das Bewußtsein und Selbstbewußtsein des Menschen" (S. 70). Das Individuum definiert sich selbst und damit seine eigene Identität über die Beziehung zum Partner. BECK und BECK-GERNSHEIM (1990) haben in diesem Zusammenhang von 'personenbezogener Stabilität' gesprochen, die an die Stelle institutioneller Haltepunkte getreten ist. Einen Partner zu finden, der zur Stabilisierung der eigenen Person beiträgt, ist nicht länger Angelegenheit der Institution 'Familie', sondern liegt im eigenen Ermessen des Suchenden, der "selbst aktiv werden und seine eigene Kontaktanbahnungsstrategie entwerfen" (PAPE, 1996, S. 15) muß. Durch den Wegfall von Standes- und Statusschranken hat sich das Angebot potentieller Partner enorm vergrößert. Zudem sind die prinzipiell realisierbaren Verbindungen auch in ihrer Form nicht mehr eindeutig definiert. Nicht nur die Ehe, sondern auch eine Partnerschaft ohne Trauschein ist gesellschaftsfähig geworden, daneben können homosexuelle Partnerschaften verwirklicht werden, und auch polygame Lebensgemeinschaften sind nicht länger tabu. Eine Befragte schildert ihr Interesse an einer polygamen Beziehungsform mit ihrem Partner und einer bzw. mehreren weiteren Frauen: *"Daß wir diese [polygame] Lebensform schon gerne wieder praktizieren würden, natürlich nur unter gewissen Bedingungen wie Offenheit und auch das Einverständnis, das tiefe Einverständnis, in die Tiefe zu gehen und nicht an der Oberfläche zu bleiben, weil das funktioniert dabei nicht."* Die Form der Lebensgemeinschaft muß zudem nicht einmal verbindlich gewählt werden, sondern der Einzelne kann im Laufe seines Lebens unterschiedliche Formen von Beziehungen führen.

Das große Angebot an potentiellen Partnern und die verschiedenen prinzipiell realisierbaren Beziehungsformen bieten ein Mehr an Optionen. Die Richtigkeit der getroffenen Entscheidung wird in erster Linie an der Befriedigung der individuellen Ansprüche der Partner innerhalb der Beziehung gemessen. Versprechen andere Partner bzw. Beziehungsformen mehr Chancen zur Selbstverwirklichung, wird die getroffene Entscheidung revidiert und eine Alternative realisiert. Dies hat den Verlust der Kontinuität und Stabilität von Partnerschaften zur Folge, der Einzelne wird in eine permanente Unsicherheit über die Richtigkeit seiner Lebens- bzw. Beziehungsgestaltung entlassen, was sich in einer stetig steigenden Scheidungsrate manifestiert. Nach BECK-GERNSHEIM (1997) ist diesbezüglich in der heutigen Zeit "ein neuer historischer Höchststand" (S. 67) zu verzeichnen, denn mittlerweile wird bereits jede dritte Ehe wieder geschieden (vgl. auch BECK, 1986). Die Auflösung nichtehelicher Verbindungen als einer Alternative zur Ehe ist dabei noch nicht einmal berücksichtigt. BECK-GERNSHEIM (1997) hat in diesem Zusammenhang vermutet, daß die im Laufe der Zeit entstandene und immer größer werdende Unsicherheit, in die der Einzelne bei der Wahl seines Partners und Verwirklichung seiner Beziehungsform entlassen wird, dazu führt, "daß sich Gegenbewegungen bilden, Sehnsüchte und Hoffnungen aufkommen, die in der Familie den sichernden Ort suchen, den Hafen im Labyrinth der Moderne, auch die Wiederverzauberung in einer entzauberten Welt" (S. 77).

Im Zuge der Intimisierung medialer Inhalte hat das Fernsehen dieses Bedürfnis als Marktlücke entdeckt und empfiehlt sich in Sendungen wie beispielsweise der 'Traumhochzeit' (RTL) oder 'Nur die Liebe zählt' (RTL/SAT.1) als Sinnproduzent in Beziehungsangelegenheiten. Hier werden dem Religiösen äquivalente Praktiken offeriert, Bekenntnisse abgelegt und Treueschwüre geleistet (vgl. KEPPLER, 1994; MÜLLER, 1994; REICHERTZ, 1995a, 1996). In einer Beziehungsshow öffentlich das Interesse an einer Partnerschaft zu demonstrieren und dabei vor Millionen Zuschauern die Blöße einer Zurückweisung von der verehrten Person zu riskieren wird als unumstößlicher Beweis der Liebe aufgefaßt. Eine Teilnehmerin der Sendung 'Nur die Liebe zählt' interpretiert ihren erfolgreichen Antrag in diesem Sinne: *"Ich nehm' wohl an, daß es für ihn irgendwo ein Beweis war, daß ich wirklich an die Öffentlichkeit damit gehe und ihm damit wirklich beweise, wie lieb ich ihn hab und wieviel mir wirklich an ihm liegt. [...] Daß ich wirklich vor allen Leuten dann sage: 'Ich will dich zurück, und ich liebe dich', wirklich keinen Hehl daraus mache, egal was. Ich nehme wohl an, daß das für ihn dieser 'Kick down' war."* Die Äußerungen des überraschten Ex-Freundes, der auf den Antrag seiner Ex-Freundin eingeht, unterstützen die Interpretation der Handlung im Sinne eines Bekenntnisses: *"Genauso wie mit einer Heirat, das wird ausgehangen, das kann jeder sehen, der und die wollen heiraten, das ist genauso was, wie wenn ich jetzt an die Öffentlichkeit gehe und sage: 'So, ich bekenne mich dazu. Ich habe da Scheiße gebaut, ich will das aber noch mal mit dem probieren', und genauso, wie es halt in der Sendung ist, und ich vertrete meine Meinung vor einer Größe, vor einer Masse von Menschen."* Damit stellt der Auftritt eine "übersteigerte, öffentliche und fast schon virtuose Selbstkasteiung" (REICHERTZ, 1995b, S. 135) dar, die an die öffentlichen Bußübungen der Geißlerbewegung im Mittelalter erinnert (vgl. REICHERTZ, 1995b). Daß dem Antrag vor einem Millionenpublikum stärkeres Gewicht beigemessen wird als einem Bekenntnis ohne Zeugen, zeigt sich auch in dem Umstand, daß dieser als *"letzte Chance"* oder *"letzter Strohhalm"* verstanden wird, wenn alle im

Alltag unternommenen Versuche, den Partner zu erobern bzw. zurückzuerobern, gescheitert sind. Eine Teilnehmerin der Sendung 'Nur die Liebe zählt' schildert ihr diesbezüglich vergebliches Bemühen: *"Obwohl ich ihm das vorher schon, ach was weiß ich, wie oft und um ihn gekämpft habe, bin immer wieder vor verschlossene Türen gerannt."* Der Auftritt fungiert demgemäß als Prüfstein, und der Ausgang der öffentlichen Situation wird als endgültig akzeptiert: *"Wenn er wirklich sagt 'nein', dann ist er wirklich weg. Dann habe ich für mich die Gewißheit, er will absolut nichts mehr. So schwer es auch dann gewesen wäre, aber dann hätte ich es wirklich gewußt."* Das Videoband kann zur Fixierung des erfolgreichen Bekenntnisses dienen und ihm auf diese Weise einen zeitüberdauernden Charakter verleihen: *"Die wird auch nie gelöscht, diese Kassette. Das ist einfach -, ja sowas ist unvergänglich. Sowas erlebt man kein zweites Mal. Das war einfach irgendwo toll"*, beschreibt eine Teilnehmerin der Sendung 'Nur die Liebe zählt' die Bedeutung der Fixierung ihres Bekenntnisses.

Während dieses als 'Verehrer' benannte Handlungsmuster der Kontaktanbahnung sich durch einen öffentlichen Appell an eine konkrete Person auszeichnet, existiert darüber hinaus eine weitere Ausformung, die nachfolgend als 'Kontaktanbahner' bezeichnet wird und sich von dem Verehrer in bezug auf den Adressaten des veröffentlichten Beziehungswunsches unterscheidet. Der Kontaktanbahner nutzt den Auftritt im Sinne einer 'visuellen Kontaktanzeige' (vgl. PAPE, 1997) und richtet sich mit seinem Appell an die Masse der ihm unbekannten Fernsehzuschauer. Seine Hoffnung gründet sich darauf, daß sich Zuschauer auf seine Selbstpräsentation hin angesprochen fühlen und beim Sender melden, um zu ihm Kontakt zur Initiierung einer Beziehung aufzunehmen. Diese außergewöhnliche Art der Kontaktanbahnung ist vor dem Hintergrund einer zunehmenden Erlebnisorientierung in unserer Gesellschaft zu verstehen (vgl. SCHULZE, 1992). Der Antragsteller steht im Mittelpunkt der Inszenierung und findet auf diese Weise eine individuelle Form zur Selbstverwirklichung und zur Realisation seiner Werbung. Zwar treten immer mehr unprominente Personen im Fernsehen auf, aber im Verhältnis zur Gesamtbevölkerung ist die Teilnahme an einer Sendung immer noch etwas Besonderes. Im Außergewöhnlichen versuchen die Teilnehmer, sich einen Wettbewerbsvorteil auf dem 'Beziehungsmarkt' zu verschaffen, denn "Wettbewerb [ist] auf allen Ebenen zur treibenden Kraft unseres gesellschaftlichen Systems geworden. An die Stelle der durch soziale Kontrolle und 'höhere Mächte' bestimmten Handlungsnorm tritt das Gebot der Leistungssteigerung, etwas Besonderes zu tun" (PAPE, 1997, S. 82). Ein Teilnehmer der Sendung 'Nur die Liebe zählt' schildert sein Bedürfnis nach einer außergewöhnlichen Realisation seines Antrags: Es sollte *"was groß Angelegtes werden, daß ich irgendwie an einem Bunjee-Seil zu ihr runterkomme oder aus dem Flugzeug mit einem Fallschirm abspringe und auf dem Fallschirm ganz groß steht: [Name]."* Zur Kontaktanbahnung wird dabei nicht nur eine Teilnahme in einer Beziehungsshow angestrebt, sondern auch in den Daily Talks kann sich der Studiogast als Partnersuchender präsentieren. Nicht nur konventionelle, sondern auch eher randständige Beziehungsformen können durch den Auftritt angestrebt werden. So hofft eine Kontaktanbahnerin, die sich in der Sendung 'Arabella' für polygame Lebensgemeinschaften ausspricht, *"daß sich eventuell noch eine Frau oder auch mehrere melden und daß das wieder auflebt, diese Lebensform."* Die Medialität des Auftritts garantiert, daß mit dieser Art der Kontaktanbahnung weit mehr potentielle Partner erreicht werden können als im alltäglichen und unvermittelten Austausch. Ist es in Beziehungsshows *"Sinn und Zweck dieser Sendung selber, daß man halt seine Angebetete abbekommt"*, muß sich das Thema einer Talk-Show nicht unbedingt mit diesem Anliegen decken. Wenn der Kontaktwunsch nicht explizit formuliert wird, muß es für den Zuschauer noch nicht einmal ersichtlich sein, daß der Teilnehmer aus diesem Beweggrund auftritt. Das Bedürfnis nach der partnerschaftlichen Bindung kann, muß aber nicht unbedingt zentraler Beweggrund zum Auftritt in einer Beziehungsshow wie auch in einer Talk-Show sein.

Das Ergebnis des Antrags bzw. der Werbung für die eigene Person kann sowohl positiv als auch negativ ausfallen. Ein Teilnehmer der Sendung 'Nur die Liebe zählt', der von seiner Angebeteten, die nicht in die Sendung kam, abgewiesen wurde, schildert sein Empfinden: *"Ich kann meine Gefühle da kaum beschreiben, was ich da gedacht habe, weil ich war teilweise enttäuscht, teilweise war es - ja Enttäuschung, ich weiß nicht, da stürmen so viele Gefühle auf einen ein, das ist kaum zu beschreiben."* Beim Kontaktanbahner zeigt sich ein möglicher Mißerfolg derart, daß das erwünschte Feedback von Zuschauern, die sich auf seine visuelle Kontaktanzeige hin hätten angesprochen gefühlt haben können, ausbleibt: *"Es ist ja auch so, normalerweise, [...] daß aufgrund solcher Talk-Shows immer Zuschriften kommen. Es wird immer wieder gesagt, nur, ich habe bis heute nicht eine einzige bekommen. Warum eigentlich nicht, also weder positiv noch negativ noch sonst in irgendeiner Form, null. Es ist nichts passiert."*

Ist der Antrag erfolgreich, so bedeutet dieser Umstand nicht unbedingt uneingeschränkte Bewunderung für das Verhalten des Verehrers (bzw. Kontaktanbahners). Die außergewöhnliche Form der Kontaktanbahnung stößt bei manchen angesprochenen Personen auf ambivalente Beurteilungen. So äußert sich ein Teilnehmer der Sendung 'Nur die Liebe zählt' über den ungewöhnlichen Weg, den seine Mitschülerin wählte: *"Wenn man das so nicht schafft, dann ist das irgendwie, ja nicht Armutszeugnis, das ist jetzt was hart, aber irgendwie sollte man das schon schaffen oder vielleicht dann lieber über eine Freundin oder sonst irgendwas, aber nicht übers Fernsehen."* Dennoch beurteilt er das Verhalten der jungen Frau gleichzeitig als *"mutig und auch originell."* Selbst bei Ablehnung des Antrags kann es vorkommen, daß noch Komplimente seitens der Angebeteten ausgesprochen werden. Ein zurückgewiesener Teilnehmer der Sendung 'Nur die Liebe zählt' beschreibt den Kommentar der von ihm öffentlich angesprochenen jungen Frau im Sinne des Bekenntnischarakters: *"Sie fand es toll, sie fand die Idee selber toll, daß ich [...] mich so engagiere, daß ich auch eine Blöße praktisch riskiere und vors Fernsehen gehe."* Darüber hinaus wird dem Verehrer bzw. Kontaktanbahner häufig eine positive soziale Resonanz zuteil, die teilweise mit seinen Beweggründen zum Auftritt zusammenhängt, teilweise wird eher allgemein die souverän gemeisterte öffentliche Selbstdarstellung thematisiert. Aus diesem positiven Feedback resultiert in allen Fällen – gleich, ob erfolgreich oder vergebens – eine Bestätigung der eigenen Person. Ein erfolgloser Verehrer der Sendung 'Nur die Liebe zählt' faßt diese Wirkungsdimension folgendermaßen zusammen: *"Also im nachhinein, wenn ich das jetzt aus der Distanz betrachte, aus der Distanz von zwei, drei Monaten, also aus der Distanz, sage ich, war es durchweg positiv. Gerade wegen der Reaktion der anderen Leute."* Es ergibt sich eine positive Gesamteinstellung gegenüber dem Auftritt, der entsprechend alle Verehrer bzw. Kontaktanbahner angeben, von der Teilnahme an einer weiteren Sendung nicht abgeneigt zu sein.

5.2.4 Der Rächer

Betrachtet man das Rechtswesen in unserer Gesellschaft vor dem Einsetzen der Modernisierung, so bildeten öffentliche Strafformen traditionell einen wichtigen Bestandteil der Kultur: "Sie demonstrierten allen, was ein Vergehen oder Verbrechen war – sei es als Verstoß gegen die soziale, moralische oder auch religiöse Ordnung – und wie dies wiedergutzumachen sei" (DÜLMEN, 1995, S. 7). Neben Kirchenstrafen, nach deren Abbüßung der Sünder wieder in die Gemeinschaft aufgenommen wurde, Verstümmelungs- und Körperstrafen bis hin zum Todesurteil existierten darüber hinaus Bestrafungsformen, die als Ehrenstrafen bezeichnet wurden. Deren Ziel war es, die Ehre des Delinquenten zu schmälern (vgl. DÜLMEN, 1995), indem diese öffentlich verletzt, wenn nicht gar zerstört wurde. Ein typisches Strafinstrument zur Vollstreckung von Ehrenstrafen stellte der Pranger (oder auch die Schandbühne) dar, dessen Existenz seit dem Mittelalter verbürgt ist und der bis ins 19. Jahrhundert eingesetzt wurde. Die Bedeutung der Öffentlichkeit bei der Vollstreckung der Strafe lag neben der Abschreckung vor allem in der Freigabe des Täters zur allgemeinen Verspottung und damit auch der Anerkennung der Rechtsgültigkeit des Aktes (bzw. der Obrigkeit) durch das Volk. Als typische Delikte, die mit Ehrenstrafen belegt wurden, galten beispielsweise Sittlichkeitsdelikte, wie der Ehebruch oder Diebstahl und Betrug jeder Art. Die Verhängung einer Prangerstrafe hatte eine unehrlich machende Wirkung für den Delinquenten. Der Verlust seiner Ehre, die als "ein Symbol für den Wert einer Person in seiner eigenen wie in der Einschätzung anderer" (NECKEL, 1991, S. 63) zu verstehen ist, führte zum Verlust des sozialen Status innerhalb der Gesellschaft, wenn nicht gar zum Ausschluß aus der Gemeinschaft, z.B. durch Landesverweisung nach der Vollstreckung der Prangerstrafe. Eingeleitet durch die Verherrschaftlichung des Gerichtswesens seit dem 17. Jahrhundert wurden öffentliche Strafaktionen zunehmend zurückgedrängt und unter dem Einfluß der Aufklärung schließlich ganz abgeschafft. Unter aufklärerischen Aspekten erfolgten die Abwendung von der Tat und Hinwendung zu den psychologischen Motiven des Täters. Im Zuge der Strafrechtsreform des 19. Jahrhunderts wurden Ehrenstrafen in Freiheitsstrafen umgewandelt, Zucht- und Arbeitshäuser eingerichtet, in denen der Delinquent zur 'Besserung' einsaß, indem er seine Schuld in bezug auf die Gesellschaft abarbeitete.

Vergegenwärtigt man sich, daß das traditionelle öffentliche Strafsystem als Reaktion auf die zunehmende Kriminalität im Spätmittelalter und die dort auftretenden Formen der Lynchjustiz entstand, so bedeutet dies, daß das Bedürfnis der Rache im Pranger als einer Strafform der Vergeltung und Entehrung institutionalisiert wurde. Alle Formen der Rache – jenseits des gesetzlichen Systems – waren fortan verboten, das öffentliche Strafsystem aber garantierte die Sühne des Verbrechens und den sozialen Gesichtsverlust des Täters. Mit der Abschaffung der öffentlichen Ehrenstrafen wurde dem Volk jedwede Möglichkeit, im Rahmen der bestehenden Gesetze öffentlich Vergeltung zu üben, genommen. Wie eine in der vorliegenden Analyse aufgefundene Motivstruktur belegt, besteht auch heute noch das Bedürfnis nach öffentlicher Vergeltung von Delikten. Im Zeitalter der "Selbstorganisation" (BECK, 1997, S. 184) nimmt der Betroffene diese Angelegenheiten selbst in die Hand. Das Bedürfnis nach Rache resultiert aus einer Verletzung des Selbstbildes, welche durch inadäquates Verhalten einer anderen Person ausgelöst wurde. Der Wunsch nach Wiederherstellung des Selbstbildes in Verbindung mit Gerechtigkeit und Sicherheit, Kontrolle über seine Handlungen zu haben, kann als grundlegende Bedingung für das Ausagieren von Rachegefühlen verstanden werden (vgl. MAES, 1994). Dabei ist es zunächst gleich, ob die Handlung des anderen tatsächlich ein Delikt im Sinne des Gesetzes darstellt oder 'lediglich' aus persönlicher Sicht des Teilnehmers als moralisch verwerflich eingeschätzt wird, in jedem Falle hat sich der andere – eine nahestehende und für die Identität des Handelnden bedeutsame Person – aus dessen subjektiver Perspektive eines Vergehens schuldig gemacht und sich nicht zu seiner Schuld bekannt. Das Verhalten des anderen stellt eine Bedrohung der Identität des Betroffenen dar. Die zentrale Bedeutung einer anderen Person für die eigene Identität kann vor dem Hintergrund der Individualisierungstendenzen in unserer Gesellschaft verstanden werden. Seit Beziehungsformen nicht mehr institutionell verbindlich definiert werden, wurde die Bedeutung der Beziehung in die Personen selbst verlegt. Infolgedessen definiert sich der Einzelne über die Beziehung zu anderen Personen und insbesondere über den Partner (vgl. BECK & BECK-GERNSHEIM, 1990). Die angestrebte Selbstverwirklichung verlangt nun, daß die an der Beziehung beteiligten Personen ihre Vorstellungen in Einklang bringen. Aufgrund subjektiv unterschiedlicher moralischer Auffassungen und einer Vielzahl möglicherweise realisierbarer Optionen häufen sich Mißverständnisse und Probleme. Diese gehen mit einer Verletzung des Selbstbildes einher, die oftmals so stark ist, daß dem Einzelnen zur Verfügung stehende alltägliche Handlungsformen nicht ausreichen, um die kränkenden Verhaltensweisen anderer in bezug auf die eigene Person zu sühnen. Identitätskrisen des Einzelnen oder auch intersubjektive Sinnkrisen im Rahmen von Beziehungen sind die Folge (vgl. BERGER & LUCKMANN, 1995).

Diese resultieren in der vorliegenden Untersuchung aus moralisch verwerflichen Handlungen des Partners wie beispielsweise Fremdgehen oder aber schlichtweg aus Respektlosigkeit in bezug auf die eigene Person bzw. deren Lebensphilosophie. Ein junger Mann beschreibt die Geringschätzung, die er durch seinen Vater erlebte, als jener von seiner Homosexualität erfuhr:

"Ich war in seinen Augen damals wirklich auf der gleichen Stufe wie ein Krimineller." Ein Teilnehmer, der von seiner Frau mit einem anderen Mann betrogen wurde und dessen Kind aufzog, im Glauben, es sei sein eigenes, hebt die Verletzung des Selbstbildes in seinen Schilderungen heraus:*"Die verletzte Ehre des Mannes, das ist in jedem Fall so, nämlich, man kommt sich ja dann verarscht vor."* Das Vertrauen wurde mißbraucht, und die Schuldige hat sich weder zu ihrer Schuld bekannt noch konstruktive Vorschläge zur Klärung der Situation gemacht. Im Gegenteil verschlimmert sich das Leiden noch durch das rücksichtslose Verhalten. Eine Frau, die unter ihrem jahrelang fremdgehenden Ehemann leidet, beschreibt dies folgendermaßen: *"Die letzten Jahre überhaupt fühlte ich mich sehr unterdrückt. Ich wurde immer kleiner, ich habe dann auch so wenig gesagt oder irgendwie, wissen sie, genau wie ein Ballon, der immer kleiner wird. Und dann eben nachher denke ich, so geht es nicht weiter."* Alle Versuche, den Partner ihrerseits zu einer konstruktiven Problemlösung zu bewegen, schlugen fehl: *"Dann sagte ich: 'Wie stellst du dir das denn weiterhin vor?' Und dann sagte er: 'Laß mich in Ruhe.' Und da kam der in Panik. Also da kam der in Panik, und dann schlug der um sich."* Die Kränkung der eigenen Person wird durch den Umstand verstärkt, daß der andere sich der Verantwortung entzieht und führt letztlich zum Bruch der Beziehung. *"Mit meinem Mann hätte ich niemals reden können"* oder *"Wir haben also nur über den Rechtsanwalt Kontakt"* verdeutlichen diese Problematik, die bei den Betroffenen ein Gefühl der Macht- und Hilflosigkeit entstehen läßt.

In der Folgezeit gelingt es den Betroffenen nicht, sich der durch die ehemals nahestehende Person maßgeblich mit verursachten Leidenssituation zu entziehen, sondern die belastenden Erlebnisse wirken sich auf das weitere Leben aus. Eine junge Frau, die nicht in der Lage ist, sich emotional von ihrem Ex-Freund zu distanzieren, beschreibt dies folgendermaßen: *"Ich hatte drei Jahre keinen festen Freund mehr, weil ich nicht dazu in der Lage war, [...] ich war drei Jahre lang, obwohl ich nicht mehr mit ihm zusammen war, nur auf ihn fixiert."* Genauso wenig gelingt es einer von ihrem Ehemann betrogenen Frau nach der Trennung, ein neues Leben anzufangen: *"Aber ich habe es erlebt, nachdem mein Mann weg war, da fühlte ich mich da also so stark, und dann kam wieder eine Woche, da war ich am Boden zerstört. Da merkte ich selber: 'mein Gott, ich komme auf keinen grünen Zweig irgendwie.'"* Aus der unglücklichen Lage bzw. der nicht gelungenen Bewältigung der persönlichen Probleme im Verhältnis zum anderen resultiert das Bedürfnis nach Vergeltung, so beispielsweise bei einem Mann, der seine Frau in flagranti mit einem anderen erwischte und dabei erfuhr, daß er seit Jahren ein Kind aufzog, das gar nicht sein eigenes war: *"Ich hatte meiner Ex-Frau irgendwo auch noch Rache geschworen. Ich habe ihr gesagt: 'Es gibt so etwas wie ausgleichende Gerechtigkeit, irgendwann kriegst du von mir einen, da rechnest du nicht mit.'"* Im Alltag hat der Betroffene allerdings wenig Möglichkeiten, Vergeltung zu üben, zumal der Kontakt zu der ehemals nahestehenden Person gestört, wenn nicht ganz abgebrochen ist: *"Die Rache, weil ich ihr das versprochen hatte und die ganzen Jahre darauf gewartet -, ihr eine zu drücken, und wußte bloß nicht, wie."*

Ist der Wunsch nach Vergeltung vor dem Hintergrund privater Erlebnisse entstanden, bietet das Fernsehen Privatpersonen seit dem Aufkommen intimer Formate die Möglichkeit, den anderen durch die Thematisierung der persönlichen Geschichte öffentlich zu degradieren. Dabei steht der Vergeltungswunsch meist in engem Zusammenhang mit dem Thema der Sendung und stellt häufig den zentralen Beweggrund zum Auftritt dar, so bei einer von ihrem Ehemann betrogenen Frau, die zum Thema 'Untreue Ehemänner' auftritt: *"Ich habe es auch aus dem Grunde nur gemacht, weil mein Mann also unfair aus der Partnerschaft oder Ehe gegangen ist. Sonst würde ich niemals so vor allen Leuten über meine privaten Sachen reden."* Ein homosexueller Teilnehmer hingegen gewichtet sein Bedürfnis, das wenig verständnisvolle Verhalten seines Vaters in bezug auf seine sexuellen Präferenzen publik zu machen, im Zusammenhang mit anderen Motiven als eher sekundär: *"So als kleine Stichelei, [die ich]so meinem Vater gegenüber so unterjubeln wollte. Ja, weil ich damals fand, der hat sehr blöd reagiert. Und ich wollte eigentlich, daß das zur Sprache kommt."* Die öffentliche Darstellung des unfairen Verhaltens der anderen Person dient deren Abwertung und der Rehabilitierung der eigenen Person. In diesem Sinne schildert ein betrogener Ehemann seine im Auftritt zu realisierenden Bedürfnisse: *"Ich denke, also, die meisten Leute wissen das gar nicht. Jeder macht dich schlecht, du bist der Buh-Mann. [...] Weil einige meinten, also, meine Ex-Frau wäre die beste gewesen und das könnte ja alles gar nicht so sein und das wäre bestimmt ganz anderes gewesen bezüglich Scheidung und so weiter. Und irgendwo, da war auch der Hintergedanke, so ist es gelaufen und diesen Weg zeige ich euch jetzt."*

Es muß berücksichtigt werden, daß das mediale Äquivalent zum Pranger keine gesetzliche Einrichtung darstellt, die der Vollstreckung von Strafen dient, sondern daß die Sendung vom Studiogast aus individuellen Beweggründen zu diesem Zwecke genutzt wird. Nicht unbedingt im gesellschaftlichen Rahmen hat der anzuprangernde Täter eine illegale Handlung begangen, vielmehr wird sein Verhalten aus der Perspektive des Studiogastes als solche empfunden. Darum soll der Teilnehmer, der im Auftritt Vergeltung übt, hier nicht als Scharfrichter oder Henker bezeichnet werden, denn er handelt nicht als gesetzlich legitimierter Vertreter und straft nicht unbedingt ein Verbrechen. Eher ist der Vergeltungsakt als Form der Lynchjustiz zu verstehen, vor deren Hintergrund der hier aufgefundene Typus als 'Rächer' bezeichnet wird. Vergegenwärtigt man sich noch einmal die Definition des Prangers, so fällt trotz dieser Unterschiede die hohe Analogie zwischen der Schandbühne und der TV-Bühne auf, wenn diese zum Zwecke der Vergeltung genutzt wird: "Zentraler Schauplatz der Ehrenstrafen war der Pranger [...], eine öffentliche Schandsäule oder -bühne, die entweder vor dem Rathaus, auf dem Marktplatz oder an einer Kirche stand, jedenfalls dort, wo an Werktagen zahlreiches Volk sich versammelte, also eine große Öffentlichkeit gewährleistet war" (DÜLMEN, 1995, S. 71). Die Aufmerksamkeit einer großen Öffentlichkeit wird durch die Reichweite des Mediums in idealer Weise garantiert: *"Dann haben es nicht nur die beiden gesehen, sondern auch Bekannte von denen, irgendwie mache ich es ihnen vielleicht dadurch ein bißchen schwerer. Kläre die Nachwelt über die beiden Frauen auf, so ungefähr"*, schildert ein junger Mann sein Bestreben, das wenig ruhmvolle Verhalten seiner Ex-Freundinnen, die ihn hintergingen, publizieren zu wollen.

Um sicher zu sein, daß die Nachricht den Adressaten auch erreicht, wird die zu degradierende Person vor der Ausstrahlung informiert. Eine von ihrem Therapeuten mißbrauchte Frau beschreibt ihr Verhalten: *"Und ich habe das gemacht, weil ich diesem Psychologen eins auswischen wollte, ich habe also da angerufen: 'Dann und dann ist die Sendung, guck die dir mal an.' Das brauchte ich einfach."* Ist die Kommunikation völlig unterbrochen, können ersatzweise auch Dritte benachrichtigt werden: *"Und da habe ich gedacht, auf die Tour, da kriegste eine. Und dann hier die Fußballmannschaft aus dem Ort, wo sie jetzt wohnt, die kenne ich ja alle. Habe ich das denen erst mal gesagt, und dann saß das ganze Dorf natürlich wieder vor dem Fernseher."* Zwar treten die betroffenen Personen – im Gegensatz zur Strafform des Prangers – nicht selbst in Erscheinung, aber aufgrund der Schilderungen des Rächers werden sie für Eingeweihte eindeutig identifizierbar.

Der Weg ins Fernsehen stellt für den Rächer oftmals die einzige Möglichkeit dar, mit dem anderen zu kommunizieren, so beispielsweise im Falle einer jungen Frau, die sich in der medialen Veröffentlichung an ihren Ex-Freund wendet: *"Ich glaube, für mich hat es einfach nur die Bedeutung gehabt, darüber zu reden, und ich habe halt insgeheim die Hoffnung gehabt, daß er das irgendwie hört. Und irgendwo war das für mich so die einzige Chance, mal darüber zu reden."*

Im Gegensatz zur der im Alltag erlebten Hilflosigkeit bietet die Auftrittssituation dem Rächer das Gefühl, einmal 'Herr der Lage' zu sein und verleiht ihm somit die Macht, sich für das Erlittene zu rächen. In diesem Sinne beschreibt ein Teilnehmer, der von seiner Frau verlassen wurde, seine Beweggründe: *"Man will auch die Macht ausleben ein bißchen, hatte ich das Gefühl, den Partner, von dem man halt verletzt wurde, eine reinzuwürgen, wenn man die Möglichkeit hat."* Diese Macht resultiert nicht nur aus der Öffentlichkeit der Situation, sondern auch aus deren spezifischer Kommunikationsstruktur, denn im Auftritt kann der Rächer die Geschichte ungehindert aus seiner Warte darstellen und den anderen degradieren, ohne daß jener sich verteidigen kann: *"Ja, man will sie schon irgendwo vielleicht auch outen, sie outen, weil sie sich nicht dagegen wehren kann irgendwo."* Der Rächer erlebt die Realisation des Vergeltungsaktes, die immer zu funktionieren scheint, als Genugtuung, wie die folgende Äußerung eines betrogenen Ehemanns verdeutlicht: *"Jetzt hast du der [untreuen Ex-Frau] einen gedrückt, da wird sie lange dran denken."* Die Genugtuung kann auch aufgrund der Fähigkeit, sich von der ehemals geliebten Person distanziert zu haben und dieser somit widerstehen zu können, erlebt werden: *"Ich habe ihm [dem Ex-Freund] nie das sagen können, zum Beispiel, als der Hans Meiser mich dann gefragt hat, ob ich denn jetzt, wie das jetzt wäre, wenn er jetzt wiederkommen würde und sagen würde: 'Komm, wir fliegen noch mal nach Ibiza.' Und auf den Moment habe ich seit vier Jahren gewartet, und das hat mir also so gut getan, in dem Moment zu sagen: 'Nein.' Und ich bin auch jetzt davon überzeugt, das bleibt auch dabei. Aber dazu bin ich halt nie gekommen."*

Damit liegt der Sinn des Vergeltungsaktes nicht nur in der öffentlichen Entehrung des anderen, sondern kann auch als Bekenntnis des Rächers gegenüber dem anderen und nicht zuletzt im Hinblick auf die eigene Identität verstanden werden. In der öffentlichen Absage vergewissert sich der Rächer seiner eigenen Gesinnung und definiert sich in Abgrenzung zur ehemals nahestehenden Person. Eine junge Frau, die lange unter der Trennung von ihrem Freund litt, interpretiert den Auftritt als Beweis, mit ihrem Leiden abgeschlossen zu haben: *"Das hat halt gezeigt, daß ich halt endlich damit leben kann. Daß ich wirklich darüber weg bin und auch wieder offen für was Neues bin."* Der Rächer ist daher nicht alleine auf Reaktionen der Angesprochenen nach dem Auftritt angewiesen, um seinen Racheakt als erfolgreich zu bewerten. In der Tat gibt die degradierte Person selbst selten einen direkten Kommentar ab, da in den meisten Fällen kein Kontakt mehr besteht. So erfuhr der homosexuelle Teilnehmer von seiner Mutter, was der Vater über die öffentliche Bloßstellung seiner Person durch den Sohn empfand: *"Und da hätte er [der Vater] gesagt, irgendwie, er könnte sich gar nicht dran erinnern, daß er das damals gesagt hätte. War wohl ein bißchen peinlich berührt, daß ich das gesagt habe."* In diesem Falle hatte der Auftritt seine Wirkung nicht verfehlt, der Vater schämte sich für sein wenig tolerantes Verhalten. Daneben erfolgt die Resonanz auch vom Umfeld der im Auftritt entehrten Person. Haben Nahestehende die Sendung gesehen, wird garantiert, daß die entehrte Person davon erfährt, selbst wenn sie die Sendung nicht gesehen hat. Ein betrogener Ehemann schildert das Verhalten der besten Freundin seiner Ex-Frau, die er im Auftritt öffentlich degradierte: *"Die meinte dann noch: 'Und wenn mein Mann dich in die Finger kriegt, der wird dir die Flügel stutzen.' Ich sage: 'Laß ihn kommen. Sage ihm aber, er soll noch drei starke Männer mitbringen.' [...]. Und nachher, da habe ich mich rumgedreht und bin gegangen, ich denke, hier, bevor die Alte noch ausflippt, gehe lieber. Und von dem Tag an ist da nichts mehr nachgekommen."* Im Extremfall kam es zu einem Herzinfarkt, den die Mutter der durch den Auftritt angesprochenen Ex-Frau während der Rezeption des Beitrags erlitt: *"Die Mutter von meiner Ex-Frau, die hat über das Experiment einen Herzinfarkt bekommen."* Derart starke Auswirkungen werden vom Rächer natürlich als Erfolg seiner Vergeltung erlebt: *"Da muß das wohl all mit ihr [der Mutter der Ex-Frau] so durchgegangen sein. Und das fand ich natürlich toll." "Der habe ich dann noch ein paar Blümchen geschickt, mit schönen Grüßen, die hat sie dann wohl irgendwie zerfetzt und an die Wand geworfen. Aber ich denke, das kannst du tun."* Der soziale Gesichtsverlust der medial geouteten Person zeigt sich deutlich, wenn diese sich nach der Ausstrahlung der Sendung in die Öffentlichkeit begibt: *"Und dann am nächsten Morgen, da ging sie [die Ex-Frau] in den Supermarkt, 'da, die war es.' Ich denke, das ist gut."*

Von Freunden und Bekannten erhält der Rächer meist Zustimmung für den öffentlichen Racheakt, so bemerkt der betrogene Ehemann: *"Die fanden das alle gut, fanden das korrekt. [...] Einige kamen: 'Alle Achtung, finde ich toll.' Und: 'Das hatte die verdient, bloß die Sendezeit, die war zu kurz. Du hättest mehr sagen müssen.'"* Die positive soziale Resonanz fungiert als Anerkennung des Vergeltungsaktes als einer gerechten Strafe für die entehrte Person und bestätigt gleichzeitig die Rehabilitierung der Ehre des in seinem Selbstbild verletzten Rächers. Ebenso bestätigende Wirkung hat die Kritik jener, die der entehrten Person nahestehen, denn diese legt nahe, daß der Racheakt seine Wirkung nicht verfehlt hat. Aus diesen Erlebnissen resultieren in allen Fällen das Interesse an einer weiteren Teilnahme sowie eine positive Gesamtbeurteilung des Vergeltungsaktes: *"Also, ich finde, das ist eine ganz gute Gelegenheit, war ganz gut. Ich habe das also kein bißchen bedauert."*

In bezug auf den Vergeltungsakt hat der Auftritt darüber hinaus eine Abschlußfunktion. In diesem Sinne formuliert ein betrogener Ehemann: *"Ja, aber irgendwo, da war die Rechnung beglichen, und ich wollte mal langsam mit dem Thema auch abschließen, es war ja nun ein paar Jahre her, und ich hatte das so lange vor mir hergeschoben, weil halt eben da war Rache mit drin. Und jetzt, jetzt war das Ding gegessen, hier mit der Frau war ich jetzt quitt, und da war die Welt in Ordnung."* Dem Auftritt kann somit aus Sicht des Rächers eine der Strafform des Prangers analoge Wirkung attestiert werden. Eine Bewertung der Moral öffentlicher Racheaktionen ist nicht Gegenstand der vorliegenden Analyse.

5.2.5 Der Anwalt in eigener Sache

Als Institution dient das Gesetz der Kontrolle menschlichen Verhaltens innerhalb von Gemeinschaften (vgl. BERGER & LUCKMANN, 1969) und garantiert auf diese Weise ein funktionierendes Zusammenleben. Solange Gesellschaft über ein überschaubares Handlungsrepertoire in allen Lebensbereichen verfügte, deren Verständnis durch eine gemeinsame Sinnorientierung aller Gesellschaftsmitglieder garantiert wurde, war die Anzahl der zu kontrollierenden Handlungen und somit auch die der notwendigen Gesetze überschaubar. So setzten religiöse Moralvorstellungen christlicher Obrigkeiten im Strafsystem der frühneuzeitlichen Gesellschaft Maßstäbe für die zu erstellenden Gesetze, die "zu einer Kriminalisierung allen Verhaltens, das vom neuen Moralanspruch christlicher Obrigkeit abwich" (DÜLMEN, 1995, S. 180), führten. Der Bedeutungsverlust der Religion bzw. Kirche im Zuge von Modernisierung und Pluralisierung hat zur Differenzierung möglicher Handlungsformen und zur Entwicklung neuer Subsinnwelten geführt (vgl. BERGER & LUCKMANN, 1969). Partnerschaft beispielsweise bedeutet nicht mehr zwangsläufig eine durch Heirat begründete Ehe, aus der eine Familie hervorgeht. Beziehungsformen wie homosexuelle Partnerschaften, polygame Beziehungen von mehr als zwei Partnern oder der Rückzug des Einzelnen auf sich selbst im Single-Dasein verdeutlichen die Vielfalt der möglichen, nebeneinander existierenden Lebensstile (vgl. Kapitel 3.1.3). Durch diesen, sich nicht nur auf Partnerschaften, sondern vielmehr auf alle Lebensbereiche erstreckende wachsende Vielfalt hat sich die Bandbreite prinzipiell realisierbarer Lebensstile drastisch erhöht. Ungeachtet der unterschiedlichen Wertvorstellungen in den Subsinnwelten verlangt dieser Umstand vom Gesetzgeber verbindliche Regeln und Normen für ein funktionierendes Zusammenleben. In unserer hochdifferenzierten und sich durch Spezialisierung von Handlungsrollen auszeichnenden Gesellschaft soll dies einerseits durch die Schaffung neuer Gesetze im Sinne einer Verrechtlichung garantiert werden. "Verrechtlichung bedeutet, daß Funktionssysteme durch abstrakte, schriftlich fixierte und für alle Mitglieder einer Gesellschaft verbindliche Normen reguliert werden" (BERGER & LUCKMANN, 1995, S. 36f.). Andererseits dient eine Moralisierung der Lösung konkreter ethischer Fragen in den differenzierten Handlungsbereichen und verzichtet somit auf übergreifende Wertmaßstäbe (BERGER & LUCKMANN, 1995, S. 37).

Trotzdem entstehen Konflikte, die sich aus einer der gesellschaftlichen Pluralisierung nicht adäquaten Gesetzgebung ergeben, d.h. daß die Gesellschaft aufgrund der Vielzahl sich neu etablierender Handlungsformen Ansprüche an eine differenzierte Gesetzgebung stellt, der der Gesetzgeber kaum mehr nachkommen kann. Wie oben aufgeführt, sind beispielsweise diverse Formen von Partnerschaften lebbar, aber gesetzlich keineswegs gleichgestellt. Homosexuelle Paare z.B. dürfen in Deutschland nicht heiraten. Insgesamt betrachtet etablieren sich neue Handlungsformen zu schnell, und je mehr Alternativen möglich sind, um so größer ist die Chance, gegen geltendes Recht zu verstoßen, weil die Verhaltensmöglichkeiten nicht gesetzlich geregelt sind. Einer differenzierten und somit adäquaten Rechtsgebung steht die Langwierigkeit in bezug auf die Schaffung neuer Straf- bzw. Rechtsnormen entgegen, aus welcher Gesetzeslücken und somit Fehlurteile resultieren. Der in immer individualisierteren Sinnsystemen nach Selbstverwirklichung strebende Einzelne sieht die Gesetzeslage für seine persönlichen Bedürfnisse häufig als unzulänglich, was zu Benachteiligungen durch den Gesetzgeber führt. Im Rahmen einer "Selbst-Organisation" (BECK, 1997, S. 184) nimmt er diese seiner Meinung nach ungerechtfertigten Entscheidungen des Gesetzgebers nicht länger hin, sondern nimmt sich das Recht, Angelegenheiten, die ihm "wesentlich erscheinen, in eigener Regie zu tun" (BECK, 1997, S. 184). In diesem Sinne wurden im Rahmen der vorliegenden Untersuchung zwei Fälle des im folgenden als 'Anwalt in eigener Sache' benannten Typus ermittelt. Die dieser Motivstruktur zuzuordnenden Teilnehmer nutzen den Auftritt in einer Talk-Show, um die vor dem Hintergrund persönlicher Belange ungerechte bzw. als ungerecht empfundenen Gesetzesregelungen zu beeinflussen. Es handelt sich hierbei zum einen um einen Ehemann, der von seiner Ehefrau einer anderen Frau wegen verlassen wurde und nun für die beiden in einer homosexuellen Beziehung lebenden Frauen und die beiden aus der Ehe hervorgegangenen gemeinsamen Kinder finanziell aufkommen muß: *"Es ist ja zum Beispiel so, daß ich Unterhalt bezahle für meine Frau, obwohl sie mit einer anderen zusammenlebt, die auch arbeiten könnte, die also auch den ganzen Tag nichts tut. So, im Gesetzestext heißt es wörtlich: 'gleichgeschlechtliche Beziehungen entbinden nicht vom Unterhaltsanspruch'. Das heißt, ich muß also weiterzahlen."* Der Ehemann ist sich keiner Schuld bewußt, per Gesetzesspruch aber wird ihm diese zugewiesen: *"Was mich am meisten belastet, ist ja diese Ungerechtigkeit des Scheidungsgesetzes jetzt. Denn es ist wirklich so, daß ich nun wirklich nicht dafür kann, daß meine Frau lesbisch geworden ist. Ich habe nicht dazu beigetragen, und daß man da so im Stich gelassen wird und gesagt kriegt: 'Deine Schuld, du hast eine Frau geheiratet, du hast zwei Kinder in die Welt gesetzt, sieh zu, wie du damit fertig wirst.'"*

Im anderen Falle wurde eine Teilnehmerin innerhalb einer Therapie von ihrem Therapeuten mißbraucht. Es liegt bis dato keine gesetzliche Handhabe zur Regelung der Verantwortlichkeit im therapeutischen Bereich vor. Wie auch im anderen Falle ist – aufgrund der vorhandenen Gesetzeslücke (vgl. BECKER-FISCHER & FISCHER, 1997) – die Situation der Teilnehmerin keine rein individuelle, sondern Vorwürfe von Patientinnen, die ihre Therapeuten des sexuellen Mißbrauchs anklagen, häufen sich in den letzten Jahren. In Ermangelung adäquater Gesetze strengte die Betroffene ein Strafverfahren an. Dies brachte nicht den gewünschten Erfolg, im Gegenteil: *"Und dann ist die Staatsanwaltschaft ja auch gegen mich vorgegangen. Zum Beispiel hat der damalige Staatsanwalt überhaupt nicht ermittelt, sondern hat einfach nach einem Jahr ungefähr die Ermittlungen eingestellt und dann hat dem Täter noch bescheinigt, daß er gegebenenfalls so aussagen wird, daß man ihm ein schuldhaftes Verhalten nicht nachweisen kann. Ich war wirklich dann auch wieder fix und fertig, da habe ich gedacht, es darf so nicht weitergehen."* Das Strafverfahren wurde *"nach drei Jahren abgeschmettert [...], und zwar mit der Begründung von Düsseldorf, daß das im höchsten Maße verwerflich ist, aber keine Handhabe. [...] ich gehofft hatte, daß der Täter einmal vorgeladen wird, weil der ist nie gehört worden zu der Sache. Ich als Opfer bin dreimal begutachtet worden, und der brauchte nie irgendwie zu seiner Tat stehen."*

In beiden Fällen wird der Gesetzesspruch als ungerechtfertigte Schuldzuweisung erlebt, in diesem Sinne äußert sich die von ihrem Therapeuten mißbrauchte Frau: *"Für mich war das so schlimm, weil diese Schuldzuweisung, vom Gericht, vom Gutachter. [...] Eigentlich der Mißbrauch von dem Therapeut war sehr schlimm. Aber was danach gekommen ist, also die Gutachter und die Staatsanwaltschaft, das war dreimal so schlimm."* Aber nicht nur aus der unzulänglichen Gesetzeslage resultiert diese Schuldzuweisung. Freunde, Bekannte oder auch Fremde, die die Vorstellungen der Betroffenen nicht teilen, haben oftmals wenig Verständnis für deren belastende Situation. Indem sie die Schuld für das Vorgefallene den Opfern selbst zuschreiben, verschaffen sie sich psychische Entlastung. Diese, als "blaming-the-victim-solution" (BECKER-FISCHER & FISCHER, 1997, S. 2, zit. nach RYAN, 1971) bezeichnete Wahrnehmungsverzerrung entsteht, indem beispielsweise das Verhalten einer in der Therapie mißbrauchten Person im nachhinein von Außenstehenden kausal verknüpft wird, so daß die betreffende Person die Übergriffe des Therapeuten durch ihre eigene Schuld ausgelöst hat. Es handelt sich hierbei um eine systematische Überschätzung der Wahrscheinlichkeit von Ereignissen, die im vorhinein gar nicht absehbar war. Der Gewinn einer derartigen Wahrnehmungsverzerrung liegt in der "Illusion unbegrenzter Kontrolle" (BECKER-FISCHER & FISCHER, 1997, S. 3) über Situationen. Indem sich der Unbeteiligte suggeriert, daß das Opfer die Situation durch seine eigene Schuld herbeigeführt hat, wehrt er derartige Gefahren als Bedrohung seiner selbst ab, denn es steht in seiner Macht, sich in ähnlichen Situationen anders zu verhalten. In diesem Sinne beschreibt der betrogene Ehemann seine Angst vor einer derartigen Wahrnehmungsverzerrung durch seine Umwelt: *"Man erwartet so diese Lästereien, so, mußt du ja irgendwas falsch gemacht haben, wenn die dann lesbisch ist, oder was weiß ich so."* Die Scham vor der ungerechtfertigten Schuldzuweisung zeigt sich oftmals auch in einem "Rede-Tabu" (BECKER-FISCHER & FISCHER, 1997, S. 2) der betroffenen Opfer. *"Dann hatte ich auch eine unheimliche Angst, überhaupt denn was zu sagen, weil ich dachte: boah, dir glaubt kein Mensch, wenn du sagst, was da passiert ist"*, schildert die vom Therapeuten mißbrauchte Frau ihre Besorgnis, sich zu offenbaren und daraufhin als unglaubwürdig abgetan zu werden. Alle Versuche, Abhilfe für das belastende Problem zu schaffen, bleiben erfolglos.

Die Konfrontation mit dem Gesetz wie die ungeklärte Schuldfrage belasten das Selbstbild des Gastes und schädigen sein Ansehen in der Öffentlichkeit. Die im privaten Rahmen erfahrene Hilfe von anderen reicht weder aus, um die Verletzung des Selbstbildes zu korrigieren, noch um eine Änderung der Gesetzeslage herbeiführen zu können. Auch teilweise bereits in die Öffentlichkeit unternommene Schritte brachten keinen Erfolg, aber der Anwalt in eigener Sache gibt die Hoffnung nicht auf: *"Dann rief [...] die Redaktion von 'Hans Meiser' an, ja, ich meine -, ja, dann hat man so gedacht, was da [bei Einspruch!] schiefgelaufen ist, das versuchst du jetzt irgendwie, da besser zu machen."*

Der (zum Teil wiederholte) Schritt ins Fernsehen bedeutet für den Teilnehmer, *"daß man sich schon etwas selbst vergewaltigt, also, daß das irgendwie so eine Scham auch ist, da wird eine Schamgrenze schon überschritten."* Dennoch wagt der Anwalt den oder einen weiteren Schritt ins Fernsehen, denn im Gegensatz zu alltäglichen Situationen, in denen er sich als Einzelperson machtlos im Kampf gegen die Justiz empfindet, erhofft er sich von der medialen Thematisierung seines Schicksals öffentliche Aufmerksamkeit. Der Auftritt verschafft dem Teilnehmer eine Lobby, indem das Medium heikle und juristisch nicht eindeutige Themen aufgreift und dem Gast hierbei ein Forum zur persönlichen Stellungnahme bietet. Der Druck, den der Anwalt in eigener Sache durch die Veröffentlichung des Problems auf den Gesetzgeber auszuüben hofft, soll diesen dazu zwingen, die für den Befragten juristisch unhaltbare Situation zu ändern. Zwar ist das Motiv nicht unbedingt das einzige bzw. zentrale zum Auftritt, aber es stellt in jedem Falle einen bedeutsamen Inhalt für den Anwalt dar und hängt hier immer unmittelbar mit dem Thema der Sendung zusammen. Eine von ihrem Therapeuten mißbrauchte Befragte schildert in einer Talk-Show zum Thema 'Mißbrauch in der Therapie' ihre Hoffnungen: *"Mein Anliegen war, daß endlich das Gesetz durchkommt, daß die Leute wachgerüttelt werden, das ist was, was unbedingt unter Schutz gestellt werden muß, damit vielleicht die Therapeuten auch ein bißchen vorsichtiger werden, und daß eigentlich nicht jeder solche Therapien machen darf, sondern daß da schon gut ausgebildete Fachkräfte dran müssen."*

Konsequenzen für die Gesetzgebung verlangt auch der von seiner Frau wegen einer anderen Frau verlassene Mann, der nicht bereit ist, für den Unterhalt der beiden Frauen aufzukommen: *"Man muß irgendwo aufrütteln und sagen: 'Hier, so geht das nicht, wie ihr das jetzt macht.' Und da habe ich schon erwartet, daß da vielleicht irgendeine Resonanz kommt. Genau wie jetzt, jetzt bin ich ja sehr intensiv von diesem Thema betroffen, weil jetzt läuft halt die Scheidung, es ist quasi kurz vor dem Ende, und ich sehe jetzt, was alles auf einen zukommt und wie der Staat einen doch da fix und fertig macht. Und da wäre es schon schön, wenn da mal ein Aufrütteln drin wäre und jemand sagen würde: 'Da muß man was tun dran.'"* Die persönliche Stellungnahme dient darüber hinaus der Selbstdarstellung der Teilnehmer als schuldfreie und rechtschaffene Personen, indem der Anwalt in eigener Sache die Verantwortung für die ungeklärte oder seiner Meinung nach ungerechtfertigte Situation abgibt. So schildert die in der Therapie mißbrauchte Frau ihre Beweggründe: *"Man hat zwar keine Schuld, aber man fühlt sich schuldig, ne. Und das, irgendwo wollte man zeigen, ja warum ist das passiert, das war wichtig für mich." [...] Für mich war eigentlich wichtig, daß ich nicht die Schuld habe."* Die eigene Entlastung ist verbunden mit dem Bedürfnis, die Schuld dem Gesetzgeber zuzuweisen oder andere involvierte Personen zur Rechenschaft zu ziehen, so beispielsweise den Therapeuten: *"[Ich] wollte zeigen, daß da keine Schuld vom Patienten ist, sondern daß alle Verantwortung in dem Falle wirklich beim Therapeuten liegt."*

Im Auftritt selbst kann das Fernsehen tatsächlich als Lobby erlebt werden, z.B. wenn der Moderator im Gespräch mit dem Gast bzw. den eingeladenen Experten eine Lanze für den mit dem Gesetz in Konflikt geratenen Teilnehmer bricht. Andererseits kann die Unterhaltung vor der Kamera aber auch als wenig hilfreich in bezug auf die persönlichen Belange erlebt werden, beispielsweise wenn der Gesetzeskonflikt vom Moderator kaum thematisiert wird: *"Da wurde nur ganz am Rande die juristische Seite angesprochen, wie schwer das für die Frauen ist, und das wäre gerade so wichtig, diese juristische Seite gewesen, und das ist überhaupt nicht rübergekommen."* So fühlte sich die von ihrem Therapeuten mißbrauchte Frau in bezug auf ihr Anliegen vom Moderator vernachlässigt, und das, obwohl sie bereits im Gespräch mit dem zuständigen Redakteur vor der Sendung gesagt hatte: *"Ich möchte nicht mehr über das Mißbrauchsthema sprechen, [...] sondern ich möchte über die juristische Seite sprechen. Und das ist überhaupt nicht irgendwie berücksichtigt worden."*

Gleich, wie das Gespräch vor der Kamera erlebt wird, letztlich erfüllte sich in beiden Fällen die Hoffnung des Anwaltes, die Verantwortlichen zur Änderung der Gesetzeslage zwingen zu können, nicht. *"Sobald die Sendung 'rum ist, dann, im großen und ganzen hört und sieht man nichts mehr, dann verschwindet man wieder irgendwo im Keller."* Die Überschätzung der Wirkung des Auftrittes kann zu unterschiedlichen Einstellungen bezüglich einer weiteren Öffentlichkeitsarbeit für das Problem führen. Die Teilnehmerin hat ihre Meinung über das Fernsehen als Lobby für ihr Mißbrauchsanliegen nach dem dritten Auftritt zu diesem Thema grundlegend überdacht: *"Ich habe festgestellt, [an] solche Sachen kommst du nicht über die Medien ran, es funktioniert nicht, nein, [...]. Also, du könntest jetzt noch hundert Sendungen machen." "Ich muß wohl sagen, im großen und ganzen, daß diese Sendungen nicht geeignet sind."* Die Konsequenz dieser Feststellungen ist der Verzicht auf weitere Auftritte im Fernsehen: *"Seitdem haben wir auch nichts mehr gemacht, wir haben alles abgeblockt."* Der betrogene Ehemann hingegen hat nach seinem ersten Auftritt trotz der ausbleibenden Wirkungen den Glauben an die Medien als Lobby für sein Problem nicht verloren: *"Ich bin jetzt drauf und dran, das werde ich heute oder zumindest diese Woche noch machen, an 'Express', gerade weil die ja sehr viel gelesen wird, ein Fax zu schicken, daß die doch mal solche Themen aufgreifen können. [...] will wirklich an die Presse auch gehen, daß die vielleicht so ein bißchen auch mal was bewegen. Weil ich sehe das nicht ein, daß ich einfach so kampflos aufgebe."* Es ist allerdings anzunehmen, daß das trotz der Erfolglosigkeit anhaltende Interesse an einem weiteren Fernsehauftritt auch aus der insgesamt positiven Bewertung der eigenen Darbietung durch das Umfeld resultiert. Diese ist aber weniger spezifisch auf das Anliegen des Anwaltes bezogen, sondern eher als allgemeine Anerkennung, die ungewöhnliche Situation souverän gemeistert zu haben, zu verstehen. Reaktionen, die sich auf die Beweggründe der Motivstruktur des Anwaltes beziehen, können teilweise auch negativ ausfallen, was wiederum mit der oben beschriebenen "blaming-the-victim-solution" (BECKER-FISCHER & FISCHER, 1997, S. 2, zit. nach RYAN, 1971) zusammenhängen kann. So schildert beispielsweise die von ihrem Therapeuten mißbrauchte Frau die Resonanz des Umfeldes: *"Aber eben da kamen dann so die Gespräche: 'Geht da ins Fernsehen, will wohl nur das Geld abzocken, und dann erzählen sie da ihre Geschichte, wenn ich das nicht will, dann mache ich sowas nicht.' 'Ne, und so kam das dann so."* Dieser Umstand zeigt ihr, daß die Zuschauer die Thematik *"nicht verstanden"* haben und führte letztlich dazu, *"daß man mit manchen Leuten nicht mehr zusammen -, weil die einfach sowas geredet haben, nicht verstanden haben, eigentlich praktisch -, eine Nutte haben sie mich genannt und ich weiß nicht, was alles. Und der arme Therapeut, also so."* Einzig zur Motivation ebenfalls betroffener Personen, die sich auf die Sendung hin gemeldet haben, scheint sich die Veröffentlichung des tabubehafteten Themas als sinnvoll erwiesen zu haben: *"Ich glaube, etwas mehr Verständnis, weil sehr viele Frauen sich auch gemeldet haben und dadurch auch wirklich viele Frauen den Mut gehabt haben, überhaupt gegen ihre Therapeuten vorzugehen."*

5.2.6 Der Ideologe

Durch die Modernisierung unserer Gesellschaft entwickelte sich eine Vielfalt möglicher Lebensstile. Auffassungen und Handlungsmodelle über nahezu alle Aspekte des Lebens werden nicht mehr durch Institutionen wie beispielsweise die Kirche vorgegeben, sondern sind individuell wählbar geworden. Wählbarkeit beinhaltet dabei nicht nur die Freiheit, sich seinen Lebenslauf auf der Grundlage persönlicher Bedürfnisse zusammenzustellen, sondern Wählbarkeit verlangt auch permanente Entscheidungen vom Einzelnen. Der Richtigkeit dieser getroffenen Entscheidungen muß der Handelnde sich immer wieder neu versichern bzw. hat er alternative Handlungsmodelle auszuwählen (vgl. BECK, 1986). Aus der Unsicherheit in bezug auf die Adäquatheit der individuell ausgewählten Lebenskonzepte resultiert "ein ästhetisches Anlehnungsbedürfnis, das sich in Mentalitäten, Gruppenbildungen, typischen Handlungsstrategien und neuen Formen der Öffentlichkeit niederschlägt" (SCHULZE, 1992, S. 62). Diese, die Gesellschaft zunehmend bestimmende kulturelle und politische Dynamik, die mit dem Begriff der "Selbst-Kultur" (BECK, 1997, S. 184) beschrieben werden kann, bringt auf der Grundlage des Verlustes verbindlicher Sinnangebote und eines wachsenden verinnerlichten Freiheitsbewußtseins neue Engagementformen hervor. In Vereinen und Selbsthilfegruppen beispielsweise kann der Einzelne sich selbst verwirklichen, indem er sein Leben aktiv gestaltet. BECK (1997) schreibt: "Während im politischen Handeln der Bürger weitgehend als ein andere ermächtigendes, stellvertretendes Handeln gedacht wird, zielt Selbstorganisation auf eigenes Handeln. Hier wird nicht punktuell ab- und zugestimmt, sondern alles Mögliche und Unmögliche getan, beklagt, eingeklagt, erzeugt, beschworen" (S. 185). Ziel der Selbstorganisation ist die Verwirklichung individuell als adäquat beurteilter Lebensauffassungen. Zu diesem Zweck bieten sich nicht nur Vereine und Selbsthilfegruppen an, sondern das Medium 'Fernsehen' hat im Zuge der zunehmenden Ausbreitung des Privaten ein Forum geschaffen, in dem der Einzelne selbst aktiv werden kann, dadurch, daß er seiner Meinung nach adäquate Lebensauffassungen propagiert. Die Veröffentlichung persönlicher Ideologien in bezug auf jeden nur erdenklichen Bereich des Lebens wird dem Zuschauer als mögliche Alternative zur Lebensgestaltung aufgezeigt. Die mediale Verbreitung garantiert, daß der als 'Ideologe' benannte Typ im Auftritt weit mehr Menschen zur Verkündigung seiner Botschaft erreichen kann als in alltäglichen Situationen. Gleichzeitig präsentiert sich der Ideologe vor dem Millionenpublikum als Vertreter einer Lebensauffassung, um auf diese Weise seine eigene Identität zu sichern. Durch die Verkündung einer bestimmten Einstellung wird die Zugehörigkeit zu einer Lebensphilosophie propagiert wie auch eine Abgrenzung zu anderslautenden Auffassungen. Das Selbstbekenntnis dient somit der Vergewisserung der Richtigkeit der getroffenen Wahl.

Die Inhalte der Sendung stehen meist im Zusammenhang mit den zu propagierenden Ideologien und sind dem Teilnehmer folglich *"nicht egal, man muß zu dem Thema stehen und dazu was zu sagen haben."* Der Ideologe setzt sich daher auch im Alltag mit dem jeweiligen Thema auseinander, teilweise versucht er, auch in weiteren Auftritten oder anderen Medien, wie beispielsweise im Radio, seine Meinung kundzutun. In einigen Fällen wird er aktiv, indem er selbst Vereine oder Institutionen gründet, mit dem Ziel, die von ihm vertretenen Auffassungen publik zu machen. Die auf der Grundlage subjektiver Erfahrungen propagierten Botschaften berühren verschiedenste Bereiche der Lebensführung. Der Ideologe vertritt beispielsweise religiöse Auffassungen oder Ansichten über Gesellschaft im allgemeinen, aber auch konkrete Vorstellungen, z.B. über die Gestaltung von Partnerschaften oder die Rolle der Frau (für eine Übersicht vgl. Tabelle 4.17). Zentral ist das Bedürfnis, dem Zuschauer als Vorbild dienen zu wollen und ihm auf diese Weise zu helfen bzw. ihn vor unliebsamen Erfahrungen zu schützen. So thematisiert beispielsweise ein Teilnehmer, der einen Zen-Tempel gegründet hat, seine religiöse Sichtweise über die Philosophie des Zen-Buddhismus als Ausweg aus der gesellschaftlichen Krise: *"Wichtig ist es, daß die Menschen wissen, daß es sowas gibt, daß sowas möglich ist, Zen auch hier in Deutschland zu praktizieren, weil ich davon überzeugt bin, daß diese Art von Meditation uns in unserer Gesellschaftskrise sehr gut helfen kann. Erst mal jedem Einzelnen und der ganzen Gesellschaft sicherlich auch."*

Ein anderer Studiogast schildert sein Bestreben, seine Auffassung für eine erfolgreiche Gestaltung von Partnerschaften mitteilen zu wollen. Mit einem Plädoyer für die Liebe als einen verlorengegangenen Wert in einer zunehmend von materiellen Aspekten regierten Gesellschaft will er dem Zuschauer einen alternativen Lebensweg aufzeigen und ihm als Vorbild dienen: *"Ich bin zweimal richtig auf die Fresse gefallen in Beziehungen und habe vielleicht aus den Sachen eins gelernt, man darf sich nie verschließen. Sobald sich einer der Partner verschließt, ist man auf dem Holzweg, auf dem verkehrten Weg. Und eigentlich finde ich dieses 'Sich-zeigen' an der Öffentlichkeit aus meiner Sicht eigentlich so, daß denen das erspart bleibt. Daß man vielleicht so eine Initialzündung bei manchen löst und denkt, meine Güte, du könntest bei deiner Freundin oder deiner Frau vielleicht auch mal wieder mit einer Kleinigkeit, auch wenn man Jahre zusammen ist, so ein richtiges Fünkchen erwecken und ihr einfach mal zeigen: 'Mensch, ich habe dich lieb' oder so. Und darum finde ich das gut, daß man sowas an die Öffentlichkeit bringt."*

Eine Teilnehmerin, die ihre Meinung zum Thema 'Emanzipation der Frau' veröffentlicht, sieht den Auftritt als *"eine Chance [...], eine Meinung zu äußern und auch Impulse zu setzen, die nicht nur mich betreffen. [...] Ich wollte auf alle Fälle, ich denke, die Frauen erreichen, die vielleicht gerade zu Hause sind, bügeln."* Die Mitteilung der Informationen an Gleichgesinnte dient der Herstellung von Solidarität mit anderen Betroffenen (vgl. MEYROWITZ, 1985a, b). In diesem Sinne beschreibt die Teilnehmerin ihr Bestreben: *"Daß sich da so ein Selbstbewußtsein, ja, daß wir ein Solidaritätsgefühl entwickeln, wenn wir Frauen zu Hause bügeln und Kinder versorgen und und und. Ich denke, das [...], kann man das Sendungsbewußtsein nennen."* Dabei hat der Ideologe die Hoffnung, in bezug auf sein Anliegen etwas bewegen zu können und dadurch einen für sich selbst wie für andere Betroffene befriedigerenden Zustand herstellen zu können. Der sich zur Rolle der Frau äußernden Teilnehmerin etwa liegt es am Herzen, mit ihrer Auffassung, daß Emanzipation nicht zwangsläufig Berufstätigkeit bedeutet, gesellschaftlich akzeptiert zu werden. Dazu müssen sich *"Männer oder [...] die Gesellschaft oder die Kultur sich in einer gewissen Art und Weise verändern, damit wir Frauen mit Männern leben und Kinder haben können. Und das ist auch für mich persönlich ein Thema. Ich bin alleinstehend, ich habe keine Kinder. Ich bin jetzt Ende Dreißig, und für mich war das eben auch -, ganz persönlich war ich auch betroffen, daß ich sage, ich möchte Kinder haben und ich möchte mit einem Mann und möchte nicht berufstätig sein, wenn ich Kinder habe. Ich möchte nur in Anführungszeichen Mutter und Hausfrau sein. Aber ich möchte mich nicht schlecht und abhängig fühlen. Abhängig zu sein und sich abhängig zu fühlen, das sind zwei Paar Stiefel."*

Neben in der Öffentlichkeit bereits etablierten Themen können aus subjektiver Sicht bisher nicht ausreichend tolerierte Lebensstile thematisiert werden. So nutzt beispielsweise ein Teilnehmer den Auftritt, um in Ablösung von traditionell heterosexuellen Partnerschaften homosexuelle Beziehungsfomen als gesellschaftsfähige Variante zu propagieren. Die Mitteilung von Informationen über die eigene Lebensführung soll anderen Homosexuellen Mut machen, sich zu ihren Neigungen zu bekennen: *"Ich wollte eben, weil ich weiß, wie schwierig das ist, sein 'Coming out' zu haben, also, in seinem engsten Bekannten- oder Freundeskreis mitzuteilen, daß man homosexuell ist, oder daß es Leute gibt, die meinen, sie wären der einzige Homosexuelle auf der ganzen Welt, die irgendwie meinen, das darf keiner wissen und ist was ganz Schlimmes und was Verbotenes."*

Gleichzeitig ist die Veröffentlichung der privaten Ideologie als Selbstbekenntnis zur Sicherung der eigenen Identität zu verstehen: *"Einfach mal in die Öffentlichkeit zu gehen und zu sagen: 'Seht her, ich bin also nicht häßlich, [...] ich könnte also eine Frau haben, und ich gehe mit meiner Homosexualität offen um, und ist wirklich nichts Schlimmes, und meine Mutter weiß Bescheid, und meine Familie weiß Bescheid', so nach dem Motto: 'Seht her, ist nix, wofür man sich schämen muß, da kann man offen drüber sprechen.'"* Der Ideologe will beim Zuschauer Verständnis für das eigene Anderssein wecken, was mit der Hoffnung auf gesellschaftliche Anerkennung verbunden ist. MEYROWITZ (1985a) hat dieses Phänomen aus der Perspektive des Rezipienten beschrieben. Demnach machen Rundfunk und Fernsehen "die verschiedenen Bevölkerungssegmente wenigstens oberflächlich mit einem breiten Spektrum an Themen und mit Menschen in jeweils ganz anderen Lebenssituationen vertraut. Diese Vertrautheit verringert das Gefühl, daß andere Menschen 'Fremde' sind" (S. 174). Ob der Auftritt tatsächlich Hilfestellung für die Akzeptanz gesellschaftlicher Randgruppen leistet und einer daraus folgenden weiteren Individualisierung möglicher Lebensstile zuträglich ist, ist letztlich nicht geklärt. Weiterhin wird der Schritt ins Fernsehen teilweise bewußt zur Prüfung der eigenen ideologischen Standfestigkeit gewählt und dient somit "zur öffentlichen Absicherung und Befestigung einer sich selbst zugeschriebenen Identität" (PAPE, 1996, S. 87), so beispielsweise im Falle einer Teilnehmerin, die sich für polygame Beziehungsformen ausspricht. Diese in der Öffentlichkeit anzusprechen, *"bedeutet, sich der Kritik auszusetzen, die ja ohne weiteres aufkommen kann, muß ich einkalkulieren. Ich muß mich selber also, muß einen festen Standpunkt haben, wenn ich also selber meine, mein Standpunkt ist nicht gefestigt genug, würde ich es nicht machen. Weil ich die Gefahr dann sehe, ich würde umfallen, durch vielleicht irgendwelche Fragen."*

Im Erleben des Auftritts bzw. der darauf folgenden Wirkungen werden für den Ideologen unterschiedliche Aspekte relevant. So kann eine aus subjektiver Sicht souverän gemeisterte Darlegung der persönlichen Lebensauffassung als bestärkend für die eigene Identität erlebt werden: *"[Die Erfahrung war] positiv, insoweit, daß ich also nicht umgefallen bin, daß ich auch meine Sachen gesagt habe."* Die Zugehörigkeit zu einer Ideologie kann während des Auftritts auch dadurch bestätigt werden, daß der Ideologe die Richtigkeit des von ihm gewählten Weges im Anschluß an die Teilnahme noch einmal reflektiert und sich bestätigt fühlt. In diesem Sinne äußerte eine junge Frau ihre Auffassung zum Thema 'Emanzipation der Frau', die sie im Rahmen einer Talk-Show veröffentlichte: *"Mir ist so meine eigene Einstellung dadurch, daß ich in den Talk-Shows drüber geredet habe, auch eigentlich noch mal bewußter geworden, und das war recht entspannend für mich."* Aber auch der Umstand, den Zuschauern einen *"Denkanstoß"* gegeben oder *"Mut gemacht"* zu haben, wird als positiv erlebt: so beschreibt eine junge Frau die Veröffentlichung ihrer Beziehungsgeschichte: *"Ich habe mich eigentlich schon wohl dabei gefühlt, den Menschen mal so meine Erfahrungen mitzuteilen, ich erzähle gerne darüber, vielleicht habe ich dem einen oder anderen was mit auf den Weg gegeben."*

Kritische Einwände ergeben sich aus einer als unzulänglich empfundenen Selbstdarstellung in bezug auf die zu propagierende Ideologie: *"Ich fand, die Sachen, die ich jetzt gesagt habe, das war irgendwie im nachhinein, wo ich den Film da gesehen habe, denke ich irgendwie, wie blöd und belanglos. Sachen, die wichtig sind oder für mich wichtig waren, die habe ich gar nicht gesagt"*, beschreibt eine Teilnehmerin, die sich zur Geschlechterthematik äußert, ihren Auftritt. Aber auch die Art und Weise, wie das Thema durch die Macher aufbereitet wird, trägt in knapp der Hälfte der Fälle dazu bei, daß dieses als nicht adäquat präsentiert empfunden wird: *"Es war alles was kurz, die Zeit war sehr knapp bemessen, und es hätten auch noch andere Fragen kommen können, um mehr in die Tiefe zu gehen, aber eben, weil das jetzt auf die anderen mit verteilt war, kam das eben nicht."* Aus diesen Umständen resultierend, stellen einige Ideologen fest, daß sich die Sendungen qua Konzept letztlich nicht zur Veröffentlichung von Botschaften eignen: *"Hier geht es nicht darum, ein Thema zu erörtern, sondern hier geht es da drum, einfach eine Show zu machen, Effekte zu erzielen."*

In bezug auf die soziale Resonanz in Anschluß an den Auftritt liegt es nahe, zu vermuten, daß die Diskussion über die dargelegte Lebensauffassung von besonderer Bedeutung ist. Im Gegensatz dazu stellt sich heraus, daß die Thematisierung der Ideologie im Bekanntenkreis oder mit anderen Betroffenen selten einen zentralen Stellenwert einnimmt. Vielmehr stehen soziale Reaktionen im Vordergrund, die weniger auf die Inhalte der Botschaft als auf den Auftritt als ein besonderes Ereignis abzielen. Fast immer werden dem Ideologen Anerkennung und Lob dafür zuteil, die außergewöhnliche Situation gut gemeistert zu haben. Als vorübergehend prominente Person wird der Ideologe teilweise kurzzeitig wie ein Star hofiert. Die Bedeutung des Motivs im Sinne der Darlegung einer Ideologie scheint dabei in den Hintergrund zu rücken. Negative Reaktionen sind selten und dienen dem Ideologen zur Abgrenzung und Bestätigung seiner Überzeugung. So beschreibt ein Teilnehmer der Sendung 'Nur die Liebe zählt', dem es am Herzen liegt, die Wichtigkeit von Gefühlen in der materialistisch eingestellten Gesellschaft hervorzuheben, seine Einstellung zu kritischen Bemerkungen: *"Und dann sieht man bei den meisten hier, die dann irgendwie so unverschämt weggucken oder so, da muß ich mir dann leider sagen: 'Meine Güte, ihr seid arm, ihr seid wirklich -, ihr tut mir leid oder was. Wenn ihr über eure Gefühle nicht wegkönnt oder nicht darüber sprechen könnt oder meint, das ist blöd oder so, dann wünsche ich euch viel Spaß in eurer Beziehung.'"* Ähnliches gilt in den wenigen Fällen, in denen die Resonanz ganz ausbleibt, so im Falle einer Teilnehmerin, der keine Reaktionen in bezug auf ihre öffentlichen Statements über polygame Lebensformen zuteil wurden: *"Die Leute sagen nichts, vielleicht, weil sie eine gewisse Selbstsicherheit spüren, wir machen das so und das ist unsere Überzeugung, und uns kann sowieso keiner jetzt an den Wagen pinkeln. Ich denke, die sind nicht konfliktfähig, wenn, hört man die positiven Sachen."*

In mehr als der Hälfte der Fälle wird zumindest einer, wenn nicht sogar mehrere Aspekte, als unbefriedigend erlebt: sei es, daß sich die Sendung als wenig geeignet zur Veröffentlichung der Ideologie erweist, daß der Ideologe mit der Art und Weise, in der er seine Botschaft artikuliert hat, unzufrieden ist oder daß soziale Resonanz auf die versendete Botschaft ausbleibt. Dennoch scheinen die jeweils positiv erlebten Wirkungen derart stark gewichtet zu werden, daß der Ideologe letztlich immer zu einer positiven Gesamtbeurteilung seines Auftrittes kommt. In diesem Sinne beschreibt beispielsweise ein Teilnehmer, der sich zum Thema 'Homosexualität' äußert und den Gesprächsverlauf als wenig zufriedenstellend erlebt, zusammenfassend den Tag beim Fernsehen: *"Ein gutes Gefühl, ein gutes Gefühl, war ein schöner Tag gewesen, war ein Erlebnis, da eben mal bei 'Arabella' gewesen zu sein, mit dem Flug hin und zurück. Mit dem Gespräch, gut, ich hätte lieber eine andere Wendung gehabt, aber ansonsten war ich voll zufrieden mit mir selbst, mit der ganzen Situation da, war ich voll zufrieden gewesen, habe ein gutes Gefühl gehabt."* Das Bewußtsein einer Stabilisierung der individuellen und ideologischen Identität scheint hier weniger in Zusammenhang mit dem Motiv zu stehen, als sich vielmehr aus der allgemeinen Anerkennung oder/und dem Gefühl, den Auftritt gut gemeistert zu haben, zu ergeben.

Die positive Gesamtbeurteilung des Auftritts führt beim Typus 'Ideologen' dazu, daß fast alle Teilnehmer angeben, einem weiteren Auftritt nicht abgeneigt zu sein, selbst, wenn sie ihre Botschaft nicht wunschgemäß publizieren konnten. *"Und wenn da eine Sendung wäre, wo ich zu irgendeinem Thema, was mich auch interessiert, mal meine Meinung sagen könnte. Zur Politik oder zu gesellschaftlichen Sachen oder weiß ich nicht, da würde ich dann noch mal hingehen"*, beschreibt der Teilnehmer, dem die Aufbereitung des Themas 'Homosexualität' nicht adäquat erschien, seine Einstellung zu weiteren Auftritten. Nur in einem Fall wird aufgrund der Art der Aufbereitung des Themas das Interesse an einem weiteren Auftritt in Frage gestellt: *"Vielleicht hast du irgendwann die Gelegenheit, die Dinge, die du sagen möchtest, im richtigen Rahmen zu sagen. Dann ist es gut, und wenn nicht, kannst du auch drauf verzichten."*

5.2.7 Der Propagandist

Wie am Typus des Ideologen dargelegt wurde, kann ein Auftritt im Medium 'Fernsehen' angestrebt werden, um dem Zuschauer persönliche Ideologien als alternative Handlungsmodelle aufzuzeigen bzw. sich als diesen zugehörig darzustellen. Während die dargelegten Lebensauffassungen, die alle Bereiche des Daseins zum Inhalt haben können, eher immaterieller Natur sind, existiert daneben eine Motivstruktur, die auf einer materialistischen Ideologie basiert. Dieser hat sich der im folgenden vorzustellende Typ 'Propagandist' verschrieben, dessen Beweggründe zum Auftritt aus kommerziellen und monetären Interessen herrühren. Die Grundlage für diese Bedürfnisse bilden die zunehmenden Möglichkeiten in der marktwirtschaftlich orientierten Multioptionsgesellschaft (vgl. GROSS, 1994), an denen zu partizipieren der Propagandist bestrebt ist. "Angebotsexplosion, Ausweitung der Konsumpotentiale, Wegfall von Zugangsbarrieren, Umwandlung von vorgegebener in gestaltbare Wirklichkeit: die Erweiterung der Möglichkeiten führt zu einem Wandel der Lebensauffassungen" (SCHULZE, 1992, S. 58). Die Lebensauffassung der Propagandisten resultiert aus diesen Veränderungen und zeigt sich in einer "zunehmende[n] Konsumorientierung. Das individuelle Verhalten in der Privatsphäre wird mehr und mehr von subjektiven Präferenzen bestimmt, die aus dem Angebot das 'Passende' auswählen" (KNOBLAUCH, 1991, S. 21). Dazu wird Geld benötigt oder ein Beruf, der in diesem Zusammenhang als Mittel zum Zweck gelten kann, denn finanzielle Ressourcen bilden eine Grundvoraussetzung für das Konsumverhalten. Dieses dient der Selbstverwirklichung, und je mehr Geld oder berufliche Möglichkeiten zum Geldverdienen vorhanden sind, desto mehr Chancen hat der Propagandist seiner Auffassung entsprechend, sich selbst verwirklichen zu können. Die Identität des Einzelnen ist daher eng mit dessen Konsumansprüchen verbunden, über die sich der Konsument definiert und gleichzeitig nach außen hin darstellt, z.B. indem er ein bestimmtes Produkt benutzt bzw. Auto fährt. Individualisierungsprozesse sind somit in allen Bereichen des Lebens als marktabhängig zu verstehen (vgl. BECK, 1986) und zeigen sich im Massenkonsum. Erlebnisorientierte bzw. auf das 'Ich' gerichtete Konsumansprüche "wandern von der Peripherie ins Zentrum der persönlichen Werte; sie werden zum Maßstab über Wert und Unwert des Lebens schlechthin und definieren den Sinn des Lebens" (SCHULZE, 1992, S. 59). Je mehr Geld vorhanden ist, desto mehr kann der Propagandist seine individuellen Möglichkeiten zur Wahl des subjektiv gewünschten Lebensstils ausdehnen. Im Alltag werden diese Bedürfnisse durch berufliche Aktivitäten zu realisieren versucht. Die Printmedien wie auch das Fernsehen können dabei als Hilfsmittel eingesetzt werden, denn diese garantieren dem Propagandisten eine große Zuhörer- und damit potentielle Kundschaft für seine kommerziellen Interessen.

In den hier untersuchten Sendungen können finanzielle Bedürfnisse zu befriedigen versucht werden, indem Informationen zum Zwecke der Werbung lanciert werden, beispielsweise für das vom Gast betriebene Einzelhandelsgeschäft oder eine andere ausgeübte Profession. In diesem Sinne schildert eine Teilnehmerin der Sendung 'Fliege' ihre Beweggründe: *"Ich hatte die Idee, Werbung zu machen. Da war einfach auch die Vorstellung, daß ich so als Familientherapeutin mit aufgenommen werde, das war der Reiz dabei. Ich hatte mich gerade kurz vorher selbständig gemacht, ich hatte gedacht, vielleicht gibt es irgendeine Gelegenheit."* Aufgrund der großen Breitenwirkung hat der Propagandist *"Hoffnung [daß sich aufgrund der Sendung Interessenten melden] hat man, glaube ich, immer. Weil die Einschaltquoten von dieser Sendung ziemlich hoch sind."* Dabei muß das beworbene Geschäft noch nicht einmal das eigene sein, sondern es kann auch für Dienstleistungen Dritter, im Auftritt nicht anwesender Personen geworben werden, so bei einer Sendung zum Thema 'Seitensprünge in der Kur'. Die Teilnehmer, ein Paar, das sich während eines Kuraufenthaltes kennengelernt hatte und seitdem Stammgäste des zu bewerbenden Hotels sind, erweisen dem befreundeten Hotelbesitzer einen Gefallen, indem sie für ihn Werbung machen: *"Der Mensch vom Hotel sagte, bei mir hat man angefragt: 'Wollt ihr nicht, würdet ihr das für uns tun?', hat er gefragt, weil wir schon seit Jahrzehnten dahin fahren? 'Ja ja', da habe ich gesagt: 'Okay, George, mache ich mal für dich Reklame'. Dann habe ich den Kronenhof erwähnt, ist ja auch schön dieses Oberstaufen."*

Nicht nur aufgrund der massenmedialen Situation stellen die Sendungen für den Propagandisten Chancen zur Realisierung kommerzieller Bedürfnisse in Aussicht, sondern der Auftritt kann selbst die Funktion eines lukrativen Geschäftes einnehmen. Aufwandsentschädigungen zwischen 100 und 1000 DM für die Teilnahme an der Sendung ermöglichen es dem Propagandisten, aus der Veröffentlichung der privaten Geschichte Kapital zu schlagen. Aussagen wie *"das erste war das Geld"* oder *"Hauptsache, da kommt [...] was Kohle bei 'rum"* sind typisch für den Propagandisten. Dabei stellt die Aufwandsentschädigung im Vergleich zu durchschnittlichen Stundenlöhnen ein mit verhältnismäßig wenig Aufwand zu tätigendes Geschäft dar. Darüber hinaus ist eine kostenfreie Bewirtung garantiert, die dem materiell orientierten Propagandisten entgegenkommt. Für ihn ist der Drehtag *"einfach genau dasselbe, wie sich in der Kneipe gemütlich hinsetzen, gucken, unterhalten, nur daß ich da keine zwei Mark zwanzig für ein Bier bezahle, sondern es umsonst bekomme."*

Das Thema selbst trägt wenig zur Differenzierung der Beweggründe des Propagandisten bei. Dies liegt zum einen daran, daß monetäre Motive und finanzielle Interessen nur bei der Hälfte der Teilnehmer zentral sind und die Relevanz des Themas meist vom zentralen Motiv abhängt. Aber selbst, wenn propagandistische Bedürfnisse als zentral herausgestellt werden, betonen einige Gäste, daß das Thema nicht unbedeutend ist. Andere wiederum heben hervor, dieses sei *"scheißegal, ich habe einfach nur gedacht, da schauen so viele Leute zu und werden auch ein paar Kölner dabei sein und [das] kann nicht schlecht sein."* Bei der Teilnehmerin, die Besitzerin einer Second-Hand-Boutique ist, stehen somit die Aspekte der Breitenwirkung im Hinblick auf die potentielle Kundschaft im Vordergrund. Geschäfte können darüber hinaus auch hinter den Kulissen getätigt werden: *"Und dann habe ich noch zwei andere Mädels kennengelernt, wohl auch aus der Redaktion, die ich direkt angehauen habe, von wegen: 'Ich habe einen Second-Hand-Laden, bringt mir mal ein paar Klamotten.' 'Klar.'*

Im Auftritt allerdings erlebt der Propagandist zuweilen, daß es ihm nicht gelingt, Werbung zu betreiben. *"Das hat dann nicht geklappt, und ich habe es dann nicht fertiggebracht zu sagen: [...] 'Ich habe einen Second-Hand-Laden da und da.'"* Das Mißlingen dieses Bestrebens kann damit zusammenhängen, daß das Thema der Sendung letztlich kaum Berührungspunkte mit der zu lancierenden Information aufweist. Ein Teilnehmer beispielsweise, der seinen Verein zum Thema 'Sexualität' bewerben will, stellt während der Sendung fest, daß vornehmlich andere und seiner Meinung nach oberflächliche Aspekte von Partnerschaften behandelt wurden: *"Ich wollte das eigentlich bringen, aber dann habe ich festgestellt, in dem ganzen Rahmen [...]. Das paßt nicht."* Besteht ein größerer Zusammenhang zwischen der zu bewerbenden Dienstleistung und dem Thema der Sendung, scheint die Umsetzung der Beweggründe mit größeren Chancen verbunden zu sein. So wird während der Sendung zum Thema 'Seitensprünge in der Kur' beispielsweise ohnehin vom Moderator mehrfach das Hotel angesprochen, in dem sich die beiden Teilnehmer kennengelernt haben und das zu bewerben sie bestrebt sind: *"Dann habe ich den Kronenhof erwähnt, ist ja auch schön dieses Oberstaufen. Nachdem ich in der Sendung viermal Oberstaufen gesagt habe, hat der Fliege dann gesagt: 'Jetzt ist es gut, aber es ist auch schön.'"* Aber selbst wenn es dem Teilnehmer gelingt, kommerzielle Informationen zu thematisieren, muß dies nicht unbedingt Wirkung in Anschluß an den Auftritt zeitigen und die Reaktion der potentiellen Kundschaft kann ausbleiben: *"Also, ich hatte nicht das Gefühl, daß es eine Resonanz hatte."*

Während die Bewerbung von Geschäften bzw. Dienstleistungen nicht immer durchgesetzt werden kann, ist die Befriedigung rein monetärer Bedürfnisse durch die Teilnahme garantiert: *"Zweihundert oder zweihundertfünfzig, zweihundert [Mark] glaube ich. Das war für mich, für zwei Stunden war das, fand ich das vollkommen okay."* Die Höhe der Aufwandsentschädigung kann im Gespräch mit dem zuständigen Redakteur noch zu steigern versucht werden: *"Jetzt guckst du mal, wie weit kannst du reizen. Ja, und hinterher sagte er: 'Na gut, tausend.' Ich sage: 'Ist gebongt, ich komme.'"* Vom Propagandisten wird der Auftritt erlebt als *"ein günstiger Abend, es wurde alles bezahlt"*, das *"Bankkonto ist wieder ein bißchen gefüllt"*, und das verdiente Geld kann genutzt werden, um persönliche Erlebnis- bzw. Konsumansprüche zu realisieren, für die finanzielle Ressourcen vorhanden sein müssen: *"Ich habe mir mit meiner Freundin einen schönen Urlaub gemacht, wir sind mit dem Wohnwagen weggefahren, und da haben wir die tausend Mark mit Genuß auf den Kopf gehauen. Und denn habe ich gesagt: 'So, von dem Geld machen wir zwei uns einen Guten.' Und das haben wir auch richtig schön auf den Kopf gehauen."* Zusammenfassend beurteilt der Propagandist den Auftritt, der von ihm als *"ein Job"* verstanden wird, als durchweg positiv, selbst wenn es ihm nicht gelungen ist, Werbung zu betreiben bzw. wenn die erwünschte Resonanz durch potentielle Kundschaft ausbleibt. Gründe hierfür sucht er teilweise bei sich selbst und betrachtet den Auftritt insgesamt als *"eine gute Übung"*, um seine kommerziellen Belange zu veröffentlichen. Aufgrund der Anerkennung, die ihm weniger in bezug auf sein konkretes Anliegen als vielmehr für sein souveränes Verhalten auf der Bühne im allgemeinen zuteil wird, und im Sinne propagandistischer Bedürfnisse ist er weiteren Auftritten nicht abgeneigt: *"[Noch mal aufzutreten] würde ich mir überlegen [...], käme aufs Geld an."*

5.2.8 Der Zaungast

Dem Fernsehen kommt – als einem Produkt des technologischen Fortschritts – zentraler Stellenwert in unserer Gesellschaft zu. Die Medienindustrie boomt, hier werden Gelder in Milliardenhöhe bewegt und lukrative Arbeitsplätze bereitgestellt. Die Expansion der Branche gründet sich nicht zuletzt auf die stetig wachsende Freizeitorientierung. Aufgrund dieser verbringt der Zuschauer mittlerweile täglich ca. drei Stunden vor dem Fernsehgerät. Fernsehen ist damit zu der am häufigsten ausgeübten Freizeitbeschäftigung geworden (vgl. OPASCHOWSKI, 1988), der zudem eine handlungsstrukturierende Funktion zugeschrieben werden kann. Diese zeigt sich in den kontinuierlichen Rhythmen des Programmes sowie den festen Sendeplätzen bestimmter Sendungen. In diesem Sinne schreibt REICHERTZ (1996): "Sagten ehemals die Kirchenglocken, was die Stunde geschlagen hatte, so zeigt einem heute der Blick ins Fernsehen [...] die Tageszeit" (S. 2). Besonders augenfällig wird diese Zeitgeberfunktion des Mediums am Beispiel von Sendungen, die in täglich wiederkehrendem Rhythmus ausgestrahlt werden, wie etwa den Daily Talks. An jedem Wochentag, pünktlich um 16 Uhr, erscheint der RTL-Moderator Hans Meiser in der nach ihm benannten Talk-Show auf dem Bildschirm. Der interessierte Zuschauer kann den Talk in seinen Tagesablauf einplanen, indem er sich beispielsweise nach getaner Arbeit eine Stunde Pause gönnt und währenddessen die Sendung guckt. Auch kann er sich für diese Uhrzeit Arbeiten (wie z.B. das immer wieder gerne genannte Bügeln) vorbehalten, die er während des Zuschauens verrichten kann. Auf diese Weise begleitet die Fernsehrezeption den Alltag und strukturiert ihn gleichzeitig Tag für Tag.

Die hohe zeitlich-strukturierende Relevanz des Mediums ist allerdings nicht rein formaler Natur. Es werden immer auch Inhalte vermittelt. Hier zeigt sich eine weitere Dimension, aufgrund derer das Fernsehen Einfluß auf die (Alltags-)Welt des Zuschauers nimmt. Die Inhalte, die ihm zugänglich gemacht werden bzw. aus denen er sein persönliches Programm wählen kann, werden von den Fernsehverantwortlichen festgelegt, die auf diese Weise entscheiden, welche Sichtweisen von der Wirklichkeit vermittelt werden bzw. vom Rezipienten zu empfangen sind (vgl. BERGER & LUCKMANN, 1995). Der steigende Konsum geht daher mit der Rezeption ausgewählter Inhalte einher, die für die Konstruktion individueller Wirklichkeiten zunehmend an Bedeutung gewinnen. Der tägliche Kontakt mit dem immer wiederkehrenden

Moderator beispielsweise eröffnet parasoziale Beziehungsformen, die aufgrund ihrer Verläßlichkeit und Dauerhaftigkeit mit denen sozialer Beziehungen vergleichbar sind (vgl. HORTON & WOHL, 1956; STURM, HAEBLER & HELMREICH, 1972). Aber die Moderatoren sind nicht nur parasoziale Vertraute, sie versinnbildlichen darüber hinaus die "Personalisierung des Erfolges" (FAULSTICH & STROBEL, 1989, S. 7). Als Stars der Branche dominieren sie die Tagespresse und führen dem Zuschauer die Steigerung der Möglichkeiten in allen Bereichen des Lebens vor. Ihr Status verkörpert Prestige, oftmals verbunden mit finanziellem Erfolg.

Die Institution 'Fernsehen' repräsentiert somit zentrale gesellschaftliche Werte und bindet den Zuschauer insbesondere aufgrund der über die Inhalte transportierten emotionalen Wirkungsdimensionen. Diese stehen wiederum in Abhängigkeit zu der immer länger werdenden Zeit, die der Rezipient täglich vor dem Fernsehgerät verbringt. Diese Umstände garantieren ein hohes Interesse des Zuschauers am Medium im allgemeinen sowie an den den persönlichen Alltag begleitenden Sendungen im besonderen. Die Möglichkeit, diese einmal nicht nur aus dem heimischen Fernsehsessel, sondern aus der Nähe erleben zu können, haben die Macher als eine weitere lukrative Marktlücke entdeckt. Der Zugang zu den Produktionsstätten, sei es als Studiopublikumsgast oder als Besucher, wie beispielsweise bei den jährlich im Sommer stattfindenden Veranstaltungen des WDR in Köln ('Hollymünd'), stellt für den Zuschauer eine Freizeitbeschäftigung dar. Für die Macher ist sie eine weitere Geldeinnahmequelle, die darüber hinaus zur Bindung des Zuschauers an das Programm dient. Der Blick hinter die Kulissen der Institution 'Fernsehen' ist somit als selbstreferentieller Akt zu verstehen. Indem das Medium sich präsentiert und über sich informiert, trägt es noch zur Erhöhung der eigenen Publizität bei. Neben Informationsveranstaltungen ist mit der Verbreitung von Sendungen, in denen der Normalbürger ins Rampenlicht treten kann, eine weitere Möglichkeit für den Zuschauer geschaffen worden, sich aus erster Hand über das Fernsehen zu informieren.

Beweggründe, die mit diesem Interesse am Medium als einem Produktionsprozeß zusammenhängen, konnten bei mehr als der Hälfte der Teilnehmer herausgestellt werden. Dabei sind die Bedürfnisse des im folgenden als 'Zaungast' benannten Typus meist nicht zentraler Beweggrund zum Auftritt, sondern stellen fast immer ein Begleitmotiv dar. Die subjektive Relevanz, die der Zaungast dem Thema der Sendung, in der er auftritt, beimißt, trägt somit nicht zur Spezifizierung der Motivstruktur bei, denn das Thema steht meist im Zusammenhang mit dem zentralen Motiv zur Teilnahme. Für den Zaungast ist es *"interessant, mal hinter die Kulissen zu gucken"*, einmal *"zu sehen, wie sowas über die Bühne geht."* Dabei kann die gesellschaftliche Bedeutung der Institution 'Fernsehen' als Ganzes eine Rolle spielen, ist der Teilnehmer beeindruckt von dem *"Einfluß, [den] Medien auf Menschen haben"*, oder aber er interessiert sich für spezifische Aspekte wie beispielsweise die Technik. In diesem Sinne schildert eine junge Frau ihre Beweggründe: *"So mit Fernsehkameras, weil man kriegt ja nicht immer die Gelegenheit."* Nicht zuletzt können die aufgrund parasozialer Interaktionen entstandenen emotionalen Bindungen ein Interesse zur Teilnahme an der Sendung darstellen, kann die Sympathie für den prominenten Moderator der Show von Relevanz sein: *"Ja, also erst mal habe ich ihn [Jürgen Fliege]im Fernsehen gesehen. Und ich fand ihn irgendwie unwahrscheinlich sympathisch. Der hatte was. [...] Ich fand den unheimlich charmant und so schön ruhig, [er] gefiel mir einfach so, seine ersten Sendungen gefielen mir unwahrscheinlich gut. Muß ich sagen. Ja, und dann habe ich da angerufen"*, schildert eine Teilnehmerin ihr Interesse an der Talk-Show. Der Auftritt bietet dem Zaungast die Möglichkeit, die aus der Zuschauerperspektive gewohnte parasoziale Beziehungsstruktur zu durchbrechen und den prominenten Protagonisten einmal 'live' kennenzulernen, *"daß man ihn auch mal sieht, wie er [Hans Meiser] in natura ist."* Zwar könnte der Zaungast sich den Moderator auch als Studiogast im Publikum einmal aus der Nähe angucken, aber erst seine Rolle als Akteur garantiert ihm ein Vis-à-vis-Gespräch mit dem Moderator. Zudem kann die Show einer Realitätsprüfung unterzogen werden, indem der Zaungast sich quasi im Selbsttest vergewissert, ob die Shows wirklich so authentisch sind, wie dem Zuschauer suggeriert werden soll. Eine junge Frau beschreibt ihr diesbezügliches Interesse: *"Ob das alles so stimmt, was die Leute da so erzählt haben. Das weiß man nicht so genau. Ich meine, es ist ja auch schon einiges aufgetreten, es gibt da Profis da drunter, die hier und da und dort, die das wirklich wegen dem Geld machen, 'ne. [...] So ungefähr, 'ne, ist das wirklich wahr, daß da wirklich Leute sitzen, die aus dem Volk kommen, oder so, 'ne, als Test, mal ausprobieren, was passiert. Das wollte ich einfach mal wissen, 'ne."*

Zentral für das Erleben der Auftrittssituation ist beim Typus 'Zaungast' dessen aus eigener Perspektive wahrgenommene distanzierte Haltung, aus der heraus die Teilnehmer sich als *"Beobachter"* oder *"Mitläufer"* verstehen, die an der Sendung teilnehmen, um *"alles aufzunehmen."* Diese verantwortungsfreie

Rolle erleichtert es dem Zaungast, sich in der ungewohnten Situation zurechtzufinden. So schildert eine dem Typ 'Zaungast' zugehörige Teilnehmerin das Erleben aus ihrer Warte: *"Ich war eigentlich da ja nur ein Statist, das war mir ganz klar, und das hat mich auch erleichtert, weil ich mir dann die Sache angucken konnte, ich war ja für nichts verantwortlich, ich mußte da ja ein paar Sätze von mir geben, und das war ja alles."* Die zentrale gesellschaftliche Relevanz des Mediums artikulieren die Zaungäste zwar teilweise, sie selbst verstehen sich aber nicht als Star der Inszenierung, so beschreibt beispielsweise eine Teilnehmerin der Sendung 'Schreinemakers live' ihre Sicht des Mediums: *"Nein, es ist nicht Alltag, ich belüge mich natürlich auf die Art ein bißchen selbst, aber, aber dieses unglaubliche Gebäude, was da vor einem steht, das versuche ich so ein bißchen zu relativieren, so daß ich mir einfach sage, es gibt Leute, für die ist das Alltag. Also sowas Unglaubliches ist es nun auch nicht. Zumal [...], daß ich da wirklich nur -, ob ich da nun war oder nicht, das war doch ganz egal, das was ich gesagt habe, hat doch sowieso keiner gehört."* Diesen Interpretationen entsprechend nutzt der Zaungast die Teilnahme an der Sendung nicht – wie beispielsweise der Fernseh-Star oder der Ideologe – zur Stärkung seines Selbstbewußtseins. In diesem Sinne kommentiert eine Teilnehmerin die Bedeutung ihres Auftritts: *"Mein Selbstbewußtsein [...]. Also das muß ich schon woanders herkriegen, aber nicht in so einer Sendung, echt nicht."*

Es liegt in der Natur der Beweggründe des Zaungastes zum Auftritt, daß diese immer realisiert werden können, denn die interessierenden Informationen werden durch die Teilnahme grundsätzlich zugänglich. Jeder Studiogast lernt den Moderator kennen, erlebt als Teil der Inszenierung, wie diese vonstatten geht, wobei es unerheblich ist, ob diese Erfahrungen positiv oder negativ bewertet werden. Somit erfüllt sich das Motiv des Zaungastes während des Drehtages. Die Teilnahme ist für jenen immer ein informatives Erlebnis. Eine Teilnehmerin faßt ihre Eindrücke während des Drehtages zusammen, in denen die Betonung der informativen Aspekte deutlich wird: *"Für mich war das wirklich ein Gewinn, nicht, weil ich da in dieser Sendung war, aber weil ich den ganzen Ablauf mal gesehen habe. Das fand ich gut."* Der Blick hinter die Kulissen garantiert einen Informationsvorsprung zum 'normalen' Zuschauer: *"Also, der Tag, das war schon spannend eigentlich, man kann schon sagen, es ist für einen Außenstehenden doch ein Erlebnis gewesen. Man guckt immer nur -, vor allen Dingen, wenn man selbst dabei ist, ist das alles ganz anders, 'ne."*

Dabei müssen die Erfahrungen, die am Drehtag gemacht werden, nicht ausschließlich positiver Art sein. Vielmehr können diese auch zu einer kritischen Betrachtung der Sendung führen. In diesem Sinne kommentiert eine Teilnehmerin die Rolle des Warm-Uppers: *"Was für ein Schwachsinn. Ich meine, da stellt sich einer hin, klatscht, und die anderen müssen auch klatschen, und das alles, ja, das ist, weiß nicht -, ich finde das irgendwie -, habe das sehr belächelt."* Kritische Beurteilungen können sich auch aus dem Vis-à-vis-Kontakt mit dem Moderator ergeben, dessen Verhalten insbesondere bemängelt wird, wenn er sich ganz anders gibt, als er im Fernsehen erlebt wird. In diesem Sinne beschreibt eine Teilnehmerin der Sendung 'Fliege' den Moderator: *"Er [Jürgen Fliege] macht einen auf unheimlich nett und sympathisch, wollen wir so mal sagen. Und im Grunde genommen, so, wie ich ihn gesehen habe, wie er so guckte und wie er sich bewegte und so, ist das ein ganz schöner Hallodri, könnte ich mir vorstellen. Also, daß er es faustdick hinter den Ohren hat, so stelle ich ihn mir vor. Also, daß er auch nichts anbrennen läßt, er ist nicht so, wie er sich im Fernsehen darstellt, also, das glaube ich nicht."* Dieser Umstand kann dazu führen, daß der Moderator aus Sicht des Gastes seine Glaubwürdigkeit verliert und wird noch verstärkt, wenn der Teilnehmer den Eindruck gewinnt, daß jener nicht gut vorbereitet ist: *"Weil, wenn man dann nachher da so in die Sendung kommt, dann tut der [Jürgen Fliege] so, als wenn er unheimlich viel Ahnung da hat, und das ist halt nicht der Fall. Alles aufgesetzt."* Hingegen fällt die Bewertung des Moderators positiv aus, wenn jener dem Gast Aufmerksamkeit zuteil werden läßt. Eine junge Frau fühlt sich geehrt von den anerkennenden persönlichen Worten der Moderatorin: *"Also ich fand sie [Margarethe Schreinemakers] sehr nett, daß sie uns das Gefühl gegeben hat, daß wir wichtig sind."* Positiv wird der Moderator vom Zaungast auch erlebt, wenn er sich seinem Image gemäß authentisch verhält. Eine Teilnehmerin beschreibt ihr Erleben: *"Da kam der Hans Meiser dann, und der ist ja wirklich so, wie er im Fernsehen ist, nett und natürlich."*

Obgleich eine soziale Resonanz im Anschluß an die Sendung vom Zaungast nicht intendiert und somit für dessen Beweggründe zum Auftritt irrelevant ist, können die in den meisten Fällen eintretenden positiven Wirkungen des Umfeldes die positive Bewertung der Teilnahme noch verstärken. Denn trotz möglicher Enttäuschungen (beispielsweise in bezug auf die Person des Moderators) rückt die eigene Person im Anschluß an den Auftritt kurzzeitig in den Mittelpunkt des Geschehens, werden dem Zaungast durch Freunde und Bekannte Lob und Anerkennung zuteil. Daher ist es auch nicht verwunderlich, daß alle Teilnehmer bekunden, einem weiteren Auftritt nicht abgeneigt zu sein, obwohl sie ihre Neugier am Fernsehen als Produktionsprozeß in der Teilnahme befriedigt haben. *"Ich würde es wahrscheinlich tun, weil es mich interessiert, wie das so über die Bühne geht, obgleich, ich weiß jetzt schon viel, also, ja."*

6 Zusammenfassung und Diskussion der Ergebnisse

Intimisierung der Medienlandschaft

Seit der Neuordnung des Rundfunkwesens Mitte der achtziger Jahre hat sich die deutsche Fernsehlandschaft maßgeblich gewandelt. Nicht nur in quantitativer Hinsicht ist eine Ausweitung des Mediums zu beobachten, sondern es hat darüber hinaus auch eine Diversifikation des Angebotes selbst stattgefunden. Vermehrt wurden und werden von allen Sendern Formate lanciert, in denen vormals private Belange öffentlich – und mit unprominenten Personen als Protagonisten ihrer eigenen wahren Geschichte – präsentiert und inszeniert werden. Diese 'intimen Formate', zu denen Daily Talks, Beziehungsshows, Spielshows mit Beziehungsthematiken, Infotainment-Magazine und Suchsendungen gehören, zeichnen sich neben dem Auftritt der Betroffenen durch weitere Charakteristika aus: Das Programm wird von einem prominenten Moderator präsentiert und weist neben dem Live-Charakter der Inszenierung einen häufig alltagsnahen bzw. persönlichen Kommunikationsstil auf. Nun sind diese Merkmale weder allesamt gänzlich neu im Medium 'Fernsehen', noch ausschließlich in den 'intimen Formaten' zu finden. Neu ist – neben der Fokussierung auf das private Schicksal – vielmehr das gemeinsame Auftreten einiger oder gar aller Charakteristika, welches das Eindringen des Mediums in traditionell nicht-öffentliche Bereiche verdeutlicht. In Daily Talks und Beziehungsshows manifestiert sich diese Entwicklung in drastischster Form. Erstere dominieren nicht nur aufgrund der Vielzahl der Angebote die nachmittägliche Fernsehlandschaft, sondern werden zudem mit höchster Sendefrequenz, nämlich (wochen-)täglich ausgestrahlt. Beziehungsshows greifen darüber hinaus in das Leben der Teilnehmer ein, welches in den Sendungen qua Konzept nicht nur präsentiert, sondern inszeniert wird.

In der öffentlichen Diskussion sind die 'intimen Formate' seit jeher vernichtend kritisiert worden. Die Zuschauer, die einen nicht unerheblichen Prozentsatz der deutschen Bevölkerung darstellen, werden oftmals als pathologische Gestalten bzw. als Voyeure bezeichnet, denen die Rezeption derartiger Sendungen einzig dazu dient, sich am Leid anderer zu ergötzen. Als Pendant zu jenen werden die Teilnehmer als mediengeile Exhibitionisten tituliert, denen bei der öffentlichen Zurschaustellung ihrer Person jedes gesunde Schamgefühl abgeht. Zwar sind zwischenzeitlich Untersuchungen veröffentlicht worden, die zu einer differenzierteren Sichtweise der Funktionen 'intimer Formate' für Zuschauer und Teilnehmer hätten beitragen können (vgl. Kapitel 3.4), leider finden diese in der öffentlichen Diskussion nicht allzuviel Beachtung. Leichter scheint es dem um 'political correctness' bemühten Betrachter zu fallen, die einschlägigen Angebote insbesondere privater Anbieter als maßgeblich beteiligt am Kulturverfall unserer Gesellschaft und als Bedrohung für Zuschauer und Teilnehmer abzuqualifizieren. Während die Kritiker vorgeben, entsprechende Sendungen, wenn überhaupt, zufällig zu rezipieren, sprechen sie Rezipienten und Studiogästen jegliche Eigenverantwortlichkeit im Umgang mit dem Medium ab (vgl. BENTE & FROMM, 1997a).

Medien und sozialer Wandel

Vergegenwärtigt man sich noch einmal die Tragweite des Phänomens, welches das Gesicht der deutschen Fernsehlandschaft nachhaltig verändert und maßgeblich geprägt hat, so scheint ein vornehmlich pathologisches Verhalten als Erklärungsmuster für das Interesse von Zuschauern und Gästen einseitig und undifferenziert und somit wenig zufriedenstellend. Unter Berücksichtigung des sozialen Wandels unserer Gesellschaft kann die mediale Entwicklung als ein überindividuelles, d.h. kollektives Phänomen verstanden werden. Dessen gesellschaftliche Bedeutung hängt eng mit dem Verlust einer verbindlichen Sinnorientierung zusammen, welche noch im vergangenen Jahrhundert für alle Gesellschaftsmitglieder einheitlich und gleichermaßen gegeben war. Mit fortschreitender Modernisierung wurden diese traditionellen Vorgaben von pluralistischen und immer individualisierteren Lebensauffassungen abgelöst. In einer Welt, die sich durch eine unüberschaubare Vielzahl potentiell realisierbarer Handlungsalternativen auszeichnet, ist der Einzelne auf sich selbst zurückgeworfen. Seine Identität ist nicht mehr von außen vorgegeben, sondern muß vom Individuum selbst produziert werden. Konsum- und Erlebnisorientierung sind die Sinnwelten unserer Zeit, die der Einzelne nutzt, um sich selbst zu verwirklichen und dieses Bestreben ist heute gleichbedeutend mit der Suche nach einem glücklichen Leben.

In der Fülle des Angebotes macht sich Orientierungsverlust breit, aus dem das Bedürfnis nach Verhaltensmodellen und Sinnvorgaben resultiert. Einmalige Entscheidungen in den verschiedensten Daseinsbereichen (z.B. in bezug auf Partnerschaft oder Beruf) genügen kaum, um kontinuierlich ein zufriedenstellendes Leben führen zu können. Zu schnell entwickeln sich alternative Gedankenwelten, neue Märkte und Angebote im Zeitalter der fortschreitenden Individualisierung und zu viele, nicht gelebte Optionen verheißen mehr Erfolg in bezug auf die angestrebte Selbstverwirklichung. Da die eigene Person mit ihren subjektiven Vorstellungen letztlich den einzigen Maßstab zur Beurteilung der gewählten Lebensführung bildet, muß sich der Einzelne von der Richtigkeit der getroffenen Entscheidungen immer wieder neu überzeugen und diese im Vergleich zu den konkurrierenden potentiellen Möglichkeiten abwägen. Zu diesem Zwecke tätigt er kommunikative Handlungen, die der eigenen Standortbestimmung dienen. Er reflektiert sich selbst im Verhältnis zu anderen Personen bzw. Situationen im sozialen Vergleich und zu sich selbst zu anderen Zeitpunkten und vergewissert sich auf diese Weise seiner selbstgewählten Identität. In Alltagshandlungen läuft dieser Vorgang mehr oder weniger implizit ab. Darüber hinaus ist in den letzten Jahrzehnten ein regelrechter Boom von öffentlichen bzw. institutionellen Einrichtungen zu beobachten, im Rahmen derer das zunehmende Bedürfnis nach expliziter Selbstthematisierung realisiert werden kann. Wurden Bekenntnisse traditionell beispielsweise in der christlichen Beichte abgelegt, sind es im Zuge des Bedeutungsverlustes der Kirche Selbsterfahrungsgruppen, Psychotherapien verschiedenster Provenienz, fernöstliche Philosophien und Ersatzreligionen bzw. Sekten, in denen sich der Einzelne seiner selbst und der Richtigkeit der gewählten Lebensauffassung vergewissern bzw. alternative Wege wählen kann.

Die Zuschauer: Fernsehen als Identitätsmarkt

Dieser Auffassung folgend kann auch das Fernsehen als ein Identitätsmarkt beschrieben werden, der Sinnangebote – welcher Güte auch immer – in bezug auf verschiedenste Lebensbereiche für die Zuschauer bereitstellt. Daß mediale Welten vom Rezipienten tatsächlich als Informationsquelle für den Bereich seiner sozialen Realität angesehen werden, für den es in unserer unüberschaubaren Welt wenig Haltepunkte gibt, belegen Forschungsbefunde zur Rezeptionsmotivation in bezug auf die einschlägigen Formate (vgl. BENTE, BAHß, DORANDO & HÜNDGEN, 1997). Nicht mehr nur im Alltagsgespräch, sondern in einer alltagsanalog inszenierten Fernsehunterhaltung kann der Zuschauer in idealer Weise den *para*sozialen Vergleich mit dem unprominenten Protagonisten tätigen (vgl. STRANGE, 1996; BENTE, BAHß, DORANDO & HÜNDGEN, 1997). So werden die in den Daily Talks dargebotenen Schicksale der unprominenten Protagonisten vom Rezipienten ins Verhältnis zum eigenen Leben gesetzt. Dieser Vorgang dient – analog dem sozialen Vergleich – der Definition der eigenen Identität und der Bestimmung des Platzes im sozialen Gefüge, sei es im Sinne einer Vorbildfunktion, einer Identifikation oder in der Abgrenzung von Andersartigem (vgl. BENTE & FROMM, 1997a).

Aufgrund der Ähnlichkeit, die die unprominenten Darsteller bzw. die von diesen präsentierten Schicksale mit dem Zuschauer aufweisen, wird der parasoziale Vergleich erleichtert. Der authentische Charakter der Formate scheint sich auch dahin gehend auszuwirken, daß Rezeptionsmotive wie 'Entspannung' und 'Eskapismus' in bezug auf diese Sendungen keine Rolle spielen (vgl. BENTE, BAHß, DORANDO & HÜNDGEN, 1997). Dieser Umstand hängt wahrscheinlich damit zusammen, daß es die große Nähe zum eigenen Alltag unmöglich macht, diesem in der Rezeption entfliehen zu können.

Entgegen der in der öffentlichen Diskussion verbreiteten Annahme erweisen sich Auffälligkeiten der Persönlichkeit bzw. der sozialen Situation der Zuschauer (z.B. Einsamkeit) im Zusammenhang mit dem Konsum der Sendungen als marginal (vgl. BENTE, BAHß, DORANDO & HÜNDGEN, 1997). Das oft in der Kritik gezeichnete Bild einer eher defizitären Persönlichkeitsstruktur bzw. eines aus sozial unbefriedigenden Konstellationen heraus motivierten Konsums ist somit nicht haltbar. So stehen beispielsweise einer vermuteten voyeuristischen Orientierung Befunde entgegen, gemäß denen – wenn überhaupt – ein negativer Zusammenhang zwischen der Rezeption einschlägiger Formate und dem Bedürfnis nach Thrill und Sensation ermittelt wurde. Vielmehr ist die Lebenshaltung des an 'intimen Formaten' interessierten Zuschauers eher an einem familiären Kontext orientiert und findet sich in Werthaltungen wie dem Bedürfnis nach Sicherheit, Moral und Anstand wieder (vgl. BENTE, BAHß, DORANDO & HÜNDGEN, 1997).

Die Teilnehmer: Fernsehen als Bekenntnisforum

Ebenso muß das in der Presse vorherrschende Klischee vom exhibitionistischen, mediengeilen Studiogast revidiert werden. Vielmehr zeichnen die im Rahmen der vorliegenden Analyse erarbeiteten Befunde ein differenziertes Bild von Personen, die bestrebt sind, im Fernsehauftritt private Belange zu veröffentlichen. Zum einen unterscheiden sich die Befragten stark in ihrer persönlichen Bedürfnis- bzw. Problemstruktur, so daß einige zwar als 'mühselig und beladen' beschrieben werden können oder andere 'exhibitionistische Veranlagungen' aufweisen, dies trifft aber keineswegs für alle Studiogäste zu. Auch hinsichtlich der persönlichen Beweggründe zur Teilnahme an Talk- und Beziehungsshows konnten erhebliche individuelle Unterschiede ermittelt werden, die sich sowohl auf die Ausformung und die Intensität, als auch auf die Anzahl der aufgefundenen Motive beziehen. So ist der Auftritt bei einigen Teilnehmern durch nur einen Beweggrund motiviert

– beispielsweise, weil diese einmal erleben wollen, wie Fernsehen gemacht wird –, während bei anderen Personen vier bis fünf thematisch abgrenzbare Motive existieren. Die Motivstrukturen selbst sind nicht rein individueller Natur, sondern weisen, den theoretischen Ausführungen folgend, darüber hinaus eine kollektive bzw. institutionsäquivalente Funktion auf. Diese kann einerseits aus dem Verlust traditioneller Sinnmuster heraus interpretiert werden, andererseits ist sie als Manifestation neuer Orientierungen, die im Zuge der Individualisierung Bedeutung erlangt haben, zu verstehen. Das Fernsehen hat das immer stärker werdende Bedürfnis nach Selbstthematisierung mit der Lancierung 'intimer Formate' aufgegriffen und ist selbst zum Bekenntnisforum avanciert (vgl. MÜLLER, 1994). In Daily Talks und Beziehungsshows beispielsweise kann der Normalbürger seine individuelle Lebensauffassung veröffentlichen, aber auch im Verhältnis zu einer anderen Person thematisieren, sei es in der Zuwendung oder in der Abgrenzung. Dabei ist es zunächst unerheblich, ob es sich bei diesem Vorgang um einen expliziten Schritt oder eine eher unbewußte Handlung handelt, die von anderen offensichtlicheren Beweggründen überlagert wird. In jedem Falle stellt der Auftritt eine kommunikative Handlung dar, die – wie letztlich jede Kommunikation – der Behandlung der eigenen Wirklichkeit und der Thematisierung der individuellen Identität gilt. Im Bekenntnis vor sich selbst ('in foro interno') und vor anderen kann die Identität einerseits festgestellt, andererseits zu ändern versucht werden (vgl. HAHN, 1982). Allerdings gilt es bei der medialen Kommunikation in Abgrenzung zur Alltagssituation spezifische Kommunikationsbedingungen zu beachten, anhand derer bereits herausgestellt werden kann, daß es sich hier nicht um einen Ersatz, sondern um eine eigene Kommunikationsform handelt. Diese bietet aufgrund ihrer Medialität entscheidende Vorteile gegenüber unvermittelten Situationen, welche sich beispielsweise aus der großen Menge potentiell erreichbarer Adressaten ergibt. Eine weitere Besonderheit der medialen Kommunikationssituation liegt in der fehlenden Feedback-Möglichkeit für die vor dem Bildschirm sitzenden und in die persönlichen Geschichten des Studiogastes involvierten Personen. Diese können im Moment des Auftritts nicht unmittelbar auf den Teilnehmer reagieren, ihn unterbrechen oder sich selbst darstellen. Sie müssen zuhören. In Beziehungsshows hingegen werden Dritte durch das Moment der Überraschung gezwungen, vor der Kamera Stellung hinsichtlich ihres Verhältnisses zum Studiogast zu beziehen. Des weiteren wird das Medium von vielen Teilnehmern mit Ruhm und Macht assoziiert und kann dieser Interpretation gemäß als Lobby verstanden werden, wenn es darum geht, private Bedürfnisse, beispielsweise in bezug auf den

Gesetzgeber aber auch gegenüber nahestehenden Personen durchzusetzen. In diesem Zusammenhang sei auch auf das Interesse an Verbrauchersendungen wie beispielsweise 'Wie bitte?' (RTL) verwiesen. Unter Berücksichtigung der Funktionen, die dem Medium als Institutionsäquivalent und kollektivem Bedeutungsträger beigemessen werden sowie der spezifischen Kommunikationssituation und deren Chancen ergeben sich acht kollektive Typen als Beweggründe zum Auftritt, die im folgenden kurz zusammengefaßt werden:

Der Fernseh-Star

In unserer Gesellschaft, die sich durch einen Verlust äußerer Verhaltensvorgaben auszeichnet, hat sich die Bedeutung von Handlungen zugunsten einer zunehmenden Innenorientierung verlagert. Im Rahmen der Identitätskonstruktion, die heute mit Selbstverwirklichung gleichgesetzt wird, ist das Erleben einer Handlung nicht mehr nur eine Begleiterscheinung, sondern wird zu derem eigentlichen Sinn und Zweck (vgl. SCHULZE, 1992). Die Suche nach Erlebnissen ist gleichbedeutend mit Flucht vor Langeweile sowie mit Suche nach Abwechslung und Spannung. Für den Fernseh-Star stellt das Bedürfnis, sich selbst zu erleben und dabei gleichzeitig Aufmerksamkeit von anderen zu erfahren, ein psychisches Grundprinzip dar, welches jener auch in Alltagshandlungen zu befriedigen sucht. Insofern scheint dieser Typus am ehesten dem in der Presse gängigen Bild des 'Exhibitionisten' zu entsprechen, berücksichtigt werden muß aber, daß dieser Beweggrund nur bei ca. einem Viertel der Befragten ermittelt wurde und nur in einem Fall das einzige Motiv zur Teilnahme darstellte. Im Fernsehauftritt kann der Fernseh-Star sein Bedürfnis nach Selbsterleben und Erlebtwerden in idealer Weise realisieren. Dabei liegt der Reiz der medialen Kommunikationssituation in der Aufhebung der räumlichen Begrenztheit, denn diese stellt im Vergleich zum Alltag eine Potenzierung der Möglichkeiten zur Selbstinszenierung dar. Zudem muß der Fernseh-Star für eine Teilnahme an einer Talk- oder Beziehungsshow keinerlei weitere Qualifikationen aufweisen als seine eigene authentische Geschichte vor laufender Kamera präsentieren zu können. Die Veröffentlichung der privaten Erlebnisse dient dabei zumeist nur als Aufhänger, um in die Sendung zu kommen. Sich selbst im Mittelpunkt der ungewohnten Situation und von einem Millionenpublikum beachtet zu erfahren, verheißt Spannung und Abwechslung und führt zu einer Erhöhung der Bedeutung der eigenen Person. Diese steht im Zusammenhang mit der Relevanz, die dem Medium selbst zugedacht wird, denn Fernsehen wird mit Glamour, Prominenz, Unkonventionalität und teilweise auch mit Macht assoziiert. Auf diese Weise avanciert der

Studiogast aufgrund seiner Präsenz im Medium selbst zur prominenten Person. Reaktionen von Freunden, aber auch von Fremden im Anschluß an den Auftritt belegen derartige Wirkungen. So wird dem Fernseh-Star zumeist Lob und Anerkennung zuteil und oftmals wird dieser für kurze Zeit selbst wie ein Star hofiert, denn für sein Umfeld ist ein Auftritt im Fernsehen immer noch etwas Besonderes. Das positive Erleben der Auftrittssituation und die soziale Bestätigung, die der Fernseh-Star im Anschluß an den Auftritt erfährt, wecken häufig das Bedürfnis nach einem erneuten Schritt ins Fernsehen und dieser Wunsch kann in manchen Fällen als Sucht empfunden werden.

Der Patient

Unsere pluralistische Gesellschaft zeichnet sich durch ein Nebeneinander verschiedenster sinnstiftender bzw. -vermittelnder Praktiken aus, welches sich auch auf die psychotherapeutische und medizinische Gesundheitsversorgung bezieht. Das Fernsehen selbst hat sich schon früh als Lobby für psychisch und körperlich Kranke empfohlen. Indem es dem Zuschauer die vielfältigen Orientierungsangebote in Ratgebersendungen näherbringt (vgl. MOHL, 1979), hat es ihm schon manchen Weg in eine Praxis erspart (vgl. BERGER & LUCKMANN, 1995). Mit der Expansion des Mediums wuchs das Angebot und seit der Lancierung 'intimer Formate' wird beispielsweise in Daily Talks über jedes nur erdenkliche körperliche wie psychische Problem getalkt. Dabei dienen diese Sendungen weniger der Vermittlung von Wissen durch Experten, als daß hier die Betroffenen selbst zu Wort kommen, um ihre persönlichen Erfahrungen vor laufender Kamera mitzuteilen. Obwohl es sich bei Talk- und Beziehungsshows vornehmlich um Unterhaltungssendungen handelt, nimmt der dem Typus 'Patient' zugehörige Studiogast an diesen teil, um im Auftritt persönliche und/oder psychische Probleme zu bewältigen. Diese können – je nach individueller Situation – mehr oder weniger stark ausgeprägt sein und manche Teilnehmer haben im Alltag schon alles Mögliche versucht, um Abhilfe für ihre Beschwerden zu schaffen, letztlich jedoch ohne Erfolg. Je nach Art des Problems müssen – im Zusammenhang mit dem Thema der Sendung – unterschiedliche Therapieziele differenziert werden: So kann der Auftritt (1) den Charakter einer Arztkonsultation annehmen, beispielsweise, wenn der Gast zu einem Gesundheitsthema wie z.B. 'Schwitzen' auftritt und hofft, auf diese Weise hilfreiche Tips für sein Problem zu bekommen. Dabei hat der Patient im Auftritt die Chance, mit kompetenten Experten zusammenzutreffen, zu denen im Alltag mangels Beziehungen oder finanzieller Möglichkeiten kein Kontakt hergestellt werden kann. (2) Der Auftritt kann eine Selbsterfahrung – im Sinne einer psychotherapeutischen Behandlung – darstellen. Deckt sich das persönlich belastende Problem mit dem Thema der Sendung, hat dessen Bekanntgabe den Charakter eines öffentlichen Bekenntnisses. Der Patient legt seine privaten Schwierigkeiten vor einem großen Publikum offen, hofft er auf kathartische Wirkungen, indem er sich das Problem 'von der Seele redet'. Der Schritt in die Öffentlichkeit ist mit dem Wunsch nach Überwindung der persönlichen Ängste verbunden und dient der Desensibilisierung beispielsweise von Schüchternheit. Dabei kann das Medium als Lobby fungieren, da es die persönlichen Nöte des Patienten ernst nimmt. Indem diese für so wichtig befunden werden, daß ihnen eine Sendung gewidmet wird, erhalten sie gesellschaftliche Relevanz über den privaten Rahmen hinaus. Aus diesem Umstand heraus erhofft sich der Patient mehr Verständnis und Anteilnahme von seinen Mitmenschen. Teilweise werden gruppentherapeutische Aspekte relevant; der Patient hat das Bedürfnis, sich im Gespräch mit den anderen, ebenfalls betroffenen Studiogästen austauschen zu können und sich somit als nicht alleine mit seinen Schwierigkeiten zu erfahren. (3) Der Auftritt kann zur Selbstbehandlung psychischer Beschwerden genutzt werden, selbst wenn diese nicht das Thema der Sendung darstellen. In diesem Falle ist der Schritt ins Fernsehen als ein Bekenntnis 'in foro interno', d.h. vor sich selbst (vgl. HAHN, 1982) zu verstehen, welches für das Publikum nicht ersichtlich wird. Im Sinne einer Mutprobe nimmt der Patient die ungewohnte und stressige Situation bewußt in Kauf, beispielsweise um persönliche Hemmungen zu überwinden. Sowohl das öffentliche Bekenntnis als auch das Bekenntnis 'in foro interno' dienen dem Patienten dazu, die persönlichen Probleme zu reduzieren, indem ein Wechsel der Selbstdefinition herbeigeführt werden soll (vgl. HAHN, 1982). Rückwirkend beurteilen die meisten Patienten ihren Auftritt positiv. Sie geben an, die Prüfungssituation erfolgreich gemeistert zu haben und/oder haben hilfreiche Tips für ihre persönlichen Probleme erhalten. Nach einem öffentlichen Bekenntnis wird dem Patienten im Anschluß an den Auftritt oftmals mehr Verständnis der Umgebung zuteil; im Austausch mit anderen Betroffenen erfährt er, daß er mit seinen Problemen nicht alleine ist. Somit erlaubt der Auftritt dem Patienten, die Tragweite seines Problems und seinen Platz im sozialen Gefüge zu bestimmen (vgl. KATRIEL & PHILIPSEN, 1990). Aber trotz dieser häufig positiven Schilderungen muß eine Überwindung insbesondere schwerwiegender psychischer Schwierigkeiten im Sinne eines psychotherapeutischen Erfolges – schon aufgrund der Einmaligkeit des Auftritts – bezweifelt werden (vgl. MEHL, 1996). Es ist zu vermuten, daß das Gefühl, die Selbstdarstellung souverän gemeistert zu haben und soziale Anerkennung ein kurzzeitiges

Hochgefühl erzeugen, langfristig die Probleme allerdings wieder zu Tage treten werden.

Der Kontaktanbahner/Verehrer

Partnerwahl und Eheschließung unterlagen noch im letzten Jahrhundert strengen Reglementierungen, etwa in bezug auf Standesschranken, Rassen- und Religionszugehörigkeit der Partner. Als vorwiegend ökonomisches Arrangement galt die Ehe als Existenzsicherung der Familie und wurde von dieser initiiert (vgl. BECK & BECK-GERNSHEIM, 1990). Mit dem Bedeutungsverlust traditioneller Werte hat sich die Auffassung von Partnerschaft und Familie in unserer Gesellschaft grundlegend geändert. Es gilt, sich selbst und seine persönlichen Bedürfnisse mit Hilfe eines Partners und in einer Partnerschaft zu verwirklichen. An die Stelle einer Identität, die ihre Festigkeit aus rechtlichen und kirchlichen Vorgaben bezieht, ist eine 'personenbezogene Stabilität' (vgl. BECK & BECK-GERNSHEIM, 1990) getreten. Dieses Verständnis von Beziehung legt nahe, warum der Person des Partners eine immer höhere Bedeutung beigemessen wird, denn dieser dient der Stabilisierung der eigenen Identität. Somit tragen die großen Freiheiten, die der Einzelne in bezug auf die Wahl des Partners wie auf die Wahl der Beziehungsform (z.B. polygame, hetero- oder homosexuelle Beziehung) hat, zur Verunsicherung hinsichtlich der Richtigkeit des gewählten Lebensstils bei. Noch nie waren Partnerschaften so instabil wie heute, was sich beispielsweise in dem Umstand zeigt, daß die Scheidungsrate heute ihren historischen Höchststand erreicht hat. In unsicheren Zeiten wird das Bedürfnis nach Sicherheit und Nähe (vgl. BECK-GERNSHEIM, 1997) immer dringlicher. Mit Beziehungsshows wie 'Nur die Liebe zählt' stellt das Fernsehen dem Religiösen äquivalente Praktiken (vgl. REICHERTZ, 1995a, 1996) bereit, die als Rückbesinnung auf verlorengegangene Werte verstanden werden können. Der Verehrer nimmt an der Sendung teil, um öffentlich ein Liebesbekenntnis gegenüber dem potentiellen Partner abzulegen und leistet auf diese Weise einen Treueschwur. Der öffentliche und damit institutionelle Charakter des Auftritts wird dabei als unumstößlicher Beweis der Liebe aufgefaßt, denn selbst das Risiko einer Zurückweisung vor einem Millionenpublikum wird in Kauf genommen. Der Kontaktanbahner nutzt den Auftritt ebenfalls zur Initiierung einer Beziehung, er unterscheidet sich vom Verehrer aber in bezug auf den Adressaten des veröffentlichten Beziehungswunsches. Für den Kontaktanbahner erfüllt der Auftritt in der Beziehungs- aber auch in einer Talk-Show die Funktion einer 'visuellen Kontaktanzeige' (vgl. PAPE, 1997). Indem der Kontaktanbahner seinen Appell an die Masse der ihm persönlich unbekannten Fernsehzuschauer richtet, hofft er – aufgrund der Medialität der Situation – weit mehr potentielle Anwärter erreichen zu können, als dies in der Alltagssituation möglich ist. Darüber hinaus kann der Auftritt vom Verehrer wie vom Kontaktanbahner als außergewöhnliche Form der Beziehungsanbahnung verstanden werden. Diese ist vor dem Hintergrund einer zunehmenden Erlebnisorientierung (vgl. SCHULZE, 1992) zu interpretieren, steht der Teilnehmer doch im Mittelpunkt der Inszenierung und demonstriert auf diese Weise Individualität bei der Verwirklichung seiner Werbung. Dabei eignet sich der Auftritt nicht nur zur Partnersuche in bezug auf konventionelle Beziehungen. Vielmehr können auch gesellschaftlich eher randständige Beziehungsformen wie beispielsweise die Polygamie als alternativer Lebensstil angestrebt werden. Die Reaktionen der vor dem Bildschirm angesprochenen Personen auf die Eigeninitiative des Teilnehmers können sowohl positiv als auch negativ ausfallen. Dennoch wird der Auftritt sogar von einem Verehrer, der in der Sendung 'Nur die Liebe zählt' eine öffentliche Zurückweisung erfährt, rückwirkend positiv beurteilt. Dies scheint mit der allgemein bestätigenden sozialen Resonanz zusammenzuhängen, die fast allen Verehrern/Kontaktanbahnern zuteil wird und die diese als Bestätigung der eigenen Person erleben, selbst wenn ein geeigneter Partner noch auf sich warten läßt.

Der Rächer

Öffentliche Strafformen wie die Prangerstrafe bildeten vor Einsetzen der Modernisierung einen zentralen Bestandteil unseres Rechtssystems. Neben der abschreckenden Wirkung lag die Bedeutung der Öffentlichkeit bei der Vollstreckung der Strafe im Ehrverlust für den Täter und damit in dessen Freigabe zur allgemeinen Verspottung. Letztere wurde auch als Anerkennung der Rechtsgültigkeit des Aktes durch das Volk verstanden. Mit der Abschaffung öffentlicher Ehrenstrafen im Zuge der Änderung des Rechtssystems ging diese Funktion von Strafe weitestgehend verloren. Damit wurde auch durch das Vergehen des Täters geschädigten Personen wie beispielsweise dem betrogenen Ehemann die Möglichkeit genommen, im gesellschaftlichen Rahmen Vergeltung zu erfahren. Das Bedürfnis nach öffentlicher Vergeltung, das aus einer Verletzung des Selbstbildes resultiert, ist indes nicht verlorengegangen. Vielmehr wird das Verhalten einer anderen Person in bezug auf die eigene Identität mit Fortschreiten der Individualisierung als immer bedeutsamer erlebt, da sich der Einzelne in der Beziehung zu anderen, beispielsweise in der Partnerschaft, definiert. Nahestehende Personen und insbesondere der Partner nehmen daher heutzutage einen zentralen Stellenwert im Rahmen der eigenen Identitätsbildung ein (vgl. BECK & BECK-GERNSHEIM, 1990). Wird das Verhalten eines anderen als bedrohlich für die eigene Identität empfunden, müssen Maßnahmen ergriffen werden, um das Selbstbild wieder herzustellen. Im Zeitalter der 'Selbstorganisation' (vgl. BECK, 1997) nimmt der Einzelne sein Leben selbst in die Hand und das Fernsehen hat in diesem Zusammenhang ein öffentliches Forum bereitgestellt, das von Betroffenen im Sinne eines Institutionsäquivalents des Prangers genutzt werden kann. Im Auftritt wird dem Rächer die Möglichkeit gegeben, öffentlich Vergeltung für ein seiner Meinung nach ungerechtfertiges Verhalten einer ehemals nahestehenden Person zu üben. Verhaltensweisen wie Ehebruch, Verleumdung und Betrug belasten die persönliche Situation des Rächers in fundamentaler Weise. Die unrühmlichen Handlungen der einst vertrauten Person haben zur Störung der Kommunikation, wenn nicht gar zum völligen Abbruch der Beziehung geführt, der Rächer fühlt sich hilflos und ungerecht behandelt. Im Alltag stehen ihm keine adäquaten Handlungsmöglichkeiten mehr zur Verfügung, um den anderen zur Verantwortung zu ziehen und dessen Schuldgeständnis einzufordern. Daher sieht er im Auftritt oftmals die einzige Möglichkeit, mit der ehemals nahestehenden Person überhaupt in Kontakt treten zu können und ist bestrebt, sich an dieser für ihr unfaires Verhalten zu rächen. In der öffentlichen Situation kann der Rächer das Gefühl der Ohnmacht für kurze Zeit ablegen und ist einmal selbst 'Herr der Lage'. Hier veröffentlicht er seine persönliche Perspektive der gemeinsamen Geschichte. Der angeprangerten Person hingegen ist es aufgrund der fehlenden Feedback-Möglichkeit der medialen Situation nicht möglich, dem Rächer bei seinen subjektiv gefärbten Ausführungen Einhalt zu gebieten bzw. sich zu verteidigen. Der Auftritt dient dem Rächer zur öffentlichen Degradierung der anderen Person sowie zur Rechtfertigung des eigenen Handelns, mit der eine Rehabilitierung der eigenen Person angestrebt wird. Aufgrund der großen Reichweite des Mediums ist die Aufmerksamkeit der Öffentlichkeit garantiert. Damit ist es wahrscheinlich, daß die angesprochene Person vom Auftritt des Rächers erfährt, auch wenn sie selbst die Sendung gar nicht sieht. Zwar treten die angeklagten Personen nicht persönlich im Medium in Erscheinung, aufgrund der Schilderungen des Rächers sind sie aber für das persönliche Umfeld eindeutig identifizierbar. Der Vergeltungsakt wird vom Teilnehmer immer als Genugtuung für die eigene Person erlebt. Dabei hat der Auftritt nicht nur die Funktion eines öffentlichen Bekenntnisses, das der Distanzierung von der ehemals geliebten Person dient, sondern ist ferner als Bekenntnis vor sich selbst zu verstehen: In der öffentlichen Distanzierung vergewissert sich der Rächer seiner Gesinnung und leitet somit einen Identitätswechsel im Verhältnis zur anderen Person ein; die Ablösung von dieser wird aktiv vollzogen. Damit übernimmt der Auftritt eine Abschlußfunktion, denn nachdem der Konflikt öffentlich vorgetragen wurde, gilt er für den Rächer als beendet. Von Freunden und Bekannten wird dem Teilnehmer für sein Handeln meist positive soziale Resonanz zuteil, der Racheakt vornehmlich als 'mutig' eingeschätzt. Negative Reaktionen, die der Rächer von der angeprangerten Person oder dieser Nahestehenden erfährt, bestätigen den Erfolg des Vergeltungsaktes, da dieser offensichtlich die beabsichtigten Wirkungen zeitigt.

Der Anwalt in eigener Sache

Als Institution dient das Gesetz der Kontrolle menschlichen Verhaltens innerhalb einer Gemeinschaft (vgl. BERGER & LUCKMANN, 1969) und garantiert auf diese Weise ein funktionierendes Zusammenleben. Modernisierungsvorgänge in unserer Gesellschaft haben zu einer Ausdifferenzierung möglicher Handlungsrollen geführt. Um diese ständig wachsende Vielfalt sozialen Verhaltens zu legitimieren, ist ein hochkomplizierter und differenzierter Gesetzesapparat notwendig. Die Gesetzgebung aber kann der rasenden Geschwindigkeit, mit der sich immer individualisiertere Handlungsformen manifestieren, kaum mehr Rechnung tragen. Diese Problematik führt zum Fehlen adäquater Gesetze, was am Beispiel homosexueller Partnerschaften verdeutlicht werden kann. Zwar werden diese in unserer Gesellschaft weitestgehend toleriert, die gesetzliche Gleichstellung hetero- und homosexueller Beziehungen läßt aber immer noch auf sich warten. Ein Beispiel aus einem anderen Bereich ist die fehlende gesetzliche Handhabe zur Regelung der Verantwortlichkeit im therapeutischen Bereich bei sexuellem Mißbrauch von Patienten. Für die Betroffenen geht der Gesetzesspruch bzw. die juristisch nicht eindeutig zu klärende Sachlage häufig nicht nur mit finanziellen Problemen einher, sondern wird darüber hinaus als ungerechtfertigte Schuldzuweisung erlebt. Durch soziale Reaktionen kann das Schuldgefühl noch verstärkt werden, denn teilweise wird dem Opfer in seiner belastenden Situation wenig Verständnis entgegengebracht. Vielmehr wird jenem häufig eine Mitschuld an seiner mißlichen Lage attestiert. Rechtliche wie soziale Belastungen führen zur Verletzung des Selbstbildes. Wird im privaten Rahmen Unterstützung erfahren, reicht diese oftmals nicht aus, um das Selbstbild zu korrigieren. Zudem hat das Opfer als einzelne Person kaum die Möglichkeit, Einfluß auf die Gesetzgebung auszuüben. Für den Anwalt in eigener Sache fungiert das Fernsehen als Lobby, wenn er den Schritt in die Öffentlichkeit zur Thematisierung seiner prekären Lage nutzt. Dabei hofft er, daß auf diese Weise Druck auf den Gesetzgeber ausgeübt wird und dieser zur Änderung der gesetzlichen Lage gezwungen wird. Über das Fernsehen können zudem weitere vom Problem betroffene Zuschauer dazu aufgerufen werden, sich nicht mit der unbefriedigenden Situation abzufinden, sondern ebenfalls gegen diese vorzugehen. Indem sich der Anwalt in eigener Sache öffentlich zu seinem Problem bekennt, gibt er die Verantwortung für die Schuld ab und kann diese anderen zuweisen, sei es dem Gesetzgeber oder aber den in die Problematik involvierten Personen, die gesetzlich nicht belangt werden konnten. Aber gleich, ob der Anwalt in eigener Sache seine persönlichen Belange in der Sendung als adäquat behandelt erlebt oder nicht, die Hoffnung, durch einen einzigen Auftritt eine Gesetzesänderung erwirken zu können, erweist sich meist als chancenlos. Die Möglichkeiten des Mediums scheinen hier überschätzt zu werden. Diese Erfahrung kann einerseits dazu führen, daß sich der Anwalt in eigener Sache aus der Öffentlichkeit zurückzieht, andererseits kann – trotz Ausbleiben des Erfolges – eine weitere Zusammenarbeit mit den Medien angestrebt werden. Eine positive Bewertung des Auftritts hängt wahrscheinlich eher mit allgemein anerkennenden Kommentaren des Umfeldes zusammen – etwa in bezug darauf, die ungewohnte Situation souverän gemeistert zu haben – als mit der Durchsetzung der angestrebten Belange. Negative soziale Resonanz allerdings kann vorhandene Schuldgefühle noch verstärken.

Der Ideologe

Mit der Pluralisierung unserer Gesellschaft ging eine Vielzahl potentiell realisierbarer Lebensstile einher. Der Wegfall von Reglementierungen des Handelns führte zur Wählbarkeit der individuellen Lebensbiographie, welche heutzutage vornehmlich im Hinblick auf die Befriedigung persönlicher Bedürfnisse erstellt wird. Aus der Unsicherheit heraus, aus der Vielzahl von Handlungsoptionen das Richtige auszuwählen, resultiert ein Anlehnungsbedürfnis, das sich in Gruppenbildungen niederschlägt (vgl. SCHULZE, 1992). Gleichzeitig demonstriert der Handelnde seine Überzeugung bezüglich der getroffenen Entscheidungen, indem er selbst aktiv wird, beispielsweise in Vereinen oder Selbsthilfegruppen und sich hier für seine persönlichen Auffassungen einsetzt. Mit der Einführung 'intimer Formate' hat das Fernsehen dem Bürger ein weiteres Forum geschaffen, in dem dieser seine individuellen Lebensauffassungen über den privaten Rahmen hinaus propagieren kann. Über deren moralischen Gehalt ist damit nichts ausgesagt.

Die mediale Verbreitung garantiert dem Ideologen, daß dieser mit der Verkündigung seiner Botschaft weit mehr Menschen erreichen kann, als dies in alltäglichen Situationen möglich ist. Dabei ist das Bedürfnis, dem Zuschauer als Vorbild zu dienen bzw. ihm zu helfen, indem die eigene Welt als mögliche Sinnalternative angeboten wird, für den Ideologen von zentraler Relevanz. Gleichzeitig präsentiert sich der Teilnehmer vor dem Millionenpublikum als Vertreter einer bestimmten Lebensauffassung und behandelt damit in gewisser Weise seine eigene Identität: Im öffentlichen Bekenntnis prüft er seine ideologische Standfestigkeit, grenzt sich gegen anderslautende Auffassungen ab und vergewissert sich damit der Richtigkeit des subjektiv gewählten Lebensstils. Der Inhalt der Botschaften kann sich auf verschiedenste Bereiche der Lebensführung beziehen wie z.B. Treue in der Partnerschaft, Emanzipation der Frau oder auch Zen-Buddhismus als Lebensphilosophie. Meist steht die Botschaft in engem Zusammenhang zum Thema der Sendung. Neben in der Öffentlichkeit bereits etablierten Themen können auch bisher in unserer Gesellschaft eher tabuisierte Lebensstile wie beispielsweise Polygamie angesprochen werden. Hier wird das Fernsehen als Lobby verstanden, denn indem es umstrittene Inhalte aufgreift, legitimiert es diese als gesellschaftlich relevant. In diesem Zusammenhang soll auch Verständnis für das eigene Anderssein geweckt werden, welches mit der Hoffnung auf gesellschaftliche Anerkennung verbunden ist. So wünscht sich der Ideologe, mit seiner Botschaft etwas bewegen zu können und dadurch für sich selbst und für andere eine befriedigerende Lebenssituation herzustellen. Ob die öffentliche Behandlung der Themen tatsächlich Hilfestellung für die Akzeptanz von Minderheiten leistet, kann an dieser Stelle nicht geklärt werden. Der Auftritt und die sich an diesen anschließenden Wirkungen werden von den Teilnehmern meist als Erfolg und damit als Bestärkung der eigenen Identität erlebt. Indem sich der Ideologe von seinen Kritikern distanziert, werden auch negative Reaktionen zur Bestätigung der persönlichen Überzeugung herangezogen. Insgesamt allerdings bezieht sich die soziale Resonanz nur vereinzelt auf die veröffentlichte Botschaft und die Bestätigung der Lebensauffassung bzw. der selbstgewählten Identität scheint sich selten aus den propagierten Inhalten zu ergeben. Vielmehr werden meist die allgemeine Anerkennung oder/und das Gefühl, den Auftritt souverän gemeistert zu haben als bestärkend erlebt. Aufgrund der Aufbereitung des Themas im Rahmen der Sendung wird die Funktion der Sendung als Sprachrohr für die persönliche Ideologie allerdings von einigen Teilnehmern in Frage gestellt.

Der Propagandist

Der Propagandist kann als Vertreter einer Ideologie verstanden werden, die sich, im Gegensatz zu der des Ideologen, einer materialistischen Lebensauffassung verschrieben hat. Diese resultiert aus der Konsumorientierung unserer marktwirtschaftlich orientierten Multioptionsgesellschaft (vgl. GROSS, 1994), die materielle Interessen in den Dienst der Selbstverwirklichung stellt. In diesem Sinne ist die Konstruktion der Identität des Einzelnen eng mit dessen Konsumansprüchen verknüpft, über welche sich der Einzelne definiert und nach außen hin präsentiert. Vor diesem Hintergrund kann der Auftritt in einem 'intimen Format' als lukratives Geschäft verstanden werden, das mit monetären und kommerziellen Interessen verbunden ist. In diesem Sinne stellt der Schritt ins Fernsehen eine Vermehrung in bezug auf solche Optionen dar, die der Verwirklichung des materiell orientierten Lebensstils dienen. Im Vergleich zu einer Arbeit, die mit durchschnittlichen Stundenlöhnen bezahlt wird, kann der Auftritt, für den die Teilnehmer eine Aufwandsentschädigung zwischen 100 und 1000 Mark erhalten, mit relativ wenig Aufwand getätigt werden. Daneben können Informationen zum Zwecke der Eigenwerbung veröffentlicht werden, so etwa das vom Propagandisten betriebene Einzelhandelsgeschäft oder eine andere ausgeübte Profession (z.B. als Hotelier, Therapeut oder Zen-Lehrer). Die große Breitenwirkung der medialen Situation verheißt eine potentielle Chance auf mehr Kundschaft. Dabei dient das Thema meist nur als Aufhänger, um in die Sendung zu kommen. Im Auftritt muß der Propagandist zuweilen erleben, daß es ihm nicht gelingt, Werbung zu betreiben. Dieser Umstand kann damit zusammenhängen, daß das Thema der Sendung kaum Berührungspunkte mit der zu lancierenden Information aufweist, beispielsweise, wenn es um die erste Liebe geht und die Teilnehmerin bestrebt ist, für ihre Mode-Boutique zu werben. Aber selbst, wenn es dem Propagandisten gelingt, kommerzielle Interessen zu thematisieren, muß dies nicht unbedingt Wirkung in Anschluß an den Auftritt zeitigen und die potentielle Kundschaft kann ausbleiben. Während die Bewerbung von Produkten und Dienstleistungen somit nicht immer durchgesetzt werden kann, ist die Befriedigung monetärer Bedürfnisse durch die Teilnahme garantiert. Das mit dem Auftritt verdiente Geld kann genutzt werden, um die persönlichen Erlebnis- bzw. Konsumansprüche zu befriedigen und sich einmal etwas außer der Reihe zu gönnen. Selbst wenn sich während des Auftritts für den Propagandisten keine Möglichkeit bietet, Werbung zu betreiben, bzw. wenn die erhoffte Kundschaft im Anschluß an die Ausstrahlung der Sendung ausgeblieben ist, wird der Schritt in die Öffentlichkeit durchweg positiv beurteilt. Der

Propagandist versteht ihn als eine gute Übung zur Thematisierung finanzieller Interessen. Zudem erfährt er nach dem Auftritt zumeist soziale Anerkennung allgemeiner Natur für das souveräne Verhalten in der ungewohnten Situation. Weiteren Auftritten zeigt sich der Propagandist dementsprechend nicht abgeneigt.

Der Zaungast

Als Produkt des technologischen Fortschritts kommt dem Fernsehen in unserer Gesellschaft zentraler Stellenwert zu. Die Medienindustrie boomt, hier werden lukrative Arbeitsplätze bereitgestellt und Gelder in Milliardenhöhe bewegt. Die Expansion der Branche gründet sich nicht zuletzt auf die stetig wachsende Freizeitorientierung, so daß der deutsche Durchschnittsbürger mittlerweile ca. drei Stunden täglich vor dem Fernsehgerät verbringt. Fernsehen ist zur am häufigsten ausgeübten Freizeitbeschäftigung avanciert (vgl. OPASCHOWSKI, 1988). Dabei hat das Medium handlungsstrukturierende Funktion in bezug auf den Alltag übernommen, welcher nach dem Fernsehprogramm ausgerichtet werden kann (vgl. REICHERTZ, 1996). Die (wochen-)tägliche Ausstrahlung beispielsweise von Talk-Shows, Infotainment-Magazinen und Nachrichten trägt zur Intensivierung dieser zeitstrukturierenden Dimension des Fernsehens bei. Aber auch die Inhalte, die versendet werden, gewinnen für die Konstruktion der individuellen Wirklichkeit immer weiter an Bedeutung. Zu den prominenten Moderatoren beispielsweise werden parasoziale Beziehungen (vgl. HORTON & WOHL, 1956; BERGHAUS & STAAB, 1995; BENTE, BAHß, DORANDO & HÜNDGEN, 1997) aufgebaut, die aufgrund ihrer Dauerhaftigkeit und Verläßlichkeit hohe Ähnlichkeit mit sozialen Bindungen aufweisen. Die Moderatoren sind jedoch nicht nur Vertraute, sondern repräsentieren darüber hinaus zentrale gesellschaftliche Werte wie Prestige, Prominenz und finanziellen Erfolg. Die Macher haben die Idee, die den persönlichen Alltag begleitenden Sendungen durch Zugang zu den Produktionsstätten als Zuschauer einmal aus der Nähe erleben zu können, als eine weitere gewinnbringende Marktlücke entdeckt. Der Blick hinter die Kulissen der Institution 'Fernsehen' ist somit als selbstreferentieller Akt zu verstehen: Indem das Medium über sich informiert und sich präsentiert, trägt es noch zur Erhöhung der eigenen Publizität bei und verstärkt die Bindung der Zuschauer an das Programm. In diesem Zusammenhang stellen 'intime Formate' weitere Möglichkeiten bereit. Der Zaungast, für den ein derartiges Interesse den Beweggrund zur Teilnahme an einer Sendung darstellt, möchte seine Neugier in bezug auf das Medium 'Fernsehen' befriedigen und sieht den Auftritt als Chance, den Produktionsprozeß einmal 'live' zu erleben. Im Gegensatz zum Fernseh-Star beschreibt er sich nicht als selbst im Mittelpunkt stehend, sondern betrachtet das Geschehen aus einer distanzierten Beobachterrolle heraus. Diese verantwortungsfreie Rolle erleichtert es ihm, sich in der ungewohnten Situation zurechtzufinden. Nicht die Inszenierung der eigenen Person, sondern der Informationsgewinn steht hier im Vordergrund. Den Zaungast interessieren meist spezifische Aspekte, wie beispielsweise die Kameratechnik. Darüber hinaus bietet ihm der Auftritt die Möglichkeit, die gewohnte Zuschauerperspektive zu durchbrechen und den Moderator einmal 'live' kennenzulernen. Zwar könnte der Zaungast sich den Moderator auch als Studiogast im Publikum aus der Nähe ansehen, aber erst in der Rolle des Teilnehmers ist ihm das Vis-à-vis-Gespräch garantiert. Es liegt in der Natur der Beweggründe des Zaungastes zum Auftritt, daß diese immer realisiert werden können, denn die interessierenden Informationen werden durch die Teilnahme grundsätzlich zugänglich. Jeder Studiogast lernt den Moderator kennen und erlebt, wie eine Fernsehsendung produziert wird. Der Blick hinter die Kulissen sichert ihm somit einen Informationsvorsprung zum 'normalen Zuschauer'. Obgleich die Bedürfnisse des Zaungastes im Auftritt bereits befriedigt werden und eine soziale Resonanz im Anschluß an die Sendung gar nicht intendiert ist, wird den meisten Teilnehmern Lob und Anerkennung aus ihrem sozialen Umfeld zuteil. Aus diesem Grund zeigt sich der Zaungast von einer weiteren Teilnahme an einer Fernsehsendung daher nicht abgeneigt, selbst wenn er seine ursprünglichen Motive im Auftritt befriedigt hat.

Zusammenfassende Wirkungen zum Fernsehauftritt

Wie die Ergebnisse der Studie zeigen, beschreiben die meisten Teilnehmer die Veröffentlichung ihrer persönlichen Geschichte – entgegen der Darstellung in der öffentlichen Kritik (vgl. Kapitel 1) – als eine überwiegend positive Erfahrung. Sie haben das Gefühl, ihre Bedürfnisse befriedigt bzw. Probleme bewältigt und eine außergewöhnliche Situation gemeistert zu haben. Dieser Umstand ist insofern erstaunlich, als daß es nur der Hälfte der Gäste gelingt, ihre ursprünglichen Motive durchzusetzen. Wird der Auftritt unmittelbar nach der Situation noch ambivalent beurteilt (vgl. FROMM, JOCHLIK & MUCKEL, 1997), so scheint insbesondere die starke positive soziale Resonanz, die fast allen Gästen im Anschluß an den Auftritt zuteil wird, maßgeblich zur überwiegend positiven Bewertung beizutragen. So erfahren die Teilnehmer fast immer Lob und Anerkennung für ihr 'mutiges' und 'souveränes' Verhalten in der öffentlichen Situation, die bis zur kurzzeitigen Etablierung eines

Star-Kultes führen kann. Es muß berücksichtigt werden, daß – auch wenn täglich viele unprominente Menschen im Fernsehen auftreten – dieses Erlebnis für die Gäste und deren persönliches Umfeld meist eine immer noch nicht alltägliche Situation darstellt. Dementsprechend wird dem Auftritt im Fernsehen Außergewöhnlichkeit attestiert und den medialen Inhalten gesellschaftliche Relevanz beigemessen. Es ist daher kaum verwunderlich, daß fast alle Gäste angeben, einem weiteren Auftritt nicht abgeneigt zu sein.

Diesen Ausführungen folgend muß auch der in der Presse immer wieder thematisierte Vergleich von 'intimen Formaten' und Psychotherapie in Frage gestellt werden. Was die tatsächliche Bewältigung von Problemen – beispielsweise psychischer Provenienz – anbelangt, so wird ein tatsächlicher und anhaltender Erfolg in den meisten Fällen bezweifelt. Zwar attestieren auch einige der befragten Macher ihren Formaten eine derartige Wirkung (vgl. Anhang; FLIEGE, 1995), aber selbst, wenn die Sendungen teilweise psychotherapeutische Gesprächsstrukturen aufweisen und aus der Gastperspektive der Psychotherapie analoge Ziele angestrebt werden, können die Effekte kaum mit denen psychotherapeutischer Behandlungen verglichen werden. Im Gegensatz zur über einen längeren Zeitraum durchgeführten Psychotherapie handelt es sich beim Fernsehauftritt um ein einmaliges Gespräch (vgl. MEHL, 1996), das zudem in der Regel nicht von therapeutisch fachkundig ausgebildeten Moderatoren geführt wird. Daher scheint sich das Gefühl, Probleme bewältigt zu haben, zumeist aus den bestätigenden Erfahrungen in bezug auf die eigene Person zu ergeben, die sich insbesondere auf die oben beschriebene kurzzeitige soziale Beachtung und Anerkennung gründen. Dieses Erleben führt möglicherweise zu einer temporären Überlagerung des eigentlichen Problems. Es ist aber zu erwarten, das dieses nach Abflauen der positiven Resonanz des Umfeldes wieder zu Tage treten wird. Dennoch kann den in den 'intimen Formaten' inszenierten Gesprächen eine für Teilnehmer (wie Zuschauer) wirklichkeitserstellende Bedeutung attestiert werden, welche der Behandlung des eigenen Alltags dient. Nicht ein Ersatz, sondern eine eigene Kommunikationsform ist hier geschaffen worden, die über individuelle Belange hinaus institutionsäquivalenten Charakter aufweist. Fernsehen wird mit Macht assoziiert, übernimmt lobbyistische Funktionen und garantiert dabei eine extrem große Reichweite. Der Umstand, daß sich der institutionsäquivalente Charakter im Medium etablieren konnte, resultiert zum einen aus dem Verlust traditioneller Sinnmuster z.B. der Religion und der Kirche. Jene wurden vom Fernsehen adaptiert. Somit ist das Medium zu einem Ort avanciert, an dem Bekenntnisse unterschiedlichsten Inhaltes abgelegt werden können. Aber auch neue Sinnmuster, die sich im Zuge der Individualisierung in unserer Gesellschaft entwickelt haben, wie beispielsweise Erlebnis- und Konsumorientierung, werden vom Fernsehen aufgegriffen. In den 'intimen Formaten' hat der Bürger die Möglichkeit, seine individuellen Belange, die der Konstruktion der eigenen Wirklichkeit dienen, selbst in die Hand zu nehmen. Auf diese Weise vergewissert er sich seiner Lebensauffassung oder ihm ist daran gelegen, diese zur eigenen Zufriedenheit zu verändern. In diesem Sinne erlaubt es der Auftritt dem Teilnehmer – selbst wenn eine erfolgreiche Umsetzung der Motive nicht erreicht werden kann oder positive Wirkungen nur von kurzer Dauer sind – zumindest, durch den Vergleich mit anderen oder mit sich selbst zu anderen Zeitpunkten seine Position im sozialen Gefüge zu bestimmen und auf diese Weise seine Identität zu definieren (vgl. BENTE & FROMM, 1997). Möglicherweise wirkt die kommunikative Handlung, die im Auftritt getätigt wird, damit trotz ihrer spezifischen Charakteristika letztlich nicht gänzlich verschieden von der vergleichbaren alltäglichen Handlung: Nur selten werden dauerhafte und bahnbrechende Veränderungen eingeleitet. Die Veröffentlichung der privaten Geschichte ist somit als *ein* Schritt in der subjektiven Wirklichkeitsbehandlung zu verstehen – nicht mehr und nicht weniger.

7 Ausblick

Die Intimisierung medialer Kommunikation, so zeigen es die Ausführungen der vorliegenden Studie, ist eng mit den Modernisierungs- und Differenzierungsprozessen in unserer Gesellschaft verknüpft. Da Gesellschaft an sich nicht statisch ist, sondern einen Prozeß darstellt, der permanenten Wandlungen und weiteren Ausdifferenzierungen unterworfen ist, wird eine analoge Entwicklung auch für die mediale Angebotspalette erwartet. Folglich kann die Veröffentlichung des Privaten kaum als eine vorübergehende Erscheinung abgetan werden, die für einen nur geringen Teil der Bevölkerung meist zweifelhafte Bedürfnisse erfüllt. Vielmehr ist anzunehmen, daß die einschlägigen Angebote, die institutionsäquivalente Funktionen – für Zuschauer wie für Teilnehmer – übernehmen, weitere Diversifizierungen erfahren werden. Dementsprechend wird die Vermischung institutionell verwalteter und privater Kommunikationsräume weiter fortschreiten, indem traditionell nicht vermittelte Gesprächsinhalte Eingang ins Medium 'Fernsehen' finden werden. Ein Blick auf das Fernsehprogramm der Vereinigten Staaten, das in fast allen Entwicklungen als Vorreiter für den deutschen Fernsehmarkt gelten kann, zeigt, daß diese Vermischung traditionell getrennter Kommunikationsräume und die Übernahme institutioneller Aufgaben durch das Medium dort bereits weitere Diversifizierungen erfahren hat. So hat das Fernsehen in den USA beispielsweise zentrale Funktionen hinsichtlich der gesellschaftlichen Konsumorientierung übernommen. Während in Deutschland bisher nur zwei Tele-Shopping-Sender existieren (QVC, HOT), hat sich in den Vereinigten Staaten bereits eine wahre Flut einschlägiger Anbieter etabliert. Um Einkäufe zu tätigen, muß man das Haus heutzutage kaum mehr verlassen, Shopping ist zu einer medialen Angelegenheit geworden. Aber nicht nur Waren, sondern auch Dienstleistungen werden in den USA zunehmend im Fernsehen beworben. Auf der Grundlage einer anderen geltenden Gesetzgebung ist es beispielsweise Berufsgruppen wie Psychotherapeuten und Rechtsanwälten erlaubt, für ihre Dienstleistungen uneingeschränkt im Medium zu werben. Des weiteren werden in den USA mittlerweile Gerichtsverhandlungen im Fernsehen übertragen. Zudem hat das Medium als Äquivalent des Prangers Relevanz. So werden auf einigen Sendern Steckbriefe von Verurteilten veröffentlicht, die sich beispielsweise eines Sexualstrafdeliktes schuldig gemacht haben.

Diese Entwicklung einbeziehend, wird für den deutschen Fernsehmarkt – unter Berücksichtigung kultureller Eigenheiten – eine ähnliche Entwicklung prognostiziert. Demnach ist zu erwarten, daß insbesondere solche Sendungen erfolgreich sein werden, die in unserer Gesellschaft vorhandene und damit kollektive Bedürfnisse quasi-institutionellen Charakters aufgreifen werden. Das können zum einen Bedürfnisse sein, die durch traditionelle Institutionen wie beispielsweise die Kirche, Familie oder den Staat nicht mehr abgedeckt werden, zum anderen solche, die sich im Zuge der Modernisierung etabliert haben, wie beispielsweise Konsum, Erlebnissuche und Erfolgsstreben. Zwar forciert das Medium einerseits die weitere gesellschaftliche Individualisierung, indem es die Vielzahl prinzipiell realisierbarer Handlungsoptionen und Lebensstile aufzeigt, andererseits kommt dem Fernsehen in diesem Zusammenhang auch integrative Funktion zu. Diese ergibt sich aus dem Sinnangebot, das eine Orientierungsfunktion für die Zuschauer wie für die Teilnehmer darstellt. Dadurch, daß das Medium zum Identitätsmarkt und Bekenntnisforum avanciert ist, schafft es einen gemeinsamen Konsens in bezug auf unterschiedlichste Lebensbereiche und wirkt auf diese Weise der totalen Vereinzelung entgegen.

Demzufolge ist es wenig wahrscheinlich, daß sich ein Angebot, das ausschließlich aus Spartensendern besteht, auf dem deutschen Fernsehmarkt durchsetzen wird. Auch der Erfolg der anstehenden Digitalisierung, im Rahmen derer sich die Rezeptionsinhalte der Zuschauer kaum mehr decken werden, ist zu bezweifeln. Da aber die Ausdifferenzierung innerhalb unserer Gesellschaft bereits so weit fortgeschritten ist, daß kein gemeinsamer und für alle Mitglieder gleichermaßen verbindlicher Konsens mehr hergestellt werden kann, vermittelt das Medium als moderne Institution Sinnorientierungen im Spannungsverhältnis zwischen Individualisierungs- und Integrationstendenzen. Diese Sinnorientierungen gelten nunmehr für die innerhalb unserer Gesellschaft unvermittelt nebeneinander existierenden Subgruppen. Die Angebote zur Wirklichkeitskonstruktion beziehen sich nur noch auf Teilaspekte des Lebens. Hieraus erklärt sich auch, warum 'Straßenfeger' wie der Durbridge-Krimi oder andere Formate, die in der Lage sind, die halbe Nation vor dem Fernsehgerät zu bannen, kaum mehr existieren. Als Sendungen, die derartige Integrationsleistungen vollbringen, können beispielsweise Sportereignisse wie die Spiele der Fußball-WM angesehen werden. Diese eröffnen Identifikationsmöglichkeiten über die begrenzten Subsinnwelten der Subgruppen hinweg, indem sie Angebote zu einer nationalen Identitätsbildung offerieren. Angesprochen ist der Zuschauer in seiner Eigenschaft als Deutscher bzw. als in Deutschland lebende Person und damit letztlich jeder Haushalt, der über einen Fernseher verfügt. (Inter)nationale Sportereignisse gewährleisten somit eine kollektive Konsensfähigkeit größtmöglichen Ausmaßes.

Zusammenfassend kann das Fernsehen als Sinnangebot beschrieben werden, das zwischen den Polen der Vereinheitlichung und der Vereinzelung vermittelt. In seiner integrativen Funktion ermöglicht es eine – wenn auch nur kurzzeitige – Zusammenkunft für Individuen, deren Erfahrungsräume sich außerhalb der Medien immer seltener decken.

Anhang

Interviewleitfaden für die Befragung der Fernsehmacher

1. Die Sendung, Entwicklung und Konzept

- Wann war der Erstsendetermin der Sendung?
- Welchen Sendeplatz hat die Sendung?
- Wurde der Sendeplatz im Laufe der Ausstrahlung verändert?
- Wie ist die Idee zur Sendung entstanden?
- An welche Vorbilder ist das Konzept angelehnt?
- Aus welchen Ländern kommen die Vorbilder?
- Wurde das Konzept für den deutschen Markt verändert?
- Kurze Beschreibung des Konzeptes
- Wurde die Sendung vorher getestet?

2. Themen (und Elemente der Sendung bei Schreinemakers live)

- Welche Themen werden behandelt?
- Nach welchen Themenkategorien wird unterschieden?
- Warum werden Themen anhand von Einzelschicksalen dargestellt?
- Welche Themen laufen gut, welche nicht?
- Wie haben sich die Themen im Laufe der Ausstrahlung entwickelt?
- Wird bei der Themenvorbereitung darauf geachtet, daß kontroverse Meinungen vertreten sind oder wie ist das Konzept?
- Gibt es Tabuthemen, Themen, die nicht gesendet werden?

2.1 Elemente der Beziehungsshow 'Nur die Liebe zählt'

- Aus welchen formalen Elementen setzt sich die Sendung zusammen?
- Welche Inhalte werden über die Elemente transportiert?
- Haben eventuelle Zusammenführungen auch nach der Sendung Bestand?
- Was können die Teilnehmer gewinnen?

3. Die Gäste

- Wie wird der Kontakt hergestellt?
- Welcher Bildungs- und Altersschicht entstammen die Gäste?
- Welche Kriterien müssen sie erfüllen, um auftreten zu dürfen?
- Wie werden die Gäste auf die Sendung vorbereitet?
- Wie hoch ist die Aufwandsentschädigung für die Gäste?
- Wird der Kontakt auch nach der Sendung aufrechterhalten?

3.1 Subjektive Bedeutung des TV-Auftritts für den Gast
- Welche Motive haben die Gäste für ihren Auftritt?
- Was bewirkt der Auftritt?

4. Der Moderator
- Welche Rolle verkörpert der Moderator?
- Welche Aufgaben hat der Moderator?
- Was macht den Moderator ideal für diese Sendung?

5. Der Experte (nur beim Talk)
- Welche Rolle spielt der Experte in der Sendung?

6. Live dabei – das Studiopublikum
- Wird die Sendung aufgezeichnet oder live ausgestrahlt?
- Welche Gründe gibt es für diese Entscheidung?
- Hat der Mythos 'Live-Sendung' Bestand oder ist er überholt?
- Welche Motive hat das Studiopublikum für die Teilnahme an der Sendung?
- Wie werden die Eintrittskarten vertrieben?

7. Die Kamera
- Wie verhält sich die Kamera in Situationen, in denen die Gäste die Selbstbeherrschung verlieren?
- Welche Gründe stehen hinter der Entscheidung für das Kameraverhalten?

8. Motive der Zuschauer
- Welche Zuschauer sind die Zielgruppe der Sendung?
- Welche Motive haben die Zuschauer, gerade diese Sendung zu sehen?
- Was macht die Sendung mit dem Zuschauer?

9. Vergleich mit ähnlichen Konzepten
- Wodurch unterscheidet sich diese Sendung von anderen vergleichbaren Konzepten?

Leitfaden für die Interviews mit Studiogästen

Der nachstehende Leitfaden stellte die Grundlage für die Interviews mit den Studiogästen von Talk- und Beziehungsshows dar. Im Sinne einer problemzentrierten Interviewtechnik wurden die folgenden Aspekte weniger wortwörtlich als eher sinngemäß erhoben, ohne das Gespräch ausschließlich auf diese Inhalte beschränken zu müssen.

1. Daten zur Person
- Alter
- Geschlecht
- Schulabschluß
- ausgeübter Beruf
- persönliche Situation, Problem- bzw. Bedürfnislage

2. TV-Verhalten
- Was bedeutet das Medium dem Gast?
- Gab es schon vor diesem Auftritt Teilnahmen an Sendungen (im Publikum oder Studiogast)?

3. Die Sendung
- Seit wann ist dem Gast die Sendung bekannt, in der er aufgetreten ist?
- Wie wird die Sendung aus der Warte des Zuschauers beurteilt?
- Guckt der Gast die Sendung?

4. Die Idee zum Auftritt
- Wie entstand die Idee zum Auftritt?
- Auf welchem Wege kam der Gast in die Sendung?
- Hat sich der Teilnehmer bei verschiedenen Sendungen beworben oder wurde ein Auftritt gerade in dieser Sendung angestrebt (falls Eigeninitiative im Vordergrund steht, der Gast nicht überrascht wurde)?
- Welche Bedeutung hat das Thema der Sendung?

5. Beweggründe zum Auftritt

- Wer und was sollte angesprochen werden (z.B. konkrete Personen, Öffentlichkeit, bestimmte Aspekte des Themas)?
- Welche Vorteile bietet die öffentliche Kommunikationssituation in bezug auf die zu realisierenden Bedürfnisse bzw. zu bewältigenden Probleme im Vergleich zur Alltagssituation?
- Wieviele Motive können unterschieden werden und wie zeigt sich deren individuelle Ausgestaltung?
- Wurden vorher schon alternative Wege zur Realisation der Beweggründe gesucht (z.B. im Gespräch mit anderen Personen)?

6. Auftritt (und Dreharbeiten)

- Wie wurden die Vorbereitungen zum Auftritt (Dreh) erlebt?
- Wie wurde der Moment des Auftritts (Dreh) erlebt?
- Wie schätzte man sich selbst in dieser Situation ein?
- Was bedeutet es dem Gast, im Fernsehen aufzutreten?
- Wurde das Verhalten bzw. die Reaktionen derjenigen Person berücksichtigt, die angesprochen werden sollte bzw. über die gesprochen wurde?
- Wie wurde der Experte (falls anwesend) erlebt und beurteilt?
- Wie wurde das Zusammensein mit anderen Gästen erlebt?
- Wie beurteilt man die Behandlung des Themas?
- Wie hoch war die Aufwandsentschädigung?

7. Macher

- Wie wurde der Gast vor, während und nach dem Auftritt (dem Dreh) betreut?
- Wie wurden die Macher, Redakteure erlebt?

8. Der Moderator

- Welches Image verkörpert der Moderator?
- Inwieweit stimmt das Image des Moderators, welches aus der Zuschauerperspektive gewonnen wurde, mit dem unmittelbaren Erleben der Person überein?
- Wann hat der Gast den Moderator kennengelernt?
- Wie hat sich der Moderator dem Gast gegenüber verhalten (vor und nach dem Auftritt)?
- Wie wurde die Gesprächsführung des Moderators in der Sendung empfunden?

9. Kurz- und längerfristige Wirkungen des Auftritts

- Wie fühlte sich der Gast nach dem Auftritt?
- Wie wurde die Sendung (wenn nicht live) zum Zeitpunkt der Ausstrahlung erlebt?
- Wurde die Sendung vom Gast aufgezeichnet?
- Wie wurde die Umsetzung der eigenen Geschichte empfunden?
- Was hat der Auftritt ergeben? Konnten die ursprünglichen Motive durchgesetzt werden?
- Wie war das Feedback des sozialen Umfeldes?
- Hat sich die Einstellung gegenüber der Sendung nach der Erfahrung des Auftritts verändert (Gesamtbeurteilung)?
- Würde der Gast noch mal im Fernsehen auftreten?

Ergebnisse der Interviews mit Fernsehmachern

Im Rahmen des Projektes 'Affektfernsehen' im Auftrag der Landesrundfunkanstalt NRW (vgl. BENTE & FROMM, 1997) wurden Interviews mit verantwortlichen Redakteuren und/oder Produzenten aller Sendungen durchgeführt, aus denen Studiogäste für die empirische Analyse der vorliegenden Arbeit ausgewählt wurden. Die Gespräche dienten der Erarbeitung von Hintergrundwissen in bezug auf den Forschungsgegenstand. Die Interviews mit den Machern geben Aufschluß über Entwicklung und Konzept der forschungsrelevanten Sendungen und liefern eine Einschätzung der Verantwortlichen über Studiogäste, Studiopublikum, Zuschauer Experten sowie die Rolle der Moderatoren. Darüber hinaus wurden die intimen Themen als Inhalte der Formate in Zusammenhang mit einer gesellschaftlichen Tabuverschiebung erfragt wie auch die medientechnische Aufbereitung, z.B. die Legitimation von Nahaufnahmen, die mit ihrer Fassung ringenden Gäste abbilden. Alle Merkmale, die als Definitionsbestandteil 'intimer Formate' gelten (Personalisierung, private und intime Themen, Live-Charakter, alltagsnaher bzw. persönlicher Kommunikationsstil) konnten auf diese Weise in den Gesprächen berücksichtigt werden.

Die Formulierungen der Verantwortlichen werden nicht gesondert zitiert bzw. die Zitate nicht belegt, sondern nur in einfachen Anführungszeichen angegeben. Es muß betont werden, daß die Sendungen hier nicht objektiv dargestellt werden, sondern die Beschreibungen die persönliche Sichtweise der Verantwortlichen wiedergeben. Die Interviews enthalten die zum Zeitpunkt der Befragung zugänglichen Informationen. Spätere Neuerungen oder die Absetzung der Sendung 'Schreinemakers live' werden hier nicht berücksichtigt. Die nachstehende Tabelle gibt eine Überschrift über die jeweiligen Gesprächspartner.

Tabelle: Übersicht über die durchgeführten Interviews mit Fernsehmachern

Sendung	Gespräch mit	am
'Hans Meiser'	Rüdiger Jung (executive producer) und Olaf Bautz (stellv. Redaktionsleiter)	13.06.1995
'Ilona Christen'	Stefan Temp (Produzent)	08.06.1995
'Fliege'	Sonja Kochendörfer (Redakteurin BR, Abteilung Jugend u. Familie)	04.07.1995
'Arabella'	Jörg van Hooven (Chefredakteur PRO 7)	05.07.1995
'Schreinemakers live'	Karl-Heinz Angsten (Chefredakteur), Hagen Offermann (CvD), Peter Käfferlein (Redakteur)	16.05.1995
'Nur die Liebe zählt'	Kai Sturm (executive producer bei Endemol Entertainment)	20.07.1995

'Hans Meiser'

Entwicklung und Konzept

Die Sendung wurde von amerikanischen Vorbildern wie 'Oprah Winfrey' und 'Phil Donohue' inspiriert und etablierte sich im Zuge der Übernahme der amerikanischen Programmstruktur durch den Sender RTL als erste werktägliche Talk-Show. Seit dem 14.09.1992 wird 'Hans Meiser' von montags bis freitags im Zeitraum von 16 und 17 Uhr auf RTL ausgestrahlt. Fast ausschließlich unprominente Personen sprechen über ein Thema, das sie betrifft. Eine Broschüre der RTL-Pressestelle (1994) beschreibt 'Hans Meiser' als "eine Sendung, in der Menschen zu Wort kommen, über die man sonst nicht redet. Der Bürger von der Straße hat hier ein Forum. Ehrlich, direkt und ohne Schnörkel." Das Format wurde zunächst in einer Vorlaufzeit mit fiktiven Gästen ausprobiert. Als 'Hans Meiser' dann auf Sendung ging, bestätigten die Einschaltquoten, daß auch in Deutschland ein Markt für einen täglichen Talk vorhanden ist.

Die Themen

In einer Stunde Sendezeit kann ein Thema nicht abgehandelt, sondern nur angerissen werden. Mehr als an globalen und abstrakten Darstellungen ist der Zuschauer an Einzelschicksalen interessiert. Die Sendung greift Inhalte auf, die man den Kategorien 'Gesundheit', 'Beziehung', 'Esoterik' und 'Sex' zuordnen kann. Innerhalb eines Beitrags müssen nicht unbedingt unterschiedliche Standpunkte zu einem Thema dargestellt werden, die Umsetzung variiert. Wichtig ist nur, daß der Zuschauer überrascht wird und die Sendung nicht immer nach dem gleichen Schema abläuft. Ideal sind Beiträge mit mehreren Höhepunkten und einem Fazit, die dem Zuschauer das Gefühl geben, mehr als vorher zu wissen. Innerhalb einer Woche wechseln sich die Themen der o.g. Kategorien ab. Während Gesundheitsthemen – insbesondere, wenn sie sehr speziell sind – insgesamt rückläufig sind, rücken Beziehungsthemen zunehmend in den Vordergrund und werden inhaltlich intimer und härter. Dennoch gibt es auch bei 'Hans Meiser' Tabugrenzen; Themen wie 'Sodomie', 'Nekrophilie' oder Beiträge über Päderasten werden nicht gesendet.

Die Studiogäste

Die Gäste kommen aus allen Bevölkerungsschichten. Welche Kriterien sie erfüllen müssen, um in der Sendung aufzutreten, hängt vom Thema ab. Wenn es um ihr persönliches Schicksal geht, ist es wichtig, daß sie dieses in der Sendung vermitteln können. Bei einem leichteren Thema müssen sie unterhaltsam sein. Die Gäste rekrutieren sich aus Recherchen der Redaktion, oder sie melden sich selbst. Da Authentizität zum Konzept gehört, versucht die Redaktion das Risiko, durch unehrliche Gäste getäuscht zu werden, gering zu halten, indem sie nicht mit Videotexten oder Zeitungsanzeigen arbeitet, sondern selbst auf mögliche Gäste zugeht, z.B. in Selbsthilfegruppen. Wenn möglich, werden die Gäste vor dem Auftritt gecastet, in jedem Falle werden Gespräche mit den zuständigen Redakteuren geführt, durch die sie auf den Auftritt und die Fragen, die der Moderator stellt, vorbereitet werden. Wenn sie über bestimmte Themenbereiche nicht sprechen wollen, wird dies toleriert. Hans Meiser begrüßt die Teilnehmer eine halbe Stunde vor der Sendung. Auch nach dem Auftritt gibt es teilweise noch Kontakt zwischen der Redaktion und den Gästen. Für die Teilnahme wird eine Aufwandsentschädigung von 200 DM bezahlt, Anfahrt und eine eventuelle Übernachtung werden von der Redaktion übernommen.

Die Motivation des Studiogastes zum Auftritt liegt aus Sicht der Veranwortlichen in der Bestrebung, Probleme zu lösen. Indem die Gäste zu 'Hans Meiser' gehen, durchbrechen sie eine Mauer und erleben durch die Veröffentlichung, daß sie nicht alleine sind mit ihrem Problem. Ist das Thema nicht problematisch, machen die Leute mit, um dabei zu sein und mal mitzuerleben, wie Fernsehen gemacht wird. Die Gäste sind keine Staffage, sondern nehmen aktiv teil. Dadurch kann sich ihr Leben nach der Sendung verändern. Wer sich mit seinem Problem in die Öffentlichkeit gewagt und sich diesem dadurch ein Stück weit gestellt hat, ist gefordert, weiterhin an einer konstruktiven Lösung des Problems zu arbeiten. In den USA wird neuerdings durch das Fernsehen gelebt. 'Ricki Lake' und 'Jenny Jones' sind Vertreter eines neuen Formates.

Schicksalhafte Begegnungen zwischen Menschen, die in irgendeiner Form von Beziehung stehen, finden dort live im Fernsehen statt. Solche Konzepte haben auch für den deutschen Markt zunehmende Bedeutung. (Zum Zeitpunkt des Interviews war die erste deutsche Sendung des beschriebenen Formates 'Trash TV', 'Bärbel Schäfer', wie auch 'Hans Meiser' ein Produkt der Produktionsfirma Creatv, in Vorbereitung).

Der Moderator

Hans Meiser ist der Stellvertreter des Zuschauers, er stellt die Fragen, die die Zuschauer gerne stellen würden. Er ist der ideale Moderator für diese Sendung, weil er sich intuitiv auf die Gäste und deren Emotionen einlassen und gleichzeitig den notwendigen Schutz der Intimsphäre wahren kann. Hans Meiser stellt eine Autorität dar und nutzt seine Stellung, um gesellschaftliche Mißstände aufzudecken, wobei er sich nicht den Mund verbieten läßt. Er hat den Mut, auch grenzüberschreitende Themen aufzugreifen, wie zum Beispiel eine Sendung zum Thema 'Multiple Persönlichkeiten – Ich bin viele', sowas hat vor ihm noch keiner gemacht. Und er besitzt die Flexibilität, den Sendungsaufbau, wenn der einmal nicht so funktioniert, wie er es sich vorstellt, über Bord zu werfen und zu improvisieren.

Der Experte

Als Protagonist der Sendung verliert die Person des Experten zunehmend an Bedeutung, für den Zuschauer ist die Erfahrung und Betroffenheit der Studiogäste wichtiger als die distanzierte Sichtweise eines Fachmanns. Der Experte kann als Rettungsanker fungieren, falls ein Gast die Kontrolle verliert und den Fragen des Moderators nicht mehr folgen kann. Durch emotionale Distanzierung vom Thema kann der Gast sich zwischenzeitlich wieder sammeln.

Das Studiopublikum

Anfangs wurde 'Hans Meiser' immer live gesendet, heute gibt es drei Live-Sendungen und zwei Aufzeichnungen pro Woche, zum einen aus technischen Gründen und auch, um die Verantwortlichen zeitlich nicht zu sehr festzulegen. Bei Live-Sendungen ist die Spannung oft größer. Die Professionalität der Verantwortlichen erlaubt es, daß Aufzeichnungen nachträglich nicht bearbeitet werden müssen, und ihren Live-Charakter bewahren. Für das Studiopublikum ist die Teilnahme an der Sendung 'Hans Meiser' eine Freizeitbeschäftigung. Die Sendung bietet Unterhaltung und Information, und der Zuschauer kann Fernsehen einmal live erleben. Die Karten werden zum Preis von 13 DM

über eine Agentur verkauft. Probleme ergeben sich bei Live-Sendungen hinsichtlich des Altersdurchschnitts, der deutlich zu hoch ist. Indem man der Kartenagentur einen Altersdurchschnitt vorgibt, kann ein zu hohes Durchschnittsalter verhindert werden.
Entsprechend amerikanischer Vorbilder will man auch hier die Zuschauer stärker einbinden. Dieses Konzept der Zuschauerbeteiligung, auch 'Audience Participation' genannt, scheint aber bei den Studiozuschauern von 'Hans Meiser' auf Schwierigkeiten zu stoßen. Eine interne Untersuchung ergab, daß die Studiozuschauer sich selten zu Wort melden, weil ihnen der Moderator sehr dominant erscheint. Bei 'Bärbel Schäfer', einem neuen Produkt von Creatv, wird die aktive Beteiligung der Zuschauer fester Bestandteil der Konzepts.

Die Kamera
Die emotionalisierende Darstellung von Menschen in Großaufnahme, die weinen oder ihre Beherrschung verlieren, wird zunehmend vernachlässigt. In solchen Fällen kann der Experte, ein anderer Gast oder der Moderator als neutraler Rettungsanker dienen und dem Gast wird auf diese Weise Zeit gegeben, sich zu beruhigen.

Die Zuschauer
'Hans Meiser' bietet den Zuschauern nicht nur Unterhaltung, sondern auch ein Stückchen Lebenshilfe. Die Zielgruppe sind Hausfrauen oder Frauen, die nur teilweise beschäftigt und daher zwischen 16 und 17 Uhr zu Hause sind. Sie interessieren sich für Familienthemen und nutzen das Fernsehen als Beziehungsersatz und als Ersatz für Tratsch. Das liegt neben der Sendezeit auch am Kommunikationsverhalten in unserer Gesellschaft, denn Frauen thematisieren ihre Probleme weitaus expliziter als Männer. Für den Zuschauer und den Erfolg der Sendung ist es wichtig, daß die Geschichten 'nah an den Gästen dran sind', d.h., daß die Themen möglichst in Form von Einzelschicksalen dargestellt werden. So können die Zuschauer einen Selbstbezug herstellen und sich mit den Studiogästen identifizieren.

'Ilona Christen'

Entwicklung und Konzept

'Ilona Christen' wird seit dem 13.09.1993 von montags bis freitags zwischen 15 und 16 Uhr auf RTL ausgestrahlt. Das Konzept des Talks wurde in Anlehnung an die Sendung 'Hans Meiser' entwickelt, die auf amerikanischen Vorbildern beruht. Überhaupt kann sich keine deutsche Talk-Show als Original bezeichnen. Es gibt allerdings Veränderungen für den deutschen Markt (siehe Abschnitt 'Das Studiopublikum'). 'Ilona Christen' ist ein Talk, bei dem es um die großen Sorgen der kleinen Leute geht, daher werden fast nie Prominente eingeladen. Das Erfolgsrezept der Sendung liegt darin begründet, daß man sie nicht gucken, sondern nur hören muß. Eine Vorlaufphase gab es bei 'Ilona Christen' nicht, da das konzeptverwandte Format 'Hans Meiser' bereits ein Jahr zuvor lanciert und seitdem erfolgreich gesendet wurde.

Die Themen

Anfangs wurde aus verschiedensten Themen eine 'bunte Mischung' zusammengestellt: Lustige Themen wechselten mit ernsthaften und es wurden – je nach Thema – unterschiedlich viele Gäste eingeladen. Die Zuschauer scheinen sich allerdings eher für tiefergehende Gespräche mit wenigen Teilnehmern zu interessieren. Gleich, ob Medizin- oder Sex-Themen, die Präsentation ist insgesamt härter geworden. Dem Zuschauer sollen unterschiedliche Standpunkte zum jeweiligen Thema präsentiert werden. Die Sendung 'Ilona Christen' bricht keine Tabus bei ihrer Themenwahl, geht aber an die Grenzen des bisher dagewesenen.

Die Studiogäste

Die Gäste kommen aus allen Bevölkerungsschichten. Sie melden sich selbst oder werden recherchiert. Zur Rekrutierung der Teilnehmer arbeitet die Redaktion mit Videotext, Anzeigen oder wendet sich an Selbsthilfegruppen. Ausgewählt werden die Gäste nur nach ihrer Geschichte, die sie in der Sendung für den Zuschauer interessant rüberbringen müssen. Durch Gespräche mit dem zuständigen Redakteur oder ein eventuelles Casting werden sie auf den Auftritt vorbereitet. Je mehr Geld angeboten wird, desto größer ist die Gefahr, daß Gäste Geschichten erfinden. Daher gibt es für den Auftritt lediglich eine Aufwandsentschädigung von ca. 250 - 350 DM, eventuelle Reise- und Fahrtkosten werden übernommen, manchmal gibt es auch eine kleine Reise. Die Redaktion pflegt die Verbindung zu den Gästen auch nach dem Auftritt, indem Weihnachtsbriefe verschickt werden. Diese Umgangsform mit den Teilnehmern erlaubt es, bei einer eventuellen erneuten Kontaktaufnahme mit einer positiven Reaktion rechnen zu können. Die Studiogäste, die bei 'Ilona Christen' auftreten, wollen 'wirklich mal reden, sich Luft machen'. Die Sendung bietet ihnen eine Form, beispielsweise um 'anderen Zuschauern Mut zu machen, die sich in einer ähnlichen Lage befinden'. So finden Eltern krebskranker Kinder mit ihrem Auftritt einen Weg, nicht an ihrer Trauer zu verkümmern. Bei extremen Themen kann der Auftritt das Leben der Gäste verändern. In den USA, aus denen das Format der Talk-Show mit unprominenten Gästen übernommen wurde, wird das Schicksal zunehmend auch in der Sendung inszeniert. Gäste, die sich persönlich kennen, werden eingeladen, und nehmen kontroverse Standpunkte zum Thema ein. Eine derartige Aufbereitung stößt in Deutschland aus Sicht des Produzenten auf kulturelle Schranken, da die Menschen hier zu introvertiert und zu gehemmt sind.

Die Moderatorin

Der Name 'Ilona Christen' ist Programm. Die Moderatorin ist gut auf die Gäste vorbereitet, neugierig und emotional involviert. Sie kann aufmerksam zuhören, hilft den Leuten, wenn diese Probleme haben, beispielsweise vor der Kamera emotional entgleisen und bringt ihre Betroffenheit zur Geschichte gut rüber. Sie bezieht Stellung und sagt, was sie über die Sachen denkt. Auf diese Weise nutzt sie die Macht der Medien, so daß von gesellschaftlichen Mißständen Betroffenen geholfen werden kann. 'Ilona Christen hat keine typisch weiblichen Qualitäten, sondern ist eher ein bißchen wie ein Kerl'. Die Zuschauer rufen an, weil sie ihre Hilfe brauchen, 'was sie sagt, ist Evangelium'.

Der Experte

Die Rolle des Experten ist es, das Gesagte fachlich zu untermauern.

Das Studiopublikum

Die Sendung wird aufgezeichnet, anfangs, weil 'Hans Meiser' anschließend live gesendet wurde und eine Live-Ausstrahlung von 'Ilona Christen' mit technischen Problemen verbunden gewesen wäre. Außerdem sind Aufzeichnungen ohnehin perfekter, weil sie nachträglich korrigierbar sind. Durch Aufzeichnungstermine am Abend erübrigt sich das Problem eines hohen Altersdurchschnitts wie bei 'Hans Meiser'. Das Publikum setzt sich aus Personen unterschiedlichsten Alters oder Bildungsgrades zusammen, neben Einzelpersonen nehmen auch organisierte Gruppen teil. Über eine Ticket-Agentur werden die Eintrittskarten verkauft. Das in den USA praktizierte Konzept der 'Audience Participation', d.h. die Beteiligung des Studiopublikums am Gespräch, scheitert an der introvertierten Mentalität der Deutschen, die nicht so locker und spontan sind wie die Amerikaner. In Deutschland stellen die Studiozuschauer Fragen, obwohl das Gespräch bereits bei anderen Inhalten angelangt ist, dadurch geht der rote Faden der Sendung verloren.

Die Kamera

Heikle Situationen, wie beispielsweise bei einem Gast, der die Beherrschung verliert, fängt die Kamera in der Großaufnahme ein. Auf diese Weise kann Distanz überwunden und dem Zuschauer die emotionale Qualität vermittelt werden.

Die Zuschauer

'Ilona Christen' ist ein Ausweg aus der Anonymität unserer Gesellschaft. Die Menschen reden nicht mehr miteinander, es gibt keine Familiengebilde mehr. Für die Zielgruppe der Zuschauer, von denen vierzig Prozent jünger sind als neunundvierzig Jahre, bietet die Sendung Lebenshilfe. Das zeigt sich auch in der Zuschauerpost. 'Ilona Christen' hilft, Einsamkeit zu überbrücken und bietet Ersatz für Auseinandersetzungen. Die Sendung präsentiert Schicksale, mit denen sich die Zuschauer identifizieren können: 'Der da im Fernsehen hat Krebs, so wie ich'. Der Zuschauer sieht, wie andere ihre Probleme handhaben. Oder er läßt sich von eigenen Problemen ablenken. 'Geht es einem schlecht, und man sieht bei 'Ilona Christen' Menschen, die keine Beine mehr haben, dann geht es einem wieder besser. Aber natürlich gucken Zuschauer auch 'Ilona Christen', 'um sich am Schicksal anderer zu ergötzen'.

'Fliege'

Entwicklung und Konzept

Seit dem 28.02.1994 wird die Talk-Show 'Fliege' von montags bis donnerstags im Nachmittagsprogramm der ARD ausgestrahlt. Mit Rücksicht auf das ARD-Sendeschema wurde auf eine Freitagssendung verzichtet. Der anfängliche Sendetermin (15:30 bis 16:30 Uhr) wurde auf 16:03 Uhr verlegt, um ein Zuschalten der Zuschauer zu 'Fliege' erst in der Werbepause der Konkurrenzsendung 'Ilona Christen' (RTL) zu unterbinden. Der erste deutsche tägliche Nachmittagstalk, 'Hans Meiser' stellt aus Sicht der Redakteurin kein Vorbild für 'Fliege' dar, eher schon Sendungen wie 'Live aus dem Alabama' oder die 'Phil Donohue Show', insgesamt kommen ja ohnehin alle Formate aus den USA. Dort funktioniert dieses Konzept mit oder ohne Zuschauerbeteiligung. Menschen erzählen ihre persönlichen Geschichten. 'Fliege' will unterhalten und das in der besten Form. Die bereits vor 'Fliege' lancierten Konkurrenzsendungen 'Hans Meiser' und 'Ilona Christen' legten die Wahrscheinlichkeit nahe, daß das Konzept eines täglichen Talks auch bei der ARD realisierbar sei. Um den Sender für das Format zu gewinnen, wurden Piloten mit verschiedenen Moderatoren produziert.

Die Themen

Als Themen für die Sendung bieten sich Schicksale und Geschichten an, die in personalisierter Form dargestellt werden können. In den Anfängen von 'Fliege' wurden ähnliche Themen wie bei 'Hans Meiser' behandelt, so z.B. sexuelle Randbereiche wie 'Transsexualität' oder 'Exhibitionismus'. Insgesamt schienen diese allerdings nicht mit dem Image des Moderators vereinbar, so daß man sich zunehmend Service- und Lebensberatungsthemen oder Beiträgen über alternative Medizin zuwandte, die beim Zuschauer besser ankamen. Es gibt auch Themen, die der Rezipient nicht sehen will, wie z.B. 'Brustkrebs' oder 'Ich bin schuld am Tod meines Kindes'. Tabugrenzen finden sich insgesamt bei Themen, die nicht ins Nachmittagsprogramm gehören, wie z.B. 'Sado-Masochismus'. Aus der Sicht der Redakteurin besteht die Gefahr, daß in Deutschland wie in den USA immer spektakulärere Themen aufgegriffen werden, einzig zum Zweck, die Quotenvorgabe zu erfüllen. Dennoch gilt auch für die Aufbereitung von 'Fliege': 'Je dramatischer, desto mehr Leute bleiben dran'. Ein Wechsel zwischen tragischen und amüsanten Geschichten zum Thema hält die Zuschauer ebenfalls vor dem Bildschirm. Aber auch wenn die Standpunkte nicht ausgewogen verteilt sind, werden diese in einer Sendung zusammengestellt, im Vordergrund stehen die persönlichen Standpunkte der Gäste.

Die Studiogäste

Diese melden sich selbst oder werden per Videotext und durch Recherchen ermittelt. Sie stammen aus allen Bevölkerungsschichten und Altersstufen. Kriterium für die Auswahl eines Gastes ist, daß dieser seine Geschichte vor der Kamera erzählen kann. Unter Umständen wird ein Casting gemacht. Je problematischer die Geschichte ist, desto größer ist der Kontakt, der bereits im Vorfeld der Sendung zwischen dem Gast und den Machern aufgebaut wird.

Der Inhalt des Gespräches wird vor der Sendung genau abgesprochen. Der Moderator nimmt sich Zeit und lernt die Gäste vor der Sendung kennen. Eine Aufwandsentschädigung von ca. 100 - 200 DM sowie die Anreise und Hotel werden von 'Fliege' übernommen. 'Die Leute wollen heutzutage über alles reden vor der Kamera. Bis zum Jahr 2000 soll jeder zweite Deutsche einmal in einer Talk-Show gewesen sein, ob als Gast oder im Publikum'. Das Fernsehen selbst hat Tabus gebrochen und dadurch ermöglicht, daß Menschen ihre Intimitäten im Fernsehen mitteilen. Für den Gast ist es ein befreiendes Gefühl, sein Schicksal zu erzählen, denn das bringt ihn weiter. Im Anschluß an die Sendung kann man beobachten, daß der Auftritt und damit die Veröffentlichung ihrer Geschichte den Gästen hilft. Durch die positive Resonanz der Umwelt werden die Teilnehmer auch später noch in ihrem Auftritt bestätigt.

Der Moderator

Der Pfarrer Jürgen Fliege wurde unter mehreren Moderatoren für die Sendung ausgewählt. Das pastorale Image, für das die Produzenten zunächst wenig Akzeptanz vom Zuschauer erwarteten, wurde von diesen überaus positiv aufgenommen. Viele Zuschauerbriefe sind an den 'Pfarrer Fliege' adressiert. Der Moderator verkörpert dieses Image nicht im Sinne einer salbungsvollen Art mit erhobenem Zeigefinger, sondern kann aufgrund seiner Arbeit in diesem Bereich den Gästen und Zuschauern das Gefühl geben, daß er ihnen beisteht und sie unterstützt. Im Gegensatz zu seinem Konkurrenten Hans Meiser vernachlässigt Jürgen Fliege den journalistischen Stil. Er zeigt den Leuten durch seine sensible Art, daß es nicht um die Geschichte geht, sondern daß es sowohl für die Gäste als auch für die Zuschauer wichtig ist, an den dargestellten Schicksalen teilzuhaben.

Der Experte

Die Experten werden zu Sachthemen eingeladen, sind aber selbst 'nicht drin' und nehmen dementsprechend keinen emotionalen Anteil an den Geschichten. Da Emotionalität das Konzept 'Fliege' ausmacht, tragen die Passagen, in denen der Experte sich äußert, aus Sicht der Redakteurin weniger zu einer gelungenen Sendung bei, als die Aussagen der Betroffenen selbst.

Das Studiopublikum

Die Sendung 'Fliege' wird aus Kostengründen immer aufgezeichnet. Auf die Qualität des Auftritts von Jürgen Fliege hat das keine Auswirkung. Eventuell wird die Aufzeichnung nachträglich bearbeitet und uninteressante Passagen herausgeschnitten. Für das Studiopublikum ist die Teilnahme an der Produktion eine Freizeitbeschäftigung, beispielsweise ein Betriebsausflug, der es den Teilnehmern ermöglicht, einmal 'live dabeigewesen' zu sein, die Spannung im Studio hautnah miterlebt zu haben. Die Eintrittskarten werden über die Bavaria verkauft. Das Studiopublikum ist insgesamt eher jung und inzwischen recht gemischt. Es gibt auch Teilnehmer, die immer wieder kommen. Es fällt schwer, das Publikum in das Gespräch einzubeziehen, denn 'das deutsche Volk fragt nicht gern'. Besonders bei dramatischen Geschichten haben die Studiozuschauer zuviel Ehrfurcht; je unkomplizierter das Thema, desto mehr Fragen werden gestellt.

Die Kamera

Heikle Situationen wie beispielsweise weinende Studiogäste fängt die Kamera mit Großaufnahmen ein. Wenn der Moderator zum Beispiel neben dem Gast sitzt und beide gemeinsam abgebildet werden, imitiert die Kamera den Gesprächsverlauf und gibt damit die Intimität des Gespräches wieder.

Die Zuschauer

'Fliege' ist eine Nachmittagssendung, die unterhält und informiert, wobei beides nicht im Gegensatz zueinander stehen muß. Die Sendung wird vornehmlich von älteren Frauen mit niedrigem Bildungsniveau gesehen, was sich aus dem Umstand herleitet, daß ältere Frauen in ihrer Jugend selten weiterführende Schulen besucht haben. Die Zuschauer wünschen sich Fernsehen, bei dem man nicht immer hinschauen muß. Früher saßen die Frauen zusammen auf der Bank und unterhielten sich, diese Funktion hat heute das Fernsehen übernommen. Alltagsnahe emotionale Themen, Probleme anderer Leute oder auch die eigenen werden hier besprochen. Die Zuschauer müssen sich nicht anhaltend konzentrieren und werden gleichzeitig vom Alleinsein abgelenkt.

'Arabella'

Entwicklung und Konzept

Seit dem 06.06.1994 wird 'Arabella' von montags bis freitags zwischen 14:00 und 15:00 Uhr auf PRO 7 ausgestrahlt. Als Vorbild für Talk-Shows im Deutschen Fernsehen dienen amerikanische Formate wie z.B. 'Oprah Winfrey', 'Phil Donohue' oder 'Sally Jessy Raphael'. Im Gegensatz zu 'Hans Meiser' aber, der eine direkte Kopie von 'Phil Donohue' ist, und 'Ilona Christen', die 'Sally Jessy Raphael' imitiert, hat 'Arabella' aus Sicht des PRO 7-Chefredakteurs keine direkten Vorbilder im Stil, sondern ist einzigartig. Die Sendung verkörpert Zeitgeist, ist ein Spiegelbild des Trends der 90er Jahre. Zur internen Verwendung wurden vor der ersten Ausstrahlung Piloten mit Arabella Kiesbauer produziert.

Die Themen

Themen für 'Arabella' ergeben sich aus allem, was den Zuschauer im täglichen Leben interessiert. Beiträge über 'Mode', 'Körper' und 'Beziehung' werden bunt gemischt, damit es nicht langweilig wird. Die Themen sollen 'Impulsfunktion' haben, dazu anregen, nach der Sendung weiter zu diskutieren. Ideal sind Gäste mit verschiedenen Standpunkten zum Thema, diese Vielfalt läßt sich aber nicht immer durchsetzen. Tabus bei der Themenauswahl gibt es nicht.

Die Studiogäste

Die Studiogäste kommen aus allen Bevölkerungsschichten, der Altersdurchschnitt liegt unter denen der anderen Nachmittagstalks. Über Eigeninitative, Recherche und Videotext werden sie rekrutiert. Die Gäste müssen eine Geschichte zum Thema erzählen können. Vor der Sendung werden die Fragen mit den Redakteuren abgesprochen, die Moderatorin lernen sie erst in der Sendung kennen. Für ihren Auftritt erhalten die Teilnehmer eine Aufwandsentschädigung von ca. 400 DM sowie die Bezahlung von Anfahrt und die eventuelle Übernachtung. Jeder Gast hat ein anderes Motiv, in der Sendung 'Arabella' aufzutreten. Häufig ist auch die Moderatorin ein Grund: Viele Gäste wollen ausschließlich bei Arabella Kiesbauer auftreten.

Die Moderatorin

Arabella Kiesbauer ist die dominante Figur der Sendung, hat Witz, ist jung, intelligent und kann sich auf ihre Gäste einstellen. Der Körperkontakt, den sie häufig zu den Studiogästen herstellt, zeigt, 'daß sie das darf, von Arabella wollen die Gäste angefaßt werden'. Das Geheimnis ihres Erfolges liegt vor allem in ihrer Glaubwürdigkeit, die von der Zielgruppe dieser Sendung als besonders wichtig empfunden wird.

Der Experte

Der Experte erzählt die Sache von einem neutralen Standpunkt, er hat sich schon intensiv und detailliert mit dem Thema auseinandergesetzt und verkörpert durch seinen Status Kompetenz.

Das Studiopublikum

'Arabella' wird immer aufgezeichnet; Ausnahmen waren Beiträge von der Funkausstellung und drei Sendungen, die aus Sylt gesendet wurden. Die Aufzeichnungen werden nachträglich nicht mehr bearbeitet, so daß sich letztlich kein Unterschied zwischen Aufzeichnung und Live-Ausstrahlung ergibt. Für das Studiopublikum ist Fernsehen etwas Faszinierendes und die Besucher wollen die besondere Atmosphäre erleben. Die Karten werden zum Preis von 10 DM über eine Ticket-Agentur verkauft.

Die Kamera

Die dynamische Kameraführung wurde in bezug auf die jüngere Zielgruppe konzipiert. Sie imitiert die Sehgewohnheiten der jungen Zuschauer.

Die Zuschauer

Junge Menschen und auch Mütter gucken 'Arabella'. Die Sendung bietet von allem etwas: Information, Unterhaltung und Lebenshilfe.

'Schreinemakers live'

Entwicklung und Konzept

Seit dem 13.02.1992 wird 'Schreinemakers live' einmal wöchentlich auf SAT.1 ausgestrahlt. Anfangs lief die Sendung mittwochs und war 45 Minuten lang. Mit der Zeit wurde der Sendebeginn immer weiter nach vorne verschoben, und es wurde immer überzogen. Mittlerweile läuft 'Schreinemakers live' donnerstags von 21:15 bis 00:00 Uhr. Aus den USA sind keine ähnlichen Konzepte bekannt, die bei der Entwicklung der Sendung als Vorlage hätten dienen können. 'Schreinemakers live' ist kein reines Talk-Show-Konzept, denn hier werden sowohl Gespräche im Studio, als auch MAZ-Beiträge, Call-In- und TED-Aktionen, Musikeinlagen und der Lügendetektor (siehe Unterpunkt 'Die Themen und Elemente der Sendung') miteinander kombiniert. Das ursprüngliche und pilotierte Konzept war 'frech, schnell und skurril'.

Zunehmend wurden Veränderungen vorgenommen, die mehr Gewicht auf Schicksale und auf Hilfe für Zuschauer und Gäste legen.

Die Themen (und Elemente der Sendung)

Entscheidend bei der Themenauswahl ist die Vermittlung von Emotionen, wobei das ganze emotionale Spektrum abgedeckt wird. Lustige, tragische, empörende, skurrile Inhalte und sogenannte 'Service-Themen' wechseln sich ab, die bunte Mischung verhindert, daß Langeweile und Vorhersehbarkeit eintreten. Zunehmend entfernt man sich vom aktuellen Tagesgeschehen, denn Ereignisse passieren nicht immer donnerstags. Call-In- und TED-Aktionen sowie Spendenaufrufe geben dem Zuschauer die Möglichkeit, sich aktiv an der Sendung zu beteiligen. Der Lügendetektor ist ein Markenzeichen von 'Schreinemakers live', bei dem ein prominenter Gast den direkten Fragen der Moderatorin Rede und Antwort steht. Seine physiologische Erregung wird zeitgleich in einer Kurve auf dem Bildschirm abgebildet und anschließend gemeinsam besprochen. Filmbeiträge haben Hygienefunktion bei der Kombination von emotional extrem unterschiedlich gefärbten Themen. Als Überleitung erlauben sie es dem Zuschauer, sich auf das neue und andere Thema einzustellen. Die Redaktion versucht, möglichst unterschiedliche Standpunkte zu einem Thema zu bringen, indem man Gäste mit verschiedenen Positionen engagiert. Sex-Themen werden meist in Trailern vor den Werbepausen angekündigt und erst gegen Ende der Sendung angesprochen, da die Zuschauer die Show auf diese Weise bis zum Ende sehen. Bei 'Schreinemakers live' gibt es Tabus bei der Themenwahl: Ein Bewerber, der zum Beispiel Pornovideos mit seinen Kindern gedreht hat, wird nicht eingeladen. Zu berücksichtigen bleibt, daß negative Meldungen für den Zuschauer immer interessanter sind als positive. Was die Perspektiven des Genres 'Talk-Show' angeht, so sind bisher fast alle Neuerungen aus den USA übernommen worden. Geschichten, bei denen Menschen, die auf irgendeine Weise zueinander in Beziehung stehen, zusammen eingeladen werden, gab es auch schon bei 'Schreinemakers live'. Eine Mutter, deren Sohn ein Mädchen ermordet hatte, traf auf die Mutter der Ermordeten. Hier geht man jedoch nicht soweit, diese heiklen Situationen als Überraschungen zu inszenieren.

Die Studiogäste

Studiogäste finden sich über die Zuschauerpost oder werden recherchiert. Es werden keine Anzeigen geschaltet, um die Bewerbung sogenannter Talk-Show-Touristen, die nicht wirklich betroffen sind, zu vermeiden. Für die

Gäste, die aus allen Bevölkerungsschichten stammen, gilt, daß diese emotional 'in ihrer Geschichte drin sein' müssen. Schlechte Gäste sind solche, die nichts zu sagen haben oder zu reflektiert über ihre Erfahrungen berichten. Indem Menschen ihr Schicksal vor laufender Kamera erzählen, finden sie im Studiopublikum und in den Zuschauern Menschen, die Anteil an ihren Geschichten nehmen und mit ihnen mitfühlen. Zudem ist es für viele Studiogäste eine Ehre, im Fernsehen auftreten zu dürfen. Die Fähigkeiten, ihre eigene Geschichte mediengerecht vermitteln zu können, werden in Vorgesprächen mit den zuständigen Redakteuren getestet, eventuell findet ein Casting statt. Die Begrüßung durch die Moderatorin erfolgt kurz vor der Sendung. Für die Teilnahme erhalten die Gäste in der Regel eine Aufwandsentschädigung von 500 DM, Anreise und eventuell anfallende Hotelkosten werden übernommen. Wenn es um Hilfe, beispielsweise in Form von Spendengeldern geht, bleibt der Kontakt zwischen der Redaktion und den Gästen auch nach der Sendung bestehen. Prominente werden eingeladen, wenn eine Verbindung zwischen ihnen und dem Thema hergestellt werden kann.

Die Moderatorin

Der Name der Sendung ist Programm. 'Margarethe Schreinemakers ist die Sendung'. Ihr Erfolgskonzept gründet sich auf ihre intensive Vorbereitung, emotionale Anteilnahme und Flexibilität. Das Interesse und die Gefühle, die sie in den Gesprächen zeigt, sind authentisch. 'Margarethe Schreinemakers ist der Anwalt der kleinen Leute'. Zudem ist sie in der Lage, von einer extrem schicksalsträchtigen Gesprächsrunde zu einem lustigen Thema umzuschalten, die emotionalen Ebenen zu wechseln, ohne dabei ihre Glaubwürdigkeit zu verlieren.

Der Experte

Über eine emotionalee Aufbereitung hinaus sollen die präsentierten Themen fachlich untermauert werden. Oft ist der Betroffene so involviert, daß er seine Belange nicht gefühlsneutral thematisieren kann. Dies übernimmt der Experte, er gibt Informationen zum Thema, die auch dem interessierten oder betroffenen Zuschauer als Hilfe dienen können. Der Experte kann auch Pufferfunktion haben, d.h. das Gespräch wird auf eine distanzierte Ebene verlagert, wenn der zum Thema eingeladene Studiogast Schwierigkeiten bei der Darstellung seiner Geschichte hat.

Das Studiopublikum

Bei 'Schreinemakers live' ist nicht nur das Studiopublikum 'live dabei', die Sendung wird immer auch live ausgestrahlt. Die Moderatorin agiert weit besser vor der Kamera, als wenn es sich um eine Aufzeichnung handelte. Das Studiopublikum bewirbt sich bei der Produktionsfirma für Karten, die bis 1996 schon vergeben sind. 25 Karten pro Sendung werden verschenkt, der Rest geht an die Presse.

Die Kamera

Ob die Kamera mit Nahaufnahmen arbeitet oder sich – z.B. bei heiklen Situationen – zurückzieht, hängt vom Gesprächsverlauf ab. Prinzipiell soll der Gast nicht bloßgestellt werden.

Die Zuschauer

'Schreinemakers live' bietet dem Zuschauer 'Infotainment'. Die Zielgruppe sind hauptsächlich ältere weibliche Zuschauer aus der Unter- und Mittelschicht. Aus Sicht der Verantwortlichen suchen sie Unterhaltung, Ablenkung vom Alltag und Hilfe bei Service-Themen. Sie werden in ihren Emotionen angerührt, erleben Freude und Überraschung, aber auch Wut und Trauer, eben alle Facetten des Lebens. Bei TED- und Call-In-Aktionen wird ihnen zudem die Möglichkeit gegeben, selbst etwas zu bewegen, aktiv zu werden.

'Nur die Liebe zählt'

Entwicklung und Konzept

'Nur die Liebe zählt' wurde am 12.09.1993 zum ersten Mal im deutschen Fernsehen gesendet. 1993 wurde eine Staffel mit 6 Beiträgen sonntags von 19:10 bis 20:15 Uhr auf RTL ausgestrahlt, die zweite Staffel im Jahre 1994 bestand aus 10 Sendungen und wurde auf den Samstag zur gleichen Sendezeit verlegt. Seit 1995 strahlt SAT.1 'Nur die Liebe zählt' aus, die dritte Staffel mit sieben Beiträgen lief sonntags von 19:10 bis 20:15 Uhr. Weitere Staffeln sind geplant. Das Konzept stammt aus den Niederlanden, wo es 1991 unter dem Titel 'All you need is love' lanciert wurde. Für den deutschen Markt wurden Veränderungen vorgenommen. Die Sendezeit wurde von 65 Nettominuten auf 45 - 48 Nettominuten reduziert. In Deutschland ist die Sendung von der Machart her straffer und schneller, da der deutsche Zuschauer an schnellere Schnittfolgen gewöhnt ist. Im Frühjahr 1993 wurde ein Pilotfilm produziert. Mittlerweile ist das Konzept an diverse europäische Länder verkauft worden. 'Nur die Liebe zählt' 'thematisiert die Höhen und Tiefen der Liebe, zwischenmenschliche Beziehungen in unterschiedlichen Stadien, vom ersten Augenkontakt bis zur langjährigen Ehe'.

Die Elemente der Sendung[20]

Ein Element der Sendung ist das 'Videokontaktanzeigen-Spiel'. Ein männlicher oder weiblicher Teilnehmer, der in der letzten Folge eine Videokontaktanzeige aufgegeben hatte, darf aus den für ihn interessantesten Zusendungen drei Personen auswählen. Diesen stellt er sodann persönliche Fragen und mit der Person seiner Wahl gewinnt er eine Reise nach Paris. Im Verlauf der Sendung wird eine neue Videokontaktanzeige ausgestrahlt. Ein weiteres Element ist die 'Love Box': Der 'Nur die Liebe zählt'-Caravan wird jede Woche in einer anderen Stadt aufgestellt. Passanten können über die installierte Kamera Liebesbekenntnisse oder andere Nachrichten übermitteln. In einem MAZ-Beitrag werden die originellsten Mitteilungen zusammengeschnitten und gesendet. Daneben besteht die Sendung aus einer bunten Mischung von zwischenmenschlichen Begegnungen, die in Form von Einspielungen und/oder Treffen im Studio aufbereitet werden. Diese Begegnungen, für einen der beiden Akteure überraschend, werden von den Verantwortlichen thematisch in verschiedene Kategorien eingeteilt, die als 'Items' bezeichnet werden. Es gibt das Item 'Heimliche Liebe', bei dem eine Person einer anderen, die sie nur vom Sehen und her oder flüchtig kennt, einen Antrag in relativ unverbindlicher Form macht. Beim 'Masterplan' macht eine Person einer anderen, die sie schon lange kennt und mag, einen Antrag, der häufig mit großen Aktionen vorbereitet wird, z.B. mit einem Fallschirmsprung. Masterpläne sind wegen des nicht unerheblichen finanziellen Aufwandes immer auf einen positiven Ausgang angelegt. Als 'Serenade' wird ein Lied bezeichnet, das ein Partner für den anderen singt, um sich für Unterstützung in schweren Zeiten zu bedanken. Bei der 'Auslandsliebe' wird für eine in Deutschland lebende Person der Partner bzw. die Partnerin aus dem Ausland eingeladen, und die beiden treffen im Studio überraschend aufeinander. Bei der 'Zerbrochenen Beziehung' versucht der eine Partner, den anderen über das Medium zurückzugewinnen. Das Item 'Beziehungstief' gibt den Beteiligten die Möglichkeit, dem anderen zu vermitteln, wie wichtig ihm die Beziehung ist, auch wenn es momentan Probleme gibt. Die Items werden bei der Zusammenstellung einer Sendung variiert, zum

[20] Die Beschreibung bezieht sich auf die Sendungen der dritten Staffel.

Schluß wird häufig eine stark emotionale Geschichte gezeigt, da das Ende der Sendung dem Zuschauer nach Meinung der Verantwortlichen am besten in Erinnerung bleibt. Nicht alle Begegnungen gehen für beide Beteiligten gut aus, es kommt auch vor, daß der eine nicht auf das Angebot des anderen eingeht. Man sendet lieber positive Ausgänge, aber es läuft auch mal etwas schief. Insgesamt sind negative Verläufe eher selten. Die durch die Sendung inszenierten Vereinigungen sind kein Garant für eine dauerhafte Bindung, sie funktionieren wie im richtigen Leben. Einige Paare bleiben zusammen, andere trennen sich früher oder später wieder.

Die Studiogäste

Die Gäste werden recherchiert, schicken Zuschriften oder melden sich auf die Anzeigen im Videotext. Sie kommen aus allen Bevölkerungsschichten, wenn auch insgesamt weniger aus den höheren. Es melden sich mehr Frauen als Männer. Nach der Darstellung des Anliegens ergründen die Redakteure die Motivation der Gäste, ihre Ehrlichkeit und die Stärke der Emotionen. Auf diese Weise soll vermieden werden, daß Gäste Geschichten erfinden, nur um ins Fernsehen zu kommen, denn im Mittelpunkt steht die Authentizität des Gefühls. Nur wenn der Studiogast ehrlich, glaubwürdig und ernsthaft ist, wird die Geschichte den Zuschauer anrühren. Zudem sollte er nicht unbedingt schön, aber doch relativ ansprechend vom Äußeren sein. Niemand will nur schöne Menschen im Fernsehen sehen; durchschnittliche Gesichter transportieren mehr Glaubwürdigkeit, da sich mehr Zuschauer mit ihnen identifizieren können. Letztlich sollte der Gast seine Gefühle in Worte fassen können. Zwischen den Verantwortlichen und den Mitwirkenden entsteht ein persönliches Verhältnis, ihnen soll die Nervosität genommen, aber auch klar gemacht werden, daß es wichtig ist, vor der Kamera offen zu sprechen. Zu diesem Zweck werden sie gecastet, es sei denn, sie sind diejenigen, die überrascht werden sollen. Ist dies nicht der Fall, lernen die Gäste den Moderator schon bei den Dreharbeiten kennen. Teilweise gibt es auch nach der Sendung noch Kontakt zu den Studiogästen. Die Teilnehmer beim Videokontaktanzeigen-Spiel gewinnen eine Reise nach Paris, die anderen Gäste erhalten das 'Nur die Liebe zählt'-Couvert – einen Umschlag mit durchschnittlich 200 DM für ein Abendessen – Hotel- und Reisekosten werden übernommen. Eine Gage gibt es nicht.

In den Beziehungsstrukturen der Teilnehmer zeichnen sich immer wiederkehrende Verhaltensmuster ab: Die Männer kümmern sich zu wenig um die Frauen, die wiederum fühlen sich dadurch vernachlässigt. Sie sehen die Männer als ihren Besitz, kapseln sich mit ihnen in der Beziehung zunehmend vom sozialen Umfeld ab und geben ihre Eigenständigkeit auf. Darüber, ob diese Beziehungsmuster repräsentativ für die Bevölkerung sind, kann keine Aussage gemacht werden. Es könnte auch möglich sein, daß gerade Menschen mit diesen Bindungsmustern die Hilfe der Sendung in Anspruch nehmen. Denen, die sich an 'Nur die Liebe zählt' wenden, bietet die Sendung Lebenshilfe. Viele Menschen sind tatsächlich nicht in der Lage, mit ihren Nöten und Sorgen alleine umzugehen. Für sie ist der Auftritt eine spezielle Art und Weise, wenn nicht sogar die letzte Möglichkeit, den Partner auf sich aufmerksam zu machen. Dabei realisieren sie gar nicht, daß sie mit ihrer Geschichte im Zentrum einer breite Öffentlichkeit stehen. Für einige Personen mag das Medium ein Druckmittel sein, mit dem sie glauben, ihre Wünsche besser durchsetzen zu können oder sie wollen sich produzieren, aber das sind wenige.

Der Moderator
Aus Sicht des Produzenten verkörpert Kai Pflaume eine geniale Mischung aus Jugendlichkeit, Attraktivität und Charme. Er kann sich auf Gespräche einlassen und vermittelt eine ruhige, vertraute Atmosphäre, die es den Gästen ermöglicht, sich zu öffnen. Die Menschen wenden sich mit ihren Problemen an ihn, er hört zu und versucht, Lösungen zu finden. Kai Pflaume ist das große Element der Sendung, Humor und Ernsthaftigkeit in sich vereinend. Diese Qualitäten prädestinieren ihn zur Kultfigur.

Das Studiopublikum
'Nur die Liebe zählt' wird immer unter Live-Bedingungen und in Anwesenheit eines Studiopublikums aufgezeichnet. Da die Begegnung für einen der beiden Gäste überraschend ist, gibt es keine Garantie für deren Verlauf. Die Authentizität der Aufnahme verlangt, daß die Szene nicht nachgestellt werden kann, da sonst die Glaubwürdigkeit verloren geht. Es wird nicht live gesendet, da die Produktionsfirma sich nach Absprachen mit dem Sender strikt an die vorgegebene Länge für die Sendung halten muß, damit sich die gekauften Werbezeiten nicht verschieben. Dies hätte eine Änderung der Preise zur Folge. Die Sendungen werden daher 'konfektioniert', d.h. in einer vorgegebenen Länge plus minus 20 Sekunden abgeliefert. Das Studiopublikum kauft die Karten zum Preis von zehn DM über eine Ticket-Agentur. Für das Publikum ist mal etwas anderes, live dabei zu sein, zu sehen, wie Fernsehen gemacht wir und auch mal Kai Pflaume hautnah zu erleben. Sie kommen alleine, mit

Freunden, in der Clique, und es gibt auch 'Showtouristen', solche, die immer wieder kommen.

Die Kamera

Wie die Kamera sich verhält, wenn Menschen ihre Fassung verlieren und anfangen zu weinen, ist immer eine ethische Frage. Wichtig ist, daß der Zuschauer die Geschichten versteht und ihre Entwicklung nachvollziehen kann. Gehört es beispielsweise dazu, daß jemand weint, dann wird das auch gezeigt. Alle Emotionen des Geschehens sollen erfaßt werden. Zusammenhangslose oder unvermittelte Gefühlsausbrüche sind nicht von Interesse. Die Technik der Aufzeichnung ermöglicht hier die Entfernung derartiger Szenen. Gesichter im Publikum werden eingeblendet, um die Zuschauer auf die thematisierten Emotionen hinzuweisen.

Die Zuschauer

Nach Meinung des Produzenten hat das Fernsehen durch seine Einseitigkeit die zwischenmenschliche Kommunikation zerstört. Jetzt übernimmt das Medium Kommunikationsaufgaben und bietet Beziehungsersatz. Was früher Dorfklatsch war, vermittelt heute das Fernsehen. Die Zuschauer können sich über die Schicksale anderer austauschen. Das Medium hält ihnen den Spiegel vor und gibt ihnen dadurch die Möglichkeit, sich entweder zu identifizieren oder abzugrenzen und dadurch seine eigene Identität zu bewahren. Im letzteren Falle geht es dem Rezipienten besser als den Akteuren im Fernsehen. Sechzig Prozent der Zuschauer sind Frauen, der Altersdurchschnitt liegt bei ca. 42 Jahren. Sie wollen die positive Grundstimmung der Sendung erleben, mitfühlen und sich von den Geschichten der anderen rühren lassen. 'Jeder kennt die Höhen und Tiefen des Beziehungslebens'.

Literaturverzeichnis

AYAß, R. (1993). Auf der Suche nach dem verlorenen Zuschauer. In: W. Holly & U. Püschel (Hrsg.). Medienrezeption als Aneignung. Methoden und Perspektiven qualitativer Medienforschung. Wiesbaden: Westdeutscher Verlag. S. 27-41.

BARLOEWEN, C. V. & BRANDENBERG, H. (1975). Das Gespräch mit Gästen. Abgrenzungen. Die Entwicklung der Talk Show in Deutschland. In: C.v. Barloewen & H. Brandenberg (Hrsg.). Talk Show. Unterhaltung im Fernsehen = Fernsehunterhaltung? München: Hanser. S. 17-27.

BECK, U. (1986). Risikogesellschaft. Auf dem Weg in eine andere Moderne. Frankfurt: Suhrkamp.

BECK, U. (1997). Die uneindeutige Sozialstruktur: Was heißt Armut, was Reichtum in der 'Selbst-Kultur'? In. U. Beck & P. Sopp. (Hrsg.). Individualisierung und Integration. Neue Konfliktlinien und neuer Integrationsmodus? Opladen: Leske + Budrich. S. 183-197.

BECK, U. & BECK-GERNSHEIM, E. (1990). Das ganz normale Chaos der Liebe. Frankfurt: Suhrkamp.

BECK-GERNSHEIM, E. (1997). Stabilität der Familie oder Stabilität des Wandels? Zur Dynamik der Familienentwicklung. In: U. Beck & P. Sopp (1997). (Hrsg.). Individualisierung und Integration. Neue Konfliktlinien und neuer Integrationsmodus? Opladen: Leske + Budrich. S. 65-80.

BECKER-FISCHER, M. & FISCHER, G. (1997). Sexuelle Übergriffe in Psychotherapie und Psychiatrie. Schriftenreihe des Bundesministeriums für Familie, Frauen und Jugend; Bd. 107. Köln: Kohlhammer.

BENTE, G., BAHß, C., DORANDO, G. & HÜNDGEN, B. (1997). Zuschauermerkmale und Affekt-TV-Konsum. In: G. Bente & B. Fromm. Affektfernsehen. Motive, Angebotsweisen und Wirkungen. Schriftenreihe Medienforschung der Landesanstalt für Rundfunk Nordrhein-Westfalen 23. Opladen: Leske + Budrich. S. 142-186.

BENTE, G. & FROMM, B. (1996). Affektfernsehen. Motive, Angebotsweisen und Wirkung. Forschungsprojekt im Auftrag der Landesanstalt für Rundfunk Nordrhein-Westfalen. Zwischenbericht Juni 1996.

BENTE, G. & FROMM, B. (1997a). Affektfernsehen. Motive, Angebotsweisen und Wirkungen. Schriftenreihe Medienforschung der Landesanstalt für Rundfunk Nordrhein-Westfalen 23. Opladen: Leske + Budrich.

BENTE, G. & FROMM, B. (1997b). Affektfernsehen. Nutzungsmuster und Wirkungsdimensionen eines expandierenden Genres. Bertelsmann Briefe, 137, S. 54-57.

BENTE, G., JOCHLIK, D., ADAMECK, C. & GRISARD, T. (1997). Angebot und Nachfrage auf dem Affektfernsehmarkt. In: G. Bente & B. Fromm. Affektfernsehen. Motive, Angebotsweisen und Wirkungen. Schriftenreihe Medienforschung der Landesanstalt für Rundfunk Nordrhein-Westfalen 23. Opladen: Leske + Budrich. S. 79-113.

BENTE, G. D'ALLESANDRO, M., FÜRTJES, M. & KRÄMER, N. (1997). Formale Angebotsweisen und interpersonelle Kommunikationsmuster im Affekt-Talk. In: G. Bente & B. Fromm. Affektfernsehen. Motive, Angebotsweisen und Wirkungen. Schriftenreihe Medienforschung der Landesanstalt für Rundfunk Nordrhein-Westfalen 23. Opladen: Leske + Budrich. S. 186-242.

BERGER, P. & LUCKMANN, T. (1969). Die gesellschaftliche Konstruktion der Wirklichkeit. Fischer: Frankfurt a. M.

BERGER, P. & LUCKMANN, T. (1995). Modernität, Pluralismus und Sinnkrise. Die Orientierung des modernen Menschen. Gütersloh: Verlag Bertelsmann.

BERGHAUS, M. & STAAB, J. F. (1995). Fernseh-Shows auf deutschen Bildschirmen: Eine Inhaltsanalyse aus Zuschauersicht. München: Fischer.

BLUMENTHAL, P. (1983). Semantische Dichte. Assoziativität in Poesie und Werbesprache. Tübingen: Niemeyer.

BLUMER, H. (1962). Society as Symbolic Interaction. In: A. Rose (Hrsg.). Human behaviour and social processes. Boston: Houghton Mifflin.

BLUMER, H. (1973). Der methodologische Standort des symbolischen Interaktionismus. In: Arbeitsgruppe Bielefelder Soziologen (Hrsg.). Alltagswissen, Interaktion und gesellschaftliche Wirklichkeit. Bd.1. Symbolischer Interaktionismus und Ethnomethodologie. Reinbek: Rowohlt. S. 80-146.

BLUMLER, J. G. & KATZ, E. (1974). (Hrsg.). The uses of mass communication: Current perspectives on gratifications research. Beverly Hills, CA: Sage Publications.

BRUNST, K. (1996). Alles nicht die Rede wert? Wohin steuert das Fernsehen? Einige Gedanken zu den neuen Talkformaten. Marl: Adolf Grimme Institut. Agenda 11/12.96. S. 10-11.

BUCHWALD, M. (1984). Darstellungs- und Sendeformen. In: G. Schult & A. Buchholz (Hrsg.). Fernseh-Journalismus. Ein Handbuch für Ausbildung und Praxis. München: List-Verlag. S. 179-242.

BURGER, H. (1991). Das Gespräch in den Massenmedien. New York: de Gruyter.

DARSCHIN, W. & FRANK, B. (1995). Fernsehgewohnheiten und Programmbewertungen 1994. Tendenzen im Zuschauerverhalten. Media Perspektiven, 4, 154-165.

DEHM, U. (1984). Fernsehunterhaltung. Zeitvertreib, Flucht oder Zwang?. Eine sozial-psychologische Studie zum Fernseh-Erleben. Mainz: Hase & Koehler.

DITTGEN, A. M. (1989). Regeln für Abweichungen. Funktionale sprachspielerische Abweichungen in Zeitungsüberschriften, Werbeschlagzeilen, Werbeslogans, Wandsprüche und Titeln. Frankfurt a. M.: Lang.

DÜLMEN, R. V. (1995). Theater des Schreckens: Gerichtspraxis und Strafrituale in der frühen Neuzeit. München: Beck.

EHLICH, K. & SWITALLA, B. (1976). Transkriptionssysteme – Eine exemplarische Übersicht. Studium Linguistik, 1, 78 - 105.

FAULSTICH, W. & STROBEL, R. (1989). Das Phänomen 'Star' – ein bibliographischer Überblick zum Stand der Forschung. Ch. Thomsen & W. Faulstich (Hrsg.). Seller, Stars und Serien: Medien im Produktverbund. Heidelberg: Winter. S. 7-20.

FESTINGER, L. (1954). A theory of social comparison processes. Human Relations, 7, 117-140.

FLIEGE, J. (1995). Wider die Herrschaft des Kopfes über das Private des Herzens. In G. W. Hunold & K. Koziol (Hrsg.). Seelenfrust als Quotenbringer? Zur Veröffentlichung des Privaten. Forum Medienethik, 2, 30-32.

FILIPP, S.-H. (1990). Ein allgemeines Modell für die Analyse kritischer Lebensereignisse. In: S.-H. Filipp (Hrsg.). Kritische Lebensereignisse. München: Psychologie Verlags Union. S. 3-52.

FOLTIN, H.-F. (1994). Die Talkshow. Geschichte eines schillernden Genres. In: H.D. Erlinger & H.-F. Foltin (Hrsg.). Geschichte des Fernsehens in der BRD. Band 4: Unterhaltung, Werbung und Zielgruppenprogramme. München.

FROMM, B. (1995). Kommunikationsstrukturen und Beziehungsangebote in Talk-Shows. Unveröffentliche Diplomarbeit, Universität zu Köln.

FROMM, B. & BENTE, G. (1995). Affektfernsehen. Motive, Angebotsweisen und Wirkungen. Forschungsprojekt im Auftrag der Landesanstalt für Rundfunk Nordrhein-Westfalen. Unveröff. Zwischenbericht. Psychologisches Institut: Universität Köln.

FROMM, B., JOCKLIK, D. & MUCKEL, R. (1997). Zur Funktion des öffentlichen Auftritts aus Gastperspektive. In: G. Bente & B. Fromm. Affektfernsehen. Motive, Angebotsweisen und Wirkungen. Schriftenreihe Medienforschung der Landesanstalt für Rundfunk Nordrhein-Westfalen 23. Opladen: Leske + Budrich. S. 113-142.

FÜRTJES, M. (1997a). Zum Einsatz psychotherapeutischer Gesprächsstrategien in Fernseh-Talkshows. Eine empirische Untersuchung des verbalen Interaktionsverhaltens von Moderatoren und Studiogästen. Unveröffentliche Diplomarbeit, Universität zu Köln.

FÜRTJES, M. (1997b). Persönliche Mitteilung. Übersetzung der Zitate von D. Mehl (1996) aus dem Französischen.

FUNK-KORRESPONDENZ. Talkshows am Nachmittag – das neue Reality-TV? Nr. 5. 02.02.1996, 3-6.

GÄBLER, B. (1994). Spirale des Trivialen. Die Hausfrauennachmittage im Fernsehen. epd/Kirche und Rundfunk, 68. 31.08.1994, 3-5.

GAIK, F. (1992). Radio talk-show therapy and the pragmatics of possible worlds. In A. Duranti & Ch. Goodwin (Hrsg.). Rethinking context. Language as an interactive phenomenon (pp. 271-289). Cambridge: Cambridge University Press.

GALTUNG, J. & RUGE, M. H. (1965). The structure of foreign news. The presentation of the Congo, Cuba and Cyprus crisis in four foreign newspapers. Journal of Peace Research, 2, 64-91.

GANGLOFF, T. P. (1996). Tyrannei der Intimität. Lebensberatung via Bildschirm: die nachmittäglichen Talk-Shows. medien praktisch, 4/1996, 32-35.

GARAVENTA, A. (1993). Showmaster, Gäste und Publikum. Über das Dialogische in Unterhaltungsshows. Peter Lang Verlag: Bern.

GERHARDT, U. (1985). Erzähldaten und Hypothesenkonstruktion. Überlegungen zum Gültigkeitsproblem in der biographischen Sozialforschung. Kölner Zeitschrift für Soziologie und Sozialpsychologie, 37, 230-256.

GERHARDT, U. (1986). Verstehende Strukturanalyse. Die Konstruktion von Idealtypen bei der Auwertung qualitativer Forschungsmaterialien. In: H.-G. Soeffner. Sozialstruktur und soziale Typik. Frankfurt a.M./New York: Campus. S. 33-83.

GERHARDT, U.(1991). Typenbildung. In: U. Flick. (Hrsg.). Handbuch Qualitative Sozialforschung: Grundlagen, Konzepte, Methoden und Anwendungen. München: Psychologie VerlagsUnion. S. 435-450.

GLASER, B. G. & STRAUSS, A. L. (1967). The Discovery of Grounded Theory: Strategies for Qualitative Research. Chicago.

GOFFMAN, E. (1969). Wir spielen alle Theater. Die Selbstdarstellung im Alltag. München: Piper.

GOFFMAN, E. (1974). Das Individuum im öffentlichen Austausch. Frankfurt a. M.: Suhrkamp.

GOFFMAN, E. (1986). Interaktionsrituale. Über Verhalten in direkter Kommunikation. Frankfurt a.M.: Suhrkamp.

GREENBERG, B. S. (1973). Viewing and listening parameters among British youngsters. Journal of Broadcasting, 17, 173-188.

GROSS, P. (1994). Die Multioptionsgesellschaft. Frankfurt a. M.: Suhrkamp.

GUMPERT, G. & CATHCART, R. (1979). Inter Media. Oxford: Oxford University Press.

HABERMAS, J. (1990). Strukturwandel in der Öffentlichkeit. Untersuchungen zu einer Kategorie der bürgerlichen Gesellschaft: Frankfurt a.M: Suhrkamp.

HAHN, A. (1982). Zur Soziologie der Beichte und anderer Formen institutionalisierter Bekenntnisse: Selbstthematisierung und Zivilisationsprozeß. Kölner Zeitschrift für Soziologie und Sozialsychologie, 34, 408-434.

HALL, E. T. (1974). Proxemics. In: S. Weitz (Hrsg.). Nonverbal Communication. Readings with Commentary. New York: Oxford University Press. S. 203-223.

HALLENBERGER, G. (1993). Als die Zuschauer spielen lernten: Die Entwicklung der Quizsendungen und Gameshows des deutschen Fernsehens. In: P. Pohle. TV-Shows von A - Z. Handbuch der Spielshows im deutschen Fernsehen. Berlin: Drei-R-Verlag. S. 23-27.

HARTMANN, H. A. & HAUBL, R. (1996). (Hrsg.). Freizeit in der Erlebnisgesellschaft. Amüsement zwischen Selbstverwirklichung und Kommerz. Opladen: Westdeutscher Verlag.

HERZOG, H. (1944). What do we really know about daytime serial listeners? In: P. F. Lazarsfeld & F. N. Stanton (Hrsg.). Radio research 1942-1943. New York, 3-33.

HICKETHIER, K. (1979). Fernsehunterhaltung und Unterhaltungsformen anderer Medien. In: P. v. Rüden (Hrsg.). Unterhaltungsmedium Fernsehen. Kritische Information. München.

HICKETHIER, K. (1985). Intimes (im) Fernsehen. Ästhetik und Kommunikation, 57/58, 87-92.

HIPPEL, K. (1992). Parasoziale Interaktion. Bericht und Bibliographie. montage/av, 1 (1), 135-145.

HÖFER, W. (1975). Talk menschlich. In: C. v. Barloewen & H. Brandenberg (Hrsg.). Talk Show. Unterhaltung im Fernsehen = Fernsehunterhaltung? München: Hanser. S. 10-16.

HÖLTICH, L.-U. (1994). Die Daytime bei RTLplus – eine Betrachtung unter programmlichen und finanziellen Gesichtspunkten. In: L. Bosshart & W. Hoffmann-Riem (Hrsg.). Medienlust und Mediennutz. Unterhaltung als öffentliche Kommunikation. Schriftenreihe der deutschen Gesellschaft für Publizistik- und Kommunikationswissenschaft. Band 20. München: Ölschläger. S. 367-375.

HOLLY, W. (1979). Imagearbeit in Gesprächen. Zur linguistischen Beschreibung des Beziehungsaspektes. Tübingen: Niemeyer.

HOLLY, W., PÜSCHEL, U. (1993). Sprache und Fernsehen in der Bundesrepublik Deutschland. In: U. B. Biere & H. Henne (Hrsg.). Sprache in den Medien nach 1945. Tübingen: Niemeyer. S. 128-157.

HOLLY, W. & SCHWITALLA, J. (1995). Explosiv – Der heiße Stuhl – Streitkultur im kommerziellen Fernsehen. In: S. Müller-Doohm & K. Neumann-Braun (Hrsg.). Kulturinszenierungen. Frankfurt a. M.: Suhrkamp. S. 59-89.

HORTON, D. & STRAUSS, A. (1957). Interaction in audience-participation shows. American Journal of Sociology, 62, 579-587.

HORTON, D. & WOHL, R. R. (1956). Mass Communication and Para-Social Interaction: Observations on Intimacy at a Distance. Psychiatry, 19, 215-229.

HORTON, D. & WOHL, R. R. (1979). Mass Communication and Para-Social Interaction: Observations on Intimacy at a Distance. In: G. Gumpert & R. Cathcart (Hrsg.). Inter Media. Interpersonal Communication in a Media World. New York: Oxford University Press. S. 32-55.

JÄCKEL, M. (1991). Kabelfernsehen, Programmvermehrung, private Konkurrenz – ein einleitender Überblick. In M. Jäckel & M. Schenk (Hrsg.). Kabelfernsehen in Deutschland (Reihe Medien Skripten, Bd. 11, S. 9-29). München: Fischer.

JOCHLIK, D. (1997). Veröffentlichung und Bewältigung von Vermissungserlebnissen. Zur psychologischen Funktion der TV-Suchsendungen 'Bitte melde Dich!' und 'Vermißt!'. Unveröffentliche Diplomarbeit, Universität zu Köln.

KALLMEYER, W. & SCHÜTZE, F. (1976). Konversationsanalyse. Studium Linguistik, 1, 1-28.

KALVERKÄMPER, H. (1979). Talk-Show. Eine Gattung in der Antithese. In: C. v. Barloewen & H. Brandenberg (Hrsg.). Talk Show. Unterhaltung im Fernsehen = Fernsehunterhaltung? München: Hanser. S. 365-376.

KATRIEL, T. & PHILIPSEN, J. (1990). "What We Need is Communication": "Communication" as a Cultural Category in Some American Speech. In: D. Carbaugh (Hrsg.). Cultural Communication and intercultural contact. Hillsdale, New Jersey: Lawrence Erlbaum Associates. S. 77-93.

KATZ, E. & FOULKES, D. (1962). On the uses of the mass media as 'escape'. Clarification of a concept. Public Opinion Quarterly, 26, 377-388.

KATZ, E., BLUMLER, J. G. & GUREVITCH, M. (1974). Utilization of Mass Communication by the Individual. In: J. G. Blumler & E. Katz (Hrsg.). The uses of mass communication: Current perspectives on gratifications research. Beverly Hills, CA: Sage Publications. S. 19-32.

KEPPLER, A. (1994). Wirklicher als die Wirklichkeit? Das neue Realitätsprinzip der Fernsehunterhaltung. Frankfurt a. M.: Fischer.

KNOBLAUCH, H. (1991). Die Verflüchtigung der Religion ins Religiöse. In: T. Luckmann. Die unsichtbare Religion. Frankfurt a. M.: Suhrkamp. S. 7-44.

KRAPPMANN, L. (1969). Soziologische Dimensionen der Identität. Stuttgart: Klett-Cotta.

KROTZ, F. (1992). Handlungsrollen und Fernsehnutzung. Umriß eines theoretischen und empirischen Konzepts. Rundfunk und Fernsehen, 40, 222-246.

LAMNEK, S. (1993). Qualitative Sozialforschung. Band 1. Methodologie. Weinheim: Psychologie Verlags Union.

LAMNEK, S. (1995). Qualitative Sozialforschung. Band 2. Methoden und Techniken. Weinheim: Psychologie Verlags Union.

LAZARUS, R. S. (1990). Streß und Streßbewältigung – Ein Paradigma. In: S.-H. Filipp (Hrsg.). Kritische Lebensereignisse. München: Psychologie Verlags Union: S. 198-232.

LIVINGSTONE, S. & LUNT, P. (1994). Talk on television. Audience participation and public debate. London: Routledge.

LEVY, M. R. (1979). Watching TV News as para-social interaction. Journal of Broadcasting, 23, 69-80.

LUCKMANN, T. (1991). Die unsichtbare Religion. Frankfurt a. M.: Suhrkamp.

LUHMANN, N. (1996). Die Realität der Massenmedien. Opladen: Westdeutscher Verlag.

LUNDBERG, D. & HULTÉN, O. (1968). Individen och massmedia. Stockholm.

MASLOW, A. H. (1954). Motivation and Personality. New York: Harper.

MAES, J. (1994). Psychologische Überlegungen zu Rache. Berichte aus der Arbeitsgruppe "Verantwortung, Gerechtigkeit, Moral", Nr. 76. Universitätsreport. Trier.

MAST, C. (1991). Journalismus und Affektmanagement. In D. Roß & J. Wilke (Hrsg.). Umbruch in der Medienlandschaft (Schriftenreihe der deutschen Gesellschaft für Publizistik- und Kommunikationswissenschaft, Bd. 17, S. 183-193). München: Ölschläger.

MAYRING, P. (1990). Einführung in die qualitative Sozialforschung. München: Psychologie Verlags Union.

MCLUHAN, M. (1964). Understanding Media. McGraw-Hill.

MCLUHAN, M. (1968). Die magischen Kanäle. Düsseldorf: Econ.

MCQUAIL, D., BLUMLER, J. G. & BROWN, J. R. (1972). The television audience: A revised perspective. In: D. McQuail (Hrsg.). Sociology of mass communication. Harmondsworth: Penguin Books. S. 135-165.

MEAD, G. H. (1934). Mind, Self, and Society. Chicago: University of Chicago Press. Dt. Ausgabe (1973). Geist, Identität und Gesellschaft. Frankfurt a. M.: Suhrkamp.

MEDIUM. Mündigkeit oder Beichtzwang? Lebenshilfemagazine und Psycho-TV. Medium, 4/94, 65-67.

MEHL, D. (1996). La Television de L'intimite. Paris: Éditions du Seuil.

MEYROWITZ, J. (1979). Television and interpersonal behaviour: Codes of perception and response. In: G. Gumpert & R. Cathcart (Hrsg.). Inter Media. Oxford: Oxford University Press. S. 56-76.

MEYROWITZ, J. (1985a). Überall und nirgends dabei. Die Fernsehgesellschaft Teil 1. Weinheim: Beltz.

MEYROWITZ, J. (1985b). Wie Medien unsere Welt verändern. Die Fernsehgesellschaft Teil 2. Weinheim: Beltz.

MIKOS, L. (1992). Kitzel des Unvorhergesehenen. Zum Live-Charakter des Fernsehens. In: K. Hickethier (Hrsg.). Fernsehen, Wahrnehmungswelt, Programminstitution und Marktkonkurrenz. Frankfurt am Main: Peter Lang. S. 181-191.

MIKOS, L. (1994). Fernsehen im Erleben der Zuschauer. Vom lustvollen Umgang mit einem populären Medium. Berlin: Quintessenz Verlags-GmbH.

MOHL, H. (1979). Hobbytips und Lebenshilfe. Ratgebersendungen in den Fernsehprogammen. In: H. Kreuzer & K. Prümm (Hrsg.). Fernsehsendungen und ihre Formen. S. 365-377.

MÜLLER, E. (1994). Zu Paaren getrieben. Die neuen Liebes-Spiele im Fernsehen. In G. Grözinger (Hrsg.). Das Single. Gesellschaftliche Folgen eines Trends. Opladen: Leske und Budrich. S. 149-167.

NECKEL. S. (1991). Status und Scham. Zur symbolischen Reproduktion sozialer Ungleichheit. Frankfurt a.M./New York: Campus.

NIEHAUS, M. Das Fernsehen in seiner Sichtbarkeit. In: W. Tietze & M. Schneider (Hrsg.). (1991). Fernsehshows. Theorie einer neuen Spielwut. München: Raben Verlag. S. 105-132.

OPASCHOWSKI, H. W. (1988). Psychologie und Soziologie der Freizeit. Opladen.

PAPE, I. (1996). Verzweifelt gesucht! Typische Motive für die Teilnahme an der Sendung 'Nur die Liebe zählt'. Unveröffentlichte Magisterarbeit, Universität Gesamthochschule Essen.

PÜSCHEL, U. (1985). Das Stilmuster "Abweichen". Sprache und Literatur in Wissenschaft und Unterricht, 16, 9-24.

RAPP, U. (1971). Handeln und Zuschauen. Darmstadt, Neuwied.

REICHERTZ, J. (1993). "Ist schon ein tolles Erlebnis!". Motive für die Teilnahme an der Sendung 'Traumhochzeit' (1). In: Rundfunk und Fernsehen, 41, 1, 359-377.

REICHERTZ, J. (1994). "Ich liebe, liebe, liebe Dich!" Zum Gebrauch der Fernsehsendung "Traumhochzeit durch die Kandidaten. Soziale Welt, 45, 1, 98-119.

REICHERTZ, J. (1995a). "... Da war ich verheiratet." Magische Elemente in der Sendung "Traumhochzeit". Schweizerische Zeitschrift für Soziologie, 21, 705-740.

REICHERTZ, J. (1995b). Nur die Liebe zählt – Zum Verhältnis von Fernsehen und Kandidaten. In: S. Müller-Doohm & K. Neumann-Braun (Hrsg.). Kulturinszenierungen. Frankfurt a. M.: Suhrkamp. S. 114-141.

REICHERTZ, J. (1996). Trauung, Trost und Wunder: Formen und Praktiken des Religiösen im Fernsehen. Unveröffentlichtes Manuskript.

RENCKSTORF, K. (1973). Alternative Ansätze der Massenkommunikationsforschung: Wirkungs-vs. Nutzenansatz. Rundfunk und Fernsehen 21, 183-197.

RENCKSTORF, K. (1977). Neue Perspektiven in der Massenkommunikationsforschung. Beiträge zur Begründung eines alternativen Forschungsansatzes. Berlin: Spieß.

RENCKSTORF, K. (1986). Mediennutzung als soziales Handeln. Zur Entwicklung einer handlungstheoretischen Perspektive der empirischen (Massen-)Kommunikationsforschung. In: W. Schulz (Hrsg.). Medienwirkungen, Einflüsse von Presse, Radio und Fernsehen auf Individuum und Gesellschaft. Forschungsbericht/DFG. Weinheim: VCH Verlagsgesellschaft. S. 314-336.

ROGERS, C. R. (1972). Die klientenzentrierte Gesprächspsychotherapie. Client-Centered Therapy. Frankfurt a. M.: Fischer Taschenbuch.

ROGERS, C. R. (1987). Eine Theorie der Psychotherapie, der Persönlichkeit und der zwischenmenschlichen Beziehungen. Köln GwG.

ROSENGREN, K. E. (1974). Uses and Gratifications: A paradigm outlined. In: J. G. Blumler & E. Katz (Hrsg.). The uses of mass communications. Current Perspectives on grafications Research. Beverly Hills/London. S. 269-286.

ROSENGREN, K. E. & WINDAHL, S. (1972). Mass Media Consumption as a Functional Alternative. In: D. McQuail (Hrsg.). Sociology of mass communications. Penguin Books: Harmondsworth.

RTL-PRESSESTELLE (1994). Meiser & Christen. Zwei Jahre Talk am Nachmittag. 31.08.1994.

RUBIN, A. M. (1993). Audience activity and media use. Special issue: Into the new century. Communication Monographs, 60, 98-105.

RYAN, W. (1971). Blaming the victim. Pantheon: New York.

SANDIG, B. (1986). Stilistik der deutschen Sprache. Berlin: de Gruyter.

SCHMIDT, W.-R. (1994). Opium des Volkes? Über Medienreligion und die Entzauberung des Alltags. In: T.P. Gangloff & S. Abarbanell (Hrsg.). Fernsehen in Deutschland. Liebe, Tod und Lottozahlen. Wer macht es? Wie wirkt es? Was bringt es? Hamburg: Steinkopf. S. 118-127.

SCHÜRMEIER, H. (1996). Rollenidentifikation. Stellungnahme zu dem Beitrag von Lothar Mikos. In P. Vorderer (Hrsg.). Fernsehen als "Beziehungskiste". Parasoziale Beziehungen und Interaktionen mit TV-Personen. Opladen: Westdeutscher Verlag. S. 107-111.

SCHULZE, G. (1992). Die Erlebnisgesellschaft. Frankfurt a.M.: Campus.

SCHUMACHER, H. (1992). Moderation im Magazin. In K. Hickethier (Hrsg.). Fernsehen, Wahrnehmungswelt, Programminstitution und Marktkonkurrenz. Frankfurt a. M.: Lang. S. 193-209.

SCHWITALLA, J. (1993). Textsortenwandel in den Medien nach 1945. In: B. U. Biere & H. Henne (Hrsg.). Sprache in den Medien nach 1945. S. 1-29.

SENNETT, R. (1983). Verfall und Ende des öffentlichen Lebens. Die Tyrannei der Intimität. Frankfurt a. M.: Fischer.

SOEFFNER, H.-G. (1992). Die Ordnung der Rituale. Frankfurt a. M.: Suhrkamp.

SPANGENBERG, P. M. (1990). Fernsehen als Wahrnehmungstechnologie. Überlegungen zum Aufbau medial vermittelter Wirklichkeit. In: K. Hickethier & I. Schneider (Hrsg.). Fernsehtheorien. Dokumentation der GFF-Tagung. Schriften der Gesellschaft für Film- und Fernsehwissenschaft 4. Berlin: Edition Sigma. S. 79-90.

SPIEGEL, Y. (1989). Der Prozeß des Trauerns. Analyse und Beratung. München: Chr. Kaiser.

STEINBRECHER, M. & WEISKE, M. (1992). Die Talkshow. 20 Jahre zwischen Klatsch und News. München: Ölschläger.

STRANGE, J. (1996). Leben in Bildschirmwelten – Formen der narrativen Involviertheit. Stellungnahme zu dem Beitrag von Peter Vorderer. In P. Vorderer (Hrsg.). Fernsehen als "Beziehungskiste". Parasoziale Beziehungen und Interaktionen mit TV-Personen. Opladen: Westdeutscher Verlag. S. 173-180.

STURM, H. (1991). Fernsehdiktate: Die Veränderung von Gedanken und Gefühlen. Gütersloh: Bertelsmann.

STURM, H., HAEBLER, V.R. & HELMREICH, R. (1972). Medienspezifische Lerneffekte. Eine Studie zu Wirkungen von Fernsehen und Rundfunk. TR Verlagsunion: München.

TAUSCH, R. (1968). Gesprächspsychotherapie. (2. ergänzte Aufl.). Göttingen: Hogrefe.

TEICHERT, W. (1972). 'Fernsehen' als soziales Handeln. Rundfunk und Fernsehen, 20, 421-439.

TEICHERT, W. (1973). 'Fernsehen' als soziales Handeln (2). Rundfunk und Fernsehen, 23, 356-382.

TEICHERT, W. (1975). Bedürfnisstruktur und Mediennutzung. Fragestellung und Problematik des "Uses and Gratifications Approach", Rundfunk und Fernsehen, 23, 3-4, 269-283.

VORDERER, P. (1992). Fernsehen als Handlung. Fernsehfilmrezeption aus motivationspsychologischer Perspektive. Berlin: Edition Sigma.

WATZLAWICK, P., BEAVIN, J. H. & JACKSON, D. D. (1969). Menschliche Kommunikation. Bern: Huber.

WEBER, M. (1904). Die "Objektivität" sozialwissenschaftlicher und sozialpolitischer Erkenntnis. In: J. Winckelmann. Gesammelte Aufsätze zur Wissenschaftslehre. Tübingen: Mohr. S. 146-214.

WEBER, M. (1922). Wirtschaft und Gesellschaft. Grundriß der Sozialökonomik. Tübingen: Mohr.

WEGENER, C. (1994). Reality-TV: Fernsehen zwischen Emotion und Information. Opladen: Leske & Budrich.

WHITE, M. (1992). Tele-Advising. Therapeutic discourse in American television. Chapel Hill: The University of North Carolina Press.

WILSON, T. P. (1973). Theorien der Interaktion und Modelle soziologischer Erklärung. In: Arbeitsgruppe Bielefelder Soziologen (Hrsg.). Alltagswissen, Interaktion und gesellschaftliche Wirklichkeit. Bd.1. Symbolischer Interaktionismus und Ethnomethodologie. S. 54-79.

WINTERHOFF-SPURK, P. (1986). Fernsehen. Psychologische Befunde zur Medienwirkung. Bern: Huber.

WINTERHOFF-SPURK, P., HEIDINGER, V. & SCHWAB, F. (1994). Reality TV. Formate und Inhalte eines neuen Programmgenres. (Schriften der LAR, Bd. 3). Saarbrücken: Logos.

WITZEL, A. (1982). Verfahren der qualitativen Sozialforschung. Überblick und Alternativen. Frankfurt.

WITZEL, A. (1985). Das Problemzentrierte Interview. In G. Jüttemann (Hrsg.). Qualitative Forschung in der Psychologie. Weinheim: Beltz. S. 227-255.

WOISIN, M. (1989). Das Fernsehen unterhält sich. Die Spiel-Show als Kommunikationsereignis. Frankfurt: Peter Lang Verlag.

WUNDEN, W. (1995). Intimsphäre in der Mediengesellschaft. In G. W. Hunold & K. Koziol (Hrsg.). Seelenfrust als Quotenbringer? Zur Veröffentlichung des Privaten. Forum Medienethik, 2, 15-21.

ZWIRNER, E. & BETHGE, W. (1958). Erläuterungen zu den Texten, Lautbibliothek der deutschen Mundarten. Göttingen: Vandenhoeck.

Reihe Praktischer

Hörfunk

Bernd-Peter Arnold
ABC des Hörfunks
1991, 288 Seiten, br.
ISBN 3-89669-017-5

Wolfgang Zehrt
Hörfunk-Nachrichten
1996, 240 Seiten, br.
ISBN 3-89669-026-4

Udo Zindel
Wolfgang Rein (Hg.)
Das Radio-Feature
Ein Werkstattbuch
inklusive CD mit Hörbeispielen
1997, 380 Seiten, br., 33 SW-Abb.
ISBN 3-89669-227-5

Robert Sturm
Jürgen Zirbik
Die Radio-Station
Ein Leitfaden für den
privaten Hörfunk
1996, 384 Seiten, br.
ISBN 3-89669-003-5

Michael H. Haas
Uwe Frigge
Gert Zimmer
Radio-Management
Ein Handbuch für Radio-Journalisten
1991, 792 Seiten, br.
ISBN 3-89669-016-7

Norbert Bakenhus
Das Lokalradio
Ein Praxis-Handbuch für den
lokalen und regionalen Hörfunk
1996, 296 Seiten, br.
ISBN 3-89669-004-3

Heinz Günter Clobes
Hans Paukens
Karl Wachtel (Hg.)
Bürgerradio und Lokalfunk
Ein Handbuch
1992, 240 Seiten, br.
ISBN 3-89669-022-1

Claudia Fischer (Hg.)
Hochschul-Radios
Initiativen - Praxis - Perspektiven
1996, 400 Seiten, br.
ISBN 3-89669-027-2

Stefan Wachtel
Sprechen und Moderieren
in Hörfunk und Fernsehen
3., überarbeitete Auflage 1998
192 Seiten, br.
ISBN 3-89669-025-6

Stefan Wachtel
Schreiben fürs Hören
Trainingstexte, Regeln und Methoden
1997, 336 Seiten, br.
ISBN 3-89669-030-2

kommunikation

Beiträge aus der Hochschule für Fernsehen und Film München

Band 1
Otto B. Roegele
Monika Lerch-Stumpf (Hg.)
Neue Medien - Neues Recht
1. Auflage 1981
118 Seiten, br.
ISBN 3-88295-063-3

Band 2
Karl Friedrich Reimers
Christiane Hackl
Brigitte Scherer (Hg.)
Unser Jahrhundert in Film und Fernsehen
Beiträge zu zeitgeschichtlichen Film- und Fernsehdokumenten
1. Auflage 1995
304 Seiten, br., 19 SW-Abb.
ISBN 3-88295-064-1

Band 3
Karl Friedrich Reimers
Monika Lerch-Stumpf
Rüdiger Steinmetz (Hg.)
Von der Kino-Wochenschau zum Aktuellen Fernsehen
Zweimal Deutschland seit 1945 im Film und Fernsehen.
Teil 1
1. Auflage 1983
362 Seiten, br., 11 SW-Abb.
ISBN 3-88295-065-X

Band 4
Karl Friedrich Reimers
Monika Lerch-Stumpf
Rüdiger Steinmetz (Hg.)
Audiovisuelle Medien in der Politischen Bildung
Zweimal Deutschland seit 1945 im Film und Fernsehen.
Teil 2
1. Auflage 1985
354 Seiten, br.
ISBN 3-88295-066-8

Band 5
Karl Friedrich Reimers (Hg.)
Zeichenentwicklung, Bedeutungswandel, Handlungsmuster
1. Auflage 1983
150 Seiten, br., 30 Farb-Abb.
ISBN 3-88295-067-6

Band 6
Walter Goedde
Wolfgang R. Bischoff (Hg.)
Leitsätze zur Kommunikationspolitik
Urteile höchster Gerichte zu Art. 5, Abs.1 und 2 GG
1. Auflage 1982
108 Seiten, br.
ISBN 3-88295-086-2

Band 7
Kurt Hentschel
Karl Friedrich Reimers (Hg.)
Filmförderung
Entwicklungen, Modelle, Materialien
2. Auflage 1992
384 Seiten, br.
ISBN 3-88295-148-6

Band 8
Rüdiger Steinmetz
Das Studienprogramm des Bayerischen Rundfunks
Entstehung und Entwicklung des Dritten Fernsehprogramms in Bayern 1961-1970.
Mit einem Geleitwort von Otto B. Roegele
1. Auflage 1984
330 Seiten, br.
ISBN 3-88295-097-8

Band 9
Gottfried Kinsky-Weinfurter
Filmmusik als Instrument staatlicher Propaganda
Der Kultur- und Industriefilm im Dritten Reich und nach 1945
1. Auflage 1993
400 Seiten, br., 100 SW-Abb.
ISBN 3-88295-180-X

Band 10
Rüdiger Steinmetz
Karl-Otto Saur (Hg.)
Fernsehkritik
Kritiker und Kritisierte
1. Auflage 1988
212 Seiten, br.
ISBN 3-88295-099-4

Band 11
Reinhold Kreile
Otto B. Roegele
Albert Scharf (Hg.)
Geistiges Eigentum und die audiovisuellen Medien
UNESCO-Symposium zu aktuellen Fragen des Medienrechts
1. Auflage 1985
242 Seiten, br.
ISBN 3-88295-114-1

Band 12
Karl Friedrich Reimers
Rüdiger Steinmetz (Hg.)
Rundfunk in Deutschland
Entwicklungen und Standpunkte
1. Auflage 1988
186 Seiten, br.
ISBN 3-88295-129-X

audiovisuell

Herausgegeben von
Karl Friedrich Reimers und Albert Scharf

UVK Medien

Band 13
Norbert Jürgen Schneider
Handbuch Filmmusik I
Musikdramaturgie im Neuen Deutschen Film
2., überarbeitete Auflage 1990
368 Seiten, br.
ISBN 3-88295-141-9

Band 14
Andrea Winkler-Mayerhöfer
Starkult als Propagandamittel
Studien zum Unterhaltungsfilm im Dritten Reich
1. Auflage 1992
160 Seiten, br., 10 SW-Abb.
ISBN 3-88295-130-3

Band 15
Norbert Jürgen Schneider
Handbuch Filmmusik II
Musik im dokumentarischen Film
1. Auflage 1989
362 Seiten, br.
ISBN 3-88295-132-X

Band 16
Eberhard Opl
Das filmische Zeichen als kommunikationswissenschaftliches Phänomen
1. Auflage 1990
292 Seiten, br.
ISBN 3-88295-133-8

Band 17
Rüdiger Steinmetz
Helfried Spitra (Hg.)
Dokumentarfilm als »Zeichen der Zeit«
Vom Ansehen der Wirklichkeit im Fernsehen
2. Auflage 1992
196 Seiten, br., 17 SW-Abb.
ISBN 3-88295-154-0

Band 18
Rüdiger Steinmetz
Freies Fernsehen
Das erste privat-kommerzielle Fernsehprogramm in Deutschland
1. Auflage 1996
496 Seiten, br.
ISBN 3-88295-181-8

Band 19
Brigitte Scherer
Ursula Ganz-Blättler
Monika Großkopf
Ute Wahl
Morde im Paradies
Amerikanische Detektiv- und Abenteuerserien der 80er Jahre
2. Auflage 1995
304 Seiten, br., 17 SW-Abb.
ISBN 3-88295-206-7

Band 20
Patrick Hörl
Film als Fenster zur Welt
Eine Untersuchung des film theoretischen Denkens von John Grierson
1. Aulage 1996
480 Seiten, br., 23 SW-Abb.
ISBN 3-88295-234-2

Band 21
Christiane Hackl
Elizabeth Prommer
Brigitte Scherer (Hg.)
Models und Machos?
Frauen- und Männerbilder in den Medien
1. Aulage 1996
336 Seiten, br., 11 SW-Abb.
ISBN 3-88295-235-0

Band 22
Michael Neubauer
Kameraleute im aktuell-dokumentarischen Bereich
Qualifikationen – Tätigkeiten – Perspektiven
1. Auflage 1996
304 Seiten, br.
ISBN 3-88295-245-8

Band 23
Karl Friedrich Reimers
Hermann Schmid (Hg.)
»Das wollen die Leute sehen«
Unterhaltung und Aktualität im kommerziellen Fernsehen
1998, 388 Seiten, br.,
14 SW-Abb.
ISBN 3-89669-218-6

Band 24
Elizabeth Prommer
Kinobesuch im Lebenslauf
Eine historische und medienbiographische Studie
1999, 400 Seiten, br.,
ISBN 3-89669-240-2

Band 26
Elizabeth Prommer
Gerhard Vowe (Hg.)
Computervermittelte Kommunikation
Öffentlichkeit im Wandel
1998, 238 Seiten, br.,
ISBN 3-89669-254-2

Forschungsfeld Kommunikation

Herausgegeben von
Walter Hömberg, Heinz Pürer und Ulrich Saxer

UVK Medien

Band 1
Irene Neverla
Fernseh-Zeit
Zuschauer zwischen
Zeitkalkül und Zeitvertreib.
Eine Untersuchung zur Fernsehnutzung
1992, 288 Seiten, frz. Broschur
ISBN 3-89669-166-X

Band 2
Wolfgang Flieger
Die taz
Vom Alternativblatt
zur linken Tageszeitung
1992, 344 Seiten, frz. Broschur
ISBN 3-89669-167-8

Band 3
Ulrich Saxer
Martina Märki-Koepp
Medien-Gefühlskultur
Zielgruppenspezifische Gefühlsdramaturgie
als journalistische Produktionsroutine
1992, 288 Seiten, frz. Broschur
ISBN 3-89669-168-6

Band 4
Wolfgang Pütz
Das Italienbild in der deutschen Presse
Eine Untersuchung
ausgewählter Tageszeitungen
1993, 296 Seiten, frz. Broschur
ISBN 3-89669-169-4

Band 5
Heinz Bonfadelli
Die Wissenskluft-Perspektive
Massenmedien und
gesellschaftliche Information
1994, 464 Seiten, frz. Broschur
ISBN 3-89669-170-8

Band 6
Gianluca Wallisch
Journalistische Qualität
Definitionen - Modelle - Kritik
1995, 304 Seiten, frz. Broschur
ISBN 3-89669-171-6

Band 7
Christoph Neuberger
Journalismus als Problembearbeitung
Objektivität und Relevanz
in der öffentlichen Kommunikation
1996, 432 Seiten, frz. Broschur
ISBN 3-89669-172-4

Band 8
Karin Böhme-Dürr
Perspektivensuche
Das Ende des Kalten Krieges und der
Wandel des Deutschlandbildes in der
amerikanischen Presse (1976-1997)
1999, ca. 600 Seiten, frz. Broschur
ISBN 3-89669-237-2

Band 9
Stefan Wehmeier
Fernsehen im Wandel
Differenzierung und Ökonomisierung
eines Mediums
1998, 440 Seiten, frz. Broschur
ISBN 3-89669-238-0

Bitte fordern Sie unser Gesamtverzeichnis an!

UVK Medien
Verlagsgesellschaft mbH
Schützenstr. 24
D-78462 Konstanz
Tel: (07531) 9053-0
Fax: (07531) 9053-98

UVK Medien im Internet: http://www.uvk.de

Reihe Praktischer Journalismus

Grundwissen

Claudia Mast (Hg.)
ABC des Journalismus
Ein Leitfaden für die Redaktionsarbeit
8., überarbeitete Auflage 1998
600 Seiten, br.
DM 39,80/ÖS 291/SFr 37,-

Hans-Joachim Schlüter
ABC für Volontärsausbilder
Lehrbeispiele und praktische Übungen.
Mit einem Geleitwort von Herbert Riehl-Heyse
2. Auflage 1991
256 Seiten, br.
DM 38,-/ÖS 278/SFr 38,-

Heinz Pürer (Hg.)
Praktischer Journalismus in Zeitung, Radio und Fernsehen
Mit einer Berufs- und Medienkunde für Journalisten in Österreich, Deutschland und der Schweiz
2., überarbeitete und erweiterte Auflage 1996
682 Seiten, br.
DM 54,-/SFr 49,-

Peter Zschunke
Agenturjournalismus
Nachrichtenschreiben im Sekundentakt
1994, 272 Seiten, br.
DM 39,80/ÖS 291/SFr 39,80

Michael Haller
Recherchieren
Ein Handbuch für Journalisten
5., überarbeitete Auflage 1999
300 Seiten, br.
DM 36,-/ÖS 263/SFr 33,-

Michael Haller
Das Interview
Ein Handbuch für Journalisten
2., überarbeitete Auflage 1997
458 Seiten, br.
DM 46,-/ÖS 336

Ernst Fricke
Recht für Journalisten
Grundbegriffe und Fallbeispiele
1997, 402 Seiten, br.
DM 48,-/ÖS 350/SFr 44,50,-

Hermann Sonderhüsken
Kleines Journalisten-Lexikon
Fachbegriffe und Berufsjargon
1991, 160 Seiten, br.
DM 30,-/ÖS 219/SFr 30,-

Ressorts

Josef Hackforth
Christoph Fischer (Hg.)
ABC des Sportjournalismus
1994, 360 Seiten, br.
DM 39,80/ÖS 291/SFr 39,80

Karl Roithmeier
Der Polizeireporter
Ein Leitfaden für die journalistische Berichterstattung
1994, 224 Seiten, br.
DM 38,-/ÖS 278/SFr 38,-

Gunter Reus
Ressort: Feuilleton
Kulturjournalismus für Massenmedien
2., überarbeitete Auflage
1999, 366 Seiten, br.
DM 45,-/ÖS 329/SFr 41,50

Gottfried Aigner
Ressort: Reise
Neue Verantwortung im Reisejournalismus
1992 , 272 Seiten, br.
DM 39,-/ÖS 285/SFr 39,-

Presse

Michael Haller
Die Reportage
Ein Handbuch für Journalisten
4. Auflage 1997
332 Seiten, br.
DM 38,-/ÖS 277/SFr 35,-

Werner Nowag
Edmund Schalkowski
Kommentar und Glosse
1998, 364 Seiten, br.
DM 45,-/ÖS 329/SFr 41,50

Karola Ahlke
Jutta Hinkel
Sprache und Stil
Ein Handbuch für Journalisten
1999, 172 Seiten, br.
DM 38,-/ÖS 277/SFr 35,-

Peter Brielmaier
Eberhard Wolf
Zeitungs- und Zeitschriftenlayout
1997, 268 Seiten, br.
DM 38,-/ÖS 277/SFr 35,-

Hörfunk

Bernd-Peter Arnold
ABC des Hörfunks
1991, 288 Seiten, br.
DM 38,-/ÖS 278/SFr 38,-

Sturm/Zirbik
Die Radio-Station
Ein Leitfaden für den privaten Hörfunk
1996, 384 Seiten, br.
DM 60,-/ÖS 438/SFr 60,-

Antwort

UVK Medien
Verlagsgesellschaft mbH
Postfach 102051
D-78420 Konstanz

Bitte liefern Sie umseitige Bestellung mit Rechnung an:

Ort, Datum

Unterschrift

Zindel/Rein (Hg.)
Das Radio-Feature
Ein Werkstattbuch
1997, 380 Seiten, br.
DM 45,-/ÖS 329/SFr 41,50,-

Clobes/Paukens/Wachtel (Hg.)
Bürgerradio und Lokalfunk
Ein Handbuch
1992, 240 Seiten, br.
DM 19,80/ÖS 145/SFr 19,80

Claudia Fischer (Hg.)
Hochschul-Radios
Initiativen - Praxis - Perspektiven
1996, 400 Seiten, br.
DM 58,-/ÖS 424/SFr 52,50

Wolfgang Zehrt
Hörfunk-Nachrichten
1996, 240 Seiten, br.
DM 34,-/ÖS 248/SFr 34,-

Stefan Wachtel
Sprechen und Moderieren in Hörfunk und Fernsehen
3., überarbeitete
Auflage 1998
192 Seiten, br.
DM 36,-/ÖS 263/SFr 33,-

Stefan Wachtel
Schreiben fürs Hören
Trainingstexte, Regeln und Methoden
1997, 336 Seiten, br.
DM 42,-/ÖS 307/SFr 39,-

Fernsehen

Blaes/Heussen (Hg.)
ABC des Fernsehens
1997, 488 Seiten, br.,
25 SW-Abb.
DM 42,-/ÖS 307/SFr 39,-

Sturm/Zirbik
Die Fernseh-Station
Ein Leitfaden für das Lokal- und Regionalfernsehen
1998, 490 Seiten, br.
DM 54,-/ÖS 394/SFr 49,-

Steinbrecher/Weiske
Die Talkshow
20 Jahre zwischen Klatsch und News.
1992, 256 Seiten, br.
DM 36,-/ÖS 263/SFr 36,-

Hans Dieter Erlinger u.a. (Hg.)
Handbuch des Kinderfernsehens
2., überarbeitete und erweiterte Auflage 1998,
680 Seiten, br.,
35 SW-Abb.
DM 58,-/ÖS 423/SFr 52,50

Internet

Klaus Meier (Hg.)
Internet-Journalismus
Ein Leitfaden für ein neues Medium
2., überarbeitete und erweiterte Auflage 1999,
360 Seiten, br.
DM 42,-/ÖS 307/SFr 39,-

Ralf Blittkowsky
Online-Recherche für Journalisten
inklusive Diskette
mit 1.400 Online-Adressen
1997, 336 Seiten, br.
DM 45,-/ÖS 329/SFr 41,50

BESTELLKARTE

Bitte liefern Sie mir zzgl. Versandkosten:
(ab DM 50,- ohne Versandkosten)

Anzahl Autor/Titel

❑ Bitte informieren Sie mich über Ihre Neuerscheinungen.

Adresse und Unterschrift bitte auf der Vorderseite eintragen.

UNI-PAPERS

Heinz Pürer
Einführung in die Publizistikwissenschaft
Systematik, Fragestellungen, Theorieansätze, Forschungstechniken
6. Auflage 1998
208 Seiten, br.
DM 32,-/ÖS 234/SFr 29,-

Erhard Schreiber
Repetitorium Kommunikationswissenschaft
3., überarbeitete Auflage 1990
368 Seiten, br.
DM 39,-/ÖS 285/SFr 39,-

Werner Früh
Inhaltsanalyse
Theorie und Praxis
4., überarbeitete Auflage 1998
260 Seiten, br.
DM 32,-/ÖS 234/SFr 29,-

Thomas Knieper (Hg.)
Statistik
Eine Einführung für Kommunikationsberufe
1993, 448 Seiten, br.
DM 39,-/ÖS 285/SFr 39,-

Jan Tonnemacher
Kommunikationspolitik in Deutschland
Eine Einführung
1996, 296 Seiten, br.
DM 36,-/ÖS 263/SFr 36,-

Konrad Dussel
Deutsche Rundfunkgeschichte
Eine Einführung
1999, 314 Seiten, br.
DM 38,-/ÖS 277/SFr 35,-